# 小学数学整体设计的思与行

## ——小学数的认识和加减法

邵汉民　陈　芳　陈　操　◎编著



浙江教育出版社·杭州

# 前 言

从2018年10月开始起，我们有意识地进行了小学数学单元整体设计的实践研究。在五年多时间的实践研究中，逐步形成了从小学数学中的某一个基本概念出发，“纵横交织，整体设计”的整体设计策略，先后对小学乘法教学、小学除法教学进行了整体设计的实践研究，并由上海教育出版社出版了这两个主题的实践成果《小学数学整体设计的思与行——小学乘法教学》（2022年7月出版）、《小学数学整体设计的思与行——小学除法教学》（2023年8月出版）。

顺应这样的思路，我们从2023年1月开始围绕小学数学中的“数的认识和加减法”进行整体设计的实践研究。与前两轮研究的思路不同的是，这一轮我们把“数的认识”和“加法和减法”看成一个整体进行实践研究。这是基于以下两个方面的考量。

其一，从《义务教育数学课程标准（2022年版）》（后简称“2022年数学课程标准”）进行考量。“2022年数学课程标准”中把“数与代数”分成两个主题，分别是“数与运算”“数量关系”。与《义务教育数学课程标准（2011年版）》（后简称“2011年数学课程标准”）相比，把“数的认识”与“数的运算”这两个主题合并成“数与运算”，以体现“数的认识”与“数的运算”之间的内在联系。另外，“2011年数学课程标准”中“数与代数”中的其余两个主题——“常见的量”和“探究规律”在“2022年数学课程标准”中也进行了调整与整合，把“常见的量”由“数与代数”学习领域调整到“综合与实践”，把“探究规律”拓展为“数量关系”，既包括“探究规律”里面的数量规律，也包括四则运算学习过程中的数量关系。其中基于四则运算的数量关系，又是四则运算意义的现实体现，因此，也可以把它纳入“数与运算”的学习之中，构建起数的认识、数的运算与数量关系的整体教学。

其二，从“数的意义”与“加减法运算”的关系考量。“数”与“加减法运算”有着共同的核心概念“计数单位”，数是对一个计数单位或几个不同计数单位进行累加所得结果的记录。如“8”表示由“8个一”累加所得的结果，“88”表示由“8个十和8个一”累加的结果，不过此时的累加等同于组合。而“加法”与“减法”的基本含义是“合并(加)”和“去掉(减)”过程的记录，在具体情境中，形成了从加法和减法基本含义出发的数量关系：分量+分量=总量、总量-分量=分量。那么，如何得到合并或去掉后的结果呢？从数的意义出发，形成了“相同计数单位相加减”这样一种基本的运算法则。因此，把“数的认识”与“加减法”看成一个整体研究，更能够体现两者的内在联系。

基于上述两个方面的考量，形成数的认识、加减法运算与加减法数量关系相互融合的“数与加减法”的整体教学设计。依据这样的思路，有一些整体设计的研究，就不能仅仅从单元整体设计的思路进行了，而是要把相关联的两个甚至三个单元看成一个整体进行梳理、反思与实践。具体形成了十二个专题进行实践研究，其中分数的初步认识、分数的意义和性质中的一部分，已经在“小学除法的单元整体设计”这一个专题中已经进行了实践研究，相应的实践成果已经记录在《小学数学整体设计的思与行——小学除法教学》中，本书记录其余十个专题的内容，再加上第一章——数的认识和加减法。

第一章是“数的认识和加减法”的整体梳理。在整体梳理小学阶段数的认识、数的加减法的基础上，分成三个板块：数的认识、数的加减法和加减法数量关系。本章的研究只包括自然数、分数与小数，自然数按照由简到繁编排，小数和分数则采用集中学习、分层推进的策略。加减法的运算可以分成加减法的意义、算理与算法的学习，在数的认识后编排相应的加减法运算。加减法的数量关系来源于加减法的运算意义，并在解决具体问题中不断得到丰富，特别是从“总分关系”到“相差关系”，形成了加减法数量关系解决问题的两类基本的数量关系。

从第二章到第十一章，是十个专题实践研究，因为把数的认识与加减法作为一个整体研究，所以从100以内数的认识开始，把原本独立的、先数后算的编排结构，整合成“数的认识与加减法”这样一个单元，使得数的认识、加减运算和数量关系真正成为了一个相互联系的有机整体。下面分章简要阐述各章研究的主题和需要解决的问题。

第二章——“5以内数的认识和加减法”整体设计，研究的主题是“记录数数过程与结果，形成数学知识与经验”。“5以内数的认识和加减法”是学生第一次系统地认识数与第一次学习加减法。主要研究的问题是，在教学中要让学生知道数的认识从哪几个视角进行学习；加法和减法的含义是什么，它们之间有怎样的联系；加法和减法的运算与“数数”“数的分与合”有怎样的联系。

第三章——“6～9的认识和加减法”整体的设计，研究的主题是“利用活动经验，形成数学结构”。把人教版教材中“6～10的认识和加减法”单元中的“10的认识和加减法”编排到“11～20数的认识”中，使得本单元数的特征更加突出，即与上一章中学习的“5以内数的认识”构成一个整体，即0～9这10个数，既是自然数，也是自然数的数码。主要研究的问题是，在教学中如何迁移“5以内数的认识与加减法”中的学习经验，怎样把数的分与合、加减法的计算、用加减法数量关系解决问题看成一个有机的整体进行教学设计；怎样结合图示认识连加、连减和加减混合运算的含义与计算策略。

第四章——“10～20各数的认识与加减法(1)”整体设计，研究的主题是“优化数的表达，经历创造过程”。本单元既是十进位值制记数学习的起始单元，也是两位数加减一位数的第一次学习。把“10的认识与加减法”纳入“11～20数的认识”，使得十进位值制更加完善。主要研究的问题是，如何分层有序地围绕“10”的三轮认识，结合对10～20数的多元表征，感知十进位值制记数法，如何借用小棒图、计数器等直观工具学习十几加几的不进位加法和十几减几的不退位减法的计算方法，提供怎样的结构化的学习材料，通过不断地变式让学生会用序数的信息求基数的问题。

第五章——“20以内的进位加法和退位减法”整体设计，研究的主题是“利用数的组成，统一加减算理”。这一个单元把人教版一年级上册的“20以内的进位加法”与一年级下册的“20以内的退位减法”看成一个整体进行教学，其特色是用“11～18数的组成”，以“一图四式”的形式写出“20以内进位加法和退位减法”，再利用“凑十法”和“破十法”进行验证。主要研究的问题是，利用怎样的学习材料让学生能够把数的组成、“一图四式”有机地联系起来；采用怎样的编排方式，把加减法的学习与用加减法的数量关系解决问题交替编排。

第六章——“100以内数的认识和加减法”整体设计，研究的主题是“意义与运算融合，算理与算法有根”。把人教版教材中一年级下册的“100以内数的认识”“100以内的加法和减法(一)”和二年级上册的“100以内的加减法(二)”三个单元的内容看成一个整体进行梳理与反思，把这三个单元重构成两个单元。第一个单元称为“100以内数的认识和加减法”，安排在一年级下，第二单元称为“连加、连减和加减混合运算以及解决问题”安排在二年级上。本课题研究的是其中的第一个单元的内容，主要研究的问题是，怎样围绕“计数单位”，把数的认识与加减法运算有机地结合起来；怎样充分利用加减法笔算的直观性，先学习加减法的笔算，再进行相应的口算。

第七章——“万以内数的认识和加减法”整体设计，研究的主题是“用好迁移类比，形成学习结构”。“万以内数的认识与加减法”包含了人教版教材中三个单元的内容，分别是二年级下册的“万以内数的认识”，三年级上册的“万以内的加减法(一)”“万以内的加减法(二)”。把这三个单元看成一个整体进行教学，主要是为解决以下几个问题：如何用加减法促进数的认识；怎样把估算解决问题融合到计算中，体会估算解决问题的价值；如何从万以内加减法入手，由总到分组织加减运算的学习。

第八章——“大数的认识”整体设计，研究的主题是“回溯数的产生，形成数的结构”。“大数的认识”是小学阶段对自然数的认识的最后一个单元，本次研究中要解决的问题是，设计怎样的学习路径，把原教材中的四个相互独立的学习板块看成一个整体；把哪些知识点进行有机地融合，使得知识点之间能够相互促进，提升学习效率。

第九章——“小数的初步认识”整体设计，研究的主题是“借助多元表征，体会小数内涵”。“小数的初步认识”的“小数”来源于现实生活，又通过“十进分数”认识它的含义，在本次研究中解决的问题，创设怎样的现实情境，把小数与整数进行合理沟通，发现小数与整数的外在区别与内在联系；通过怎样的学习路径，让学生把小数与十进分数取得联系，体会到小数是十进分数的简写形式；通过怎样的学习方式，让学生自主概括出简单的小数加减法与整数加减法之间相同的算理与算法；创设怎样的问题情境，让学生在用小数加减法解决较复杂的问题的过程中，归纳出好问题的基本标准。

第十章——“小数的意义和性质(1)与小数加减法”整体设计，研究的主题是“意义与运算同行，性质与算理同步”。这一个研究主题，是在对人教版五年级下册“小数的意义和性质”“小数的加法和减法”进行整体梳理，找到“小数的意义和性质”中与“小数的加法和减法”中有密切联系的部分组成一个单元，把“小数点的移动引起小数的大小变化的规律”“小数和单位换算”纳入“小数乘除法”的学习中，因为它们是小数乘法与除法的学习基础。本次研究主要解决的问题有，设计怎样的学习路径，让学生从整数的计数单位中延伸出小数的计数单位，构建起整数的计数单位与小数的计数单位之间的联系与区别；选择怎样的学习材料，让学生自主发现小数加减法的算理与整数加减法的算理的一致性，将整数加减运算定律推广到小数加减法中。

第十一章——“分数和分数加减法”整体设计，研究的主题是“联结知识要素学习分数加减”。本课题的研究内容是在对人教版五年级下册“分数的意义和性质”“分数的加法和减法”的整体梳理后形成的新的两个单元之一。把其中“分数的意义和性质”中的“通分”“分数的大小比较”纳入“分数的加法和减法”这一单元中，形成了本单元的学习内容。在本次研究中解决的问题是，创设怎样的学习情境，把异分母分数的大小比较、异分母分数的加减法与通分构建成一个整体，让学生在解决前两个问题的过程中，自然地经历通分的过程；编排怎样的题组，让学生在利用原有的经验解决加减混合运算的过程中，发现整数加减法中的运算定律同样可以推广到小数加减法中，使得小数加减法的运算变得简便；怎样引导学生深入观察与分析，发现“喝果汁问题”中喝去的“水”和“果汁”的变化规律。

从上述十章的整体设计的主题确定与研究要解决的问题中可以发现，与前两轮整体设计的研究——“小学乘法教学”与“小学除法教学”相比较，本轮的整体设计中，对教材中的单元编排的调整力度更大，这是与我们的研究主题直接相关的。因为我们力图打破数的认识与加减法交替编排的形式，把同一个主题下的数的认识与加减法看成一个整体进行设计，用“计数单位”沟通“数”与“加减运算”之间的内在联系，用“数的意义”解释“加减运算”的算理，用“加减运算”表征“数的意义”。

本书取名为《小学数学整体设计的思与行——小学数的认识和加减法》，可以与已经出版的两本书构建起一个整体：小学数学整体设计的思与行——小学数的认识和四则运算。如果把这三本书整体阅读，可以整体了解“数与代数”学习领域中围绕四则运算的主要内容的思与行。希望通过这样的实践研究，与更多热爱小学数学教学的专家与老师进行交流，并能够对我们的研究提出宝贵的意见与建议。

邵汉民

2024年1月10日

# 目 录

# 第一章
# 数的认识和加减法

把数的认识和加减法作为一个整体进行梳理分析，可以更好地体现两者之间的联系。

小学阶段认识的数主要指自然数、分数和小数，它们既有相同的功能——记数，又有不同的产生背景——自然数是1的累加、分数与小数是1的平均分。自然数起源于"数数"，是在"数数"的过程"自然而然"产生的数。教材在编排自然数的认识时，是按照"自然数"的数量不断地增加，逐步由数码直接记数(0～9数的认识)，到十进位值制记数；从"数数"到依据十进位值制记数法拓展计数单位，记录更大的数；从精确数到近似数，丰富记数的价值。"分数"的引入也是由于记数的需要，即记录"不足1"的情况。此时，需要把"1"平均分，得到比"1"小的计数单位——分数单位，用"分数单位"的累加记数，就产生了分数。人们在使用分数记数时发现，分数的计数单位——分数单位，和十进位值制记数法的记数方法不一致，人们想到了一个解决的办法，从$\frac{1}{2}$、$\frac{1}{3}$、$\frac{1}{4}$……这些分数单位中，选择其中十分之一、百分之一、千分之一……组合成小数的计数单位，并与自然数的十进位值制记数法合并，形成包含了自然数与小数的新的十进位值制记数法。以上的自然数、分数与小数的产生背景，在人教版小学《数学》教材编排中，是如何体现的？有哪些可以改进的地方？需要我们通过认真梳理教材的基础上进一步进行完善与优化。

教材中加法和减法的编排与数的认识是交替推进的。在学习了新的数之后，或在同一个单元中编排相应的加法和减法，或在后续学习时独立安排单元。加法和减法含义的形成有两个背景，一是数的分与合，二是现实问题情境中的合并与去掉，前者可以得到加法和减法的计算方法，后者则可以结合实际情境形成数量关系。加法和减法的学习，包含了加法和减法的含义、加法和减法的计算和用加法和减法解决问题。首先学习的是加法和减法的含义，结合图示让学生学习“总分关系”的加法和减法的含义，以及相应的数量关系。接着，学习加法和减法的计算。最后，是利用加法和减法的数量关系解决问题。这样的学习结构并不是只经历了一轮，而是经历多轮循环、螺旋完善的。那么教材又是如何编排这样的学习序列，又有哪些地方需要我们加以重视的呢？

教材中学习的数主要有自然数、分数、小数，这些数的学习是按照由简到繁，不断丰富的思路编写；加法和减法是结合具体情境概括出加减法的意义后，先计算再应用。具体见下页图。

围绕图，我们按照数的认识、加法和减法运算以及加减法的数量关系这三个维度展开梳理。

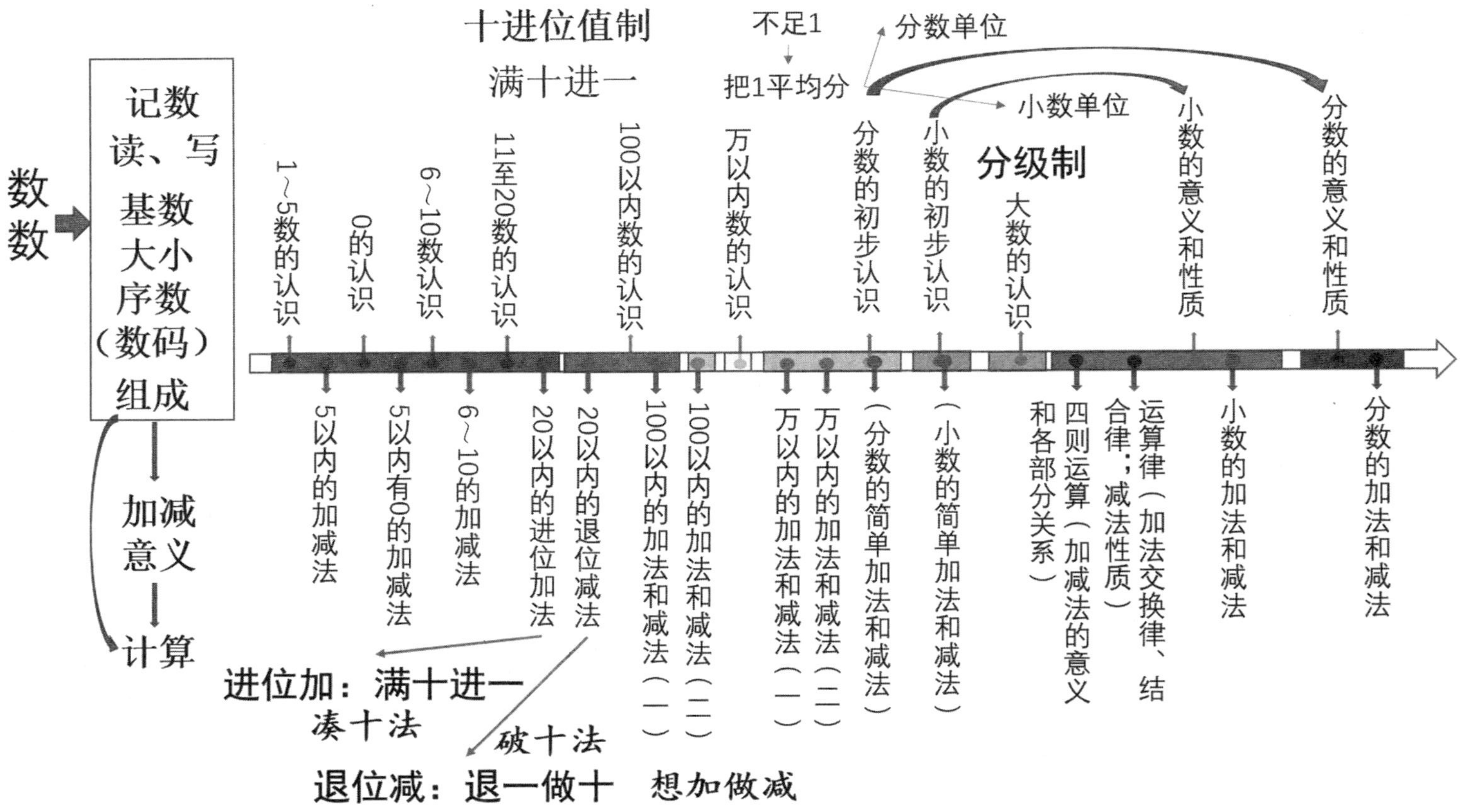
数数
记数
读、写
基数
大小
序数
（数码）
组成
加减
意义
计算
十进位值制
满十进一
不足1
把1平均分
分数单位
小数单位
分级制
1～5数的认识
0的认识
6～10数认识
11至20数的认识
100以内数的认识
万以内数的认识
分数的初步认识
小数的初步认识
大数的认识
小数的意义和性质
分数的意义和性质
5以内的加减法
5以内有0的加减法
6～10的加减法
20以内的进位加法
20以内的退位减法
100以内的加法和减法（一）
100以内的加法和减法（二）
万以内的加法和减法（一）
万以内的加法和减法（二）
（分数的简单加法和减法）
（小数的简单加法和减法）
四则运算（加减法的意义和各部分关系）
运算律（加法交换律、结合律；减法性质）
小数的加法和减法
分数的加法和减法
进位加：满十进一
凑十法
破十法
退位减：退一做十
想加做减

# 第一节
## 数的认识

因为与加法和减法的运算相结合做“数与运算”主题的整体设计，所以本次研究中的数只包括小学阶段学习的非负数范畴下的自然数、分数与小数。下面以教材为基础，按自然数、分数与小数的顺序进行梳理。

### 一、先“简”后“繁”认识自然数

在教材中，虽然自然数的概念到四年级上册“大数的认识”单元中才归纳，但是自然数的学习从一年级上册开始，到四年级上册结束，一共有六个单元。这六个单元又可以分成三个部分。第一部分是一年级上册5以内数的认识、6～10各数的认识，统称为10以内数的认识，主要通过数数认识自然数的基本意义——几与第几。第二部分是11～20各数的认识、100以内数的认识和10000以内数的认识，主要通过数的不断变大，不断学习与完善十进位值制数的特性。第三部分是大数的认识，主要学习当数变大时分级记数的方法，以及当数变大时可以用改写或取近似数的方法使得记录更加简洁。

#### （一）结合“10以内数的认识”了解数的基本含义

结合具体情境，通过“数数”分别认识“10以内的数”。“数数”时根据需要，用两种方法记录，一种是“几”，另一种是“第几”，这也是自然数的两种基本含义。在现实生活中，具体的情境也是不一样的。如图1.1–1，创设农家小院的情境，用数数的方法概括出各种事物的多少。如图1.1–2是小明排队的情境，很自然地联想到“小明排第几”。

图1.1–1

图1.1–2

根据“几”的含义，自然有了“大”与“小”、“多”与“少”的区别，为表达两个数之间的这一种特性，引入了关系符号“＜”“＝”“＞”。如图1.1–3，从“猴子分水果”的情境中可以发现，这里比较的两个数有具体的情境，猴子在分水果时，哪种水果正好分完，哪种水果每人分一个时有多余或者不够？

图1.1–3

当“数数”是为了表示顺序时，自然有了“前后”关系，一般地，越往后数，数越大。当数的是物体个数时，一般从“1”开始，如果开始数的位置表示起点时，就从“0”开始数。如图1.1–4中，结合猴子吃桃子的情境，出现了0，表示没有，即个数为“0”个；而下面尺子中的0，就表示起点，0后面的1、2、3……实际上表示从0开始相应的(1 cm)段数，从中也可以看出，序数和基数是有联系的。

图1.1–4

不论是表示“几”还是“第几”，都需要有合适的方式进行表征。首先可以用直观的小棒、小圆片等实物表示，在此基础上进一步用数码表示。如图1.1–5，先数出打扫卫生的学生人数，再用点子图与小棒图表示出人数，此时点子与小棒是一一对应的关系。在此基础上，再出示数码“6”，从而认识到数码“6”所表示的含义——6个一。

图1.1–5

以上学习过程，为后续学习自然数打下了基础，指明了方向，即数(shù)起源于数(shǔ)，要抽象简洁地记录数，就需要创造用来记录数的抽象的数码，用数码记录数(shǔ)的结果。同时,从10以内数的学习中,也基本定位了之后数的认识的主要内容,即记数、数的读写、数的大小比较、数的基本意义(基数、序数)。0～9各数的认识,这里作为数的基本意义进行学习,均表示有“多少个1”,后续学习中它们将成为数码,在不同的数位上表示不同的大小。

这里还特别要指出的是“10”的认识,此时学习的“10”只表示“10个一”,是在“9”的基础上再往后面数的下一个数。因此,并没有用两档的计数器进行计数,也没有出现把10根小棒捆在一起表示“1个十”的图示(如图1.1-6)。

图1.1-6

在10以内数的认识的梳理时,我们没有把“10以内数的分与合”作为数认识的一部分,而是把它作为加法与减法学习的一部分。因为10以内数的分与合,是产生加法和减法运算的现实基础,或者说,加法与减法是记录数的分与合的数学化形式。

**(二)结合“万以内数的认识”逐步认识十进位值制**

为什么把“11～20各数的认识”“100以内数的认识”“10000以内数的认识”看成一个整体,称为“万以内数的认识”呢?因为这三个单元的内容,除了数位越来越多,数越来越大之外,学习的核心内容并没有变化,即十进位值制数,核心概念为计数单位。但是,具体学习内容则随着数位的增加,各有侧重。

**1. “11～20各数的认识”中经历十进位值制的形成过程**

学生在“数数”后用数码记数的过程中逐步体会到:当数越来越大,如果每个不同的数都要创造出一个数码,既不利于记忆,更不利于表征。“十进位值制记数法”就在解决这一问题的过程中产生了。

教材创设了数图片、小正方体和小棒的情境(如图1.1-7),发现数出的数量都超过了之前学习的最大数10。怎样表示这些比10更大的数量呢?面对图中的这些数量,现在的大部分一年级上的学生,都能够直接表示为11张、16个和20根。

但是，为什么可以这样表示，有什么共同的特征呢？教材首先结合小棒图，通过把10根捆成1捆这一个活动，认识了“10个一”就是“1个十”。进而结合图示，认识11～20各数表征的含义，以及相应的读写（如图1.1-8）。

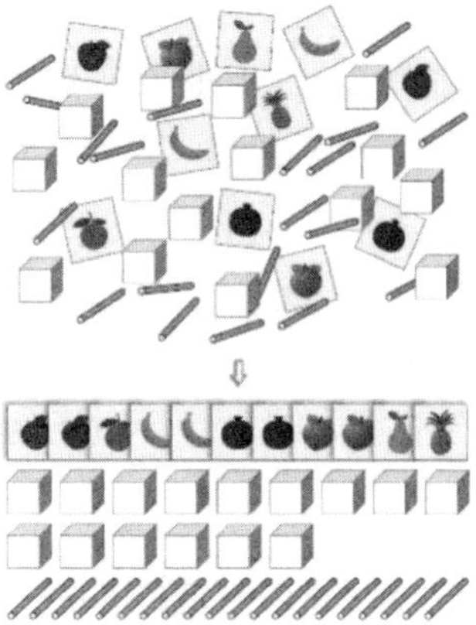

图1.1-7

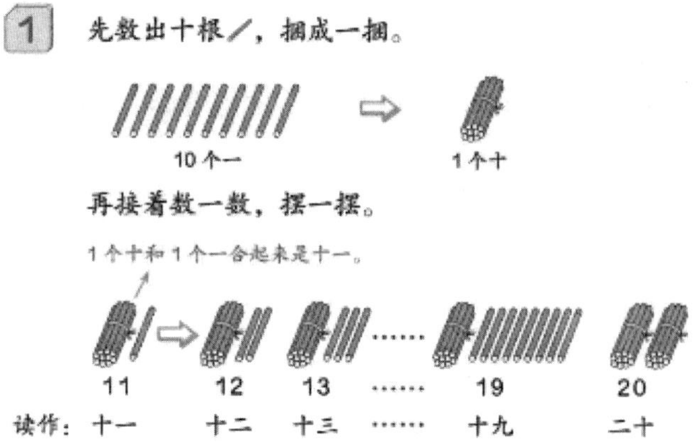


图1.1-8

此时，11～20的数还是一个整体，其中“11～19”形成的表象就是“1捆加几根”，20就是2捆。也就是在这时候，十位上的“1”与个位上的“1”是有直观的大小区别的。如果需要进一步进行抽象，就要借助计数器的结构特征，引入十进位值制。如图1.1-9，把用小棒表示的“11”在有两档的计数器上表示后发现，“11”中的两个“1”都是用一颗珠子表示，但是这两个“1”表示的实际意义不相同，再从“11”增加到“17”，发现左边一位上的珠子没有变化，但右边一位上的珠子由1颗变成了7颗，说明这两个数有共同的地方——“十位”上的数不变，也有不同的地方——“个位”上的数不同。从而引出了个位、十位，以及它们的含义。再从“17”至“20”，则可以在个位上一颗一颗地增加珠子，到“9颗再增加1颗”时，就要“满十进一”，从而认识到十位上的2就表示“2个十”，个位上一个数都没有，就用0表示，也就是个位上的“0”与十位上的“2”按照十进位值制进行了区分，从而经历了“十进位值制计数法”的形成

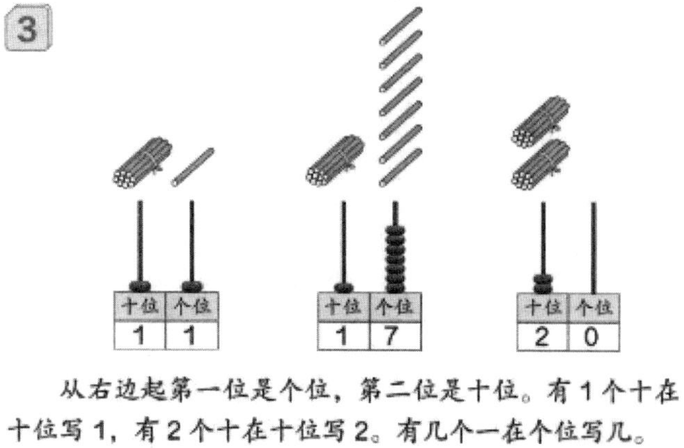


图1.1-9

过程。

**2. “100以内数的认识”中积累认识数的活动经验**

“100以内数的认识”是在“20以内数的认识”的基础上学习的。在“20以内数的认识”的三个单元的学习中，学生掌握了自然数认识的主要内容与学习方式。“100以内数的认识”则让学生依据原有的学习经验，更加规范、准确地表征自然数，为后续的“10000以内数的认识”积累起更加完善、扎实的活动经验。本单元分成以下几个板块。

第一个板块是数数与数的组成。结合数数，经历新的计数单位的形成过程，如图1.1-10，在对“百羊图”进行估计的基础上，发现比我们原来学习的最大数20还要多，所以依据学习经验，转化成数小棒和小正方体来解决问题。教材中预设了两种数数的方法，左边一种是一根一根地数到10根，捆成一捆，再1捆、2捆地数，10个10是100，右边是1个1个地数，数到99后，再加1个就是100，也就是100表示100个一。用两种不同的计数单位认识了100的含义之后，接着再结合小棒图、计数器等认识两位数的组成。

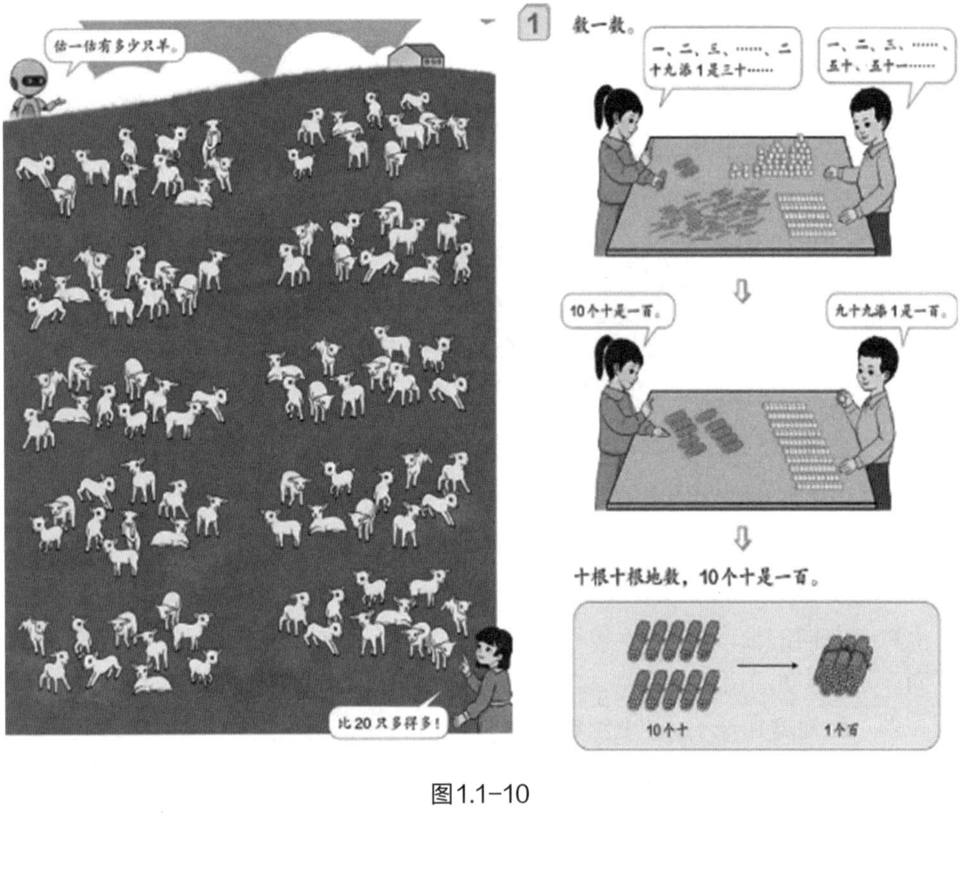


图1.1-10

第二个板块是数的顺序和大小比较。教材利用百数表，把1～100各数在已填部分数的基础上，按照数的顺序填写完整，并结合具体问题，探究数之间的规律（如图1.1-11）。很显然，这个活动，既是对100以内数的序数含义的理解，也能激发起学生对数的规律探究的兴趣。接下来数的大小比较，分成两个层次。第一个层次学习数的大小比较方法，结合计数器与小棒图，从中概括出两个两位数比较大小的方法，即十位上的数大的这个数就大，十位上的数相同时，个位上的数大的这个数就大。在后续的练习中，还可以把100与两位数进行比较，让学生体会到当数位不相同时数位多的那个数大，这就是整数大小的比较方法。第二个层次是数的大小程度的定性表述，采用直观图示，让学生感受到同样比较出谁多谁少，但是多与少的程度不相同，可以进一步利用表示程度的词“多一些”“少一些”“多得多”或“少得多”来形容（如图1.1-12）。

**数的顺序、比较大小**

**4** 按照数的顺序，在空格里填数。

| | | | | | | | | | |
|---|---|---|---|---|---|---|---|---|---|
| | 2 | | 4 | | 6 | | 8 | | 10 |
| 11 | | 13 | | 15 | | 17 | | 19 | |
| | 22 | | | | | | 28 | | |
| | | 33 | | | | 37 | | | |
| | | | 44 | | 46 | | | | |
| | | | | 55 | | | | | |
| | | | 64 | | 66 | | | | |
| | | 73 | | | | | | | |
| | 82 | | | | | | 88 | | |
| 91 | | | | | | | | 99 | |

（1）给十位是3的数涂上绿色，个位是3的数涂上黄色，个位和十位数字相同的数涂上粉色。

（2）你能从表里发现哪些有趣的排列？

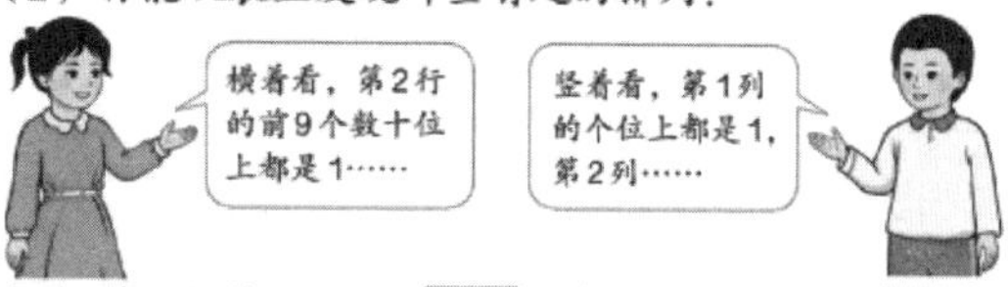


（3）第4行第8个数是□，第5行第8个数是□。

做一做

按照上表中的排列，在空格中填上适当的数。

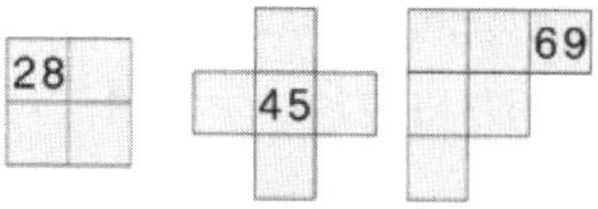


图1.1-11

**6** 用“多一些”“少一些”“多得多”“少得多”说一说。

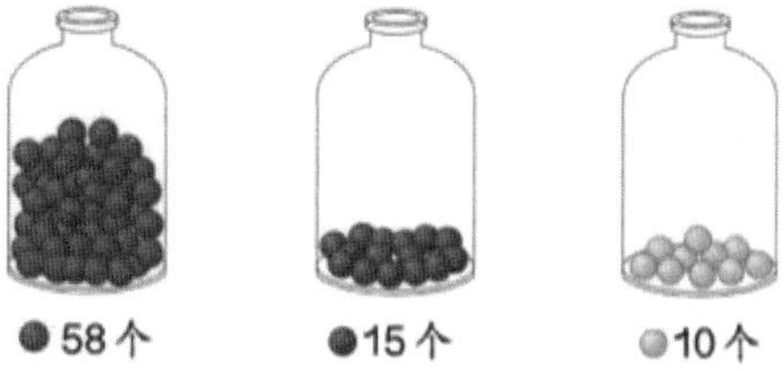

图1.1-12

在这个板块中，最后还安排了解决问题（如图1.1–13），这个问题实际上是数的组成的应用，因此应该包含在第一个板块中更加合理。

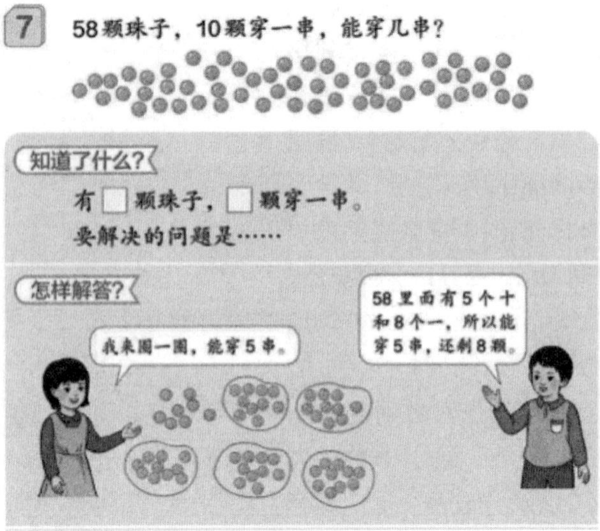


图1.1–13

第三个板块是整十数加一位数和相应的减法。在数的认识时学习简单的加法和减法，11～20各数的认识时已经有这样的编排，如图1.1–14。在11～20各数的认识时，依据数的组成，结合具体图示，用“一图三式”的形式把“十几”写成加法与减法算式。其中，图1.1–14中的是结合小棒图，把“13”写成了一个加法算式和两个减法算式，这三个算式，实际上就是依据“13”的分与合，即“13可以分成10和3”“10和3组成13”完成的。例5中的加法和减法则是对计数器上拨珠过程的记录。如图1.1–15就是100以内数的学习中的简单加法和减法，它与图1.1–14中的例4一样，实际上是用加法和减法表示32的分与合。

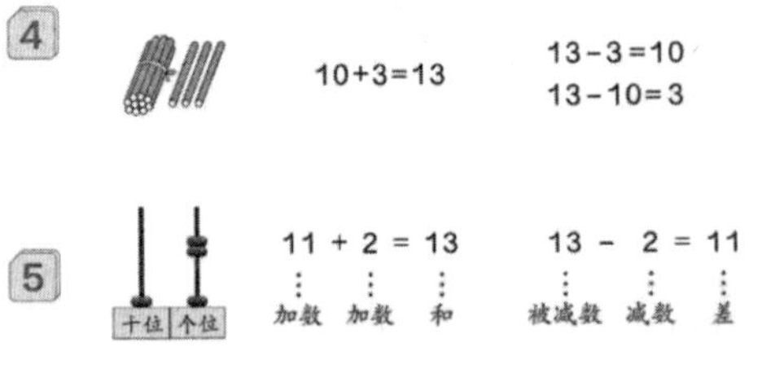


图1.1–14

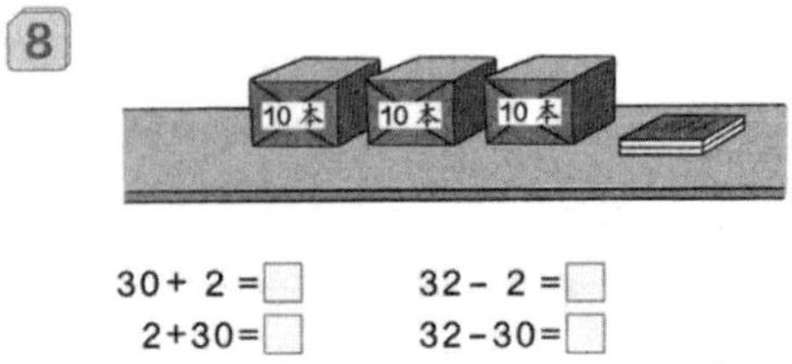


图1.1–15

3. “万以内数的认识”中感知较大数的复杂性

“10000以内数的认识”与“100以内数的认识”相比，数位变多了，数的读写、大小比较也变得更加复杂了。因此，把“万以内数的认识”分成了“1000以内数的认识”与“10000以内数的认识”。“1000以内数的认识”与“100以内数的认识”的学习序列相同，但是学习材料有所不同，在学习计数单位时，“100以内数的认识”用小棒，用捆一捆得到新的计数单位百（如图1.1–10）。而1000以内数的认识，则用小正方体，通过排一排、叠一叠得到新的计数单位千（如图1.1-16）。还增加了新的记数工具——算盘（如图1.1-17），“算盘”从名称上就可以知道它有计算的功能，但是在这里我们学习的是它的记数功能。

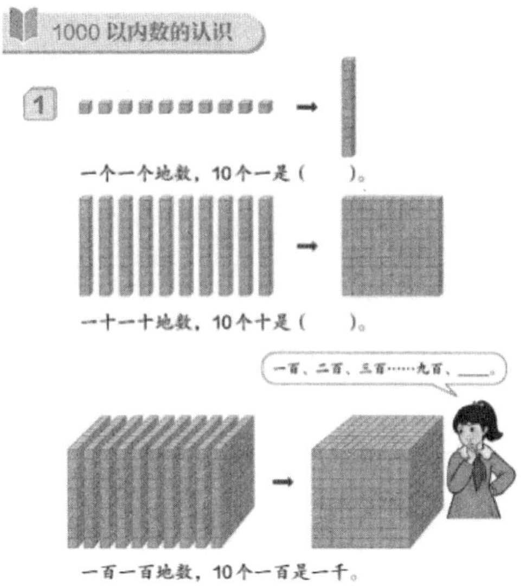


图1.1-16

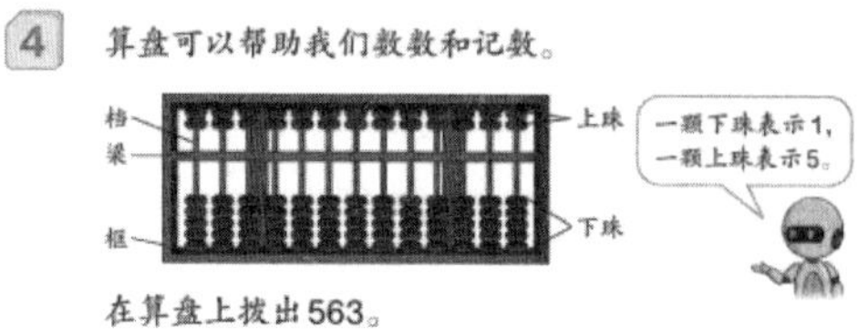


图1.1-17

10000以内数的学习时，为解决大数记忆难度较大的问题，引入了近似数的概念（如图1.1-18），但是，依据教材编排没有要求学习用“四舍五入”法求近似数，而是求与已知数最接近的整千整百数。

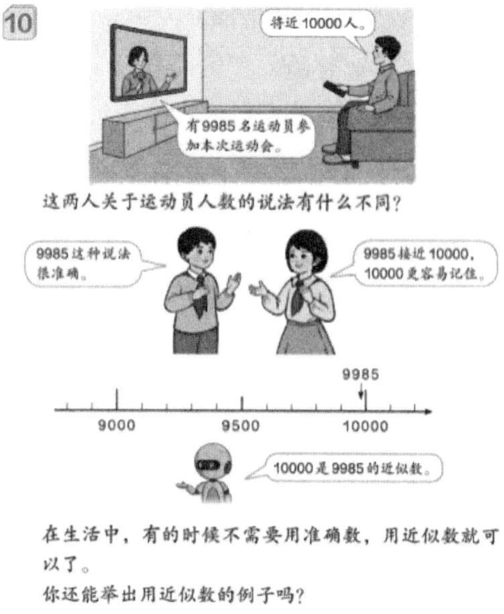


图1.1-18

**（三）“大数的认识”中体会数级的作用**

“大数的认识”编排在四年级上册，是自然数的认识的最后一个单元。具体又分成“亿以内数的认识”“亿以上数的认识”两个板块，学习“数级”和利用“数级”进行数的读写、改写与取近似数是本单元学习的重点。

1. 利用数级构建数位顺序表

在“万以内数的认识”时，每一个计数单位名称都是独立的。但是表示比“万”更大的计数单位时，却发现要用到以“万”作为单位的复合单位，一万一万地数到10个一万就是“十万”，依次类推，就有了“百万”“千万”“万万”，其中的“万万”有了新的计数单位名称“亿”。接着再以“亿”为单位，一亿一亿地数到10个亿就是“十亿”，依此类推，就有了“百亿”“千亿”……此时，再回顾计数单位，发现了三个不同的计数单位“个”“万”“亿”，分级记数的数位顺序表自然地产生了（如图 1.1–19）。

| 数级 | …… | 亿级 | | | | 万级 | | | | 个级 | | | |
|---|---|---|---|---|---|---|---|---|---|---|---|---|---|
| 数位 | …… | （ ）位 | （ ）位 | （ ）位 | 亿位 | 千万位 | 百万位 | 十万位 | 万位 | 千位 | 百位 | 十位 | 个位 |
| 计数单位 | …… | （ ） | （ ） | （ ） | 亿 | 千万 | 百万 | 十万 | 万 | 千 | 百 | 十 | 个 |

图1.1–19

2. 利用数级进行数的读与写

“大数的读与写”和“万以内数的读与写”的根本区别，就是分级后的读与写。也就是充分利用每一个“分级”的单位，把“大数”分成最多为四位的“小数”，使得读与写的方法得到了优化。

怎么让学生体会到这一种优化呢？教学中可以采用让学生自主读与写，再进行比较的方法。如图 1.1–20 中让学生读“24960000”时，学生用了两种读数的方法，左边一种就是按“万以内数的读法”，从最高位起，按计数单位一位一位地读，右边是分级读，读完万级在后面加一个“万”字。让学生比较哪一种方法比较简便。

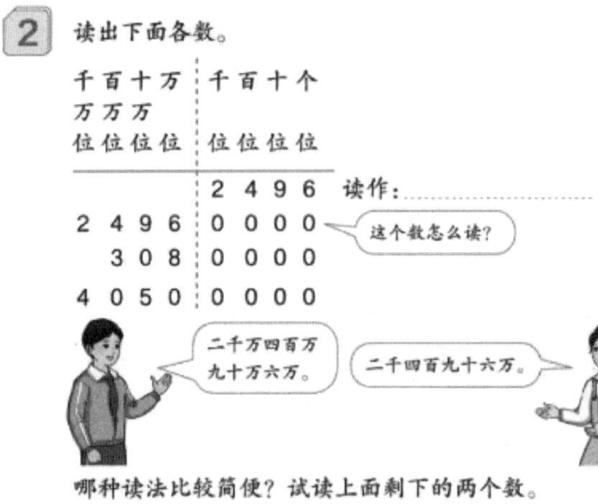


图1.1–20

3. 利用数级进行大数改写或求近似数

在写数时，当一个数的整个“个级”或者“个级”“万级”都为零时，依据读数的经验，自然地可以省略“个级”或者“个级”“万级”的零，然后加“万”字或“亿”字。求一个数的近似数，在二年级下册“万以内数的认识”时已经学习，但当时并没有学习“四舍五入”求近似数，并且取近似数时省略的尾数都改为了 0。而在学习了“改写”之后，用“四舍五入”法省略尾数后加“万”或“亿”就可以了（如图 1.1–21）。

182068 ≈ 180000

小于 5，把它和右面的数全舍去，改写成 0。

182068 ≈ 18 万

218309 ≈ 220000

大于 5，向前一位进 1，再把它和右面的数全舍去，改写成 0。

218309 ≈ 22 万

图1.1–21

由于“大数的认识”是自然数的认识的最后一个单元，所以还特别安排了“数的产生”“计算工具的认识”“算盘”“计算器”，包含了“数的认识”的背景性知识，让学生更好理解数的产生、形成与发展的过程。在“计算器”这一节中，还学习利用计算器探索整数乘法与除法中包含的规律。

## 二、通过平均分问题情境学习分数

在数的认识中，人类创造的第一类数就是“分数”。我们知道，自然数是通过“数数”得到的，那么“分数”又是通过怎样的活动得到的呢？从教材创设的情境中可以发现，分数是人们为了解决平均分物时结果不足“1”的问题而创造出来的。

### （一）平均分一个物品时产生分数

教材中的“分数的认识”分为三年级上册的“分数的初步认识”和五年级下册的“分数的意义和性质”。其中“平均分一个物品时产生分数”安排在三年级上册的认识“几分之一”和“几分之几”这两个板块中。

教材首先创设了学生秋游时在公园分月饼的情境，把一个月饼平均分成2份或4份，每人得到的一份不足一个，如何表示呢？依据每份与整个月饼的关系创造出了$\frac{1}{2}$和$\frac{1}{4}$(如图1.1–22)。再用同样的方法，在长方形与圆形的纸片上创造出$\frac{1}{3}$和$\frac{1}{5}$。学生依据这样具体的分数例子，指出分数各部分的名称，接着再通过折一折与比一比(图1.1–23)两个活动进一步认识分数的含义。

图1.1–22

图1.1–23

在认识了“几分之一”后再认识“几分之几”，只要在一份的基础上进一步涂出几份，就可以认识几分之几。基于这样的活动，学生在现有的认知范围内认识到的分数中，最大的就是分子与分母相同的分数(如图1.1–24)。

图1.1–24

可以发现，教材中“分数的初步认识”一课中的分数，都是由具体的图示进行表征的。除了可以把实物与图形平均分后表征分数外，还可以把一个计量单位平均分，如图1.1-25中，把1分米平均分成10份，要求学生依据分数产生经验表示出1份、3份和7份，分别表示1分米的$\frac{1}{10}$、$\frac{3}{10}$、$\frac{7}{10}$。

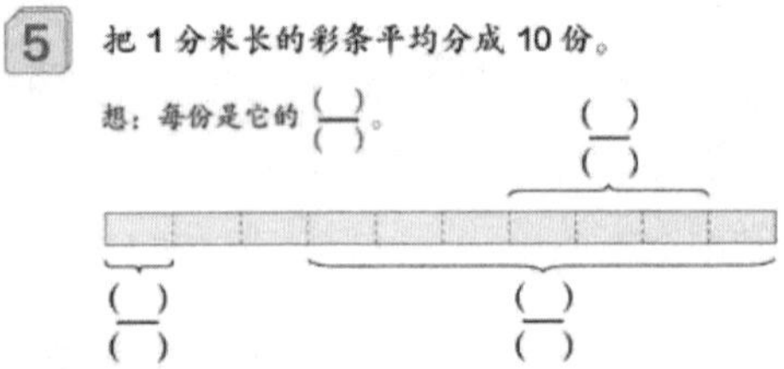

图1.1-25

可以发现，以上这些分数，都是表示部分与整体之间关系的分数。

在平均分物的过程中，由于对单位“1”的细分程度不同，会出现大小相等的分数，探究这些分数之间的变化规律，就可以得到分数的基本性质。如图1.1-26，通过图示直观地发现三个不同的分数大小相等，进一步观察发现每两个分数之间分子与分母的变化规律，进而可以从中概括出分数的基本性质。

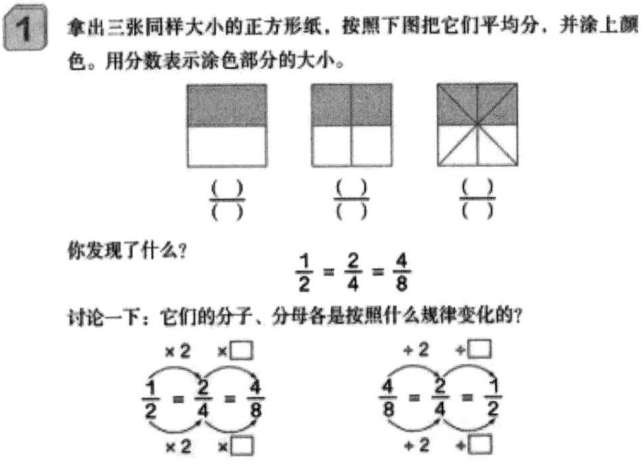

图1.1-26

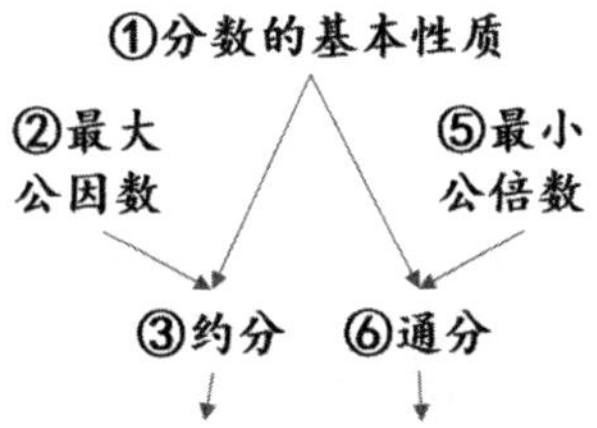

图1.1-27

分数的基本性质是约分与通分的基础，而约分与通分还需要先分别学习最大公因数与最小公倍数。这样就形成了以分数的基本性质为基础的编排结构(如图1.1-27)。

### (二) 平均分一些物品时产生分数

把一些物体看成一个整体，平均分成若干份后，这样的一份或几份也可以用分数表示。这是分数含义的一次突破，也是分数乘法与除法数量关系形成的基础。人教版《数学》三年级上册的分数初步认识这一单元中，在“分数的简单应用”这一板块，先学习了把一些事物看成一个整体后，部分与整体之间的关系用分数表示

（如图1.1–28），再依据部分与整体的关系，已知整体量求部分量（如图1.1–29）。通过如图1.1–29的解决问题，可以加深对分数各部分的含义以及分子、分母之间关系的理解。

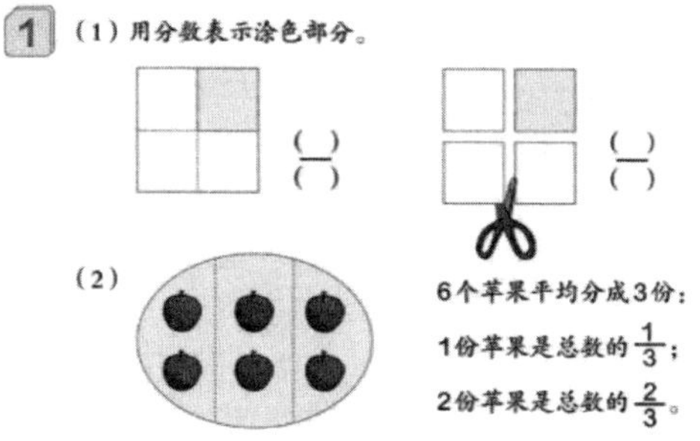


图1.1–28

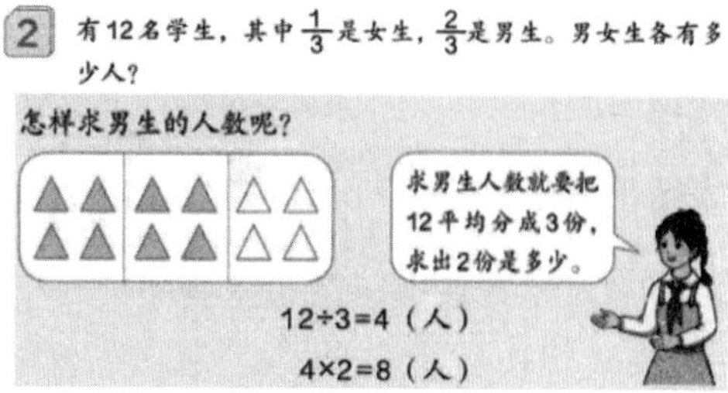


图1.1–29

把一些物体平均分成若干份，求每份是多少，此时也可以产生分数，而且是表示具体数量的分数。这个学习内容，教材编排在五年级下册分数的意义和性质的“分数与除法”一课，这也是教材中第一次出现表示量的分数。但是教材中只安排每人分到的不足1的情况。所以，假分数、带分数都是通过把一个物体看成单位“1”，当表示出这样整个或多于一个的物体是单位“1”的几分之几时得到的。

## （三）计算除法、比的过程中产生分数

分数与除法有着密切的联系，除了由平均分产生分数外，也可以由除法、比产生分数。这类分数的产生，是对学习三年级上册“求一个数是另一个数的几倍”的完善。

如图1.1–30中的两个问题，都是求“一个数是另一个数的多少倍”，但是第一个问题的“倍数”大于1，是三年级上册学习的内容。第二个问题是“倍数”小于1，在人教版2013年版小学《数学》教材中的问题为“鹅的只数是鸭的几分之几”，与三年级上册的问题进行了区别。用同样的问题结构，有利于数量关系的迁移。

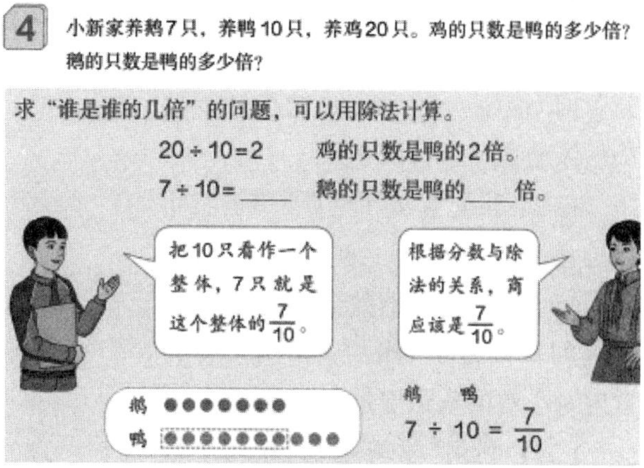


图1.1–30

依据分数与除法的关系，还可以实现分数与小数的互化。这一部分的学习，分成分数化小数与小数化分数两个部分。

## 三、利用二元经验融合学习小数

在教材中，小数的认识编排了两个单元。第一个单元是“小数的初步认识”，编排在三年级下册，是以三年级上册“分数的初步认识”为学习基础。第二个单元是“小数的意义和性质”，此时的学习基础是“分数的初步认识”“小数的初步认识”“十进位值制记数法”。与分数相比，小数在日常生产生活中应用更加广泛，因此，还要充分利用学生已有的生活经验。

### （一）依据“生活经验”学习小数的读写

小数在日常生活中十分常见。因为小数与整数在格式与意义上一致，也是十进位值制记数，在记录价格、单位换算等方面相较于分数都更加方便。所以，教材在引入小数时，直接运用了生活中的各种包含小数的情境。

如图1.1–31，教材呈现了电子秤、标价牌和温度计这三种物品上的小数，请学生依次读一读、写一写，让学生认识小数点，知道小数点左边的数与右边的数的不同读法。

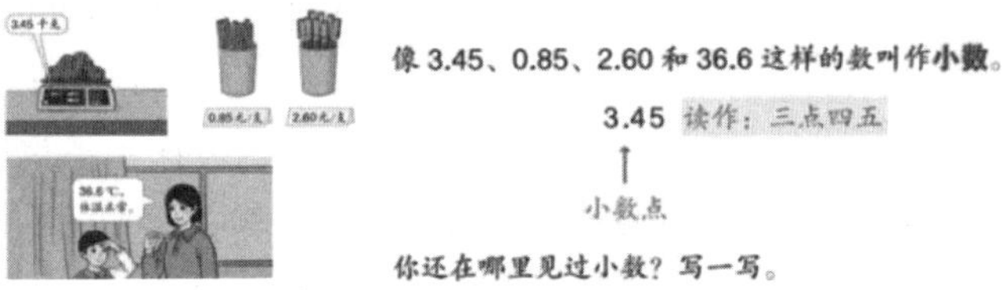


图1.1–31

由于是小数的初步认识，因此，教材中没有对小数点左边部分是“整数部分”与小数点右边部分是“小数部分”加以区别。因为此时的小数需要从整体的视角进行认识。

在“小数的意义和性质”中也有小数的读法与写法。此时的读法与写法，是建立在包含小数部分的数位顺序表的基础之上（如图1.1–32），使得学生对小数的认识更加具体完善。

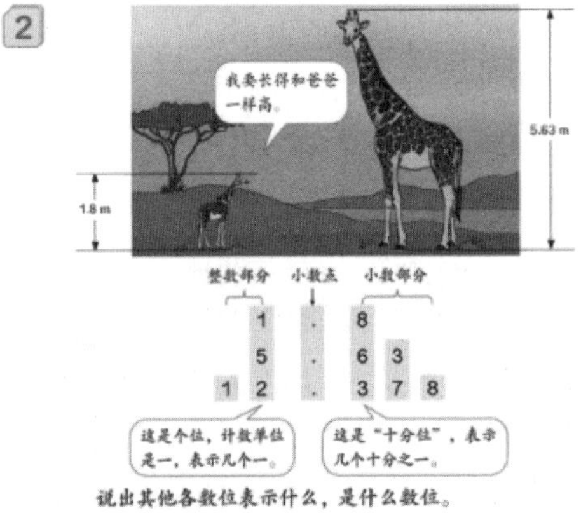


小数的数位顺序表

| | 整数部分 | | | | | | 小数点 | 小数部分 | | | | |
|---|---|---|---|---|---|---|---|---|---|---|---|---|
| 数位 | …… | 万位 | 千位 | 百位 | 十位 | 个位 | | 十分位 | 百分位 | 千分位 | 万分位 | …… |
| 计数单位 | …… | 万 | 千 | 百 | 十 | 一（个） | · | 十分之一 | 百分之一 | 千分之一 | 万分之一 | …… |

图1.1–32

### （二）利用“学习基础”学习小数的意义

小数也叫作“十进分数”，因此，认识小数的意义，可以从认识“十进分数”入手。具体需要经历两个阶段，第一个阶段是三年级下册的“认识一位小数”，在结合具体情境读写小数的基础上，再一次出示情境（如图 1.1–33），请学生判断“1 米 3 分米”高的小华，是否在 1.2 米到 1.5 米之间。

图1.1–33

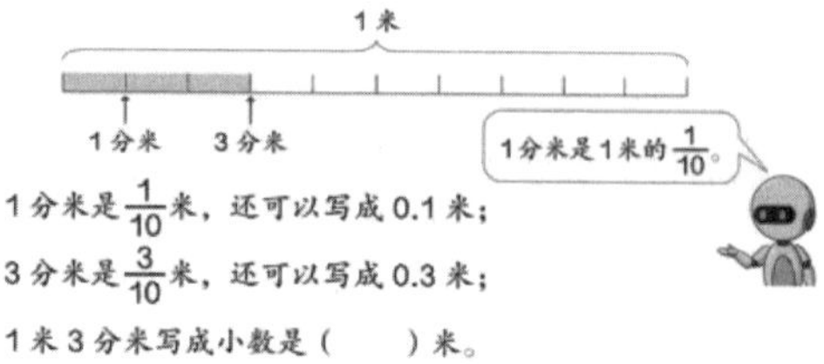


图1.1–34

结合米尺，分别把“3 分米”与“1 米 3 分米”转化成小数，认识用米做单位的一位小数的含义。这是一个很巧妙的问题情境。在现实中，复名数与小数有着相同的功能，小数的小数部分在转化成整数时，要用更小的单位记录。利用“米”与“分米”之间的进率，把分米作单位的整数转化成用米做单位的小数（如图 1.1–34）。

四年级下册“小数的意义和性质”的学习，是三年级下册小数初步认识的延伸。进一步利用米尺上的刻度，归纳出小数的计数单位，通过小数的计数单位不断地变小，认识到“小数”中“小”的含义——计数单位可以越来越小（如图 1.1–35）。把变小的过程不断地延续下去，就出现了无限小数。

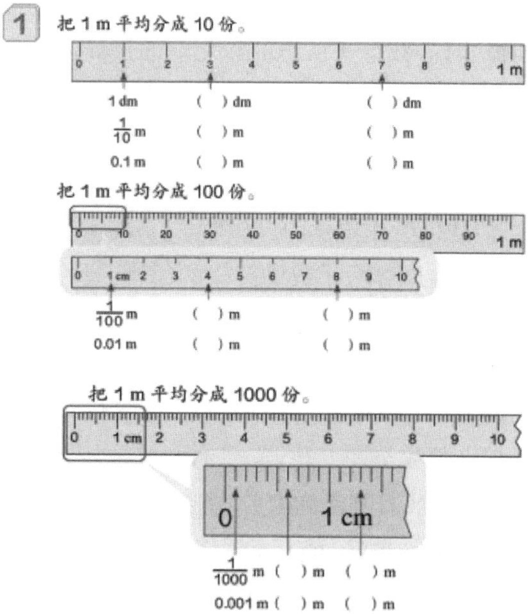


图1.1–35

无限小数是在五年级下册学习小数除法时结合除法的计算产生的(如图1.1-36)。此时的学习基础已经由“十进分数”转化成小数除法的笔算,主要学习的是其中的循环小数。

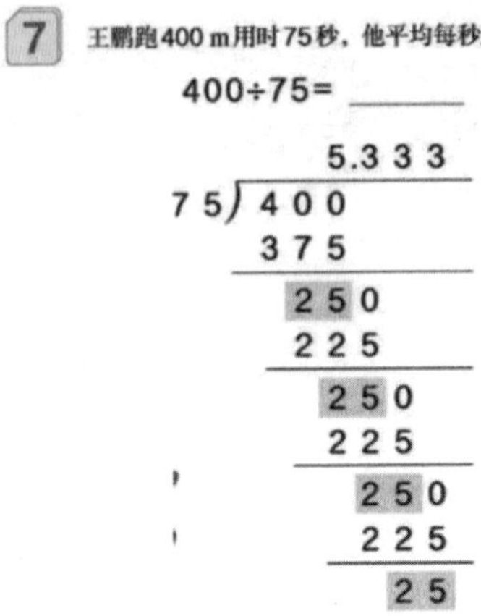


图1.1-36

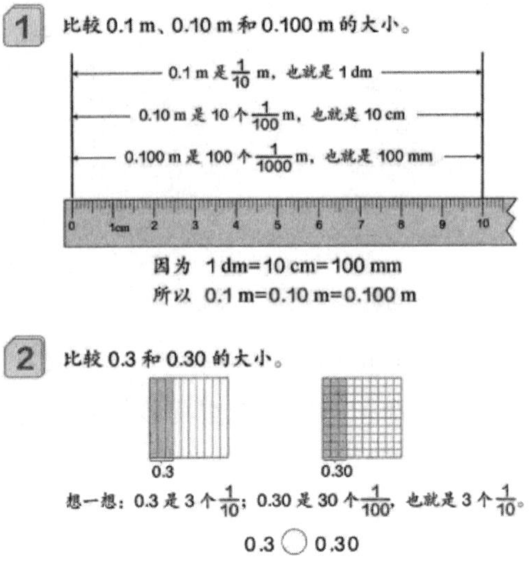


图1.1-37

小数的基本性质与小数的近似数的学习,在创设现实情境引出问题后,再利用原有的学习基础进行解释或解决问题,归纳出小数的基本性质和求小数近似数的方法。

小数的基本性质是对小数意义认识的深化。通过商品标价中的“8元”表示成“8.00元”,“2.5元”表示成“2.50元”进行猜想:小数的末尾添上0或去掉0,小数的大小不变,接着再结合单位换算与直观图示进行验证(如图1.1-37)。

小数的近似数的学习基础是四年级上册“大数的认识”中用“四舍五入”法把一个“大数”改写成用“万”或“亿”作单位的近似数。

从上述编排思路中可以发现,小数的意义的编排,是在具体的情境中,由简单到复杂逐步引出不同的小数,利用原有的学习基础进行解释,不断加深对小数的认识。

**(三)分析变化规律,学习小数点的移动**

“小数点移动引起小数大小的变化”学习的价值是什么?四年级下册“小数的意义和性质”中的“单位换算”与五年级上册“小数乘法”中的“积的变化规律”“小数除法”中的“被除数末尾添0后再除”都需要依据这一规律。

实际上,小数点移动引起小数的大小变化,就是通过“单位换算”过程中整数的大小变化规律,归纳出相应的小数点移动引起大小变化的规律。如图1.1-38,等式左边的数从上往下看，小数点从左往右移动，右边的数分别乘10、100、1000，从而概括出小数点向右移动时小数大小的变化规律。从下往上观察，进一步概括小数点向左移动时小数大小的变化规律。

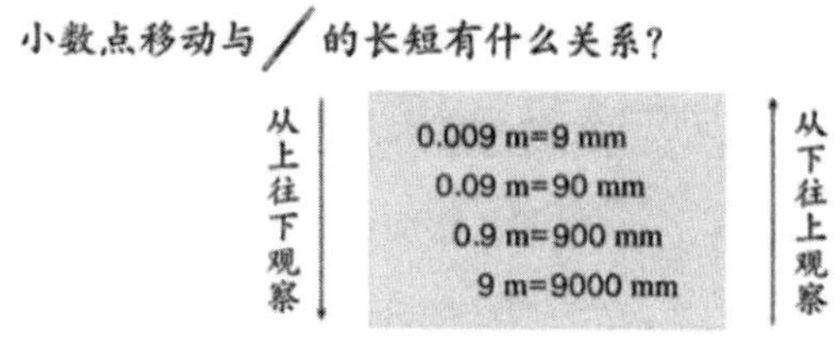


图1.1-38

依据教材，我们对“自然数”“分数”“小数”进行了梳理。我们发现，数是为了对事物进行定量刻画而产生的。“自然数”是以“1”为计数单位，一个一个地“数数”的过程中自然而然地产生的数。当需要记录的结果不足“1”时，就需要创造比“1”小的计数单位，再一个一个地数出这样的计数单位进行记录，这样就产生了分数与小数。

# 第二节

## 加法和减法运算

数的认识与加减法运算交替推进是教材编排的基本特点。先认识数的意义，再在同一个单元或独立一个单元学习相应的加减法。其中自然数的加法和减法采用多轮学习逐步完善数，即加减运算也随着认识的自然数越来越大，由口算到笔算再到估算。分数与小数的加减法计算，则经历两轮，从分数与小数的初步认识后的简单的加法和减法，到学习了分数与小数意义后的分数、小数加减法计算。

### 一、整数的加法和减法

整数的加法和减法，是随着数的认识不断地丰富与完善的。首先是认识10以内的数后结合数的组成学习加减法。接着，在认识11～20各数后学习进位加法与退位减法。最后，在认识100以内的数与10000以内的数后学习多位数加减法。在这个过程中，随着运算变得越来越复杂，由一开始的口算加减法到笔算加减法，最后还结合具体问题学习用估算解决问题。

#### （一）用数的合与分计算10以内的加减法

"10以内的加法和减法"包含在两个单元中，与"5以内数的认识"组成"5以内数的认识和加减法"，与"6～10数的认识"组成"6～10数的认识和加减法"。教材具体编排时，也是先学习数的认识，再学习相应的加法和减法（如图1.2-1）。

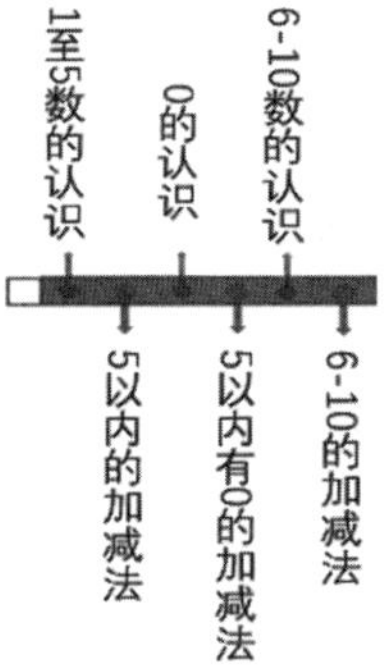

图1.2-1

1. 结合操作活动学习数的组成

在同一个单元中既有"数的认识"又有"加法和减法"，那么，哪里是它们的衔接点呢？"数的组成"就是它们的衔接点。如"5

以内数的认识和加减法”这一个单元中，先结合数数，认识了1～5各数以及读写，并结合具体情境学会了大小比较，以及序数的含义。在此基础上，进一步创设情境，请学生把“农家小院”中的4朵向日葵与2个箩筐联系起来，把4朵向日葵放入2个箩筐中，有几种不同的放法(如图1.2-2)。

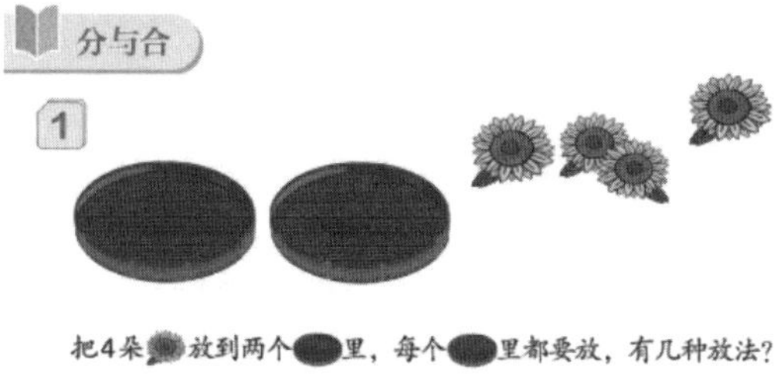


图1.2-2

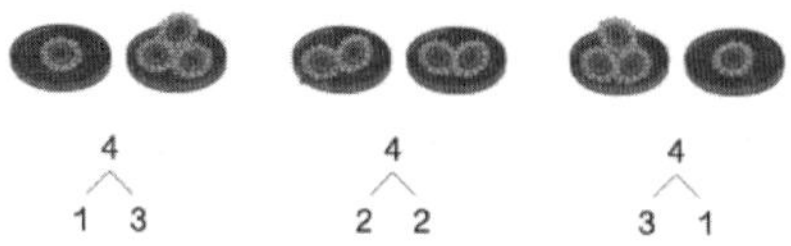


图1.2-3

结合操作活动，再用具体的数进行记录，得到了如图1.2-3数的分与合。从上往下看，可以表示成“4可以分成1和3”，是“分”的含义；从下往上看，可以表示成“1和3组成4”，是“合”的含义。在这三组4的分与合中，特别是“把4分成2和2”这一组，引导学生发现，分成的两个数一样大，渗透“平均分”的含义。“5的分与合”在解决农家小院“5个玉米放到2个箩筐里，有几种不同的放法”中学习。

“3的分与合”渗透了减法的含义。如图1.2-4，一共有3颗棋子，已知其中一只手里面的棋子数，猜想另外一只手里面的棋子数。此时的“3”就是总量，1或2就是分量，另一只手中的棋子数就是另一个分量。

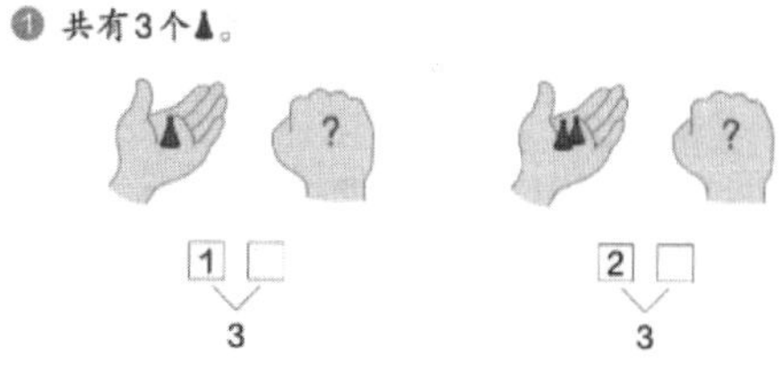


图1.2-4

在“6～10的认识和加减法”中，采用涂色或学具摆一摆等形式，在认识相应的数之后，学习相应的数的分与合。

2. 创设情境用加减法表示分与合

加法与减法的含义与数的分与合有着密切的联系。通过创设具体情境，让学生联系生活理解分与合的含义，并分别用加法与减法表示。如图1.2-5，把左手与右手中的气球合并到一只手中，

图1.2-5

表示“合并”;把手中的1只气球放飞,表示“去掉”。此时的运算结果并不是通过计算得到的,只是数的分与合的另一种记录形式。

因此,在具体教学中,可以先让学生用已经学习的数的组成表示,然后再分别用加法与减法表示,说明各部分在“图示”与“分与合”中的对应关系,进而认识加减法算式中各部分的含义。

3. 结合经验进行加减运算

结合具体情境,认识了加法与减法的含义,那么加法与减法作为运算,如果不借助具体的图示,可以怎样得到计算结果呢?如图1.2–6,依据图示中加法与减法的含义列出算式后,提出问题:它的结果是多少呢?引导学生用数数或数的分与合求出结果。显然在这两种方法中,用数的分与合推算出结果更加方便。

图1.2–6

对于10以内的加法和减法的计算,要达到记忆的程度。在实际教学时,加法可以利用数的组成直接说出结果,减法则用“想加做减”的方法也直接说出结果。所以,在认识6～10后安排的加法和减法,就成为一个整体,采用“一图四式”的形式,让学生依据一个图示,用不同的数量关系列出不同的四个算式。具体教学中,可以先引导学生用“合并”的思路列出加法算式,再利用“分开”的思路列出减法算式,并利用与加法的关系,直接说出减法运算的结果。

图1.2–7中还特别创设两名同学相对而坐,看图列式的情境,从左图可以看出,都是依据“左边的个数＋右边的个数＝总个数”列式,而列出的算式正好是加号左边和右边的两个数交换了位置。从右图可以看出,都是用“总个数－左边的个数＝右边的个数”列出减法算式,但列出的减法算式不相同。

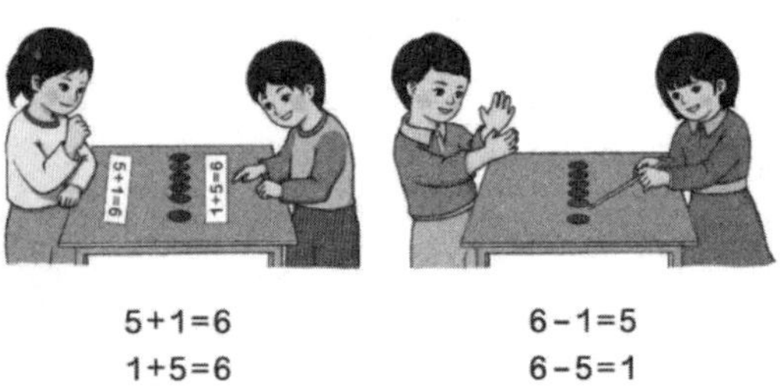

图1.2–7

具体地，“6～10的认识和加减法”中的“数的认识”“加减法”又被分成了三个相对独立的板块，分别是“6和7的认识和加减法”“8和9的认识和加减法”“10的认识和加减法”。每个板块的编排结构基本相同。在这三个板块中，特别强调“10的认识和加减法”，从数的认识来讲，虽然10也是在“前一个数后面再加1”得到新的数，但是它的记数方法与前面认识的“0～9”的结构不同，相应的加法与减法更是后续学习进位加法与退位减法的重要算理。因此，“10的认识和加减法”也可以后移到“11～20各数的认识和加减法”的学习中。

**（二）分类推进20以内的加减法的计算**

这里“20以内的加减法”是指在“11～20各数的认识”之后学习的加减法，包括三个部分，分别是用数的分与合计算20以内的加减法、20以内的进位加法和20以内的退位减法。其中的第一部分包含在“11～20各数的认识”这一单元中，其他两个部分各自独立成为一个单元。

**1. 按照数的分与合学习20以内的加减法**

“11～20各数的认识”单元中，在认识了11～20各数之后，结合图示学习“整十数加一位数”“两位数减个位上或十位上的数”和“不进位的两位数加一位数”“不退位的两位数减一位数”（如图1.2–8）。

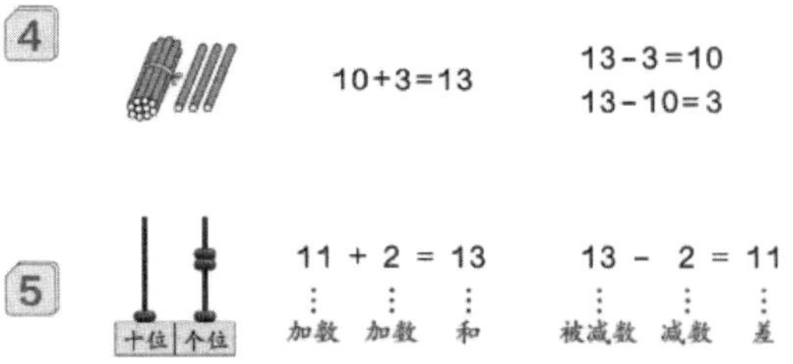


图1.2–8

例4可以看成十进位值制记数法的加法与减法的表达，其中“10＋3＝13”可以看成两位数是“整十数”和“一位数”的组合，此时的加法计算实际上是两位数的组成，即“10＋□＝1□”，这类加法计算的便捷性为后续学习20以内进位加法中的“凑十法”指明了转化的方向。而“13－3＝10”“13－10＝3”既可以用“想加做减”的形式思考，也可以用相同数位上的数相减的思路完成。

例5中的“11＋2＝13”可以看成“不进位的两位数加一位数”，具体的计算方法是“十位不变，个位上的数相加”，“13－2＝11”可以看成“不退位的两位数减一位数”，具体的计算方法是“十位不变，个位上的数相减”。也就是说，具体需要计算的部分就是“10以内的加减法”。

因此，这两个例题的计算虽然相对较为简单，但是对于后续学习的影响较为深远。教学时，既要让学生明白计算方法，更要让学生结合图示明晰其中的算理。

**2. 20以内的进位加法**

教材中的“20以内的进位加法”编排在“11～20各数的认识”之后，并且都在一年级上册。如图1.2-9,创设了求一共有多少盒牛奶的问题情境:可以放下10盒牛奶的箱子里放了9盒牛奶,箱子外面又放了4盒牛奶。要解决这个问题,就是求“9+4”的和是多少。依据原有的经验,可以用“数数”的方法完成;也可以先把箱子外面的1盒放入箱子里凑成10,用10+3=13求出得数。很显然,“凑十法”是把较复杂的“进位加法”转化成比较简捷的“10+□=1□”的加法。

图1.2-9

在具体编排时,20以内的进位加法又分成了“9加几”“8、7、6加几”“5、4、3、2加几”这样三个板块,其中在“9加几”的学习中归纳出“凑十法”,后两个板块的学习中,应用“凑十法”计算。

在“20以内的进位加法”中,“凑十法”既是算理,也是算法。是算理,因为它是十进位值制数的组成的具体体现;是算法,因为它也是“20以内的进位加法”的计算思路。同时,我们也要清晰地认识到,“20以内的进位加法”既是用“想加做减”的方法计算“20以内的退位减法”的基础,也是后续学习“100以内、10000以内各类加法”的基础。因此,要达到“脱口而出”的程度,看到“9+4”要能直接说出它的和是“13”,而不是用“凑十法”这样的计算思路。也就是说,要用数的分与合,计算出结果。如计算“9+4”,可以这样想,因为“9和4组成13”,所以“9+4=13”。用这样的方法,当计算“13-9”“13-4”时,才可以做到“想加做减”。

**3. 20以内的退位减法**

教材把“20以内的退位减法”编排在一年级下册,也就是说与“20以内的进位加法”不是编排在同一个学期。

“20以内的退位减法”中,减法运算的编排结构与“20以内的进位加法”的编排结构相对应,分别是“十几减9”“十几减8、7、6”“十几减5、4、3、2”。具体的计算方法则由“破十法”逐步过渡到“想加做减”。

学习“十几减9”时编排了一个分气球的问题情境:老师一共有15个气球,送出9个,还剩几个?值得注意的是,与例题相对应的情境图并没有与题目中的信息完全一致(如图1.2-10)。所以,在计算“15-9”时用点子图演示“破十法”的过程,并用分步计算的形

图1.2-10

式记录计算过程。在此基础上(如图1.2–11),还介绍了“想加做减”,从而沟通了“9加几”与“十几减9”的联系。另外,还可以用下面的方法:15－9＝15－5－4。

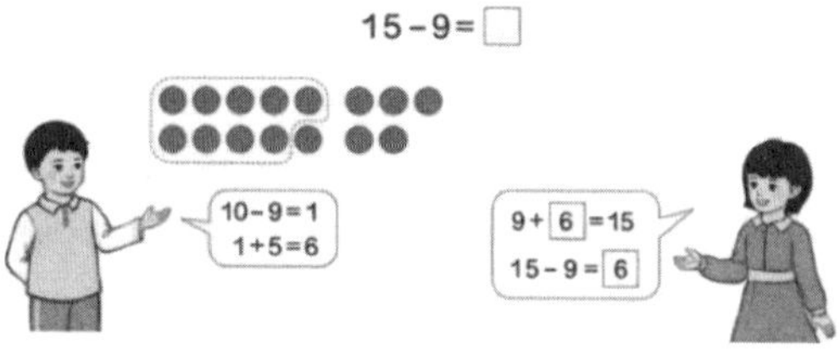

图1.2–11

以上三种方法中,“想加做减”最简捷,但与“20以内的进位加法”熟练程度相关。其他两种方法则与“十几”的组成相联系,利用转化思想,把“十几减9”分解成更为简单的两步计算。

在“十几加9”的学习中,三种方法同等重要,需要理解各自的学习基础及思考特色。而在后面两个板块的学习中,则逐步侧重于“想加做减”这一方法。

“想加做减”作为“20以内的退位减法”的简便方法,需要与“20以内的进位加法”构建成一个整体。为达成这样的目的,可以把“20以内的进位加法”和“20以内的退位减法”这两个单元进行有机整合,利用“一图四式”同时学习加法与相应的减法,让数的分与合成为它们共同的学习基础。

**(三)10000以内的加减法**

我们这里的“10000以内的加减法”包括教材中“100以内的加减法”和“10000以内的加减法”。为什么把这两个部分的加减法放在一起进行梳理呢?因为它们有着共同的计算法则——相同数位上的数相加减,加法中“满十进一”,减法中“退一作十”。它们还有共同的学习基础——10以内的加减法、20以内的进位加法和退位减法。具体地,“100以内的加减法”中主要学习“两位数加减一位数”“两位数加减两位数”,“10000以内的加减法”主要学习“三位数加减三位数”。在具体编排时,随着运算时口算步骤的增加,引入加减法的笔算,由于解决问题的需要,引入了加法的估算。下面以口算、笔算两个方面的编排结构,梳理分析教材中的“10000以内的加减法”。把加法估算解决问题放到“第三节——加减法的数量关系”中进行梳理。

1. 口算加减法的编排结构

一年级下册“100以内数的认识”之后,编排了“100以内的加减法(一)”,在这个单元中,分别编排了“整十数加减整十数”“两位数加一位数、整十数”“两位数减一位数、整十数”这样三个板块。其中“整十数加减整十数”,用“十”做计数单位,把它转化成“10以内的加减法”后再计算(如图1.2–12)。

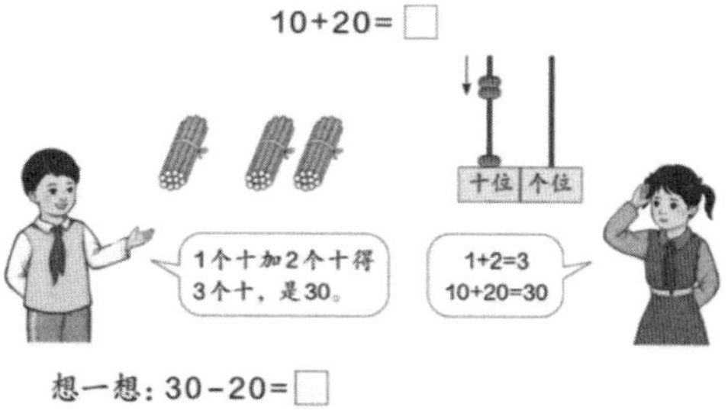

图1.2–12

这一类计算，同时也是后续两个板块中“两位数加整十数”和“两位数减整十数”的学习基础，如图1.2–13中的“26＋20”“35－20”，分别先算“20＋20”“30－20”，再添上没有参与运算的第一个加数或被减数个位上的数就可以计算出结果。因此，图1.2–12和图1.2–13中的三个例题可以看成一个整体。

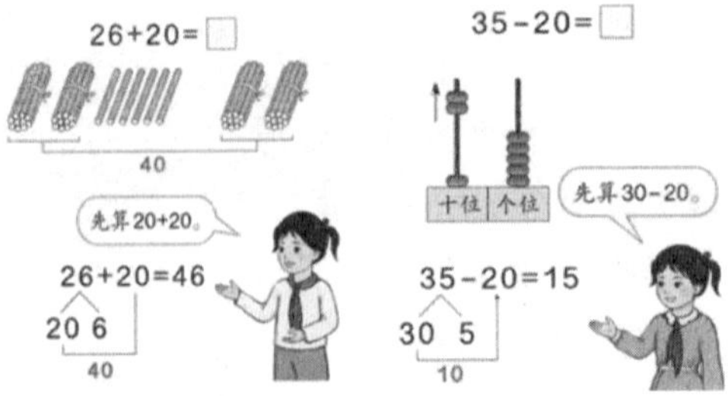


图1.2–13

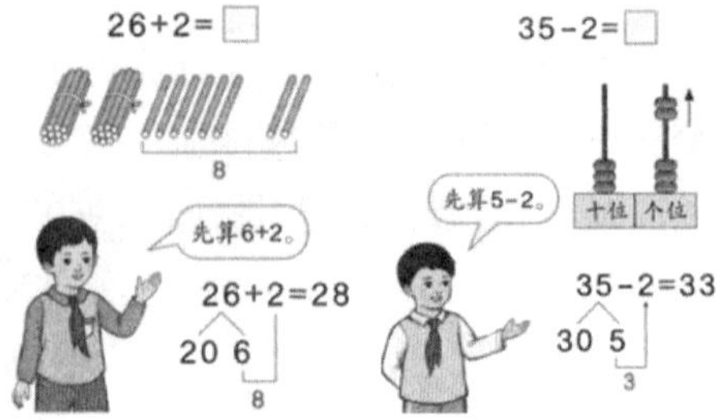


图1.2–14

后两个板块中余下的“两位数加一位数”和“两位数减一位数”，分成两类，一类是不进位加法和不退位减法，这一类加减法，十位上的数没有参与运算，只是个位上的数相加减。因此，实际上可以看成是“10以内数的加减法”和“两位数的组成”的综合（图1.2–14）。另一类是有进位的加法与有退位的减法，这一类计算题与前一类的计算思路相同，在具体计算步骤上，进位加法时个位相加后，接下来的计算是“整十数加两位数”，而有退位的减法，则把被减数先分解成“整十和十几”，先用“十几减减数”，再“整十加差”求出结果，具体如图1.2–15。

从上述思路可以发现，当用加减法计算需要多个步骤才能得出结果时，就把计算分解成“20以内的加减法”“整十数加一位数”“两位数加减整十数”等可以直接口算的步骤。

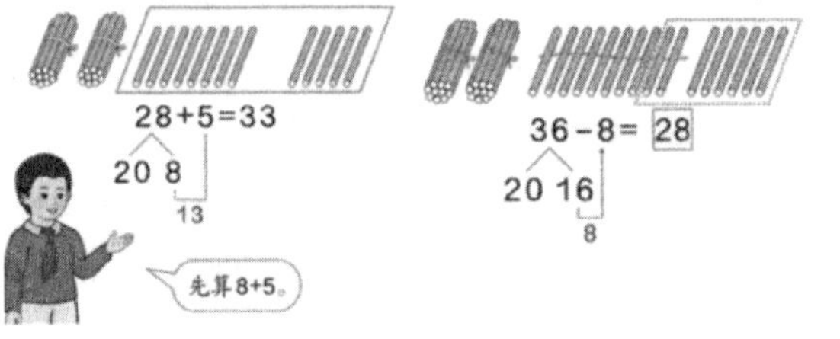


图1.2–15

依据教材顺序，最后一轮学习自然数的口算加减法，安排在三年级上册的“万以内的加法和减法（一）”，即“两位数加减两位数的口算”，它是在已经学习了“两位数加减两位数”笔算的基础上再计算。就计算的难度而言，“两位数加减两位数”的口算比笔算更难，因为笔算把计算过程分解成两次“20以内的加减法”。因此，在学习两位数加减两位数时，可以迁移笔算加法与减法的思路，只是口算时从高位算起（如图1.2–16）。

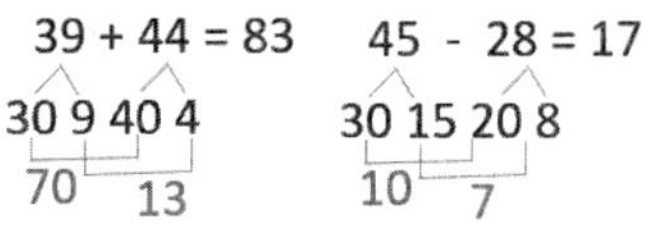


图1.2–16

2. 笔算加减法的编排结构

“笔算加法和减法”是口算加法与减法时分步计算步骤增加后，为了更好地记录分步计算过程而产生的。最早出现在二年级下册的“100以内的加法和减法(二)”中，分成“两位数加减一位数”和“两位数加减两位数”这样两类笔算；接着是三年级上册的“10000以内的加法和减法(一)”，主要学习“几百几十加减几百几十”的笔算；最后是“10000以内的加法和减法(二)”，主要学习“几千几百几十几加减几千几百几十几”的笔算。

从上述梳理可以发现，笔算加减法是建立在口算加减法的基础之上，随着数的认识不断拓展由简到繁进行编排的。

笔算加减法与数的组成也有着密切的联系。摆竖式时相同数位对齐，自然地把进行运算的两个数分解成多个“20以内数的加减法”，这种竖式形式与自然数的数位顺序表完全一致。从个位起一位一位地相加减，“满十进一”“退一作十”，与十进位值制记数法完全一致。因此，把数的认识与加减法有机地融合，可以凸显出数与加减运算有着共同的核心概念——计数单位。

## 二、小数的加法和减法

小数的产生受两个因素的影响，一是小数与分数的联系，小数是十进分数，它是十进分数的简写形式；二是小数与自然数的联系，小数也是十进位值制数。认识小数之后的小数加减法，与分数加减法的计算方法不同，它可以由整数加减法迁移而来。

### （一）简单的小数加减法

三年级下册的“小数的初步认识”中，在学生学习了读写小数与一位小数的含义以及小数的大小比较后，编排了“简单的小数加减法”。这里的“简单”表现在两个方面，首先是参加运算的小数较为简单——一位小数，其次是不总结小数加、减法的计算法则。

教材创设了文具店各种文具标价的情境，选择其中的文具标价提出问题(如图1.2-17)。依据整数加减法解决问题中的数量关系列出算式后，如何计算这样的小数加减法呢？教材提供了两种思路，第一种思路是把“元”转化成“角”，用整数加减法计算；第二种思路是迁移整数加、减法笔算的经验用竖式

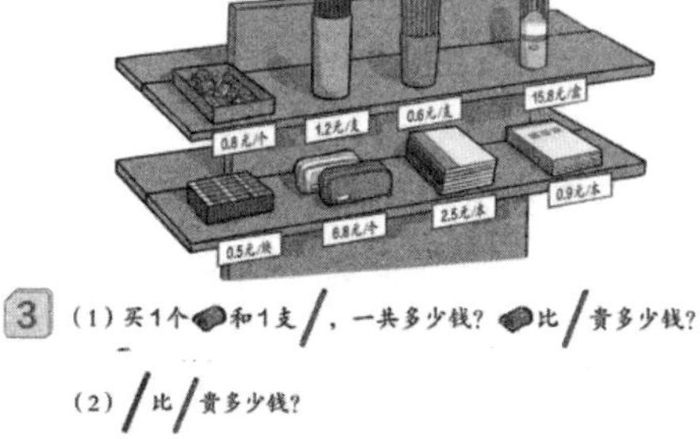


图1.2-17

计算(如图1.2–18)。在竖式计算后提出了两个问题:(1)为什么小数点要对齐?(2)列竖式计算时,要注意什么?如果只有教材中关于小数初步认识的学习基础,要回答这两个问题,不能用专用的数学术语:数位与计数单位。

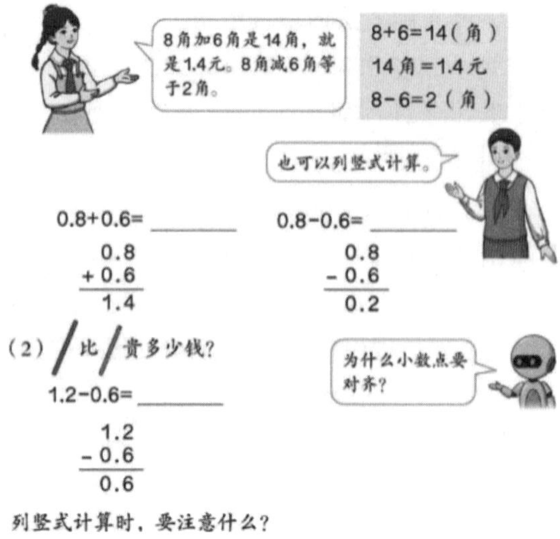

图1.2–18

因此,在小数初步认识需要渗透小数点右边第一位表示的含义是几个0.1,以及10个0.1就是1,并且小数的加减法可以与小数的初步认识作为整体进行教学。在认识小数时创设情境让学生计算如“0.3+0.2”的小数加法计算,并用“3个0.1+2个0.1=5个0.1”进行解释。小数减法可以在小数的大小比较后进一步提出问题,如比较出“0.3大于0.2”后提问:大多少?从而列出减法算式“0.3−0.2”,并用“3个0.1−2个0.1=1个0.1”进行解释。

**(二)小数加法和减法**

这里讲的小数加法和减法是在学生已经学习了“小数的意义和性质”之后进行的。此时,学生已经学习了小数的计数单位、小数的组成与数位顺序表。在这样的基础上再学习小数加法和减法,学生可以从“计数单位”与“数位”这样的术语概括出小数加法和减法的计算法则。

教材编排了两组例题(如图1.2–19),例1是两位小数的加法与减法,例2是一位小数与两位小数的加法和减法。从概括小数加法和减法的计算法则的视角,用例2更容易概括计算法则,因为不论是整数的加法和减法,还是小数的加法和减法,都要求相同数位对齐。但是,从计算加法和减法的相同数位对齐的特征来讲,整数加法和减法要做到个位对齐,而小数加法和减法则要求小数点对齐。例1的

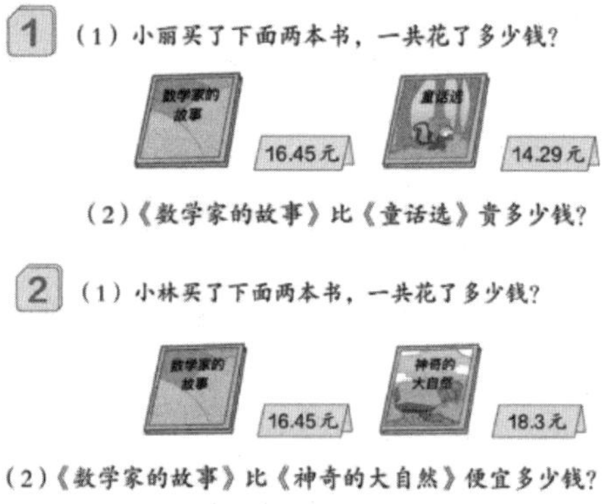

图1.2–19

小数加法和减法不论利用哪一种计算法则都相同,但例2则一定要小数点对齐,才

能做到相同数位对齐。

因此，具体教学时，也可以删去例1，直接用例2进行学习，学生自主计算后反馈总结出小数加法和减法的计算法则。

通过对“小数初步认识”中的“简单的小数加减法”的整体分析，发现与整数加减法相比较，教材中没有编排“小数加减法口算”这样的例题，那么是否说明“小数加减法”没有口算的要求呢？显然不是的。因此，在学习了四年级下册笔算小数加减法后，对于如三年级下册中的“简单的小数加减法”就可以直接口算。

**（三）小数加减混合运算与简便运算**

在“小数的加法与减法”单元中，还编排了小数的加减混合运算，将整数运算定律推广到小数。教材对这两个部分的内容分别编排了例题，分两个课时学习。

如图1.2-20，用题组的形式学习小数的加减混合运算。教学时仍旧采用购书的情境提出问题，学生列出小数的连加、连减或加减混合运算之后，请学生依据整数的加减混合运算的运算顺序进行计算。

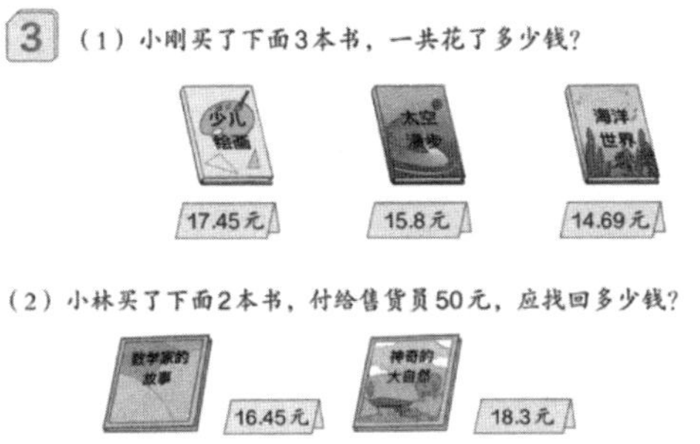


图1.2-20

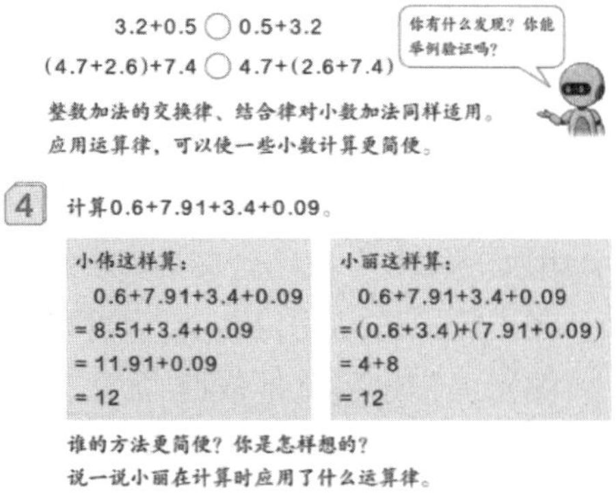


图1.2-21

整数运算定律推广到小数，是整数运算定律第一次推广到其他数的运算中。教材采用先题组计算概括出小数加法运算中的运算定律，接着再用运算定律进行简便计算(如图1.2-21)。

从图1.2-21中的例4小伟与小丽两种计算方法的比较中，体会应用运算定律进行简便计算的优点。从图1.2-19中的例1与图1.2-21中的例4给我们以启发，如例4这样小数连加的算式，可以直接用竖式计算、递等式计算。但是，如果当加数中有相加后凑成整数的，可以先相加，这样计算更简便。

因此，实际教学时，可以把小数加减混合运算与整数运算定律推广到小数整合成一个课时，先出示如例4这样的连加题，让学生自主计算，完成后反馈评析，从四个数连加的竖式计算发现“7.91和0.09”百分位上的数相加满十进一，而“0.6和3.4”

十分位上的数相加满十进一，再进一步计算后发现7.91和0.09相加可以凑成整数8，“0.6和3.4”相加可以凑成整数4，从而联系到整数运算定律——加法交换律和结合律，引导学生举例验证，把整数加法中的运算定律推广到小数，并进行相应的简便运算。

## 三、分数的加法和减法

“分数的加法和减法”的编排结构与“小数的加法和减法”的编排结构相同。首先在三年级上册“分数的初步认识”的单元中学习简单的分数加法和减法，然后在学习了五年级下册“分数的意义和性质”之后，编排“分数的加法和减法”。

### （一）简单的分数加减法

教材三年级下册的“分数的初步认识”中，在结合具体图示初步认识分数之后，编排了“分数的简单计算”，即“分数的简单加减法”。一共编排了三个例题，分别是例1：$\frac{2}{8}+\frac{1}{8}$，例2：$\frac{5}{6}-\frac{2}{6}$，例3：$1-\frac{1}{4}$。3道例题均是结合具体的图示，用加减法与分数的含义推算出结果（如图1.2-22）。从图1.2-22中可以看出，图示操作过程就是依据“加法表示合并”“减法表示去掉”进行操作，而思考的过程，就表示在操作过程中每一个分数的含义及其运算。

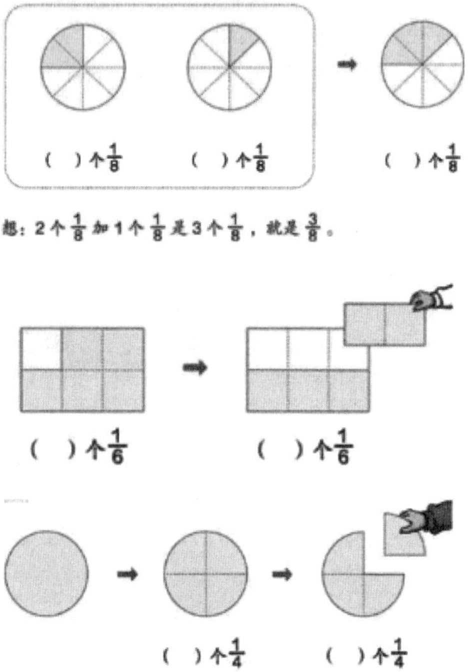


图1.2-22

从教材的编写可以认识到，这里的简单的分数加减法，是对分数含义的再认识，也体现了分数加减法与分数含义有着相同的核心概念——分数单位，相同的思路——分数单位的累加与递减，只是在分数初步认识时没有把“几分之一”概括为“分数单位”。

### （二）分数的加法和减法

“分数的加法和减法”是在学生对“分数的意义和性质”有了充分认识的基础上编排的。它的学习基础有“分数的意义”“分数单位”“分数的基本性质”“通分”“约分”等，这些概念与方法，在不同的分数加法和减法运算中发挥出它们特定的作用。

在具体教学中，教材把“分数的加法和减法”分成“同分母分数加减法”和“异分母分数加减法”这样两个层次。其中“同分母分数加减法”可以看成是对三年级上册中“分数的简单加减法”在新的学习基础上的再学习，概括出同分母分数加减法的计算法则：分母不变，分子相加或相减（如图1.2-23）。与三年级上册的简单的分数加减法相比，概括了计算法则，且利用“约分”化简结果。

$$\frac{3}{8}+\frac{1}{8}=\frac{3+1}{8}=\frac{4}{8}=\frac{1}{2}$$

$$\frac{3}{8}-\frac{1}{8}=\frac{3-1}{8}=\frac{2}{8}=\frac{1}{4}$$

图1.2-23

“异分母分数加减法”则没有真正的独立地进行运算，而是通过“通分”，把“异分母分数加减法”转化成“同分母分数加减法”，然后按照同分母分数加减法的计算法则进行计算（如图1.2-24）。

$$\frac{1}{8}+\frac{1}{4}=\frac{1}{8}+\frac{2}{8}=\frac{3}{8}$$

$$\frac{19}{40}-\frac{3}{20}=\frac{19}{40}-\frac{6}{40}=\frac{13}{40}$$

图1.2-24

把“异分母”转化成“同分母”在“分数的意义和性质”单元中的“异分母分数的大小比较”学习中已经学习。如图1.2-25，解决“黄豆和蚕豆哪个蛋白质含量比较高”的问题之后，进一步思考：黄豆中蛋白质的含量比蚕豆中蛋白质的含量高，各占总量的几分之几？基于这样的思考，异分母分数加减法也可以在异分母分数大小比较后，与“通分”形成同一个课时的学习内容。

5 豆类食品的蛋白质含量较高，经常食用有益于人体健康。黄豆的蛋白质含量大约占 $\frac{2}{5}$，蚕豆的蛋白质含量大约占 $\frac{1}{4}$。黄豆和蚕豆哪个蛋白质含量比较高？

图1.2-25

所以，实际教学中可以把“分数的意义和性质”中的分数的大小比较、通分纳入“分数的加法和减法”的单元学习中，让数学学习具有更强的结构性。

**（三）分数加减混合运算与简便运算**

与“小数的加法和减法”的学习结构相同，在学习了“分数的加法和减法”之后学习分数的加减混合运算和简便运算，教材编排时同样也是分成两个课时学习。

在学习分数的加减混合运算时，首先创设情境，依据整数加减运算的数量关系列出分数加减混合运算的式子，接着再请学生自主计算，学生利用原来的运算经验，分步通分、分步计算，也会利用分数加减混合运算的特点，整体通分、分步计算或者整体通分、整体计算（如图1.2-26）。

小红这样算：

$$\frac{1}{2}+\frac{3}{10}-\frac{1}{5}=\frac{5}{10}+\frac{3}{10}-\frac{1}{5}=\frac{8}{10}-\frac{1}{5}=\frac{3}{5}$$

小亮这样算：

$$\frac{1}{2}+\frac{3}{10}-\frac{1}{5}=\frac{5}{10}+\frac{3}{10}-\frac{2}{10}=\frac{8}{10}-\frac{2}{10}=\frac{6}{10}=\frac{3}{5}$$

图1.2-26

分数加减法中的简便运算，实际上就是将整数运算定律推广到分数。首先结合具体计算归纳出分数加法中的运算定律，接着再利用运算定律进行分数加法中的简便运算，此时的简便运算就是把同分母分数先相加。

如何把分数加减混合运算与相应的简便运算作为一个整体进行学习呢？如图1.2–27中的连加与如图1.2–26中的加减混合运算有着不同的数的特征，图1.2–27中的各数是异分母分数，而图1.2–26中的两题中有同分母分数。基于这样的特征，可以把两类题目组合成一个题组（如图1.2–28），整体出示题组，先请学生审题，先说一说计算的思路，再说思路的过程中结合简便运算的例子，把整数加法运算定律和减法运算性质推广到分数，最后对不能够简便运算的加减混合运算，自主计算后反馈与优化计算思路。

$\frac{3}{7}+\frac{2}{5}\bigcirc\frac{2}{5}+\frac{3}{7}$　　$\left(\frac{2}{3}+\frac{1}{4}\right)+\frac{3}{4}\bigcirc\frac{2}{3}+\left(\frac{1}{4}+\frac{3}{4}\right)$

从上面的算式中，你发现了什么规律？

$\frac{5}{6}+\frac{1}{12}+\frac{7}{12}$　　$\frac{1}{3}+\frac{2}{7}+\frac{1}{5}+\frac{2}{3}$

图1.2–27

$\frac{4}{3}+\frac{3}{4}-\frac{1}{2}$　　$\frac{5}{6}+\frac{4}{9}+\frac{5}{9}$

$\frac{19}{18}+\frac{1}{6}+\frac{1}{18}+\frac{5}{6}$　　$\frac{11}{5}-\frac{8}{15}-\frac{7}{15}$

图1.2–28

# 第三节
## 加减法的数量关系

加减法的数量关系起始于“合并”“去掉”“比较”等现实活动。对这样的现实活动的过程与结果进行数学化记录，就得到了加法和减法的含义，形成了加法与减法的数量关系。在形成加法和减法的数量关系的体系时，是由基本的加减法数量关系逐步延伸出新的数量关系，并依据解决问题的需要，还学习了基于估算解决问题的数量关系。

### 一、基本的加减法数量关系

基本的加减法数量关系产生于现实活动中的“合并”与“去掉”。首先在分与合的学习过程中进行渗透，接着在认识加减法含义时明确数量关系，最后在解决具体问题时应用数量关系。

#### （一）学习分与合时渗透基本数量关系

“分”与“合”是加减法产生的基础，也是加减法基本数量关系形成的基础。如图1.3-1，表示的是5的分与合，从图1.3-1中可以看出5个玉米放到两个筐里面，就是把5进行“分解”的过程。依据第一幅分的图示与记录，就是把5分成1和4，如果进行还原就是1和4组成5。这样，结合具体图示，构成了5，1，4这三个数之间的“合并”与“分解”，为后续得到加减法数量关系做准备。

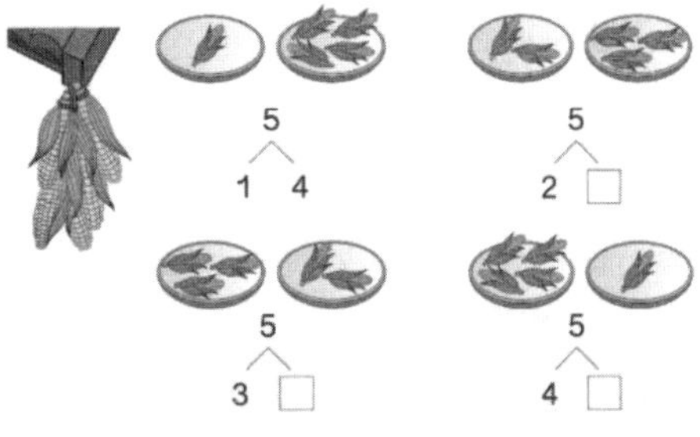


图1.3-1

### （二）学习加减法含义时明确数量关系

加减法的含义是在具体的“合并”与“去掉”的情境中概括出来的。在这样的概括过程中，自然地得到了加法和减法的数量关系。如图1.3-2，左边的意思是小红左手有1个气球，右手有3个气球，合起来一共有4个气球。这三个量中，前两个量是“分量”，最后的一个量就是由前两个量合并在一起的“总量”。因此，当用“3＋1＝4”表示出这三个量的关系时，也自然地有了加法的数量关系式：分量＋分量＝总量。只不过这里应该用更为具体的数量关系：左手上的个数＋右手上的个数＝总共的个数。同理，依据右边图示用算式“4－1＝3”表示右图中4，1和3的关系后，可以感受到减法的数量关系：总量－分量＝分量，具体的数量关系：总共的个数－飞走的个数＝还剩的个数。

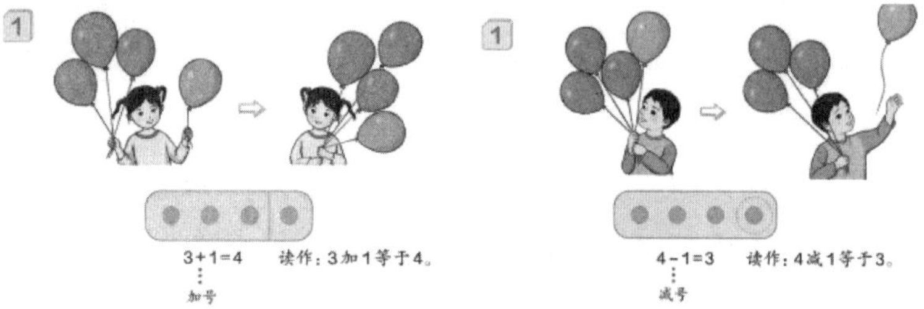


图1.3-2

### （三）在解决问题中应用数量关系

一般地，基于数量关系的解决问题，往往是在学生学习了相应的运算意义和运算方法后进行的。也就是说，基于数量关系的解决问题，是建立在运算意义、运算方法的基础之上的。通过对现实情境中数学信息与数学问题之间关系的分析，列出数量关系，然后依据数量关系列出算式，接着运算求出结果，最后回顾反思过程与结果是否正确。

1. 依据图示提出问题

因此，在用数量关系解决问题时，并不是学习数量关系，而是应用数量关系。如图1.3-3，是学生第一次学习加减法解决问题，与图1.3-2学习加减法的含义的图示相比，采用一个图示说明具体情境，用“大括号”表示两个部分合并的关系，用“？”表示要求的问题。从图1.3-3的左右两个图示比较可以发现，加法与减法具有相同的数量关系，其中：加法是顺向的，把两个分量合并成一个总量；减法相对于加法是逆向的，已知总量与一个分量，求另一个分量。

图1.3-3

2. 由图到文提出问题

基于以上的分析，对于加法与减法的数量关系的学习，也可以创设同一个情境，通过交换信息与问题，由加法数量关系转变成减法数量关系，体会两类数量关系的联系。

利用图示提出问题是因为一年级上学期学生的识字量不多，随着学生识字量的增加，逐步出现了半图半文字与纯文字的解决问题。如图1.3–4，分别是人教版《数学》一年级下册中“8和9数的认识与加减法”与“20以内进位加法”之后编排的加减法解决问题，其中左图为半图半文字的形式，右图为纯文字的形式，但总体而言，基本的数量关系式都是“分量＋分量＝总量”。

图1.3–4

3. 题组比较体会异同

“分量＋分量＝总量”是加法的基本数量关系，在解决具体问题时，又有顺向与逆向的区别。如图1.3–5是人教版《数学》一年级上册“20以内进位加法”之后的两个加法解决问题。为什么同样是加法解决问题，要安排这样的两个问题呢？从数量关系中可以发现，例5是顺向的：男同学人数＋女同学人数＝总人数，而例6是逆向的：领走的个数＋剩下的个数＝原来的个数。特别是例6，如果把题目补充完整，是学校体育室有一些哨子，领走了7个，还剩下5个，原来有多少个？

图1.3–5

“分量＋分量＝总量”是加法的基本数量关系，同时也是减法的基本数量关系，因为减法的基本数量关系“总量－分量＝分量”是由加法数量关系引伸所得的，两个数量关系合二为一，可以更好地体现加法与减法的密切联系。

## 二、延伸的加减法数量关系

“分量＋分量＝总量”中各个量之间的关系，本质上是“总分关系”。在此基础上，进一步延伸出了“相差关系”，即两个不同的量进行比较时，可以提出求谁多或谁少的问题。那么人教版《数学》一年级上册中的相差关系是按照怎样的序列编排的呢？相差关系的学习经历了一一对应求相差数、减法含义求相差数和依据相差关系推理三个阶段。

### （一）一一对应求相差数

一一对应求相差数在人教版《数学》一年级上册的“准备课”就已经出现了。如图1.3-6，创设了小动物造房子的情境，请学生先利用上一节课学习的经验“数一数”各有多少，再“比一比”谁多、谁少。从图1.3-6的比较中可以发现，是把有联系的两组图示，用一一对应的方法直观表示出谁多、谁少。如“小熊搬木头”这一部分情境把小熊数量与木头数量进行比较，小熊少、木头多。

图1.3-6

在小动物造房子的情境中的比多少，是两种有联系的量的定性比较，如图1.3-7。在后续的“比大小”的编排中，则采用“＞”“＜”“＝”表示两个量的大小关系。

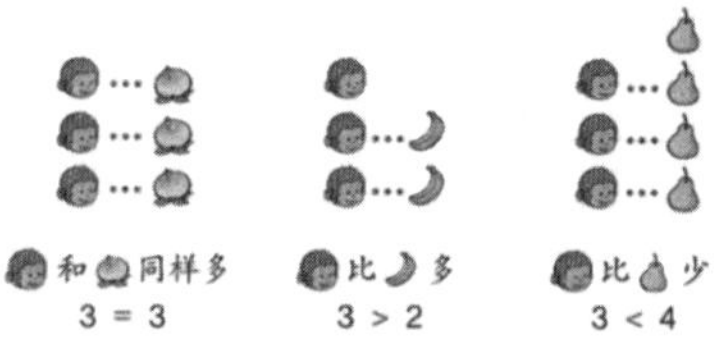


图1.3-7

图1.3-8

在图1.3-7的基础上思考：小猴的只数比香蕉的根数多多少？小猴的只数比梨的个数少多少？就由定性描述迈向定量刻画。具体在“5以内数的认识”中有这样的练习，如图1.3-8是人教版《数学》一年级上册“5以内数的认识”单元中“整理和复习”后练习七的第4题，是把小鸡的只数与小虫的只数进行比较，并要求表示出“多多少”或“少多少”。

### （二）减法含义求相差数

用一一对应的方法比较两个量谁多、谁少，以及多多少与少多少，是对数的大小属性的把握。在此基础上，我们还要从加法和减法的数量关系的视角进行学习，首先是用减法的数量关系求两个量的差。

如图1.3-9，是人教版《数学》一年级下册在“20以内的退位减法”后第一次学习用减法求相差数解决问题。由于有一一对应求相差数的经验，当学生解决这一个问题时，自然地想到可以通过画图的形式“画出”多套中几个，也能够想到用减法进行解答（如图 1.3–10）。但是，这里的减法表示的数量关系与原来的学习表示“总分关系”又有怎样的联系呢？教材给予了留白，需要我们进行补充。

图1.3–9

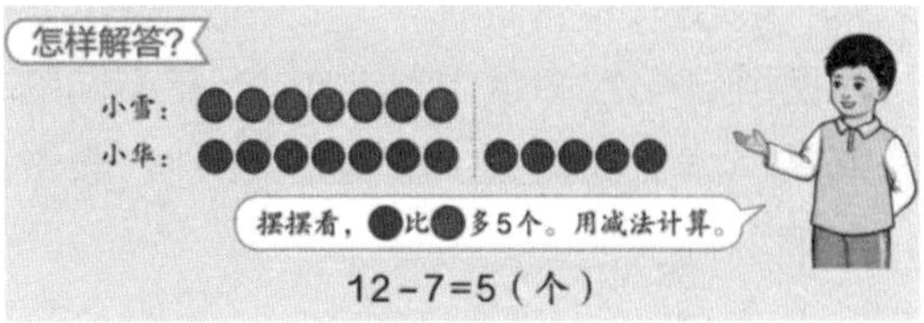


图1.3–10

可以从具体信息直接列出数量关系：小华套中个数－小雪套中个数＝小华比小雪多套中个数。这里是两个不同大小的量直接相减，与原来的“总分关系”中的“总量－分量＝分量”并不相同。此时，需要引入“同样多”的概念，即依据问题：小华比小雪多套中几个。如图 1.3–11，是小华套中的个数与小雪套中个数进行比较，把小雪套中的个数看成标准，小华套中的个数分成两个部分，左边一部分是小华套中个数与小雪同样多的，右边一部分就是小华比小雪多的，因此，就转化成“总分关系”的数量关系：小华套中的个数－与小雪同样多的个数＝小华比小雪多套的个数。

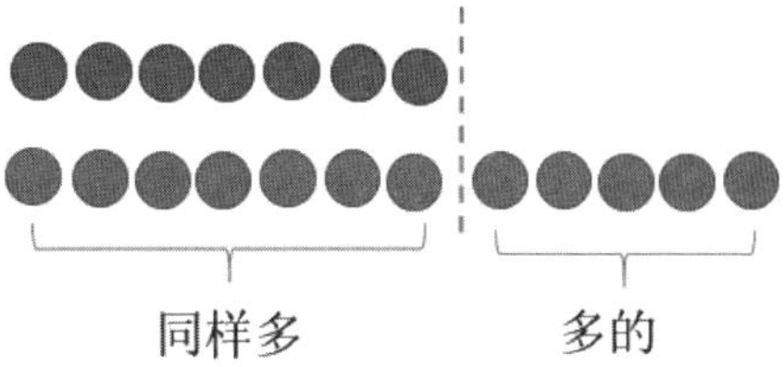


图1.3–11

如果是求“小雪比小华少套中多少个”呢？如图 1.3–12，教材认为可以直接转化成“小华比小雪多套中多少个”解答。确实，如果从最终的数量关系与列式解答看，两个问题没有区别。但是，如果从谁与谁比，谁作为标准量的视角思考，两者有本质的区别。求小雪比小华少套中几个，是把小华套中的个数看成标准量，小雪的个数如果再补上少的个数，就与小华套中的个数“同样多”。所以，如图 1.3–13 转化成“总分关系”的数量关系是：与小华同样多时的个数－小雪的个数＝小雪比小华少套中的个数。也就是说，虽然多与少的量相同，但是它们的意义并不相同。

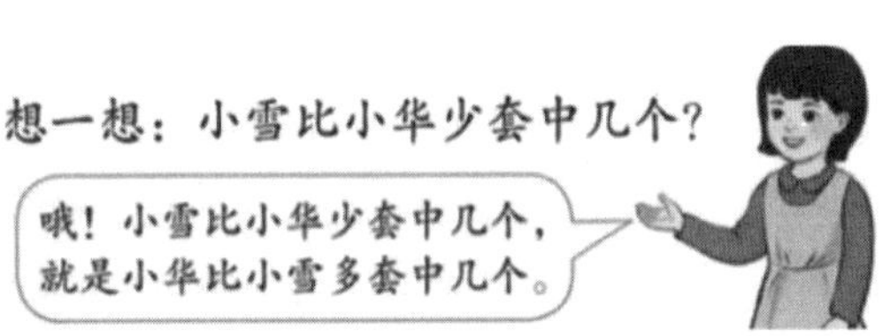


图1.3–12

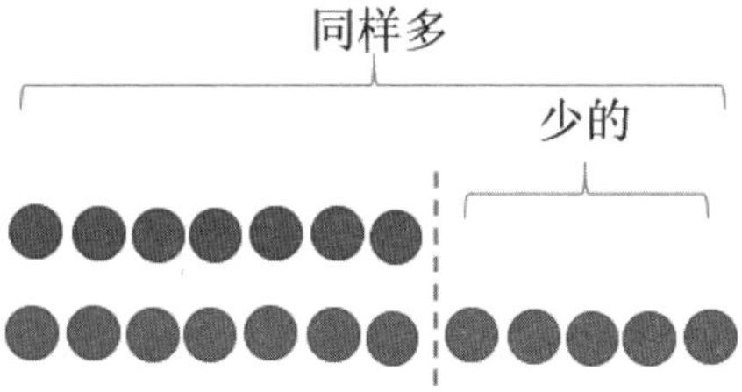


图1.3–13

虽然上述思考过程比较复杂，但是却构建起“相差关系”的数量关系与“总分关系”的数量关系的联系，从而形成加减法数量关系之间有序的结构体系，即“相差关系”的数量关系由“总分关系”的数量关系延伸而来，并概括出自己的数量关系：较大数－较小数＝相差数。

另外，区分“多多少”与“少多少”不同的含义，还有助于六年级学习分数除法解决问题时难点的突破。下面是人教版《数学》六年级上册“分数除法”中分数除法解决问题的例5：

小明的体重是35kg，他的体重比爸爸的体重轻$\frac{8}{15}$。小明爸爸的体重是多少千克？

学生会把解决问题的关键句直接改为：爸爸的体重比小明的体重重$\frac{8}{15}$，然后用分数乘法解决问题的数量关系解答。显然这是受相差关系的负迁移。因此，在相差关系学习时，就能够区分“一个数比另一个数多多少”与“一个数比另一个数少多少”的联系与区别，有利于学生对分数除法关键句的理解。

**（三）依据相差关系推理**

依据相差关系推理指已知其中两个量的相差关系，和其中的一个量，求另一个量的解决问题，编排在人教版《数学》二年级上册“100以内的加法和减法(二)”这个单元中。如图1.3-14，是“求比一个数多(或少)几的数是多少”。分别对应于“总分关系”中的加法与减法的数量关系。因此，在理解相差关系的数量关系时，结合图示要与“总分关系”的数量关系建立联系。

图1.3-14

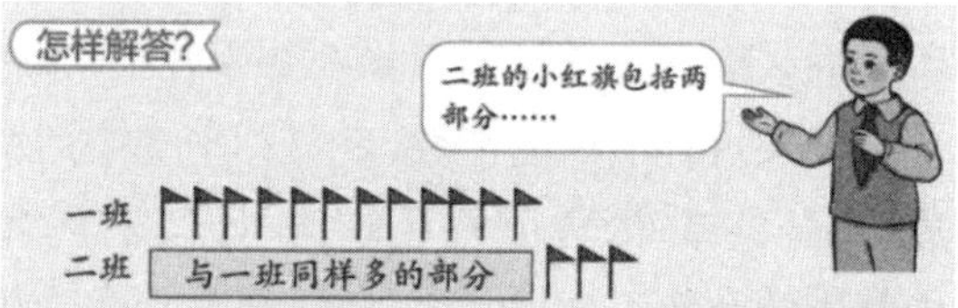


图1.3-15

如图1.3-15，依据图示可以概括出数量关系：与一班同样多的面数＋多的面数＝二班的面数。如果用具体的信息说明，就是一班的面数＋多的面数＝二班的面数。再进一步抽象就是：较小数＋相差数＝较大数。依据这样的思路，从第二个问题可以抽象出的数量关系是：较大数－相差数＝较小数。

## 三、估算解决问题中的数量关系

估算解决问题是一类特殊的解决问题，它的数量关系与相应的运算意义一致，但不是依靠求出精确结果进行解答，而是通过估算与推理进行判断。为什么不用精算，而是用估算解决问题呢？人教版《数学》在编排加法中的估算解决问题中给学生提供了两种可能，一是因为精算还没有学习，二是因为解决的问题不需要求出精确的结果。

### （一）利用转化学习估算解决问题

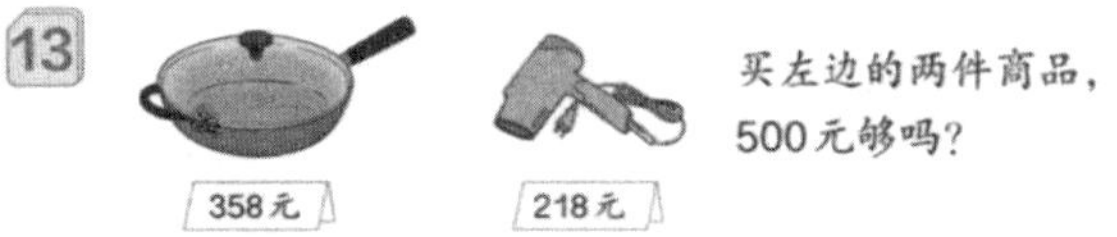

图1.3-16

人教版《数学》第一次编排估算解决问题，是在一年级下册“100以内数的认识”。如图1.3-16，依据已知的信息可以求出买1个锅与1个电吹风一共需要多少元？即求“358＋218”的和，在此基础上再与500比较。但是，在本课学习之前，学生只学习了“整百数加整百数”，因此，可以把“358＋218”用估算转化成“整百数加整百数”后再计算，依据估算的值进行判断。那么如何表述估算解决问题的过程呢？人教版《数学》用如图1.3-17的口答形式。但是，“358”更接近“400”一些，为什么把它看成“300”呢？是否可以把“358”往大估为“400”，把“218”往小估为“200”，得到“400＋200”进行估算呢？显然，把一个加数往大估、一个加数往小估，估算的和与原来的和的大小关系就不明确了。因此，估算解决问题，首先要进行估测，依据估测是够还是不够后再决定是把加数都往大估还是都往小估。具体形成如图1.3-18的判断方法。

图1.3-17

358+218 ○ 500
一估测 不够。往小估
二估算 ↓300+↓200 = 500
三比较 358+218 > 500
四判断 带500元不够。

图1.3-18

### （二）结合调整优化估算解决问题

图1.3-19

人教版《数学》三年级上册“万以内的加法和减法（一）”中进一步编排了用加法估算解决问题（如图1.3-19）。在学习例4之前，学生已经学习了“整百数加整百数”和“几百几十加几百几十”这两种加法。但是本题的判断模型是“223＋234○445”，也需要通过估算转化成以上两种加法进行计算，再依据估算的结果进行判断。

与100以内数的认识中的估算不同的地方是，当把两个加数估成整百数计算出结果不能够进行判断时，再把两个加数估成几百几十，计算出结果后才能够作出正确判断（如图1.3-20）。

223+234○445

一估测　不够。往小估

二估算　↓200+↓200 = 400

三比较　223+234 < 445

四判断　往小估够，不一定够。

➡

223+234○445

一估测　不够。往小估

二估算　↓220+↓230 = 450

三比较　223+234 > 445

四判断　往小估不够，一定不够。

图1.3-20

**（三）依据需要选择估算解决问题**

前两轮估算解决问题时，都是在没有学习相应的加法的基础上“被迫”利用估算的方法解决问题。当学习了相应的加法之后，如果再出现用估算解决问题的情况，是否还是采用估算解决问题呢？当然还要用估算解决问题，因为估算解决问题的过程虽然复杂，但是可以发展学生的数感，以及培养化繁为简的推理能力。

人教版《数学》三年级上册“万以内的加减法（二）”中，在学生已经学习了三位数加三位数的加法笔算后，出示如图1.3-21的解决问题。例4中有两个问题，解答妈妈想到的问题用精算，而解答小红想到的问题则可以用估算，并且因为问题是“妈妈大约要准备多少钱”，所以需要往大估。

图1.3-21

完成后通过这两个问题的比较，可以让学生认识到估算解决问题与精算解决问题的不同提问形式以及不同的思考方式。

# 第二章
# 5以内数的认识和加减法

“5以内数的认识和加减法”是学生第一次系统地认识数与第一次学习加减法的单元。按照人教版《数学》一年级上册“5以内数的认识和加减法”单元的编排，关于数的认识，包含数的读法、写法，数的基数的含义与序数的含义，数的大小比较，数的分与合这四大板块。数的加减法包含了加法与减法的含义、加法和减法的计算两个板块。其中数的认识又分成两个阶段，第一个阶段是1～5的认识，第二个阶段是0的认识。

上述编排有哪些是可以改进的呢？依据整体设计的基本理念、数的认识与加减运算一致性的考量，我们把数的认识统一成一个整体进行教学，把0作为基数认识时，通过数数时数量的不断减少，当一个物体都没有时，就用0表示。至于表示序数0，则可以从学生使用的尺子中进行认识。

关于加法和减法的意义与运算，则和数的分与合看成一个整体，把加法、减法的含义看成是数的分与合的一种记录，加减法的运算除了用数数的方法得到结果外，也可以由数的分与合进行推算。这样，就形成了以数的分与合为基础的加减法的意义和运算的学习思路。

本单元的学习中，还没有出现用加减法数量关系解决问题的例题，但是在加减法含义和相应的运算时，也可以结合具体图示，让学生说一说相应的数量关系。

# 第一节
# “5以内数的认识和加减法”整体设计

“5以内数的认识和加减法”是人教版《数学》一年级上册学生第一次系统地认识数与加减法运算。因此，我们首先要了解教材是如何编排相关的内容，让学生学习5以内数的认识与相应的加减法；再结合课程标准中关于“数与运算”一致性的要求，对教材中现有的编排进行反思，最后结合反思对本单元的学习路径进行重构，并进行相应的教学实践。

## 一、梳理——理解教材的编排特征

把数的认识与加减运算编排在同一个单元中，有利于体现“数与运算”一致性。但是，人教版《数学》一年级上册“5以内数的认识和加减法”单元在具体编排时，是否真正体现了一致性，还是只是把两个内容编排在一个单元中，分前后两个独立部分教学的呢？笔者进行了如下梳理。

### （一）先认数后运算分层学习

通过整体梳理人教版教材的编排路径可以发现，教材还是把数的认识与加减法分为两个独立部分进行教学。具体如下表。

人教版《数学》一年级上册“5以内数的认识和加减法”编排表

| 板块 | 课时 | 课题 | 主要内容 |
| --- | --- | --- | --- |
| 1～5数的认识 | 1 | 1～5数的认识 | 1～5数的含义、写法 |
| | 2 | 1～5数的大小比较 | 1～5数的大小比较，认识“>”“<”“=”，并用符号表示数的大小 |

续表

| 板块 | 课时 | 课题 | 主要内容 |
|---|---|---|---|
| 1～5数的认识 | 3 | 第几 | 认识序数 |
| | 4 | 分与合(1) | 2～4数的分与合 |
| | 5 | 分与合(2) | 5的分与合 |
| 加法和减法 | 6 | 加法的含义与运算 | 加法的含义,计算5以内的加法 |
| | 7 | 减法的含义与运算 | 减法的含义,计算5以内的减法 |
| 0 | 8 | 0的认识及其加减法 | 0的认识,以及相应的加减法 |

从上表可以发现,把“5以内数的认识”分成“1～5数的认识”与“0的认识”两个部分。“2～5”加法和减法的运算则在这两次“数的认识”的中间,“0的认识及其加减法运算”则安排在同一个课时中作为本单元的最后一课时。

**(二)分步学习数的认识**

进一步梳理“数的认识”的编排,我们发现其采用的编排特色是“分步学习”。“数的认识”包含了数的读写、基数的含义、序数的含义、数的大小比较和数的组成这五个学习内容。除第五课时外,每一个课时都是围绕“数的认识”的一个或两个学习内容展开。

第一课时主要学习“基数的含义”与“数的写法”。至于数的读法,即使是对零起点入学的儿童而言,在准备课“数一数”这一个课时的学习中,也已经有了一定的认识,会直接读出1～5的数。基数的含义则是通过“数数”发现各种“农家小院”中的狗、鹅、燕子等事物在数量上的特征,分别用对应数量的小棒和数码进行表示,在此基础上,请学生在“日”字格中学习1～5数的写法。具体如图2.1-1。

图2.1-1

从图2.1-1中发现,小棒表示相应的数量时,3、4、5分别用搭成的三角形、四边形与五边形表示。实际教学时,我们还是把它们用表示“2”的方式,从左往右摆放并先让学生用小棒表示数量,再用数码表示数量。

第二课时学习数的大小比较。创设了猴子吃水果的情境,通过猴子数量分别与桃子、香蕉和梨的数量的比较,概括出“相等”“大于”“小于”这三种大小比较的情况，并学习分别用“＝”“＞”“＜”表示，具体如图2.1-2。

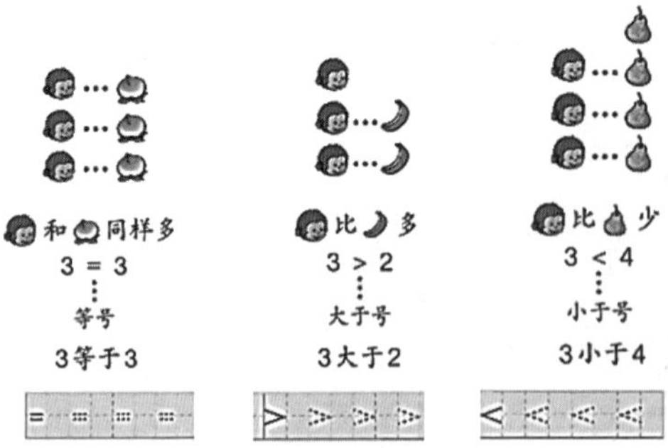


图2.1-2

图2.1-3

这里要特别注意，没有直接用不同的水果比较大小，而是依据“小猴吃水果”的故事情境，用小猴的数量分别与三种水果的数量比较大小，这也是本单元比较数的大小创设异质事物情境的特点。

第三课时学习“第几”。“第几”实际上就是学习序数的含义。如图2.1-3，人教版《数学》一年级上册“5以内数的认识和加减法”单元创设“小明排队”的情境。其中有个“小明排在第几个”的问题，与其他3个问题比较，它表示的是一个顺序，而其他3个问题表示的是总和。这样的编排显然是希望学生在比较的过程中认识到“几”和“第几”含义的差异。同时，在这样的表达过程中，也复习、应用了第2单元中“位置”的知识。

第四课时与第五课时学习了2～5的分与合，具体分成了2～4的分与合、5的分与合。人教版《数学》一年级上册“5以内数的认识和加减法”单元又回归到“农家小院”中的具体信息，提出“分一分”的问题，在具体的操作活动中学习2～5的分与合。显然，数的分与合，与后续学习的加法与减法有着十分重要的联系，是加法与减法含义的原型，更是加法与减法运算的算理与算法。

**（三）加法与减法依次学习**

加法和减法是四则运算最基本的两种运算。相较于乘法和除法，它们与数的认识更加紧密。在数数的过程中，如果我们分组数数，再把两组数的结果合并起来，就是加法。如果从数的总和中去掉一部分，即往回数数，求剩下部分的数，就是减法。

人教版《数学》一年级上册“5以内数的认识和加减法”单元中创设了“合并”与“去掉”的情境，分别学习用加法与减法表示，从而学习加法与减法的含义，接着再用数数与数的组成两种方法学习加法与减法的运算。具体教学时，把加法与减法分成两个课时教学，第一课时学习加法的含义与运算，第二课时学习减法的含义与运算。

如图2.1-4和图2.1-5是加法的两个例题。图2.1-4是学习加法的含义，把两只手里面的气球合并到一起，认识加法中“合并”的含义，用左右两个连续的图示，更好地体会加法左边是3和1的合并，右边的4表示把两个数合并后得到的数。图2.1-5中的例2是加法运算的学习，此时所表示和的“5”，是由两个加数运算得到的，分别用数数与数的组合得到结果。

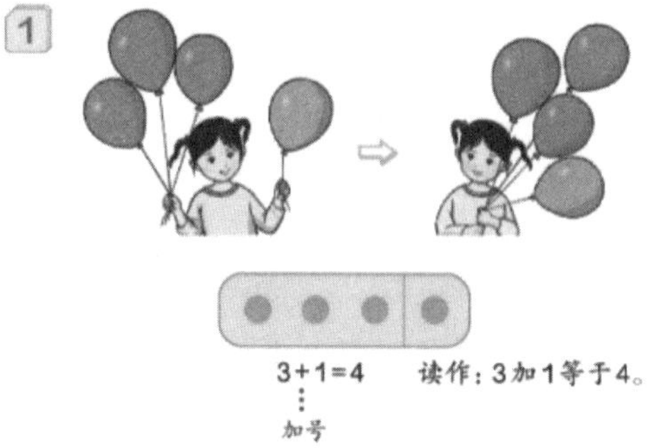


图2.1-4

图2.1-5

如图2.1-6和图2.1-7是减法的两个例题。与加法的含义和运算的两个情境图相对应，只是情境图中的含义正好相反。图2.1-6用“放飞”气球表示减法的含义，图2.1-7用“跳走”表示减法的运算。

图2.1-6

图2.1-7

**（四）整体学习0的认识和加减法**

“0”与“1～5”相比，既具有相同的特征，又具有独有的特点。从基数的视角，0表示没有，从序数的视角，0表示起点。进行大小比较，0比1还要小，从加减法运算的视角，与其他数进行加减运算，也有一些特殊的规律。因此，本节课教学设计中，利用原有的“数的认识”与“加减法运算”的活动经验，创设具体情境，让学生自主归纳出0的特征与加减法运算规律。

人教版《数学》一年级上册“5以内数的认识和加减法”单元让学生认识0的基数与序数的特点时，分别创设了“小猴吃桃”和“尺子上的刻度”两个情境，让学生在已经学习的1～5数的相应特征的比较中，认识到当猴子把2个桃子全部吃完时，盘子里没有桃子了，就用“0”表示，形象地认识到0表示“没有”。“尺子上的刻度”从左向右观察上面的数，分别是0、1、2、3、4、5，直观地认识到0表示“起点”，具体如图2.1-8。

图2.1-8

借用尺子上的刻度认识0表示序数的含义，有其独特的意义。因为与后面的1、2、3、4、5相比，它在这里的含义相对单一。后面的1、2、3、4、5，不仅表示序数的含义，还包含着基数的含义。如“1”还表示从0开始的长度是1段，依此类推，“2”表示从0开始的长度是2段……

0的加减法运算包括加减运算中出现0和结果等于0这两种情况，依据这样的思路，有0的加减法运算可以有如下几种情况：(1) $a+0=a$，(2) $0+a=a$，(3) $a-0=a$，(4) $a-a=0$。其中第(1)(2)种可以合并成一类：一个数加0等于原数。减法中的两类：一个数减去0等于原数；两个相同的数相减等于0。人教版《数学》一年级上册编排的例题与后面的“想一想”，正好与上述三类有0的加减法运算对应。如图2.1-9，例题可以结合情境让学生分别用算式表示图意，再依据图意说出结果，并发现规律。“想一想”则可以让学生先依据经验计算出结果，然后举一个具体的例子说明。在完成了上述三类题目的计算后，可以引导学生找一找规律，再应用规律计算出结果。

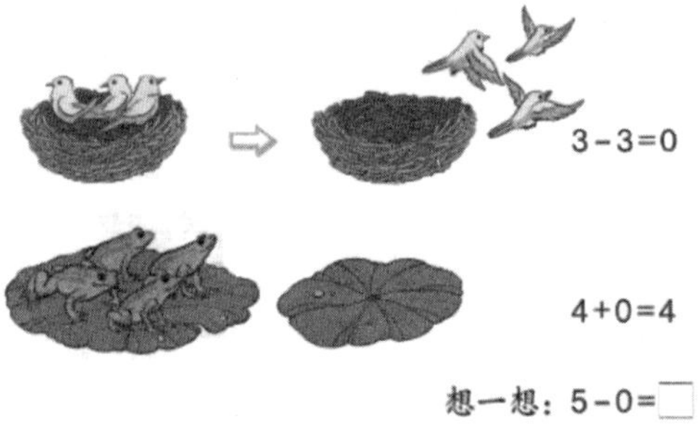


图2.1-9

## 二、反思——指出可以改进之处

通过梳理，我们发现了人教版《数学》一年级上册“5以内数的认识和加减法”单元编排的特色，在此基础上，我们进一步反思，从适度整合、体现一致的要求，提出可以改进的地方。

### （一）基于数数可适度整合数的认识

本单元数的认识分成两个阶段，第一阶段是1～5数的认识，基本采用“一课一得”的形式编排；第二个阶段是0的认识，编排在本单元的最后。把0编排在1～5数的认识之后教学，凸显了0的独特性，但在认识1～5数时却变得不全面。因此，可以把0的认识与1～5数的认识整合到一起,使得对基数、序数与大小比较的学习更加完整。

数的大小与序数整合到一个课时中,让学生从基数的大小比较与从大小排列的顺序进行比较,体会到几与第几之间的差异。由于学生已经对5以内的数有了一定的认知,教学中更加侧重基数含义与5以内数的全面性认知,具体将0～5数的认识新授课整合成如下表的两个课时。

人教版《数学》一年级上册“5以内数的认识”课时安排

| 板块 | 课时 | 课题 | 主要内容 |
|---|---|---|---|
| 5以内数的认识 | 1 | 5以内数的认识 | 5以内的基数含义,5以内数的写法,认识同样多 |
| | 2 | 5以内数的大小比较与第几 | 5以内数的大小比较,认识“>”“<”“=”,并用符号表示数的大小;认识第几 |

这样的整合,不是简单地把几个课时的内容进行叠加,而是为了更好地体现知识之间的内在联系。同时,也是基于学生对于5以内的数已经有了较好的学习基础。

### (二) 数的组成和加法意义实现同构

在人教版《数学》一年级上册“5以内数的认识和加减法”单元编排中,把数的组成作为“数的认识”内容之一。我们在整体设计时,把数的组成作为加法含义的基础,即加法的表达形式就是数的分与合的表达形式。

基于这样的思考,可以在学习了2～4数的分与合之后,教师选择其中的一个数的分与合的表达形式,书写出加法的两种表达形式,请学生寻找两者的联系,从而认识到加法的表达形式就是数的分与合的表达形式。

如图2.1-10,在学生已经会用连线的方法表示4的分与合,教师一边读“4可以分成3和1”,一边板书:4=3+1。然后请学生说一说这个式子与连线图有哪些相同的地方,又有什么不同的地方。接着请学生用读加法算式的方法读一读,并说明“加号”的含义。同样的方法认识“3+1=4”。最后请学生比较两个算式的相同点与不同点,并说明加法一般用右边的形式(3+1=4)表示,侧重让学生感知“加法表示合并”。

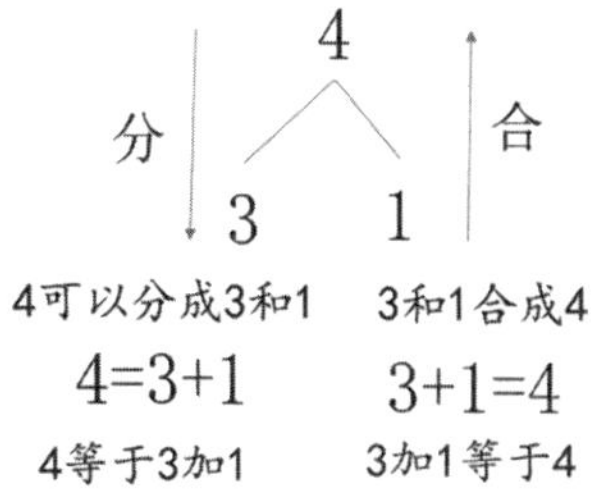

图2.1-10

### (三) 加减运算形成共同思维方式

减法是加法的逆运算。同样的一个情境,加法与减法的含义正好相反。如“3+1”中的“+”表示“合并”,而“4-1”中的“-”表示“飞走”。基于这样的思考,在学习减法时,这样的应用自然就成为了“5的认识与减法”这一课时的学习思路。

具体地,教师首先出示如图2.1-11中的情境图,请学生用连线图与加法表示出过程与结果,接着再出示如图2.1-12中的情境图,请学生结合图示说一说与图2.1-11中的图有什么不一样的地方。依据学生的回答,先用连线图表示出含义,教师接着出示减法算式,请学生对照连线图,说明减法算式中每一个数与符号的含义。最后通过不断地变换情境,丰富例子,完善5的分与合,并结合图示进一步学习有关0的加减法。

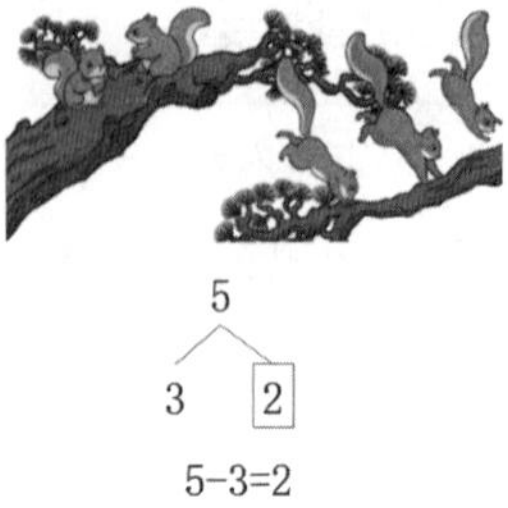

图2.1-11

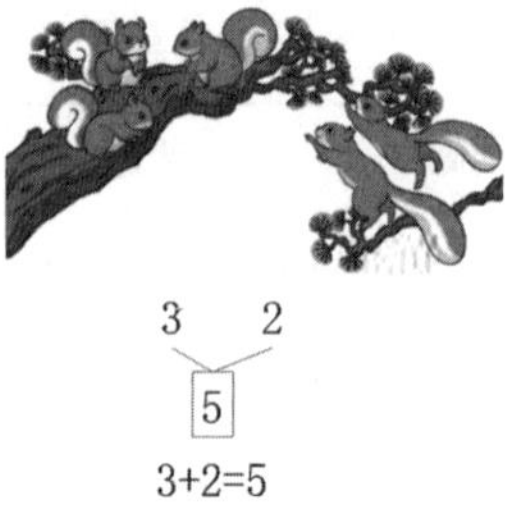

图2.1-12

这样,把数的组成与加减法进行有机整合,把加法作为数的组成的表示形式之一,把减法作为加法的逆运算,并且也纳入数的组成之中,形成了如下表的两个课时的教学内容。

**人教版《数学》一年级上册"5以内数的组成和加减法"课时安排**

| 板块 | 课时 | 课题 | 主要内容 |
|---|---|---|---|
| 5以内数的组成和加减法 | 1 | 2～4数的组成和加法 | 2～4数的分与合,用加法表示数的分与合;用数的分与合计算出加法的结果 |
| | 2 | 5的组成和加减法 | 5的分与合;结合情境认识减法,以及与加法的关系;5以内的加减法计算 |

## 三、实践——体现数与加减的融合

通过反思,结合学生对于5以内的数已经有了较好的学习基础,重构了本单元的学习序列,为我们提供了很好的学习路径。那么,在具体实践中又需要注意哪些要点呢?下面我们结合实践进行具体阐述。

### (一)经历数数认识5以内的基数

5以内数的认识中也包括0的认识。先结合数数、分类与小棒表征等策略感知1～5数的含义,再通过课件演示、示范与练习学习1～5数的书写,接着再动态演示递减数数得到0,认识到0表示没有,并学习它的书写方法。

#### 1. 多元表征认识1～5数的基数含义

教师出示图2.1-1的"农家小院"情境图。首先,请学生说一说图中有什么,学生说出名称，教师圈出相应的内容后，教师追问：数一数它们各有多少？根据学生数数，教师分别用板贴展示，如图2.1-13。这里特别注意玉米图，用串作计量单位，表示1串玉米，是把几样东西看成一个整体，依据这样的思路，再让学生举例子，哪些地方还用到这样的“1”，学生指出“1个组”“1个班”“1个学校”都是“1”。

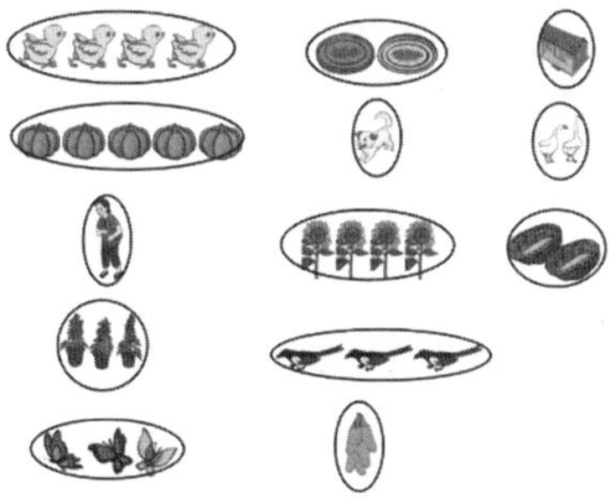

图2.1-13

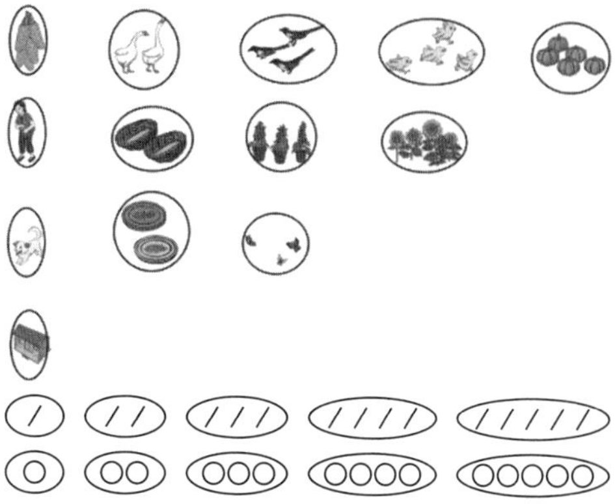

图2.1-14

接着，教师请学生观察图2.1-13的板贴，说一说哪些事物在数量上是相等的，依据学生的回答，教师进一步分类，整理得到如图2.1-14的板贴后，教师追问：如果用小棒表示，分别需要几根，如果用小圆片呢？依据学生的回答，教师得到如上图2.1-14中下面的部分，并选择其中的一个图请学生说一说这里的小棒或圆片分别表示什么，还可以表示什么。让学生在回答问题的过程中认识到用小棒与圆片表示比具体的图示更加抽象。

**2. 演示与模仿学习1～5的书写**

教师出示1～5的数字卡片，请学生放入相应的位置。接着再出示“日”字格的板贴，教师提问：这些数字分别像什么？它们是怎样写的呢？依据学生的回答，教师通过课件依次演示书写的过程，然后再请学生模仿写一写，最后教师示范书写。写完一个数字后，教师选择学生的典型例子评一评。

对1～5数字的书写，学生已经有了一定的基础。因此，在本节课的书写主要是要求在日字格中能够规范地书写。

**3. 利用递减变化认识基数0**

利用1～5书写的经验，教师出示图2.1-15，请学生数一数、写一写，再说一说有什么发现？

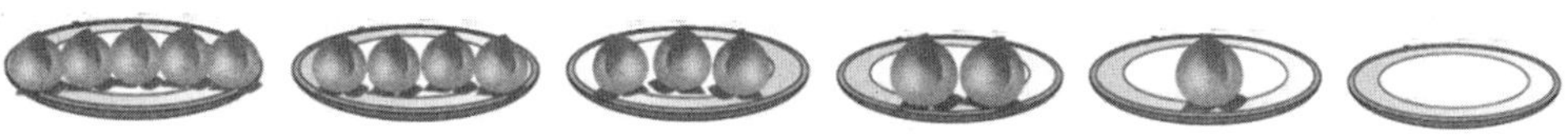

图2.1-15

完成后，请学生校对评析。学生发现数量越来越少了，最后一个盘子里没有桃子了，就用"0"表示。请学生示范写法，教师进行适当点评与纠正。

**（二）在比较大小后排序的过程中学习序数**

把一些数从小到大或从大到小排列，再按这样的排列说出它们的顺序，序数的含义就自然而然地产生了。并且，我们可以感受到：在"数数"时，实际上数出了序数。如数图2.1-1中鹅有多少只时，我们只看图中的鹅，依次数出"1""2"，就说一共有2只，这里的"1""2"实际上就是第1只、第2只，也就是说数到最后的物品时，就是这类物品的数量。学生尺子中的刻度也有同样的含义。这些内在的联系，需要我们通过创设与之相应的活动让学生体会。

1. 用一一对应的方法认识数的大小

教师再次出示"农家小院"的情境图，引导学生观察鹅、小鸡与小狗分别吃两个盘里面的食物，思考它们的只数与盘子数分别有怎样的关系。如图2.1-16，教师利用一一对应的关系，引导学生发现分别是"相等""大于""小于"，再分别用形象的"＝""＞""＜"表示对应的两个数量之间的关系。

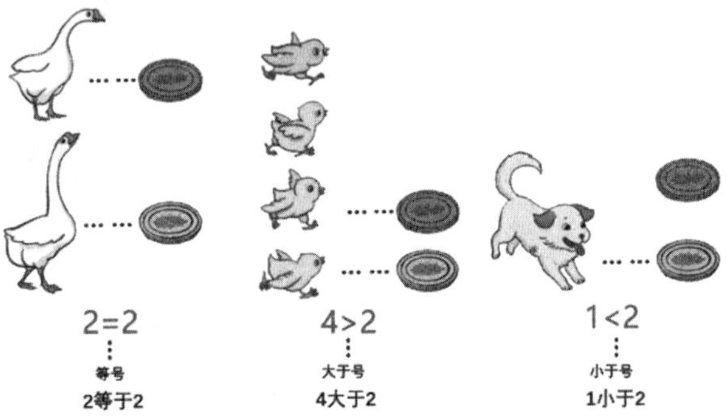

图2.1-16

2. 从多到少的排序认识序数的含义

利用数的大小比较的经验，教师出示小动物套圈的情境，请学生数出它们各套了多少个，让学生按套中的多少排一排顺序，说一说它们各自的名次，从而得到表示序数的第1至第5名。在此基础上，教师选择其中的3个和第3名请学生解释，这两个"3"有什么不同的地方，从而认识到"几"和"第几"的区别。

3. 用尺子上的刻度再认识0的含义

教师出示刻度有0～5的尺子，请学生说一说尺子上这些数各有什么含义。首先认识到"0"表示起点，之后的1、2、3、4、5分别表示第1段、第2段……同时也分别表示一段的长度，两段的长度……也就是说尺子的刻度既可以解释成序数的含义，也可以解释成基数的含义。

至此，0有了两种含义：一种表示"没有"，是基数的含义；一种表示"起点"，是序数的含义。

### （三）把数的组成纳入加减法的结构

把数的组成纳入加减法的结构，使得加减法成为数的组成的表达形式之一，可以更好地沟通与理解数的组成与加减法的意义与运算之间的内在联系。重构后的教学我们分成了两个课时，即完成了5以内数的组成与相应的加减法的新知学习。这两个课时实际上是一个整体，其中第一课时在学习2～4数的组成的基础上，学习用加法的形式表示数的分与合，第二课时则是利用数的分与合的学习经验，结合现实情境的变化，学习用减法的形式表示数的分与合。

1. 创设分物情境学习数的分与合

教师再一次依据“农家小院”中的情境，选择其中的2个箩筐和4朵向日葵这两个信息，创设问题情境：“向日葵成熟了，老奶奶想把它们装在2个箩筐里，可以怎样装？有哪些不同的装法？”如图2.1-17，教师示范其中的一种情况以及记录方式后，请学生画图，并用连线图的方式记录分的过程。完成后交流反馈，形成如图2.1-18的表达形式。

图2.1-17

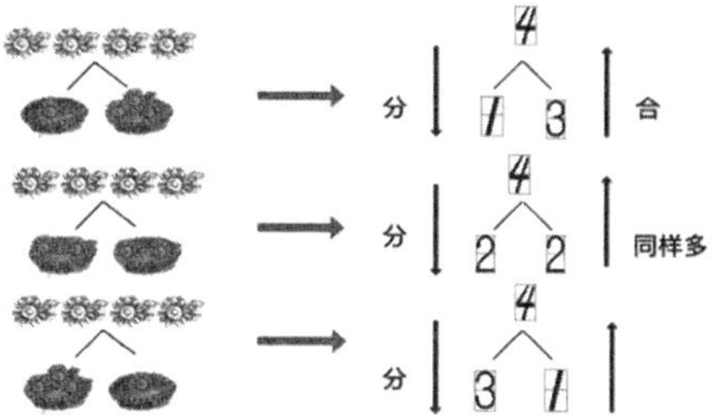

图2.1-18

请学生找一找规律，学生发现第1种分法与第3种分法是左右两个数交换了位置，第2种分法左右两个数相同，依据学生的回答，教师板书同样多。再引导学生整体观察三个连线图的变化规律，学生发现左边的数每次多1，右边的数每次少1。

依据上述经验，教师进一步创设情境，让学生经历3与2的分与合。

2. 再读连线图勾连与加法的联系

如图2.1-18，教师一边从上往下读出分的过程，写出加法算式：4＝1＋3，请学生说一说，与连线图有什么联系。学生可以发现，都出现了4、1、3这几个数，“＝”相当于连线图中的两条线，“＋”相当于“和”，也有学生表示就是“合并”起来的“合”。

教师顺着学生的理解，把它从下往上读出，并写成1＋3＝4。教师再请学生说一说与前面的式子有什么相同的地方，有什么不同的地方。依据学生的回答，教师进一步说明“＋”叫作“加号”，表示“合并”，“4”表示1和3合并的结果，并指出这就是加法算式，并且一般写成第二种形式，读作“一加三等于四”。

完成这一系列学习之后，教师请学生依据这样的思路，用第二种形式把余下的几个连线图转化成加法算式。

3. 结合情境变式学习减法

减法是加法的逆运算。加法的基本含义是“合并”，减法的基本含义就是“去掉”，两者意义相反，又互相联系。因此，在具体教学中我们通过情境变式引出减法。

教师先出示图2.1–19，请学生说一说图中的情境和图中的信息，并请学生依据已知信息得到新的信息。学生指出：树枝上有3只松鼠，又跳上来2只，一共有5只。教师依据学生的回答，写出三个信息，并请学生分别用连线图与加法算式表示出来。学生独立完成后交流，形成如图2.1–20的表达形式。

图2.1–19

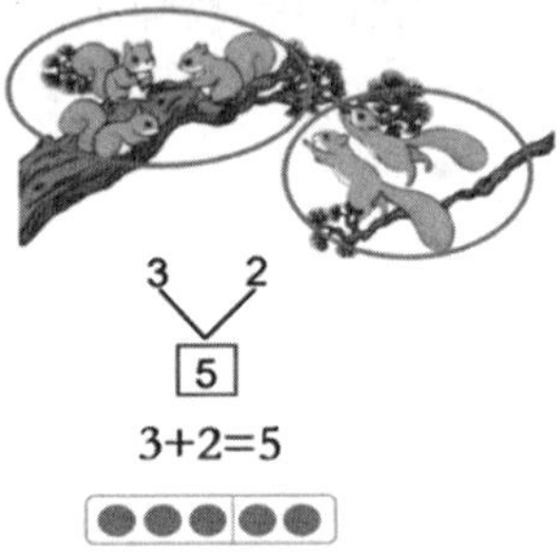


图2.1–20

图2.1–21

接着，教师出示如图2.1–21（跳走的改为1只）松鼠图，请学生说一说这个图中有哪些信息。学生说出信息后，教师圈出其中推导得到的信息，然后请学生与上题比一比，有什么区别，表示出这三个信息之间的关系。学生先尝试，然后反馈。教师评析，形成如图2.1–22的三种表达形式，并重点解释“5－1＝4”中各部分的含义，特别指出“－”表示去掉，“4”表示去掉后的结果。接着，教师把算式改为“5－4＝1”，请学生说一说是什么意思，“5－2＝3”“5－3＝2”又是什么意思。在回答的过程中，教师出示相应的图示，并用连线图表示，完善了“5的组成”的四种情况。

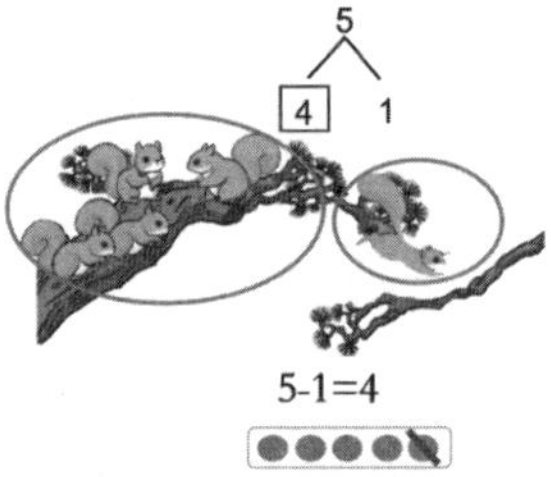


图2.1–22

“5以内数的认识和加减法”的整体设计与实践给我们启示：《义务教育数学课程标准（2022年）》把原来的“数的认识”和“数的运算”两个主题合并成一个主题，就是要体现两者的内在联系。因此，我们要在分析教材现有编排特点的基础上，进行适度的重构，更好地体现“数的四则运算”的意义是用运算的形式记录两个数量之间的关系，而运算的过程就是对已知信息进行合情推理，获得新的信息的过程。

# 第二节
## “5以内基数的含义和同样多”教学实践

本课时是小学生真正认识数的第一课时，对于一年级学生而言，5以内的数已经会数、会读，也会写了。因此，本课时的教学要充分利用学生已有的学习基础，让学生用原有的学习经验，经历数数、读数与写数的数学活动，进一步认识在数数前首先要明确在数什么。教学中，让学生对事物进行分类的基础上进行数数，进一步依据数数的结果，再一次进行分类，感受到数是对事物数量的抽象。同时，引导学生依据原有的经验，学会规范地写数。最后，在倒着数数的过程中，引出“0”，知道0表示没有。带着这样的思考，我们进行了教学实践。

### 一、创设学习情境，依据数数分类

单元情境图往往蕴含着丰富的教学资源，需要教师去梳理其编排逻辑并有效地组织教学。如图2.2-1，教材创设了“农家小院”这样一幅情境图，这幅图是由数量是1～5的各种人物、动物或实物构成的。首先，可以引导学生观察图示，基于自己的理解分类，再按照类别进行数数，最后依据数数的结果再次分类，让学生经历“数起源于数(shǔ)”的活动过程，为感知数是对数量的抽象做准备。

图2.2-1

**(一) 观察图示，说一说有什么**

教师出示情境图，并向学生介绍这是老奶奶家的“农家小院”，引导学生仔细看图,说一说从情境图中看到了什么。依据学生的回答,教师在图中对应的位置圈一圈,得到如图2.2-2所示。教学中,教师可以在学生找出几样事物之后,进一步要求学生指出更多的具体事物。当然,这里只要学生找出图中可以数得清的事物即可。

图2.2-2

"数数"的前提是"分类"。要表示出图中的具体的事物各有多少,首先要知道图中有哪些事物。在这个情境图的解读中,也让学生感受到一幅复杂的图示是由各种不同的事物组合而成的。

**(二)结合数数,说一说有多少**

在对图示中的事物进行分类之后,教师依次请学生数一数每类事物各有多少数量。如图2.2-3,为了便于观察和整理,教师依据学生的回答用板贴的形式展示图中的各种事物。特别注意,玉米用"串"作单位表示,一串里面又包含了多个玉米,接着再让学生举一举生活中的例子,在数数时,什么时候也会出现这样的情况。

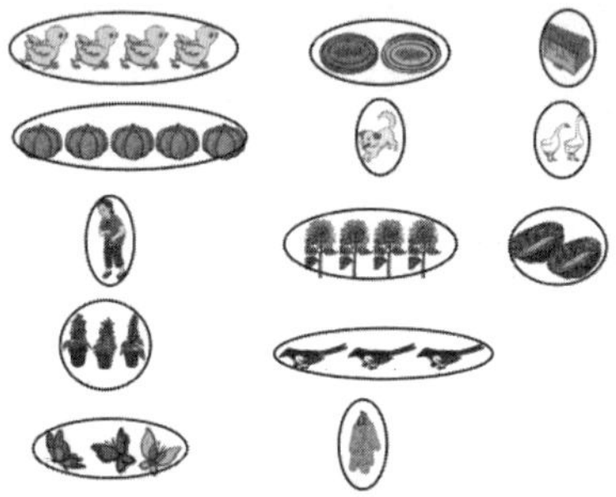

图2.2-3

此时的"数数",是对实物的"数数",得到的是基数,教师调整板贴时,有意识地把它们摆在圈内,表示形成了一个集合。

**(三)进行比较,说一说同样多**

联系之前在准备课中学习的"同样多",教师在板贴"同样多"后激发学生找出哪些事物的数量是同样多的。如图2.2-4,通过观察比较,学生可以依次指出:1名老奶奶、1只狗、1座房子、1串玉米是同样多的;2只大白鹅、2盘狗粮、2个箩筐是同样多的;3盆花、3只蝴蝶、3只鸟是同样多的;4朵向日葵、4只小鸡是同样多的。教师根据学生的回答把"同样多的事物"板贴在一起,并注意一一对应和量词表达。

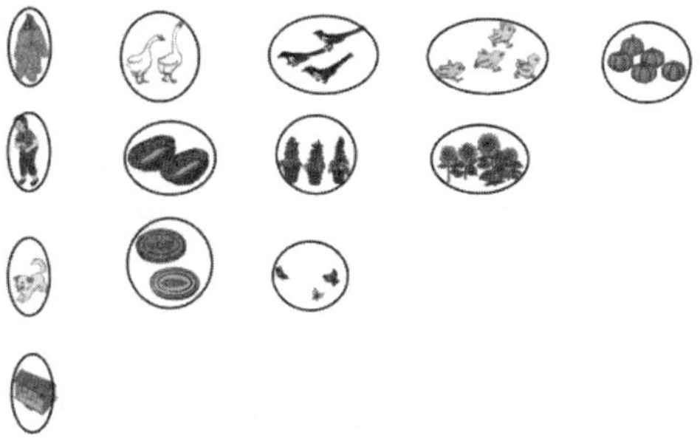

图2.2-4

对于一年级学生而言,5以内的数数、读数与写数都不困难。但是,为了引导学生经历从具体到抽象,体会数的形成过程,就需要我们老师精心创设情境、组织有效的教学活动。

## 二、进行多元表征，认识数的含义

小学生的抽象理解往往来源于形象的直观。借助分类活动，从形象的图示过渡到抽象的数的提炼，将数量抽象为数，还要经历三个步骤：呈现有物理背景的具体的数量，先抽象为非数字符号，进一步抽象为数字符号。

### （一）结合学具，具象概括

教师引导学生理解1名老奶奶、1只狗、1座房子、1串玉米，它们的数量都是“1”，可以用这样的1根小棒来表示，并张贴在老奶奶、小狗、房子、玉米图示的下面，并提问：这1根小棒还可以表示什么？学生回答：1棵树、1个人、1朵花、1支笔等。

教师继续用小棒表示数量是“2”的事物，组织学生观察教师用一根小棒可以表示这个箩筐，另一根小棒可以表示另一个箩筐。紧接着，教师用一一对应的方法说明这2根小棒还可以表示这2个盘子，还可以表示这2只白鹅。教师也可以适时组织学生寻找藏在自己身上的“2”。学生兴奋地指出2只手、2只脚、2只眼睛、2只耳朵、2条腿、2个鼻孔等。

教师继续提问：数量是“3”的事物可以用几根小棒来表示？看着3根小棒，还能想到哪些东西？用同样的方法引出4根小棒、5根小棒，并说一说还能表示什么。

借助小棒这一学生喜闻乐见的学具，学生可以“触及”数量的形象，并在具象概括、延伸丰富的教学组织中激发学生对数的抽象理解。

### （二）符号表征，抽象含义

为实现学生抽象理解的全过程，教师安排了用小棒表示数量之后，再用小圆点表示这些事物的数量并最后抽象到用数来表示。

教师依次用数量是1～5的小圆点分别张贴在数量是1～5的事物下面后，指出事物的数量除了可以用小圆点表示，还可以用数码来表示。紧接着，教师组织学生认读无序的数字，再给这些数字宝宝找到他们家的过程中打通数字与数量表征的最后一关。带着这样的理解过程，学生可以非常快速地将数字卡片分别粘贴在对应数量的事物下面。

对5以内数的认读和书写，学生固然问题不大，但要学会在“日”字格中正确书写数字1～5也不容易。教学中，教师先整体出示数字1～5，利用视频演示与儿歌记忆的形式引导学生理解1～5和书写规范，如：“1”像铅笔细又长，“2”像鸭子水中游，“3”像耳朵听声音，“4”像红旗迎风飘，“5”像钩子弯又弯，并让学生清楚从哪儿起笔、在哪儿拐弯、在哪儿停笔及每个数字在格中的布局后请学生在“日”字格中描写2个，并书写1个。

### （三）结合数数，认识基数0

数源于数，在数数的过程中学生自然而然地会建立起数的累加和排序。在低年级的课堂教学中，教师可以借助数数的过程让学生了解数的顺序，发现数的递增和递减规律，进一步理解数的本质特征，认识基数0，完善5以内数的认识。

如图2.2-5，教师首先利用课件逐步出示每个盘子里的桃子，让学生数一数并写出每个盘子中的桃子数。在桃子数从5、4、3、2、1的递减变化中，教师适时引导学生理解盘子里桃子数的变化规律和数的排序：5个桃子减少1个，就是4，5的前面是4；4个桃子减少1个是3，4的前面是3；3个桃子减少1个，就是2，3的前面是2；2个桃子减少1个，就是1，2的前面是1。随后，教师问学生：1个桃子再减少1个是几？学生自然可以得到0。在对0表示什么的追问和学生的自我理解后，教师适时提炼，0表示什么都没有。如1～5数的认识那样，0像什么，怎么写，教师还是需要规范演示，并在“日”字格中描写和规范书写。

图2.2-5

## 三、组织数形互译，体会数的含义

数形结合是一种非常重要的数学思想，也是数学教学中最常见的数学思想之一。在低年级的课堂教学中，知识方面的内容相对简单，要追求能力的培养和素养提升。因此，在练习环节，利用由形到数，由数到形的数形互译结合，来进一步帮助学生加深数含义的理解，并适时为后续教学进行渗透。

### （一）由形到数，明含义

在练习环节的教学中还是要注重学生在数的基础上写数，这是基于基数含义与写数练习相结合要求的需要。如图2.2-6，教师首先要求学生数一数每幅图中各有多少只小动物，边数边记录，数完后再将数量写在“日”字格中。在交流环节中，

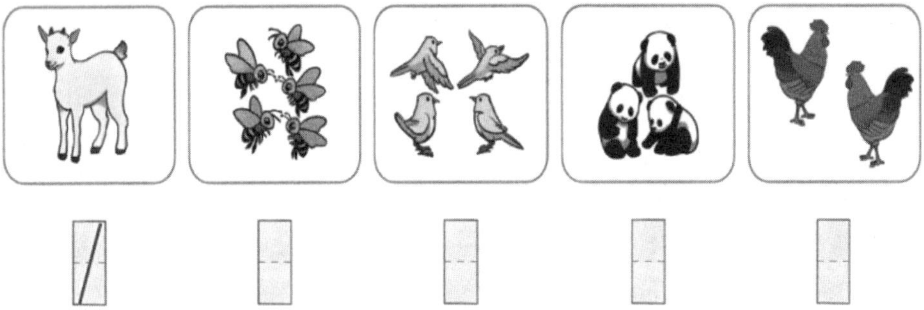

图2.2-6

教师再次引导学生去思考每幅图中的1,5,4,3,2分别表示什么意思。在含义的明晰过程中,让学生将图中的形转化为一般的数。

**(二)由数到形,辩理解**

教师请学生独立观察图例(图2.2–7),根据图上面的数,数一数并涂一涂。在此基础上,学生实现了由读数到涂色的简单练习,也形成数到形的对应。紧接着,教师可以进一步延伸,提问学生:现在没涂色的又分别有几个?请学生写在图示下面的"日"字格中。随着上下两组数的呈现,学生可以有效地理解这两组数的不同含义,并明确每个数表示的具体数量。

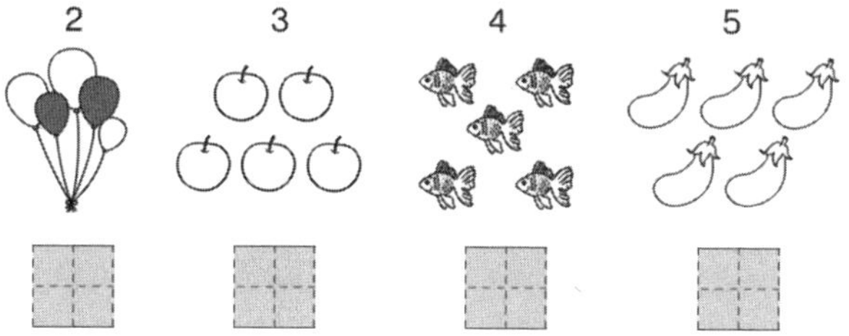


图2.2–7

**(三)数形结合,寻规律**

在低年级的课堂教学中,教师不断地利用直观图示、操作演示和活动体验,让学生在数数的实践中理解数的意义。借助小棒摆数、多元表征数,将现实生活中的数初步抽象,使学生认识到,不管什么物体,只要数量是1,都可以用1根小棒表示。这样直观、形象和生动的教学方法能使学生更容易理解基数的含义,加深学生对数的认识,也有助于培养学生的数感。

在如图2.2–7的教学组织中,教师也可以引导学生再次观察由图数出数,关注数排列的规律,并结合数一数涂色的和没涂的一共有多少,在图中指出它们的共同点,从而为后续5的分与合教学埋下伏笔。总之,对于5以内数的认识,学生在学习之前有所了解,让学生用数学的眼光看待生活中的事物,则是不断地引导学生从生活情境中抽象出数学。

# 第三节
## “5以内序数的含义与大小比较”教学实践

本课时利用学生已经学过的数数和一一对应的方法，根据农家小院这幅情境图引出新的知识，让学生感悟知识的迁移，经历从农家小院中大白鹅、小狗以及小鸡和盘子这些具体事物数量的比较，到用符号表示数的大小的过程，感知符号的功能，感受分类思想和一一对应的思想，发展初步的符号意识。另外，我们结合杭州亚运会，创设小动物参加运动会套圈比赛的情境，让学生初步理解数不仅可以帮助我们表达生活中事物的多少，还可以用来表示物体的顺序及事物与事物之间多少的关系，培养有序观察的能力，发展语言表达与交流的能力。在本课时中，围绕上一节课学习的“5以内数的认识”与“相等”而展开，“5以内的数”的特征。认识数既可以表示“几”，也可以表示是“第几”；数是有大小的，在表示“多少”时，个数越多表示这个数越大，当表示第几时，一般地越往后数越大。基于这样的思考，我们可以与上一节课的学习内容构成一个整体，对上一节课学习的内容进行再认识，并丰富数的以上特征。带着这样的思考，我们进行了教学实践。

### 一、通过数量比较，用符号表示关系

教师通过课件出示农家小院这幅熟悉的情境图（图2.3–1），复习旧知的同时激发学生积极、主动探究。教师首先需要引导学生从图中找出几种不同的小动物与奶奶家盘子数量不等的关

图2.3–1

系，然后通过数一数并借助小棒摆出大于号、小于号和等于号的样态，引导学生利用具体类比的方法，感知符号表示数的大小关系的过程。

**（一）比较相同，描述相等**

以“老奶奶最喜欢她家又大又肥的大白鹅，就先把食物分给大白鹅吃”的话题切入，如图2.3-2，请学生仔细观察，并提问：如果一只大白鹅一个餐盘，奶奶家的盘子够不够分？大多数学生有了前面学习比多少时的经验，会用一一对应的方法摆一摆，并且说明一只鹅对应一只盘子，没有多余，教师适时地拿出小棒进行一一对应的摆放。

图2.3-2

同时，教师引导学生用数数的方法来比较，大白鹅有2只，盘子也有2个，所以说大白鹅和盘子的数量同样多，够分。依据学生的回答，教师适时指出鹅的数量与盘子的数量同样多，可以将小棒改成用“＝”表示相等，将“2与2同样多”写成“2＝2”，并说明“＝”的读写法，让学生感受到使用“＝”的合理性和简洁性，培养学生的符号意识。

**（二）比较不同，描述不等**

如图2.3-3，小鸡看到美味的食物也飞奔而来，引导学生思考：每只小鸡一个餐盘，奶奶的盘子够不够分？学生在汇报时可能表达不清楚，教师引导学生明确：因为小鸡比盘子多，4比2大，所以每只小鸡分1个盘子是不够的，并用小棒表征出“左大右小”的样子。教学中，教师启发学生可以用“4＞2”来表示，并让学生观察大于号的特点，激发他们用自己的好方法记住它。对于学生诸如“大大的口朝大数，尖尖的角朝小数”的回答给予充分的肯定。

图2.3-3

**（三）应用符号，判定关系**

对于一年级学生，符号表征需要经历语言丰富到简洁表征的过程。有了之前的比较，如图2.3-4，教师可以放手让学生自己想办法用符号或者一个式子来表示。学生首先在黑板上利用小棒摆一摆，并用自己的语言来描述“1＜2”。对于小于号的特点也可以让学生自己概括、提炼，从而进行数与数关系之间的判定，感受符号的简洁。

图2.3-4

在表述盘子数量分别和小鹅、小鸡、小狗数量之间的关系时，首先用语言表征，适时引入关系符号“＝”“＞”“＜”，感知符号在数学中的功能及其文字不可替代的作用，从而培养学生的符号意识。

值得注意的是，“>”和“<”非常相似，学生往往不容易分辨，这就离不开教师的示范。在教学中，对于刚开始出现“>”和“<”时，需要教师规范书写，加深学生对“=”“>”“<”的印象，同时强调学生利用小棒类比符号和类似“大大的口朝大数，尖尖的角朝小数”的顺口溜帮助记忆“=”“>”“<”。

## 二、创设序数情境，认识序数含义

数数的过程是学生认识数的开始，也是学生对于数的大小比较的开始，自然产生了对数的丰富含义的理解的需求，即从基数理解到序数理解的过渡。教师创设了小动物套圈比赛的情境，让学生在数数的问题解决过程中，对比和感悟“几”与“第几”的不同含义。

### （一）依据情境，数出多少

如图2.3-5，结合杭州亚运会创设小动物参加套圈比赛的主题情境。教师组织学生观察图示并计数参加比赛的人数以及小动物套中的圈数。根据学生的回答，记录数出的相关信息：有5只小动物参加了套圈比赛，老鼠套中了3个，兔子套中了5个，熊猫套中了2个，河马套中了4个，猴子套中了1个。

图2.3-5

在之前数数的学习经验中，学生已经有了多维表征数的体验，在这里用圈表示数量，统计小动物套中几个圈就是几，又一次加深学生对数的基数含义的理解，即数可以表示多少，表示一个一个累计的数量。

### （二）排出名次，认识第几

结合数数的过程，学生在喜闻乐见的比赛情境中自然会关注到小动物比赛的成绩。在得到每个小动物套圈的成绩后，教师适时提出“你发现了什么”，从而引发学生关注通过套中数量的多少判断数的大小与名次。学生在生活经验和数的感知中显然可以比较快速地得到：套中的越多数越大，即：5>4>3>2>1。这里数的大小比较需要在学生表达交流的基础上利用之前学习的大小比较符号来表示。同时，在完成了数的排序后，教师顺势提问：谁得了第1名？从而自然引出“第几”的认识。这个教学过程是学生通过数大小比较，知道了小兔子套中的数量是5，5是最多，所以是第1名，初步感知序数的含义。

### （三）比较信息，重新认识

在数数和比大小的学习过程中，学生感知自然数的基数含义，并根据小动物套中圈数的统计和给小动物们排名，感受了序数的含义。为了让学生明晰两者的不同，教学中还需要学生通过对两个同样数字的区分和比较，来重新认识和深入理解。教师择机提问：小老鼠下面有两个数字“3”，分别表示什么？学生在对比中仔细思考这“3”和“第3”的区别，原来“几”表示一共有几个，套中了几个，表示数量；“第几”表示第几名，表示顺序。这样的整体教学设计将基数含义与序数含义放在一起进行对比，有利于学生辨析理解数的不同含义。

## 三、综合基数序数，丰富数的含义

新课程标准强调注重挖掘蕴含在知识深处的思维方法，学生对简单知识背后的思想方法有所思考，有所感悟，从而对学生的后续学习产生积极影响。在本单元整体设计的教学实践中，将数的大小比较和基数序数的综合认识结合起来，是基于丰富数的含义考量，也有着相关思想方法的渗透。

### （一）圈一圈，区分含义

出示图2.3-6，教师首先要求学生把右边的4个小动物圈起来，然后要求学生从右边数，把第4个小动物圈起来。在简单的圈一圈过程中，教师需要引导学生进一步感悟“几”和“第几”的不同含义。在本环节教学中，学生要自主感受到变化数的起始方向，在对比中体会第几与从哪数起有关，注意“几个”要几个一起圈，“第几个”只圈1个。

图2.3-6

### （二）排一排，发现规律

在数的排列中往往蕴含着规律。如图2.3-7，教学中出示一组箩筐，其中第2个箩筐有1朵向日葵，第4个箩筐有3朵向日葵，第6个箩筐有5朵向日葵。教师首先组织学生观察并写出箩筐里有几朵向日葵。接着，教师要求学生画一画，提问：空着的箩筐里应该放几朵向日葵？从而引导学生关注数量的排列规律。这样的设计既是对之前的数数学习进行巩固，以及对于数字的书写进行复习，让学生再次感

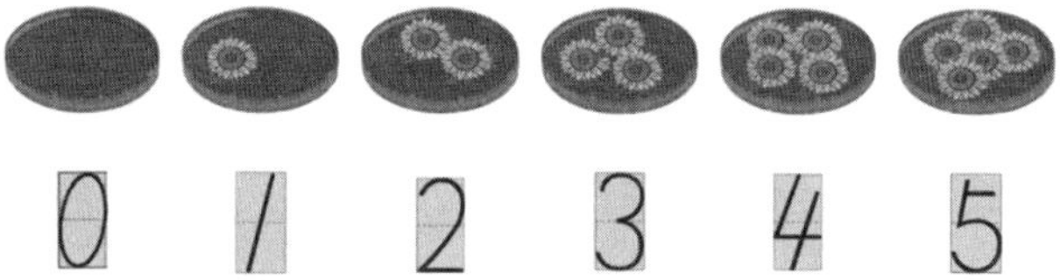


图2.3-7

受数字的基数含义，又通过对空箩筐花朵的补画，找到序数的规律。当然，学生也再次感受“0”不仅表示什么都没有，而且在数列中也有实际意义。

**（三）认一认，深化理解**

为丰富学生对“0”的认识并感知尺子的计量过程，教学中引入学生常见的直尺（如图2.3–8），在学生找数后再理解每一个数的含义。对于“0”的理解，教师先让学生找找直尺上的“0”在什么位置，再让学生从“0”开始读一读直尺上的数，想一想，这个“0”表示什么意思。学生在之前已经学过“0”可以表示“没有”，通过在直尺上寻找“0”的位置，可以感受到“0”还可以表示“起点”，测量物体的长度时，要从这个位置开始量起。此外，为了便于学生理解，教学中以一条线段表示一个计量单位，逐步呈现，让学生认识到0到1，1到2，2到3，3到4，4到5，5小段表示5个1（如图2.3–8），初步感受计量单位，再次深化数的理解。

图2.3–8

# 第四节
## “4以内数的分与合和加法”教学实践

本课时把教材中关于数的“分与合”和“加法”两节课整合成一课时，力求让学生体会“加法”含义，也就是基于数的“分与合”的表示形式，更好地认识“加法运算”。在具体教学中，本课时立足教材中的主题情境图，让学生依据操作活动，也就是在“如何将4朵向日葵放到两个箩筐”的问题探究中用连线图表示“分与合”的过程。带着这样的思考，我们进行了教学实践。

### 一、创设分的情境，学习数的分合

课始继续引入农家小院中“分向日葵”的活动任务。如图2.4-1，教师出示主题情境图，并提出相关数学问题，通过学生自主操作，让学生感受4朵向日葵分到两个箩筐里的不同情况，由实物图记录，并转化为连线图表征。

图2.4-1

#### （一）创设情境，提出问题

根据出示的情境图，提出问题：农家小院里的老奶奶想要把4朵向日葵放到两个篮子里，可以怎么放？问题的提出既能激发学生的学习兴趣，和情境图相呼应，又避免4朵向日葵放在一个箩筐里的情况。教师依据情境图示，以“分4朵向日葵”为活动要求，让学生经历逐步抽象的过程，以“分实物的表象”为活动支撑，理解和接受数的分解。教学中，放手让学生介绍摆图，教师引导学生从无序摆放到有序摆放,并适时调整板贴。

**(二)自主操作,记录过程**

如图2.4–2,分别有三种情况:左边箩筐1朵,右边箩筐3朵;左边箩筐2朵,右边箩筐2朵;左边箩筐3朵,右边箩筐1朵。进而由这三种实物图抽象出连线图,分别为4可以分成1和3,4可以分成2和2,4可以分成3和1。完成连线图后,教师引导学生由从上往下观察转变为从下往上观察。根据前面学习的经验,学生得出1和3可以合成4或者1和3可以合成4,其他两种情况依此类推。

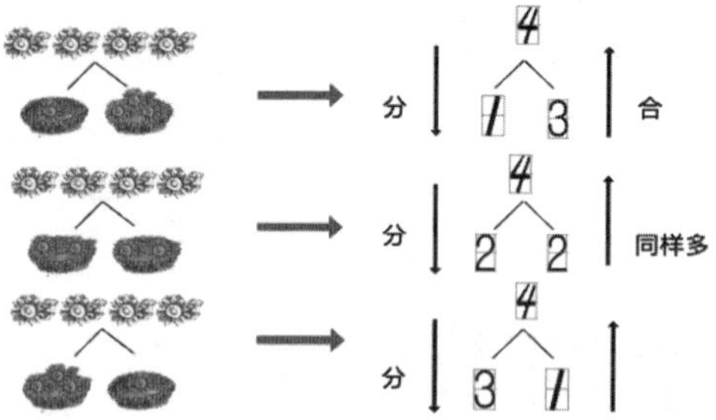

图2.4–2

值得注意的是,教学中需要学生仔细观察图与式,自主发现并说一说它们之间的联系。在第二种情况中,学生指出左边箩筐和右边箩筐里的向日葵数量是同样多。有学生发现,第一种情况和第三种情况里左右箩筐里的向日葵数量互换了位置,合起来还是4朵向日葵。更有学生从左边的实物图中观察到从上往下第一个箩筐里每次增加一朵,第二个箩筐里每次减少一朵。依据学生的表达,教师回顾总结他们的发现。

**(三)迁移策略,操作记录**

基于学生已经有了对4的分与合的学习经验,教学中可以让学生感受3和2的分与合,有利于培养学生迁移类推的能力,渗透函数思想。

如图2.4–3,教师提出问题:老奶奶想把3盆花也来分一分,你们能看明白老奶奶是怎么分的吗?

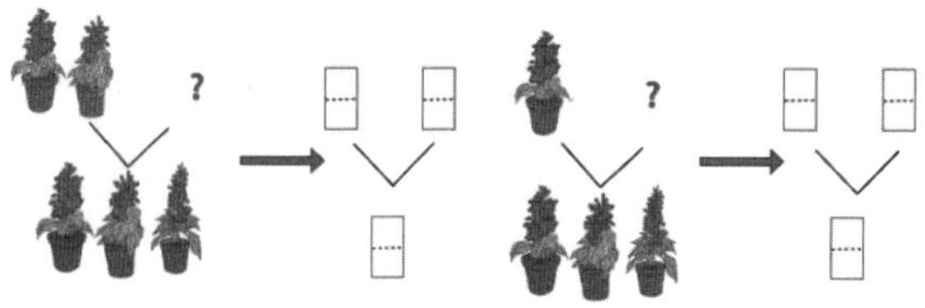

图2.4–3

通过观察图示和前面的学习经验,有学生说左边有2盆花,右边有1盆花,所以合起来是3盆花。2和1可以组成3。也有学生说左边有1盆花,右边有2盆花,所以合起来是3盆花。1和2可以组成3。结合学生的表述,教师需要引导学生记录过程。3和2的分与合相对简单,我们在教学中更多地让学生借助已有经验去思考、去发现，最大限度地让学生参与到探索新知的过程中，掌握探究数的分与合的方法，体验学习的成功与快乐，为以后有序思考其他数的分与合奠定基础。

## 二、多元记录结果，学习加法含义

通过分与合的过程，学生在数学活动中初步感知了加法算式的意义，初步理解加法算式表达的数量关系，让学生基于“合起来”，在解释计算结果的实际意义中感悟加法的意义。

### （一）加法记录，感知含义

如图2.4-4，教师继续引导学生用图记录分与合的过程，并引出从上往下看，4可以分成3和1，也可以用一个加法算式记录，引出加法算式：4=3+1。在这里，教师可以让学生说一说4、3、1分别表示什么意思。在学生根据实物图说出这三个数字所表示的含义的基础上让学生读一读加法算式：4等于3加1。再让学生从下往上观察连线图，3和1可以合成4，说成加法算式：3+1=4，读作：3加1等于4。需要指出的是，教师应该强调一般情况下加法算式写成3+1=4。

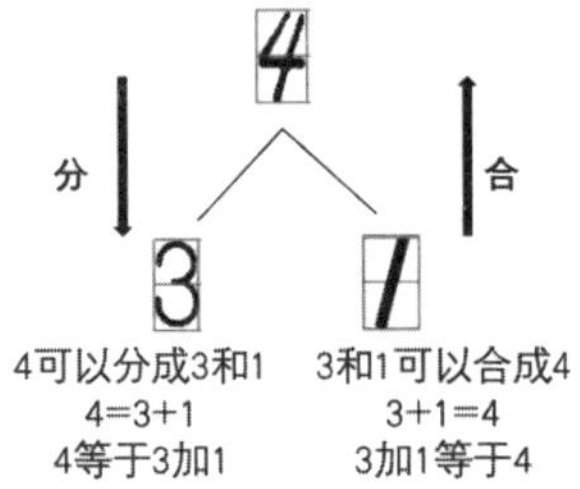

图2.4-4

教学中，教师可以激发学生通过对比，进一步理解加号在这两个算式里表示什么含义，需要学生能够用自己的语言说出加号表示合起来的意思。通过上述教学后，教师继续引导学生根据剩余的分与合写出对应的加法算式。

### （二）迁移策略，自主表征

依据前面所学，教师适时总结分与合可以用连线图、加法算式等方式表示，由此教师提出这样一个要求：4可以分成2和2，尝试着用喜欢的方式表示一下。教学中，我们发现大多数学生能够写出加法算式：2+2=4或4=2+2。此时，教师强调一般情况下写成2+2=4。同时，我们也看到还有一部分同学用连线图表示，4可以分成2和2，这也是学生在思维迁移中的自主表达，教师要充分肯定、鼓励。

### （三）整体回顾，揭示联系

在学生自主表征加法算式后，教师可以引导学生思考：“通过这节课，我们学习了什么？”结合板书，学生往往能总结出这节课学习了4，3和2的分与合，还认识了加号，把两个数合在一起的时候我们要用加法表示。学生通过说一说、写一写等活动，在充分动脑、动口的过程中体验合并的过程，感受到了部分与整体的关系，实现了完整体验“实物—图形—符号”的抽象历程，为理解加法的含义奠定了基础。

## 三、结合图示信息，体会数学联系

引导学生通过图示信息，感受数学与生活的联系，在练习设计中的层层递进、针对性应用，可以为学生创设自主的、积极参与的活动方式。我们尝试调动学生的多种感官，让学生在动脑、动口中及时巩固本课时的内容，进行了三个层次的练习设计。

### （一）依据图示，多元表达

如图2.4-6，出示“分南瓜”的图示，引导学生根据实物图，说出问号里表示多少个南瓜，依次填出对应的“分与合”连线图和对应的加法算式。由于一年级的学生刚学习5以内数的正确书写，因此在填连线图的时候，要求将数字填入“日”子格内，规范书写。学生写算式的时候出现两种加法算式的表示，我们也要给予肯定和建议。

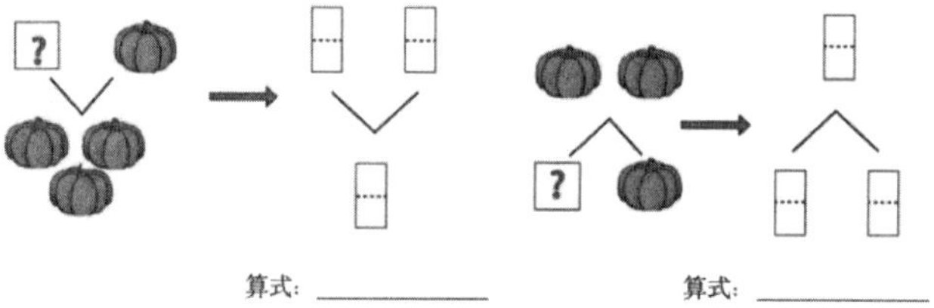


图2.4-6

### （二）填写结果，渗透减法

依据“分与合”的连线图与“加法”含义的学习，为了加深理解，我们尝试将加法算式变式为带小括号的题组，渗透接下去将要学习的“减法”，将加法拓展为另一种方法。学生可以依据连线图，如图2.4-7，写出对应的加法算式。教学中，教师可以引导学生能根据4，3和2的连线图，写出全部的加法算式，并根据规律进一步理解4的分与合。

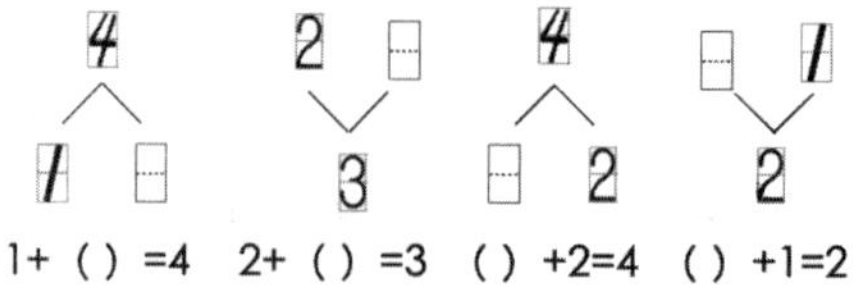


图2.4-7

### （三）基于序数，丰富含义

对于数的认识和理解是一个不断丰富的过程。如图2.4-8，课件展示“小青蛙跳台阶”的动态图，结合演示和学生描述，适时提出问题：小青蛙现在在第1个台阶，接着跳到第3个台阶，再跳几个到第5个台阶？教学中，学生能够根据动态图指出第一次小青蛙从第1个台阶跳到第3个台阶是跳了2个，那么也只要跳2个就到第5个台阶了。也有的学生直接表示从第3个开始跳，再跳2个就是第5个台阶了。当然，利用“5－3＝2”来解决问题的学生也有不少。

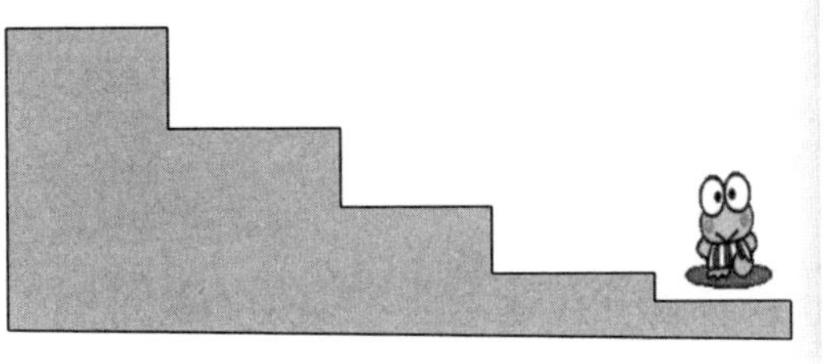

图2.4-8

本环节将数学与情境相融合，引导学生进一步感悟“几”和“第几”的不同含义。通过教学，学生能在动态图中感知、体验“第几”的相对性，结合上一课的学习的序数，体会基数和序数不同的含义，初步体验数学与生活的密切联系。

# 第五节
## “5以内数的认识和减法”教学实践

本课时是在“5以内数的认识和加减法”整体设计的背景下组织教学的。在学习本课时之前，学生已经掌握了4以内数的分与合，以及相应的加法表达。在本课中，如何创设具体情境，通过比较，由加法的含义进行“逆向思考”，引出减法、理解减法的含义。如何结合具体情境，在理解多种减法算理的基础上，归纳出“想加做减”的基本思路？最后，如何结合图示表征，渗透加减法的数量关系？带着这样的思考，我们进行了教学实践。

### 一、创设现实情境，引出减法含义

教材在编排加法、减法的时候用了“松鼠跳跃”的情境图，即松鼠的“跳来”和“跳开”分别帮助学生认识加法、减法的意义和算理。基于单元整体设计，笔者将两者情境做适当调整，先后呈现，一起对比，注重引导学生结合图示区分差异，从而引出本课要研究的减法课题，并通过观察比较区分加减法的意义，规范学生对减法的表征。

#### （一）利用旧知，学习组成

利用上一课时学习的“4以内数的分与合”进行知识迁移。如图2.5-1，教师出示“松鼠跳跃”情境图，请学生说一说图的情境，讲一讲图中的信息，并依据已知信息得到新的信息：树枝上有3只松鼠，又跳上来了2只，一共有5只。教师依据学生的回答，写出三个信息，并请学生分别用连线图、加法

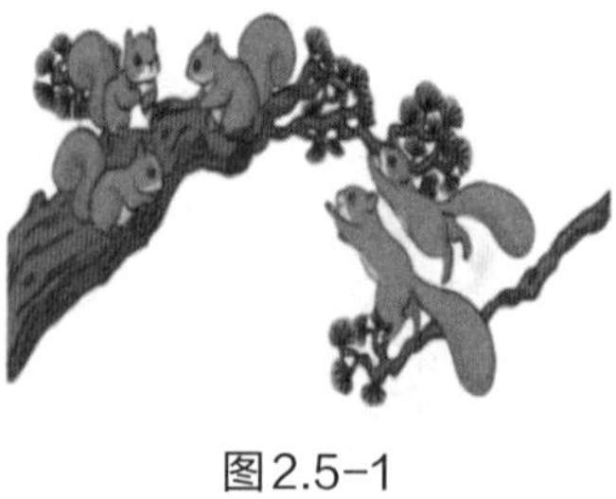

图2.5-1

算式和图示表征等多种方式表达出来。根据学生独立完成后的交流，教师逐步形成如图2.5-2的表达形式。

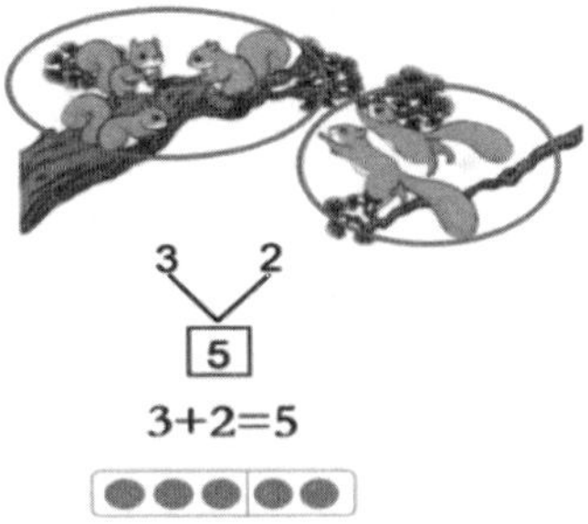

图2.5-2

本环节通过小松鼠的情境图示一方面回顾了上一课时的“数的组成”，还将上一课时中“4”的组成巧妙迁移到“5”的组成，让学生充分理解数的组成并学会知识的迁移和应用。

**（二）依据差异，学习减法**

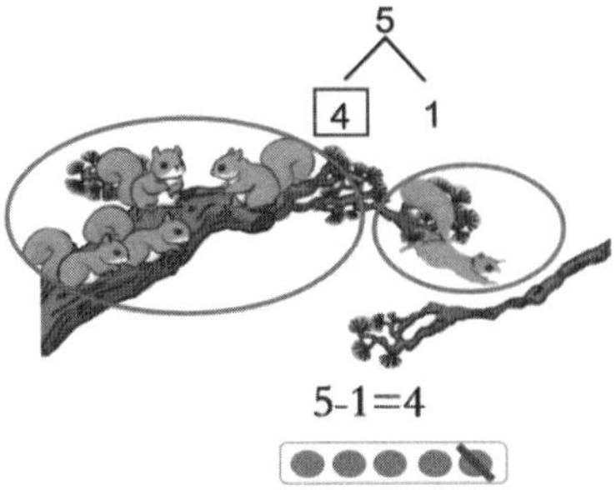

图2.5-3

教师出示如图2.5-3的情境图，请学生说一说这个图中有哪些信息。根据学生的回答，教师圈出其中推导得到的信息。然后请学生与上题比一比，说一说有什么区别。学生通过观察进行对比，明显可以知晓图2.5-2是小松鼠跳过来，变多了，图2.5-3是小松鼠跳走了，变少了。在以上对比的过程中，教师引导学生进一步发现“小松鼠跳过来合并起来是加法，小松鼠跳走了去掉是减法”的结论。那么又该怎么表示出这三个信息之间的关系呢？学生先尝试，然后反馈评析，形成如图2.5-3的三种表达形式，并重点解释“5－1＝4”中各部分的含义，提炼什么是减法。在对减号的读写、减法的意义展开教学时，特别指出用“－”表示去掉，“4”表示去掉后的结果。教师出示图2.5-4，请学生尝试列出算式“5－4＝1”，让学生说一说“5－4＝1”是什么意思。教师接着出示图2.5-5、图2.5-6，学生列出算式“5－2＝3”“5－3＝2”后，再请学生说说它们分别又是什么意思。在回答的过程中，教师出示相应的图示，并用连线图逐步完善“5的组成”的四种情况。

图2.5-4

图2.5-5

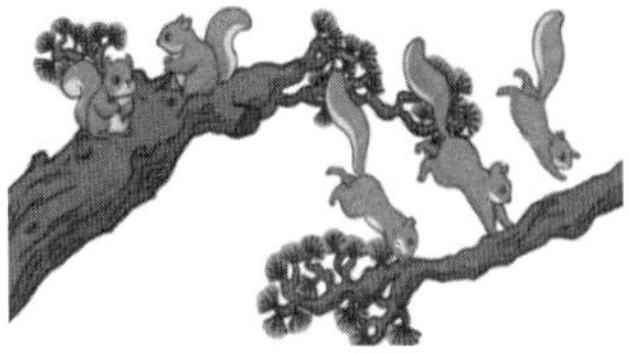
图2.5-6

利用两幅松鼠图，一加一减进行对比，让学生体会加法就是“合并”，减法就是“去掉”，减法是加法的逆运算，两者存在密切的联系。先从“5－1＝4”让学生理解算式的各部分含义，再经历“5－4＝1”“5－2＝3”“5－3＝2”各代表什么意思，加减法多次放在一起进行比较。让学生充分理解并掌握减法的各部分含义，同时又巧妙地呈现了“5”的4种组成，渗透有序思考和加法交换律。

**（三）观察比较，规范表征**

在前面的学习中，学生用自己喜欢的方式来表示“5－1＝4”。如：画具体图、用数的分、用点子图……在本环节中，请学生观察比较，以点子图为中心，展示其他的图示与它的关系，体会点子图的简捷性。最后同时出示加与减的点子图（图2.5–7），让学生进行比较并结合情境说一说它的意思，将合与分和加与减进行联系沟通。

图2.5–7

对于一年级的学生而言，计算5以内的减法其实不困难。但是，为了让学生经历从具体到抽象，体会减法的意义和算理，就需要教师精心创设情境，并组织有效的活动。所以在此环节中，我们通过对比2张松鼠图示，让学生依据差异学习减法，渗透计算方法，用原有已知“分量＋分量＝总量”的经验求分量，掌握减法的含义，从而能更好地在真实情境中运用“总量－分量＝分量”的减法算法。

## 二、丰富具体例子，学习加减计算

初步规范学生对于减法的表征，通过具体例子，帮助学生区分加减含义，为后续更好地将“减法”应用于现实情境中做好铺垫。通过松鼠吃松果的图示引导学生提出有意义的数学问题，接着列式解答，反思算理，最后让学生依据算式提出问题，形成“问题提出→列式解答→反思算理→应用问题”的思路。

**（一）结合图示，提出问题**

教师出示“松鼠搬松果”的情境图（图2.5–8），请学生说一说图中有哪些信息。学生观察图示并发现：本来有5颗松果，小松鼠拿走了1颗。教师请学生用一个算式表示图示的意思。同样的方式，教师出示图2.5–9，请学生说一说图中的信息再列式计算。

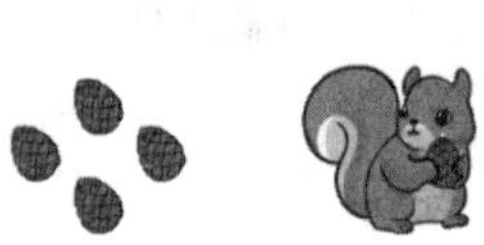

图2.5–8

图2.5–9

在数学学习中，会提问是一项很重要的数学学习能力。鉴于刚入学一年级的学生对于如何提出数学问题存在较大的困难，可由教师帮助其补充提问。不过教师还是要有意识地培养学生在课堂中提出有价值的数学问题的能力。

### （二）列式解答，反思算理

从图示到算式是由形象到抽象的开始，教学中要让学生说一说每个式子的含义。如图2.5-10，让学生结合图示叙述完整的故事，用语言描述再次呈现计算过程。例如：原先有5颗松果，小松鼠拿走了1颗，还剩4颗；原先有5颗松果，小松鼠拿走了4颗，还剩1颗。同时，借助划去小圆点的演示过程，更加丰富学生对算式含义的一般理解。

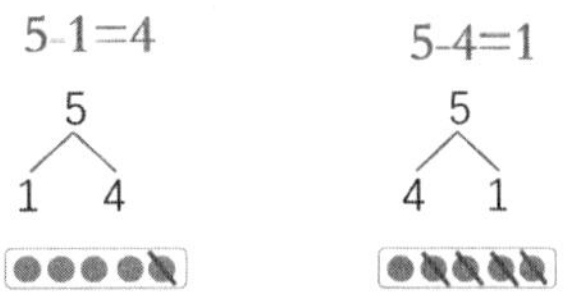

图2.5-10

### （三）依据算式，提出问题

在完成正向的“提出问题→列式解答”后，设计了基于逆向思维的依据算式提出数学问题的练习。如图2.5-11、图2.5-12，请学生依据情境图与算式提出问题。教学时可适当降低要求，鼓励和引导学生能够结合算式讲清楚图中故事的大概意思以及算式各部分的含义即可。

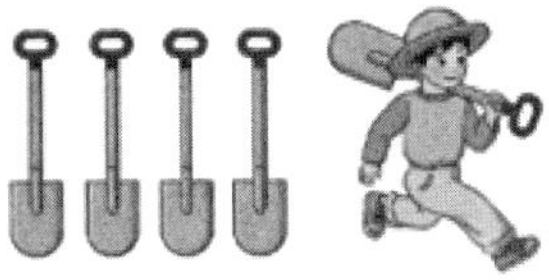
5－1=4

图2.5-11

4－2=2

图2.5-12

## 三、结合具体情境，沟通数与加减

在学生基本掌握减法的意义和算理后，结合图意，列式解答，沟通加减法的联系和区别；通过题组计算，让学生能够理解减法的算法；通过题组观察比较，知道可以交换加数与加数的位置以及减数与差的位置，厘清加减法的数量关系和加减法之间的计算方法。

### （一）结合图意，列式解答

教师出示“螃蟹上岸”和“摘丝瓜”的情境图（图2.5-13、图2.5-14），引导学生根据图意列式，并追问式子代表的含义。每一幅图学生都需要讲清楚各个数在情境中的含义。例如“2＋3＝5”表示原来岸上有2只螃蟹，爬来了3只，现在一共有5只；“5－2＝3”表示原来有5根丝瓜，

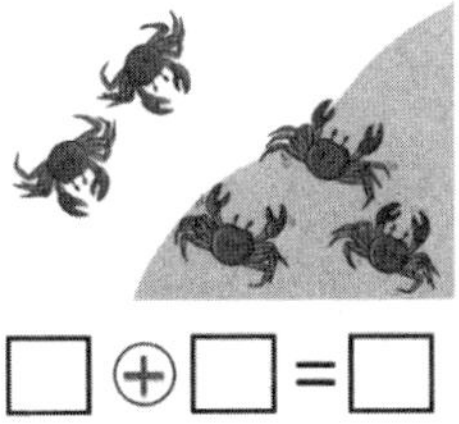

图2.5-13

图2.5-14

摘走2根,还剩3根。此练习帮助学生理解加减法的联系和区别。

**(二)题组计算,熟练算法**

教师出示一组计算练习题(如图2.5–15),让学生自主完成反馈评析。教师引导学生仔细观察这些式子,从“上下分组”“同列观察”等角度谈谈自己的发现。

| | | | |
|---|---|---|---|
| 2+3=□ | 1+3=□ | 1+2=□ | 2+0=□ |
| 3+2=□ | 3+1=□ | 2+1=□ | 0+2=□ |
| 5-2=□ | 4-3=□ | 3-1=□ | 2-0=□ |
| 5-3=□ | 4-1=□ | 3-2=□ | 0-0=□ |

图2.5–15

# 第三章
# 6～9的认识和加减法

“6～9的认识和加减法”是从整体的设计视角，把人教版《数学》一年级上册中“6～10的认识和加减法”单元中的“10的认识和加减法”编排到“11～20各数的认识”单元中进行的整体设计与教学实践。这样的设计，使得这一个单元与“5以内数的认识和加减法”中的数的学习更具有整体性，即0～9这十个数，既具有数的含义，也具有数码的性质。

具体教学中，既要传承“5以内数的认识和加减法”的教学经验，又要关注新内容的学习——加减法数量关系解决问题。因此，在教学中，在认识6～9这4个数时，我们利用“5以内数的认识”的经验，采用集中学习的方式，整体认识6～9的基数含义、序数含义和书写方法。而在学习相应的加减法时，则把数的分与合、加减法与数量关系看成一个整体，分层组织整体教学。

在本单元的学习中还有新的内容：连加、连减和加减混合运算，采用细化图示含义的形式，把原来的一步的加法与减法计算的问题，变成两步的连加和连减的问题，并让学生明白，连加还是“合并”的含义，连减还是“去掉”的意思；而加减混合运算则是把有联系的“合并”与“去掉”有序地连接。

# 第一节
## “6～9的认识和加减法”整体设计

教材中“6～10的认识和加减法”是在学生已经学习了“5以内数的认识和加减法”的基础上进行学习的。在“5以内数的认识和加减法”的学习中，学生已经掌握了数的认识的一般内容以及学习方法，并能够把数的组成与加减法构建联系，认识了加减法的含义与运算方法，感知了加法与减法的基本数量关系。这些活动经验，在本单元的学习中需要进一步加以应用，在具体教学中如何更好地利用呢？同时，需要进一步建立起加法与减法的基本数量关系，并应用数量关系解决问题。在具体教学中，教师如何培养学生的问题意识，形成初步的正确的解决问题的思路呢？带着这样的思考，我们进行了教学实践。

### 一、梳理——了解教材编排特点

教材中“6～10的认识和加减法”的编排结构与“5以内数的认识和加减法”有着明显的差异，具体表现在数的认识、运算分成三个阶段进行学习，第一次出现了用加减法的数量关系解决问题，第一次结合图示学习两步加减混合运算。其中新课的编排具体如下表。

| 板块 | 课时 | 课题 | 主要内容 |
|---|---|---|---|
| 6和7 | 1 | 6和7的认识 | 6和7的基数含义、序数含义、大小比较、读写法、分与合 |
| | 2 | 6和7的加减法 | 6和7的加减法 |
| | 3 | 加法解决问题 | 图示表征的加法解决问题 |
| | 4 | 减法解决问题 | 图示表征的减法解决问题 |
| 8和9 | 5 | 8和9的认识 | 8和9的基数含义、序数含义、大小比较、读写法、分与合 |
| | 6 | 8和9的加减法 | 8和9的加减法 |
| | 7 | 加减法解决问题 | 半图半文的加减法解决问题 |
| 10 | 8 | 10的认识 | 10的基数含义、序数含义、读写法、分与合 |
| | 9 | 10的加减法 | 10的加减法 |
| 两步计算 | 10 | 连加、连减 | 图示表征的连加、连减的两步计算 |
| | 11 | 加减混合 | 图示表征的加减混合的两步计算 |

### （一）数的认识与加减法的阶段式编排

学生学习了“5以内数的认识”后，已经知道认识一个数可以从它的含义、读写、大小比较和数的分与合等几个方面展开。而加减法的意义和运算，则是数的组成的表达形式的优化与应用。教材编排时采用专题式分步学习的形式展开。而本单元的数的认识和加减法的编排，则采用按数的认识分阶段推进的形式编排。

具体分成“6、7的认识和加减法”“8、9的认识和加减法”和“10的认识和加减法”这样三个阶段。每一个阶段分别用两个课时学习数的认识与相应的加减法。其中第一课时学习数的认识的相关内容，首先结合情境图认识相应数的基数含义与序数含义，接着再学习写数，然后结合图示比较相应数的大小，最后用涂一涂、摆一摆等方法有序地学习相应数的分与合。也就是一节课的学习内容，包含了“5以内数的认识”四节新课的学习内容，这就要充分利用“5以内数的认识”的活动经验，减少活动环节，使活动材料结构化。如6的分与合，通过记录涂色活动，整体记录与形成6的组成的五种不同的连线图（图3.1–1）。而在学习7的组成时，更进一步，用小正方体摆出了其中的三种不同的分与合，让学生依据这三种分与合联想其他的三种分与合（图3.1–2），后续学习8、9和10的分与合都应用了这一种活动经验。

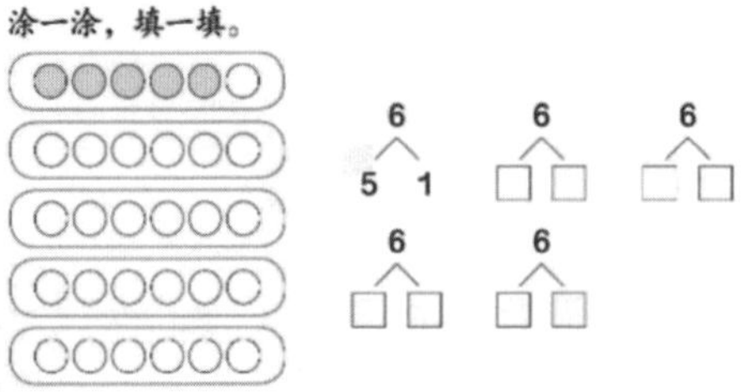


图3.1-1

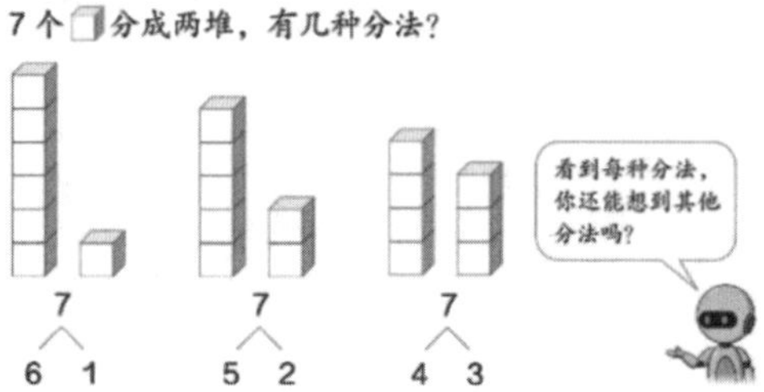


图3.1-2

### （二）依据数量关系解决问题的阶梯式完善

在“5以内数的认识和加减法”中，通过加减法含义和加减法计算等知识的学习，已经有了初步的数量关系，即“加法”的基本含义是“合并”，“减法”的基本含义是“分解”或“去掉”，但当时并没有提出具体的问题，只是依据情境，发现“合并”与“分解”的含义，并用加法或减法算式表示这一种含义，具体如图3.1-3和图3.1-4。

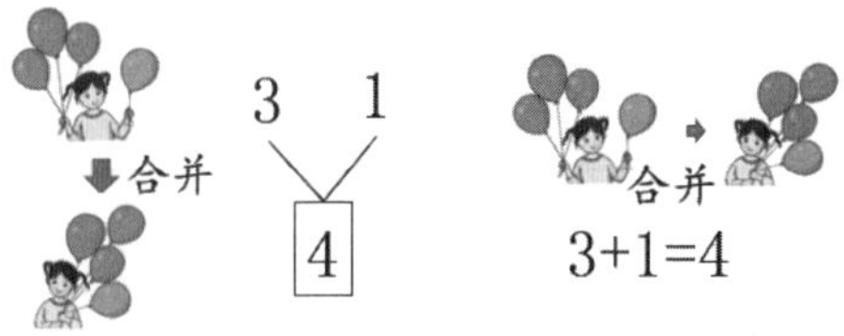


图3.1-3

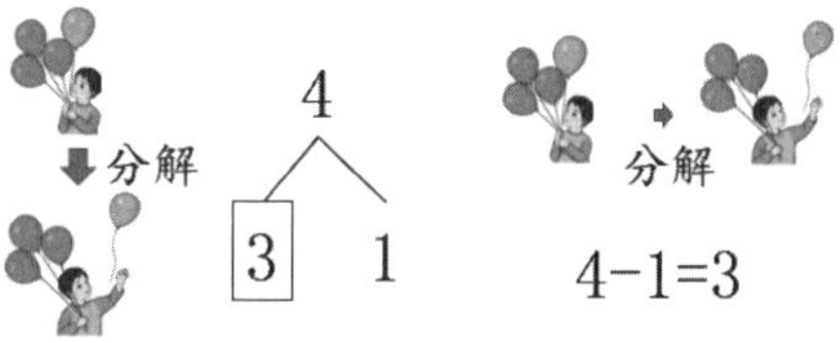


图3.1-4

在“6～10的认识和加减法”中，用符号或文字直接提出了问题，第一次出现了依据数量关系解决问题的基本结构，并且形成了由图示表征与半图半文式表征这样阶梯式完善的两个层级。

首先是图示表征，编排在6、7的认识和加减法之后。如图3.1-5用“______”表示合并，用“?”表示问题。形成了加法解决问题的基本表征形式。减法则在加法图示表征模型的基础上，把加法解决问题中的“问题”与“信息”进行交换，提出了新的问题——减法数量关系解决的问题，如图3.1-6。

图3.1-5

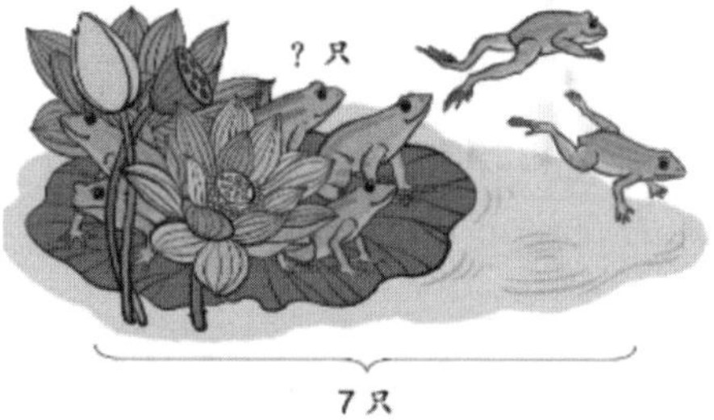


图3.1-6

接着是半图半文表征，编排在7、8的认识和加减法之后。如图3.1-7，在情境图的基础上，出示了几个不同的文字叙述的信息，提出了一个文字叙述的问题。在解决这个问题时，既要用到文字信息：一共有9只小鹿，还要从图中数出已经走掉了3只，从而用减法的数量关系解决问题。在完成这一个问题后，又提出了新的要求：你能从图中提出其他数学问题并解答吗？引导学生提出与天鹅、蘑菇有关的问题并用加法或减法解答。

图3.1-7

**（三）结合图示学习连加、连减和加减混合**

在本单元学习时，还专门安排了结合图示学习的连加、连减和加减混合的两步计算。学生刚接触加减法不久，为什么要在这个单元中安排这样的两步计算呢？从整体设计分析，它是后续学习20以内进位加法与退位减法时理解算理的基础。

如进位加法“9＋4”用“凑十法”计算时，要把它转化成“9＋1＋3”就是连加的计算。又如退位减法“15－9”用“拆数法”计算，把它转化成“15－5－4”，用“破十法”计算就是“10－9＋5”。

连加、连减的图示分别采用同一幅图整体展示，从图中再依据故事情节，列出连加和连减的算式。具体如图3.1-8和图3.1-9。

图3.1-8

图3.1-9

同时，图3.1-8和图3.1-9的情境是有联系的，图3.1-8是小明喂小鸡的图示，小鸡纷纷赶了过来，图3.1-9是小明喂完小鸡后的图示，小鸡先后离开了。

加减混合运算则采用连环画的形式，在同一组情境图中，依据天鹅飞来与飞走的相反变化，有序地组合相应的加法与减法，列出加减混合运算，并按照情境的变化顺序，明确计算的步骤。具体如图3.1-10和图3.1-11。

图3.1-10

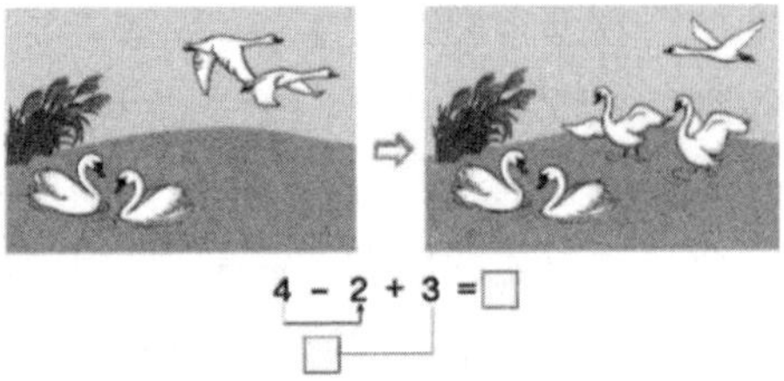


图3.1-11

图3.1-10与图3.1-11也有着密切的联系。首先是图3.1-10与图3.1-11中的图最初的情况是一样的，即湖中原来有4只天鹅，其次是它们的结果相同，都是5只，还有就是飞来的天鹅数与飞走的天鹅数分别相等，不同点就是飞来与飞走的先后顺序不同。

## 二、重构——体现结构性的学习路径

通过梳理可以清晰地发现，“5以内数的认识和加减法”是“6～10的认识和加减法”的学习基础，同时又在数量关系与两步计算这两个方面有了新的发展。同时，在梳理了教材的编排特点的基础上，从整体设计的视角，我们对本单元的新课教学内容进行了重构，以便更好地体现数学知识学习的结构性。重构后的新课编排如下表。

| 板块 | 课时 | 课题 | 主要内容 |
|---|---|---|---|
| 6～9 | 1 | 6～9的认识 | 6～9的基数含义、序数含义、大小比较、读写法 |
| 6～8的组成、加减法和数量关系 | 2 | 6的组成、加减法和数量关系 | 6的组成、相应的加减法计算、结合具体情境的加减法数量关系 |
| | 3 | 7的组成、加减法和数量关系 | 7的组成、相应的加减法计算、图示表征的用加减法数量关系解决问题 |
| | 4 | 8的组成、加减法和数量关系 | 8的组成、相应的加减法计算、半图半文的用加减法数量关系解决问题 |
| 9的组成、连加连减和加减混合运算 | 5 | 9的组成、加减法和连加连减 | 9的组成、相应的加减法计算、图示表征的连加连减 |
| | 6 | 加减混合运算 | 图示表征的加减混合运算 |
| 单元复习 | 7 | 整理和复习 | 从数学文化的视角进行单元复习 |

### （一）整体学习数的认识

在“6～10的认识和加减法”中，把数的认识分成“6、7”“8、9”和“10”这样三个板块，安排三个课时学习，其中每个课时中均安排有相应数的组成，它既是每个课时教学重点，也是难点。因为数的组成的探究与记忆均需要花大量的时间，对于它的掌握程度会直接影响学生对相应的加减法计算的熟练程度，所以这样的分板块学习可以分散难点，但它也影响了数的认识的整体建构。

在“5以内数的认识和加减法”单元整体设计时，数的认识包含了数的基数、序数的含义、数的读写与数的大小比较等几个方面，把数的组成纳入数的加减运算之中。依据这样的思路，我们也可以把本单元的“数的认识”中的数的组成纳入相应的加减运算学习中，这样可以安排一个课时，整体认识6～9。

在这里，特别地把“10的认识”置后到“11～20各数的认识”这一个单元中。因为“0～9”这十个数，既是独立的数，也是十进位值制数的十个数码，它们的学习可以看成一个整体。而“10”既是一个两位数，同时也是十位的计数单位，它的含义与“0～9”的含义有着本质的区别。所以把“10”纳入“11～20各数的认识”，扩展为“10～20各数的认识”，成为学生第一次学习十进位值制的内容，也更具有整体性。

**（二）数的组成、加减运算与数量关系融为一体**

把数的组成与加减运算以及数量关系看成一个整体，可以更好地体现数与运算的一致性，渗透算用结合的思想。

用数量关系解决问题不单独教学，而是把它们融合到加减运算的学习中，并有层次地完善对数量关系的认识与应用。在上页表中，第2课时“6的组成和加减法”的学习，结合具体情境，让学生口头概括出加法与减法的数量关系，为后续用数量关系解决问题打下基础。第3课时“7的组成和加减法”的学习中，则用图示的形式正式学习用加减法数量关系解决问题，此时要求学生依据上一节新授课的学习经验，先口头列出数量关系式，再列式计算。第4课时在“8的组成和加减法”学习中，学习半图半文的解决问题，主要让学生利用分析法，从问题出发，想一想解决这个问题需要哪一些信息，再从文字信息与图示信息中分别找一找信息，口头列出数量关系式后列式解答。第5课时学习“9的组成和加减法”时，结合图示把9分成三个数的和，学习连加和连减的计算。第6课时，运用数量关系，结合图示学习加减混合运算。第7课时，从数学文化的视角，复习数的组成和加减运算、数量关系。整合后的单元，第2～7课时，都是围绕着数的组成、加减运算和数量关系教学，如图3.1–12。

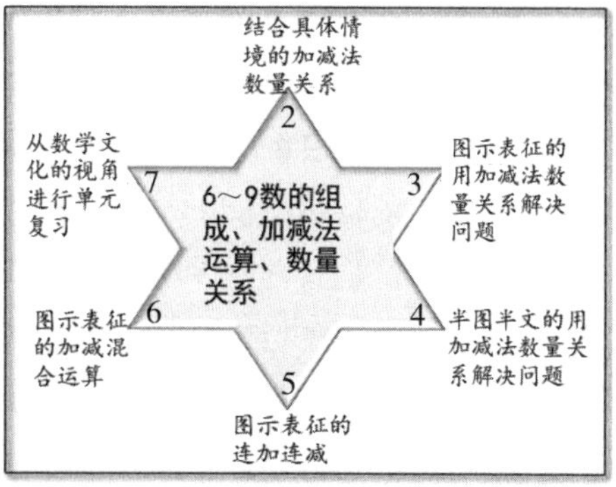


图3.1–12

**（三）合并图示，学习加减两步运算**

由于它们是图示表征列出两步计算的题目，实际教学时，要依据图示，让学生用看图说话的形式讲一讲图中的意思，而两步计算的式子就是用运算的形式记录故事中的主要内容与情节。

如图3.1–8，可让学生依据图示讲一讲故事：小明端了一盘稻谷喂小鸡，有5只小鸡先跑到，又有2只小鸡跑了过来，后面还有1只小鸡也跑了过来，一共有多少只小鸡？上述这样一个故事可以分成两段记录，第一段是“5＋2”指又跑来了2只，第二段是“7＋1”还跑来了1只。把两段合并起来就是“5＋2＋1”。基于这样的思路，也可以把图3.1–8分割成3个图，从左往右依次出示，让学生体会到这个图示的故事情境的3个数学信息是有先后的时间顺序的，具体如图3.1–13。

图3.1–13

图3.1–14

所以，在学生讲述故事时，出示图3.1–9后，要让学生先与图3.1–8进行比较，说一说，图3.1–9与图3.1–8有什么相同的地方，又有什么不同的地方？观察相同的地方，让学生明确一共有8只小鸡是一样的，不同的地方是图3.1–8中小鸡是跑过来的，而图3.1–9中小明的稻谷喂完了，有一些小鸡要离开了。所以也可以把图3.1–9的图示分成两次从左往右把它逐步分解，感受求还剩的过程，如图3.1–14。

具体教学时把以上的两类两步运算进行整合，先学习一步运算的加法和减法，再把其中的两幅有联系的图示进行组合，依据情境列出加减两步运算的四种情况。

## 三、实践——形成数、加减运算与数量关系的统一

通过重构，使得本单元的学习更好地体现数、加减运算与数量关系的统一。基于这样的基本思想，我们进行了教学实践。

**（一）整体认识6～9**

把“6～9的认识”作为“5以内数的认识”的延伸，在回顾“5以内数的认识”的学习经历的基础上，让学生利用活动经验，经历相同的学习过程，学习6～9的含义、读写与大小比较，并与“5以内的数”自然地构建起一个整体。

1. 回顾学习，明确目标

教师首先出示教材第14、15页的农家小院图，谈话引课：这个图是我们学习5以内数的时候学习过的，通过“说一说”“数一数”“读一读”“写一写”“比一比”认识

了1～5的数，后来把这些数放到了直尺上，还认识了0，教师在用多媒体展示学习过程的同时，在黑板上进行板贴，展示学习过程和0～5这几个数对应的图示、点子图以及“日字格写法”（如图3.1–15）。在这节课中，我们继续用这样的方法来认识新的数。

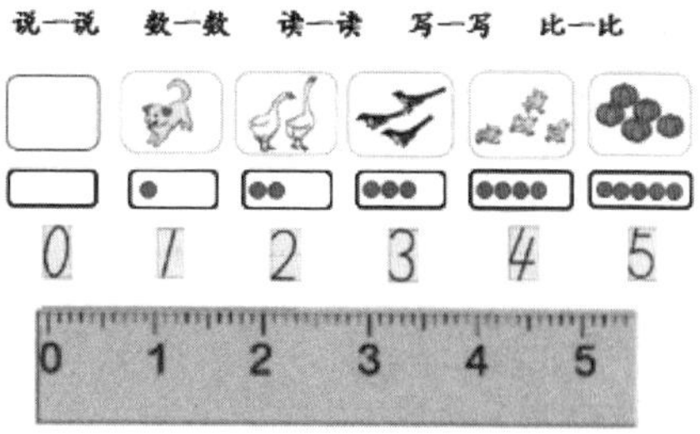


图3.1–15

2. 迁移经验，学习基数

教师出示图3.1–16，由6、7和8、9两组数组成的情境图，请学生说一说，从图中看，老师和小朋友在干什么？学生指出他们都在劳动后，先请学生数出左边图示的学生数以及老师与学生的总数，再数出右图中的学生数以及学生与老师的总数，分别用直观图、点子图进行板贴，接着请学生再数一数图中哪些东西的数量也是6、7、8或9。最后教师示范，学生模仿学习6～9的书写，形成如图3.1–17的板书。

图3.1–16

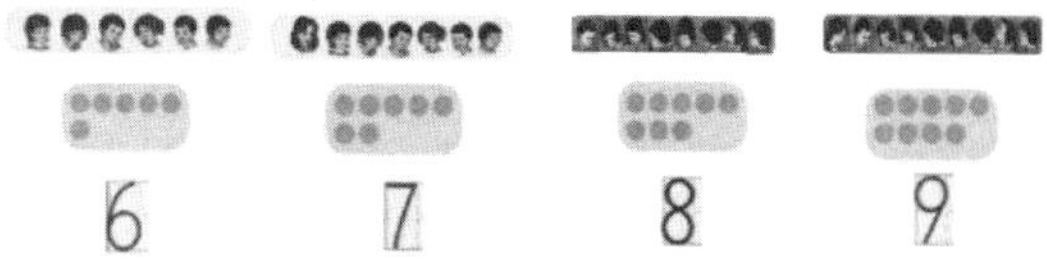


图3.1–17

3. 延伸序数，比较大小

教师把图3.1–15中的直尺刻度延长到“9”，请学生想一想，把6～9写到尺子中应该按怎样的顺序写？学生书写，把图3.1–15中的尺子换变成如图3.1–18的尺子。接着教师请学生说一说在尺子上6～9这几个数的含义，让学生依据5以内数的认识经验，说出尺子上这几个数的基数含义与序数含义，如尺子上的“6”表示从0开始有“6个1(段)”，也表示从0开始的第6段。

接着，再依次说说尺子上各数的排列规律，说一说0～9这些数的大小关系，发现与5以内数相同，右边的数大于左边的数，教师整体进行标注，形成如图3.1–18的板贴。

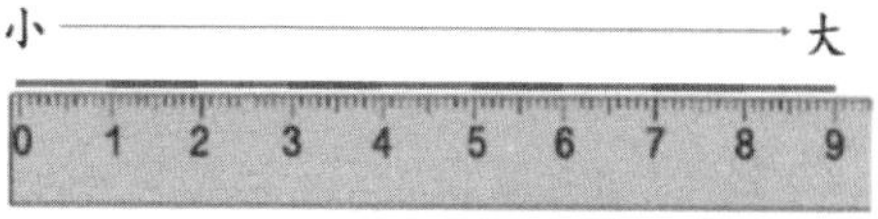


图3.1–18

**（二）构建数的组成、加减运算与数量关系的结构**

本单元与“5以内数的认识和加减法”的学习内容相比，增加了依据加减法数量关系解决问题，而且需要学习两种信息与问题显现的类型，一种是图示式，另一种是半图半文式。我们把它们整合到6～8的组成与加减法的学习之中,并采用分层推进的策略。

**1. 在6的组成与加减法学习后归纳加减法的数量关系**

教师出示包含6组成的五条点子图的板贴,引导学生观察:数一数,五条点子图有什么相同的地方?学生发现都是6个点子,教师依据学生的回答在每一条点子图的旁边标注“6”。再请学生观察点子图中的点子,思考在排列的时候有什么相同的地方。学生发现都分成了两组。教师在每个6的下面分成两个分支。教师进一步提问:又有什么不一样的地方呢?学生发现左边的点子数在增加,右边的点子数在减少。顺应学生的回答,请学生分别记录,形成如图3.1-19的板书。

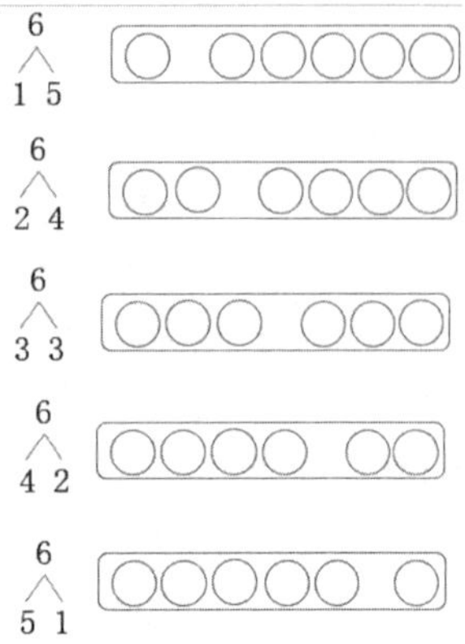

图3.1-19

接着,教师出示图3.1-20,请学生观察两名小朋友用点子图在干什么,为什么会有两个不同的加法算式。依据学生的回答,把图3.1-19中的第5幅点子图、数的分与合跟第1幅点子图、数的分与合组合成同一行,并标注上两个加法算式。教师再出示图3.1-21,请学生说一说这里为什么写成了减法,而且有两个减法算式。学生发现两名同学相对而坐,都是从6里面去掉了左边的部分,剩下右边的部分,所以都用减法,而且有两个不同的算式。教师在板书中补充,形成如图3.1-22的板书。在此基础上再请学生把其他的三幅点子图分一分类,用同样的方法写出相应的加法算式与减法算式,形成如图3.1-23的板书。

图3.1-20

图3.1-21

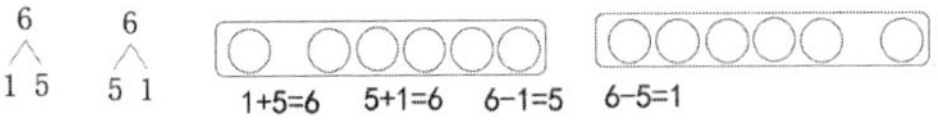

图3.1-22

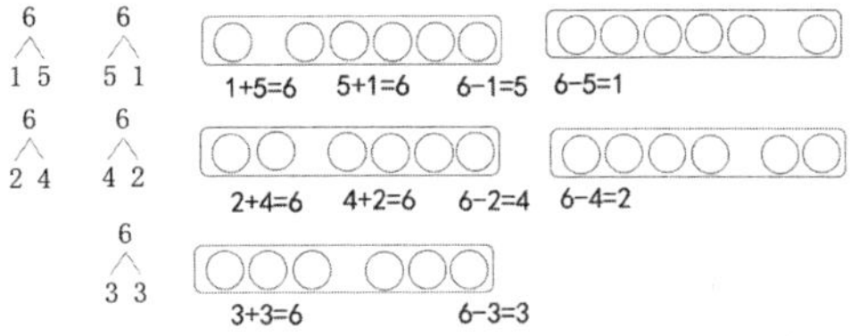

图3.1-23

然后,教师请学生观察点子图、数的分与合,只要留下哪几个点子图与数的分与合,就可以联想与它对应的点子图、数的分与合?讨论后发现可以去掉第一行和第二行各自右边的数的分与合和点子图,形成如图3.1-24的板书,真正做到了“一

图四式”，也为后续7～9数的组成和加减法的“一图四式”提供了学习经验。

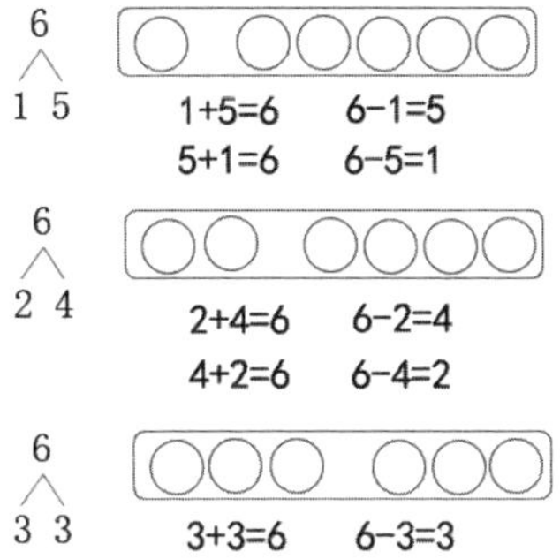

图3.1-24

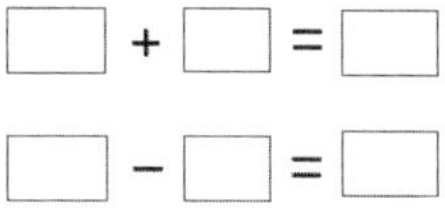

图3.1-25

最后，请学生概括，观察“一图四式”，在怎样的情况下用加法？怎样的情况下用减法？依据学生的回答，教师形成如图3.1-25的板书。

2. 在7的组成与加减法学习后融入图示式解决问题

依据教材编排，7的分与合用7个小正方体的有序分解作为直观模型得到，然后再用“一图四式”的经验写出加减法算式。在此基础上，再应用加减运算解决用图示表征或加减法数量关系的问题。

首先，出示用7个小正方体竖着排列的图形，请学生数一数有几个。接着，再贴出把它分解成两列小正方体的图形，请学生“分一分”“写一写”“列一列”，写出7的分与合，以及相应的加法算式和减法算式，形成如图3.1-26的板书。由上一课时的经验，其余的7的分与合可以由已知的三组分与合推导所得，“一图四式”则没有增加。再用多种形式巩固这些加减运算。

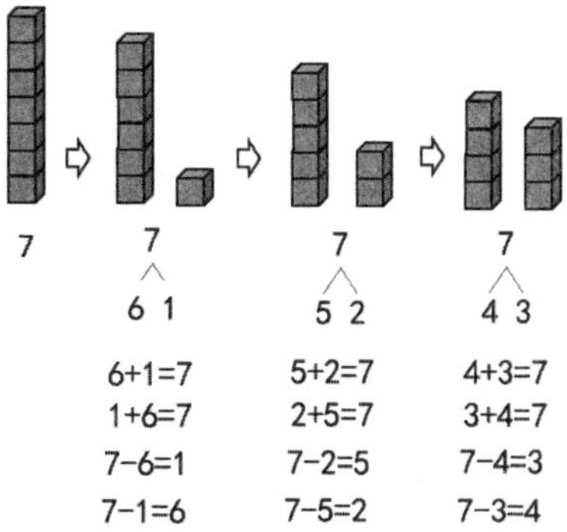

图3.1-26

然后，教师出示图3.1-27，请学生结合图示讲一讲故事，教师依据学生讲的故事，概括出数学信息：荷叶上有4只青蛙，跳上来3只青蛙。接着教师加上一个大括号与问号(如图3.1-28)，请学生解释大括号表示什么意思，问号是什么意思。从而提出问题：一共有多少只？接着请学生说一说可以怎样解决这个问题。学生列出算式“4＋3＝7”后，说一说每个数的含义，从而得到关系式“荷叶上的只数＋跳上来的只数＝一共的只数”，具体形成如图3.1-29的板书。

接着，教师延续图3.1-28的情境，出示如图3.1-30的情境图，请学生找一找现在图中的信息和问题，然后列式解答。反馈交流后形成如图3.1-31的分析与解答过程。

图3.1-27

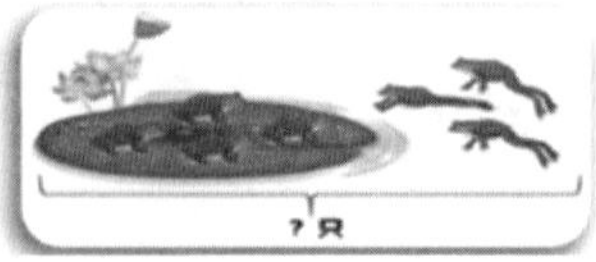


图3.1-28

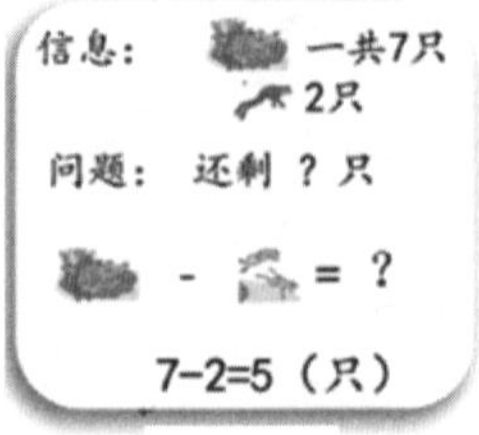


图3.1-31

图3.1-30

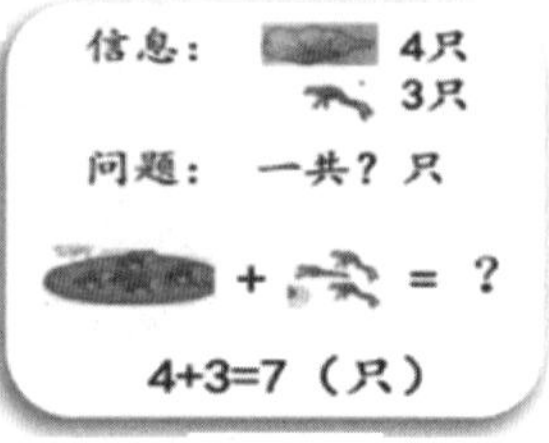


图3.1-29

最后，请学生说一说这两个问题都是怎样解答的。引导学生概括出“一找：找信息和问题；二想：用什么方法计算；三列：列出关系和算式；四算：算出结果”这四个步骤。

3. 在8的组成和加减法学习后融入半图半文式解决问题

8的组成和加减法，可以延续上一课时的学习经验，用移动小正方体的方法把8分解成两个部分，写出8的分与合，再用数的分与合与“一图四式”的方法写出加减法，形成如图3.1-32的板书。通过“一图四式”概括出相应的加减法算式后，再通过计算练习进行巩固。

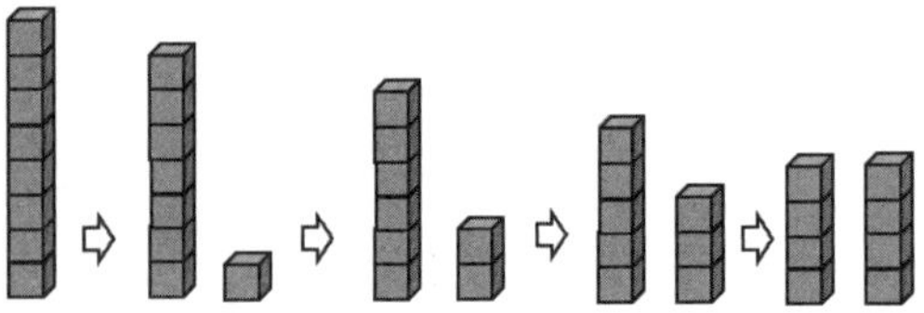

| 8 | 8 | 8 | 8 | 8 |
|---|---|---|---|---|
| | 7 1 | 6 2 | 5 3 | 4 4 |
| | 7+1=8 | 6+2=8 | 5+3=8 | 4+4=8 |
| | 1+7=8 | 2+6=8 | 3+5=8 | |
| | 8-7=1 | 8-2=6 | 8-5=3 | 8-4=4 |
| | 8-1=7 | 8-6=2 | 8-3=5 | |

图3.1-32

图3.1-33

然后，教师出示图3.1-33的情境图，先让学生找一找图中有哪些文字信息，并提出问题。学生列举出信息和问题后，教师提问：还剩几只小鹿？需要知道哪些信息？怎样求？学生口答，教师板书，写出关系式与算式并解答。

接着，教师追问：图中还有两个信息，你们可以从图中找到并提出问题吗？学生寻找信息后再提出问题，再列式解答。

最后，请学生说一说在解决问题时，要注意什么。讨论后指出要学会找文字信息与图示信息之间的联系，再提出问题，或列式解答。

**（三）看图表征学习加减两步运算**

本单元学习的加减两步运算包括连加、连减和加减混合运算。其中连加和连减与9的组成和加减法整合为一节课。

1. 迁移经验，学习加减运算

9的分与合以及相应的加减运算，迁移上一课时的学习经验，让学生自主完成后，反馈评析，得到如图3.1–34的板书。

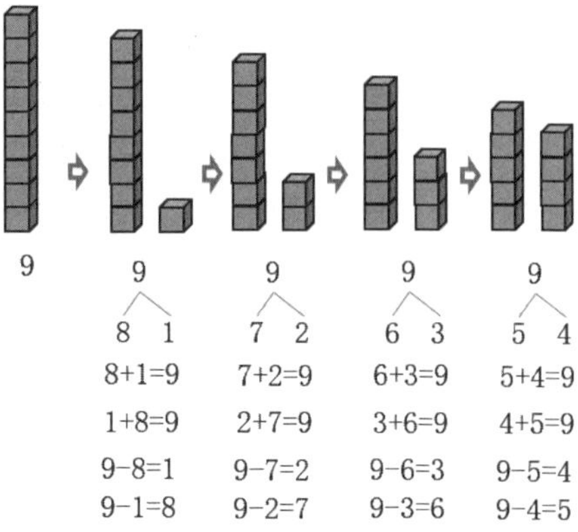

图3.1–34

接着，把9块小正方体分成3份，分别是4块、3块和2块（如图3.1–35）。请学生比较与图3.1–34中的分与合有什么不同。学生自然地发现被分成了3份，教师请学生自己尝试用加法或减法写出它们之间的关系。学生尝试口答，教师组织评析。

图3.1–35

2. 图示分解，学习连加、连减

在9的分与合中渗透了连加、连减运算的基础上，再结合具体情境，用分解图示的方法学习连加，用讲连续故事的方法学习连减。

教师依次出示图3.1–36中的图片，每出示一步，用数或算式表示出图意，用画线的方法依次计算出结果，最终形成连加算式和计算的结果，最后说一说求出的结果有什么含义，具体如图3.1–36。

图3.1–36

接着，由图3.1–36的图示延伸出如图3.1–37的下图，先请学生讲一讲故事，然后提取出数学信息，列出算式并解释每一步含义，形成如图3.1–37中的分步的连减过程。

图3.1-37

3. 图示组合，学习加减混合运算

从上面一个环节中可以发现，连加和连减可以用一幅图示表征。但是，加减混合运算则用连续的两幅图示表征更合适。

（1）结合图示，分步计算

教师出示图3.1-38的两幅图示，先请学生讲一讲故事，再列式计算：4＋3＝7；接着出示图3.1-39的两幅图示，也请学生讲一讲故事，再列式计算：7－2＝5。

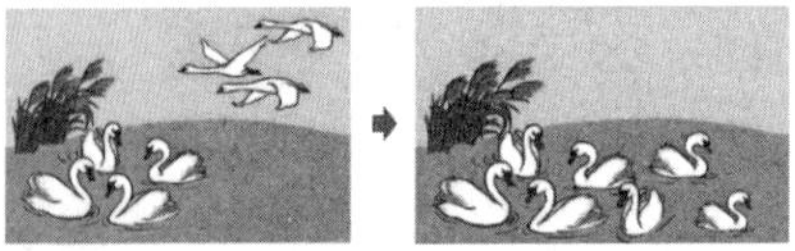

图3.1-38

图3.1-39

（2）探寻联系，综合运算

完成后观察图3.1-38和图3.1-39，连起来讲一讲故事，依据故事情境，合并两组图中相同的一幅图示（如图3.1-40），再讲一讲故事。再删去图3.1-40的中间一幅图示（如图3.1-41），请学生再讲一讲故事，列出综合算式：4＋3－2＝5。

图3.1-40

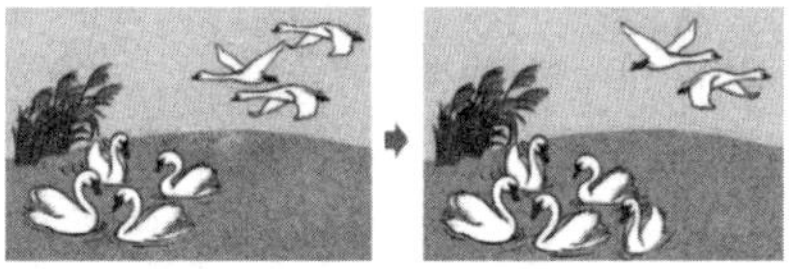

图3.1-41

（3）迁移经验，总结方法

教师出示如图3.1-42的连续图，学生独立完成。请学生说一说是怎样想的。归纳出思路，添加关联图：依据两幅图的联系，在它们的中间添上一幅图，如图3.1-42中可以添上还剩下2只，不一定要画出来，但要能够想

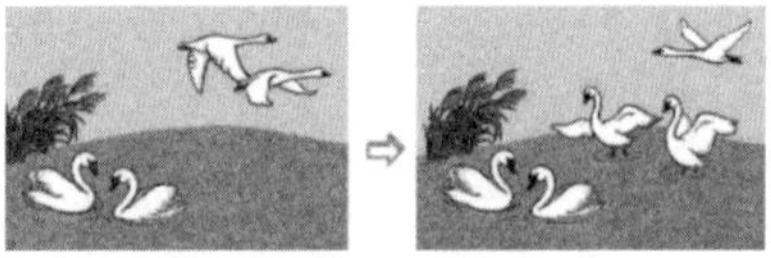

图3.1-42

象出来；边列边算：从左往右，边列式边计算出分步的结果。

把本单元的学习内容与“5以内数的认识和加减法”进行类比，迁移原有的学习经验，并与“5以内数的认识和加减法”形成一个整体，形成数、加减运算以及用加减法数量关系解决问题这样三者整合的学习结构。

本单元的整体教学设计给我们启示：数学知识的学习具有阶段性与发展性，教学中可以对不同阶段同类知识进行学习方式上的梳理，将之前的学习经验迁移到后续的新知学习中，并且在学习新知时不断地完善。另外，还需要考虑本单元的学习方式是否可以延伸到后续同类单元学习中，从而形成以学习经验不断积累与迭代的整体教学设计的策略。

# 第二节
## “6～9的认识”教学实践

“6～9的认识”是建立在“5以内数的认识”的学习经验上进行的。结合具体情境，通过分类“数数”，让学生体验6～9的具体个数，再对应地学习它们的读法与写法、基数含义与序数含义，以及大小比较。把以上三个板块作为一个整体组织教学，需要创设怎样的情境，采用怎样的学习序列呢？设计怎样的策略把5以内的数与6～9的数进行整合，形成9以内数的认识结构呢？带着这样的思考，我们进行了教学实践。

### 一、结合具体图示，认识基数6～9

充分利用“5以内数的认识”的学习经验，结合6、7和8、9两组数的情境图，通过设计“有序数数—抽象出数—具象记数—规范写数”四个环节，引导学生亲身经历数概念的形成，从而实现数学知识学习从具体到抽象再从抽象到具体的过程。

**（一）明确目标，组织数数**

课始，教师出示人教版《数学》一年级上册“5以内数的认识和加减法”单元中的“农家小院”主题图，引导学生回顾“5以内数的认识”的学习过程：分类→数数→写数，以唤醒已有的学习经验。接着，教师同时出示两幅主题图（图3.2-1），请学生说一说，这两幅图中的老师与学生都在干什

图3.2-1

么。学生提出他们都在劳动。

教师请学生进一步观察图3.2-1中的左图，数一数打扫卫生的小朋友有几人？学生数出打扫卫生的小朋友有6人。接着教师提问：教室里一共有几个人？接着追问：怎样数最快？学生发现在“6个小朋友”的基础上，再数1个老师就是7个人。这样设计有利于学生体会自然数增加的过程，更好地理解6和7之间的联系。接着，利用这样的数数经验，分别数出右图中的小朋友数和总共的人数，得到8人和9人。把两轮数数的具体人数用图示和数字卡片分别表示出来，形成如图3.2-2的板书。

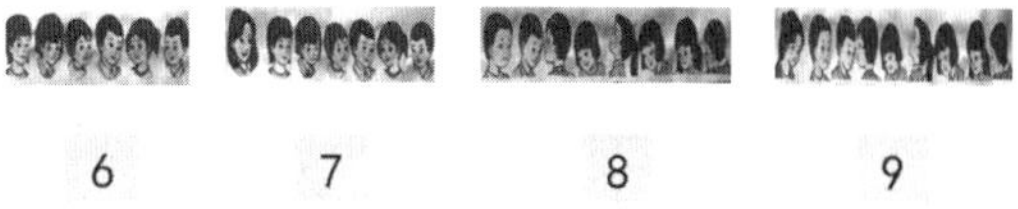

图3.2-2

**（二）反馈交流，具象记数**

接着，教师在数“6”的下面板贴出点子图（如3.2-3），请学生数一数这里面有几个小圆点。学生数出是6个后，教师追问：这6个小圆点可不可以表示上图中的6个小朋友？学生指出可以表示，教师追问：这6个小圆点除了可以表示上图中的6个小朋友外，还可以表示什么？指定1名学生回答，其余学生评析。接着再依次出示7个、8个和9个的小圆点图，请学生说一说有什么变化规律。学生发现小圆点每次都加了1。

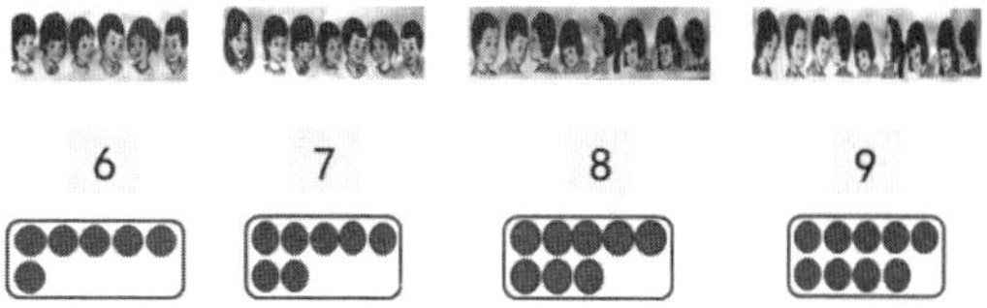

图3.2-3

通过上述点子图的操作，把两幅图中的两组数转化成了连续的四个数，并用点子图中点子的逐步增加，感受连续四个数的变化规律。在此基础上，再板贴出示小棒图（如图3.2-4），请学生说一说与用点子图表示的相同处与不同处。学生发现只是将点子换成了小棒，表示的数量是一样的。最后教师用横向的计数器整体演示从0～9的数数过程：先出示一个空档的计数器，说一说现在用什么数表示珠子数，接着再依次拨出1颗、2颗、…、9颗。一边拨一边数，感受0～9的变化规律。

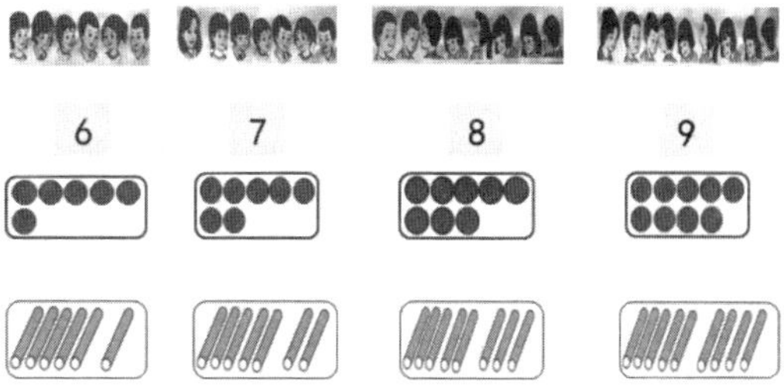

图3.2-4

上述环节中，分别用小圆点、小棒的数量表示6～9，让学生逐步由具体的实物数数，到具象记数，从而感受与表征6～9数的基数含义。在此基础上再用计数器拨珠数数，将0～9的基数含义构成了一个整体。

**（三）寻找异同，分组书写**

经历过学前教育的一年级学生，已经对写6～9这四个数有了一定的基础。在这样的背景下学习6～9的书写，可以通过寻找这四个数中有哪几个数相似，以及与已经学习的0～5相比，有哪些数很像，开展书写教学。

首先发现“6”和“9”很像，将“6”顺时针或逆时针旋转半圈就变成了“9”，再转半圈“9”又变回了“6”。教师用课件演示6和9的书写顺序，再请学生在“日”字格中书写。

接着引导学生将6～9与0～5的数进行比较，学生又发现“0”和“8”有联系，“8”可以看成是两个“0”上下叠起来得到的，也有学生指出把“0”拧了一下就变成了“8”。教师用课件同时示范这两个数的写法，让学生说一说有什么相同的地方，又有什么不同的地方。学生发现书写时开始和结束的地方一样，都要用一笔写完，但是中间书写的方法不一样。依据这一种不同，请学生在“日”字格中书写“8”。

最后学生发现“7”和“2”有点像，把“2”开始的地方拉平了，去掉最后的尾巴就变成了“7”，教师请学生结合发现的特点，观察课件演示“7”的写法，再在“日”字格中书写。

在学会了书写后，教师请学生整体回顾，这四个数在书写时都是几笔写完的？学生发现都是一笔写完的。再回顾0～5这几个数的书写，发现除了4和5，其他的数都是一笔写完的。

先寻找哪些数很像，再学习书写，可以更好地区分形状相似数，形成规范的书写习惯。

## 二、进行排列数数，认识序数6～9

显然，刻度尺要在二年级上册“长度单位”时才学习，但是尺子上有序排列的表示刻度的数，却是很好的认识序数与认识数的大小的载体。因此，将“5以内数的认识”中的刻度尺进行延伸，认识基于序数含义的6～9各数，并通过“段”作单位再一次认识尺子中的6～9，知道尺子中的6～9也有基数的含义。

### （一）观察尺子，认识序数

教师出示如图3.2-5的尺子，请学生说一说尺子中少了哪些数。学生在作业纸上按序填写，请一名学生在如图3.2-5的板贴中填写。

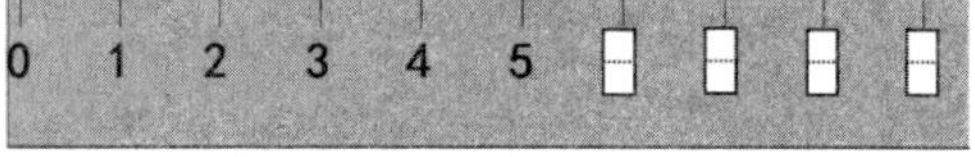


图3.2-5

接着，从“0”开始从左往右说一说每一个数的含义。学生指出“0”表示“起点”，后面分别表示第1、第2、…、第9个数。教师请学生进一步观察填写完整的尺子，说一说：7前面的数是几，后面的数是几，与7相邻的数是几和几。学生在回答过程中体会“数的前面”“数的后面”“相邻的两个数”等数的表达中的含义。

### （二）数形结合，比较大小

教师请学生进一步观察尺子上的数，从“0”起依次读出尺子上的数，接着提问：你发现了什么？学生依据读数直观地体会到从左往右，数一个一个变大了。得出这些数越往后数就越大，同时在尺子上方标上“小→大”。

教师请学生自己选择其中的两个数，把它们填在如右的方格中（如图3.2-6），然后再在圆圈中填上“＞”或“＜”。学生填写完成后再检查。

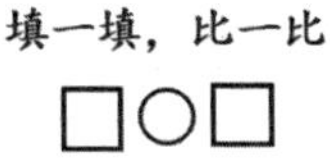


图3.2-6

### （三）基于数数，标注区别

诚然，如果把尺子上的数单纯地看成序数，是不能够区分大小的。尺子上的数可以作为判断数的大小的直观图示，是因为这些数不仅具有序数的特征，也同时具有基数的特征。因此，进一步用“段”作单位，让学生直观认识0～9这几个数在尺子上的基数含义。

依据学习“5以内数的认识”时的经验，教师在图3.2-5的板贴上贴上“段”后，形成如图3.2-7的图示（注：5～6之间的一段为后续补上），并提问：如果把两个数之间的间隔称为“段”，尺子上的“5”表示什么意思？学生回答：“5”表示0～5之间有这样的5段。在此基础上，再继续添加段数，请学生从段数的角度说出6～9的含义。

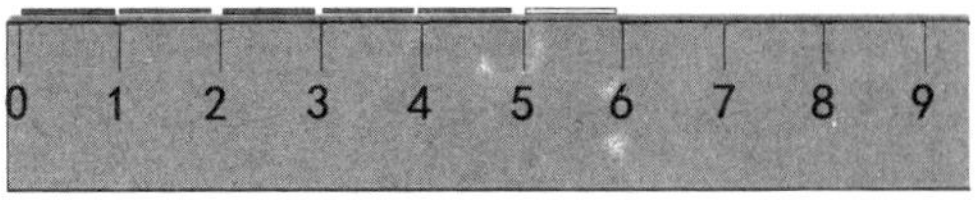


图3.2-7

接着，教师出示如图3.2-8的熊猫图，请学生按要求分别圈出“7只”和“第7只”，再比一比它们之间的联系与区别。学生完成后评析，发现区别是：“7只”是一共有几只，“第7只”是按顺序数的其中1只；相同点是：都要用数数来得到。

图3.2-8

最后，请学生比较图3.2-7和图3.2-8中的数与排列，说一说有什么相同点与不同点。学生讨论后发现，两个图中的数在排列时都是有顺序的，但是尺子里面的数是从0开始的，熊猫图中的数是从1开始的。

## 三、整体组织练习，纳入学习结构

本课时中关于“6～9的认识”的学习，是利用“5以内数的认识”的学习经验，创设具体情境，解决具体问题的过程。在巩固练习中，延续这样的学习思路，在解决问题的过程中巩固数的认识，形成数的认识结构。

### （一）利用数数，培养数感

教师出示图3.2-9，请学生数一数，接着画一画，使左右两个方框中的图形数量总和等于对应的数。学生完成后校对结果，并说一说是怎样填的。学生完成后，教师评析：观察四幅图（如图3.2-10），有什么发现？学生发现每幅图中左边的图形数都是5，右边的图形个数在增加。

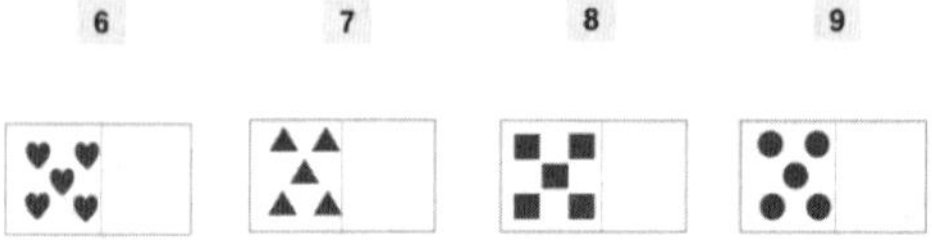


图3.2-9

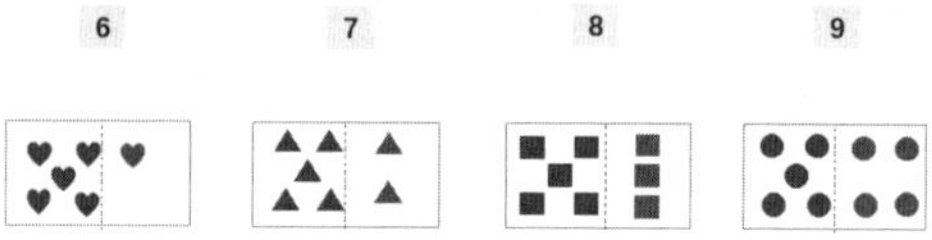


图3.2-10

### （二）操作变式，渗透分合

本题在设计时在每一个小题中间加上了虚线，有意将老师给出的数量和学生画的区分开，意在通过图示渗透分合。教师引导学生观察图3.2-10中的第1幅图，说一说从图中可以看出6可以分成几和几。学生指出可以分成5和1，利用这样的经验，请学生分别说出其他几个数结合图示形成的数的分与合（如图3.2-11）。通过这样的操作，为后续系统学习数的分与合做准备。

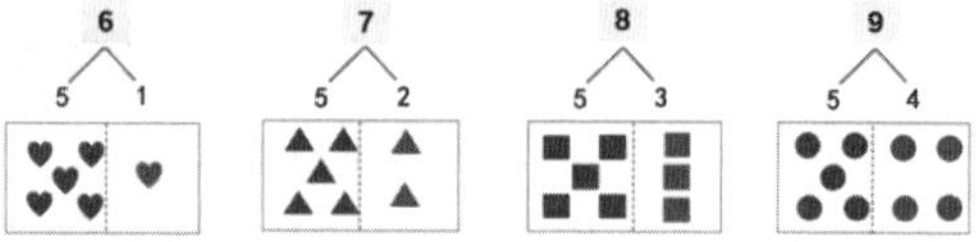


图3.2-11

### （三）结合图示，渗透数列

教师出示图3.2-12，要求学生先想一想分别有什么规律，然后再依据规律在方格中填上合适的数。

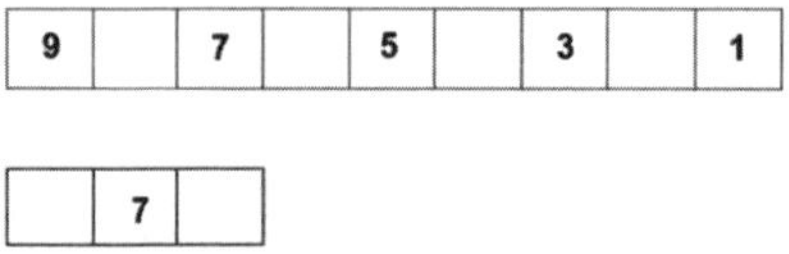


图3.2-12

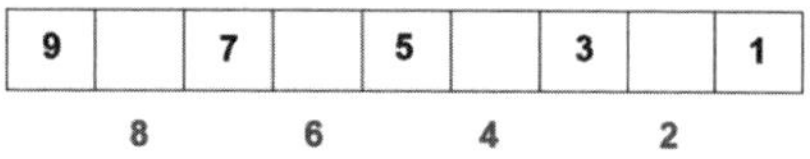


图3.2-13

第1行直接校对答案，教师把填入的四个数写在对应的空格下方（如图3.2-13），请学生分别读一读这两组数，并追问：它们有什么相同的地方？学生发现这两组数都是从大到小排列，两个数中间都隔了一个数；也有学生发现上面一组都是单数，下面一组都是双数。

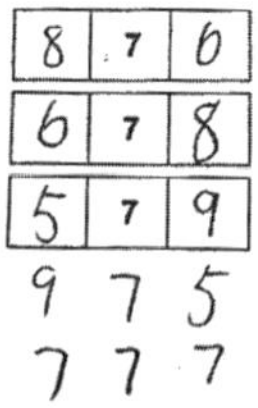

图3.2–14

第2行是开放题，只要三个数之间的变化有规律，就可以看成是正确的。因此，在实际教学时，出示同样的三行，请学生填写出不同的数列，完成后，先在同桌间交流，再集体反馈评析其中一名学生的作业。实际教学中评析如图3.2–14的作业，学生发现第一行与第二行、第三行与第四行填的数分别相同，但大小相反，而第五行三个数相同。

作为数学课程目标之一的数学活动经验，是学生学习数学的基础，更是学生学习数学的资源。本课时的数概念学习建立在“5以内数的认识”的活动经验基础上，同时也为后阶段数的认识提供活动经验，让学生不断经历，在学习的过程中思考、积淀。在认识数的过程中初步体会数是数量的抽象，感悟数的概念的一致性。

# 第三节
## “6的组成、加减法与数量关系”教学实践

本课时是“6～10的认识和加减法”的第2课时，学生之前已经学会了2～5的分与合，构建了数的分与合和加减法的联系，体会了有序思想，理解了加减法的含义及运算方法，初步掌握了加法与减法的基本数量关系。本单元第1课时集中认识6～9以后，把数的分与合和加减运算以及数量关系看成一个整体，体现数与运算的一致性，渗透算用结合的思想，采用分阶段推进的形式编排。带着这样的思考，我们在“6的组成、加减法与数量关系”这一课时，尝试运用迁移学习“6的组成”，结合情境图首先理解“一图二式”的加法模型，再利用同一情境图借助动作理解减法的含义，从而掌握“一图四式”，初步体会加减法之间的内在联系。

### 一、看一看、写一写，沟通分与合和加减

在单元整体视角下，充分利用“5以内数的分与合”的学习经验，结合直观图整体感知6的组成，依据图示变化掌握6的组成规律，利用情境图沟通数的组成与加减法之间的联系，使学生知道一幅图可以列出两个加法算式和两个减法算式，即“一图四式”。

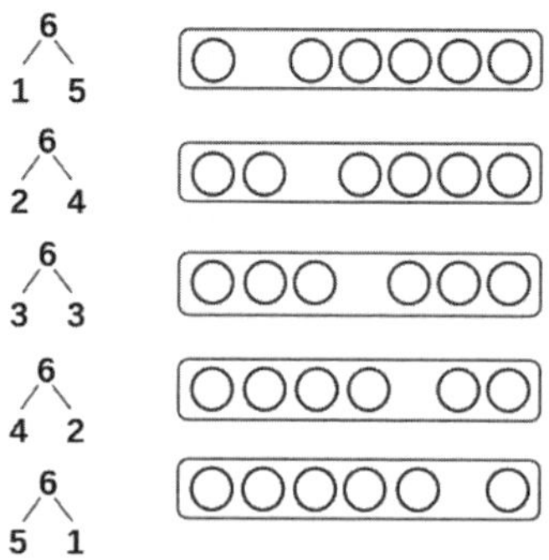

图3.3-1

#### （一）出示情境，整体感知

教师出示包含6的组成的五条点子图的板贴（图3.3-1右边部分），请学生观察、数一数，然后提问：这五条点子图有什么相同的地方？学生发现每条都是6个点子，教师依据学生的回答在每一条点

子图的前面标注“6”；再请学生观察每一行的点子图都被分成了几部分。学生发现都分成了两部分。教师在每个6的下面画上两个分支，唤醒2～5的分与合的学习经验。接着教师追问：又有什么不一样的地方呢？学生发现左边的点子数在增加，右边的点子数在减少。顺应学生的回答，请学生分别口头记录，形成图3.3-1左边6的分与合的板书。

通过先观察再口头填空的学习活动，引导学生结合直观图有序地将6的组成填写完整，渗透有序思想。

**（二）一图二式，加法表征**

接着，教师出示图3.3-2，请学生观察两个小朋友用点子图在做什么，为什么会有两个不同的加法算式。学生发现观察角度不同，列出的加法算式也不同。小女孩看到的是6可以分成5和1，对应5＋1＝6；小男孩看到的是6可以分成1和5，对应1＋5＝6。

图3.3-2

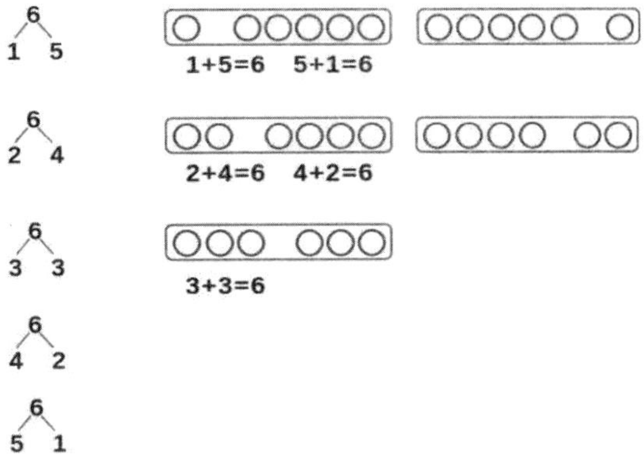

图3.3-3

根据“6的组成”点子图，请学生找一找哪一幅图也能写出这两个加法算式并说一说理由。依据学生的回答，把图3.3-1中的第5幅点子图与第1幅点子图组合成同一行，并标注上两个加法算式（如图3.3-3的第一行）。再请学生依据之前的学习经验将剩余点子图依次归类，把2＋4＝6和4＋2＝6归为一类（如图3.3-3的第二行）。通过两组算式的学习，学生逐步感知调换两个加数的位置可以组成不同的加法算式。接下来重点学习3＋3＝6这个加法算式，先让学生结合图示观察异同，学生发现左边与右边两部分相同，交换位置还是3＋3＝6，也就是当两部分数量相同时，根据一幅图只能列出一个加法算式（如图3.3-3的第三行）。

教师引导学生仔细观察第一行的点子图、加法算式和6的组成后，发现1和5组成6，1＋5＝6，5＋1＝6，都是把1个○和5个○合起来，意义相同。教师提问：还有哪个组成也有这样的关系？学生回答后，将5和1组成6的图示移到1和5组成6

的图示的右边。依据前面的学习经验，同理关联右面的图示、算式和组成（如图3.3–4），充分理解“一图两式”，为后续的“一图四式”做好铺垫。

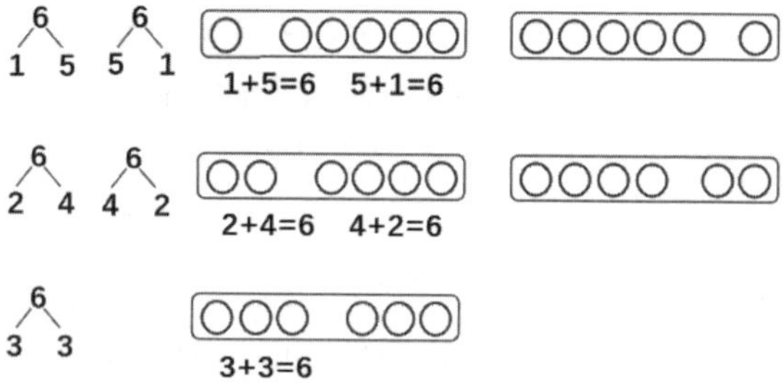

图3.3–4

**（三）一图四式，减法完善**

教师出示图3.3–5并提问：这里为什么写成减法，而且有两个减法算式？学生回答两名同学面对面，都是从6里面去掉了左边的部分，剩下右边的部分，所以都用减法，而且有两个不同的算式。教师在板书中补充，形成如图3.3–6的板书。

图3.3–5

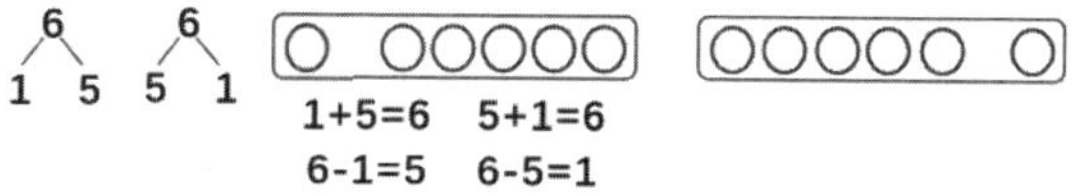

图3.3–6

在此基础上请学生自主尝试写出下面两幅图的减法算式，并思考第三幅图为什么只能写出一个减法算式。写减法时，主要会发生如下错误：不知道从谁里面减，会部分减部分；不知道减去哪部分。反馈时，学生汇报算式，其他学生猜一猜去掉哪部分，剩下哪部分，教师借助教具辅以移的动作，帮助学生加深对减法意义的理解，形成如图3.3–7的板书。

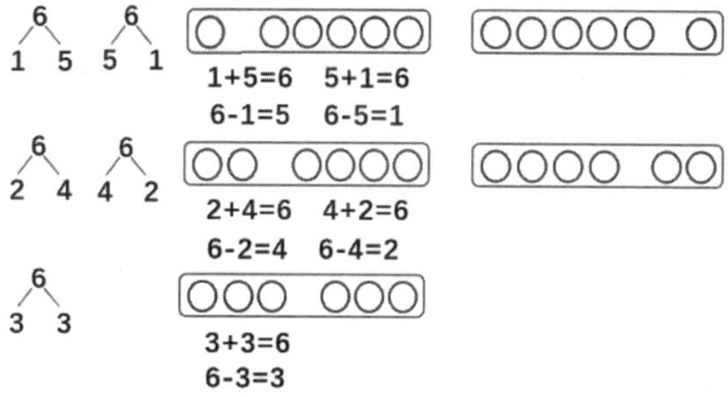

图3.3–7

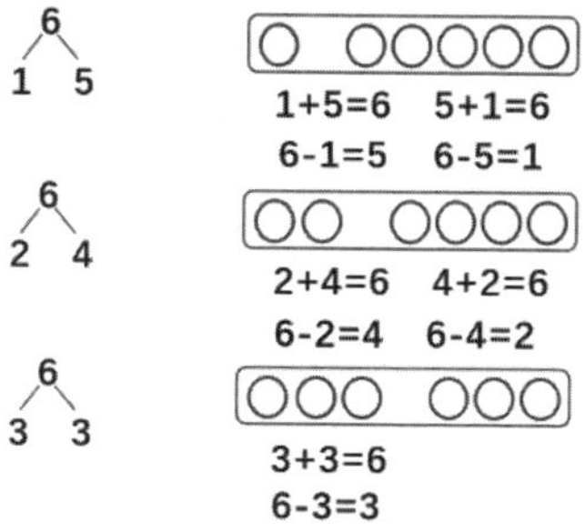

图3.3–8

最后请学生观察点子图和数的分与合，思考只要留下哪几个点子图和图3.3–8数的分与合，就可以联想到与它对应的点子图和数的分与合。学生讨论后发现可以去掉第一行和第二行各自右边的数的分与合和点子图，形成如图3.3–8的板书，真正做到了“一图四式”，也为后续7～9数的分与合和加减法的“一图四式”提供了学习经验。

“一图四式”是利用同一情境图抽象出加法和减法算式。由于图示缺少“飞走了”“跑走了”“摘掉了”“划掉了”“圈掉了”等具象的动作和符号来表示减的过程，学生不易抽象出减法算式。因此，借助点子图学习6的分与合和加减法，再利用具象积累的经验理解“一图四式”，体会加减法之间的关系。

## 二、比一比、说一说，构建数量关系

依据前面的学习，使学生明确：一幅图可以写出两道加法算式和两道减法算式。为了学生更好地掌握“一图四式”，我们尝试在理解加法和减法的基础上，借助直观抽象出加法和减法的数量关系，为解决“一图四式”提供路径与方法，加深对加法和减法意义的理解。

### （一）借助直观，构建数量关系

教师请学生观察一图四式，思考：在怎样的情况下用加法？学生结合左右两列具体的加法算式，体会到只要将两部分合起来就用加法表示，不管是左边部分加右边部分，还是右边部分加左边部分。教师基于学生的口头表达，用长条图演示加法的数量关系，如图3.3-9上面部分。教师再从长条图回到具体算式，请学生举个例子，渗透加法的数量关系。

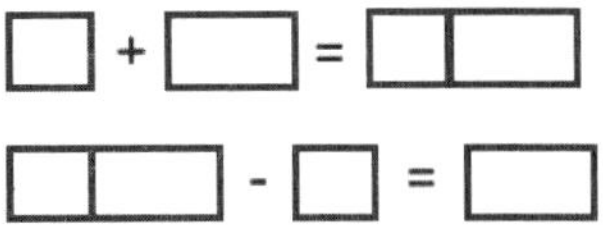

图3.3-9

教师继续追问：怎样的情况下用减法？学生有前面具象的经验积累，知道去掉一部分时用减法表示。教师强调要从总共里面去掉这一部分，然后结合长条图，小结减法的数量关系，如图3.3-9下面部分。再配合长条图的操作，帮助学生感知：总共的是由左边和右边两部分组成的，去掉左边部分，剩下的便是右边部分，去掉右边部分，剩下的便是左边部分。

### （二）沟通算式，体会加减联系

再次出示例题情境，请学生思考：那么加法和减法又有什么关系呢？是否能从加法中看到减法，从减法中看到加法呢？结合例题的具体算式，学生观察后发现：加法算式1＋5＝6中，两部分合起来是6，逆向观察，总共的6里面去掉1就剩5，得到减法算式6－1＝5，总共的6里面去掉5就剩1，得到减法算式6－5＝1；减法算式6－1＝5中，将去掉的1和剩下的5合起来就是总共的6，得到加法算式1＋5＝6或5＋1＝6。学生在讨论后发现这幅图的四个算式中只有3个数：作为部分的“1”和“5”、作为总共的“6”；两个加法算式只是相加的两个数交换了位置，总数不变；加法里的总数和减法里的总数一样。

通过构建加法和减法的数量关系，学生明确求总数用加法，求部分用减法，逐步掌握正向的加法模型和逆向的减法模型，为后续学习加减法解决问题打下了基础。

## 三、想一想、练一练，形成数学结构

本课时关于“6的组成、加减法与数量关系”的教学是依据“数的组成→加法和减法→‘一图四式’”开展的，因此在巩固练习时，也沿用了这样的学习思路，逐渐形成一套既定的数学结构，帮助学生利用数的组成正确地、熟练地计算，提升解决问题的能力。

### （一）边填边想，优化结构

教师出示图3.3-10，请学生填一填，并说一说为什么填得那么快。学生指出可以根据一组组成想到另一组，不用另外记忆，比如6的分与合只要记住3个就可以了，为后续7、8、9的分与合教学打下基础，教材后续都只出示一半分与合的图示，另一半需要学生直接通过交换位置联想推出，教学起点有所提高。

| | | | | | |
|---|---|---|---|---|---|
| 6＜ | 1 | | 2 | | 3 |
| | 5 | 1 | | 2 | |

图3.3-10

### （二）边算边想，寻找联系

教师出示图3.3-11，要求学生横着做，边做边观察：有什么办法能做得快？学生发现：做完1＋5＝6就能知道5＋1＝6，因为交换加数的位置得数不变；计算“6－1＝”和“6－5＝”也能通过前面的加法得到答案；或者通过6－1＝5，就得到6－5＝1。进一步体会加减法的联系，接着请学生找一找这4个算式是黑板上哪个图写出来的，回到“一图四式”，经历由图到式，再由式到图的过程。

| | | | |
|---|---|---|---|
| 1+5= | 5+1= | 6-1= | 6-5= |
| 2+4= | 4+2= | 6-2= | 6-4= |
| 3+3= | 6-3= | | |

图3.3-11

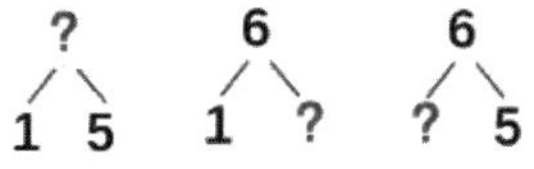


图3.3-12

教师提问：怎么算“1＋5＝”？学生指出可以通过分合得到答案。继续追问：如果没有前面的加法，怎么计算“6－1＝”和“6－5＝”？学生发现通过分合得到答案，教师依据学生的回答在相应算式旁边做记号，如图3.3-12。这样不但巩固了利用数的组成计算加减法，也再次认识了问号，为下一课时的解决问题做好铺垫。

### （三）边画边想，寻找关系

上两题巩固了6的分与合、加减法和“一图四式”，这题让学生在方框里用画图的方式表示“2＋4＝”和“6－2＝”的含义。不管是画圆、三角形、正方形、花朵还是其他来表示“2＋4”，抛开外在的形状、大小、颜色等因素，本质上都是2个和4个合起来，求一共有多少个，得到图3.3–13。

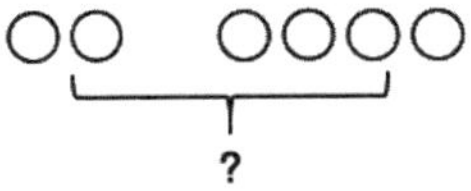


图3.3–13

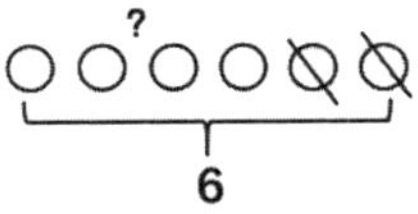


图3.3–14

在画减法图示时，个别学生会将“6－2”画成○○○○○○　○○，没弄清从哪里减。教师先让学生说说减法的含义，再出示图3.3–14，请学生说一说每一个部分的含义，哪里表示去掉？

“一图四式”不仅是加法和减法的算理模型，也是加减法互为逆运算的算理模型。通过以上三个题组的练习，让学生明白加法模型即部分与部分之和构成整体，减法模型即整体减去部分得到另一部分。通过系统的学习与练习，逐渐形成“整体与部分”的加减法问题的数学结构。

从单元整体设计的视角，本课时的教学实践给予我们启示：数学知识具有结构性，当类似结构在连续的几个课时学习时，每个课时的目标都要有递进性。作为本单元第一节数量关系的起始课，6的分与合要渗透简便记忆，用“一图四式”沟通加减法联系，构建加减法的数量关系，形成基本思考流程和多元表达。

# 第四节
## “7的组成、加减法与数量关系”教学实践

“7的组成、加减法与数量关系”是在认识了6～9,6的分与合和加减法的基础上进行教学的,学生经历了类比迁移、动手操作等活动,已经建立了6的组成与加减法之间的关系,以及初步感知加减法的数量关系,相应的学习经验可以迁移到学习7的分与合和加减法中。但本课时是教材第一次出现用情境呈现数学问题的形式,学生除了要认识大括号和问号,还要解决“简单的求和与求剩余”问题。为了更好地体现结构化教学理念,我们尝试利用情境相似性原理对图示情境进行改编,不管是新知探究环节,还是练习巩固环节,都用同一情境巩固学生对加法和减法含义的整体理解,掌握解决数学问题的一般步骤,学习解决问题的一般方法,以此提升解决问题的能力。

### 一、回顾学习经历,迁移活动经验

本课时的学习内容和结构与上一课时的基本相同。因此,可以通过回顾上一课时的学习经历,总结上一课时的学习经验。在此基础上提出新的学习目标,让学生利用上一课时的学习经验进行自主探究。

#### (一)呈现学习,回顾思路

课始,教师通过课件整体呈现上一课时的学习内容(图3.4-1),师生一起回顾与梳理“6的分与合以及相应加减法和数量关系”的学习过程。学生感知可以借助点子图直观表示整体与部分的关系,通过沟通数的组成与算式的联系,加深对加法和减法意义的理解。接着,揭示“7的组成、加减法与数量关系”,请学生思考:如何进行今天的新知学习?学生通过上一课时的经验迁移,提出可以像学习6的分与

合和加减法一样先研究分与合，再研究加与减，最后研究分与总。通过唤醒学生上一课时的学习经验，激发探究7的分与合和加减法的内驱力。

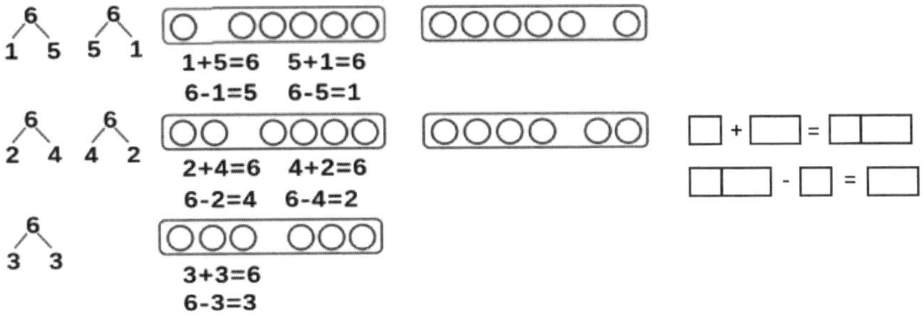


图3.4-1

**（二）结合操作，记录分合**

教师通过课件出示用7个小正方体竖着排列的图形，先请学生数一数，再将它分解成两列小正方体，即由“6＋1”组成的模型（图3.4-2）。然后教师请学生说一说有什么变化。学生回答“7可以分成6和1”。进一步结合小正方体的移动得到“7可以分成5和2”“7可以分成4和3”，综合以上过程形成如图3.4-2的板书。

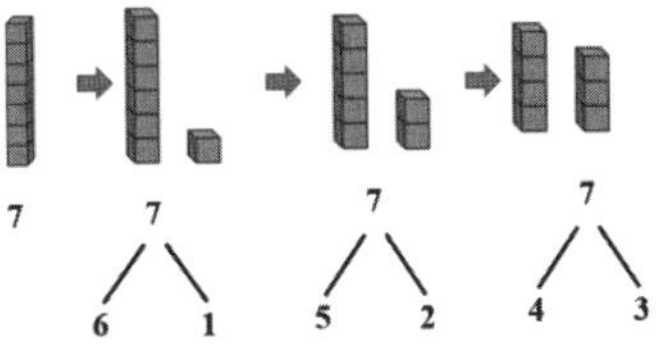

图3.4-2

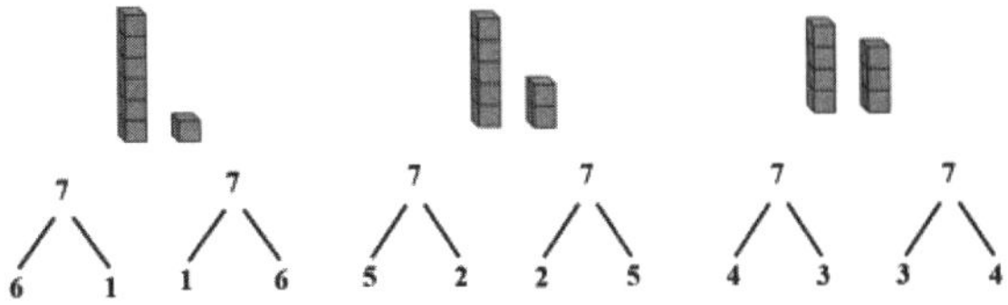

图3.4-3

教师请学生仔细观察图3.4-2，找出这三组“7的分与合”的变化规律，请学生思考：根据这三种分法，你还能想到7的其他分法吗？学生依据变化规律发现：只要交换左右两边的数即可得到7的另外三种分与合，形成如图3.4-3的结构，与图3.4-1的结构相对应。

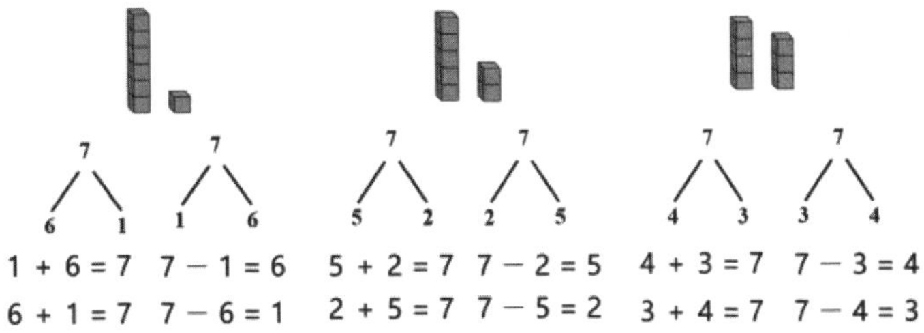


图3.4-4

然后教师请学生根据图示与7的分与合，写出对应的两个加法算式和两个减法算式，形成如图3.4-4的对应板书，经历直观情境到抽象算式的全过程。经历“一图四式”的学习过程，通过迁移类比，学生熟练地写出了7的“一图四式”。

接着教师请学生先观察三组加法算式，并说一说有什么变化规律。学生发现不管是左边部分和右边部分相加，还是右边部分和左边部分相加，总量均不变。依据学生的回答，教师再次借助长条图演示加法的数量关系，如图3.4-5上面部分。同理，教师请学生再观察三组减法算式，教师依据学生的发现用长条图表示减法的数量关系，使学生感知减法就是从总量中减去其中一部分即可得到另一部分，如图3.4-5下面部分。通过借助直观形象的长条图构建整体与部分的关系，从而促进对7的加减法含义的理解与认识。

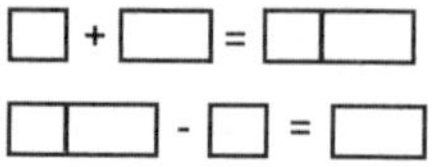

图3.4-5

**（三）观察异同，记忆新知**

教师通过课件出示7的分与合和加减法情境图素材，请学生思考：为什么只要三幅图就能想到所有7的分与合？学生依据经验迁移得出结论：每组7的分与合只要左右两个数交换位置就可以得到7的另一种分与合的表示。教师继续追问：这些7的分与合和算式你又是怎么想到的？学生根据上节课的经验回答：都是根据方块图得到的。教师组织学生读一读、背一背，给学生记忆7的分与合的时间。

通过回顾、操作、观察和对比，联系新旧知识，促进知识迁移，学生高效地掌握了“7的分与合”，也加深了对7的加减法含义的理解。

## 二、学会收集信息，提炼数量关系

数的组成是数的加减运算的学习基础，学习了加减运算，就可以解决相应的加减法问题。因此，教师可以结合具体情境，帮助学生充分理解图意，寻找有效的数学信息，引导学生用数学的眼光看问题，提炼数量关系，帮助学生选择合适的方法解决问题。

**（一）结合图示，提出问题**

教师先在黑板上呈现荷叶上有4只青蛙的板贴（图3.4-6左图），学生发现第一条数学信息：荷叶上有4只青蛙。再贴上3只跳来的青蛙，学生获取第二条数学信息：又跳来3只青蛙。接着画上大括号和问号，请学生解释大括号表示什么意思，问号是什么意思。学生回答后，教师小结：大括号表示把两部分合起来（或表示总数），问号表示要求的问题。教师一边说一边做手势，帮助学生加深对“合起来”的理解。

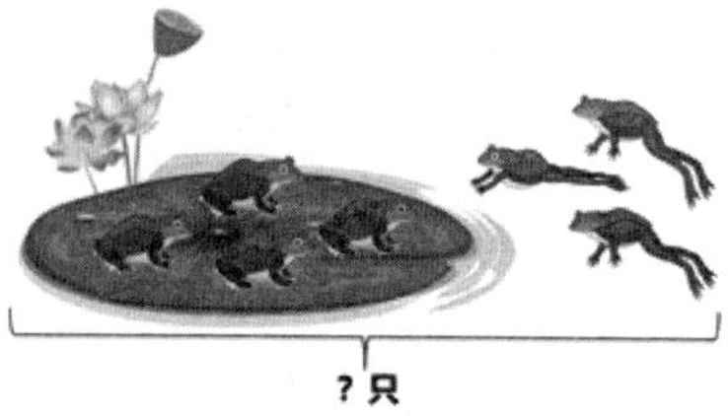

图3.4-6

接着教师提问：本题中的两部分是哪两部分？学生根据图示回答：两部分为荷

叶上的4只青蛙和跳来的3只青蛙。教师继续追问：要解决的问题呢？第一次归纳问题，对大部分学生来说还是存在一定问题的，教师通过引导学生回答，要解决的问题：一共有多少只青蛙？再请其他学生复述，让学生初步经历依据信息提出问题的过程。

**（二）收集信息，解决问题**

教师提问：你会解决这个问题吗？可以怎么思考？学生回答：可以用“4＋3＝7”来解决。教师继续追问：在算式中每个数各表示什么？学生回答：“4”表示4只荷叶上的青蛙，“3”表示3只跳来的青蛙，“7”表示一共有7只青蛙。教师依据学生的回答，梳理出数量关系：荷叶上的青蛙＋跳来的青蛙＝青蛙的总数。接着，请学生尝试列出算式，学生回答4＋3＝7。以上过程形成如图3.4-7的板书。

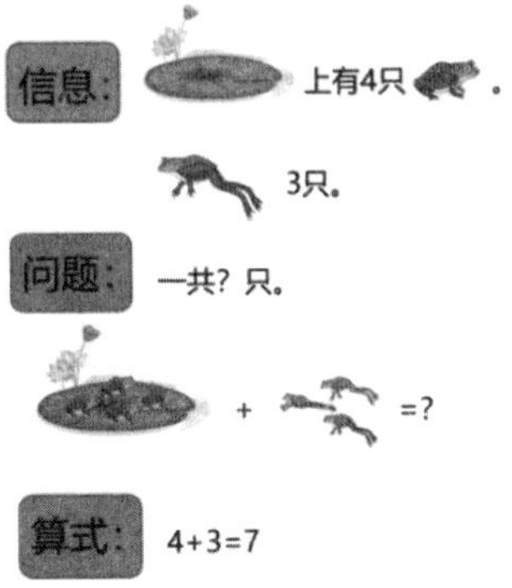


图3.4-7

在这个环节中，教师需要通过提问帮助学生学会分析问题，启发学生将条件与算式联系起来，从而归纳简单求和的数量关系。

**（三）依据信息，提问解答**

在上一情境的基础上，教师通过板贴演示跳走了2只青蛙，同时提问：同学们，你看到了什么？学生回答：有两只青蛙跳走了。通过引导让学生感知并提出本题要解决的问题：荷叶上还留下几只青蛙？教师追问：这时我们的问号应该移到哪里呢？师生一起探讨，要求荷叶上的青蛙数量，此时问号应该移到荷叶上。通过设置问题串，帮助学生充分理解图意。

教师提问：怎么解决这个问题呢？学生回答：可以用“7－2＝5”解决。教师继续追问：在算式中每个数字各有什么意义？学生回答：“7”表示荷叶上有7只青蛙，“2”表示跳走了2只青蛙，“5”表示剩下的青蛙。教师帮助学生建立算式中的数量关系，青蛙的总数－跳走的青蛙＝剩下的青蛙。学生回答，教师板书，如图3.4-8。通过解决简单求剩余的数学问题，巩固学生对减法含义的理解，学习解决问题的方法。

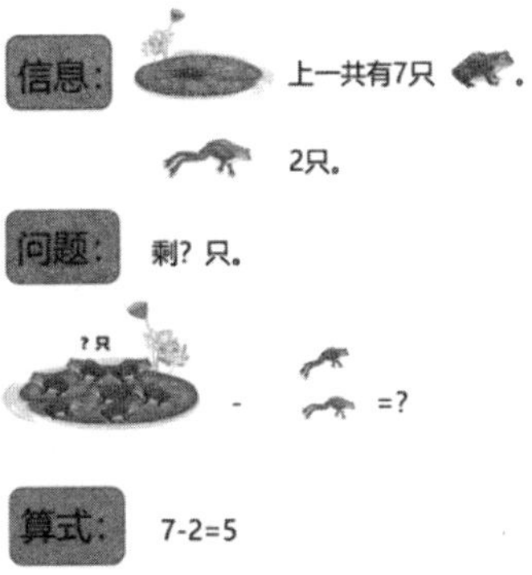


图3.4-8

最后教师请学生思考：刚才我们都是用7的哪个分与合来解决问题的？学生根据算式找到相对应的分与合，同时让学生明确解决问题只需要用一个算式即可。再引导学生观察两个解决问题，归纳解决问题的三个步骤：一找，找信息和问题；二列,列出关系式;三算,列出算式算出答案。

本环节是教材中第一次以出示情境图的形式来分别呈现简单求和与简单求剩余的两种问题。教学时要利用情境相似性原理,将7的加法和减法解决问题整合成一课时,这样更有利于系统地利用解决问题巩固加减法的含义,体会解决问题的一般步骤,培养学生解决问题的能力和应用意识。

## 三、分类组织练习,沟通知识联系

本环节的练习紧紧围绕本课时的新知识学习展开,通过情境图的变化与比较,让学生更好地体会表示加法和减法的关系符号,区分“一图四式”和“用数量关系解决问题”之间的联系与区别。

### (一)依据图示,“一图四式”

教师通过改编教材中的习题,先将大括号和问号去掉,并提问:看图你能写出几个算式?如图3.4-9,学生依据图示写出四个算式,与加减法的解决问题图示建立联系。

图3.4-9

### (二)图示提问,选择算式

教师接着出示带有大括号和问号的图3.4-10,让学生根据情境图说一说知道了什么,要解决的问题是什么。借助新知迁移,学生能得到信息:左边有1只企鹅,右边有6只企鹅。再根据括号和问号的位置,明确要解决的问题:一共有多少只?师生共同归纳本题的数量关系,然后请学生从上述四个算式中选择一个最合适的算式解决问题,学生选择“1+6=7”。

图3.4-10

教师出示情境图3.4-11,让学生看图说一说知道了什么,要解决的问题是什么。学生从图中得到的信息:一共有7只企鹅,右边有6只,左边还有企鹅在雪堆后。要解决的问题:左边雪堆后有几只企鹅?教师请学生试着说一说本题的数量关系,再选择合适的算式解决问题。

图3.4-11

### (三)比较分析,发现异同

教师整体出示图3.4-12,并提问:对比三道习题,你有什么发现?学生指出:看图写算式可以根据图示写出四个算式,而解决问题只需要用一个算式。教师继续追问:为什么第一题看图可以写出四个算式而后面两题看图却只能写出一个算式?学生发现:第一题没有明确要求要解决什么问题,可以从不同的观察角度列出两个加法、两个减法算式，第二、三题出现的大括号表示把两部分合起来，问号表示要求的问题。

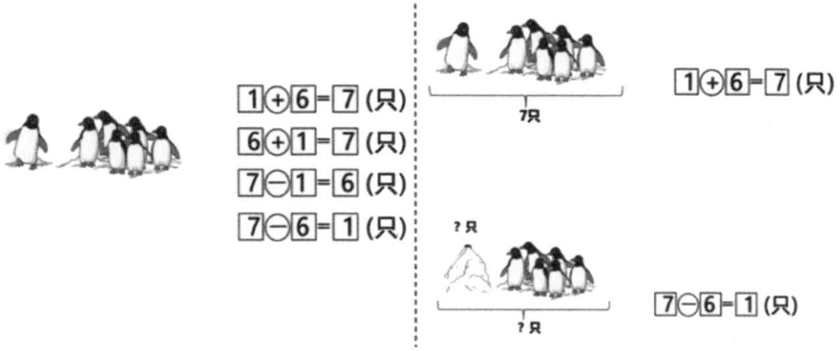


图3.4-12

基于同一素材创设求和和求剩余的两种问题情境，既增强了学生看图、理解图意的能力，也有利于培养学生用数学的眼光发现生活中的数学问题，逐步发展解决实际问题的能力。

经过新课教学及练习巩固，笔者发现借助之前的学习经验，学生对7的分与合以及“一图四式”掌握得还是比较好的，但对解决问题中数量关系的概括还存在一些问题，学生第一次接触看图解决问题，还没很好地掌握解决问题的步骤，不能很好地提炼其中蕴含的数量关系，在之后的练习中还需要多说多做，为后续学习做好铺垫。

# 第五节

## “8的组成、加减法与数量关系”教学实践

学生学习本课时之前，已经学习了6和7的分与合以及相应的加法和减法。相应的学习经验可以迁移到学习8的分与合和相应的加减法中。前两课时还学习了分别用加减数量关系解决问题，知道了基本的分析方法，在本课时中，则出现有多余信息的加减法解决问题，让学生更清楚地认识信息和问题之间的联系。具体教学中，教师如何利用学生原有经验组织教学，并进行优化呢？教师如何引导学生用分析法从问题入手分析问题，以方便发现多余信息？带着这样的思考我们进行了教学实践。

### 一、回顾学习经历，迁移活动经验

本课时的学习内容和结构与前两课时基本相同，通过前两课时的学习学生对数的组成和加减法之间的关系，以及感知加、减法的数量关系和解决问题有了丰富的经历与认知。因此在本节课新课环节仍旧沿用了“回顾→迁移→操作→解决→练习”五个环节。教师通过让学生回顾学习经历，引导学生利用已有的活动经验进行数学学习。

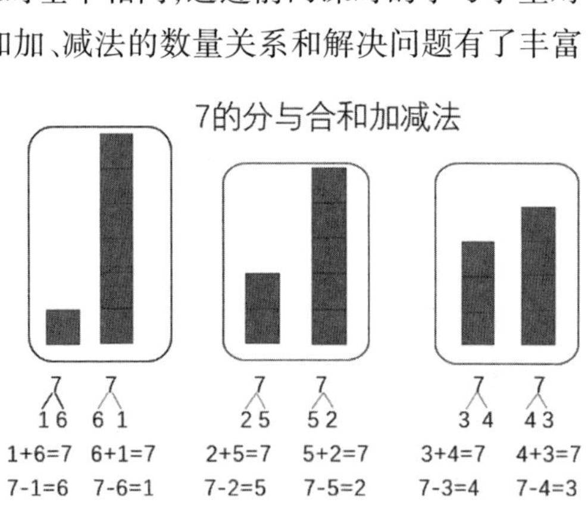

图3.5-1

#### （一）呈现学习，回顾思路

开始上课时，教师通过谈话的形式和学生一起回顾上一课时所学知识，并整体出示上一课时的板书（图3.5-1），

归纳上一课时学习的内容：上节课我们学习了7的分与合，以及看图写加法算式和减法算式。在此基础上揭示课题：8的组成、加减法与数量关系。

教师接着请学生讨论，如何安排今天的新知学习？学生提出可以像学习7的分与合和加减法一样：先分一分，再列一列，最后运用到解决问题中。通过回顾已学内容唤醒学生的学习经验，为接下来探究“8的组成、加减法与数量关系”提供思路和方法。

**（二）结合操作，记录分合**

利用课件呈现移动8个小正方体的方法把8分解成两个部分的动态过程，形成四个“8的组成”图（如图3.5-2）。教师让学生先数一数，再观察有什么相同的地方和不同的地方。学生根据上一课时的经验，得出结论：相同之处是方块都是8个，且被分成了两部分；不同之处是左边部分越来越少，右边部分越来越多。教师再让学生尝试写出对应的分与合，形成如图3.5-3的板书。教师接着提问：关于8的组成你有什么疑问？学生发现和7的组成相比，少了四组分法。继续追问：为什么这里只出现4组分法？学生指出可以从 $\begin{smallmatrix}&8&\\7&&1\end{smallmatrix}$ 想到 $\begin{smallmatrix}&8&\\1&&7\end{smallmatrix}$，从 $\begin{smallmatrix}&8&\\6&&2\end{smallmatrix}$ 想到 $\begin{smallmatrix}&8&\\2&&6\end{smallmatrix}$ ……依此类推，从一组组成想到另外一组，利用变化规律记忆8的组成。

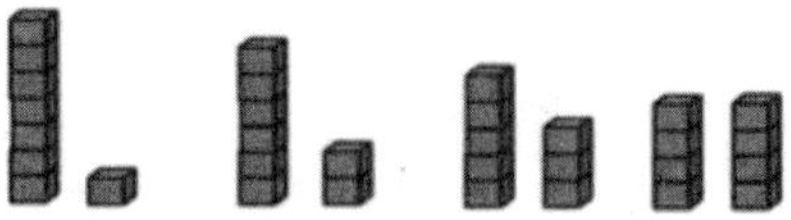

图3.5-2

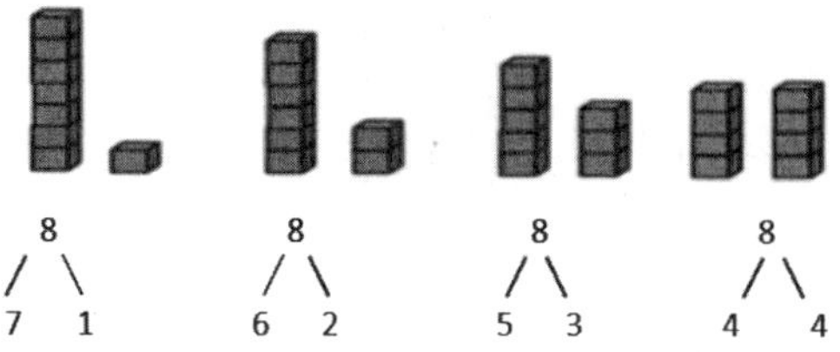


图3.5-3

通过图形和图示两种表征方式，学生直观地感受两个数合起来是8，以及8可以分成两个数。接着，教师让学生有序地写出“8”的4种“一图四式”，形成如图3.5-4的板书。教师提问：你是根据什么写出了两个加法算式和两个减法算式的？学生回答：根据小正方体图写出两个加法和两个减法算式。教师继续追问：还有不同的方法吗？学生指出可以根据8的分与合写出两个加法算式和两个减法算式。

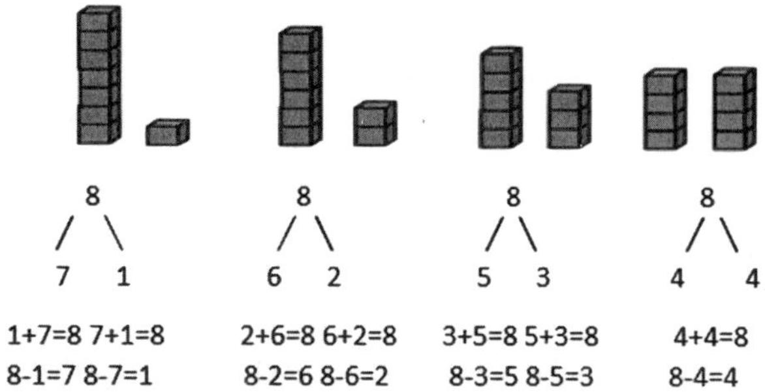


图3.5-4

上述过程中先利用图示学习8的组成,再利用“一图四式”把看图列算式计算和利用组成将计算联系起来,逐步引导学生熟练地掌握有关8的加减法计算,实现数与运算的一致性。

## 二、利用分析方法,打开新的思路

通过三节课的学习,学生对“数的组成及加减法”积累了一定的学习经验和方法,因此本课时将重点学习半图半文式的解决问题。教师出示问题(图3.5-5),本题区别于上一课时中的问题,这里的一些已知条件既可以通过数数来获取,也可以通过文字表达。

### (一)结合图示,发现问题

教师通过课件出示图3.5-5,由于半图半文式的问题情境图涵盖的信息量较大,可以先请学生找一找图中的文字信息。学生汇报后教师板书:条件是8只小鹿,树根处有6朵蘑菇,8只天鹅,问题是“还剩几只小鹿”(图3.5-6)。教师提问:利用这些信息,你知道还剩几只小鹿吗?学生尝试解决,但发现缺少“小鹿离开数量”的关键信息而无从下手。

图3.5-5

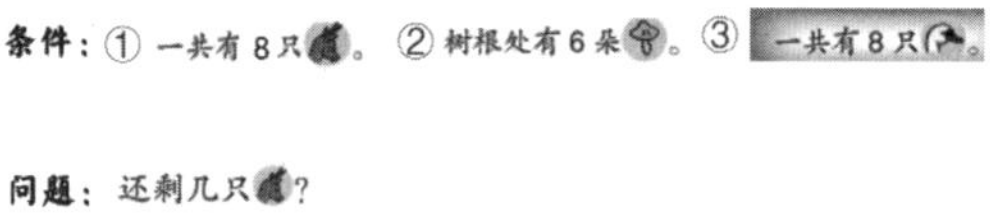


图3.5-6

数量关系:一共8只-跑走3只=剩下?只

列式计算:　8 - 3 = 5(只)

图3.5-7

### (二)分析信息,解决问题

教师进一步追问:还需要什么信息?学生指出需要知道离开的小鹿有几只才能求出“剩余几只”。通过问题引领,让学生初步感受只有一个相关的信息是不能解决问题的。接下来,教师请学生在观察图示的基础上寻找第二个相关信息,让学生明白除了文字信息,还可以利用图示信息来解决问题。学生梳理后汇报:图片中一共有8只小鹿,离开了3只。教师追问:现在你知道还剩几只小鹿吗?学生思考之后给出答案:“求还剩几只小鹿”需要“一共有8只小鹿”和“离开了3只”这两个信息,数量关系为“一共只数－离开只数＝剩下只数”,列式8－3＝5(只),形成如图

3.5-7的板书。

**（三）补充信息，提问解答**

解决了小鹿的问题之后，教师追问：没有用到的信息②和信息③，可以从图中再分别找到哪一些和它们有关的信息，并提出问题？学生依据信息，分别提出“还剩几只天鹅”和“一共有多少个蘑菇”。教师先引导学生自主尝试解决问题，再请学生完整地描述天鹅问题，帮助学生完整地表达问题。接下来教师请学生列出数量关系并列式计算，教师依据学生回答形成板书（图3.5-8）。接着追问：“8－4＝4”这里的“8、4、4”分别代表什么？学生指出“8”代表8只天鹅，第一个“4”表示游走的4只天鹅，第二个“4”表示剩下的4只天鹅。利用天鹅的问题，使学生明确总量减去离开的部分就是剩余的部分。

数量关系：一共只数-游走只数=剩下只数
列式计算：　8 － 4 ＝ 4（只）

图3.5-8

接着，教师请学生尝试自主解决蘑菇问题，说一说在解决问题时要注意什么。学生讨论后指出要学会找文字信息和图示信息之间的联系，再提出问题或列式解答，学会看到问题找信息、提问题。

由于学生第一次接触图文结合的问题情境，因此教学重点以引导学生理解图意、寻找信息和感知数学问题结构为主。让学生初步体会到需要两个相关的信息和一个问题才能构成一个数学问题，逐渐形成“理解情境→发现问题→分析问题→解决问题→检验结果→回顾反思”的问题解决思路。

## 三、分类组织练习，沟通知识联系

算用结合、整体推进，是本单元的学习特色。因此，在本课时中，既有基于数的组成的加减法计算的新知识，也有半图半文的解决问题。在练习中，进行相关的专项练习与综合练习，在夯实基础的同时，体会算和用之间的联系。

**（一）题组计算，校对反思**

教师出示“8的加减法”练习题（图3.5-9），让学生独立思考，再用自己理解的方法计算。学生计算完之后，教师引导学生横向观察题组所蕴含的规律，引导学生发现：每一行的算式是之前学习的8的分与合的题目，如第二行算式都用到了  。再请学生横向观察算式，学生发现：交换两个加数的位置和不变，如2＋6和6＋2。还发现了每一行的第三个、第四个算式被减数不变，只是改变了减数和差的位置，初步感受到这三者之间存在联系。最后组织学

| | | | |
|---|---|---|---|
| 1. 2＋6＝ | 6＋2＝ | 8－2＝ | 8－6＝ |
| 2. 1＋7＝ | ______ | 8－1＝ | ______ |
| 3. 3＋5＝ | ______ | ______ | ______ |
| 4. 4＋4＝ | | ______ | |

图3.5-9

生总结经验:可根据一个数的分与合,进行加法和减法的运算。通过此题组练习,进一步沟通加法和减法之间的关系,逐渐掌握利用数的组成进行计算,提高计算速度与计算能力。

**(二)选择信息,提问解答**

教师出示主题图(图3.5-10),引导学生利用情境图找出文字信息和图示信息之间的联系,再提出数学问题并列式解答。

图3.5-10

由于学生已经有了从图文结合的情境中寻找相关信息的经验,学生梳理出两类信息:第一类是根据文字直接呈现两个信息,已知“一共有8个沙堆,被弄坏了3个”;第二类是用文字呈现的一个信息“这里一共有8个小黄桶”,另一个信息“被拿走1个”则隐藏在图中。然后教师请学生依据信息提出问题,并说出数量关系。针对信息一和信息二分别提出问题:“还剩下几个沙堆?”“还剩下几个水桶?”接下来教师引导学生先列出数量关系,再列算式解答。

在解决水桶问题时,追问:为什么被拿走的是1个小黄桶?学生讨论后得出:这里指的是黄色的水桶,不包括红色的水桶。以此强化学生要根据问题去选择和问题有关的信息。

**(三)依据问题,选择信息**

由于文字信息来得更直接,学生容易忽视隐含在图中的数学信息、问题。因此需要教师提示:我们已经得到了有关沙堆和小黄桶的信息,你还能从图中知道哪些信息,能提出什么问题?学生在充分观察情境图之后,提出问题:一共有几把铲子?学生梳理信息“红色的有3把,蓝色的有5把,合起来是8把”,写成算式是3+5=8。以此帮助学生再次深入分析情境图,寻找图中隐含的数学信息并提出问题。

此练习重点是教给学生提出问题和解决问题的基本步骤,从基于现实的问题情境中,引导学生在观察的基础上寻找相关的信息,学会利用信息提出数学问题并解决问题。

本课时是学生首次接触图文结合的情境图,且包含了多个信息和问题,对于一年级学生来说极具挑战性。因此在教学中,教师要让学生充分观察情境图,有条理地梳理文字信息和图示信息,再进行分类和整合,不仅能选择有效信息解决问题,还会依据相关信息提出数学问题,逐步形成解决问题的基本思路,从而培养学生提出问题、解决问题的能力。

# 第六节
## “9的组成与连加连减”教学实践

经过6、7、8的组成与加减法三个课时的整体学习，学生逐渐积累了利用数的组成进行加减计算的经验，因此本课时仍旧沿用回顾上一课时的学习经历来进行9的组成与加减法的教学。由于前三个课时分别整合了“一图四式”、看图解决问题和图文结合式解决问题三个教学内容，有梯度地培养学生用加减法解决问题的能力，因此本课时在学习9的组成与加减法的同时，尝试将连加连减融入其中。由于数的组成是将一个数分成两个数，两个数合成一个数，而连加连减可以理解为把一个数分成了三个数，这是数的组成与加减的关系，因此我们尝试结合具体的问题情境，利用数的组成与连加连减的问题模型建立联系，用分解图示的方法学习连加，用讲连续故事的方法学习连减。

### 一、依据学习经验，自主建构知识

本课时关于9的组成以及加减法的学习，与上一课时的内容基本相同，所以借助上一课时的学习经验，构建起9的组成与加减法的知识架构。在此基础上提出连加连减的学习目标，让学生利用上一课时的学习经验自主探究。

#### （一）提出任务，进行分合

教师谈话引课：前面几节课中，我们都利用小正方体，学习数6～8的分与合。下面我们要一起来学习9的组成与连加连减。教师谈话的同时，出示9个小正方体的图，标注上9后，让学生利用原有经验，有序说一说分成两列的得数，教师则依据学生说出的结果，贴一贴图片，同时写出9的分与合，得到如图3.6-1的图示与表征。

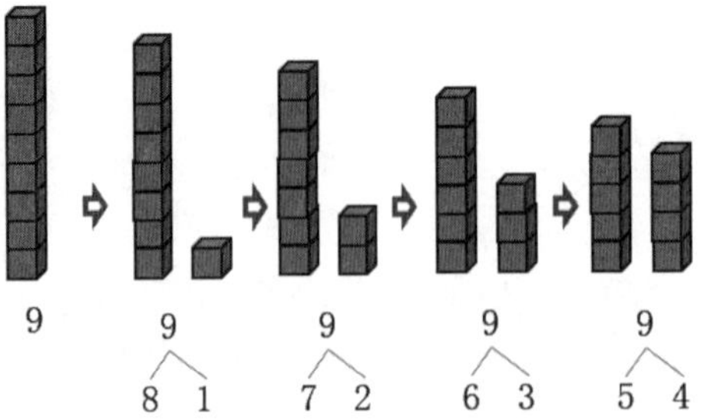


图3.6-1

| | | | |
|---|---|---|---|
| 9 | 9 | 9 | 9 |
| 8 1 | 7 2 | 6 3 | 5 4 |
| 8+1=9 | 7+2=9 | 6+3=9 | 5+4=9 |
| 1+8=9 | 2+7=9 | 3+6=9 | 4+5=9 |
| 9-8=1 | 9-7=2 | 9-6=3 | 9-5=4 |
| 9-1=8 | 9-2=7 | 9-3=6 | 9-4=5 |

图3.6-2

由于有前三个课时的经验，因此，当教师提出任务后，学生能够有序地说出分的过程与结果。完成后，请学生有序地读一读，找一找规律。最后用分与合两种形式把它们背出来，如9可以分成8和1，8和1组成9。

**（二）迁移经验，推算加减**

学习9的分与合是为了把它转化成加法与减法的表达。因此，教师进一步提问：依据9的分与合，可以得到什么？学生依据经验指出可以得到“加”与“减”。教师请学生口头回答，并依据学生的回答，依次在相应数的分与合下面进行板书（如图3.6-2）。得到和是9的加法，以及被减数是9的减法。

完成后请学生读一读，先读9的分与合，再读相应的加法与减法，如9可以分成8和1，8和1组成9，8＋1＝9，1＋8＝9，9－8＝1，9－1＝8。通过整体的读与记，让学生初步感知只要记住数的分与合，加与减就可以依据分与合得到，而且对于这样的加法而言，除了通过累加数数外，就是利用分与合推算出加法和减法的结果。

**（三）交流评价，构建体系**

上述思路是通过数的组成进行的整体记忆。在此基础上，教师再让学生选择其中的一个算式，联想推算出其他三个算式以及结果。

首先，教师出示如下的四个算式，请学生计算出得数。（1）5＋4＝　（2）7＋2＝　（3）9－3＝　（4）9－1＝　学生口算出得数后，教师再请学生想一想，从已知的一个算式出发，可以想到哪几个算式？学生口答后，教师把答案依次写到对应的算式下面（如图3.6-3）。进而请学生思考，可以用怎样的方法记忆这些算式？学生发现，可以用数的分与合的方法进行记忆，并能够从其中的两个数，想到第三个数。

| | | | |
|---|---|---|---|
| (1) 5+4=9 | (2) 7+2=9 | (3) 9-3=6 | (4) 9-1=8 |
| 4+5=9 | 2+7=9 | 9-6=3 | 9-8=1 |
| 9-5=4 | 9-2=7 | 6+3=9 | 8+1=9 |
| 9-4=5 | 9-7=2 | 3+6=9 | 1+8=9 |

图3.6-3

从9的分与合推算出相应的加法和减法，再通过其中的一个算式联系到其他三个算式。这样的方法都是从结构化的视角，让学生利用整体思维进行记忆。当然，由于是初学，当学生记不住时，可以让他们通过数数得到答案。

## 二、逐步丰富图意，构建连加连减

连加和连减的含义与相应的加法和减法的含义相同，分别是合并与去掉，不同的是连加与连减分别要经历多次合并与去掉。为了帮助学生顺利理解连加、连减的意义和计算顺序，我们分步动态呈现情境图，赋予每个数以具体的意义，并依据信息之间的关系与时间顺序，列出连加和连减的算式，并依据算式的实际意义概括出运算顺序。

### （一）依据题意，加法计算

教师通过课件整体出示生活中的喂小鸡情境（图3.6-4），引导学生在充分观察的基础上，有顺序地、完整地叙述图意。学生通过联系情境梳理相关信息：小明在喂小鸡，原来有5只小鸡，又来了4只小鸡。接着请学生依据信息提出问题：现在一共有几只小鸡？学生列式解答：5＋4＝9（只）。

图3.6-4

诚然，图3.6-4中的情境图，要求学生列出的算式是5＋2＋2，即图意：小明在喂小鸡，原来有5只小鸡，先来了2只小鸡，又来了2只小鸡，现在一共有几个小鸡？但是，学生受之前学习的情境图的影响，会把它分成两个部分，因此把先后赶来吃食的4只小鸡看成了一个整体。

### （二）丰富题意，连加计算

那么，通过怎样的策略让学生从情境图中观察得出“来了2只小鸡，又来了2只小鸡”呢？我们采用分步显现的方式，让学生从中概括出连加运算。具体地，把图3.6-4分解成“原来有、先来了、又来了”三部分，教师依次出示拼接图示（图3.6-5），每出示一步，就请学生先说说图意，再用数或算式表示出图意。

原来有的小鸡　→　先来了2只小鸡　→　又来了2只小鸡

图3.6-5

教师出示第一步，学生发现：小明在喂鸡，（原来）有5只小鸡，可以用数“5”表示。教师接着出示第二步，学生指出：小明在喂鸡，原来有5只小鸡，（先）来了2只小鸡，一共有几只小鸡？用算式“5＋2＝7”表示。教师最后出示第三步，学生叙述：小明在喂鸡，原来有5只小鸡，先来了2只小鸡，又来了2只小鸡，现在一共有几只小鸡？用算式“5＋2＋2＝9”表示。

接着，教师请学生说一说“5＋2＋2”是怎样计算得到“9”的？学生指出，先算5＋2＝7，再算7＋2＝9。依据学生的回答，教师板书计算过程（如图3.6-6）。

**5+2+2=** 9
7
9

图3.6-6

接着，教师请学生结合图3.6-4和图3.6-5，说一说“5＋4＝9”和“5＋2＋2＝9”的相同点与不同点。学生指出“5＋4＝9”中把“来吃的小鸡”看成一个整体，是一步加法，而“5＋2＋2”把“来吃的小鸡”分成了两个部分，要两步计算。教师进一步概括，这叫作连加，并板书“连加”。

**（三）反叙题意，连减计算**

前面的学习已经得出喂养小鸡的总数，教师可以利用情境图的连续性，用讲连续故事的方法学习连减。先出示完整的图3.6-7，请学生仔细观察后思考接下来会发生什么事。学生指出：小明的碗里空了，小鸡们吃饱了，陆续地离开了。接着借助课件动态演示小鸡离去的过程，引导学生用数学的语言完整地叙述。教师依据学生的回答，课件出示：原来有9只小鸡，第一次走了3只小鸡，第二次走了2只小鸡。以此帮助学生感知本题需要解决的问题：现在还剩多少只小鸡？

原来有的小鸡 → 先离开了3只小鸡 → 又离开了2只小鸡

图3.6-7

讲解连减解决问题时，我们可以仿照连加的模式进行，先让学生分析解决问题需要用到的信息、厘清思路，再根据小鸡离去的动态过程理解连减的含义。学生知道要求出剩下小鸡的数量，可以用原来的9只小鸡，减去先离开的3只小鸡，再减去又离开的2只小鸡。课件依次出示关键信息，鼓励学生用数或算式表示出图意。列出算式“9－3－2”后，请学生思考：求还剩多少只小鸡，可以先算什么？再算什么？学生归纳：需要知道图中的小鸡由“原来的、先走的、再走的”三部分组成，求最后剩余几只就是先从总数中去掉一部分，再去掉一部分。最后小结时可以借助课件动态演示计算过程，使学生充分理解连减的计算顺序：先减第一个数，算出前面两个数相减的得数后才能再减第二个数。

为体现“方法多样化”，教师在这一环节可以追问：如果现在这里的小鸡先走了3只又走了2只，我们应该如何计算呢？这样要解决的问题是什么？教师引导学生先用加法求出两次离开的小鸡数量，再把离开的小鸡数量用减法计算。让学生明白数不仅仅只有连加或者连减，还可以加减混合运算，为后续学习做铺垫。

最后教师引导学生观察两道例题（图3.6-8），使其充分感受到连加和连减是由两个计算步骤构成的一个连续的口算过程，就是将简单求和和简单求剩余的一步计算合并成一个稍复杂的两步计算。通过两题的对比分析，帮助学生理解：连减就是从总数中去掉一部分，再去掉一部分，连加就是在现有的数上先增加一部分，再增加一部分。连加连减的计算顺序相同，都是从左往右依次计算。

可以发现，上述连加、连减的计算题，也是和是9的加法或被减数是9的减法。因此，这一个环节的连加、连减的学习过程，也是在练习和是9的加法和被减数是9的减法的计算。

5+2+2=9
7
9

9-2-3=4
7
4

图3.6-8

## 三、进行题组比较，感受数学联系

本课时的练习巩固，以连加、连减为主线，把一步计算的和是9的加法和被减数是9的减法渗透在连加、连减中。

### （一）边算边想，归纳顺序

为巩固连加连减的计算方法以及9的加减法，设计了图3.6-9的题组计算。让学生自主算一算，说说要先算什么，再算什么。进一步理解连加连减的计算顺序，感受连加连减计算的形成过程。

2+3+4=　　1+2+6=

9-1-1=　　9-2-3=

图3.6-9

通过此题组练习，强化不管是连加还是连减都需要从左往右计算，为后续加减混合教学打下基础，让学生初步理解一步计算和两步计算之间的联系，巩固连加、连减的意义和计算方法，提高计算能力。

### （二）图示提问，选择算式

分别出示连加、连减的图示（图3.6-10），请学生分别观察两个图，用“原来有……，先……，又……，现在有……？”这样的句式说一说图意，再列出算式解答。

图3.6-10

学生完成并整体校对答案后，教师进行比较评析：为什么说的格式相同，但是左边的列成连加，右边的列成连减呢？学生指出要看是用“加的词”还是用“减的词”，在这里“先飞来……，又飞来……”求现在一共是多少只时，就要用连加；“先划去……，再划去……”求还剩下多少颗时，就要用连减。

**（三）理解题意，加减互逆**

教师出示图3.6-11，先由教师读题，然后请学生结合图示，说一说“分别使行和列上的三个数相加都得9”是什么意思？教师依据学生的回答，分别列出两个连加的算式，（1）行：2+3+□=9，（2）列：1+3+□=9。进一步追问，要求□中的数又应该怎样做呢？学生分别列式，（1）行：9－2－3，（2）列：9－1－3。

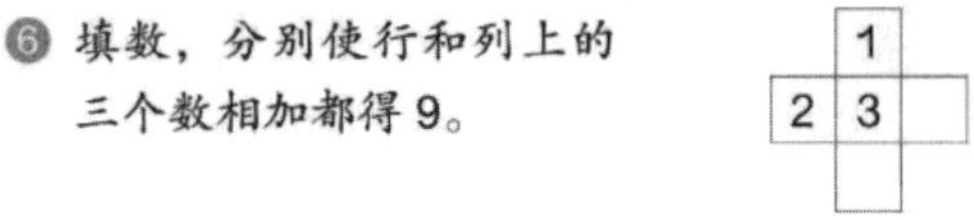


图3.6-11

本题的教学目标不但要让学生算出得数，而且要引导学生学会审题，即把“文字语言”转化成“数学语言”，再依据“数学语言”进一步进行推理。

从单元整体设计的视角，本课时的教学实践给我们启示，数学知识具有结构性，当类似结构在连续的几个课时中学习时，每个课时的目标都要有递进性。依据这样的理念，在学习9的组成与相应的加减法之后，再解决和是9的连加和连减的问题。使得学生认识到加法和减法，与连加和连减运算有着共同的意义。

# 第七节
## "加减混合运算"教学实践

本课时的加减混合运算是结合图示,对有联系的一个加法运算和一个减法运算的组合。在具体教学中,可以先依据图示分步列式计算,再寻找联系组合成两步加减混合运算,让学生经历加减两步混合运算的形成过程。基于这样的思路,可以创设怎样的情境?怎样细化每一步加减运算的含义?通过怎样的步骤逐步组合成两步加减运算?通过怎样的方法学会加减混合运算的计算过程?带着这样的思考,我们进行了教学实践。

### 一、依据图示含义,列式解答

结合一年级学生的学习特点,学习中通过生动的学习情境,增加学生学习的兴趣让学生集中注意力,依据图示引导学生用简单的数学语言叙述事情发展的先后顺序,结合情境的时间线感知加减混合的运算顺序,从而理解加减混合运算的意义,形成计算方法。使学生在此基础上看清运算符号,正确完成计算。

#### (一)分步出示,列式解答

教师分步出示静态图示,让学生观察图示,发现天鹅的动态变化,并用简单的语言表述这一种变化。教师先用板贴展示图3.7-1中的左图,学生观察后用自己的语言描述图意:原来有4只天鹅,飞来了3只,现在有几只天鹅?教师再请学生

图3.7-1

依据信息列出对应算式“4＋3＝7”，请学生结合算式说一说“4，3，7”分别表示的含义。教师接着出示图3.7–1的右图，请学生观察情境图并找出天鹅发生的变化。学生指出图意：原来湖里有7只天鹅，飞走了2只，还剩几只天鹅？依据学生的回答列出相应算式：7－2＝5。教师再追问算式中的“7，2，5”分别代表什么？学生通过教师的引导，回顾了旧知，为引出加减混合运算这一新知做好准备。

**（二）依据图意，探寻联系**

接着，教师在图3.7–1的左图和右图之间插入一个箭头符号（图3.7–2），进一步提问：这是一幅连续的组合图，你还能根据情境图说一说吗？在组合情境图中，原有的天鹅数量、飞来的数量和飞走的数量是按发展顺序进行的，教师引导学生分析情境梳理信息：湖面上原来有4只天鹅，先飞来了3只，又飞走了2只。叙述时，强调“原来”“先”“又”“现在”等能表现事情先后顺序的词，为后续先计算哪个部分，后计算哪个部分做铺垫。

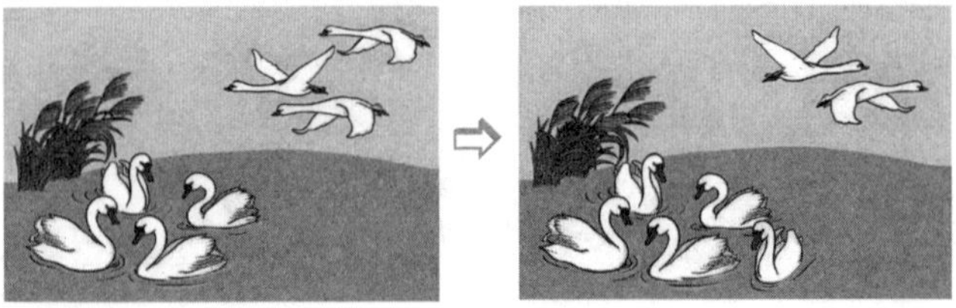

图3.7–2

**（三）依据图示，综合算式**

教师通过动画演示，让学生直观感受天鹅先增加后减少的变化过程，提出数学问题：现在湖面上还剩几只天鹅？教师先请学生自主尝试解决问题并列式，形成板书：4＋3－2。然后请学生结合主题图说一说“4＋3－2”表示的含义，加深对加减混合算式的认识。有了前面的铺垫，学生知道先算4＋3＝7，再算7－2＝5，初步形成计算的顺序。根据学生的回答，教师追问“7从哪里来”，帮助学生再次确定计算顺序，形成计算思路。

接着教师让学生根据确定的计算顺序先算出4＋3＝7，并在板书算式时用线标明计算顺序和得数7，再算出7－2＝5。在计算第二步时教师请学生注意用第一次计算的结果减去“2”，从而形成与“连加连减”一致的两步混合运算的计算思路（图3.7–3）。

原来的+先飞来的-又飞走的=现在的

$$\underbrace{4+3}_{7}-2=5$$

图3.7–3

利用情境图，先分步再综合，让学生进一步体会两步混合运算实际上是由两个有联系的一步运算组合而成，为后续的两步混合运算解决问题做好铺垫。

## 二、迁移活动经验，形成基本思路

通过图3.7–2的教学，学生已经形成加减混合运算的基本思路，因此在教学图

3.7-2时，学生可以通过迁移学习经验，寻找算式与图示的联系，进一步巩固加减混合运算的计算方法，更好地理解算式所表达的含义。

**（一）寻找联系，混合运算**

教师出示第二组情境图（图3.7-4），先让学生观察情境图，梳理数学信息：湖里原来有4只天鹅，先飞走了2只，后来又飞来了3只。接下来教师请学生依据相关信息提出数学问题，学生提出问题：湖里现在有几只天鹅？学生自主尝试列式。教师依据学生列式：4－2＋3，追问：算式中的“4，2，3”分别代表什么？为什么要先减2再加3？学生结合情境分析每个数代表的含义，知道先减2再加3的原因是对应天鹅“先飞走了2只，又飞来了3只”的事情发展顺序。从而让学生再一次体会到加减两步混合运算时，先算什么后算什么是与现实情境中事情发生的先后顺序一致的。接着再请学生按顺序计算出结果，形成板书（图3.7-5）。

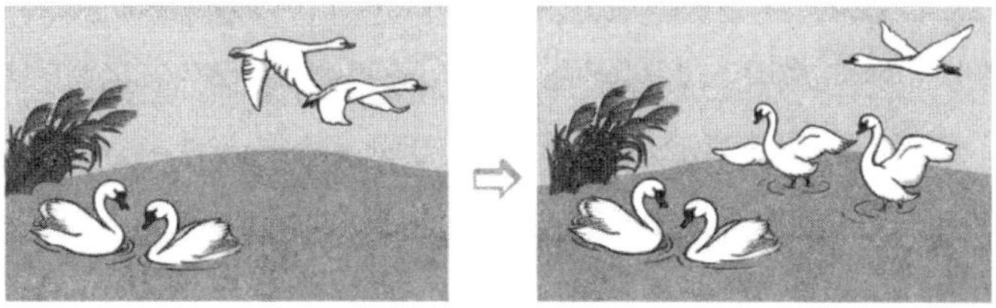

图3.7-4

原来的-先飞走的+又飞来的=现在的

4-2+3=5

2

图3.7-5

**（二）比较异同，形成思路**

在完成两个题组以后，教师让学生观察比较两个计算题的相同点和不同点，学生指出它们都有加号和减号。教师进一步总结：像这样既有加号又有减号的算式，我们叫作“加减混合运算”。教师板贴课题——加减混合运算。接着，教师请学生进一步比较图3.7-3和图3.7-5中的计算过程，说一说又有什么相同的地方？学生发现如下相同点：它们都是从左往右计算的，先把前两个数相加减，再把计算的得数与第三个数相加减。教师依据学生的回答，进一步概括出加减混合运算的运算顺序：从左往右依次计算。

教师进一步展示上一课时中学习的连加与连减的例题（图3.7-6），进一步引导学生思考：连加、连减和加减混合运算，它们在计算时又有什么共同的特点。学生发现：都是从左往右依次计算。

5+2+2=9

7

9

9-2-3=4

7

4

图3.7-6

### (三) 寻找联系,统一关系

在概括了加减两步混合运算的运算顺序后,教师进一步请学生结合图3.7–2和图3.7–4的情境图,观察图3.7–3与图3.7–5,两个加减混合运算中有哪些相同的地方与不同的地方。学生观察后发现,相同的地方:两个情境图中原来都是4只天鹅,现在的天鹅都是5只。不同的地方:图3.7–2是“先飞来了3只,又飞走了2只”;图3.7–4是“先飞走了2只,又飞来了3只”。教师进一步概括:飞来和飞走的顺序变化了,但是最后的结果不变。

在上述三个学习环节中,学生经历了三轮学习经验的积累:第一轮是结合新的情境图,把例1中的两步加减混合运算形成经验迁移到新的情境中;第二轮是通过分析比较,概括出加减混合运算的运算顺序与连加、连减的运算顺序一样,都是从左往右依次计算;第三轮是结合情境,感知数量关系中的变与不变。

## 三、分层综合练习,形成数学结构

本课时是在情境图下得到混合运算的计算顺序,为后续学习凑十法和破十法打下基础,因此在本课时巩固练习阶段,要逐渐脱离情境图,提升学生的运算能力。

### (一) 根据情境图,列式计算

教师出示情境图(图3.7–7),请学生根据情境图先用“原来有……,先……,又……。现在有……?”这样的叙述思路,说一说情境图的意思,再列综合算式计算。学生完成后校对计算过程,再请学生说明这样列式计算的含义。

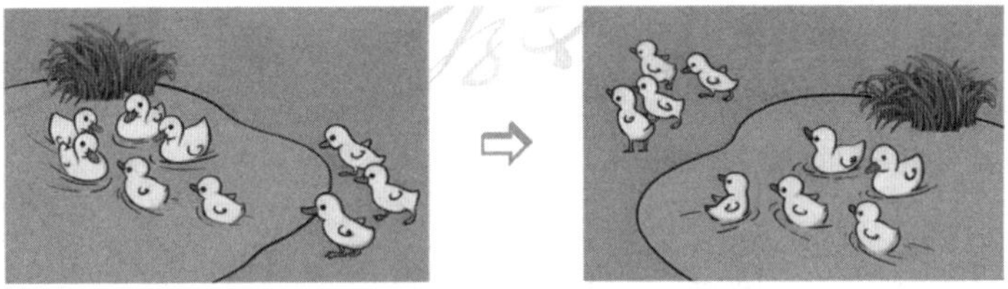

图3.7–7

这个练习意在巩固学生看图列出加减混合并计算的能力,也为后续两步加减混合运算解决问题做好铺垫。

### (二) 脱离情境图,题组计算

接着,教师再出示图3.7–8,是两步混合运算题组,请学生先独立按照顺序计算出结果,再交流评析。这是一组纯计算的题目,意在让学生依据运算顺序计算出结果。

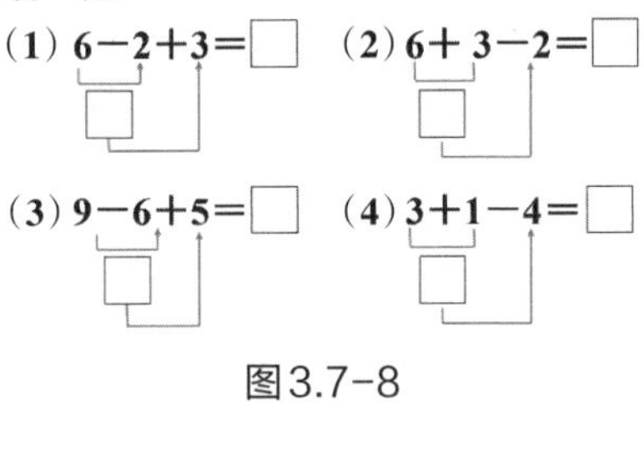


图3.7–8

教师评析计算过程与结果后,再引导学生找一找,哪两个混合运算有联系?学生发现其中的第1题和第2题只是加上和减去的顺序改变了，结果不变。

**（三）依据算式，改编情境**

在之前的学习中，学生已经学会了依据有联系的两幅情境图，列出加减两步混合运算并进行计算。在此基础上，让学生依据加减混合运算的算式，改编情境，口头编写出两步混合运算的问题。在这样的过程中，也可以让学生体会到运算的抽象性与解决问题的具体性。

具体教学中，教师请学生再一次观察依据图3.7–7列出的算式：6＋3－4。指出这个算式在这里是讲了一个关于鸭子的故事，想一想，它还可以讲其他什么样的故事呢？请学生口头编一编，然后说给同桌听。首先向同桌说明我要编谁的故事，然后再编题说给同桌听。交流后，教师请两名同学说一说。

上述三个环节的练习巩固，还是围绕加减混合运算这一主要内容转化，但在具体设计时，特别关注了运算能力的提升与应用意识的培养。

本课时的教学给我们启示：数学新知的学习是一个解决问题的过程，在利用原有的数学知识解决具体问题的过程中，对旧知进行合理的组合，形成了解决问题的思路，同时，也获得了新的数学知识。进而，再用获得的数学知识和新的思维方式解决具体的问题。

# 第八节

## “9以内数的认识和加减法的整理与复习”教学实践

通过“5以内数的认识和加减法”和“6～9的认识和加减法”这两个单元，学生对于0～9已经有了充分的认识，那么这些数又是怎样产生的呢？可以通过边讲故事边举例子，让学生经历数的产生过程。加号与减号又是怎样产生的呢？可以联系数的组成，请学生观察发现表示合并的“＋”与表示去掉的“－”也可以用其他的符号表征，体现符号的约定性。最后通过列表或题组的形式，进一步复习0～9的认识、加减运算与解决问题。

### 一、比较不同数码，经历符号抽象

在我们现在学习的阿拉伯数码产生之前，各个文明古国还有自己的数码，把这些数码分类观察比较，可以让学生体会到数码的抽象与优化的过程，并结合实例让学生体会到五进制。

#### （一）出示数码，体会联系

教师通过课件出示图3.8-1，课前谈话：现在我们已经学习了“0～9”这些数字，知道为什么叫阿拉伯数字吗？交流后，教师进行数学文化的渗透：其实现在我们用的阿拉伯数字最先是印度人发明使用的，后经阿拉伯人使用并传播开来，所以这些数字的全名是“印度—阿拉伯数字”。我们今天使用的阿拉伯数字是由图3.8-1中的数码演变而来的。

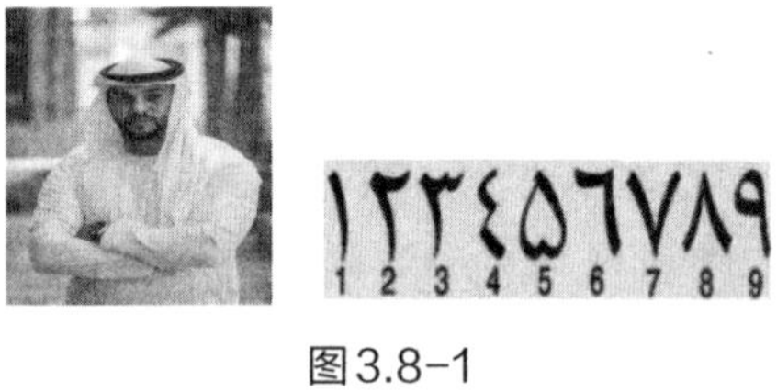


图3.8-1

教师接着出示图3.8-2，请学生静静欣赏感受古埃及文明和古巴比伦文明。接着教师介绍，在使用现在的阿拉伯数字之前，古埃及、古巴比伦也在使用其他数码。教师出示图3.8-3，数字“1”对应的古埃及、古巴比伦数码，学生观察说出古埃及和古巴比伦数码是怎样表示“1”的，和我们今天的阿拉伯数字“1”进行比较，有什么相同的地方。学生发现都是用一个直观的符号表示的。出示图3.8-4，数字“2、3、4”对应的古埃及、古巴比伦数码，学生观察说出古埃及和古巴比伦数码是怎样表示“2、3、4”的。猜测古埃及和古巴比伦是怎样表示“5、6、7、8、9”的。

图3.8-2

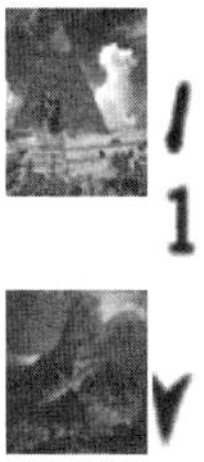


图3.8-3

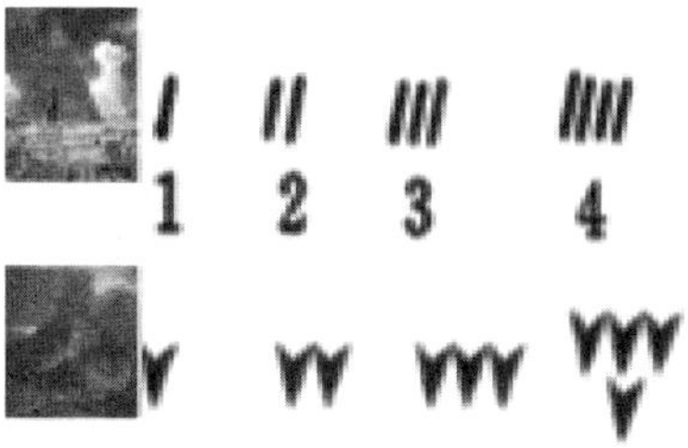


图3.8-4

教师接着完整出示图3.8-5，通过比较古埃及和古巴比伦的数码，学生得出结论：除1以外，每一个数都是前一个数不断地累加“1”后得到的，让学生分别说出1～9这九个数分别表示有“几个一”组成的。在之前9以内数的认识时，由于数比较小，直接由数数得到相应的数，并没有说明它们各有几个一组成。而结合古埃及与古巴比伦的1～9的数码，却可以直观地发现1～9中有共同的计数单位，以及计数单位的组成。

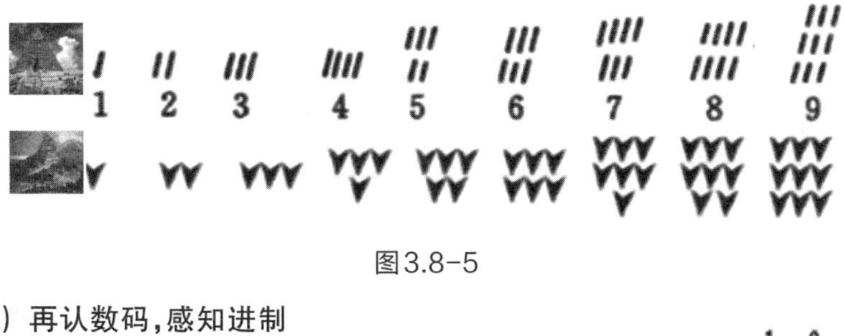


图3.8-5

**（二）再认数码，感知进制**

接着教师出示图3.8-6，提问：这是古代中国、玛雅人表示的“1、2、3、4”，说一说他们又分别是怎样表示数的。学生指出他们分别是用小棒与小圆点表示的，并且也是一个一个地累加起来。教师小结：在最初创造数码时，古

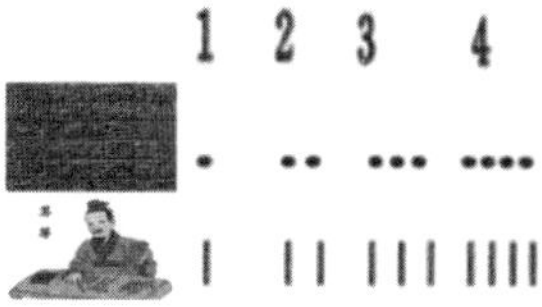


图3.8-6

人的想法不谋而合，先直观地表示出1，再不断地累加“1”这个数码。

教师接着提问：那么，5至9又是怎样表示的呢？鼓励学生大胆猜想后，出示图3.8-7。学生观察“5”的记录方法，学生发现玛雅人用“—”表示5，感受符号的逐步抽象，体会五进制。

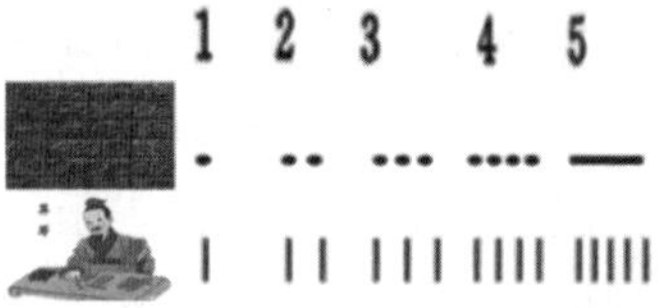


图3.8-7

教师进一步出示图3.8-8，学生观察“6”的记录方法，学生发现古代中国和玛雅人用的记录方式相似，都用“—”表示5。都有“5+1=6”的思维方式，表示两部分合起来的意思，感受用不同的进制表示数的方法。最后，整体出示古代中国、玛雅“1～9”的表示方法（图3.8-9）。

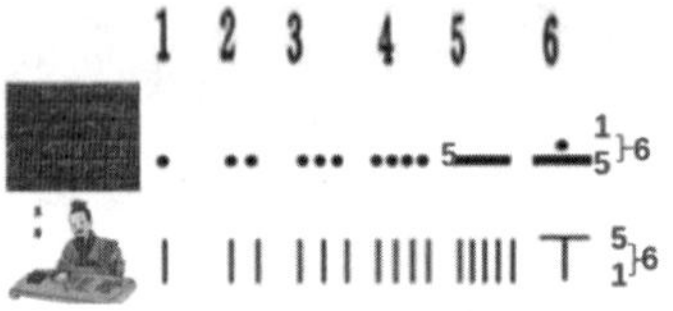


图3.8-8

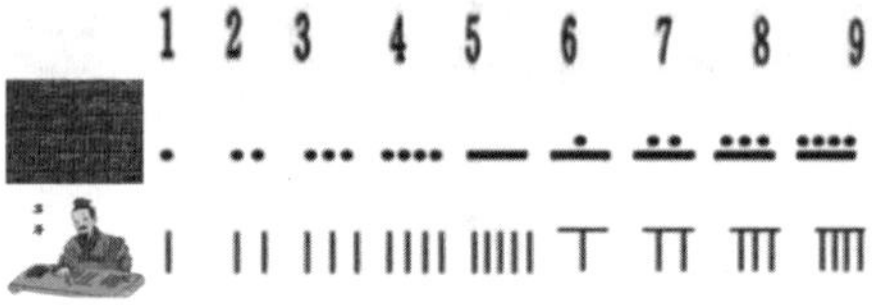


图3.8-9

**（三）比较异同，体会优化**

在上述两个环节的基础上，教师整体出示（图3.8-10）包括阿拉伯数码在内的五种不同的1～9的表示方法，再次提问：现在你觉得哪一个更好？为什么？

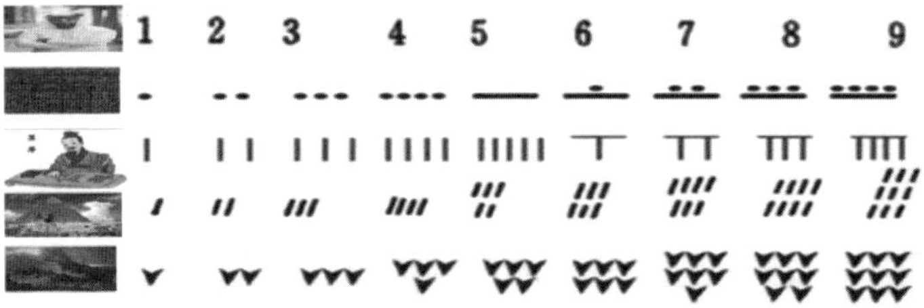


图3.8-10

有学生认为是第三、四种，因为每个数都只要数一数就可以得到了。但是更多学生认为还是第一种，因为它写起来更快。

教师请学生亲身体会，用这五种方法分别写“9”，通过书写，学生体会到写阿拉伯数字“9”更方便。

## 二、进行比较质疑，感受符号约定

加法与减法表示合并与去掉，对应的运算符号是“+”和“−”，用“⊥”和“┬”同样可以表示合并与去掉。但是为什么现在只用“+”和“−”？通过这样的讨论，可以让学生更加深刻地感受到符号的含义。

**（一）定义运算，积累问题**

首先教师出示算式（图3.8-11），组织学生观察算式，根据算式的规律填写下面算式的得数。学生由5＋3＝8、8－3＝5的经验，容易把“⊥”和“＋”联系起来，把“⊤”和“－”联系起来，得出5⊥3＝（8），8⊤3＝（5）。进而计算出4⊥4＝8，8⊤4＝4。

5⊥3=8　　　　8⊤3=5
4⊥4=（　）　　8⊤4=（　）

图3.8-11

**（二）比较质疑，体会约定**

教师进一步提出问题：大家都认为“⊥”表示“＋”，“⊤”表示“－”。那么，以后我们都用“⊥”代替“＋”、“⊤”代替“－”可以吗？

有学生认为是可以的，因为我们上面的题目就是这样的，但是也有学生说这样是不可以的，不知道的人会看不懂。

教师进一步总结：在古代，人们确实用过很多的符号表示“加”和“减”，后来统一成现在的加法和减法符号了，如果再用其他的符号表示加号和减号，就又不统一了。

接着，教师出示图3.8-12，请学生依据图意，用我们新学习的加号与减号写出相应的算式，你有什么想法？学生亲身体会到，如果用这两个符号来写，人家确实会不认识。

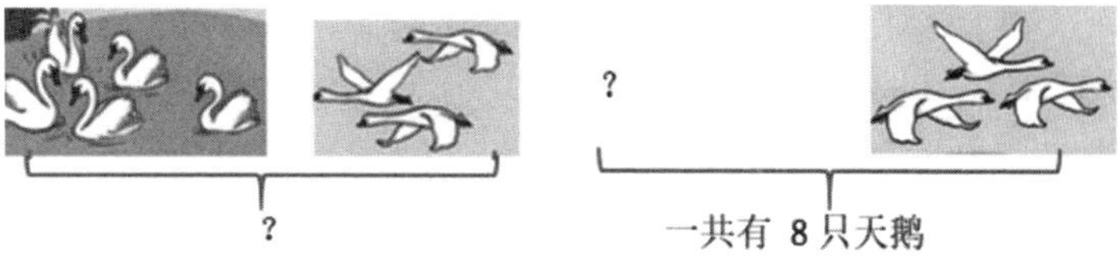


图3.8-12

最后，让学生用我们已经学习的加号与减号进行解答，再一次体会到加号与减号是一种约定。在这样的过程中，也让学生进一步加深了“＋”表示“合并”，“－”表示“去掉”的认识。

**（三）解决问题，算用合一**

围绕天鹅情境，教师再一次出示连续情境图（图3.8-13），请学生依据图示，说一说意思，并提出问题。然后再列式解答。完成后反馈评析。学生结合情境图提出问题：原来有5只天鹅，飞走了4只天鹅，又飞来了3只天鹅，现在有几只天鹅？列式解答：5－4＋3＝4（只）。

图3.8-13

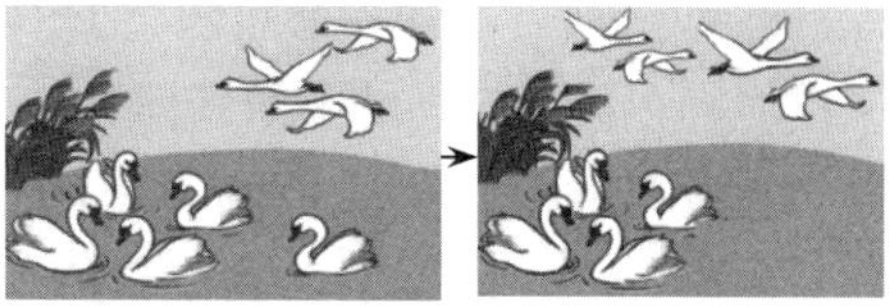

图3.8-14

接着，教师出示的情境连续图（图3.8-14），请学生用同样的方法，先说一说题意，再列式解答，完成后反馈评析。学生结合情境图提出问题：湖里原来有5只天鹅，飞来3只，后来又飞走4只，现在湖里有多少只天鹅？列式解答：5＋3－4＝4(只)。

学生完成后，教师组织学生比较由图3.8–13和图3.8–14得到的两个加减混合运算(图3.8–15)，说一说有什么发现。学生发现原来的只数相同，现在的只数也相同；先算飞来的，后算飞走的，或者先算飞走的，再算飞来的，最后的结果相同。

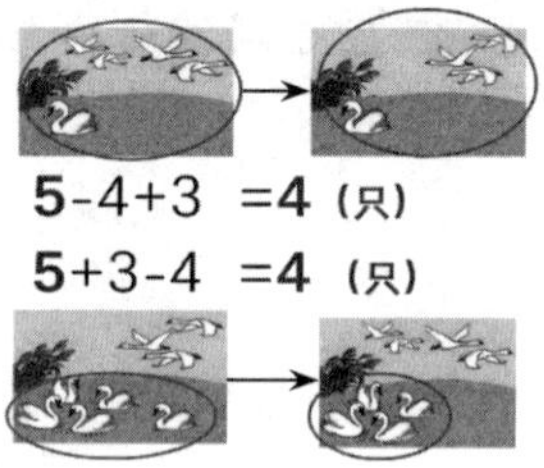


图3.8–15

这一个环节，从定义“加法”与“减法”符号为切入口，让学生体会到两个运算符号的约定性，加深对两个运算符号的理解，并在解决实际问题时，体会到加法与减法数量关系与运算意义的密切联系。

## 三、结合具体情境，体会内在联系

本课时作为一节单元复习课，在前面两个环节，结合0～9的数字符号与“＋”和“－”的基于数学文化的辨析，从数学文化的背景加深对数与运算的理解。在下面的环节中，结合数数、数的分与合，解决实际问题，结合具体情境，体会它们之间的内在联系。

### （一）结合数数，积累信息

教师出示图3.8–16，提出如下的四个问题，请学生先独立完成，然后反馈评析。

图3.8–16

1. 一共有(　　)只天鹅；
2. 把从左数的第3只天鹅和第6只天鹅圈起来；
3. 圈起来的两只天鹅之间有(　　)只天鹅；
4. 给左边的3只天鹅涂上黄色，给右边的4只天鹅涂上红色。

通过上述四个问题，在相同的学习材料下，通过练习，回顾了“数数”“基数”“序数”等不同数学概念在相同学习材料中的具体表征，也为下一学习环节积累学习经验。

### （二）合理分合，体会关系

教师依据上述第4个问题，把图3.8–16变成了按照颜色分成三类的天鹅图(图3.8–17)。

图3.8–17

教师首先在图3.8–17的天鹅图中添上大括号与问题，成为图3.8–18。教师再请学生依据图3.8–18中提出的问题，自主列式解答，然后校对评析。学生完成后，教师展示两种典型的解答：(1) 7＋2＝9(只)，(2) 3＋2＋4＝9(只)。请学生说一说分别是怎样想的。依据学生的回答，教师归纳出数量关系:(1) 涂色的天鹅＋不涂色的天鹅＝总数,(2) 黄天鹅＋白天鹅＋红天鹅＝总数。

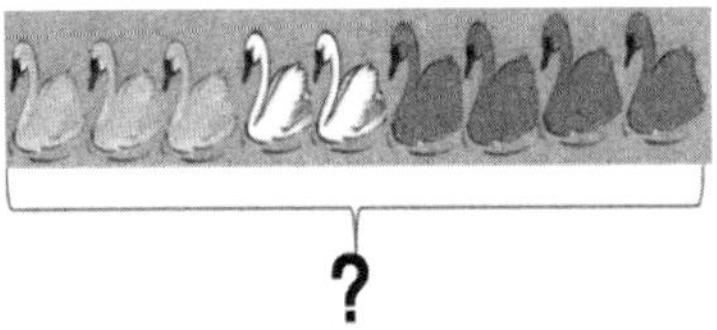


图3.8-18

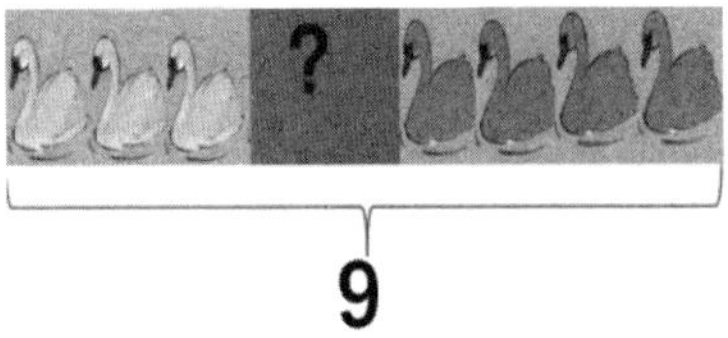


图3.8-19

接着,教师请学生思考,图3.8-19中的问题是什么?教师指定一名学生回答,有学生说是“白天鹅有几只”,有学生说是“没有涂色的有几只”。教师请学生想一想,为什么同一张图,会有两个不同的问题?学生指出是分类的方法不同。教师顺势请学生独立列式解答,然后交流评析。学生完成后,教师展示两种典型的解答:9－7＝2(只),9－3－4＝2(只)。请学生说一说,分别是怎样想的?依据学生的回答,教师归纳出数量关系:(1) 总数－涂色部分＝没涂色部分,(2) 总数－黄色天鹅－红色天鹅＝白色天鹅。

最后,教师请学生比较图3.8-18和图3.8-19这两个解决问题,说说它们之间有什么联系。学生发现两个解决问题中的一个信息正好互相交换,求总数用加法,求其中的一个部分就用减法。

**(三) 结合分合,熟练运算**

上述复习中,从数学文化的视角回顾1～9的不同表征,从运算符号的约定性加深学生对加法与减法含义的理解,并在解决问题的过程中,体会加减运算的意义与数量关系的密切联系。在此基础上,进一步提出进行有层次的计算,请学生依次完成如下的题组计算,完成后校对评析。

算一算,填一填

| | |
|---|---|
| (1) 2＋4＝ | (2) 9－6＝ |
| 2＋2＋2＝ | 9－2－4＝ |
| 2＋4－2＝ | 9－6＋4＝ |

校对后评析,请学生比较每一列中三个计算题的相同点与不同点。学生发现从第一行到第二行,结果相同,但是把一步的加法和减法,分成了两步的加法和减法。教师进一步指出,不论是一步还是两步,加法都表示“合并”,减法都表示“去掉”。

本课时的复习给我们启示:在单元复习时,可以从多个角度对新学习的知识进行重新认识与理解,以达到温故知新的目的,特别是从数学文化的视角,让学生回溯数学的产生、形成的过程,以丰富学生对本单元中数学知识的理解,让学生对数学的学习产生更浓厚的兴趣。

# 第四章
# 10～20的认识和加减法

"10～20的认识和加减法"既是十进位值制数学习的起始内容，也是两位数加减一位数的第一次学习。

与教材编排不同的是，把"10的认识和加减法"与"11～20各数的认识"整合，使得前面的0～9的认识和加减法的学习更有整体性。重新整合后，也使得本单元数的认识有了新知的学习起点：10个一就是一个十，十几就是由一个十和几个一组成。因此"10"既是一个数，也是一个计数单位。

把"10的认识和加减法"纳入"11～20各数的认识"这个单元，并没有把它与后者完全融合，而是作为本单元的起始课进行学习，此时，还是把"10"看成"10个一"，与9以内数的学习相同，特别是10的组成以及相应的加减法。因为，此时的"10"并不是看成十进位值制的单位。"10"还有两个含义，分别是作为计数单位的"十"，和十位上的"1"，这两层含义，将分别在"11的认识"时完成。

学习"11～20的认识"时特别重视与相应的加减法的联系，学习11～19在按计数单位进行分与合时，还用加法和减法表示了分与合的过程。例如，因为13可以分成10和3，所以10＋3＝13、13－10＝3、13－3＝10。十几加几不进位加法、十几减几不退位减法，则可以与数数联系起来，如11＋2＝13，从11开始往后面数两个数就是13，而13－2＝11，从13开始往回数2个数就是11。这两类加减法的计算，也要用相同计数单位上的数相加减进行解释，以便与"100以内的加减法"中的口算与笔算算理与算法相一致。

这个单元中，还需要学习已知序数求基数的解决问题。这类解决问题，对于一年级的学生而言，不适合用数量关系，而应通过画图与数数解决问题。

# 第一节
## “10～20的认识和加减法”整体设计

在一年级学生认识数的过程中，“10的认识”是一个关键节点，它也是学生理解“十进制”“位值制”“十进位值制”多个概念的重要载体。把“6～10的认识和加减法”单元中的“10的认识和加减法”一课与“11～20的认识”整合成“10～20的认识和加减法”，开展整体性教学设计，将有助于全面认识“10”的含义，并促进后续两位数的学习。经过整合得到的新单元，突出“10”表示“10个一”，更表示“1个十”的特点，将“10”纳入两位数的范畴进行教学，通过与“11～19”的比较，概括出十进位值制的特点。在此基础上，分别通过数的组成、加减法运算等活动进一步探究与理解11～20各数的含义。在充分认识了“10～20”各数基数含义的基础上，结合计数器学习两位数加减一位数的不进位加法与不退位减法，并利用序数的含义解决问题。

### 一、梳理——了解教学内容的编排特点

为了对整个单元相关内容形成深入的了解，也为单元整体教学设计与实施提供依据，我们对相关内容进行了解读与分析。在教材中，“10～20的认识和加减法”被编排在两个单元中，主要的内容如下表。

教材中“10～20的认识和加减法”相关内容编排

| 板块 | 单元 | 课时 | 课题 | 主要内容 |
| --- | --- | --- | --- | --- |
| 10的认识和加减法 | 第五单元 | 1 | 10的认识 | 10的基数含义、序数含义、读写法、分与合 |
| | | 2 | 10的加减法 | 10的加减法 |

续表

| 板块 | 单元 | 课时 | 课题 | 主要内容 |
| --- | --- | --- | --- | --- |
| 11～20的认识和加减法(1) | 第六单元 | 3 | 11～20的认识 | 11～20的基数含义、序数含义、大小比较、读写、数的组成 |
| | | 4 | 11～20的十进位值制 | 用计数器表示11～20的过程中体会十进位值制 |
| | | 5 | 11～20的加减法(1) | 按照计数单位把11～19写成加法与减法；利用计数器拨珠活动，学习两位数加减一位数的不进位加法和不退位减法 |
| 解决问题 | 第六单元 | 6 | 已知序数解决基数问题 | 画图解决已知序数求基数的问题 |

依据教学内容和板块，可以对整个单元做以下几方面的分析。

### （一）“10”的认识的水平层次

在教材中，作为由一位数向两位数转变过程的关键，“10”除了作为“10个一”被单独安排在第五单元中之外，在第六单元例1中也出现了，此时的“10”经历了由“10个一”向“1个十”转变的过程。在例3的教学中，学生还将经历一次从具体的“1个十”到抽象的“1个十”的发展过程，即用计数器十位上的1表示“1个十”。

在教学过程中，学生对“10”的认识不是一蹴而就的，其中承载着对计数单位的认识和理解的重要功能，需要经历一个认识水平不断提升的过程(见下表)。这需要教师深入解读其内在含义，并结合学生的实际水平和具体教学内容，通过教学活动加以体现。

计数单位观念的不同认知水平

| 水平层次 | 数学概念 | 表现形式 | 具体表现 | 教学内容 |
| --- | --- | --- | --- | --- |
| 水平一 | 计数单位 | 根(一) | 几根<br>(几个一) | 第5单元“10” |
| 水平二 | 十进制 | 捆(十)<br>捆＋根(十＋一) | 十几根、一捆＋几根<br>(1个十＋几个一) | 第6单元例1 |
| 水平三 | 十进位值制 | 计数器(十位、个位) | 十位上的一＋个位上的几<br>(十几) | 第6单元例3 |

#### 1. 认识以“一”为计数单位的“10”

教材中第一次认识“10”，是以“一”作为计数单位，通过“点数”的方式，从10表示“10个一”的角度来理解的，这与0～9的认识方式是一致的。具体内容包括：①数一数，一个一个地数，数出“10个一就是10”；②比一比，“10个一”比“9个一”多；③算一算，“几个一”加“几个一”等于10个一，“10个一”减“几个一”等于“几个一”（如图4.1-1）。

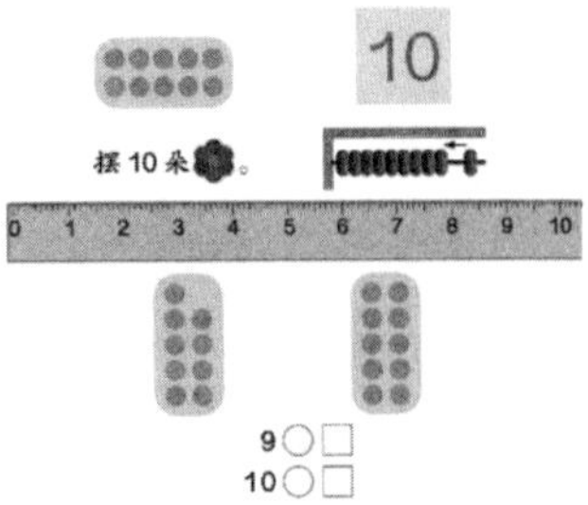


图4.1-1

2. 认识以“十”为计数单位的“10”

“10”与“0～9”相比，在计数的形式上，有着本质的区别。它虽然表示10个一，但同时又表示1个十。而在“11～20的认识”中，在单元学习的起始，通过小棒操作活动，结合把10根小棒捆成一捆的过程，概括出10个一就是1个十（如图4.1-2）。显然，这样的活动为后续学习11～20的认识做了铺垫。其中11～19分别可以表示成“1捆加几根”就是“十几”，而“20”则用2捆表示（如图4.1-3），其中20也可以在“19根”增加“1根”变成“2捆”的过程中，再一次感受到10个1根捆成一捆的过程。

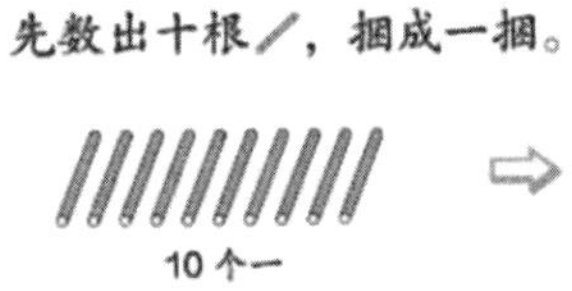


图4.1-2

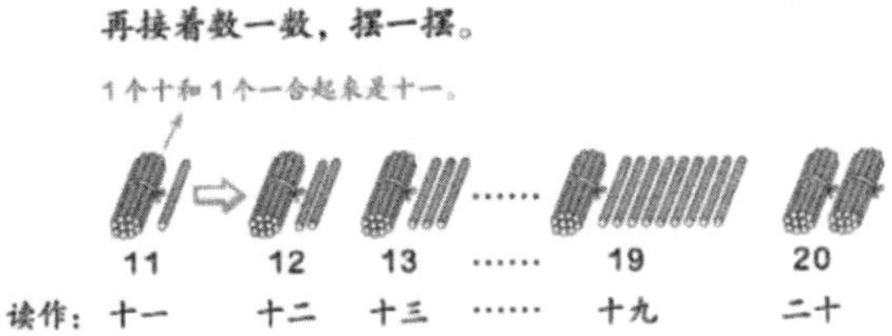


图4.1-3

3. 认识计数器（十进位值制）中的“10”

在学习计数器拨数的过程中，学生再一次经历从9到10的过程，感受“满十进一”，并在此基础上认识到“10”在计数器上的表示方法：十位上一个珠子表示1个十。学生通过计数器，直观认识“10”这个数占了两个位置，需要“左边”和“右边”两个数位，从而认识“个位”和“十位”。同时，还应使学生认识到计数器十位上的一个珠子与个位上的一个珠子是有区别的，要在计数器上表示“10”时，除了在左边的十位上拨一个珠子外，右边个位上虽然没有珠子，也要保留空位。这就将“10”在计数器上的表示方法与它的写法（左边1，右边0）对应起来了。

应特别注意的是，教材还编排了11～20的读法，具体教学中，也可以补充0～10的读法。

**（二）11～20各数的多元表征**

为表征11～20各数的含义，教材采用了多种方式。首先是用小棒，把10根小棒捆成1捆表示1个十，从而直观地表示了十几是由1个十和几个一组成的，但此时只能够认识“十几”是由两种计数单位组成的，还不能够真正体会到十进位值制。

因此，第二种计数工具——计数器出现了。计数器与小棒相比，赋予了不同数位上的珠子不同的含义，依据珠子所在的不同位置(数位与计数单位不同)，同样多的珠子表示的意义完全不一样(如图4.1−4)。进一步思考，用计数器表示两位数时，怎样让学生在拨珠的过程中体会到“个位满十向十位进1”？怎样让学生体会到“十位上的1表示1个十”这一“十进位值制”的含义？这都需要进一步思考。

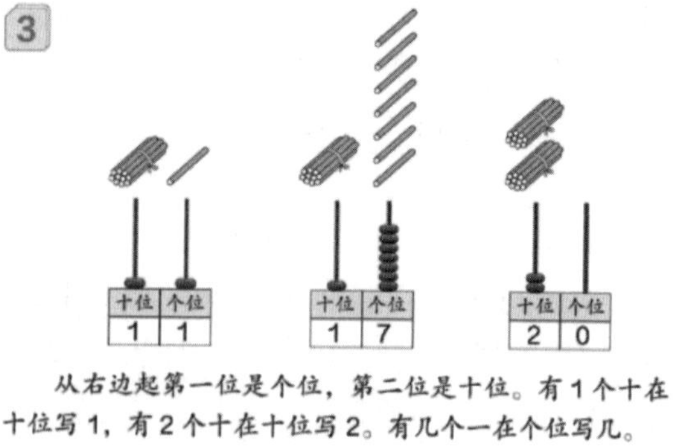


图4.1−4

除了采用小棒和计数器表征11～20之外，还可以用加法和减法表征。如图4.1−5，小棒图表示的13，用加法表示是10＋3＝13，此时可以与10以内数的组成进行比较，体会“10和3组成13”“13可以分成10和3”，且与10以内数的组成相比，它有自己的特点，因为它是由两个不同计数单位上的数相加得到的，实际上并没有进行加法的运算，而是通过直接合并得到的。而13－3＝10和13－10＝3，可以用数的组成中的“分解”思路来得到，即第一个减法算式就是“13可以分成3和10，所以13－3＝10”，第二个减法算式就是“13可以分成10和3，所以13－10＝3”。

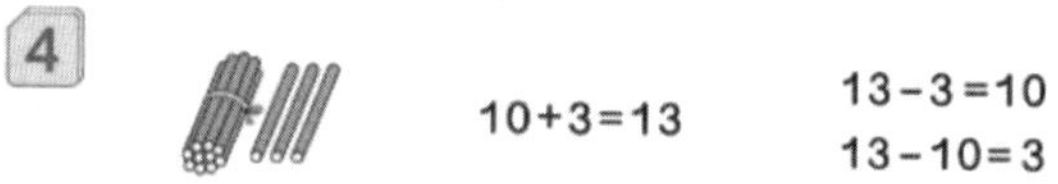


图4.1−5

又如图4.1−6，依据计数器个位上拨珠的图示，可以从中梳理出11、2和13的关系，计数器上原来表示了11，现在再向个位拨2颗珠子，就是13，用算式表示就是11＋2＝13；图示中的拨珠过程还可能是这样：原来计数器上表示了13，去掉了2颗珠子，还剩下11颗珠子，用算式表示就是13－2＝11。此时的算式是结合拨珠活动对13分成11和2这一组新的分与合的过程进行的记录。结合操作活动得到加法和减法的算式后，再进一步从运算的角度进行反思，发现它们分别代表了两位数加减一位数的不进位或不退位的运算，因此，也可以从运算的角度再一次思考如何通过运算得到加法的和与减法的差。加法的运算过程

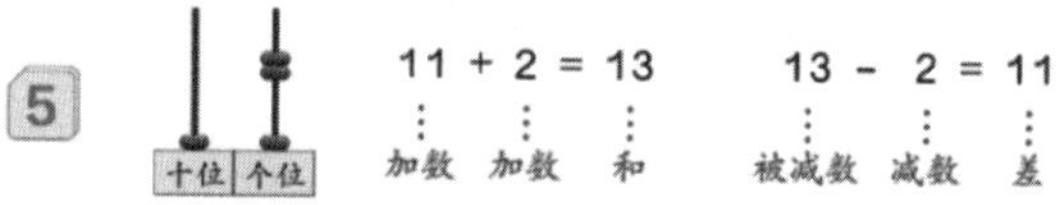


图4.1−6

是：把11分成10和1，1+2=3，10+3=13；减法的运算过程是：把13分成10和3，3−2=1，10+1=11。计算之后可以发现，不论是加法或减法，最后一步都转化成了“10+□=1□”的形式。

**（三）利用序数知识解决问题**

“几”和“第几”均是数数的结果，两者有着密切的联系。在本单元中，教材编排了利用序数知识解决基数问题的内容（如图4.1–7）：已知小丽排第10，小宇排第15，求小丽和小宇之间有几人？已知的是两个关于序数的信息，需要解决的问题则是一个基数问题。显然，对于一年级上学期的学生，这个问题的解决并不适合用列式解答，而应引导学生依据序数的含义，标出第10与第15的位置，然后再数出从第11到第14的基数个数的方式加以解决。教材提供了两种思路，第一种是直接数，第二种是画图后再数（图4.1–8）。实际教学中也可以把两者组合，既画图，同时标注序号。

图4.1–7

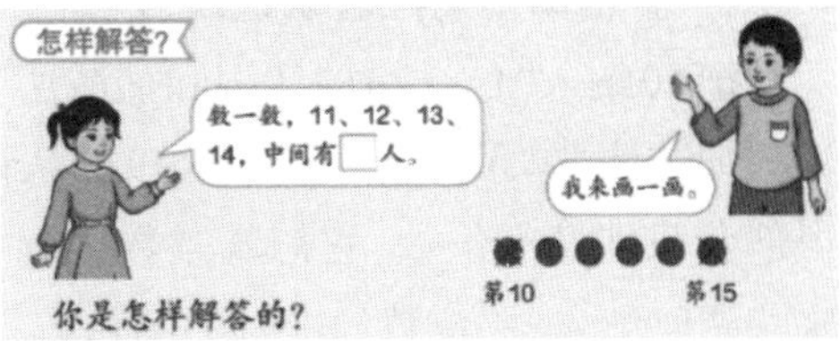


图4.1–8

基于以上分析，我们认为，“10”的三层含义之间存在紧密的联系，像教材中这样分开编排，不利于对“10”的含义的整体认知，也会阻碍学生学习活动的连贯性。因此，将“10”与“11～20的认识”进行整合是出于学生发展的实际需要，这样的调整，能够确保学生连续经历“10”的含义的多次认识。“11～20的认识”则采用多元表征，利用实物、小棒、计数器、加减法等逐步抽象出11～20各数的十进位值制特点。随后，利用序数的含义，用画图与数数的策略解决相关问题。

## 二、重构——体现教学内容的内在逻辑

基于以上的分析与思考，我们认为，让学生经历十进位值制的再创造过程，是本单元学习的重点，因此，把10纳入11～20的认识之中，更有利于连续、完整地体会到十进位值制的优点。在此基础上，让学生按照计数单位的分与合利用加减法的形式表征10～20各数。在利用拨珠活动表示出两位数加减一位数的基础上，进一步概括相应的不进位加法与不退位减法的计算。在利用序数求基数的过程中培养学生的审题能力。基于以上思考，从理解十进位值制的角度出发，对单元的学习序列进行了重构。调整后的学习内容具体如下表。

“10～20的认识和加减法”单元内容重构

| 板块 | 课时 | 课题 | 主要内容 |
|---|---|---|---|
| 10～20的认识和加减法 | 1 | 10的认识和加减法 | 10的认识、分与合、加减法 |
| | 2 | 10～20的认识 | 10～20数的基数含义、序数含义、大小比较、读写、数的组成、用加减法表示数的组成 |
| | 3 | 10～20的十进位值制和加减法(1) | 用计数器表示10～20的过程中体会十进位值制；利用计数器拨珠活动，学习两位数加减一位数的不进位加法和不退位减法 |
| 解决问题 | 4 | 已知序数解决基数问题 | 画图解决已知序数求基数的问题 |

### （一）借助前期经验认识作为“10个一”的“10”

把10纳入“11～20的认识和加减法”这个单元来学习，也就是说在“6～10的认识和加减法”单元中，只学习“6～9的认识和加减法”，使得前两个单元中的数的认识部分只涉及一位数，它们既是数，同时也是数字符号。把“10的认识和加减法”这一课时纳入“两位数(10～20)的认识和加减法”，但仍按照学习1～9各数的方法认识“10”，即“10个一”，并延续前面分与合的方法记录10的分解以及相应的加、减法表示。

### （二）创造新的计数单位“十”并认识10～20各数

在第二课时中，需要借助从“10根小棒”到“1捆小棒”的过程，把对“10”的认识由“10个一”提高到“1个十”的水平。具体可将原第六单元例1与例4进行整合。把“10”纳入“11～20的认识”再次研究，可先通过“10根小棒”与“1捆小棒”的关系，认识“10个一”与“1个十”的关系；然后通过小棒的“11个一”与“一捆加1根(10+1)”来表示11，直观体现出11这个数的组成，以及通过数的组成记录相关的加法和减法。通过比较，发现10本身就是一个计数单位，可以使十进制的认识更加完整。在学习“10～20的认识”时，借助小棒建立的表象，理解1捆表示“1个十”，几根表示“几个一”，11～20各数是在10的基础上的延续。这种延续，既可以看作计数单位“一”的延续，也可以理解为计数单位“十”不变，计数单位“一”不断增加。当然，等计数单位“一”再次满10后，又会得到一个新的“十”，随后仍将按照这样的规律，不断地变化增加。在此基础上，应引导学生体会，把“捆”与“根”交换位置，并不影响它所表示的数，如1捆3根和3根1捆所表示的数是一样的。

### （三）结合计数器认识十进位值制

为了更加完整、深入地学习用计数器表示10～20各数，可将原第六单元例3与例5进行整合。在这一过程中，教师应引导学生发现、思考并解决这些问题："一捆"小棒代表的数如何在计数器上表示？用计数器表示两位数和用小棒表示两位数有什么异同？当计数器上两个位置上的珠子数量相同时（比如都为1颗），如何区别它们不同的含义？当计数器右边一位没有珠子时，是否可以去掉？计数器左右两个位置上的珠子，是否可以交换位置？通过适当的活动，解答这些问题，对促进学生理解十进位值制而言，是十分关键的。同时，以"10"为代表的两位数，与0～9这些数在组成和结构上也存在明显不同，即前十个数都只有一个数码，而"10"却是由"1"和"0"两个数码组成的。这两个数码，又与计数器上的珠子形成了一定的对应关系，计数器上表示数的特征和规律，同时也体现在两位数的写法中，因此也必须通过比较沟通，让学生体会两者的联系。在此基础上，可以结合计数器进一步学习数的分与合，在用加法表征的基础上再用减法表征，结合拨珠活动，进一步学习十几加、减几的不进位加法与不退位减法。

### （四）适度变式体会问题解决方法的多样性

教材例6中两个序数间的个数问题考查学生基数与序数的灵活转换，一般采用画图的形式解决。在掌握了用画图的方法解决了例6后，还要有序地进行相应的变式练习，在不断地解决变式问题的过程中，进一步体会画图策略的价值，提升对关键词的理解能力与表达能力。首先是关于数数方向的变式，如图4.1–9，把从左往右数变式为从右往左数；其次是交换信息与问题的变式，如图4.1–10，是已知开始日期与经过天数，求结束日期的问题；最后是把首尾的序数也算入基数的变式，如图4.1–11，是把开始与结束页数也算在内求读的总页数。

图4.1–9

图4.1–10

图4.1–11

## 三、实践——落实教学内容的学习进程

通过重构，让学生更好地经历从逐一点数到十进位值制计数的过程，感受十进

位值制的优越性,并通过多种表征加深对十进位值制的认识。在此基础上,结合现实情境,进一步体会序数与基数的相互联系。

**(一) 经验迁移认识10**

学生在学习10之前,已经对0~9有了认识,会用分与合来表达数的组成,会通过分与合写出一图四式,会比较大小,知道几个和第几。所以本课时可以延续前面的学习经验来学习10的相关知识。

**1. 依据图示,感知数10**

教师出示主题图(图4.1-12),让学生观察图中有什么,引导学生一个一个地数出鸽子有10只,有9个小朋友和1个老师,合起来有10个人。通过数数发现他们的数量都是10,都可以用数字10来表示。

图4.1-12

2. 多元操作,深化认识

(1) 借助拨珠,认识10

教师先出示横着的计数器,提问:"现在已经有9颗珠子,要怎么拨就可以有10颗了呢?"学生通过此环节明白9颗珠子,再添上一颗是10颗。接着让学生尝试填尺子空缺位,再次巩固数字9的后面是10(如图4.1-13)。

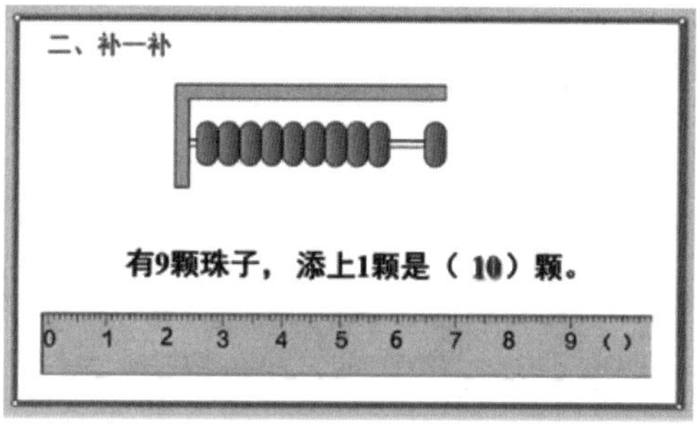


图4.1-13

(2) 借助图示,认识10

教师先出示数量分别是9和10的点子图,然后让学生结合前面的拨珠、尺子数字顺序、点子图等活动经验,比较数字9和10的大小关系,感知"9个一比10个一少","10个一比9个一多",用"多"和"少"比较出两个数的大和小(如图4.1-14)。

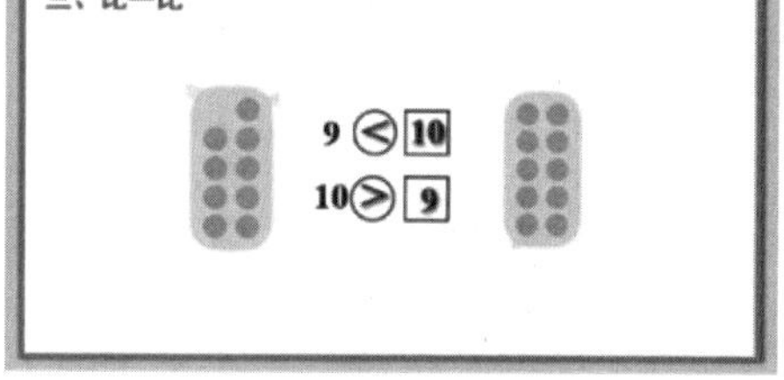


图4.1-14

(3) 多元表征,认识10

教师引导学生用小正方体来代替这10个人,把10个小正方体分成9和1,并由此写出相关的加法算式和减法算式9+1=10、1+9=10、10-1=9、10-9=1。随后,教师引导学生从不同角度数鸽子,在此基础上,得到关于10的不同算式(如图

4.1–15和图4.1–16）。

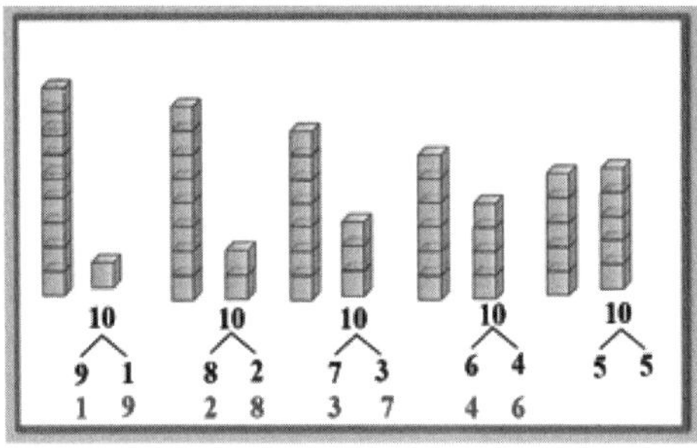


图4.1–15

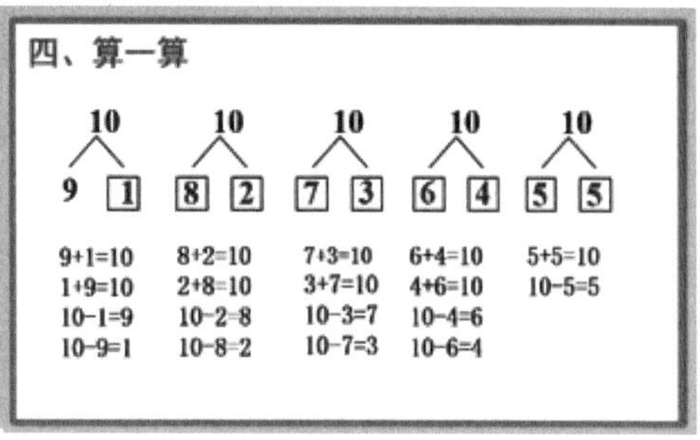


图4.1–16

3. 组织练习，巩固提升

在巩固练习中，可设置数一数、分与合、解决问题等不同变式的题组，促进对10的相关知识点的巩固。

**（二）经历计数单位的形成过程**

对于一年级上学期的绝大多数学生而言，从10数到20并不困难，也有很大一部分会读、写这些数。但对于这些数是由“十”与“个”两个计数单位的个数组合而成并没有充分的认识。因此，需要结合小棒图的十根一捆表示1个十，直观认识新的计数单位。

1. 提出问题，优化表征

教师出示含有10张和11张学具卡片的情境图，让学生分一分、排一排、数一数、圈一圈，让大家一眼就可以看出卡片的数量（如图4.1–17）。在学生把并排的10个圈一圈后，教师出示教具小棒，请学生思考，如果用小棒表示它们对应的数量，要一眼看清，除了可以圈一圈，还可以怎样表示？学生想到可以捆一捆表示10，由此得到“10个一就是1个十”，并体会11是由1个十和1个一组成的（如图4.1–18）。在此基础上，示范10与11的写法，并写出读法。

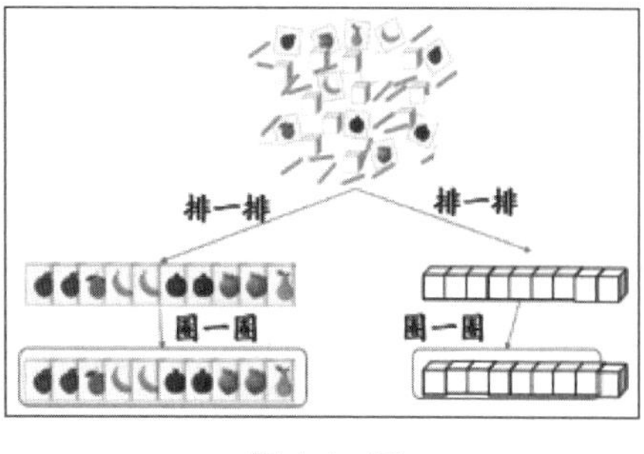


图4.1–17

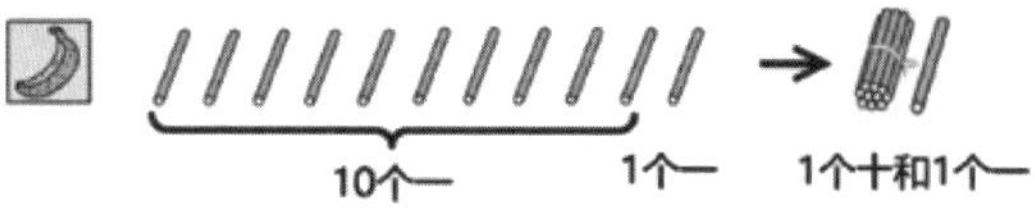


图4.1–18

接着再请学生用同样的方法数出余下各图中的小棒数，并规范地记录它们的写法和读法（如图4.1–19）。

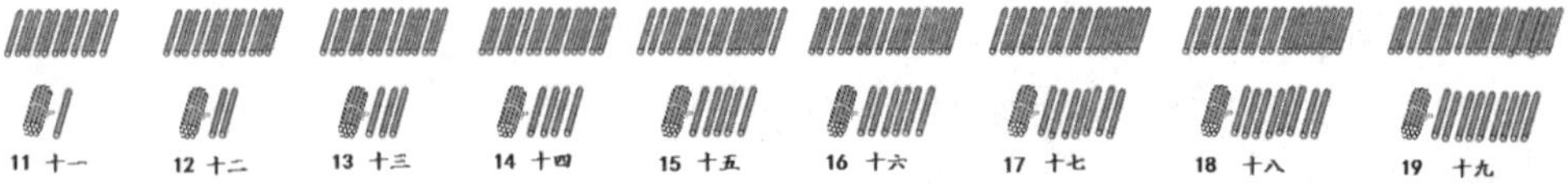


图4.1-19

2. 依据经验,多元表征

在认识到10～19是由“1个十和几个一”组成的基础上,还可以让学生利用原有数的分与合的知识,结合图示,把其中的11～19各数写成“10和几”的形式,并分别用加法和相应的减法形式进行进一步表征(如图4.1-20)。

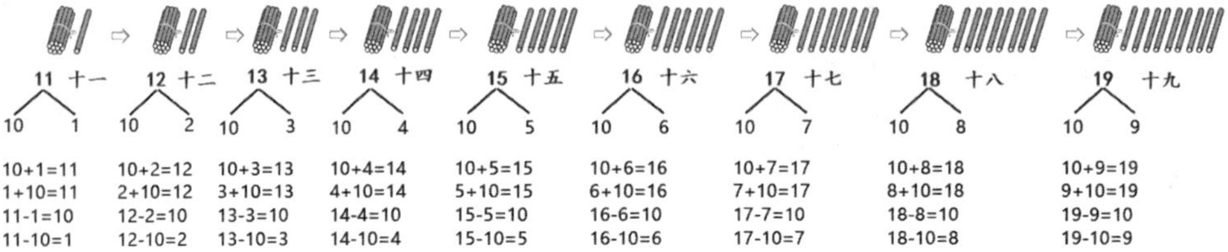


图4.1-20

完成上述活动后,教师再请学生说一说不同的表征方式之间有什么共同的特点,引导学生发现这些数都可以分成“1个十加几个一”的形式;在用减法表示时,减去10就剩下几,减去几就剩下10。此时11～19用分解图与加减法进行表征,更好地体会11～19各数的组成方式。

3. 再提问题,完善认识

在认识10～19各数的组成后,教师进一步提出问题:19根加1根是多少根?又有10根小棒了,怎么办?使学生体会当小棒再次满十根时,又可以捆成一捆,即10个一又可以变成1个十,于是得到2个十,就是20,20比19大1。教师引导学生将两幅图进行对比,上面的20根小棒表示“20个一”,下面的两捆小棒表示“2个十”,“20个一”和“2个十”表示的数都表示20,写作“20”,读作“二十”(如图4.1-21)。

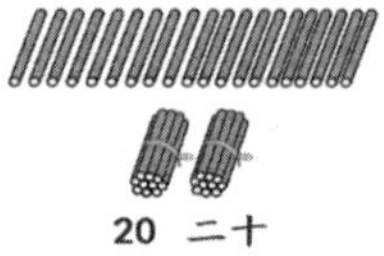


图4.1-21

**(三)体会十进位值制的特点**

用计数器表示10～20各数,直观地体会十进位值制的特点,并通过记录拨珠过程,概括出十几加几的不进位加法与十几减几的不退位减法的计算方法。在此过程中,借助拨珠时“满十进一”的操作活动,进一步体会十进位值制的特点。

1. 用计数器计数概括位值制

通过捆小棒、叠小正方体等活动中建立“十”这个计数单位的模型,在此基础上出示只有两位的计数器,让学生利用没有注明十位与个位的计数器(如图4.1-22)自主表征10～20各数,结合不同表征形式的相同点与不同点,概括出右边档的一个珠子表示一，左边档的一个珠子表示十，进而概括出它们分别叫作个位与十位。结合计数器，让学生体验“满十进一”的直观演示过程，进一步比较“10，20”与“11～19”的区别，从而概括出个位上一个珠子也没有时要用0占位。

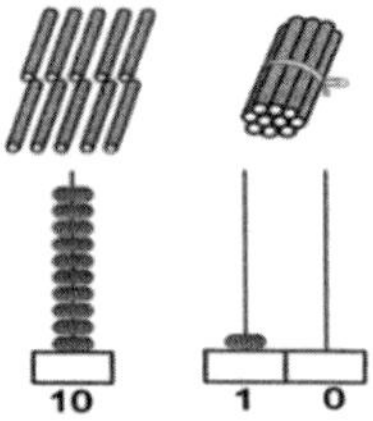


图4.1-22

2. 用计数器拨珠概括加减法

教师在计数器上先拨上11，再在个位上拨2个珠子，请学生观察后，把拨珠的过程记录下来，得到算式“11＋2”，并且用数的分与合计算出得数。接着，把计数器上个位上的2个珠子拨去，说一说又应该怎样记录拨珠的过程，得到算式“13－2”，同样也用数的分与合分别计算出得数（如图4.1-23）。

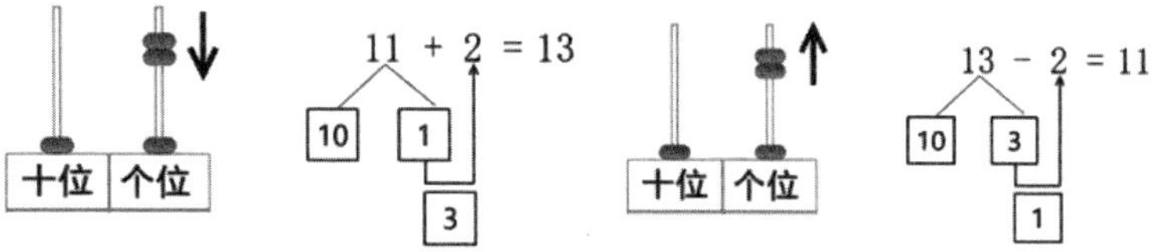


图4.1-23

概括出十几加几的不进位加法与十几减几的不退位减法的计算方法后，再请学生完成相应的计算题，形成技能。

3. 用习题组呈现归纳方法

教师用11＋4、15－4、18－8三个算式，分别教学加法、减法算式各部分名称，利用分解式理解十几加几、十几减几的算理，再结合计数器（图4.1-24和图4.1-25）直观感知计算过程中包含的算理。引导学生思考这些算式的共同点，并得出结论：计数器上的十位一直是一颗珠子，而个位的珠子是在拨动的。在此基础上，教师引导学生小结，其实它们都是个位与个位相加减，十位不变。

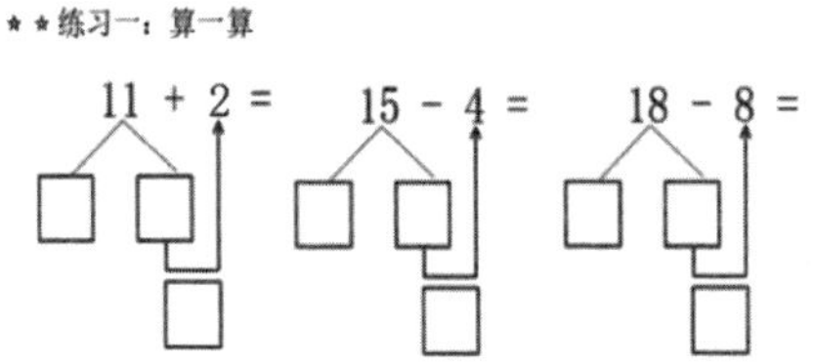


图4.1-24

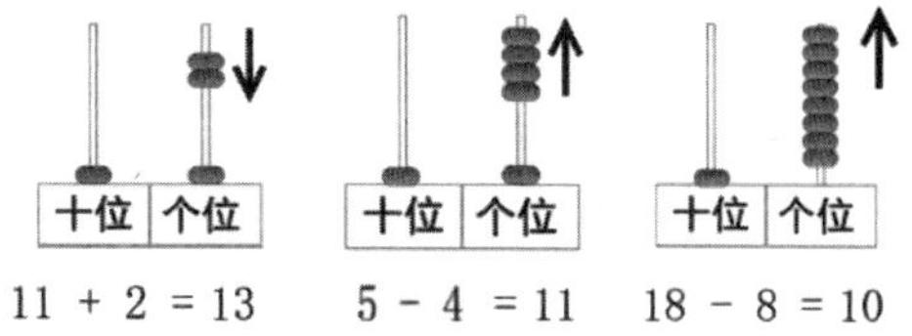


图4.1-25

**（四）丰富序数解决问题的应用**

解决有关序数与基数相结合的问题，可以加深学生对数的认识，更可以培养学生的审题能力。

1. 比较不同的排列，发现结构的差异

在本单元的学习中，前面三个课时学习的数都是基数，第四课时将结合序数与基数的关系解决问题。首先引导学生回顾在之前学习序数时的两个模型：队列与尺子(如图4.1-26)，说一说图中标注的数各是什么意思。学生依据原来的经验，说出“队列中的数表示第几”“尺子上面的数表示有几段”。教师指出队列和尺子中的“10”与“15”，请学生分别说一说它们的含义。学生指出，这两个数在队伍中分别表示从左往右数是第10位与第15位，尺子上表示从0开始起，是第10段和第15段。

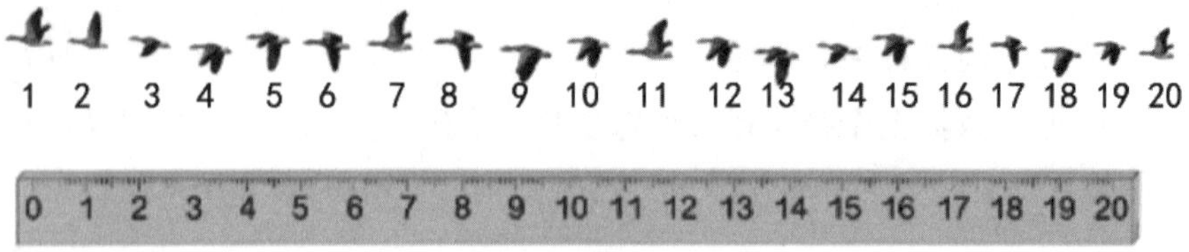


图4.1-26

教师请学生继续思考，这两种形式都表示数的有序排列，它们又有什么不同的地方。学生比较后发现，队列的起点是1，而尺子的起点是0。

2. 提出相同的问题，发现不同的结果

教师分别遮挡如图4.1-26中队列和尺子上10和15两个数中间的数，请学生提出数学问题。两个问题可以是：两只大雁之间被盖住了几只大雁？两数之间被盖住了几段？学生通过画图或标注等方式独立完成后进行反馈。教师引导学生发现两个问题的结果并不相同，第1个问题是4只，第2个问题是5段。结合具体的图示与数数过程，帮助学生发现数的内容不相同，第1题数的实际上是点子数，第2题数的是线段数(图4.1-27和图4.1-28)。

图4.1-27

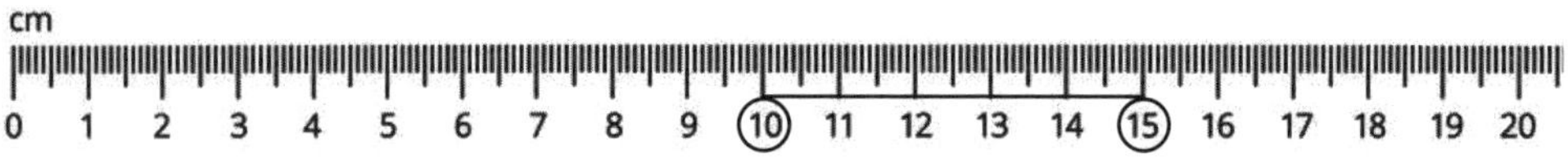


图4.1-28

3. 进行适度的变式，提升审题的能力

教师依次出示图4.1-29中的信息与问题，请学生梳理其中的已知信息，再画图表示出已知信息与问题，并通过数数解决问题。最后，请学生总结出解决这类问题共同的方法：画一画——画出已知信息与问题；补一补——补充没有标注的信息；数一数——数出问题的答案。通过这样的活动，使学生更加深刻地理解序数与基数相互依存的关系。

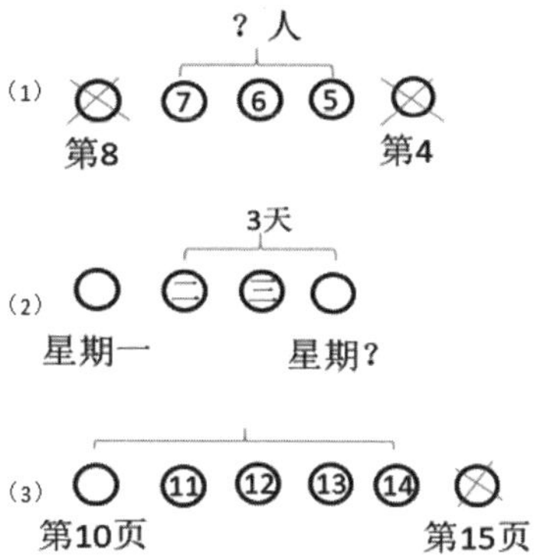


图4.1-29

本单元的整体教学设计给我们的启示：数学学习是具有阶段性与层次性的过程，当数学知识进入一个新的阶段，就需要创设情境，借助恰当的手段，让学生经历数学再创造的过程。

# 第二节
## “10的认识和加减法”教学实践

人教版《数学》一年级上册关于“数的认识”的内容包括“5以内数的认识和加减法”“6～10的认识和加减法”“11～20的认识”等。如果把这些数进行分类，既可以分成由一个数码组成的数，即“0～9”，又可以分成由两个数码组成的数，即“10～20”。在这两类数中，“10的认识”起到了承上启下的作用，考虑到“10”作为第一个两位数以及它的多个层次含义之间的紧密联系，把“10”和“11～20的认识”进行了整合，并进行了多次、分层的教学，本课时是其中的第一层次，即“10”表示“10个一”。

### 一、依据学习材料，丰富10的认识

人教版《数学》一年级下册中安排了和“10”有关的主题图（如图4.2-1），其中包括10个人物和10只鸽子。还通过人物的不同身份、鸽子的不同位置等，隐含了另一层含义，即10可以分成1和9、2和8等。这些不同层次的信息是培养学生观察能力和提升学生思维水平的重要载体，需要在教学过程中通过不同的活动加以挖掘和体现。

图4.2-1

#### （一）整体感知，初步认识10

教师出示主题图，让学生观察图上有什么。有的学生回答看到了一些鸽子、一些人；有部分学生能够说出鸽子和人的数量，但不够准确；还有部分学生回答有1个老师和9个学生，有8只鸽子在天上飞，2只鸽子在地上觅食。说明学生已经有

了分类数数的意识，为后续学习10的分与合做好了准备。

当学生发现人和鸽子的数量都是10后，教师组织学生学习“10”的写法和读法。在写法教学中，教师请学生回顾数字0～9的写法。随后，教师请学生尝试进行“10”的书写。学生提出“10”是由数字“1”和“0”组成的，所以应该占两格。教师对学生的回答给予肯定，请学生再次书写以纠正原有的错误或巩固正确的写法。在读法教学中，教师强调读法应该使用汉字的书写。随后，教师再次带领学生进行读法的表达。实际教学中发现部分学生尚未分清数的读写。因此，教师引导学生完整地经历了“1～10”各数的读写过程，并强调写法和读法的区别，既对1～9的读写进行了巩固，又使学生更好地掌握了10的读写。

教学实践表明，对于一年级学生而言，虽然已经有了前期“0～9”各数的学习经验可供迁移，教学内容的难度不大，但是差异也是客观存在的，教学活动的设计和实施应注重通过恰当的活动，缩小学生之间的差距。

**（二）多元表征，深度认识10**

为了让学生理解“10”是在9的基础上增加1，并将10纳入自然数的序列中来，教材安排了三个活动：(1) 通过拨珠活动，理解“10”是由“10个一”组成的，它比9多1；(2) 通过刻度尺上的数，知道在数列中，10排在9的后面；(3) 通过点子图的多少，比较9和10的大小，也可以结合前期学习的经验，进一步理解排在后面的数比前面的数大（如图4.2-2）。

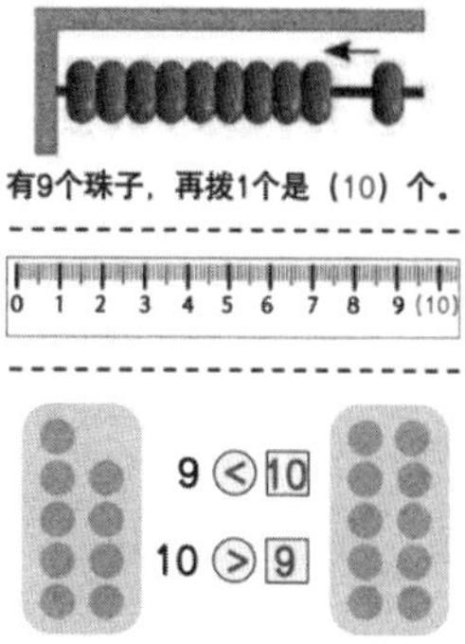

图4.2-2

教学过程中，教师结合图示，提出问题：“现在有9颗珠子，接着拨珠子会怎么样？”学生从不同的角度对此进行了回答，包括“现在有9颗珠子，再拨一颗珠子一共有10颗”“9的后面是10，下一颗珠子是第10颗”等。学生经历观察、思考和表达的过程，体会到了“10”作为计数单位“一”的累加，与前面“1～9”各数存在共同之处，并且明确了“10”在数列中的位置。

随后，教师借助刻度尺上的数，让学生经历从左往右以及从右往左两个不同方向数数的过程，再次让学生感受“10”在数列中的位置以及和前面各数的关系。在9和10的大小比较活动中，学生提出了根据“点数多少”和“前后顺序”进行比较这两种方法，说明他们已经具备了丰富的关于以“一”为计数单位的数的大小、顺序等方面的经验。

## 二、依据数的组成，类推10的加减

在建立了“10”与前面各数的顺序和大小关系之后，接下来应该关注本课时另一个目标,即10的分与合及相应的“一图四式”。在初步感知解读主题图的环节,学生已经出现了不同水平的看法,此时需要做的是将学生关于10的分与合的观点再次呈现,作为讨论的素材和话题。

**(一）通过移动,学习组成**

关于10的分与合,有两种思路,第一种是学生在数图4.2-1中的人数和鸽子数时,已经有先分类数后合并的思路,就可以先回顾课始数10时分类数的过程,提出问题:像图中那样,10可以分成1和9,还可以分成2和8,除了这两种分法,还可以怎么分?学生借助学具小正方体进行操作,得到了不同的分法。教师结合学生的汇报,用课件有序地呈现这些结果(如图4.2-3)。

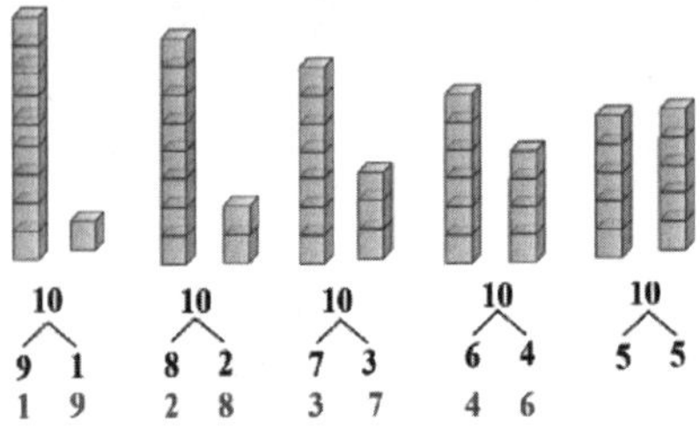


图4.2-3

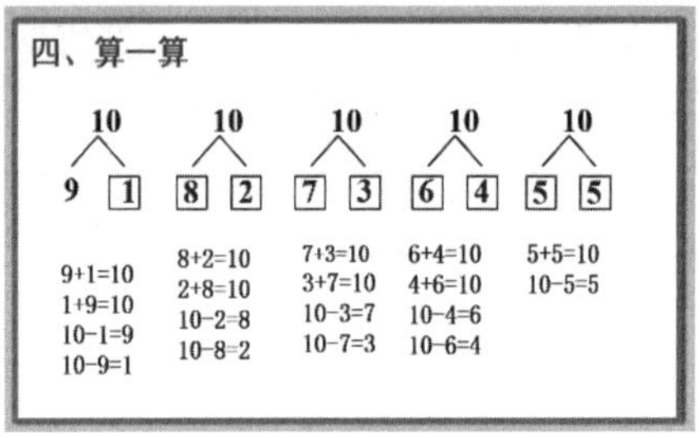


图4.2-4

如果前面没有这样的数数经历,可以用第二种思路,直接出示10个小正方体叠成的图形,让学生有序地把它分成两组,然后用数的分与合的经验记录,得到10的分与合的五种情况。

**(二）一图四式,推算加减**

接着,教师再次请学生根据图示写出相应的加减法算式,经过整理之后,有序地加以呈现(如图4.2-4)。

到此为止,学生所认识的数,都是以“一”为计数单位,且都可以分为两个一位数。后续的学习中,以“10”为开端,将认识以“十”为计数单位,或者“十”和“一”两个计数单位组合的数,相应地,这些数的分解中也将会出现一个一位数和一个两位数的情况。在学习过程中,将会面临更多的情况、更大的挑战。

**(三)“数”“式”对应,探究规律**

“10的分与合”也是本课时的重要学习内容,通过变式问题,激发学生的学习兴趣,在形式多样的问题中巩固知识和技能。因此,教师安排了“把相加得10的两个数连线”和“填数使等式成立”两个问题(如图4.2-5)。

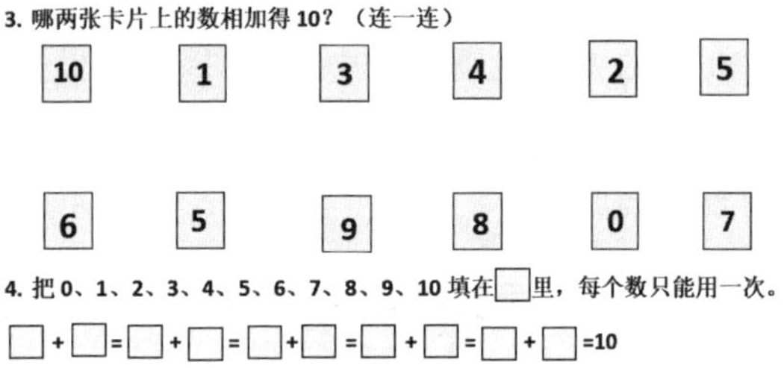


图4.2-5

这两个问题既能够巩固10的分与合的知识，也能够练习10的加减法，同时还达到了锻炼学生思维的目的。

## 三、进行变式练习，体现10的应用

在巩固练习环节，主要设计了数一数、分与合、解决问题三个题组，有利于实现教学目标，对教学重难点起到巩固的效果。

### （一）填一填，数一数

为了使10和前面各数之间形成紧密联系，教师在基础练习中安排了“数一数”活动，考虑到在前面学生已经经历了拨珠和结合尺子认识了序数10，认识到了10的序列位置，对顺着数有了一定的掌握。本环节主要设计的是倒着数的教学巩固习题。此环节中，教师出示相关题目（如图4.2-6），学生自主完成后进行交流分享。

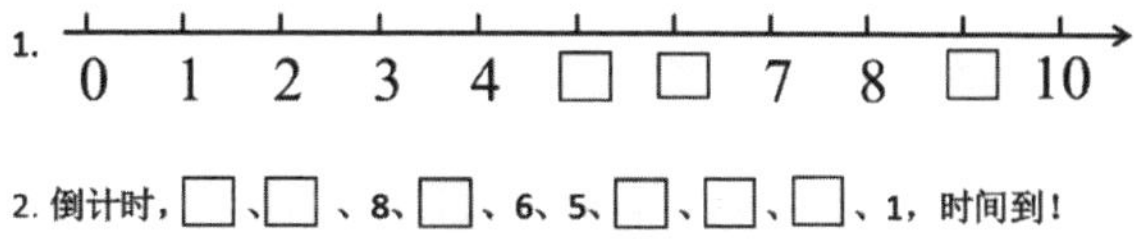

图4.2-6

在解决这个问题的过程中，学生形成了两种策略，一是按照从小到大或从大到小的顺序逐一点数，二是按照相邻的数之间的关系填数。教师对两种方法都进行了肯定，并提醒学生可以根据问题灵活地采用恰当的方法。

学生将倒计时补充完整后，教师再次追问，请学生思考：5和1之间有几个数？5和1之间又有几个间隔？先学生独立观察思考，再同桌交流讨论进行汇报分享，最后由教师带领学生按照要求数数，最终得到结果：5和1之间有3个数，而5和1之间有4个间隔段，由此得出间隔的数与间隔段是不相同的。

### （二）算一算，分一分

针对和“10”有关的“一图四式”安排了相应的练习。

算一算，分一分。

10－5＝（　）　3＋（　）＝10　10－（　）＝2　6＋4＝（　）　10－1＝（　）

10－（　）＝5　10－6＝（　）　9＋（　）＝10　2＋（　）＝10　10－（　）＝7

教师要求学生先完成这些算式，然后请学生根据加减法的区别将它们分成两类，并根据“是否包含相同的数”这一标准，在两类算式中寻找对应关系，从而得出根据10的一个分与合可以写出相应的加减法算式，让学生再次感受10的分与合和加减法算式之间的联系。

### （三）求一求，比一比

关于10的组成和加减法，除了根据简单的图示列出加减法算式之外，还注重在实际情境中的运用。为此，可以设计条件不受限的一图四式问题，也可以设计增加条件限制的问题。

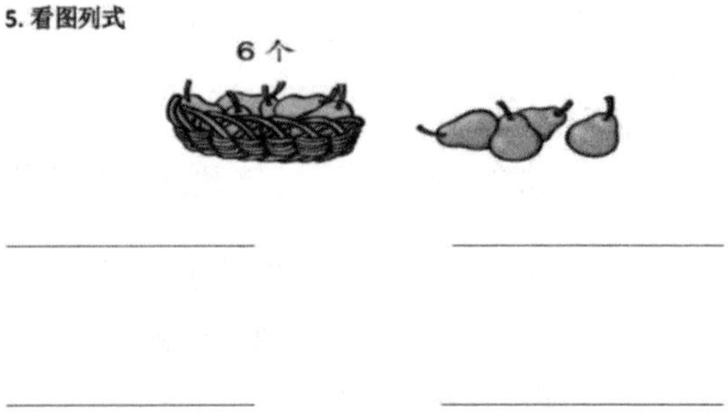


图4.2-7

教学中,教师设计了上述两类问题。首先是出示条件不受限的问题(如图4.2-7),学生看图说出信息:左边筐里有6个梨,右边筐外有4个梨。随后,教师请学生根据这幅图列出相关的算式。在独立完成的基础上,开展全班交流。在实际教学中发现学生基本都能准确地列出两个加法算式和两个减法算式,由此可以看出学生对此部分的知识掌握较好。

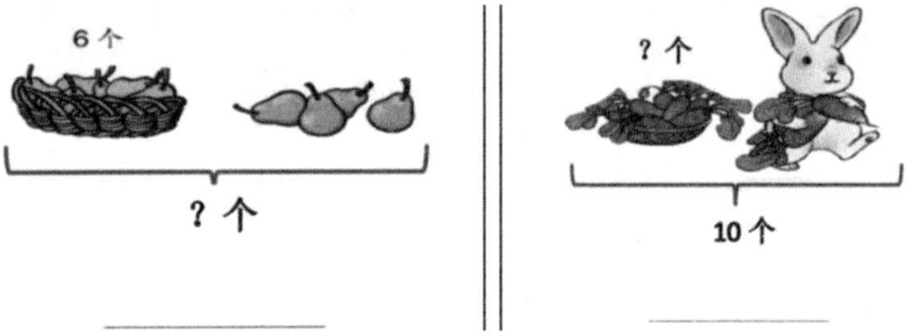


图4.2-8

接着,教师出示增加了对条件或问题有限制的问题(如图4.2-8)。学生通过观察发现图中多了大括号和“?个”。教师提问“大括号”表示什么意思?“?个”在两个问题中分别求什么?学生指出,两个问题中的“大括号”都表示把左边部分和右边部分合起来,但两个“? 个”有区别。左图中“? 个”在大括号的下面是求总数,要用加法进行计算。右图中“? 个”是指筐里有几个萝卜,表示从总共10个萝卜中拿走了3个后剩下的个数,应该用减法。

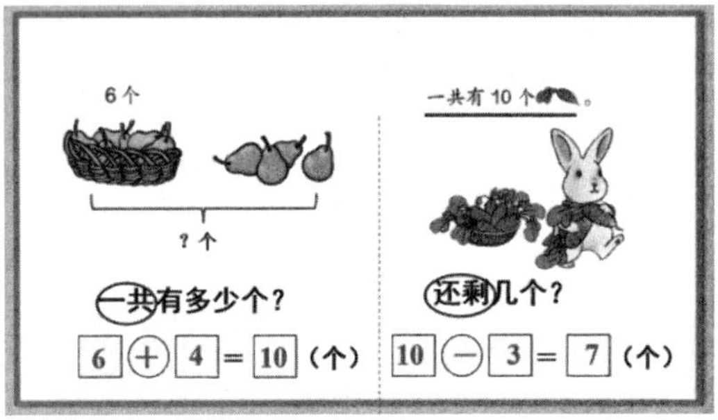


图4.2-9

最后,教师让学生对比两幅图并思考它们之间的区别,通过讨论最终得出“求一共用加法计算”,“知道一共求其中的一部分用减法计算”的结论(如图4.2-9)。这也表明学生已经脱离了对前期一图四式的单纯模仿,能够读懂图示,并根据实际情况用对应的加减法解决问题。

回顾本课时的学习过程,从10的整体认知、10的基数和序数含义、10的大小比较、10的分与合、10的加减运算等角度,对作为“10个一”层面的“10”进行了全面的认识,后续的活动中,将从“1个十”“十位上的1代表1个十”等角度,进一步认识10的不同含义,并以10为起点,开启两位数的学习。

# 第三节
## “10～20的认识和加减法”教学实践

在数的认识过程中，0～9这10个阿拉伯数字和十进位值制的发明共同造就了如今简洁明了的计数方法。其中，“十进位值制”与我们常说的“十进制”是两个不同的概念，前者是以后者为基础的。本课时主要结合小棒的“根”与“捆”，认识“十进制”以及计数单位“十”，学习10～20各数的读写和大小比较，并在比较“10、20”与“11～19”不同点的过程中，发现10、20都是“整十数”，11～19都是由“一个十和几个一”组成的。在此基础上，进一步用数的分与合、加与减来认识“11～19”这些数的含义。

### 一、提出优化目标，感受新的单位

在本课时学习之前，学生已经从以“一”为计数单位的角度认识了“10”，即把10看成是“10个一”，并学习了10的分与合。本课时将经历“10”的第二次学习，利用小棒表征，感受“10个一”就是“1个十”。

#### （一）经历数数，小棒表征

本环节选取了教材主题图中的苹果和香蕉卡片，并且把卡片数量增加到10和11。这样不仅让学生在有序排列数数的过程中再次巩固计数单位“一”，也为之后10根小棒捆成一捆做好了准备。

课始，教师出示打乱的苹果和香蕉两种水果卡片（10张和11张）并提问：从卡片中你看到了什么？在学生回答的基础上教师继续提出要求，请学生先整理再分别数出两种水果卡片的数量。学生在数数的过程中，将卡片整齐排列在原图的下面，在此过程中感受到摆放有序的物品更容易计数，也为后面的用小棒表示卡片数量做了铺垫。教师再次提问,如果用小棒分别代替苹果卡片和香蕉卡片,各需要几根,根据学生回答,教师将水果卡片的数量用对应的小棒表示在黑板上(如图4.3-1)。学生通过数小棒,巩固对计数单位"一"的认识,再次感受"10个一",为后面"10个一就是1个十"做铺垫。

图4.3-1

**(二)合理操作,优化表征**

本课时的学习是学生第一次遇到计数单位"十",第一次把10根小棒捆成一捆,为明确要求,教师直接进行了示范,学生再根据教师的示范思考11根小棒还可以怎么表示。通过两种不同的小棒表示方法,学生初步感知了"一捆"与"1个十"以及它们之间的关系。

教师示范把10根小棒捆成一捆(如图4.3-2),学生发现,小棒的样子(形式)变了,但是数量没有发生变化,仍表示10。教师引导学生理解左边的10根小棒表示10个一,右边的一捆小棒表示1个十,并总结得出:10个一就是1个十,10个一和1个十都表示10,写作10,读作十。依据上面的学习经验,学生自然得到11根小棒可以用一捆小棒和一根小棒来表示(如图4.3-3)。结合10的小棒表征,学生能够举一反三回答出左边的11根小棒表示11个一,右边的一捆小棒和一根小棒表示1个十和1个一,它们都表示11,写作11,读作十一。教师引导学生结合小棒图思考数11中的两个"1"的含义,学生指出,两个"1"的含义不一样,左边的"1"表示1个十,右边的"1"表示1个一。

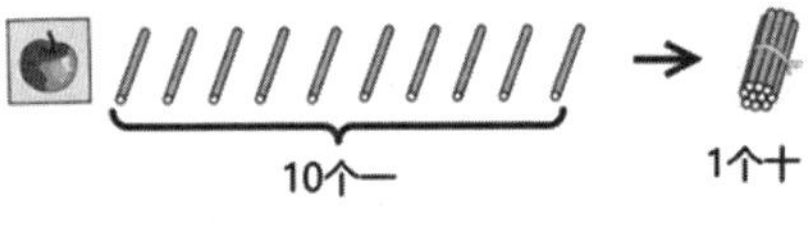


图4.3-2

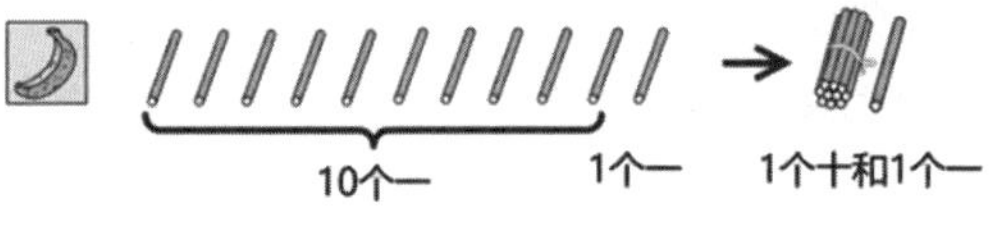


图4.3-3

在前面的学习中,学生对数的认识还停留在"几个一"的层面上,在本课时中,借用小棒,通过"将10根小棒捆成一捆"的操作,学生初步感受了"十进制"与计数单位"十"。

**(三)结合对比,深化表征**

"12～19"的两种小棒表示方法和11相同,教师可以直接出示图4.3-4。值得讨论的是,两种小棒图的对比,第二行的小棒图能够更快得到数,这就是数的表征的优化,也是"十进制"的优点。

教师出示"12～19"的两种小棒表征图,学生发现,上下两组小棒的摆法虽不同，但表示的数量都相同（如图4.3-4）。教师请学生快速说出每幅图表示的数是几，学生通过第二行图能够快速得到小棒数量。随后，教师引出“12～19”各数的写法和读法，在此基础上，引导学生将同一个数的上下两幅小棒图进行比较，感知用1捆小棒表示“1个十”的高效和便利。

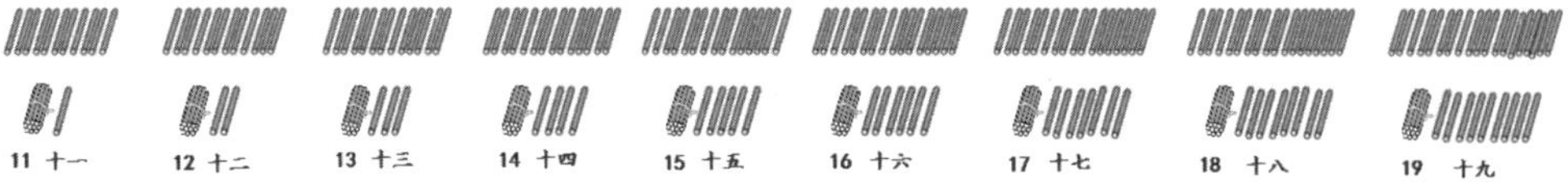


图4.3-4

教师引导学生从左到右观察小棒图，发现小棒数量越来越多，也就意味着这些数越来越大，最后总结得到10＜11＜12＜13＜14＜15＜16＜17＜18＜19。

学生通过同一个数上下两种小棒表征形式，对数的认识从原有的“几个一”到“十几个一”再到“1个十和几个一”，这样的认识符合数的发展过程，有利于学生数感的形成。在这样的认识过程中让学生感受数的“十进制”，也为下一课时学习数的“十进位值制”奠定基础。

## 二、观察数的特征，揭示数的组成

对“10～20”的认识，不应仅仅停留在读法与写法上，还要深入观察“10～20”的特点，尝试进行分与合，列出加减法算式，这有助于进一步发展学生的数感。在环节一中，教师已经利用小棒对数进行了表征，并将10根小棒捆成一捆，让学生感受“10个一就是1个十”，对数的“十进制”有了初步的认识，接下来还将运用数的算式表征，加深学生对“十进制”的理解。

### （一）结合图示，归纳组成

结合“11～19”的小棒图，学生自然会把这些数分成2个部分，一捆小棒以“十”为计数单位，表示十，几根小棒以“一”为计数单位，表示几，由此得到“11～19”的分与合，这符合学生的认知规律。

教师引导学生观察“11～19”的小棒图，并思考它们之间的共同点。大部分学生发现这些图中都有一捆小棒和几根小棒。部分学生在此基础上指出一捆小棒表示1个十，几根小棒表示几个一。教师引导学生总结，十几就是由1个十和几个一组成的。教师请学生思考11的分与合，学生根据刚才的总结从两个角度进行表述：1个十和1个一组成11，11可以分成1个十和1个一。接着，请学生回答12的分与合，再次运用之前的发现巩固新知。最后，请学生独立思考“13～19”的分与合，学生通过知识的迁移，顺利地将数的分与合的方法运用到了“13～19”之中。教师引导学生观察“11～19”的分与合，总结发现，“11～19”都可以分成10和几，反之，

10和几可以组成十几(如图4.3-5)。在这个活动中,学生经历了从具体到一般的过程,建立起了总数和部分数之间的关系,进一步培养了数感,提升了观察、归纳的能力。

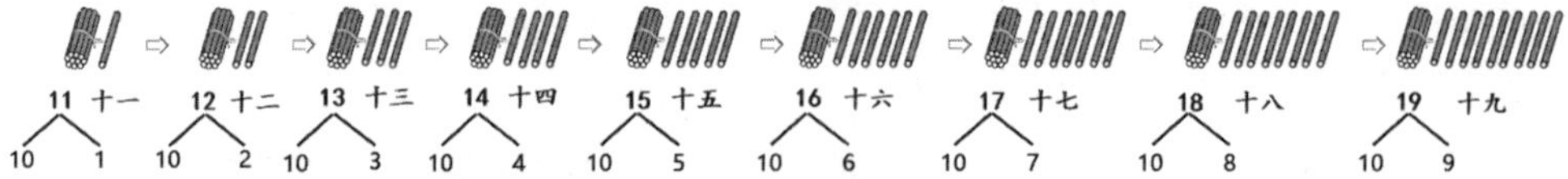


图4.3-5

**(二)采用加减,表达关系**

“11～19”的分与合,除了用语言和图示表达,还可以用算式表达。在“6～9”的认识过程中,学生已经学习了一图四式,因此,结合“11～19”的分与合,学生也应能写出相应的4个算式,并理解每个算式表示的含义。

教师引导学生根据“10和1可以组成11”写出加法算式。有了前期“6～9的认识和加减法”的学习经验,学生很快能够想到用10+1=11和1+10=11来表示10和1组成11,并且联想到用11−1=10和11−10=1这两个减法算式来分别表示11可以分成1和10以及11可以分成10和1。通过上面的范例学习,教师请学生独立学习“12～19”的加与减,在师生互动中,结合数的分与合不断强化加减算式对应的含义(如图4.3-6)。完成“11～19”的一图四式之后,教师引导学生观察算式,思考总结出了十加几及相应减法的计算方法:10加几等于十几,十几减几等于10,十几减10等于几。

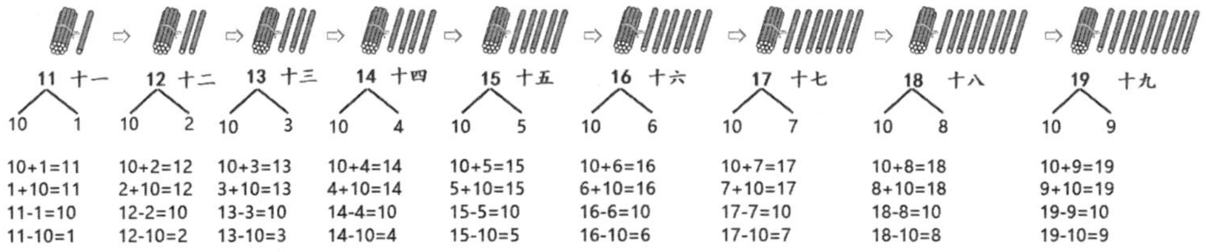


图4.3-6

“一图四式”不仅是本课时学习的重难点,也是一年级下册数学课程的重中之重。本环节结合小棒表征数的分与合,进而转化成加减法算式,借助这一系列的活动,让学生对11～19这些数的组成有了更深的认识和理解。

**(三)分类比较,认识特征**

20与11～19各数不同,它是一个整十数,20根小棒经历了两次把10根小棒捆成一捆的过程,得到2个十,仅用“十”一个计数单位表示。这是学生在本课时中的一个思维生长点,凡是遇到10根小棒,就可以捆成一捆,因此把“20”与“11～19”分开教学。

活动过程中,教师出示“19”的小棒图(19个一)并提问学生,再添一根小棒是几根小棒。学生依据生活经验得出答案为20根。教师请学生思考，怎样可以一眼看出这些小棒的数量？学生根据第一环节的学习经验提出将20根小棒捆成2捆，表示2个十，也就是20。由添小棒的过程得知20比19大1。教师引导学生将两幅小棒图进行对比，发现上面的20根小棒表示20个一，下面的两捆小棒表示2个十，20个一和2个十都表示20，可以写作20，读作二十（如图4.3–7）。

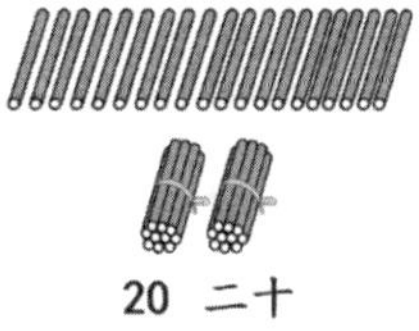

图4.3–7

教师引导学生观察“10、20”与“11～19”小棒图的不同，发现“10”和“20”都是整捆的小棒，表示几个十，而“11～19”各数都是由一捆小棒加上零散的几根小棒，表示1个十和几个一。教师给予肯定，并提出“整十数”的概念，像“10”“20”这样几捆小棒、几个十组成的数就是整十数。

在学生提出将10根小棒捆成1捆时，学生对“十进制”的认识已经达到了目标要求，学会了“十”这个新的计数单位，在认识与表征“20”的过程中，这一目标再一次得到了巩固。需要注意的是，在学会把10根小棒捆成一捆表示1个十的同时，也要学会把1捆小棒拆散成10根表示10个一，为后续学习20以内退位减法中的“破十法”打下基础。通过将“10、20”与“11～19”各数进行比较，学生不难发现两者的区别，初步提到了整十数，也为整十数加、减整十数做了铺垫。

## 三、组织专项练习，巩固新知学习

学生对“十进制”以及计数单位“十”有了初步认识，但是概念的完全习得离不开相应练习的巩固。教师应该在教材中适当选择练习，帮助学生巩固知识。

**（一）圈一圈，填一填**

在例题的基础上，可以通过练习让学生在进一步数数的过程中形成以“十”为计数单位的概念，学会运用“十”，再次巩固“十进制”。此外，数的大小比较也是数的认识中的重要内容，可以在数的大小比较中，结合图示或者数的分与合进行，并总结比较大小的方法。

教师请学生先根据要求数出10只，与例题中的“十根小棒捆成一捆”相呼应，复习巩固本课时的重难点“十进制”。在10的基础上再往下数，得出14由1个十和4个一组成，17由1个十和7个一组成。最后将两个数进行大小比较，在比较的过程中，发现两个数都有1个十，这部分是一样的，所以可以直接比较两个数有几个一，在这个过程中既复习了“10～20”的大小关系，也进一步体会到在比较14和17时，只需要比较4个一和7个一的大小即可，这也为相同计数单位比较的通法的得出积累了经验（如图4.3–8）。

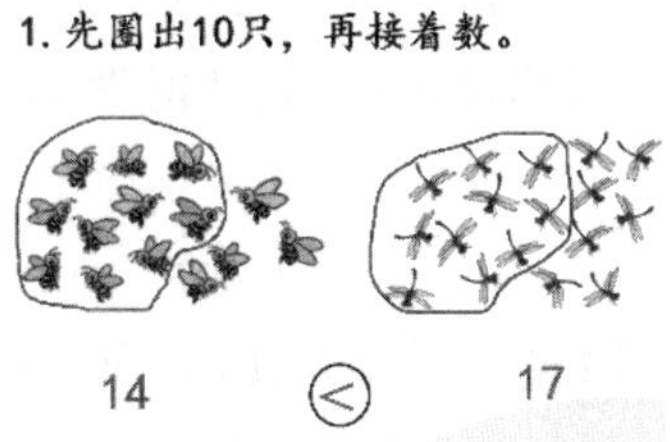

图4.3–8

**（二）比一比，说一说**

为了巩固学生的数数技能，除了以“一”为计数单位或以“十”为计数单位之外，还可以尝试多种数数方法，如2个2个数，5个5个数，以此体会数数方法的多样性（如图4.3-9）。对比两组练习，让学生感受不同数数方法的差异，同时将两个数进行大小比较，让学生巩固“10～20”这些数的大小关系。

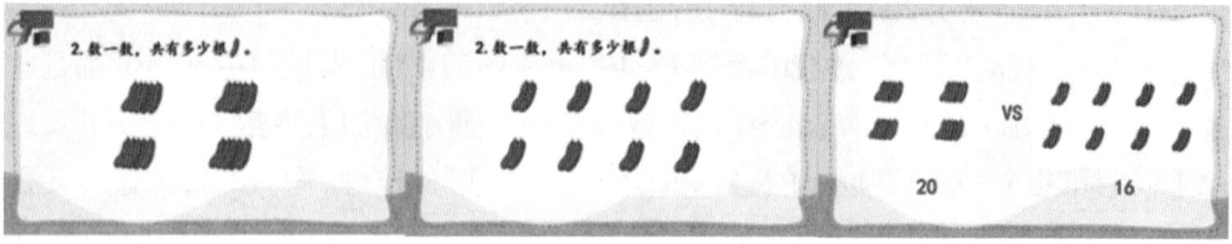


图4.3-9

教学过程中，教师先请学生仔细观察图片中的黄瓜是几个一组，并想一想可以怎么数数，再引导学生用不同的单位数数，感受数数方法的多样化。最后，请学生说说20与16大小比较的方法，复习巩固练习第一题中学会的比较大小的方法。

**（三）算一算，分一分**

在本课时中，学生已经认识了部分两位数，也学习了相应的加减法，有必要与前期所学的一位数及其加减法进行适当的比较，为此，可以安排分类活动。分类的标准是多元的，至少包含两种分类方法，一种是根据加减运算分类，一种是根据数的组成分类，这对学生的观察、分析能力提出了更高的要求。

教师出示图4.3-10，请学生把这些算式分成两类。大部分学生经过独立观察思考，将这些算式以加法和减法为依据分成两类，另有小部分学生联系本课时的主要学习内容，将这些算式按9的组成与12的组成分成了两类。学生的两种分类方法都有合理的依据，教师给予肯定。在练习过程中，再次复习巩固数的分与合以及相应的加减法算式表示的含义。

2+10=12 ③
9-5=4 ⑦
4+5=9 ①
9-4=5 ⑤
10+2=12 ⑧
5+4=9 ④
12-2=10 ②
12-10=2 ⑥

图4.3-10

本课时旨在借助小棒，让学生体会“十进制”，认识并多元表征“11～20”各数。教师借助小棒图，帮助学生打破对10的固有认知，发现十根小棒捆成一捆，表示1个十，可以作为新的计数单位，初步感受“十进制”。“十进制”以及计数单位“十”的认识，在以“一”为计数单位的计数方法和后续抽象的“十进位值制”记数法之间起到了承上启下的作用，为后续学习奠定了坚实的基础。

# 第四节
## “用十进位值制表示的10～20”教学实践

“用十进位值制表示的10～20”是“10～20的认识和加减法”这一单元整体设计中学生认知发生关键性转变的一课，也是学生第三次认识“10”。在本课时中，学生将正式从两位数的角度来认识“10”这个数，即10是由十位上的1和个位上的0组成的两位数，十位上的1表示“1个十”，个位上没有，用0占位，这是学生第一次感受位值制。同时，本课时中人教版教材第一次出现标有数位的竖向计数器，之前0～9的认识都是以横向计数器的形式出现的。因此，教师应清楚地认识到，计数器十位上的1颗珠子以及写数时十位上的1都表示“1个十”是教学的重点和难点。在人教版《数学》一年级上册中，第6单元例5是根据计数器写出加减法算式，与计数单位及位值制（第六单元例3）有着紧密的联系。因此，在单元整体设计上，笔者把例5与例3整合为一课时，使得本课时中，学生始终能围绕计数器以及数位（计数单位）来认识10～20，并学会简单的“20以内的加减法”。

### 一、借助计数器，感受位值制

在教学中，通过计数器让学生直观地感受到位值制的优点：无须创造新的数字符号，仍可通过不同数位的特定含义，用0～9这10个数字符号创造出更多更大的数。这是学生学习位值制的起点，也是本课时的重点。在本课时中，笔者并没有急于揭示“十位”与“个位”这两个数位名称，而是让学生经历用计数器不断表示数的过程，感悟位值制，最后在比较中总结得到“十位”与“个位”这两个数位。

#### （一）观察不同表征，感受差异

教师先出示0～4的小棒图，和学生一起经历数一数小棒数量、用珠子表示小棒以及写出相应的数的过程。在这一过程中，学生建立起数与小棒图、计数器之间的对应关系：有几根小棒就画几颗珠子。随后，让学生独立去数一数5～10的小棒图，画一画计数器上的珠子，并写出相应的数。

在集中交流过程中，教师请学生仔细观察对比0～10这几个数，引导学生发现10是这些数中最特殊的。10是由数字1和数字0组成，并且这两个数字的含义有很大的区别。那么，在计数器中怎样才能表示出这个意思呢？显然，图4.4–1中左边这个只有一个位置的计数器是不能完全准确地表示出10这个数中两个数字的含义的，右边包含两个位置的计数器才能更好地体现这层含义，即左边位置上1颗珠子写1，右边位置没有珠子写0。学生根据数的写法去比较两个计数器之间的差异，选择了更合理的两档计数器来表示。同时，教师还结合10的两种小棒图，帮助学生体会，左边计数器上一颗珠子相当于一根小棒，就表示一，10颗珠子就是10个一；右边计数器，从右边数第二位上的一颗珠子就相当于1捆小棒，表示1个十。左边计数器的10颗珠子就相当于右边计数器从右边数第二位上的1颗珠子，即10个一就是1个十。

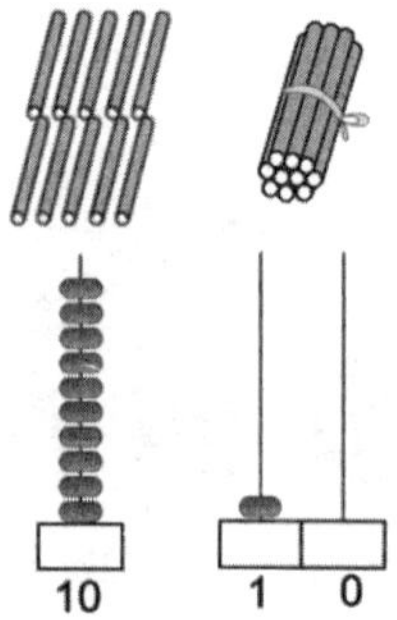

图4.4–1

在本环节中，学生初步体会到了计数器上位置的不同：右数第二位仅用1颗珠子就可以表示1个十。同时，教师组织学生讨论，计数器上右边位置既然没有珠子，是否可以去掉？通过讨论，学生认为，计数器右边位置上虽然没有珠子，可以用0表示，但是不能把这个位置去掉，去掉了右边位置只剩左边位置，容易误以为是1个一，而不是1个十。因此，虽然计数器右边位置上没有珠子，但是这个位置必须保留，同样，在写数的时候，10右边的0也不能去掉。

**（二）比较不同表征，感受位值**

学生对计数器上两个数位意义的理解，仅仅依靠10与0～9之间的对比，感受体悟不够深刻，还需要以更多两位数为实例来加深体会。教师为学生提供多次使用计数器表示11～20的机会，以此帮助学生感受十位上的数表示“几个十”，个位上的数表示“几个一”（如图4.4–2）。通过对比10与0～9之间的区别以及发现11～

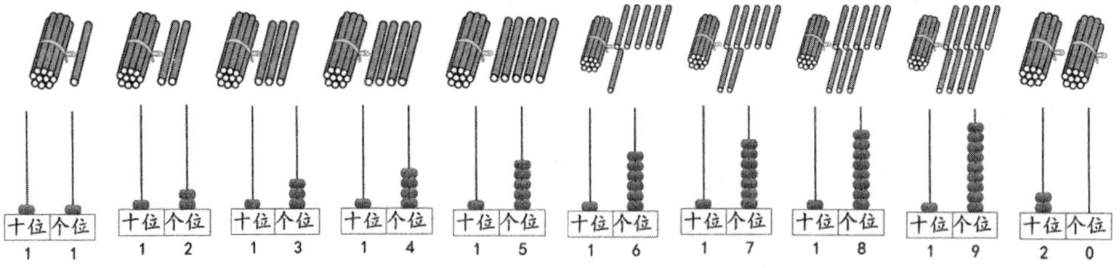

图4.4–2

20之间的联系,学生更加明确两个数位的区别,更加深刻地体会位值的意义。

教学过程中,教师引导学生回顾之前学过的数,引出11～20,并复习11～20的小棒图,最后让学生按照10在计数器上的表示方法表示出11～20。在完成这个活动之后,教师请学生观察11～20在计数器上的表示并思考它们之间有什么相同之处。结合11～20的组成,学生发现,计数器上左边位置上的数表示“几个十”,右边位置上的数表示“几个一”,两者的计数单位是不同的。最后教师总结:计数器上的位置是有特定含义的,数字放在不同的位置上,就有不同的含义。

**(三)依据意义概括,认识位值**

本课时中,学生已经经历了两次在计数器上表示数的过程,第一次是0～10的表示,第二次是11～20的表示。前者的目的是初步感知一位数与两位数的不同以及两位数中两个数位的不同,后者的目的是对比发现两个数位的含义。在这之后,根据十位与个位的意义,教师再和学生一起概括两个数位的名称,认识十位与个位。在两个环节后,学生经历了数位和位值概念的形成过程,对于位值制的理解会更加深刻。

在上一环节中,学生发现,计数器上左边位置表示“几个十”,右边位置表示“几个一”。教师请学生为这两个位置命名,揭示“十位”与“个位”的概念。教师呈现11～20在计数器上的表示方法,并引导学生思考;11的十位上是1颗珠子,个位上也是1颗珠子,这两颗珠子表示的含义是否一样?学生结合数位解释了11中两个“1”的不同,左边的“1”在十位上,表示1个十;右边的“1”在个位上,表示1个一。通过辨析比较,学生得以再次运用数位概念,巩固对位值制的理解和认知。

最后,教师和学生一起拿出计数器学具,从0开始在个位上逐个拨珠子并数出珠子颗数。当从9拨到10时,涉及“满十进一”,这是学生继10根小棒捆成一捆后,在计数器上第一次接触“满十进一”。教师充分发挥示范作用,为学生完整地演示从9拨到10的过程,并讲解这一过程就是“满十进一”。师生共同在10的基础上继续拨珠并数数,当从19拨到20时,再次经历“满十进一”的过程。拨计数器的过程也为接下来学习“20以内的进位加法”做好铺垫。

## 二、结合计数器,计算加减法

在学会用计数器表示数之后,还需要继续深入学习用计数器表示加减法,具体的教学过程如下。

**(一)依据图示,加减表征**

20以内不进位加法和不退位减法,都涉及计数单位的直接相加或相减,既学习了加减法计算的技能,又巩固了位值制以及计数单位的概念。因此,将其与数位、计数单位的学习进行整合,是非常合理的。

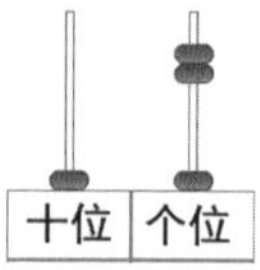

图4.4-3

在了解计数单位的含义后,教师出示计数器图示(如图4.4-3),引导学生观察:从图中看到了哪些数?再在图片上给出向下的箭头,学生根据箭头得出算式“11+2=13”。教师请学生说出计算的过程,学生结合计数器表达计算过程:11分成10和1,先算1+2=3,再算10+3=13。在这过程中,教师采用多种方式鼓励学生表达算理,让学生初步形成计算十几加几的口算技能。之后,教师在图片上给出向上的箭头,学生根据箭头思考并表达算式:13-2=11。教师引导学生在上述加法算式算理的基础上进行迁移并总结算理:13分成10和3,先算3-2=1,再算10+1=11。

本环节将十几加几和相应减法写成树枝图的形式(如图4.4-4)。用简单的图示表示算理的同时,也为学生之后学习20以内的进位加法和退位减法中算理的表示提供了基础。

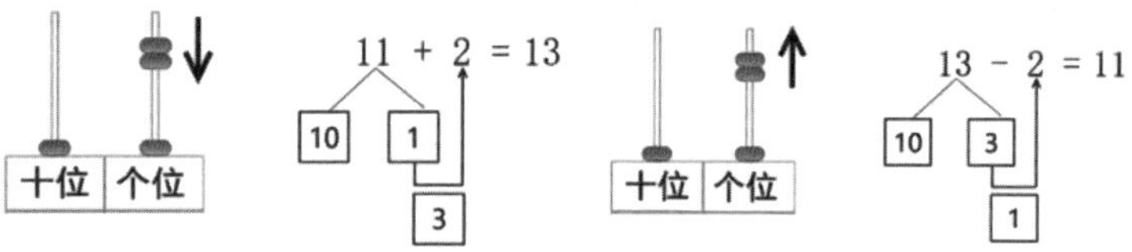

图4.4-4

**(二)题组计算,归纳方法**

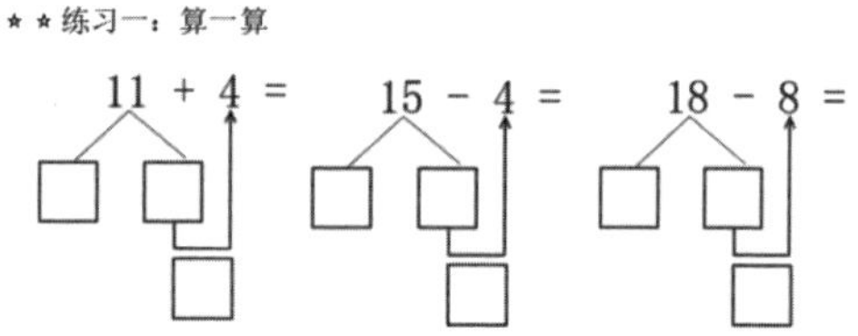

图4.4-5

在学习20以内不进位加法和不退位减法之后,学生尝试独立完成练习,形成口算技能(如图4.4-5)。从学生的表现可以发现,前两题是对例5的迁移运用,因此相对简单。第3题对个别学生来说有点难,虽然都知道个位8-8=0,但在决定最终结果是1还是10时产生了疑惑,这也体现出位值制确实是本课时学习的难点。教师通过小棒、计数器等,帮助学生确认得数为10,同时也巩固了学生对数位和位值制的理解。

在练习后,教师请学生观察三个算式的计算过程有什么相同点。学生提出十几都拆成了10和几,在计算十几加几和相应减法的时候,可以先拆分再计算,这就是计算十几加几和相应减法的方法。

**(三)看图列式,揭示本质**

个别学生在计算18-8时遇到了困难,但在前期利用小棒图进行18的拆分时,学生可以毫不费力地将18分成10(1捆)和8(8根),这是因为当时学生看到的是直观的10(10根或1捆)，而不是抽象的10(十位上的1表示“1个十”)。在11+2、13－2、11+4、15－4这些算式的计算中，得数的个位上分别是3、1、5、1，因此不会对学生形成困扰，而到了18－8，个位上是0，容易被忽略，这就是问题所在。

事实上，这些加减法计算的实质，就是相同数位上的数，或者说相同计数单位相加减。对于刚认识数位的一年级学生来说，这样的归纳难度很高，对抽象能力要求也很高。但是，教师借助计数器图示(如图4.4-6)，就容易引导学生发现这些算式计算过程中的相同点，即个位与个位相加减，十位不变。对得数个位的处理，也更清晰明了。学生发现，计数器上的十位始终是1颗珠子，而个位的珠子是在变化的。在此基础上，教师小结，在刚才的算式中，都是个位与个位上的数相加减，十位上的数不变。最后，教师介绍加减法算式中的各部分名称，并和学生一起发现，加法算式中的加数就是减法算式的减数和差，加法算式中的和就是减法算式中的被减数(如图4.4-7)。

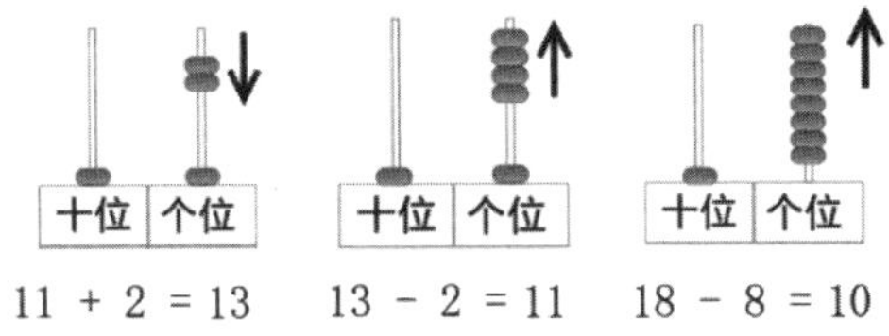

图4.4-6

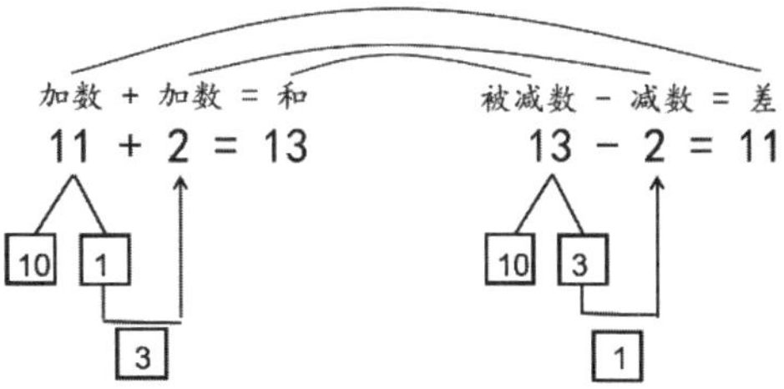

图4.4-7

## 三、组织专项练习，巩固新知学习

对一年级学生来说，适当的巩固练习是非常必要的，并且应借助练习进行进一步的概括、提炼，促进深度理解和灵活应用。

### (一) 在练习比较中巩固技能

为了使学生更加深刻地理解位值制以及简单的“20以内的加减法”的算理，教师设置了两组稍有区别的题组，第一组涉及整十与一位数的关系，第二组则是十几与一位数的关系(如图4.4-8)。两个题组既是对教材中例4和例5两个例题的练习，又恰好针对课堂中出现的难点(上文提到的18－8的问题)进行了巩固。

| | |
|---|---|
| 10+5= | 16+3= |
| 5+10= | 19-3= |
| 15-10= | 13+2= |
| 15-5= | 15-2= |

图4.4-8

### (二) 在问题解决中完善认知

除了基本的加减法计算之外，还需要考查学生解决实际问题的能力。因此教师选择了人教版《数学》一年级上册“11～20的认识”中的看图列式问题(如图

4.4-9）。该题要求学生能根据图示，结合所学的加减法知识和技能，解决问题。教学过程中，教师通过“已知什么”“要求什么”“怎样计算”三个问题，既帮助学生提取信息，分析问题，解决问题，又让学生体验问题解决的基本过程，初步形成了思考问题的逻辑线。在此过程中，学生还通过“左边有13颗糖，右边有3颗糖，一共有多少颗糖”“一共有17支蜡笔，盒子外面有5支，盒子里面有多少支”等语言组织，发展了用数学语言表达现实问题的能力，并且两个问题组成了一个加减法的对比性题组，在情境中考查了学生对加法和减法含义的理解。

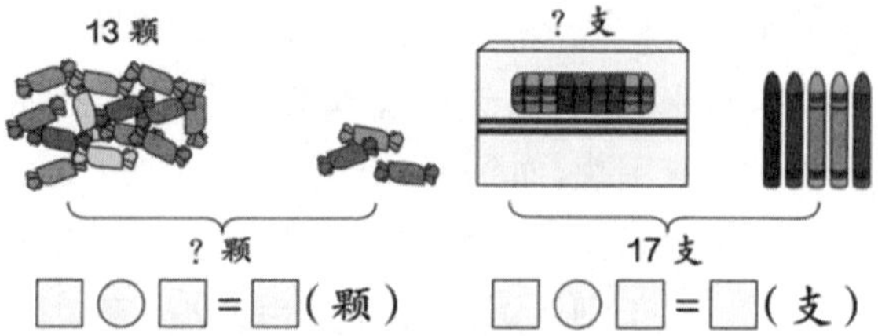

图4.4-9

**（三）在对象还原中加深理解**

在实际教学中，除了不进位加法和不退位减法之外，后续还要学习进位加法和退位减法。如果学生将两位数的认识完全固化为“几个十和几个一”，这将不利于后续学习。因此，应使学生具备能将十位上的数重新还原成以“一”为计数单位的能力，或者说，应实现两种不同表示方法的灵活转换。以“14”为例，学生应该具备能从“1个十和4个一”和“10个一和4个一”两个角度理解并灵活处理的意识与能力。如此，在后续的学习中，学生就能灵活地将“10个一”整合成“1个十”，也能将“1个十”拆分成“10个一”，在面对进位加法和退位减法时所遇到的阻力将会极大地减少。

为此，教师设计了关于14的加减法题组，前3个计数器图示用以回顾本课时所学，最后一个以正方体为素材，将“1个十”还原成“10个一”，以防止学生思维固化（如图4.4-10）。在学生针对最后一题提出“10＋4＝14”“14－4＝10”“14－10＝4”三个算式之后，教师继续提问，这一题与前三题有什么区别？在教师的适当提示下，学生指出，10个小正方体和4个小正方体的位置并不是固定不变的，可以灵活

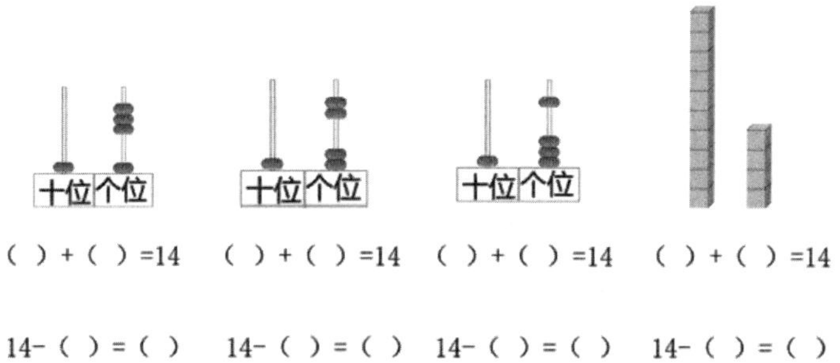

图4.4-10

移动，但总数还是14个。在用学具演示后，学生发现，得数是14的加法算式，除了“10＋4”“11＋3”“12＋2”“13＋1”之外，还有很多。为后续20以内进位加法和退位减法的学习提供了活动经验。

在本课时中，学生的学习主要有两个生长点：一是认识数位和位值制，二是理解十几加几和相应减法的算理。为了将这两点更好地衔接，教师采用计数器贯穿本课时，在练习过程中，又将两位数的表示方法从抽象的位值制还原成具体的以“一”为计数单位的表示。总的来说，“10～20的认识和加减法”是学生学习数与运算的关键节点，必须要让学生知其所以然，学生的数学学习才能够更加深入完整。这就需要教师仔细研读教材和课标，从教材中寻找课时安排的规律和教材练习作业的特点，根据学生学情，整合教材内容，合理设计教学重难点的突破环节，使学生的主动学习更易发生，推动学生真正的深入学习。

# 第五节
# “第几中的数学问题”教学实践

数起源于数(shǔ),在“数数”过程中,会产生两种数的含义,即表示个数的基数与表示第几的序数,这两种数是相辅相成的。在数个数时,从1开始数,数到第几,一共就有几个。但如果不是从1开始数,数到第几时,从开始到结束之间又有几个数呢?常见的刻度尺中也包含排列有序的数,为什么我们在数物体个数时从1开始,而刻度尺上却是从0开始呢?刻度尺中的数到底表示什么含义,与物体个数的数数之间又有什么异同?基于这些问题的思考,形成了本课时的教学实践。

## 一、比较不同模型,发现结构差异

在“10～20的认识和加减法”单元整体教学之前,学生对序数已经有所了解,但都限于10以内。关于序数的内容,可以从学生熟悉的队列和刻度尺两个模型出发,利用队列感知刻度尺中的数既可以表示基数也可以表示序数,在观察、表达过程中感知序数的意义。在此基础上,将进一步学习基数与序数转换的复杂问题。

### (一)观察队列,认识序数

“大雁图”在本单元前面的练习中已出现过,学生对一共几只和第几只是有学习经验的,从熟悉的模型入手,有利于快速调动旧知,并将这种经验迁移到刻度尺中各数的认识中去。

课始,教师出示队列模型(如图4.5-1),并提问图中一共有几只大雁,学生回答20只后,教师追问为什么。学生根据前期学习获得的经验,指出从1数到几,就一共有几只。图中大雁已经排好了队伍,下面的数从1排到20,就说明有20只大雁。教师分别指着第10只和第15只大雁提问这是第几只,学生根据对应的数回答是第

10只和第15只。

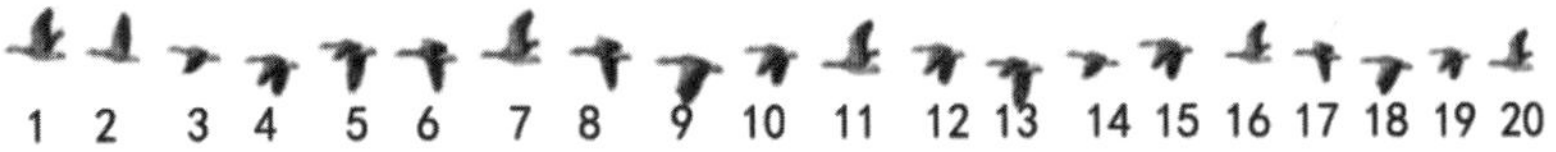


图4.5-1

在面对队列中的序数问题时，学生能借助已有的基数与序数的对应关系，表达数在具体情境中的含义。这为后续引出刻度尺中数的序数含义作铺垫。

**（二）观察刻度尺，再认序数**

学生在学习中所见到的刻度尺都是有数的，因此采用无数据的刻度尺可以自然地引导学生将数依次补充完整。在补充过程中，还需要提示学生关注刻度尺中的起始数字。

教师出示未标明数的刻度尺模型（如图4.5-2），并提问图中一共有几段，学生因急于数段数而得出不同结果。教师引导学生思考为什么会得到不同的答案，学生意识到因为缺少数所以大家数的结果出现了不同。通过回忆前面的内容，学生一致认为刻度尺上的数是从0开始依次增加的。教师引导学生一起数，并标上数，形成标有数的刻度尺（如图4.5-3）。教师分别指着10和15提问刻度尺中的数表示什么意思，学生认为10可以表示从0开始到10一共有10段，也可以表示从9到10是第10段；15可以表示从0开始到15一共有15段，也可以表示从14到15是第15段。

图4.5-2

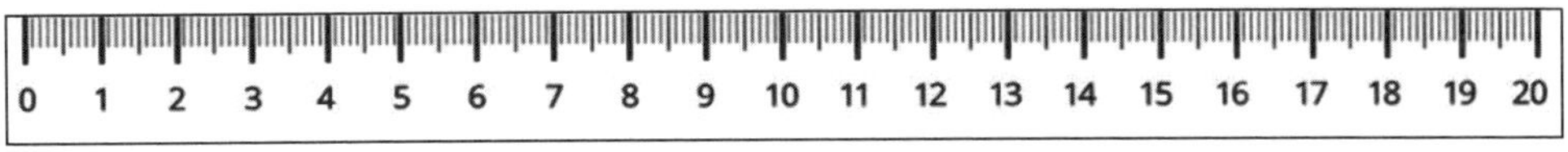


图4.5-3

在上述讨论中，学生成功地将认识队列中序数的经验运用到刻度尺模型的序数认识中。另外，边数边标数的活动有助于学生感知刻度尺中数的两种基本含义。

**（三）进行比较，发现差异**

在上述环节之后，可以将“大雁图”和刻度尺图结合比较。一方面可以较明显地看出两者起始数字的差异，另一方面也可以更加直观地对比出点和段的区别。

教师引导学生对比两个模型（如图4.5-4），并思考这两幅图有什么不同之处，学生不难看出，在队列问题中是从1开始排数的，而在刻度尺中是从0开始排数的。

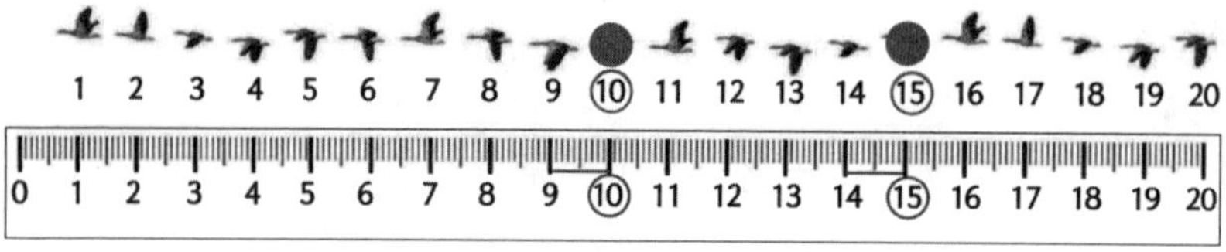


图4.5-4

这样的对比，一方面培养了学生细致的观察能力，另一方面也为后续间隔问题的初步感知埋下伏笔，即在排列点的时候，不可能从0开始排，第0个是没有意义的，而在排段的时候，是需要从0开始排的，因为从0到1是有意义的，表示第1段。

## 二、自主解决问题，形成画图策略

画图是一种解决问题中常见且重要的策略，对于低年级学生来说尤为重要。而解决问题一般要经历将实际问题抽象成数学问题，再用数学的方式进行表征并解答的过程。

### （一）依据操作，提问求解

本环节，教师再次引导学生关注“大雁图”，并通过操作，让学生尝试自主提问。教师根据提问，逐步引导学生画图解决问题。由于这是人教版《数学》一年级上册中第一次出现采用画图的方式解决实际问题，因此对于画图的步骤要做到明确、详细。

在对第10只和第15只大雁的含义有了清晰的认识之后，教师将“大雁图”中10到15之间的部分遮住（如图4.5-5），并请学生提出数学问题。大多数学生都想到了“第10只和第15只大雁之间是哪几只大雁”和“第10只和第15只大雁之间共有几只大雁”这两个问题。接着，教师引导学生关注“大雁图”中的问题，请大家共读并思考问题中“之间”的具体含义。通过讨论，学生明确按照问题的意思，第10只和第15只大雁并不包括在内。

图4.5-5

明确信息和问题之后，教师进一步提问：如果要解决这类问题，你会怎么办？学生提出了直接数一数和画图表示这两种方法，教师引导学生思考哪种方法更加清楚可靠。通过独立思考与互动交流，学生意识到画图更加直观明了，并体会到画图是解决问题的重要手段。学生还提到，在解决问题时，为了更加快速有效，不必把具体事物都画出来，可以用简单的图形如圆圈等来表示，既省时又清晰。还有学生提出，在解决上述两个数学问题时，也不必把所有大雁都画出来，只要画其中关键的部分即可，因为其他部分和所要解决的问题并无直接关系。教师对学生的意见进行了总结梳理，并通过图示加以呈现（如图4.5-6）。至此，学生已经完成了解决问题的第一步，即通过图示明确已知信息和问题。提取信息和发现问题是学生得以正确精准解决问题的先决条件，因此教师要创造条件让学生充分经历这一过程。

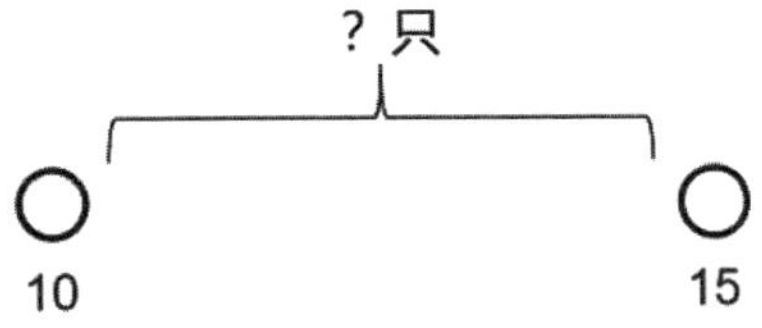

图4.5-6

随后，学生提出可以继续通过画图的方式来解决问题，并且在画圈表示大雁的过程中，需要在圈下标上对应的数11～14，这样既清楚又准确。然后只要从1开始数出补充了几个圈，就可以知道中间有几只大雁了。需要注意的是，第10只和第15只大雁不包括在内（如图4.5-7）。教师请学生观察并思考：在刚才解决问题的过程中，经历了两次数，这两次数有什么区别？学生通过独立思考和相互交流，最终明确第一次是从11开始数的，表示挡住的是“第几只”或“哪几只”，第二次是从1开始数的，表示挡住的一共“有几只”，两次数数解决了不同的问题。

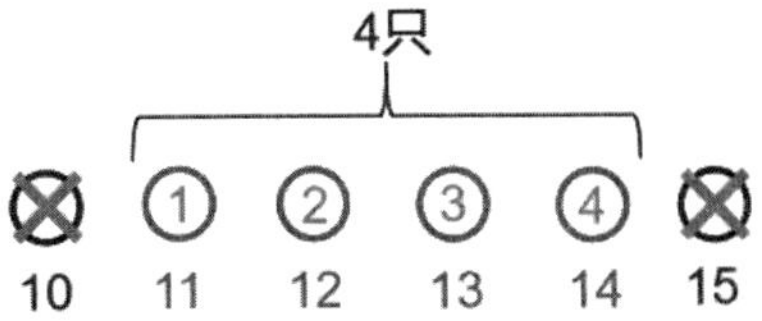

图4.5-7

在这个活动中，学生经历了两次数数，通过对两次数的过程的梳理和辨析，初步感知此类问题的求解过程以及序数与基数的转化方法。

**（二）猜想表征，解决问题**

学生经历上述步骤后，解决了“第10只和第15只大雁之间是哪几只大雁”和“第10只和第15只大雁之间共有几只大雁”两个问题，并明确了两者之间的联系和区别。此时，再次引导学生关注刻度尺，学生自然会联想到在10和15之间也是少了4段，通过再次经历画图解决问题的4个步骤，使刻度尺中的问题得以解决。

本环节，教师遮住刻度尺中10和15之间的部分并提问遮住了几段，大部分学生受思维定式的影响脱口而出“4段”。教师通过反问“真的是4段吗”，引导学生一起动手画一画进行验证。按照已有经验，学生提出要先把10和15两个数画好，再按照次序补充11、12、13、14，补好线段，最后再数段数，数的时候从1开始数，结果发现一共有5段（图4.5-8）。

图4.5-8

安排这个变式问题，一方面是为了再次巩固画图解决已知序数求基数问题的策略步骤，另一方面是为了突出学生猜测和实际结果之间的矛盾点，引发学生思考，从而为后续的对比作铺垫。

**（三）比较分析，统一策略**

在对上述两个问题进行分析和解答之后，还需要分析两个问题之间的差别。另外，采用画图解决问题的过程已经经历了两次，可以安排学生回顾并总结具体的方法。

随后，教师出示大雁和刻度尺的对比图（如图4.5-9），请学生观察思考：同样是遮住10和15之间的数，为什么在大雁队列中是少了4只，而在刻度尺上是少了5段？学生思考后发现，第一个问题要找的是大雁的只数，而第二个问题要数的是段数。教师进一步引导学生感知：尽管情境和问题比较相似，但不同的事物所得到的结果也可能会不同，解决问题时要根据实际情况加以分析和辨别。两个问题的对比，给学生种下了间隔问题的"种子"。

图4.5-9

接着，教师引导学生回顾问题解决的过程。学生在陈述具体的操作过程的基础上，得出解决此类问题的一般策略，即可以根据信息画出图示，再根据要求补充完整，最后数出补充的数量（如图4.5-10）。在解决问题的过程中，要注意区分"是哪几个"和"共有几个"，还要明确数"个数"和"段数"是有区别的。

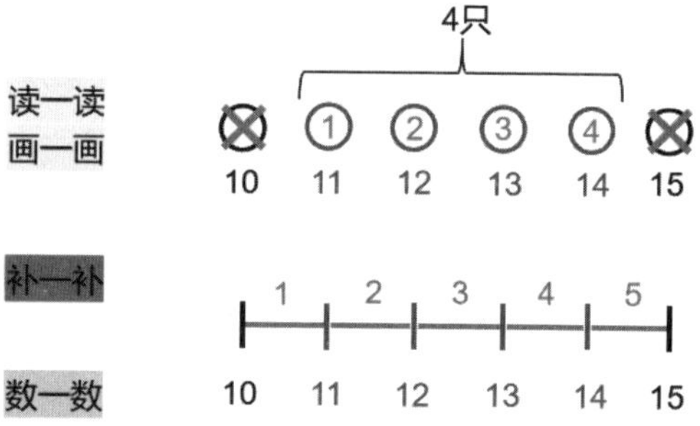


图4.5-10

## 三、适度变式拓展，提升审题能力

通过上述例题及其变式问题，学生对如何解决此类问题已经有了初步体验，但是两个问题都属于已知序数求基数的问题。根据学生发展的需要，还要通过更多的变式问题，如改变已知信息和未知信息的关系，引导学生进一步将"读—画—补—数"的方法作为自觉的策略和行为。

**（一）改变方向，模仿练习**

对于一年级学生而言，变式问题的呈现需要循序渐进，因此，教师以人教版《数学》一年级上册"11～20的认识"单元中"做一做"中的问题作为一个练习，该问题与例题最大的区别是改变了队列的方向（如图4.5-11）。

读题过程中，教师引导学生从图中找出关键信息，学生指出根据"之间"一词，

图4.5-11

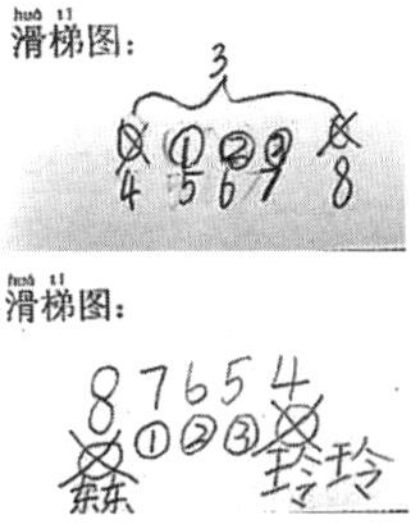


图4.5-12

仍旧要把玲玲和冬冬排除在外。接着，教师提示学生回忆解决问题的步骤，由学生独立完成后展示自己的做法，让学生完整地经历从读题到画图到补序数再到数基数的过程。值得关注的是，学生的做法中会出现两种画法（如图4.5-12），之所以会出现下面的画法，是因为原题就是按照从右往左的顺序排列队伍的，两种画法虽然排列顺序不同，但是并不影响答题的过程和结果。

**（二）改变信息，拓展练习**

为了进一步提升学生分析、解决实际问题的能力，教师安排了第二个变式问题（如图4.5-13），由学生自主读题并找出重要信息。教师请学生思考这个问题中第10页、第14页和第15页是否都要算入在内。学生交流讨论后发现，第15页是明天读的，而问题问的是“今天读了几页”，因此可以把“明天该从第15页读了”这个干扰信息划去。而第10页和第14页都是今天看的页码，应该计算在内。在分析和厘清问题基本信息的基础上，学生自主画图解决并交流答案（如图4.5-14）。

图4.5-13

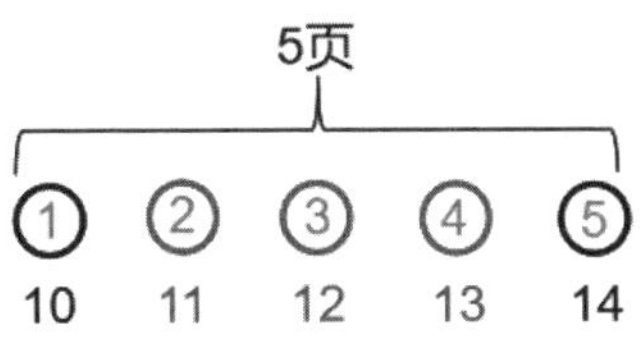


图4.5-14

这个问题看似与例题类似，但包含了两头都算的“陷阱”，以及“明天该从第15页读了”这个干扰信息，需要学生有良好的审题能力。为此，教师组织学生将该问题与例题进行对比，学生发现了两类问题的异同，并再次感受到具体问题需要具体分析。

**（三）改变问题，变式练习**

关于序数与基数转化的问题，人教版《数学》一年级上册“11～20的认识”还安排了另一个问题（如图4.5-15）。该练习有两处不同于例题，一是情景发生了改变，不再是列队问题，而是生活中的日期的排列；二是不再是根据序数求基数，而是已知基数求序数，和例题的问题与信息恰好相反。

图4.5-15

在这一问题的解决过程中，教师特别注重引导学生发现图中的信息。在教师的引导下，学生发现除了图中老师说的话以外，日历上的“星期一”需要特别注意。在此基础上，教师组织学生开展讨论，学生交流讨论后对于“推迟”一词有所疑惑，教师引导学生通过画图分别表示推迟一天、推迟两天是周几。最后，教师根据学生所描述的思考过程，反馈该问题的解决方法和结果(如图4.5-16)。

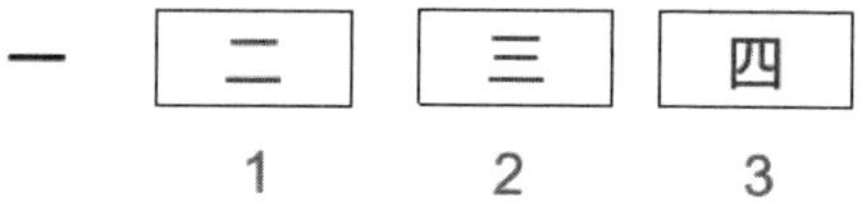


图4.5-16

虽然问题发生了较大的变化，但学生发现，在这样的问题中，仍旧可以借助画图的方式表示已知信息，并把缺少的信息补充完整，最后通过数数得出答案。

“几”和“第几”均是数数的结果，两者有着密切的联系。用画图的方式，解决例题中两个序数间的个数的问题。同时，它只是已知序数求基数问题的基本类型。在掌握了用画图的方法解决两个例题后，还要有序地进行相应的变式练习，在不断地解决变式问题的过程中，进一步掌握基数与序数的转化方法，体会画图策略的价值。

# 第六节
# “10～20的认识和加减法的整理与复习”教学实践

位值制的理解对于一年级学生来说既是挑战也是机遇。“10～20的认识和加减法”是学生第一次正式接触两位数,因此,对于其中的第一个两位数“10”,本单元分三次进行教学,实现了从一位数到两位数的过渡与衔接。在新课教学的基础上,我们还将通过多元表征的方法,对所学知识进行整理与复习,引导学生再次完整、深入地体验和理解十进位值制。本课时侧重于让学生在实际操作和直观体验中,将具体的事物数量抽象成数学符号,洞悉数的内在结构。通过小棒图、计数器、尺子图以及计算分类等多种表征方式,体会位值制的作用,感受数的组成,为后续学习更大的数作铺垫。

## 一、经历多元表征,体会位值优点

在本单元的教学中,我们以“10”作为两位数的代表,先后经历了十根小棒、一捆小棒、计数器十位上的一颗珠子这三种形式来表征“10”的三层含义,即“10个一”“1个十”以及“十位上的1和个位上的0组成的数”。这三种表征形式是分散在三堂课中的,对于一年级学生而言,思维的连续性较为薄弱,因此有必要再次对上述过程进行集中体验和感受。

### (一)结合图示,说明含义

对学习过程的整理与复习,不能简单重复前期所经历过的活动,而应进行适度整合与提升,以更加简洁的形式,引发学生的整体认知。

课始,教师出示2、12、20、21这四个数,引导学生读数以巩固这些数的读法。随后,通过小棒这一具体学具,帮助学生回顾如何更好地表示一个较大的数,如12

可以用12根小棒表示,也可以用1捆小棒加2根小棒表示(如图4.6–1),但显然后者更加简洁,这一活动也符合“十进制”的产生过程,其中的“十”作为一个新的计数单位,以“一捆”的形式被引入和接受。在此基础上,教师引导学生思考如何进一步简化12这个数的表示方法,学生提出可以用计数器表示,因为只要在计数器的十位上放一颗珠子,就可以代表原来的1捆或10根;照这样,要表示20,只要在十位上放2颗珠子就可以,这样就更加简洁了(如图4.6–2)。紧接着,教师引导学生反向经历数的表示方法,即由计数器到小棒的过程。如12的表示,从用计数器十位上的1加个位上的2,到1捆小棒加2根小棒,再到拆散的12根小棒,体现了从“十进位值制”回归到以“一”为单位的过程。这一步骤不仅加深了学生对数的基本组成的认识,也加深了他们对数位和计数单位间关系的理解。

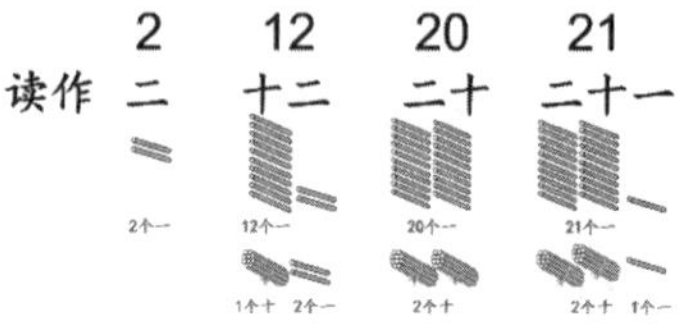


图4.6–1

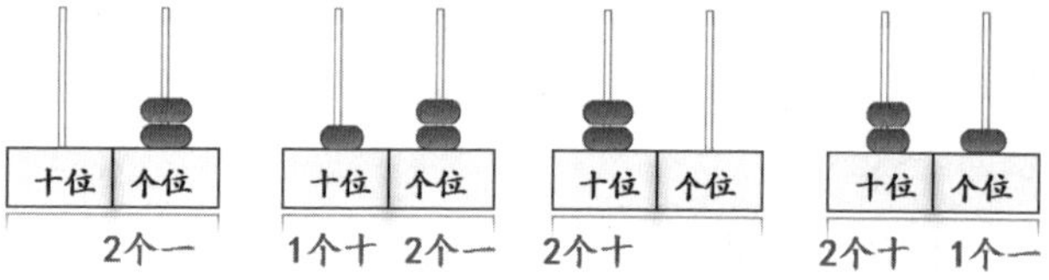


图4.6–2

### (二)观察比较,体会异同

为了使学生进一步理解十进位值制的意义,还需要在原有的基础上,安排小棒与计数器这两种数的表征方式体现它们之间的差异。以12为例,用小棒可以表示为1捆加2根,此时,无论1捆和2根放在什么位置,都不影响它们所表示的数,但是如果是计数器,就只能用十位上的1和个位上的2来表示12这个数。这样作比较,有利于学生体会位值的特殊性。

教学过程中,教师请学生分别用小棒和计数器表示12,学生顺利地用1捆小棒加2根小棒以及计数器十位上拨1颗珠子、个位上拨2颗珠子这两种方式进行了表征。教师将1捆小棒与2根小棒互换位置,提问此时表示多少,学生回答仍然表示12,因为1捆换个位置还是10根,2根换个位置还是2根,总数12根不会变。随后,教师又将计数器十位上的珠子变成2颗,个位上变成1颗,再次提问:它们所表示的数是否发生了变化?学生提出此时计数器表示的是21,因为十位上1颗珠子代表1个十,2颗珠子代表2个十,再加上个位上的1颗,应该是21。教师随即追问:通过刚才的活动有什么想法?学生指出,在计数器上,不同的位置代表不同的含义,不能随意调换。

经过这样的讨论和实践,学生们逐渐明白了位值制的本质及其重要性。由此,学生不仅学会了如何表示较大的数,还体会了在计数器上表示数的便利性。

### （三）纳入数尺，比较大小

在“20以内数的认识”的教学中，尺子图是一个关键工具。尺子图的应用不仅帮助学生直观理解数的顺序和大小，还将数的概念具体化、可视化，尺子图的视觉呈现方式让学生能够清晰地看到数随着位置的变化而增大或减小的过程。通过填写尺子图中的数，学生能够在具体的图中体验数的顺序和组成，进而运用所学知识解决实际问题。

在本环节中，教师展示标有数2、12、20以及若干空位的尺子图(图4.6-3)。在填写尺子图的过程中，引导学生首先从0开始，强调0作为起点的含义。学生跟随教师从0填写到12，体验数逐渐增大的过程。通过具体的填写活动，教师引导学生进一步探讨数的组成。教师提出问题：“如果个位上的数是3，十位上的数是1，这个数是什么？”学生通过分析与讨论，确定答案为13，并将其填写在尺子图上。教师继续出示问题：“十位上的数是1，个位上的数比十位上的数大8，这个数是什么？”学生通过推理得出19，并填写在尺子图上(如图4.6-4)。通过尺子图的应用，学生在直观的图示中深化了对数的顺序和组成及大小比较的理解。

图4.6-3

（1）个位上的数是3，十位 上的数是1，这个数是（13 ）

十位个位
1 3
1个十 3个一

（2）十位上的数是1，个位上的数比十位上的数大8，这个数是（19 ）

十位个位
1 1+8 9
1个十 9个一

图4.6-4

## 二、依据具体情境，画图解决问题

基数与序数转化问题是本单元的教学难点，也是需要重点复习的内容之一。为此，教师在本课时安排了相应的问题。

### （一）基础问题，复习巩固

考虑到一年级学生的学习特点，教师安排了与教材内容相似的两个基本问题供学生讨论：“13到19之间有几个数？”“在尺子上，13到19之间有几段？”学生通过读题、画图、补数等方式解决了两个问题。在表达各自看法并全班交流的过程中，学生复习了解决上述两个问题的一般策略和具体过程，并直观地体会了“数”的数量与“段”的数量之间的区别。

### （二）比较异同，小结规律

在学生直观感受的基础上，教师利用这一发现引入新的讨论：为什么两个相似的问题，它们的答案却不一样？通过讨论，学生了解到这是因为两个问题中对象的属性不同：数相当于点，间段相当于线。这一环节通过解决具体问题使学生体会并尝试概括了尺子图上“点”和“线”的概念以及它们之间的区别。

**（三）变式问题，提升思维**

为了进一步提升学生对此类问题的理解，培养学生问题解决的能力，教师安排了相应的变式问题。

教师通过“小朋友们在操场上排队，其中几位被树丛挡住”的画面，帮助学生在新的情境中运用所学知识（如图4.6-5）。学生通过图中两个小朋友的语言提示，按照已经掌握的方法，通过画图、标序等方式，知道了被挡住的是第4、第5、第6、第7这4个小朋友。

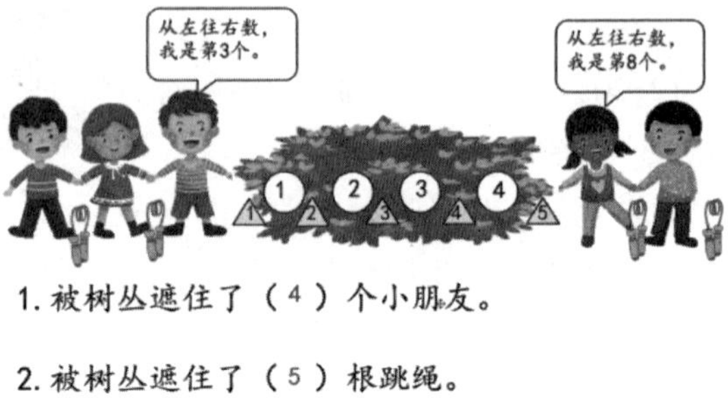

图4.6-5

教师接着引入跳绳活动的情境：每两个小朋友之间有一根跳绳，被树丛遮住了多少根跳绳。在教师的引导下，学生结合已有经验，并根据上一个问题的结果，在每两个小朋友之间画出三角形，表示间隔，并最终数出被遮住的5根跳绳。需要注意的是，尽管已经初步理解了间隔的概念，但在实际操作中，需要结合其他问题共同思考时，学生仍表现出一定的困难。这也提醒教师在后续的教学中需要组织更多的活动，帮助学生更好地理解和应用这些概念。

## 三、结合运算游戏，进行计算分类

对一年级学生而言，画图、找规律等活动能起到激发学习兴趣的作用，因此，以不同的形式开展复习活动，可以提高复习的效率。

**（一）依据要求，进行涂色**

为此，本课时中安排了人教版《数学》一年级上册“11～20的认识”单元中的数学游戏活动（如图4.6-6）。在课堂上，如果花时间只让学生计算并涂色，课堂效率不高，对学生的思维提升没有帮助。为节约课堂时间，教师在课前请学生完成该游戏。在学生独立完成计算和涂色的基础上，教师对素材进行再处理，

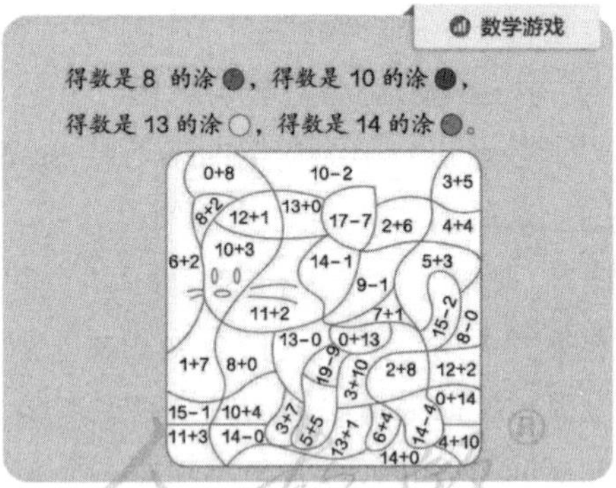

图4.6-6

提高课堂效率的同时，着重发展学生的数学素养。教师可以根据题目精心设计问题，引发学生对算式与算式之间联系的思考，总结计算的本质，为后续的计算学习提供支持。

**（二）组织分类，举一反三**

在课前，这些算式已经按照不同的颜色分为四类，并且学生在前期学习和生活中对分类也有了初步的认识，知道具有相同特征的对象可以分为一类，这就为接下来对算式的再分类提供了经验基础。

教师出示涂色完整的小猫，请学生自行校对并订正。随后，教师引导学生将算式分类。学生根据经验能够顺利说出两种分类：按照相同颜色（相同得数）分类或者按照加法和减法分类。教师肯定学生的回答，并和学生一起，在得数为8的一类中进行加减法的再分类。在排列得数为8的加法算式时，教师引导学生关注算式的有序排列。这时，学生可以自然地发现这组算式的排列规律：一列加数在减小，另一列加数在增大，和保持不变。通过连线，学生还发现，在加法算式中，交换加数的位置，和保持不变（如图4.6-7）。依此类推，教师请学生根据前面学习的有序排列方法，排列并补充得数为10的加法算式。

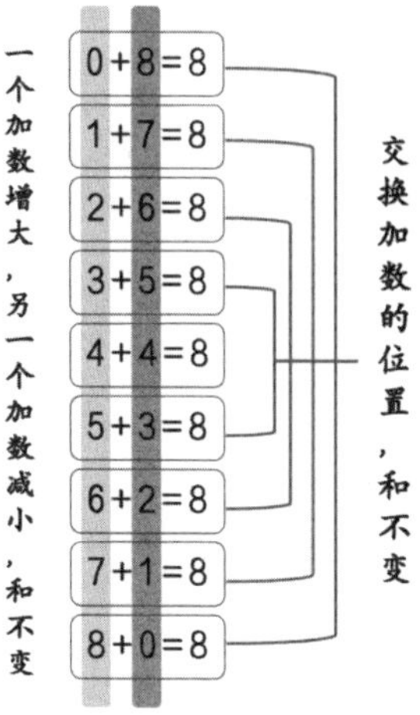

图4.6-7

除此之外，教师请学生观察剩余的加法算式并尝试分类。在教师的引导下，学生根据计算方法，将剩余的加法算式分为三类："10及10以内的加法""十加几等于十几"和"十几加几等于十几"。结合加法算式的分类，减法算式也是如此，分成"十几减几等于十几""十几减十等于几"以及"10及10以内的减法"三类。

最后，教师请学生从数位的角度思考这些加法算式和减法算式的算法，可以总结为："1＋7＝8""2＋8＝10"这类算式可以用10及10以内的分与合计算；"10＋4＝14""12＋2＝14"这类算式可以用十位不变，个位相加计算；"15－1＝14"这类算式可以用十位不变，个位相减计算。而"10－2＝8""9－1＝8"这两个算式，除了从数的分与合角度计算，也可以通过"想加算减"的方式计算（如图4.6-8）。这种新方法的出现也为之后学习20以内退位减法的算法多样化作铺垫。

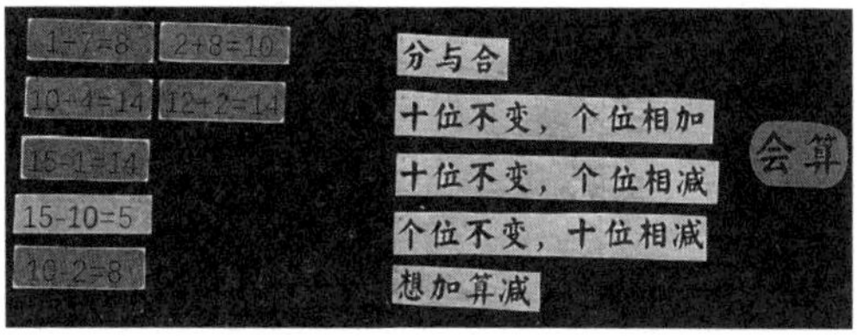

图4.6-8

填色游戏的学习方式，不但提升了学生的参与度和兴趣，而且学生在轻松愉悦的氛围中锻炼了计算技能,培养了分析和归纳能力。学生通过观察和比较不同的算式,探究算式之间的内在规律,再次体会了位值制在运算中的重要性。

**(三)回顾教材,形成脉络**

教材是数学学习的基础,指导学生学会看教材,整理知识脉络,构建知识体系也是一种重要的学习方式。一年级学生识字量与阅读量不多,因此,教师有必要和学生一起阅读,回顾本单元的知识的同时帮助学生学会数学学习的方法。

在本课时小结环节,教师引导学生打开课本,共同探索本单元的数学知识的脉络。从"10"的分与合、11～20各数的认识、11～20各数的组成、11～20的加减法到用序数解决问题,教师帮助学生梳理了本单元需要达到的5种能力水平:"会读""会写""会说""会用""会算"。通过回顾总结,学生能更好地整合新旧知识,形成连贯的数学知识体系。在复习知识点的同时,培养了学生自主学习的能力。

通过本次教学活动的深入探索,我们成功地将抽象的十进位值制概念转化为学生可视、可触、可知的实际体验。在多元表征的教学过程中,不仅加深了学生对数的读写、顺序、组成和应用的理解,而且使其在数学思维和解决问题能力上取得了明显进步。

# 第五章
# 20以内的进位加法和退位减法

“20以内的进位加法”和“20以内的退位减法”是整数加减法运算的基础，也是教学的难点。教材把它们分别编排在一年级上册和一年级下册。这样的编排方式，是希望在先掌握了进位加法的计算后，能够用“想加做减”的方法学习“20以内的退位减法”。

但是，这样的编排方式也带来了一些问题：首先是在计算中不能够把“20以内进位加法和退位减法”看成一个整体，在学习进位加法时不出现退位减法，不能够像学习“10以内的加减法”时，用数的分与合作为基础，用“一图四式”的方法把相对应的加减法看成一个整体，如6可以分成5和1，那么5＋1＝6、1＋5＝6、6－1＝5、6－5＝1。其次是用加法和减法数量关系解决问题也被人为地割裂成两个独立的部分。

那么，能否找到一条学习路径，使得20以内进位加法和退位减法的学习，也能够如6～9各数的认识中，加法和减法的学习一样，作为一个整体进行学习呢？

基于上述思考，我们探索出了一条学习路径，即以11～18数的分与合作为学习基础，辅之以进位加法中的“凑十法”与退位减法中的“破十法”，把20以内的进位加法和退位减法分成新的两个单元：第一个单元是11、12的组成以及相应的进位加法和退位减法，其中11的组成以及相应的进位加法和退位减法分成两个课时，在用数的分与合得到相应的加减法的基础上，再分别用“凑十法”和“破十法”进行验证。第二个单元是13～18的组成以及相应的进位加法和退位减法，利用前一个单元的学习经验，用数的分与合得到相应的加减法，再用“凑十法”和“破十法”进行验证，并逐步形成20以内进位加法和退位减法的口诀表。

按照教材的编排,这两个单元有四个基于加减法数量关系的解决问题,它们可以分成两类。第一类基于“总分关系”的解决问题,编排了三道例题,分别在“20以内的进位加法”单元中的“从不同视角选择信息解决问题”“反叙求和的解决问题”和“20以内的退位减法”单元中的“有多余信息的解决问题”。第二类是求相差数的解决问题,编排了1道例题。把前面的两个解决问题编排到第一个单元中,同时用解答后检验的方法引出相应的减法数量关系解决问题。后两道例题编排到第二个单元中。

# 第一节
## “20以内的进位加法和退位减法”整体设计

“20以内的进位加法和退位减法”是加减法计算的难点，也是后期学习多位数加减法笔算的基础。通过对教材中相关内容的梳理，发现为了分散难点，教材把进位加法和退位减法编排在两个学期中，加法与减法的算理与算法各不相同，解决问题已经由半图半文提升到全文本结构。对于这样的编排，我们从已有的加减法的学习经验与数学知识结构化设计的视角，提出了重构的思路，即把进位加法中的“凑十法”与退位减法中的“破十法”只作为算理，而把11～18数的分与合作为进位加法和退位减法共同的计算方法。同样地，由于把进位加法与退位减法整合到一个单元中，加法与减法的数量关系也用题组的形式进行了沟通。带着这样的思考，我们进行了教学实践。

### 一、梳理——了解教材的编排特点

把20以内的进位加法与退位减法放在一起进行比较梳理，可以发现两个单元的编排结构成对应关系，计算方法逐步走向统一，数量关系可以互相转化。

#### （一）编排结构呈现对应关系

虽然教材把进位加法与退位减法分别独立成为两个单元，但是两个单元在编排的结构上却是相互对应的，具体如下表。

| 板块 | 一年级上册“20以内的进位加法” | 一年级下册“20以内的退位减法” |
|---|---|---|
| 计算 | 【9加几】例1:9＋4 | 【十几减9】例1:15-9 |
| | 【8、7、6加几】<br>例2:8＋5　例3:8＋9 | 【十几减8、7、6】<br>例2:12－8　例3:13－7　13－6 |
| | 【5、4、3、2加几】<br>例4:5＋7　5＋8　4＋8　3＋9 | 【十几减5、4、3、2】<br>例4:12－5　12－4　12－3　11－4<br>11－3　11－2 |
| 数量关系 | 【并列求和的数量关系】<br>例5(结合图示寻找信息):(1) 前排有7人,后排有8人,一共有多少人?<br>(2) 男生有6人,女生有9人,一共有多少人? | 【有多余信息的已知总量和分量,求分量的数量关系】<br>例5:要做18把团扇,我们4个人一起做,已经做了9把,还要做多少把?<br>做一做:小明家有14只鸡,5只鸭。公鸡有6只,母鸡有几只? |
| | 【反叙求和的数量关系】<br>例6:老师领走了7个哨子,还剩5个哨子,原来有多少个哨子? | 【求相差数的数量关系】例6:套圈活动中,小雪套中了7个,小华套中了12个,小华比小雪多套中了几个? |

从上表的对比中可以发现,就计算而言,进位加法与退位减法的三个板块相对应,但运算时运用的算理正好相反,即进位加法中应用“凑十法”,而退位减法的算理是“破十法”。

数量关系可以分成两类,第一类是加法与减法的数量关系呈对应关系,即进位加法中的例5和例6分别对应于退位减法中的例5和例5后面的“做一做”,都是关于“分量＋分量＝总量”的数量关系,以及相应的变式。第二类是退位减法中独有的“求相差数”的数量关系。

**(二) 计算方法体现转化思想**

不论是“凑十法”还是“破十法”,其基本的思考方法就是转化。“凑十法”是把进位加法转化成“10＋□”的形式,用数的组成直接算出得数,如图5.1-1,比如9＋4＝9＋1＋3＝10＋3＝13。“破十法”是把退位减法转化成10以内的加减混合运算,比如15－9＝10－9＋5＝6,也是转化成已经学习过的加减运算。

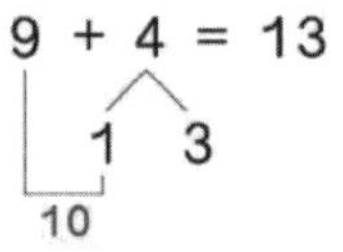

图5.1-1

在退位减法的计算方法中,除了“破十法”,还有“想加做减”的方法,如图5.1-2,要计算“15－9”的差是多少,想“9加几等于15”,因为“9加6等于15,所以15减9等于6”。这是把减法与加法进行沟通,把减法转化成已经学习的加法推算出结果。而且该方法与“破

图5.1-2

十法”相比，更加简捷，但是这要以进位加法的熟练程度作为基础。

**（三）审题能力逐步提升**

两个单元中一共编排了四个解决问题的例题，在解决这四个例题时，因为题目的结构不同，所提出的分析问题的策略也不同，在这样的学习过程中，不断地提升学生的审题能力。

**1. 不同视角寻找信息的能力**

进位加法的例5，结合图示提升学生从不同视角寻找信息的能力。如图5.1–3，问一共有多少人。依据图示，可以从排队的形式，发现前排有7人，后排有8人，所以用“前排人数＋后排人数＝一共的人数”的数量关系解决问题；还可以依据性别进行分类寻找信息，发现男生有6人，女生有9人，所以用“男生人数＋女生人数＝一共的人数”的数量关系解决问题。

图5.1–3

**2. 画示意图分析问题的能力**

进位加法的例6，是一个反叙求和的解决问题，它的数量关系是“领走的个数＋剩下的个数＝原来的个数”。如何让学生理解这一个数量关系？教材编排了用画示意图的方法让学生理解题目中信息与问题之间的关系，如图5.1–4，这是学生第一次学习用画示意图的方法分析问题。

图5.1–4

**3. 区分多余信息的能力**

退位减法单元中的例5和“做一做”的信息中，都各有一个多余信息。因此，学生在审题寻找信息时，就需要克服“每一个信息都有用”这一种思维定式，从问题出发，列出数量关系，再依据数量关系寻找相关的信息。

如图5.1–5，学生读题后，可以从问题出发，列出数量关系：要做的团扇把数－已经做的把数＝还要做的把数。然后再找相应的信息，发现“我们4个人一起做”这一个信息是多余的。

图5.1–5

4. 数量关系的延伸能力

20以内的退位减法的例6是一则求相差数的解决问题。两个量进行比较，求谁多、谁少，或者求多多少、少多少，在一年级上册准备课与有关“10以内数认识与加减法”的两个单元中就已经学习了，但那时是用一一对应的方法得出谁多谁少，如图5.1–6，是一年级上册“准备课”中“比多少”的例题。接着，在一一对应的基础上，建立数的大小观念后，用“谁大于谁”或者“谁小于谁”使得表达形式符号化，如图5.1–7是“5以内数的认识和加减法”单元中的“比大小”，用“＞”“＜”分别表示谁比谁多与谁比谁少。

图5.1–6

图5.1–7

以上两种表达形式，还是定性表述两个数进行比较后的结果。在此基础上，还结合图示，在练习中提出了多多少、少多少的问题。如图5.1–8所示的是一年级上册“5以内数的认识和加减法”单元中练习七的一道习题，要求学生结合图示

图5.1–8

直接填数，学生可以通过“数数”得到结果。

所以，关于求相差数的问题，学生已经有了丰富的学习基础。因此，如图5.1–9，在教学20以内退位减法的例6时，教材充分利用原有的学习基础，让学生利用一一对应的操作活动，通过“数数”得到结果后，再依据图示的特征，学习用减法求出结果。从而概括出用两个数进行比较时，求相差数可以用减法计算。这样就从原来的“总分关系”的减法数量关系——总量－分量＝分量，延伸出新的数量关系——较大数－较小数＝相差数。

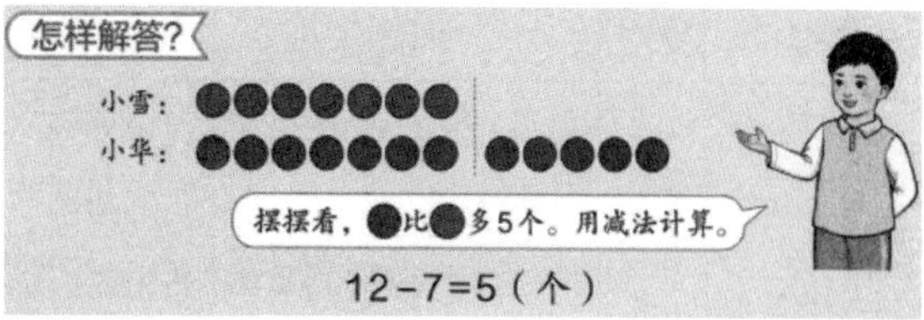

图5.1–9

## 二、重构——依据知识结构化进行构思

通过以上的梳理我们发现，不论是加减法的运算还是应用加减法数量关系解决问题，都显现一种对应关系。但由于把进位加法和退位减法编排在两个单元，加法与减法的学习被人为地割裂成了两个独立的部分。因此，从结构化课程设置这一基本思想，迁移10以内数的加减法的学习经验，让加减运算与11～20的分与合建立联系，并把数的分与合作为加减运算共同的学习基础，把解决问题融入加减运算的学习过程中。重构后的具体编排如下表。

| 板块 | 课时 | 课题 | 主要内容 |
|---|---|---|---|
| 第一单元 用11、12各数的组成学习进位加法和退位减法，以及用加法和减法的数量关系解决问题 | 1 | 11的组成与进位加法 | 结合具体操作，从10＋1出发写出余下的11的组成以及相应的加法，并与10＋1进行比较，再用“凑十法”进行验证 |
| | 2 | 11的组成与退位减法 | 依据上节课的活动经验，在根据11的组成写出加法算式的基础上写出相应的减法算式，再用“破十法”进行验证 |
| | 3 | 12的组成与进位加法、退位减法 | 结合具体操作，完善12的组成，并用一图四式的形式写出进位加法和退位减法，再分别用“凑十法”“破十法”验证 |
| | 4 | 多角度观察解决问题 | 从多个视角选择信息，用加法或减法解决问题，并巩固计算 |
| | 5 | 反叙求和的数量关系 | 学习反叙还原，用加法解决问题，并巩固计算 |

续表

| 板块 | 课时 | 课题 | 主要内容 |
| --- | --- | --- | --- |
| 第二单元用13～18各数的组成学习进位加法和退位减法、以及用加法和减法数量关系解决问题 | 6 | 13、14数的组成及加减运算 | 利用原有的经验归纳出13、14的组成，写出相应的加法和减法，并用“凑十法”和“破十法”进行检验 |
| | 7 | 15～18数的组成及加减运算 | 利用原有的经验归纳出15～18的组成，写出相应的加法和减法，并用“凑十法”和“破十法”进行检验 |
| | 8 | 有多余信息的数量关系 | 学习有多余信息的、用加法或减法数量关系的解决问题 |
| | 9 | 求相差数的数量关系 | 结合具体例子归纳出求相差数的数量关系，知道“相差比”与“总分关系”的联系与区别 |
| | 10 | 单元整理与复习 | 在对本单元的知识进行梳理的同时，把它们与之前学习“10以内数的认识与加减法”进行沟通，形成“20以内数的认识与加减法”的学习结构 |

从上表中可以发现，以11～18数的组成以及相应的进位加法、退位减法的学习为线索，把数的组成，加法与减法，以及加减法解决问题融合成一个整体，具体从以下几个方面进行思考。

**（一）数的组成与运算建立联系**

在梳理退位减法时我们发现，在“十几减9”的退位减法计算中，教材提供了“破十法”和“想加做减法”这两种计算方法，很显然，“想加做减法”更简捷，并在计算20以内退位减法的同时，也复习了20以内的进位加法。特别是在教学20以内退位减法的例3时，如图5.1-10，由于两道减法计算题对应的加法算式相同，因此，用“想加做减法”可以由一道加法算式引出两道减法算式，并由相应的数的分与合——13可以分成6和7，形成一个由数的组成为基础的加法和减法的题组，如图5.1-11，实现了20以内加法和减法的计算方法的统一。

图5.1-10

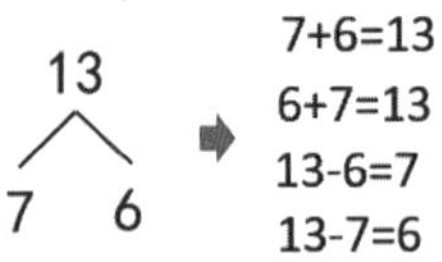


图5.1-11

当然，在具体教学中，我们还可以用“凑十法”与“破十法”分别验证进位加法与退位减法的答案是否正确。

### （二）解决问题融入计算学习

这里的解决问题，是利用“总分”的数量关系解决问题，具体包含了20以内进位加法中的例5、例6和退位减法中的例5与“做一做”。同时，由于把加法和减法放置在同一课时中组织教学，在第四课时至第五课时中利用相应的数量关系解决问题时，除了依旧保持原来例题中培养审题能力的目标之外，还需要加入与它相对应的加法或减法数量关系的解决问题，使得数量关系也具有结构性。

具体地，在解答出相应的例题后，把问题与信息进行交换，得到新的问题，请学生进行解答，最后进行比较，从而沟通“总分数量关系”下，加法和减法解决问题之间的联系。

### （三）相差关系与总分关系形成勾连

求相差数为什么用减法计算，为什么“小华套中的个数减去小雪套中的个数就等于多套中的个数”？解答这些问题，就需要对上面图5.1-9中所体现的数量关系进行再分析，进一步勾连相差关系与总分关系之间的联系，增加如图5.1-12的标注，通过示意图让学生发现，小华套中的个数可以分成两个部分，左边套中的部分是与小雪“同样多”的部分，右边部分就是小华比小雪多套中的个数。通过“同样多”把新出现的两个数进行“相差比”的结构和已经学习的“总分关系”的结构建立起了联系。

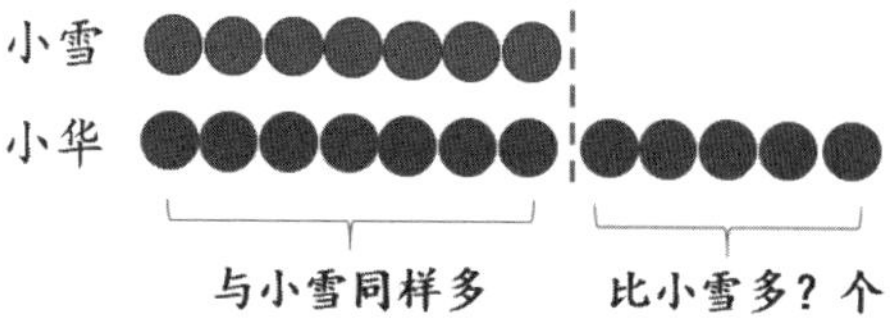


图5.1-12

依据这样的思路，当解决例6后面的“想一想”的问题时，就不只有如图5.1-13的思路。因为“小雪比小华少套中几个”中是把小华套中的个数作为标准，小雪的个数与小华进行比较，所以要从小雪个数的基础上，标注出与小华同样多的个数，然后再标出“少的部分”，具体如图5.1-14。

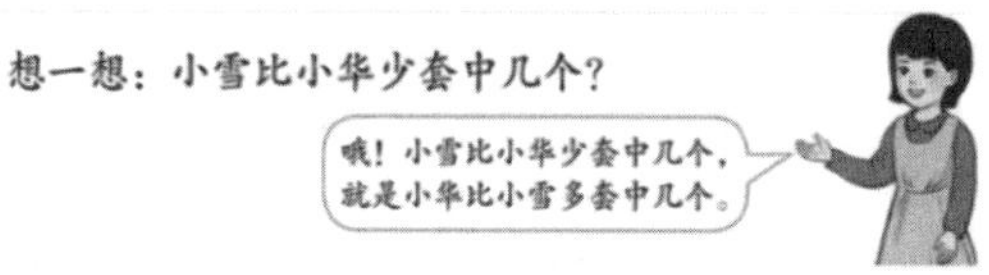


图5.1-13

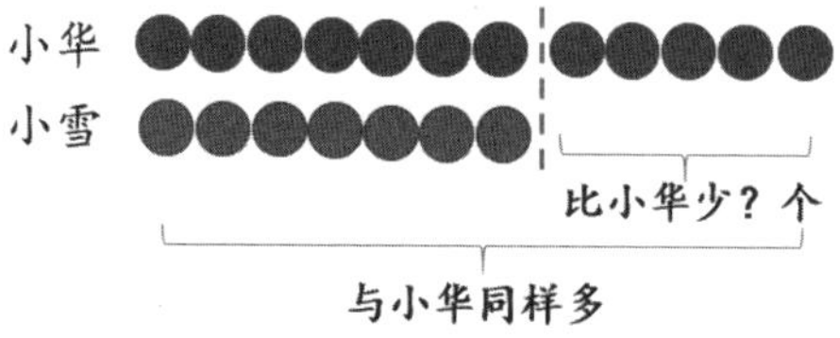


图5.1-14

## 三、实践——达成重构的教学目标

通过梳理，体会到20以内的进位加法与退位减法不论是计算的编排还是数量关系的设计都呈现对应关系。由于编排在两个不同的单元，又在两个不同的学期，因此无法从加法与减法学习结构化的视角进行整体设计。为此，我们从结构化的视角进行了学习路径的重构，在此基础上进行了教学实践，以达成重构后的教学目标。

**（一）用数的组成统整加减法计算**

为达成这一目标，我们安排了三个课时。第一课时，把11的组成和20以内进位加法建立联系，再用“凑十法”进行验证。第二课时，在上一节课的基础上，用减法表示11的组成，在此基础上与20以内的退位减法建立联系，并用“破十法”验证。第三课时，利用前两节课学习的经验，把12的组成和20以内相应的进位加法、退位减法建立联系，再用“凑十法”和“破十法”进行验证。

1. 迁移学习经验，学习进位加法

第一课时，教师出示如图5.1–15的小方块图示，请学生数出一共有多少块，并结合图示说出11可以分成10和1，用加法表示就是10＋1＝11，1＋10＝11。接着，教师再从10个一条的小方块中依次拿出1个放入右边的一条中，请学生依据操作的变化，说一说11还可以分成几和几，这样一直到11可以分成6和5，形成如图5.1–16的板书。

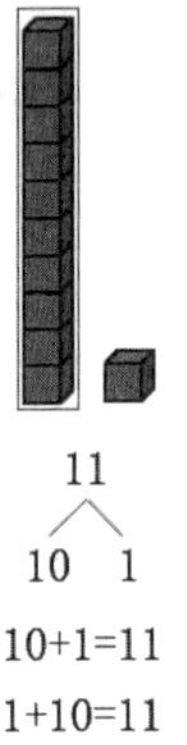

图5.1–15

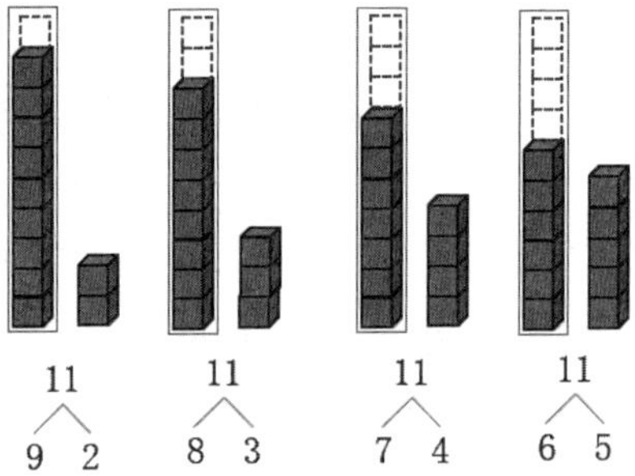

图5.1–16

教师引导学生思考：图5.1–16中11的组成和图5.1–15中11的组成有什么不同的地方？哪一个更容易记住？学生发现图5.1–15是“10加几”，图5.1–16是“几加几”，图5.1–15的更容易记住。

依据学生的回答，教师再提出问题，能否把图5.1–16的“几加几”的形式转化成图5.1–15中的“10加几”的形式呢？结合图示，学生发现可以把取出来的还原回去，就可以得到“10加几”的形式，依据学生的回答，教师以9＋2和2＋9分别如图5.1–17进行示范，再请学生用同样的方法完成余下题目的思考，形成用“凑十法”进行验证的计算思路。

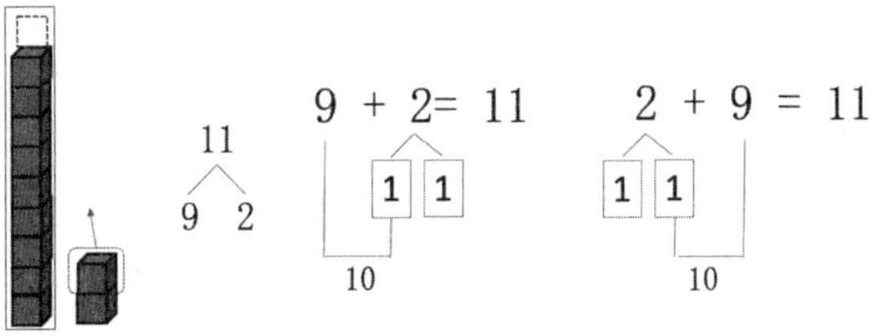

图5.1–17

2. 利用互逆关系,学习退位减法

第二课时在上一节课的基础上,进一步思考,依据数的分与合,既可以写出加法算式,又可以写出减法算式。出示依据上一课时关于11的分与合的图示,分别写出相应的减法算式。再进一步进行比较,说一说哪一种减法算式更容易记忆。学生发现是11－10＝1、11－1＝10,因为11－10＝1是减去十位上的数就等于个位上的数,11－1＝10是减去个位上的数就等于十位上的数。

教师进一步追问:那么余下的算式为什么不可以直接这样写呢?学生发现因为被减数个位上的数减减数不够减。教师板书“个位不够减”后,请学生结合图示说一说可以怎样做。学生发现可以先用十位上的数去减减数。教师问为什么,学生指出因为十位上的“1”代表10,够减了。依据学生的回答,教师结合图示演示过程,把过程进行记录,以“11－2”“11－9”形成如图5.1-18的演示与记录,并概括这一种计算方法叫“破十法”,请学生用“破十法”验证其他几个减法算式的计算思路,并指出这一类减法计算题叫作退位减法。

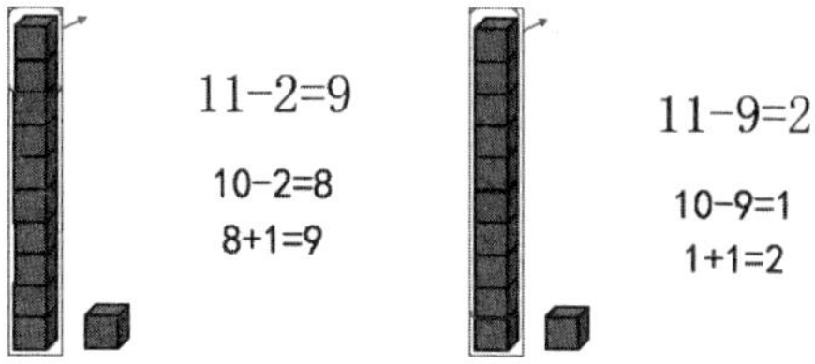

图5.1-18

教师进一步请学生观察“9＋2＝11”的直观图示,能否用这个图示直接看出两个减法算式的结果呢?学生发现可以直接由加法算式推导出对应的两个减法算式的结果,进而概括出这一种方法叫“想加做减法”。也请学生用这种方法验证其他几个减法算式的计算思路。

最后,请学生说一说两种退位减法的计算,各有什么优点与缺点。学生发现“破十法”每道退位减法的计算思路是一样的,但要进行两步计算。“想加做减法”只要一步就可以完成了,但是要把进位加法记得很熟练。

3. 积累学习经验,学会规范加减

依据11的分与合,学习了和是11的进位加法与相应的退位减法。第三节课,要利用前两节课的学习经验,进一步利用12的分与合,学习和是12的进位加法和被减数是12的退位减法。

首先,教师利用电子板书,让学生整体回顾前面两节新授课中学习的进位加法和退位减法的内容,归纳出学习的内容是“和是11的进位加法”以及“被减数是11的退位减法”。计算的方法有“凑十法”“破十法”“想加做减法”。教师进一步指出,实际上都是用了11的分与合。

接着让学生猜一猜,这节课我们会学习什么?会怎样学习?学生联想到会学习“12的分与合”“和是12的进位加法”以及“被减数是12的退位减法”。带着这样的思考，教师依旧用小方块的不断移动得到数12的分与合，再依据相应的加法与减法，形成如图5.1-19的板贴。最后请学生用“凑十法”和“破十法”分别验证计算结果是否正确。

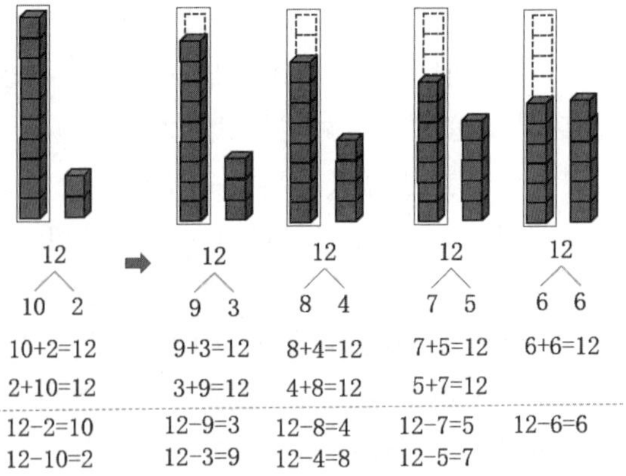

图5.1-19

基于这样的学习经验，在第二个单元中继续学习13～18数的组成与相应的进位加法和退位减法。具体分成“13、14数的组成与相应的进位加法、退位减法”和“15～18数的组成与相应的进位加法、退位减法”，用原有学习经验先结合图示操作写出分与合，“一图四式”得到相应的加法与减法，最后选择其中的加减法例子用“凑十法”与“破十法”验证。

**（二）提升“总分关系”解决问题的能力**

由于利用数的组成，把20以内的进位加法与退位减法进行整体教学，因此原本在“20以内的进位加法”与“20以内的退位减法”中的三个“总分关系”解决问题，分别编排到两个单元的计算学习之后，并把加法数量关系与减法数量关系进行比较，形成“总分关系”的数量关系结构。

1. 用分析法思考“多种视角收集信息”的加减法解决问题

“多种角度收集信息解决问题”适合用分析法进行思考，即从问题出发寻找已知信息，再列出数量关系解决问题。

教师出示如5.1-20的图示，请学生说一说图中的小朋友在干什么并提出问题。学生提出问题：一共有多少小朋友？教师再请学生按照“分一分”“数一数”“列一列”“算一算”这样四个步骤，从图中选择信息解决问题。

图5.1-20

学生独立完成后再交流评析，形成如图5.1-21的板书。教师进一步追问：为什么相同的问题会有两种不同的解答方法呢？让学生体会由于“分一分”的

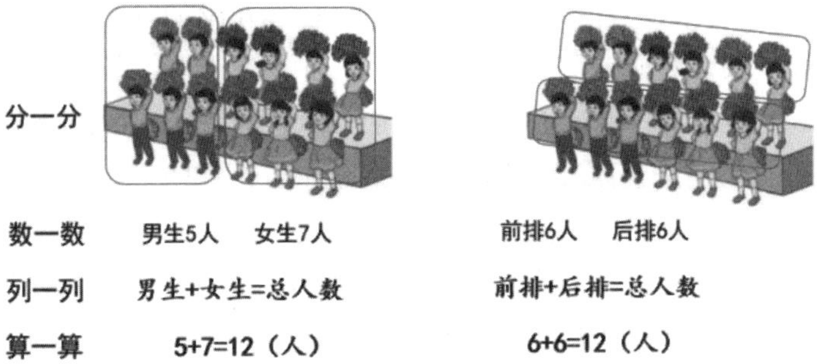

图5.1-21

角度不同，可以得到不同的信息。

在此基础上，教师列出式子“12－5”，请学生说一说“12”“5”“12－5”的含义，进而补充数量关系，计算出结果，形成如图5.1–22中的虚线部分。

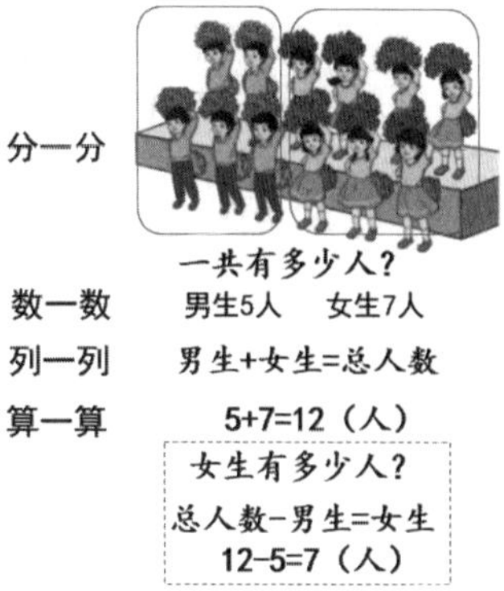

图5.1–22

请学生比一比，图5.1–22中的加法与减法解决问题有什么联系？通过讨论，学生发现加法与减法解决问题的信息与问题进行了交换，可以互相检验。依据这样的经验，对图5.1–21中的第二种方法解决问题进行检验。

特别地，其中“列一列”这个步骤，学生在独立完成时只要求口答，反馈时教师板书。

2. 多角度理解“反叙关系”的加减法解决问题

怎样理解“反叙关系”解决问题的数量关系，可以结合操作活动、示意图表征与关键词理解等多个角度，体会反叙解决问题的基本特征。

教师出示如图5.1–23的两个信息，请学生读题后说一说分别是什么意思。依据学生的回答，教师用示意图表示出两个信息的含义。接着，再请学生说一说可以求出什么。当学生说“一共是多少个”时，老师追问：这里的“一共”应该是什么时候的“一共”？让学生补充成为“原来(一共)是多少个”，并且，经历讨论后发现这里删去“一共”，从而形成数量关系：领走的个数＋还剩下的个数＝原来的个数，并概括出如图5.1–24的示意图，依据关系式请学生列式解答。

图5.1–23

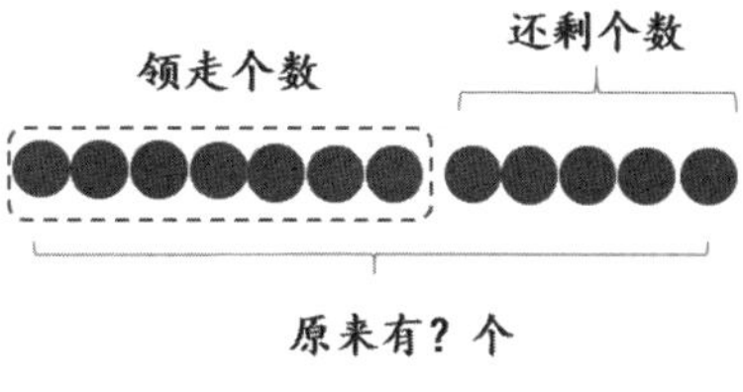

图5.1–24

解答后，教师把问题与信息进行交换，形成如图5.1–25的问题，请学生用先画示意图，再口头列出数量关系，最后列式解答。教师依据学生的回答形成如图5.1–26的板书。

图5.1–25

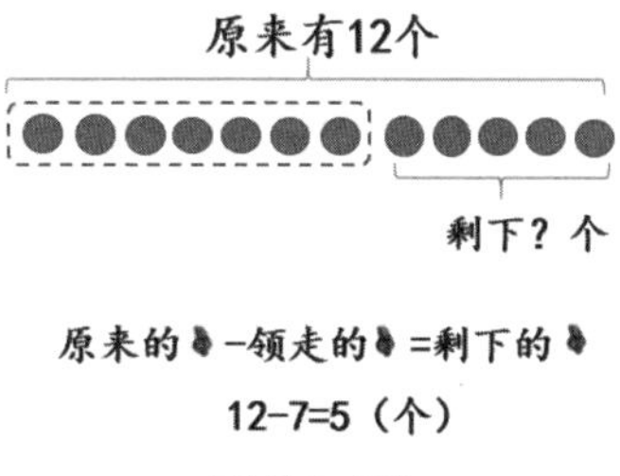

图5.1–26

最后，请学生比较图5.1-24提出的问题与图5.1-25中的问题之间的联系与区别，发现两个问题中的条件与问题进行了交换。教师进一步说明，我们以后也可以用这种方法检验自己做得对不对。

3. 灵活分析学习多余信息的加减法解决问题

怎样发现其中的多余信息呢？要依据具体问题灵活选择分析方法。如图5.1-27例5中的解决问题可以采用分析关键词、画示意图、列数量关系进行分析，发现“4个人一起做”是多余信息；而如图5.1-28，则可以采用把信息进行分类的方法，发现“5只鸭”是多余信息。

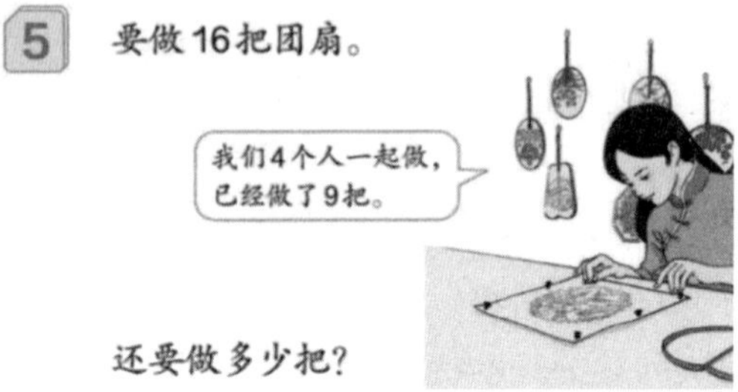


图5.1-27

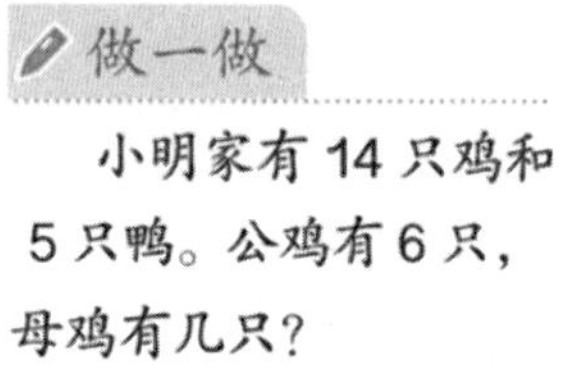
做一做

小明家有14只鸡和5只鸭。公鸡有6只，母鸡有几只？

图5.1-28

同时，不论采用哪一种方法都要经历“一找(寻找信息与信息、信息与问题之间的内在联系)二列(列出数量关系)”这样的一个过程。

**(三) 用“总分关系”分析“相差关系”**

在单元重构时，求相差数的解决问题还是与教材的编排一样，设置专门的一个课时。但是，具体教学时与教材编排相比，特别强调与“已知总量与分量，求另一个分量”的“总分关系”建立联系，体会“相差关系”是“总分关系”的延伸。

教师出示图5.1-29，说一说图中小雪、小华在干什么。有哪些信息。学生指出小雪与小华在套圈，小雪套中了7个，小华套中了12个。教师依据学生的回答，画出示意图。接着再请学生提出问题。学生会提出如下三个问题：(1) 一共套中了多少个？(2) 小华比小雪多套中多少个？(3) 小雪比小华少套中多少个？

图5.1-29

教师首先请学生在示意图中标出这三个问题，如图5.1-30，然后请学生依次解答。第一个问题是已经学习的内容，请学生口头列出数量关系并列式解答。第二个问题先请学生依据原有的经验，用一一对应的方法，去掉与小雪同样多的部分，就是多出来的部分。依据这样的思路，除了结合图示口头数出多多少，还可以用哪一种方法计算出结果？怎样计算？学生认为可以用减法计算，列式是12－7＝5。教师请学生说一说这里12、7和5的含义，特别指出7既表示小雪套中的个数，也是指小华和小雪“同样多”的部分，如图5.1-31。从而把“相差关系”与“总分关系”建立起了联系。

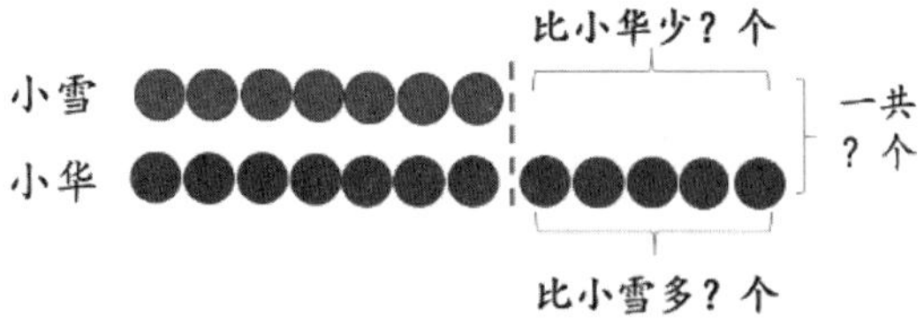

图5.1-30

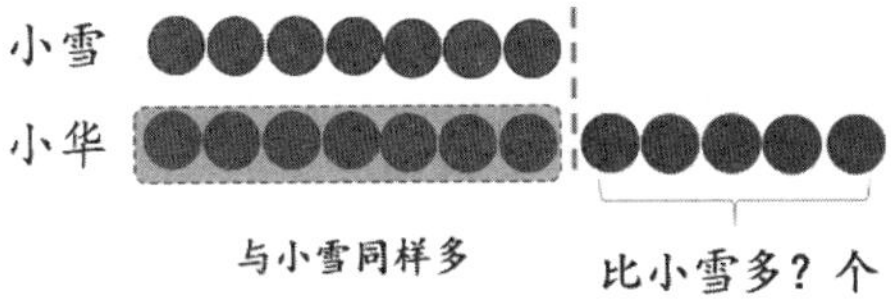

图5.1-31

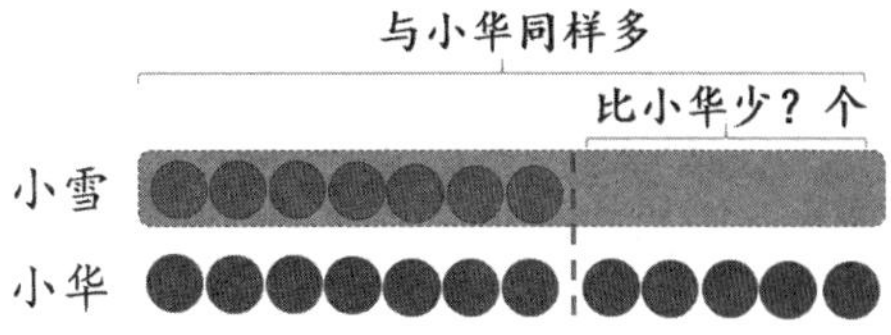

图5.1-32

第三个问题如何解答，也可以与“总分关系”建立联系，结合图示，学生发现“少多少”与“多多少”的数是一样的，列出的算式也可以是12－7＝5。结合图示请学生思考，这里是谁和谁比，同样多的应该是哪一部分呢？引导学生发现这里“小雪套中的个数＋少的个数”就是与小华套中的个数“同样多”的部分，如图5.1-32。

“总分关系”是加减法解决问题的基本数量关系，而“相差关系”是由“总分关系”延伸而来，因此要与总分关系建立起联系。

综合上述的实践研究，把一年级上册的进位加法与一年级下册的退位减法整合成一个单元，并把两个单元的内容进行重构，更好地体现了加减法的一致性与结构化。这样的教学设计给我们启示：在新课程背景下，要用整体性与结构化的视角审视我们现在的教材编排，可以把分布在不同单元中的学习内容进行整体教学设计，使得数学知识在学习过程中更具有结构性，使得学生习得的数学知识也更具有结构性。

# 第二节
## “11的组成和进位加法”教学实践

20以内的进位加法和退位减法是学生今后学习百以内数和万以内数口算的基础，也是学生学习两位数乘法的基础，在计算教学中具有十分重要的作用。在前面的学习中，学生已经认识了20以内的数，会计算20以内的不进位加法，并能熟练地求10加几的和。本次设计将一年级上册的进位加法和一年级下册的退位减法两大内容整合成一个整体，并打破教材原有编排方式，按和是11～18的顺序、运用数的分与合得到进位加法和退位减法，再分别用“凑十法”和“破十法”进行检验。本课时将学习11的组成与和是11的进位加法，通过迁移10以内的加法学习经验，让加法运算与11的分与合建立联系，并用凑十法进行验证，从而掌握和是11的进位加法的算法，理解和是11的进位加法的算理，这样的学习经验，将在后续学习和是12～18的进位加法中不断应用与积累。同时，在这样的学习过程中也渗透了转化思想。基于这样的思考，我们进行了教学实践。

### 一、迁移学习经验，利用加法表征

本课时是20以内的进位加法的第一课时，学生将利用6～10各数的组成的学习经验，学习11的组成。课始，教师出示11个小方块，引导学生有序地分成两份，边操作边记录所有分法，如图5.2-1。引导学生发现11在分与合这个过程中的不变量，进而引导学生

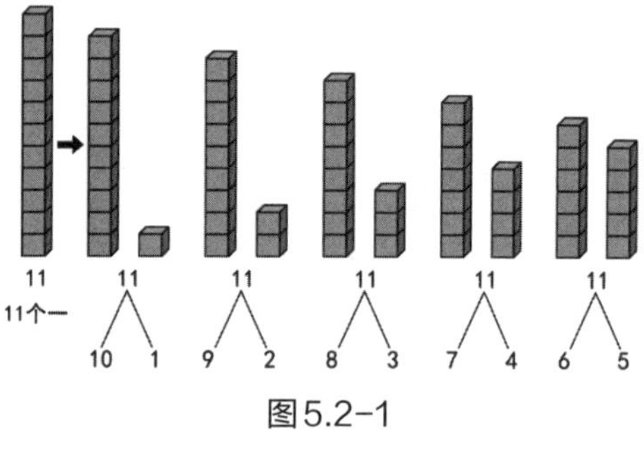

图5.2-1

用加法算式表示其中的组合过程。

**（一）结合操作，记录变化**

教师出示一列小方块，请学生通过数一数发现有11个小方块，并引导学生发现，11由11个一组成。在此基础上，教师进一步追问并提出要求：如果要把这11个小方块分成两份，可以怎么分？请仔细思考，有序地把这些分法记录在学习单上。

教师根据学生回答，从高的一列中逐个取出，再放到右侧，完成11的分。在分的过程中，引导学生利用10以内各数的分与合，说出“11可以分成10和1，11可以分成9和2……”学生口答，教师将板书补充完整（图5.2-1）：（10，1）（9，2）（8，3）（7，4）（6，5）。

**（二）发现不变，多元表征**

请学生有序地读一读11的这些分法，边读边观察这5种分法，思考有什么新的发现。从而引导学生发现：“总数不变，都是11个小方块”，进一步理解总数不变也就是和不变。11个小方块分成两部分，不仅可以用分与合表示，也可以用加法算式表示。

接着请学生说一说剩下的分法都能列成哪些加法算式。学生经过思考后回答，教师板书所有11的加法算式，如图5.2-2。

10＋1＝11，9＋2＝11，8＋3＝11，7＋4＝11，6＋5＝11
1＋10＝11，2＋9＝11，3＋8＝11，4＋7＝11，5＋6＝11

图5.2-2

**（三）观察提炼，简化记忆**

将11的分与合转化成10道加法算式后，请学生多角度观察这10道算式，发现每道算式之间的关系，以便记忆。

先请学生读一读“9＋2＝11”和“2＋9＝11”，同桌讨论，对比两道算式的异同，得出结论：这两道算式交换了两个加数的位置，但和不变。引导学生观察其他几组加法算式是否也存在这样的规律。最后，学生发现竖着看，每组的上下两道算式都只是交换加数的位置，和不变。

教师再请学生读一读图5.2-2第一行的5道算式，学生在读的过程中，体会第一个加数在慢慢变小，第二个加数在慢慢变大，但是和不变。学生带着这个发现，试着将图5.2-2的10道算式整理成一行算式，如图5.2-3。

| | | | | | | | | | |
|---|---|---|---|---|---|---|---|---|---|
| 10＋1 | 9＋2 | 8＋3 | 7＋4 | 6＋5 | 5＋6 | 4＋7 | 3＋8 | 2＋9 | 1＋10 |

图5.2-3

## 二、寻找相互联系，利用凑十解释

在上一环节中，学生已经了解11个小方块不仅可以用分与合表示，还可以用加法算式表示，知道了数的组成和加法算式的联系。通过观察、思考，学生发现每组上下两道算式都只是换了加数的位置，和不变。在此环节中，教师进一步引导学生发现后面的几道算式与“10加几”的联系，并试着转化成10加几的算式，掌握凑十法，理解和是11的进位加法的算理和算法。

### （一）寻找联系，探寻思路

请学生再次观察黑板上图5.2-2的第一行5道算式，思考哪道加法算式能直接说出得数。学生发现：“10＋1＝11”最简单。教师结合计数器（图5.2-4），引导学生体会，在计数器上“10＋1”就是“1个十和1个一”合起来，也就是十一，两者合起来就可以直接说出得数，不用计算。而“9＋2”则是“9个一和2个一”合起来，不能像“10＋1”一样将答案脱口而出，甚至需要思考很长时间，且其他三个算式也是如此。

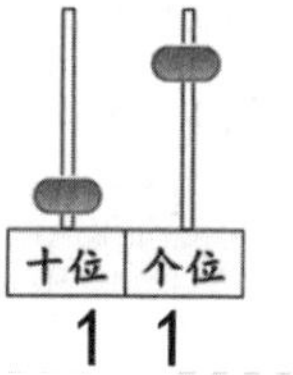


图5.2-4

### （二）采用凑十，转化计算

教师谈话进一步引导学生深入思考：同学们的眼睛都是雪亮的，一下子就把最容易计算的10＋1找出来了，那我们能不能将9＋2转化成10＋1这样的算式，让计算变简单呢？引导学生思考，通过把刚才拿下来的小方块拿回去凑成10，从而得到“10＋1”的模型。

学生先独立在作业纸上尝试圈画，思考如何变化的过程：从右边的2个小方块中圈出1个，移到左边，正好是10个小方块，加上剩下的1个小方块，一共是11个，就是学生们说的最容易计算的那个摆法。

根据学生回答进行记录，板书呈现“凑十法”的模型，如图5.2-5：先把2分成1和1，接着算“9＋1＝10”，最后再算“10＋1＝11”。总结方法如下：1. 圈一圈；2. 移一移；3. 分一分；4. 算一算。通过“四步法”就把新知转化成了旧知，把“9＋2”转化成了“10＋1”进行计算。这种方法在数学上叫作“凑十法”，在这里，就是把“9”凑成“10”，再加上剩下的数。

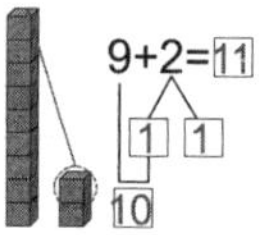


图5.2-5

### （三）利用经验，完善思路

依据“凑十法”，学生独立思考将“8＋3”转化成“10加几”的算式。在作业纸上试着圈一圈，画一画。

学生依据学习经验得出：从右边的3个小方块中圈出2个，移到左边，正好是

10个小方块，加上剩下的1个小方块，一共是11个。就是把3分成2和1，先算8＋2＝10，再算10＋1＝11。根据学生回答教师补充板书（图5.2-6）。

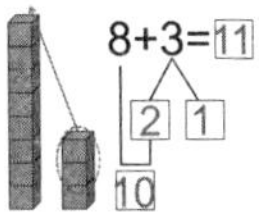

图5.2-6

在此基础上，通过知识的迁移，学生在学习单上独立完成“7＋4”和“6＋5”的转化过程，在学生汇报之后，概括得出“凑十”的四个步骤：“一圈、二移、三分、四算”，方便学生熟练应用。

## 三、分层组织练习，熟练相应加法

通过“一圈、二移、三分、四算”的形式，学生进一步理解了“9＋2”“8＋3”“7＋4”“6＋5”四道算式中“凑十”的过程，掌握了算法。在此基础上，为巩固和是11的进位加法，我们设计了下面三种题型，旨在让学生内化“凑十法”，熟练巩固用“11的组成”联想计算“和是11的进位加法”。

### （一）专项练习，熟练加法

教师出示题组（图5.2-7），先请学生独立计算，完成后校对答案。之后再请学生说一说每组上下两题的关系。

| （1）9＋1＝ | （2）8＋2＝ | （3）7＋3＝ | （4）6＋4＝ |
|---|---|---|---|
| 9＋2＝ | 8＋3＝ | 7＋4＝ | 6＋5＝ |

图5.2-7

通过对比上下两道算式，可以发现上面的算式计算结果都是10，可以辅助计算下面这行和是11的进位加法，从而进一步巩固“凑十法”的方法。

### （二）综合练习，寻找联系

教师出示题目（图5.2-8），填写未知加数的练习。先请学生独立思考，根据学生实际情况分层要求。

在方框里填上合适的数。

8＋□＝11　　□＋6＝11　　2＋□＝11　　7＋□＋1＝11

图5.2-8

对于计算能力较强的学生，可以根据11的组成直接填出□里的数，对于学习有困难的学生，可以指导让他们先“凑十”：比如“8＋□＝11”，先思考“8＋□＝10”，得出是2；再凑11还需要1；得出方框里要填3。再比如“7＋□＋1＝11”，先思考“□＋1＝11”，得出是10；再思考“7＋□＝10”；得出方框里要填3。

通过本题填写未知加数的练习，帮助学生巩固11的进位加法，并为今后学习20以内的退位减法做准备。

### （三）解决问题，体会意义

最后，教师出示如图5.2-9的解决问题，请学生结合图中的文字信息与图示信息，一边填写信息，一边寻找数量关系，最后列式计算。

图5.2-9

解答评析后,再引导学生观察,这11只猴子还可以分成哪两部分?引导学生发现,图片中的猴子还可以分成“树上”“树下”两部分,可以列算式“8+3=11”或者“3+8=11”。为后续多角度解决问题做铺垫。

这是一道半文半图的解决实际问题的练习。学生解决问题前首先要能从中收集相关信息。一年级的学生识字量相对较少,图可以帮助学生大致揣摩文字所想表达的意思。

本课时教学给我们的启示:我们要充分了解学生的学习起点。在学习进位加法之前,学生已经学习了20以内各数的认识及加减法(不进位、不退位)、10以内的加减法。在此之前,学生学习加法的经验都是通过数的组成。虽然教材的进位加法是从“凑十法”引入的,但我们在教学中发现,从数的组成入手对学生来说反而更有熟悉感。同时,我们在第一课时只研究“和是11的进位加法”,学生在“玩”11个小方块的同时,将各种分法渗透其中,与此同时所形成的加法算式也比较自然。这也为下一课时中依据“一图四式”引入退位减法做好了铺垫。

# 第三节
## “11的组成和退位减法”教学实践

20以内的进位加法和退位减法是一年级数学中的一个难点，也是后期学习百以内以及万以内数的口算和笔算的基础。上一课时中，已经学习了11的组成和进位加法，这节课继续利用11的组成和进位加法，学习相应的退位减法。在教学中首先利用11的组成和相应的进位加法，推导出相应的(退位)减法，经历观察、比较，利用数的组成与加法、减法之间的联系，记忆计算结果。再利用破十法进行验证，从而与上一课时构建起11的组成和相应的进位加法、退位减法的整体结构。本课时重点将分与合作为退位减法的计算方法，而退位减法中的“破十法”只作为算理进行验证。同时对于加法和减法的数量关系也用题组的形式进行了联系，带着这样的思考，我们进行了教学实践。

### 一、迁移学习情境，解决新的问题

学生在回顾上一课时11的组成和相应的进位加法的基础上，利用数的组成和加减法的关系，“想加做减”写出相应的减法算式，并通过寻找数的组成、加法与减法之间的纵横联系，从结构化的视角初步记忆被减数是11的退位减法。

#### (一) 回顾学习，提出问题

为了与上一课时构建起11的组成和进位加法、退位减法的整体结构，课始，教师引导学生对上一课时的知识进行回顾，如图5.3-1：11的分与合，利用分与合列出了对应的五组加法算式，并用“凑十法”进行

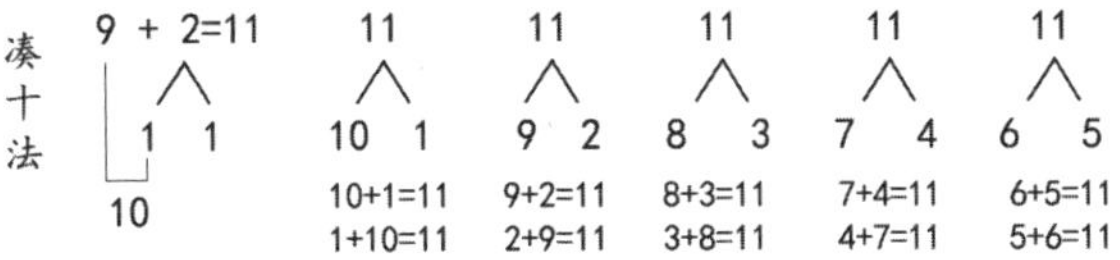


图5.3-1

了验证。在此基础上,引导学生继续思考:根据11的分与合,除了可以写出加法算式以外,还可以写出什么算式呢?

**(二)迁移经验,减法表征**

教师引导学生从第一组分法入手,思考根据11分成10和1这种分法,可以想到哪些减法算式,并且让学生说一说是如何联想到这些算式的。学生能快速得出"11－1＝10,11－10＝1"这样两道减法算式,并说出是通过把10＋1＝11这个算式"想加做减"得出减法算式。

学生回答后教师再出示学习任务:同桌两人把剩余四组减法算式互相说一说,有选择地请几组同桌进行反馈,同时教师再根据学生回答进行板书,如图5.3-2。

11－10＝1,11－9＝2,11－8＝3,11－7＝4,11－6＝5
11－1＝10,11－2＝9,11－3＝8,11－4＝7,11－5＝6

图5.3-2

**(三)观察分析,发现差异**

在学生说出剩下的减法算式后,教师提问:为什么刚才同学们都能这么流畅地说出这些减法算式呢?你有什么小技巧或者规律吗?

经由教师引导,学生汇报发现:竖着观察每一组减法算式,发现被减数都是11,减数和差交换了位置。根据学生回答,教师适当引导提问:被减数11在加法算式中是什么?减数与差在加法算式中又是什么数呢?学生回答后小结得出:和－加数＝另一个加数。

横着观察第一行减法算式,发现被减数都是11,减数越来越小,差越来越大;第二行减法算式中,被减数都是11,减数越来越大,差越来越小。根据学生的回答,教师小结得出:被减数不变,减数越大,差越小;减数越小,差越大。

## 二、利用位值意义,探究减法算理

在位值制的背景下,用"破十法"归纳退位减法的计算方法,进一步理解退位减法的算理。在教材中也提供了"破十法"和"想加做减法"这两种计算方法,通过对比优化,发现"破十法"和"想加做减"的优点和缺点,加深学生对减法算理和算法的理解。

**(一)依据联系,想加做减**

教师出示"9＋2＝11"并提出问题:看着这个算式,你能说出余下的三个算式吗?教师提问:同学们为什么这么快就能说出余下算式啊?(因为已经有一道加法算式在了。)像这样根据加法算式来计算减法算式,也就是——(想加做减。)教师根据学生回答板书。

同桌互相出一道和是11的加法算式,请同伴说出另一道加法算式和两道减法算式。通过这样的小游戏,巩固11的组成与退位减法。同时也是对“想加做减”这一方法的巩固。

根据学生回答,教师进行小结:通过“想加做减”,可以更容易记住减法算式,我们只要记住一道加法算式,就能快速地联想出这道加法算式所对应的减法算式,就是用和减去一个加数,等于另一个加数。

**(二)还原情境,破十验证**

教师引导学生从记忆到计算的转变,请学生说一说:如果计算,哪一组算式最方便?学生指出是“11－10＝1,11－1＝10”这一组,从而引导学生利用数的组成来思考:11由1个十和1个一组成,在计数器的十位和个位上分别用一颗珠子表示1个十和1个一。结合计数器让学生理解11－10就是减去十位上的一颗珠子也就是1个十,11－1就是减去个位上的一颗珠子,也就是1个一,如图5.3-3。

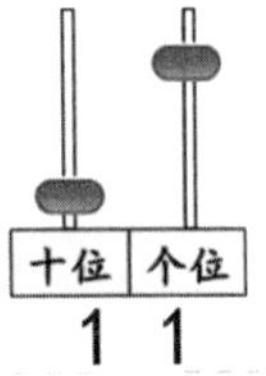

图5.3-3

同时教师进一步提出问题:如果让你用计数器来表示11－2,那么应该怎么拿珠子?还可以向之前一样直接拿吗?让学生理解,个位上只有一颗珠子,“－2”就是要拿走两颗珠子,个位上不够拿,需要向十位借。而十位上的一颗珠子表示1个十,需要把它转化成10个一。把计数器和我们的小方块图联系起来,感知“破十”的必要性,如图5.3-4。

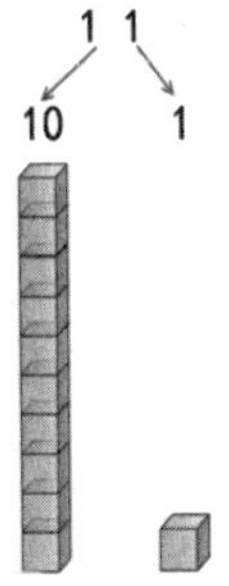

图5.3-4

教师结合图示,引导学生思考:“11－2”这减掉的2个小方块该怎么拿最方便?(直接从10个里拿走2个,最方便。)再让学生结合图示说一说,“11－2”可以怎么减?学生通过计数器感知位值的意义,知道了个位上不够拿,需要从十位上的一颗珠子入手,十位上的这个“1”表示的是1个十,也就是10个一,从而明白需要把11分成个位上的“1个一”和十位上的“10个一”。同时教师可以板书“11分成10和1”。为了快速计算出结果,先从10里面减掉2,再把剩下的8和个位上的1相加,得到结果是9。

依据学生回答“11－2”“11－3”,教师结合图示演示过程,把过程进行记录,形成图5.3-5,并概括这种方法叫“破十法”。最后指出这类减法计算题叫作“退位减法”。

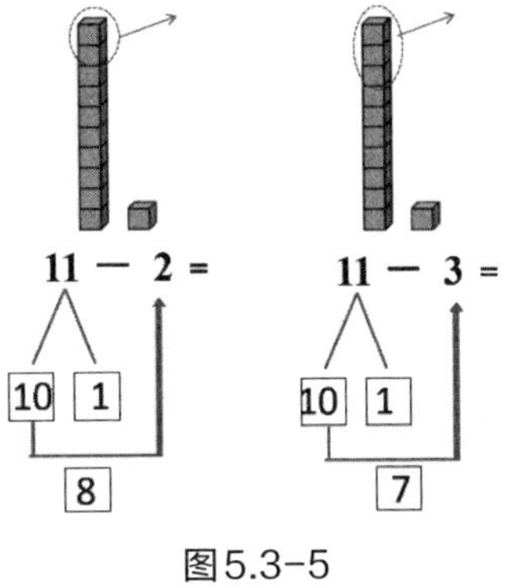

图5.3-5

**(三)依据经验,推理记录**

在一起探究了“11－2”“11－3”的算理之后,让学生用“破十法”计算其他几个减法算式并体会计算思路。教师出示学习任务:在学习单上通过圈一圈,算一算的活动，探究11－8，11－7，11－6的算理。

教师请学生观察展示的答案，说一说11－8的计算过程。学生汇报：先把11分成10和1，再算10－8＝2，最后算1＋2＝3。教师进一步追问，为什么要用“10－8”？学生回答：10减8比11减8计算简单。教师提问：这个10是从哪里来的？学生回答：个位上的1减8不够减，从11里面分出来的。教师再依次请学生说一说11－7和11－6的转化过程，如图5.3-6。

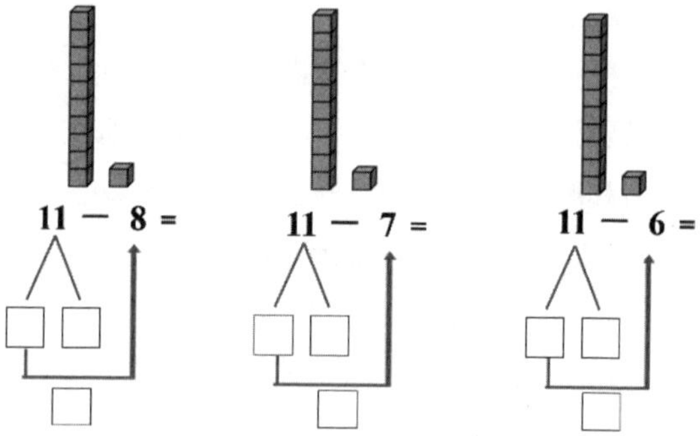

图5.3-6

依据学生回答，教师小结：在计算退位减法时，还可以用“破十法”，即先分成10和几，再计算10减几，最后用1去加得到的结果。教师进一步请学生观察黑板上的五组算式，请学生说一说两种减法的计算方法，更喜欢哪一种，为什么。学生比较后发现，“想加做减”更加简单。可是当忘记加法算式时，“破十法”虽然复杂，却一定能计算出结果。

最后依据学生回答，教师小结：“破十法”中每道退位减法的计算思路是一样的，但要进行两步计算。“想加做减”只要一步就可以完成了，但是要把进位加法记得很熟练，两种方法各有优劣。

## 三、分层组织练习，熟练减法计算

在学生掌握“破十法”和“想加做减”的基础上，教师出示以下三个题组，由浅入深，学生在练习中进一步理解退位减法的算理。

### （一）题组计算，寻找联系

以四组简单的算式为基础，让学生寻找加法算式、减法算式以及加减混合算式之间的联系。本题的设计主要是为了促进学生对知识和经验的迁移，即能把加法以及加减混合运算的知识点迁移到被减数是11的退位减法。渗透转化以及分类的思想，让学生能够对新旧知识形成完美的衔接，系统地理解“破十法”以及“想加做减法”的算理和算法。

教师出示题组（图5.3-7），学生独立完成。反馈时先校对答案，然后请学生对上面这四组算式进行分类。学生发现(1)(2)可以归为一类，(3)(4)可

| | | | |
|---|---|---|---|
| (1) 10－2＋1＝ | (2) 10－7＋1＝ | (3) 3＋8＝ | (4) 6＋5＝ |
| 11－2＝ | 11－7＝ | 11－3＝ | 11－6＝ |

图5.3-7

以归为一类。为什么这样分呢？依据学生回答：第一类其实就是用“破十法”计算；第二类可以通过“想加做减法”计算。

从学生作业来看，学生对于被减数是11的退位减法计算还是较为熟练的，但是在进行分类和发现其中规律时，却只有少部分学生能发现并表述出“破十法”和“想加做减”。因此，在后续学习中教师需要多注重学生发现问题并加以表述的能力。

**（二）填写结果，融合联系**

通过以下类型的三组算式，深化学生对“想加做减”的理解。学生运用“想加做减”解决三个题组，进一步掌握11的退位减法的算法。感知加减法之间互逆的关系，知道可以用加法算式来验证减法算式。

教师出示题组（图5.3-8），学生独立完成。汇报得数后引导学生竖着观察这三组算式，说一说有什么发现。学生观察后发现：每一组算式方框里的得数都一样。依据学生回答，教师小结：7＋(4)＝11，11－7＝(4)，利用“想加做减法”可以简单地解决这类问题。

| | | |
|---|---|---|
| 7＋□＝11 | 8＋□＝11 | □＋6＝11 |
| 11－7＝□ | 11－8＝□ | 11－6＝□ |

图5.3-8

**（三）解决问题，体会意义**

这是一道半文半图的解决问题。结合文字以及图示，提升学生寻找信息的能力，通过简单的分析，构建数量关系解决问题，最后通过加法算式对结果进行验证。学生初步感知解决问题的步骤：阅读理解—分析解答—验证反思。

教师出示图5.3-9，先让学生读题，并且说一说知道了什么。学生通过读题发现王阿姨一共要包11个汤圆，通过图片数一数，已经包好了6个汤圆。教师再次追问：求还要包几个，该如何计算呢？引导学生理解，已知整体，要求部分的量，需要用减法，教师根据分析，列出算式“11－6＝5”。

王阿姨一共要包11个汤圆，已经包好了□个，还要包几个？

□○□＝□(　　)

图5.3-9

依据学生回答，教师追问：这样计算正确吗？该如何来验证一下呢？学生表述：还要包的5个加上盘子里的6个，合起来就是11个汤圆，和原来的一样。教师小结：对于像这样的减法问题，我们可以利用加法进行验证。

本课时的教学给我们启示：教学目标的设定和习题的选择一定要充分遵循学生的年龄特点和知识储备，在此之前学生已经学习了11的组成和进位加法，对于“一图四式”和“想加做减”也有涉及。因此在教学设计的时候，可以为学生设立合理的学习情境，让学生通过旧知识的迁移，去理解和探索被减数是11的退位减法，构建起11的组成和相应的进位加法、退位减法的整体结构。虽然“破十法”是本课时需要突破的难点，但在教学过程中不难发现，学生更喜欢运用“想加做减”来进行计算，因此在教学中，教师可以引导学生对于“破十法”和“想加做减”进行对比优化，让学生意识到“破十法”中每道退位减法的计算思路是一样的，但要进行两步计算；“想加做减”只要一步就可以完成了，但是要把进位加法记得很熟练，两种方法各有优劣。

# 第四节
## “12的组成和进位加法、退位减法”教学实践

前面两课中，我们从11的组成，推算出“和是11的进位加法”“被减数是11的退位减法”，与“10以内数的组成和相应的加减法”的学习过程保持一致，即从数的组成中，推算出相应的加法与减法。基于这样的经验，本课时从12的组成出发，分别推算出相应的进位加法和退位减法的算式与结果，并分别用“凑十法”与“破十法”进行验证。基于这样的思路，我们进行了教学实践。

### 一、迁移学习经验，形成新的加减

依据数的分与合，可以写出相应的加法算式和减法算式。凭借这样的经验，我们可以结合12的分与合，整体写出相应的加法算式和减法算式，并通过纵横观察，比较与分析，整体记忆相应的加法与减法。

#### （一）创设情境，有序分解

教师出示一列小方块，先请学生估一估有几个，再通过数数验证。数数时，数到十短暂地停一停，做上记号，再接着数11、12，体会12是由12个一组成的。

教师提问：如果要清楚地看出是12，最好怎么做呢？我们可以按顺序继续往下分吗？

引导学生先将12分为10和2，再依次说出其他有关12的分与合，学生一边说，教师一边写（如图5.4-1），最后全班一起读、一起记来加深12的分与合的印象，为后续的学习打下坚实的基础。12的分成有4组进位加法的形式，对于一年级学生来说，还是需要一定的时间来记忆的。

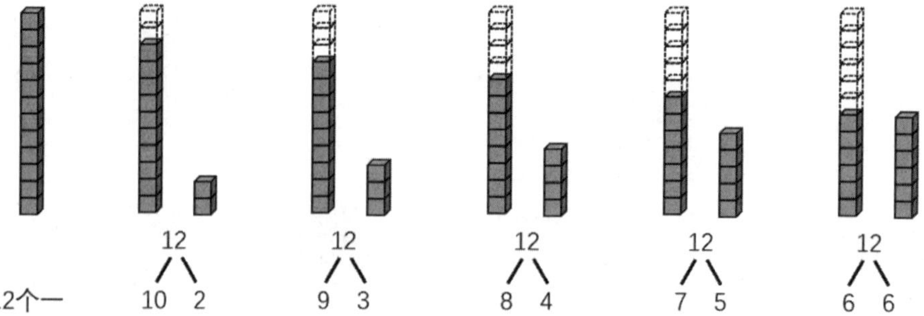


图5.4-1

**（二）加法表征与减法表征**

学生通过对板书的观察与思考，发现小方块的总数是不变的，上图中显示的都是12的分与合。教师让学生用闭上眼睛再来说一说的方式体悟数之间的联系。接着请学生挑战：用12可以分成10和2这个分法来写相关的加法算式和减法算式，如图5.4-2。第一个组合汇报完毕后，请学生按组认领一个12的分与合，将其改写成加法算式和减法算式。学生在思考后回答，教师板书所有的加减法算式。这一环节对于学生而言并不陌生，10以内数的组成已经学过了。改写的过程其实是又一次巩固12的分与合的过程，同时将12的组成与加减法算式再次加以关联。

加法
10＋2＝12，9＋3＝12，8＋4＝12，7＋5＝12，6＋6＝12
2＋10＝12，3＋9＝12，4＋8＝12，5＋7＝12

减法
12－10＝2，12－9＝3，12－8＝4，12－7＝5，12－6＝6
12－2＝10，12－3＝9，12－4＝8，12－5＝7

图5.4-2

**（三）纵横比较，探寻联系**

接着，请学生观察图5.4-2中加法的第一行，以从左向右读加法算式的方式，引导学生将加法算式有序排列，到了6＋6＝12的时候，提出问题：接下来该读哪一个了呢？试着让学生自己找到加法算式的变与不变：第一个加数在逐渐变小，第二个加数在逐渐变大，但是和不变。

依据发现加法算式规律的经验，学生能够快速地说出第三行减法算式的规律：被减数不变，减数在不断变小，差在不断变大。

横向对比完成后，再让学生思考纵向的加减法之间的内在联系。以10＋2＝12这一组算式为例，先读一读4道加减法算式，再说一说自己的发现：每一个算式中的数都相同——都是10、2和12，减法算式中的减数或者差就是加法算式中的加数，被减数就是加法算式中的和。根据学生的回答，放手让学生具体说一说其他几组“一图四式”之间的关系。尝试以“保留其中一个算式，说出其他三个算式”的小游戏，了解学生的掌握情况。从实际情况出发，引导学生发现通过加法算式做减法会比通过减法算式做加法来得更加容易,体会“想加做减”的优势。

## 二、依据位值意义,结合经验验证

在前面两课时的学习过程中,学生已经接触了“凑十法”和“破十法”,初步理解了加减法算式的算理。在本环节中,我们将以这两种方法对上述环节中的加减法进行验证,互通两种方法之间的联系。

### (一) 利用凑十法,验证加法

教师引导学生提出问题:同学们,刚才在分12的时候,为什么你们首先想到的是10和2呢?学生指出:因为10是一个很特殊的数,如果我们在计数器上表示10,可以在十位上画一个圈;表示2可以在个位上画两个圈,如图5.4-3。

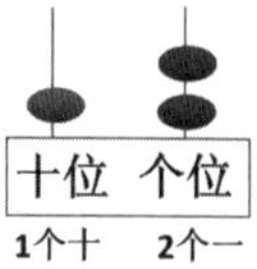

图5.4-3

教师追问:如果是9和3呢?学生发现“9+3=12”难以直观地在计数器上进行展示,但是之前学过的“凑十法”能更好地解释其中的原理。教师根据学生的回答,进行板书演示,先将3分为1和2,由1先加9,再通过10加2计算出最终的结果,如图5.4-4。引导学生发现1+9=10,再加2正好再次回到了计数器上的10和2,将计数器与“凑十法”联系起来,感知“凑十法”的必要性。

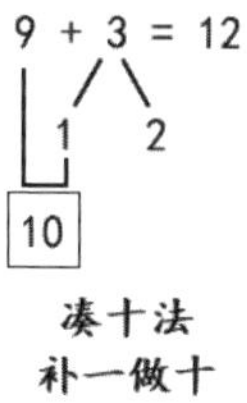

图5.4-4

在探究了“9+3=12”之后,请学生进一步观察“8+4=12”,尝试用“凑十法”的方法验证“8+4”是否等于“12”。

最后,根据学生的回答,教师小结:当用“凑十法”验证的时候,我们发现凑十后,算式都变为了“10+2=12”。

### (二) 利用“破十法”,验证减法

教师进一步引导学生对被减数是12的退位减法算理的思考:看来和是12的加法算式都可以用“凑十法”验证,那么减法算式呢?它又该如何进行验证呢,计数器可以吗?

计数器展示:拨好12,然后个位上拿掉两颗珠子就代表12−2,十位上剩下的1颗珠子就代表10,也就是12−2=10;也可以从十位上拿走1颗珠子代表12−10,个位上的两颗珠子代表2,也就是12−10=2。但是其他的减法算式却不能够直接从个位上减去,因为不够减。

学生进行观察、思考,利用被减数是11的退位减法进行猜想:其他的减法算式用“破十法”可能会更加直观。依据这样的猜想,请学生以“12−3”为例,叙述“破十法”计算的过程:将12分成10和2,先算10−3=7,再算7+2=9(如图5.4-5)。依据这样的思路,请学

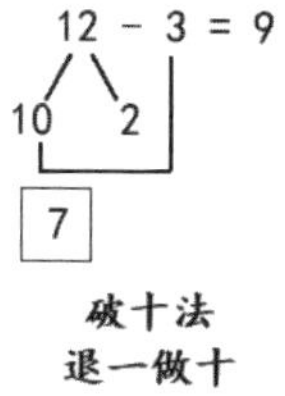

图5.4-5

生独立运用"破十法"计算"12－6"。

教师小结：在减法算式中，个位不够减向十位"借一作十"后，先减再加，将较难理解的退位减法转化成10以内的加减法。

### （三）比较验证，统一思路

20以内的进位加法和退位减法在计算时分别用到了"凑十法"和"破十法"这两种计算方法，虽然"凑十"与"破十"正好相反，但是又有相同的地方：都与十位上的"1"有关。

为让学生发现这一规律，进一步引导学生观察图5.4–4与图5.4–5，请学生说一说它们有什么相同的地方。学生观察后发现，都与十位上的"1"有关，进位加法中是个位"满十进一"，退位减法中则是"退一作十"。

在本课时中，把前面两课时中的"凑十法"与"破十法"安排在一起，以题组的形式让学生分别计算与比较，可以发现相同的本质——即"计数单位"的转化。

## 三、分层组织练习，熟练加减计算

通过上述两个环节，首先由12的分与合，写出"和是12的进位加法"与"被减数是12的退位减法"，在此基础上再分别用"凑十法""破十法"进行计算验证。这样的学习经历，是建立在前两课时学习经验的基础之上的。通过下面的练习，我们可以把这些加减法计算纳入数的组成的范畴之中，并结合具体情境进行适度应用。

### （一）题组计算，感受联系

教师出示题组（图5.4–6），请学生独立完成。要求一边计算一边思考：每一个题组的算式有什么相同的地方？

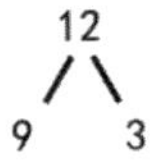


| | | | | |
|---|---|---|---|---|
| （1） | 9+3= | 3+9= | 12-3= | 12-9= |
| （2） | 8+4= | 8+□=12 | 12-4= | 12-□=4 |
| （3） | 7+5= | ______ | ______ | ______ |
| （4） | 6+6= | ______ | ______ | ______ |

图5.4–6

学生完成后校对评析。指出每一组题目中的三个数都相同，都与12的分与合有关。根据学生的概括，教师在每一组题的前面加上相应的12的分与合，然后依据相应的分与合，直接说出对应的算式。

### （二）寻找联系，列成表格

教师整体出示上两课时中的"和是11的进位加法"与"被减数是11的退位减法"，并把它们列成两行，如图5.4–7。请学生读一读，再找一找规律，然后把本课

| | | | | | | |
|---|---|---|---|---|---|---|
| 9+3= | ______ | ______ | ______ | ______ | ______ | ______ |
| 12-3= | 12-4= | ______ | ______ | ______ | ______ | 12-9= |

图5.4–7

时学习的“和是12的进位加法”与“被减数是12的退位减法”也列入其中，形成如图5.4-7的加法表与减法表。

随着20以内的进位加法和退位减法学习内容的增加，逐步整理成计算表格，可以更好地从数的组成的视角，沟通、寻找它们之间的内在联系。

**（三）解决问题，体会意义**

学习计算的目的是为了解决问题，在这几个课时的学习中，由于计算的新知学习内容较多。因此，在前面几个环节中学习的都是纯计算，在这一个环节中安排一道相应的解决问题，让学生体会学习计算的价值。

图5.4-8

教师出示如图5.4-8的半图半文的信息，再出示两个算式：8＋4＝12，12－4＝8。请学生寻找图示中的相关信息，口头编出问题。依据每个数据的含义，在算式上板贴出相应的数量关系，形成如图5.4-9的板书。然后请学生找一找它们之间有什么联系，又有什么区别。学生发现这三个数的含义没有变，只是已知的信息和求的问题发生了变化。

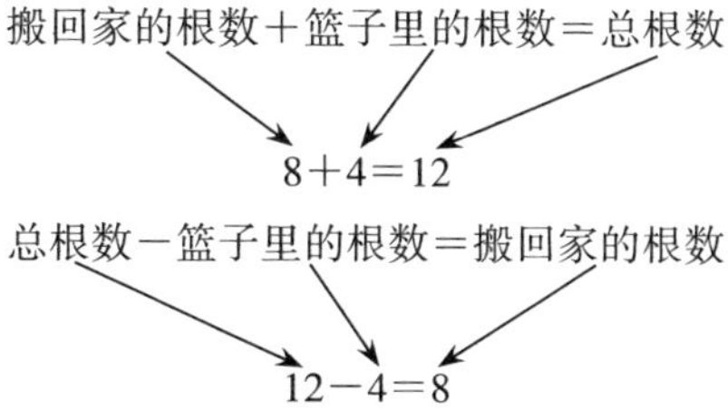


图5.4-9

最后，教师请学生自己创设情境，依据这两个算式编一编题目，先同桌互相说一说，再请一名学生进行反馈。让学生感受任意一个加法等式或减法算式，都可以对应于许多个不同的解决问题。

本课时的教学给我们启示：数学的学习经验是一个不断积累与完善的过程。在这样的过程中，可以把原来独立的学习逐步形成相互联系的一个整体，并进一步把新旧知识纳入相同的结构，真正体会到数学学习的阶段性与整体性。

# 第五节
## “多种角度收集信息解决问题”教学实践

前面三课时中，结合11和12的分与合，推算“和是11或12的进位加法”，以及“被减数是11或12的退位减法”，并分别用“凑十法”与“破十法”进行验证。本课时中，利用这些计算经验，从“多种角度收集信息”来解决问题。由于之前已经学习过相应的加法和减法，因此，在列出数量关系用加法解决问题的基础上，可以让学生交换其中的信息和问题，提出用减法解决的数学问题，从而进一步体会加法数量关系和减法数量关系的内在联系，利用这种联系，可以检验解答是否正确。在练习巩固阶段，同时复习相应的进位加法和退位减法，进而提出与本课时有关的解决问题。带着这样的思考，我们进行了教学实践。

### 一、依据具体问题，多元获取信息

依据图示，学生提出数学问题“一共有多少人”。带着这个问题，引导学生从不同角度收集信息，进而用不同方法解决问题，并通过不同方法的对比分析，形成多元选择信息解决数学问题的思路。

#### （一）结合图示，提出问题

出示情境图（图5.5-1），请学生说一说从图上看到了哪些数学信息，可以提出怎样的数学问题。当学生提出问题“一共有多少人”时，继续追问：解决这个问题需要知道什么？可以用什么方法帮助解决？引导学生在图中找到所需要的信息，比如男生人数和女生人数，前排人数和后排人数等，并能选择正确的方法列式计算。

图5.5-1

**（二）依据信息，自主解答**

请学生结合练习纸第1题的提示（图5.5-2），自主选择信息，并解决问题。

圈一圈：我把总人数分成（　　）和（　　）；
数一数：（　　）有（　　）人，（　　）有（　　）人。
列一列：（　　）○（　　）＝总人数
算一算：□○□＝□（人）

图5.5-2

这一情境，学生主要围绕两个角度思考（图5.5-3）：一是把总人数分成男生人数和女生人数两部分，通过把男生人数和女生人数合起来的方法计算出总人数，即男生人数＋女生人数＝总人数，列出算式4＋7＝11（人）；二是把总人数分成前排人数和后排人数两部分，前排有6人，后排有5人，依据前排人数＋后排人数＝总人数，列出算式6＋5＝11（人）。

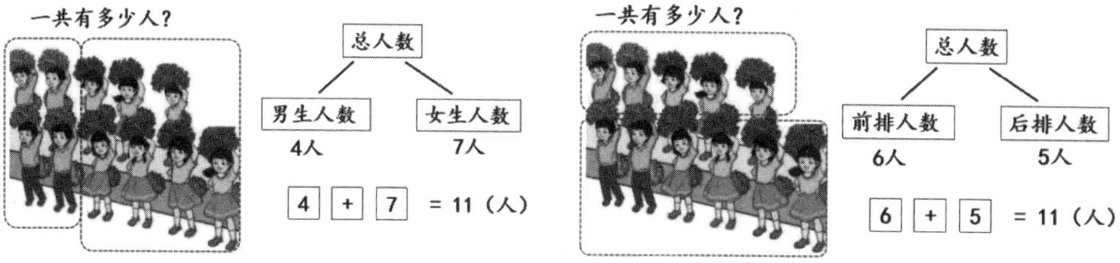


图5.5-3

两种方法呈现后，请同桌两人选择不同的方法，互相说一说你是用什么方法求解“一共有多少人”的。这一轮同桌互说，既是对不同角度收集信息解决问题的落实，更是对用不同方法解决问题的巩固。

**（三）交流评析，形成思路**

每个学生都和同桌互相汇报后，请学生比较：这两个算式有什么相同的地方？学生回答：得数相同。教师进一步追问：为什么得数相同呢？学生指出：都是在求一共有多少人。教师再追问：可是两个算式不同，这两个算式都对吗，为什么？学生指出，它们都是把两个部分合起来，第一个算式用“男生人数＋女生人数＝总人数”，第二个算式用“前排人数＋后排人数＝总人数”。最后，教师进一步提问：为什么同一幅图片、同一道题目，却列出了两个不同的算式呢？学生回答后，教师概括：因为寻找信息的角度不同，并板书课题：多种角度收集信息解决问题。

本题依据图示自主寻找信息解决问题，是建立在学生已经有了寻找信息用加法解决问题的基础上，每个学生只选择其中一种方法解决问题，再交流评析各自不同的方法，体会交流互动的必要性。

## 二、交换问题信息，完善数量关系

学习了从多种角度收集信息解决问题后，改编题目信息：已知图片中的总人数是11人。教师列出一个减法算式，引导学生依据图示，提出一个用“11－4”解决的减法数学问题，感知分量和总量之间的关系。

### （一）逆向思考，自主提问

教师再次呈现主题图和新的信息——总人数是11人，如图5.5-4，并且板书“11－4”。请学生思考：算式中的每个数各表示什么意思？算出来的得数表示什么？学生回答后尝试根据算式提出一个数学问题。教师请学生先独立思考，然后在练习纸第2题（图5.5-4）上圈一圈，和同桌说说自己的想法。

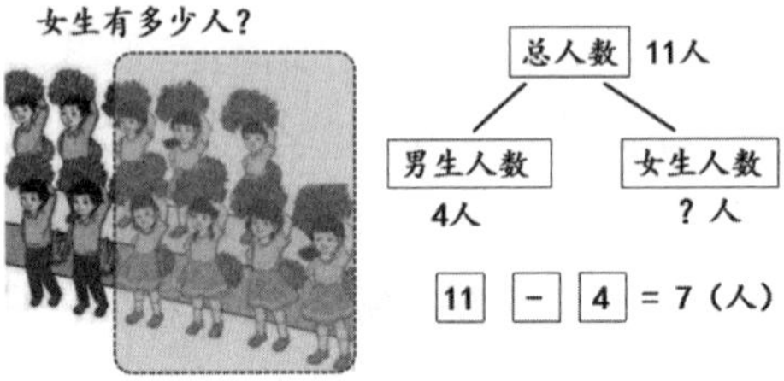

图5.5-4

汇报时引导学生这样思考：“11”表示男生和女生的总人数是11人，男生有4人，要求女生有多少人。总人数－男生人数＝女生人数，列式为11－4＝7（人），所以这个算式求的是“女生有多少人”。

### （二）评析比较，发现联系

接着，请学生对比观察4＋7＝11和11－4＝7这两个算式，这两个算式中都有4、7、11，同时“4”代表男生人数，“7”代表女生人数，“11”代表总人数，但是这三个数的位置发生了改变。“11”是第一个算式中的和，但在第二个算式中“11”是被减数，不过都表示“男生和女生的总人数”；“4”在第一个算式中是加数，在第二个算式中是减数，但都表示“男生人数”；“7”在第一个算式中是加数，在第二个算式中是差，但都表示“女生的人数”。教师进一步总结：无论是加法算式还是减法算式，每一个数所表示的意义都是一样的，但是在每一个算式中的名称却不同。

### （三）依据经验，再次验证

请学生根据6＋5＝11这个算式，在练习纸第3题上写一道减法算式，并在图中圈一圈，如图5.5-5。

汇报时请学生说一说写的算式是什么，怎么圈的，请学生根据自己所写的算式，提出一个数学问题。这里存在两种可能：若算式是11－5＝6，则表示总人数有11人，去掉后排的5人，计算得到的是前排的6人。若算式是11－6＝5，则表示总人数有11人，去掉前排的6人，计算得到的是后排的5人。

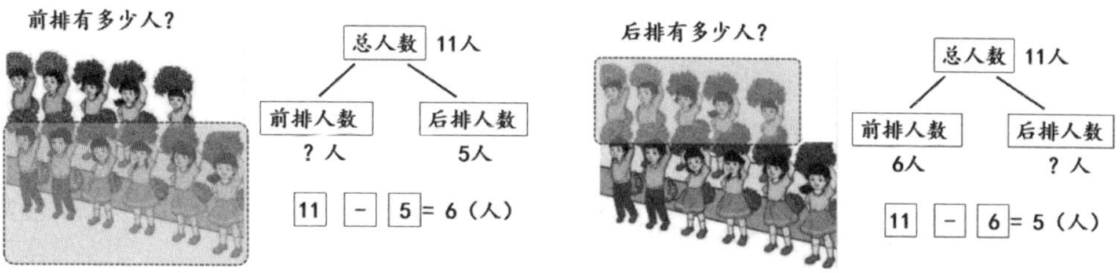


图5.5-5

得到两个减法算式之后，请学生观察加法和减法算式的区别和联系：每个算式中都有11、5、6，“11”表示总人数，“5”表示后排人数，“6”表示前排人数。又一次验证：每个数所表示的意义相同，但是他们在算式中的名称不同。

## 三、分层组织练习，构建学习结构

学生学习了从不同角度收集信息、提出数学问题，进而用不同方法解决问题。在梳理新知的基础上，分层组织练习，积累选择信息解决数学问题的学习经验。

### （一）模仿练习，提问解答

教师出示图5.5-6，请学生按照“圈一圈——圈出找到的分量信息；数一数——数出每个分量的数量；列一列——口头列出数量关系；算一算——列算式解答”这样的思路独立完成，然后校对评析，说说算式中每个数的含义。

图5.5-6

评析后改编题目信息：如果图片中已经知道总人数是12人，请提出一个用减法解决的问题，并在练习纸第4题(图5.5-6)中圈一圈，再按照上述思路列出算式。

### （二）计算练习，巩固技能

这就是我们学习的多种角度收集信息解决问题，细心的同学会发现，在解决这种类型的问题时，都离不开列出算式并计算。

教师请学生完成练习纸第5题(图5.5-7)，并横向观察，各行算式的特点。学生回答：第一行都是加法算式，且和是11，另外两行都是减法算式，被减数都是11。

| | | | |
|---|---|---|---|
| 9+2= | 8+3= | 7+4= | 6+5= |
| 11−9= | 11−8= | 11−7= | 11−6= |
| 11−2= | 11−3= | 11−4= | 11−5= |

图5.5-7

教师提问：如果老师想知道这里有几道算式，你准备怎么解决？学生回答：4+8=12，教师请1名同学说一说这里的4、8、12分别表示什么，请另一名同学圈一圈。

教师请学生思考：这里有12道口算题，每道题目都需要我们背记出答案吗？学生回答：不用，只要记加法就可以了。可以根据“想加算减”，得出减法算式的答案。教师提问：一共是12道题目，其中的8道减法不用背记，那么只需要记几道加法算式呢？请学生列式。

教师改编数据，如图5.5-8，请学生用刚刚的发现算一算。

| | | | |
|---|---|---|---|
| 9+□=12 | 8+□=12 | 7+□=12 | 6+□=12 |
| 12−□=3 | 12−□=4 | 12−□=5 | 12−□=6 |
| 12−□=9 | 12−□=8 | 12−□=7 | |

图5.5-8

学生校对订正后，教师追问：这一轮题组里面一共有多少道题目呢？教师请学生列式计算，反馈后质疑：现在怎么少了一道算式呢？原来6+6=12的两个加数是一样的，只能写一道减法算式。

**（三）算用结合，体会联系**

教师出示一组信息（图5.5-9），并请学生挑选信息，编一道题目。学生从不同的角度编题，可以编加法算式，也可以编减法算式；编加法算式可以从白兔和灰兔这个角度进行编题，也可以从左边和右边这个角度进行编题，还可以从贴星和不贴星这个角度进行编题。编减法算式，可以从已知总量和其中一个分量，求另外一个分量这个角度进行编题。学生完成后反馈，教师评析。

①白兔6只
②左边3只
③灰兔6只
④贴★4只
⑤右边9只
⑥不贴★8只

图5.5-9

本课时的教学给我们的启示：我们要充分了解学生的学习起点。在此之前，学生已经可以根据图片信息解决一些简单的加法或减法问题，也能够依据图示写出一图四式。但是对于同一个问题，从不同的角度进行思考却是第一次，它需要获取不同角度的信息，同学们还比较陌生。从不同角度收集信息解决加法问题作为切入点，交换其中的信息，提出用减法解决的问题，在体会加法数量关系和减法数量关系内在联系的同时，加深对多种角度收集信息解决问题方式方法的理解。

# 第六节
## “反叙解决问题”教学实践

在之前学习的表示“总分关系”的数量关系中，都是“正叙关系”解决问题。以哨子情境为例，如“原来的哨子数＋新增加的哨子数＝现在一共的哨子数”或者“原来的哨子数－拿走的哨子数＝剩下的哨子数”。而本课时中的数量关系，则是反叙的数量关系，即“领走的哨子数＋剩下的哨子数＝原来的哨子数”。为此，需要引导学生结合具体操作。加深对直观图示与关键词的理解，体会反叙解决问题的基本特征，并能够改变其中的信息与问题进行检验，完善与丰富加法和减法的数量关系体系。带着这样的思考，我们进行了教学实践。

### 一、分析关键词，建立数量关系

学生已经理解加法的本质是合并，但如何顺利得出数量关系呢？需要运用具体操作、直观图示等多元表征，让学生理解题目中信息与问题之间的关系，真正体会“原来”的样子，并在重点理解关键词的同时帮助建立数量关系，在丰富的情境中凸显反叙。

图5.6-1

#### （一）梳理信息，提出问题

课始，教师出示图5.6-1，请学生说一说图中有哪些信息。教师依据学生的回答，板书图中的相关信息并板贴直观图示，如图5.6-2。

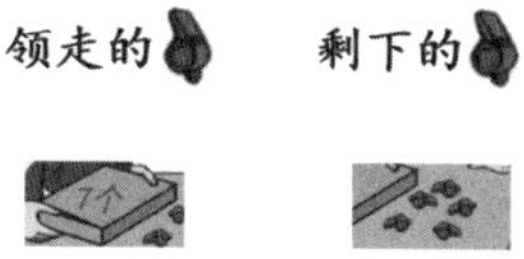

图5.6-2

接着，教师要求学生根据已知信息提出问题。学生一般会提出：一共有几个哨子？教师追问：这里的“一共”是什么时候的“一共”？学生发现“一共”是还没有领走之前的，再进一步讨论，提炼并完善关键问题“原来有多少个哨子”，板贴“原来的哨子”后打上问号，如图5.6-3。教师提问：你知道“原来”是什么意思吗？你会用一个动作表示“原来”的意思吗？当学生说出原来就是把领走的再拿回来时，教师做拿回来的动作。

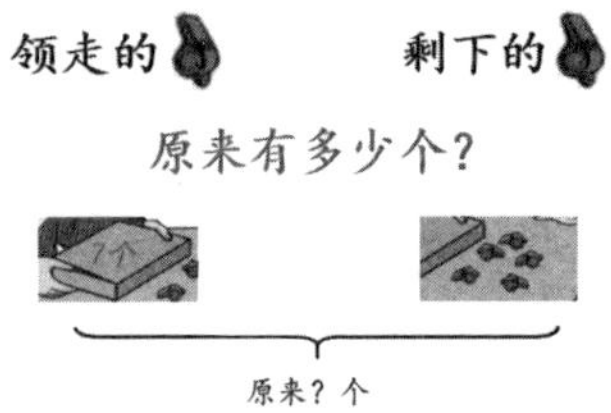

图5.6-3

**（二）画图分析，解决问题**

教师再次质疑：我们并不能一眼就看到领走了几个哨子，你有没有什么办法，能又快又清楚地表示出领走的哨子呢？学生提出可以将领走的哨子一个一个画下来，但一个一个画哨子太麻烦了，学生产生用一个图形来代替哨子的需求。教师板贴7个圆，提问：你们想的是这样的办法吗？谁知道这些圆表示什么吗？引导学生发现：用1个圆表示1个哨子，7个圆就表示7个领走的哨子。接着，板贴5个三角形，想一想，这5个三角形又表示什么呢。学生指出：5个三角形就表示5个剩下的哨子。教师进一步追问：原来的哨子在哪里呢？结合学生的回答和动作，教师自然地画上大括号，清楚地表示出领走的部分和剩下的部分合在一起，就是原来的总数，如图5.6-4。

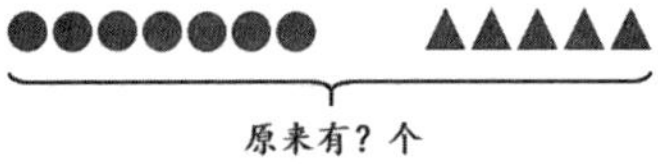

图5.6-4

教师请学生比较图5.6-4中的图示与图5.6-3中的图示，说一说有什么区别。通过讨论，让学生认识到图5.6-3的图示是从图5.6-1中直接剪切下来的实物图，图5.6-4是示意图。

最后依据示意图，请学生列式解答。完成后请学生说一说原因，并根据学生的回答把文字信息与问题完善成数量关系，如图5.6-5。

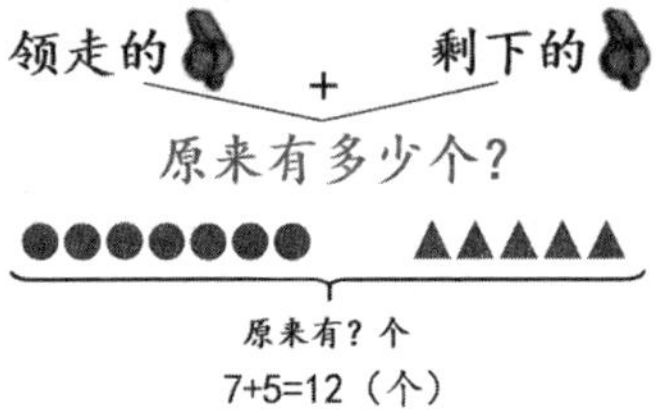

图5.6-5

本课时的解决问题，是学生第一次画示意图分析数量关系。因此，在教学中，特别注重让学生比较直观图与示意图之间的区别与联系，经历示意图的抽象过程。

**（三）丰富情境，凸显反叙**

接着，教师将其中的一个信息改编为“领走了8个哨子”，问：现在剩下的哨子还有几个？学生指出：剩下的哨子还有4个。请学生根据新的信息画出示意图，再列式解答，完成后反馈评析，形成如图5.6-6的图示与解答。再请学

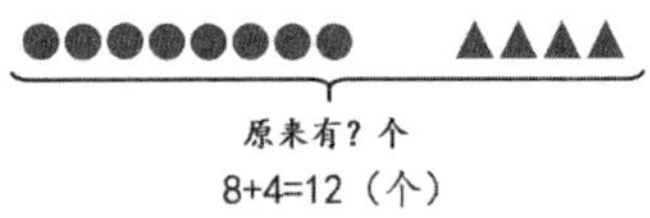

图5.6-6

生比较图5.6–5与图5.6–6中的两次解答，说一说有什么相同的地方与不同的地方。学生比较后发现“原来的哨子数”不变，领走的多了，剩下的就少了。通过观察变与不变，渗透函数思想。

最后，教师呈现4个同样运用反叙关系来解决的问题，如图5.6–7。请学生找一找四个问题的共同点，学生发现四个题目都在求“原来的数量”，而且都是由“去掉的部分”和“剩下的部分”组成，凸显了题目共同的特点，即都用反叙关系来解决问题，教师顺势板贴课题。

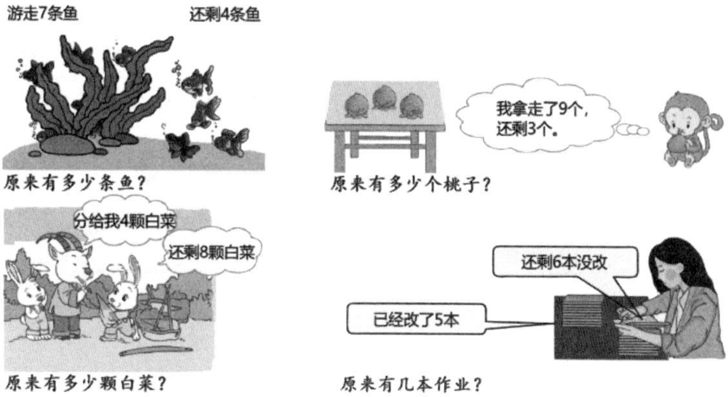


图5.6–7

## 二、改编解决问题，完善数量关系

在进位加法和退位减法整体设计的背景下，在学习了用加法数量关系解决问题的基础上，进一步学习用减法数量关系解决问题。通过情境变式，把问题与信息交换得到新的问题，从示意图进行理解，并对照比较，从而沟通加法和减法解决问题之间的联系。

### （一）情境变式，自主提问

出示“原来有12个哨子”这个条件和2条有关“领走的哨子”和“剩下的哨子”的信息，请学生选择其中一条信息，改编成数学问题。一般情况下，学生会选择已知领走的哨子，去求剩下的哨子。教师顺势引导：刚才我们知道了领走的哨子，要求还剩几个。我们还可以将什么作为已知条件？学生得出还可以把剩下的哨子作为已知条件，求解领走的哨子，如图5.6–8。

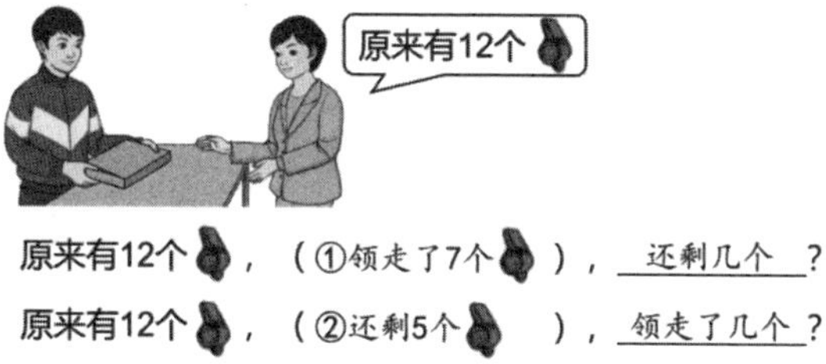


图5.6–8

提出两个问题后，请学生分析这两个问题的特点。学生发现：第一个问题是已知原来的个数和领走的个数，求剩下的个数；第二个问题是已知原来的个数和剩下的个数，求领走的个数。

**（二）组合图示，自主解答**

接着，同桌合作，各完成其中的一题，要求先画示意图，再口头列出关系式，最后列式解答，将图式进行联系、比较，确定符合加减法意义的算式。请学生指着示意图说一说它们分别表示题目里的哪个信息或问题，教师依据学生回答在示意图上标出信息，并在对应的问题上打上问号，如图5.6–9。

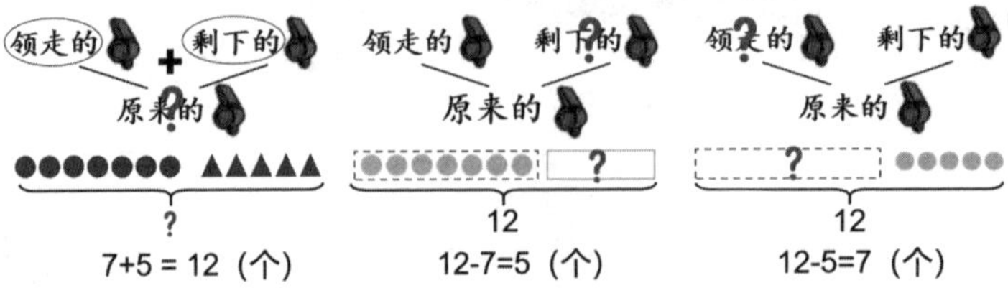


图5.6–9

**（三）评析比较，发现联系**

纵横对比三道解决问题，如图5.6–9，说一说有什么相同的地方和不同的地方。学生发现都是关于“领走个数”“剩下个数”“原来个数”这三个量之间的关系，但是已知的信息与问题发生了变化。

从选取条件到提出问题，对于一年级学生而言，这是一个“质的飞跃”，学生只有对数量关系非常熟练才能娴熟地进行变式。在这样的练习过程中，学生再次感受到“原来的哨子”“领走的哨子”“剩下的哨子”三者之间的变与不变。这一设计也与前期“一图四式”相互照应，引导学生发现这和我们学习10以内数的解决问题方法其实是一样的。

## 三、分层组织练习，构建学习结构

通过题组练习帮助学生回忆“一图四式”之间的联系，利用模仿练习自主尝试反叙还原，区分用加法和减法解决问题的不同意义，并在“想加做减”中感受反叙，巩固相关的计算。

**（一）题组计算，寻找联系**

学生自主完成题组练习，通过进位加法和退位减法有关的计算练习，巩固和是11和12的进位加法，以及相应的退位减法的计算。

出示图5.6–10中的三个题组，思考这四个题目之间有什么秘密。能不能利用这个秘密快速完成本题，并用这样的

| | | | |
|---|---|---|---|
| (1) 8+4= | □+□=□ | 12-□=□ | □-□=□ |
| (2) 9+2= | ______ | ______ | ______ |
| (3) 4+7= | ______ | ______ | ______ |

图5.6–10

经验写出余下的两组题目。提前完成的学生可以思考:除了这个方法能快速算出得数,你还能用“凑十法”和“破十法”来计算吗? 帮助学生回忆两种计算方法,巩固算理,并在计算时再次感受四个算式之间的联系。

**(二)赋予意义,算用结合**

教师出示情境(图5.6-11),师生共同梳理信息,请学生选择两条信息,提出可以用其中的一个算式解决的问题。

**信息** ①大家吃了5个 ②还剩下6个 ③原来有11个

**算式** 5+6=11(个) 11-5=6(个) 11-6=5(个)

我选择的算式是:________。(　　),(　　),________?

图5.6-11

学生完成后反馈,教师适当补充,如图5.6-12。如学生编题:我选择了第一条和第二条信息,大家吃了5个鸡蛋,还剩下6个鸡蛋,原来有几个鸡蛋? 请学生用手势表示哪个算式可以解决这个问题,并解释原因。在为大部分学生提供提出问题的示范后,学生尝试自主提问,分享汇报自己所选的算式和所提的问题,师生共同验证算式和问题是否相对应。

我选择的算式是:11-5=6(个)。(③原来有11个),(①大家吃了5个),还剩几个?

我选择的算式是:11-6=5(个)。(③原来有11个),(②还剩下6个),吃了几个?

我选择的算式是:5+6=11(个)。(①大家吃了5个),(②还剩下6个),原来有几个?

图5.6-12

**(三)模仿练习,巩固策略**

教师出示已经分掉一部分的贴纸,问学生从图中知道了什么。学生发现已经分掉了8个贴纸,还剩4个贴纸,可以求原来有多少个贴纸。学生自主列式,说清楚为什么这样列式,并总结出数量关系:分掉的贴纸+剩下的贴纸=原来的贴纸。再次回到算式8+4=12(个),请学生编写出两道减法算式,分别是12-8=4(个)和12-4=8(个),教师提问:如果要用12-8=4(个)这个算式来解决问题,我们可以编怎样一道题呢?

通过请学生编题分析算式各部分的意义,从而得出减法的数量关系:原来的贴纸-分掉的贴纸=剩下的贴纸。接着,学生尝试改编问题,使这个问题恰好能用12-4=8(个)这个算式来解决,并解释这样改编的原因。最后,师生共同总结三个数量关系,如图5.6−13。

本课时的教学给我们启示:通过反叙还原求总数,并在此基础上学习求部分数的方法,学生通过示意图理解数量关系,同时也是对11、12进位加法和退位减法计算的巩固。由于把加法和减法放置在同一课时中组织教学,解决问题所用的数量关系也具有了结构性。在本课时中,结合具体操作、直观图示和关键词的理解等多个角度,体会反叙解决问题的基本特征,再将问题与信息进行交换得到新的问题,沟通加法和减法解决问题之间的联系。这样设计也消除了原先按教材上只有加法,学生不加思考就用加法,没有深入思考与分析的弊端。

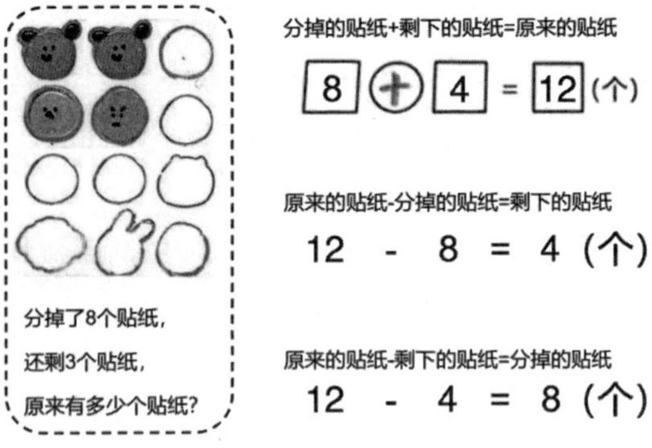


图5.6−13

# 第七节
## “13、14的组成和进位加法、退位减法”教学实践

本课时是“基于数的组成学习‘20以内的进位加法和退位减法’”第二单元的第一课时，学习的内容主要是有关13、14的进位加法和退位减法。与第一单元的相应内容比较，本课时中有两组数的组成以及相应的进位加法与退位减法。如何充分利用上一个单元的学习经验，正确计算13、14相关的加减法，并与原有的20以内的进位加法和退位减法一起整体梳理，构建已经学习的20以内的进位加法和退位减法的计算表，利用规律进行记忆？如何通过有层次的练习提升学生的运算能力？带着这样的思考，我们进行了教学实践。

### 一、迁移学习经验，获得新的加减

基于数的组成学习20以内的进位加法和退位减法，学生已经有了相应的学习经验。因此，首先整体展示11、12的组成与相应的进位加法和退位减法的学习过程，通过猜想引出本课时的学习内容，再利用已有学习经验，整体展示13、14的组成和相应的加减法。

#### （一）回顾学习，进行猜想

教师整体展示11、12的组成和相应的进位加法、退位减法的学习过程，如图5.7-1，引发学生回顾11、12的学习，感受由数的分与合得到相应的进位加法和退位减法的学习过程。接着对图中的内容进行横向、纵向对比，找到共同点以及相应规律，让学生在复习旧知的同时，再次回顾学习方法，并能把方法迁移到本课时的学习中。

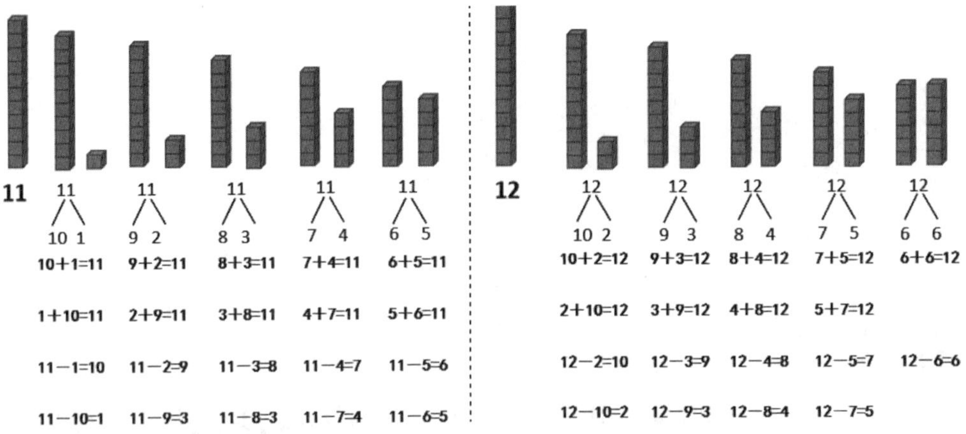


图5.7-1

回顾旧知后，请学生猜想：这节课我们要学习什么呢？引导学生从20以内数的顺序推理得出，本节课将学习13、14的组成以及进位加法和退位减法。

**（二）迁移经验，写出组成**

在观察比较时，学生对于之前的内容以及学习方法已经有了充分的理解与记忆，所以在学习本课时的内容时，可以用同样的方法学习新的知识，即：分一分得到数的组成，列一列得到加法算式，变一变得到减法算式。

教师提问：你能像这样把13、14分一分吗？学生口述小方块的分法，教师课件演示。接着请学生结合小方块的分法，说一说13、14可以分成几和几。教师根据学生回答，将13、14的组成进行板书，如图5.7-2。

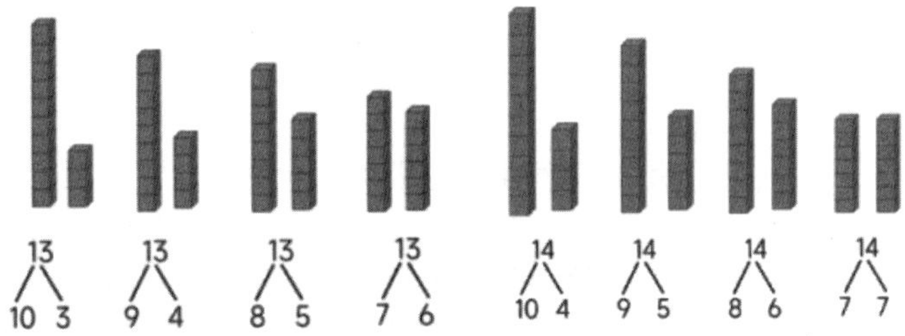


图5.7-2

学习经验是可以在相同的情境中迁移的。将之前11、12分与合的经验迁移到13、14的分与合，可以迅速得到13、14分与合的结果。

**（三）依据组成，学习加减**

通过观察和对比黑板上小方块的分法和13、14的分与合，引导学生发现小方块的数量保持不变，总数13和14也保持不变。接着请学生尝试使用“13可以分成10和3”这一分法，编写相关的加法算式和减法算式。在第一个组合汇报完成后，要求学生按组认领一个13和14的分与合，并将其改编为两道加法算式和两道减法算式，即“一图四式”。

学生思考后作出回答，教师板书所有加减法算式，如图5.7-3。这一环节对学生而言并不陌生，因为在之前的学习中已有所接触，而改写的过程实则是对13、14组成的再次巩固，同时将13、14的组成和加减法算式进一步进行关联，加深对数的组成的理解。

| | | | |
|---|---|---|---|
| 10+3=13 | 9+4=13 | 8+5=13 | 7+6=13 |
| 3+10=13 | 4+9=13 | 5+8=13 | 6+7=13 |
| 13−3=10 | 13−4=9 | 13−5=8 | 13−6=7 |
| 13−10=3 | 13−9=4 | 13−8=5 | 13−7=6 |
| 10+4=14 | 9+5=14 | 8+6=14 | 7+7=14 |
| 4+10=14 | 5+9=14 | 6+8=14 | |
| 14−4=10 | 14−5=9 | 14−6=8 | 14−7=7 |
| 14−10=4 | 14−9=5 | 14−8=6 | |

图5.7-3

## 二、寻找多种联系，熟练加减运算

在学习11、12的组成和相应的进位加法、退位减法时，学生已经从纵向和横向两个维度寻找了算式的规律，这对于本课时的学习有着非常重要的作用。引导学生从“想加做减”的方法过渡到“数的组成”，用数的组成得出计算结果，并能用“凑十法”和“破十法”对计算结果再次进行验证，从而找到加减法的本质。

### （一）纵向比较，关联记忆

纵向比较时，教师引导学生运用“凑十法”“破十法”等方法来验证四个算式，学生发现，知道了加法算式的结果，就可以算出减法的结果，只需要掌握其中一个算式，便可推导出其他三个算式。实际上，这四个算式均能回归到数的组成，只需明白数的分与合，便可轻松写出这四个算式。

以“10＋3＝13”这一组算式为例：每个算式均有相同的数——10、3和13，也就是说，加法和减法算式也表示了13的分与合。同样地，通过“保留其中一个算式，让学生说出其他三个算式”的小游戏，让学生依据其中的一个算式推导出另外三个算式。再次引导学生发现：只要依据数的分与合，就能快速按“一图四式”写出两道加法算式和两道减法算式。

### （二）横向比较，发现变化

在完成纵向对比后，引导学生横向观察加法算式，说一说和是13的加法算式有什么规律。通过从左至右排列的加法算式，引导学生自主发现加法算式的变与不变。通过这种方式，学生直观地发现，第一个加数逐步减小，第二个加数逐步增大，而和保持不变(图5.7-3的第一行)。接着，再请学生观察第二行加法算式，与第一行比较，又有什么相同的地方与不同的地方？学生发现第二行与第一行的变化情况正好相反，但上下两题的和是相等的，所以可以合起来，删去第二行，得到如图5.7-4的和是13、14的两行进位加法的算式。

| | | | |
|---|---|---|---|
| 13 | 9+4 | 8+5 | 7+6 |
| 14 | 9+5 | 8+6 | 7+7 |

图5.7-4

接着，用同样的方式请学生依次观察第三行和第四行的减法算式的变化规律，学生发现第三行的被减数不变，减数依次增加，差依次减少；第四行则是被减数不变，减数依次减少，差依次增加。在找到两组规律后，教师进一步追问：这两行中的上下两个减法算式是否可以合并成一个呢？学生讨论后发现不能。因为被减数不变，减数和差交换位置，是两个意思不同的算式。依据学生的回答，教师按照被减数不变，进行重新编排，得到如图5.7–5的两行退位减法式子。

| | | | | | | |
|---|---|---|---|---|---|---|
| 13 | 13–4 | 13–5 | 13–6 | 13–7 | 13–8 | 13–9 |
| 14 | 14–5 | 14–6 | 14–7 | 14–8 | 14–9 | |

图5.7–5

**（三）纳入结构，感知规律**

和是13、14的进位加法表以及被减数是13、14的退位减法表的概括，是建立在和是11、12的进位加法以及相应的被减数是11、12的退位减法的学习基础之上的。因此，把之前已经学习的进位加法和退位减法分别合并起来，如图5.7–6。请学生说一说有什么发现。学生观察后发现，加法算式中和是11、12的进位加法个数相同，和是13、14的进位加法个数相同，而且和越大，进位加法的个数越少。观察退位减法后发现，被减数越大，退位减法的个数越少。

| | | | | | 9 | 8 | 7 | 6 | 5 | 4 | 3 | 2 |
|---|---|---|---|---|---|---|---|---|---|---|---|---|
| 11 | 9+2 | 8+3 | 7+4 | 6+5 | 11–2 | 11–3 | 11–4 | 11–5 | 11–6 | 11–7 | 11–8 | 11–9 |
| 12 | 9+3 | 8+4 | 7+5 | 6+6 | 12–3 | 12–4 | 12–5 | 12–6 | 12–7 | 12–8 | 12–9 | |
| 13 | 9+4 | 8+5 | 7+6 | | 13–4 | 13–5 | 13–6 | 13–7 | 13–8 | 13–9 | | |
| 14 | 9+5 | 8+6 | 7+7 | | 14–5 | 14–6 | 14–7 | 14–8 | 14–9 | | | |

图5.7–6

## 三、组织分层练习，熟练加减运算

通过整体感知进位加法表和退位减法表，提升学生基于数的分与合，进行有意义记录加减法计算结果的能力。但是，还需要引导学生用已经学习的“凑十法”与“破十法”进行验证，并结合具体情境利用新知识解决问题。

**（一）题组计算，巩固算理**

教师出示如图5.7–7的题组，请学生按照“凑十法”和“破十法”的基本图示，完成计算，余下的两道题目请学生分别模仿前两题的计算方法，自主记录思考过程。

在评析第3题时，展示学生的两种不同的凑十法，如图5.7–8，请学生说一说有什么相同的地方与不同的地方。学生指出都是用“凑十法”，第一种方法是把较大的数分一分，

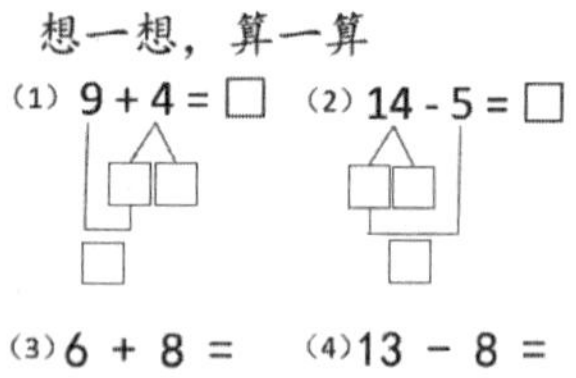


图5.7–7

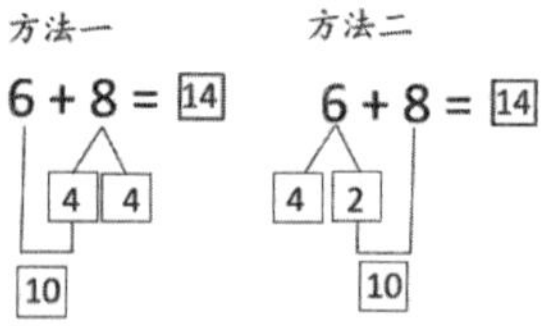


图5.7–8

第二种是把较小的数分一分。教师进行总结，两种方法都可以，但是用第二种方法更加简捷。

**（二）举一反三，形成结构**

教师引导学生把完成的四道题目归一归类，把它们分成两类。学生自然地把它们分成加法和减法这样两类。接着教师请学生再依据已知的算式进行联想，说一说又可以想到哪些算式。依据学生的回答，得到如图5.7-9的四类算式。

| (1) | (2) | (3) | (4) |
|---|---|---|---|
| 9+4=13 | 14-5=9 | 6+8=14 | 13-8=5 |
| 4+9=13 | 14-9=5 | 8+4=14 | 13-5=8 |
| 13-9=4 | 9+5=14 | 14-8=6 | 8+5=13 |
| 13-4=9 | 5+9=14 | 14-6=8 | 5+8=13 |

图5.7-9

接着，再请学生进行归类，此时，学生把第1题和第4题归为一类，因为它们都是关于13的分与合得到的进位加法和退位减法；第2题和第3题归为一类，它们都是关于14的分与合得到的进位加法和退位减法。

最后，请学生想一想，13、14的分与合得到的进位加法和退位减法除了以上两组外，还有哪几组？再请学生说出依据“13可以分成6和7”“14可以分成7和7”说出对应的加法算式与减法算式。

**（三）解决问题，体会意义**

本课时中重点是学习有关13和14的进位加法和退位减法。在经历多轮学习掌握新学习的进位加法和退位减法的基础上，请学生利用新知解决问题。

教师出示图5.7-10，请学生独立完成后反馈评析，要求按照之前总结的“一找：找一找信息与问题（口答）；二画：画一画示意图；三列：列一列数量关系（口答）；四算：列式解答”进行解答。

图5.7-10

在此基础上，教师请学生把其中的问题改为已知信息，把其中的一个信息改为问题，把题目重新编一编，和同桌互相说一说，再指定1名学生口答。

本课时的教学给我们启示：数学知识的学习是有结构的。本课时中“和是13、14的进位加法”与“被减数是13、14的退位减法”的学习，是迁移了“和是11、12的进位加法”与“被减数是11、12的退位减法”的基础上学习的。因此，在教学时，可以先回顾原有的学习内容与学习过程，在此基础上再进行猜想本课时需要学习的内容。在学习之后，又与旧知形成学习板块，为后续进一步学习相关的数学知识——和是15～18的进位加法、被减数是15～18的退位减法的学习提供了新的学习基础与学习经验。

# 第八节

## “15～18的组成和进位加法、退位减法”教学实践

本课时是“基于数的组成学习‘20以内的进位加法和退位减法’”第二单元的第二课时，学习的内容主要是有关15～18的进位加法和退位减法。上一课时中对于计算表有了初步的整理，学生对于数表的规律有了一定的感知。本课时在此基础上通过已学习的数表规律，完善20以内的进位加法和退位减法的计算表，引出15～18的进位加法算式，再通过数的组成、“想加做减”等方法，以“一图四式”的形式补充15～18的退位减法算式。接着使用“凑十法”“破十法”对算式结果进行验证，同时也对数表规律进行了完善。加减数表各自对比、相互对照，加深学生对“进位”和“退位”的理解。学生的表述、操作、练习，也是对20以内的进位加法和退位减法进行有规律地记忆的过程。基于以上的设想，我们进行了教学实践。

### 一、依据加法数表，完善加法运算

依据已经学习的11～14加法数表中数的变化规律，迁移出和是15～18的进位加法，并用“凑十法”进行验证，从而完善了加法数表。

#### （一）列出表格，指出规律

| | | | | | |
|---|---|---|---|---|---|
| 11 | 10 + 1 | 9 + 2 | 8 + 3 | 7 + 4 | 6 + 5 |
| 12 | 10 + 2 | 9 + 3 | 8 + 4 | 7 + 5 | 6 + 6 |
| 13 | 10 + 3 | 9 + 4 | 8 + 5 | 7 + 6 | |
| 14 | 10 + 4 | 9 + 5 | 8 + 6 | 7 + 7 | |

图5.8-1

教师出示图5.8-1，并指出这是我们按照数的组成学习的和是11～14的加法数表，请学生横着读一读的同时说出算式的答案，读完一行并提问有什么发现。经过教学实践表明，学生能够回答：横着看，每一行的第一个加数从10开

始慢慢变小，且每次减1；第二个加数慢慢变大，且每次加1；和不变且同一行内算式的和都相等。以行为单位，从上往下看，每行的和从11到14在不断变大且每次加1；以列为单位，每一列的第一个加数不变，第二个加数慢慢变大且每次加1，和也慢慢变大且每次加1。

**（二）顺应规律，完善表格**

教师进一步出示表格空白部分，学生根据规律对新出现四行算式的得数进行推测，并请学生按规律填写出算式，补完表格。

教学实践表明，学生能够通过自主发现数的规律，自然而然地推导出表格剩余四行的得数，也能把表格中具体的算式补全，如图5.8-2。

| | | | | | |
|---|---|---|---|---|---|
| 11 | 10 + 1 | 9 + 2 | 8 + 3 | 7 + 4 | 6 + 5 |
| 12 | 10 + 2 | 9 + 3 | 8 + 4 | 7 + 5 | 6 + 6 |
| 13 | 10 + 3 | 9 + 4 | 8 + 5 | 7 + 6 | |
| 14 | 10 + 4 | 9 + 5 | 8 + 6 | 7 + 7 | |
| 15 | 10 + 5 | 9 + 6 | 8 + 7 | | |
| 16 | 10 + 6 | 9 + 7 | 8 + 8 | | |
| 17 | 10 + 7 | 9 + 8 | | | |
| 18 | 10 + 8 | 9 + 9 | | | |

图5.8-2

**（三）想加做减，列出减法**

教师把这几个新出现的算式排列在黑板上，请学生根据加法算式写出对应的另一个加法算式和两个减法算式，教师在黑板上板书，把15～18的进位加法和退位减法有序排列并进行区分。先以“9＋6＝15”为例，请学生单独回答，并询问学生是如何根据一个算式得出其他三个算式的。在教学实践中发现，因为有前几课时的学习经验，学生能够快速地说出其他的三个算式。但是由于一年级学生语言的局限性，对于方法的归纳还不到位。学生可能会说把三个数交换位置再进行排列，这只是对于“一图四式”的算式表象进行了说明。教师需要稍加引导，帮助学生回忆起之前学习中同样用到的方法，即回到最开始的数的组成思考。按照这样的方法请学生把剩下的算式都列完，如图5.8-3。

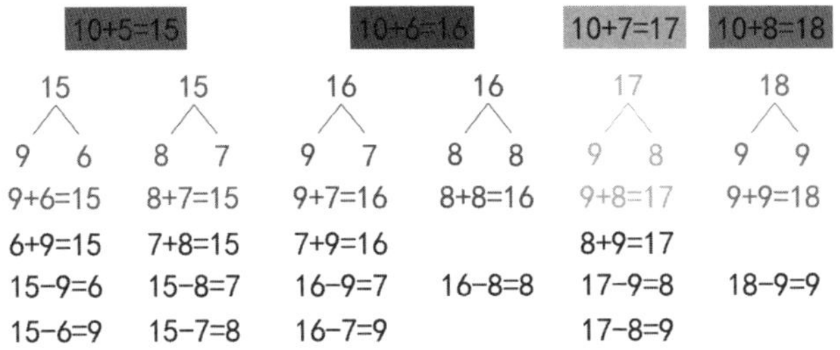


图5.8-3

## 二、利用活动经验,多元表征算理

学生结合表格规律,利用数的组成列完15～18的进位加法和退位减法的算式,通过计算,对算式的结果进行验证。在验证的过程中进一步感受进位和退位,也能够进一步巩固数的组成和它的应用。

### (一)利用凑十,验证加法

在之前的学习中,学生已经有了用“凑十法”验证进位加法的经验,所以可以直接请学生对第一个算式“9＋6＝15”进行验证,指定1名学生示范。学生表述后可以重复说一说,教师板演记录过程,为后续归纳进位加法的结构做铺垫。

接着同桌之间互相说一说剩下的算式如何验证,以生生互相纠正、教师个别指导的形式,让学生利用具体的例子再次巩固“凑十法”的思路。

请学生观察所验证的加法算式和上面的“10加几”的算式有什么区别。受上一个教学环节的影响,学生容易回答:验证的算式都用了“凑十法”进行计算,“10加几”则可以直接得出答案。接着请学生思考:为什么这些算式需要用到“凑十法”？利用计数器进行辅助教学。引导学生发现验证的算式在计算时个位和个位相加已经超过了十,个位不够了就把凑成的十往前一位进一,即“满十进一”,这就是我们所研究的进位加法。师生一起总结20以内进位加法的规律,并写出计算的基本结构,如图5.8-4。

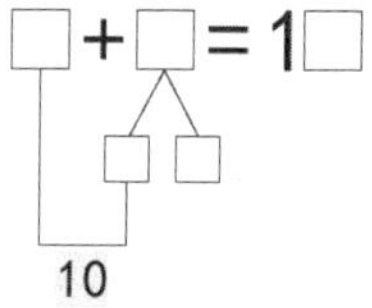


图5.8-4

### (二)利用破十,验证减法

通过之前的学习,学生已经有了用“破十法”验证退位减法计算结果的经验。与上一环节的步骤相同,先请学生以“15－9＝6”为例,说一说“破十法”的计算过程。教师板演验证的过程,在直观展示计算过程的同时,也为学生后续的表述提供支架。

接着,以同桌互说、互评的形式快速完成剩余几个算式的验证。最后,师生共同概括“破十法”的思维过程:不管是哪个算式,都是从10里面减去减数,用余下的数加上个位上的数得到计算结果。

本环节着力再现“破十”的过程,让学生深刻地感悟退位减法的算理,并为后续概括退位减法的基本结构做铺垫。

### (三)利用组成,形成结构

学生已经可以根据数的组成想到两个加法算式和两个减法算式,而且它们可以互相转换,即通过其中的一个算式可以衍生出其他三个算式,如图5.8-5。

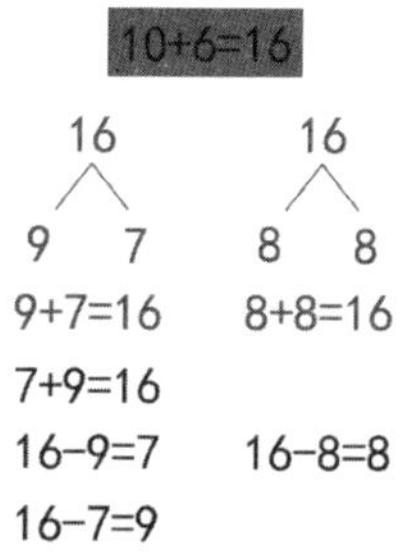


图5.8-5

教师对算式以及分与合的图片进行遮挡，学生可以通过仅有的一个已知算式与结果，说出其他几个算式与结果。在学生能够举一反三的基础上，提问记住哪一个算式最方便。

学生一致认为记忆加法中的一个算式最为简单。由此可见，学生对于“一图四式”类型的学习，已经形成以数的组成为基本结构的加减法的计算方法。

## 三、分层组织练习，熟练加减运算

在验证算式、认识算理后组织分层练习，通过不同形式不同难度的题组对算理进行巩固，从而熟练加减运算。

### （一）利用联系，题组计算

挑选本节课新学的算式，分成进位加法和退位减法两组，如图5.8-6。

| | | | |
|---|---|---|---|
| （1）8+9= | 9+8= | 17−8= | 17−9= |
| （2）8+7= | 7+8= | ______ | ______ |
| （3）8+8= | | ______ | |
| （4）9+9= | | ______ | |

图5.8-6

先请学生独立完成题组计算，巩固和是15～18的进位加法以及相应的退位减法的计算。集中反馈第一小题后，学生已明确加法和减法算式之间的联系，通过模仿顺利地在横线上补充相应的减法算式。

本题的设计意图在熟练巩固“一图四式”，同时在计算练习的同时回忆数的组成，熟练记忆和是15～18的进位加法与退位减法，再次感受加减法之间的互逆关系。

### （二）综合练习，寻找联系

使用本课时新学习的、且上题没有出现过的算式进行挖空改编（图5.8-7）。先独立完成第一行，再请学生介绍所使用的计算方法，让其在多种方法中自主感受，选择认为最方便的一种方法完成第二行对应的题目。

| | | | |
|---|---|---|---|
| 9+□=15 | 15−□=6 | 15−□=9 | □−6=9 |
| 9+□=16 | 16−□=7 | 16−□=9 | □−9=7 |

图5.8-7

在练习中学生不论用“凑十法”和“破十法”进行直接计算，还是通过“想加做减”“想减做加”对算式进行记忆式的巧算，或“一图四式”快速算出其余三题等方法，都应该得到肯定。更要鼓励那些通过纵向观察发现数的变化规律计算的学生。

### （三）观察数表，纳入结构

先出示加法数表，回忆规律。接着出示学习单中的减法数表，两表对照感悟加减法数表的异同。教学实践表明，有了加法数表的学习经验，在探究减法数表时，即使没有教师引导，学生也能够按照顺序寻找规律。学生能够回答：横着看，从左往右，每一行中的被减数和减数每次都加1，差不变且差都相等。竖着看，从上到下，每一列中被减数都不变，减数不断变小且每次都减1，差则不断变大且每次都加1，直到增加至10为止。一列列从左到右被减数在不断增加且每次加1，减数则都是从10开始变小直到和被减数的个位相同，也就意味着差也是都到10为止。

请学生按照所发现的规律把表格剩余的空白部分补充完整，学生说一说并在学习单上填一填，如图5.8-8。请学生观察图5.8-8中外圈（黄色）和内部（蓝色）的算式有什么区别。学生能够回答内部的算式需要用到“破十法”计算，外圈的算式能够直接计算。学生能够感受退位和不退位减法算式的不同，教师引导学生发现计算中为什么需要退位，即外圈横着的是个位够减，斜着的是十位够减，而内部的都是个位不够减，不够减则需要向十位去“退一作十”，从而理解退位减法的意义和算理。接着根据退位减法的算法总结出退位减法的基本结构，如图5.8-9，与之前的进位加法结构进行对照。

| | | | | | | | | | |
|---|---|---|---|---|---|---|---|---|---|
| 11-10 | | | | | | | | | |
| 11-9 | 12-10 | | | | | | | | |
| 11-8 | 12-9 | 13-10 | | | | | | | |
| 11-7 | 12-8 | 13-9 | 14-10 | | | | | | |
| 11-6 | 12-7 | 13-8 | 14-9 | 15-10 | | | | | |
| 11-5 | 12-6 | 13-7 | 14-8 | 15-9 | 16-10 | | | | |
| 11-4 | 12-5 | 13-6 | 14-7 | 15-8 | 16-9 | 17-10 | | | |
| 11-3 | 12-4 | 13-5 | 14-6 | 15-7 | 16-8 | 17-9 | 18-10 | | |
| 11-2 | 12-3 | 13-4 | 14-5 | 15-6 | 16-7 | 17-8 | 18-9 | 19-10 | |
| 11-1 | 12-2 | 13-3 | 14-4 | 15-5 | 16-6 | 17-7 | 18-8 | 19-9 | 20-10 |

图5.8-8

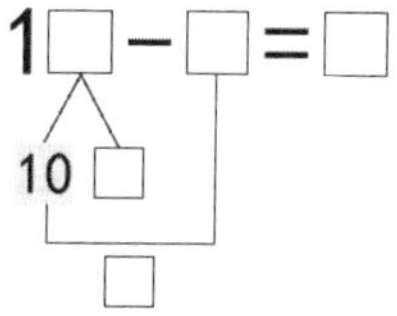


图5.8-9

本课时的教学给我们启示：本课时是20以内进位加法和退位减法中最后一个有新的数出现的课时。所以本课新授部分的设计需要跟之前的课时一致，达成整体结构，这样学生在学习时更有整体性。而新授部分之外，更多的应该关注整个20以内加减法的学习规律，把它有意识地串联起来建立模型，在做到整体感的同时有新鲜感、层次感。

# 第九节
## “有多余信息的解决问题”教学实践

前面两课时中，结合13～18的分与合，推算加法中和是13～18的进位加法，以及被减数是13～18的退位减法，并用“凑十法”和“破十法”进行验证，强化对进位加法和退位减法的理解。本课时中，利用这些计算经验，解决含多余信息的问题。由于在之前已经学习了相应的加法和减法的数量关系解决问题，因此可以在解决问题后再反思有哪个是多余信息。在此基础上，再提出有多余信息且用反叙法的加法解决问题进行验证，从而形成更加完整的数量关系的知识结构。基于这样的思路，我们进行了教学实践。

### 一、解决具体问题，体会多余信息

对于用加减法数量关系解决问题，学生已经有了一定的学习经验。因此，当学生从题目中梳理出信息和问题后，让学生独立解决问题，再反思信息和问题之间的联系，发现多余信息。经历上述学习过程，让学生学会用分析法发现多余信息的一般过程。

#### （一）创设情境，寻找信息

教师出示图5.9-1，请学生观察图片，能从图中知道什么？指定1名学生说一说，相互补充完善，依据学生的回答，教师逐条板书信息和问题，如图5.9-2。

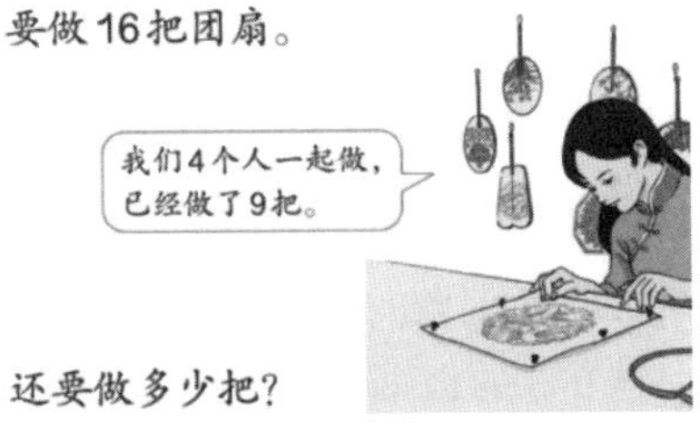

图5.9-1

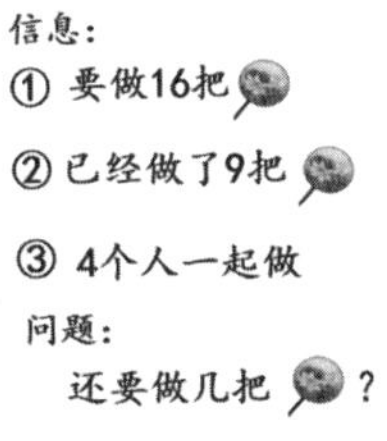

图5.9-2

教师进一步提出问题：这三个信息，如果去掉具体的数量，它们又能怎么表示呢？教师示范第一个信息，把它改为“要做的把数”，学生把余下的两个信息模仿这种概括的方法完成，得到如图5.9-3的图示。

信息：
① 要做的把数
② 已经做的把数
③ 一起做的人数
问题：
还要做的把数

图5.9-3

从题目中梳理出信息和问题，并去掉其中的数量进一步概括，可以让学生更好地分析信息中的关键词，依据关键词，分析题目中的信息和信息、信息和问题之间的关系。

**（二）画图分析，解答评析**

教师从问题入手，进一步请学生思考：要求“还要做的把数”，需要知道哪两个信息，怎样求？请学生画一画示意图，再列式解答。要求学生按照如图5.9-4的格式思考与解答，其中空格内只需要填序号，圆圈里面填运算符号。学生独立完成后反馈评析，形成如图5.9-5的板书。

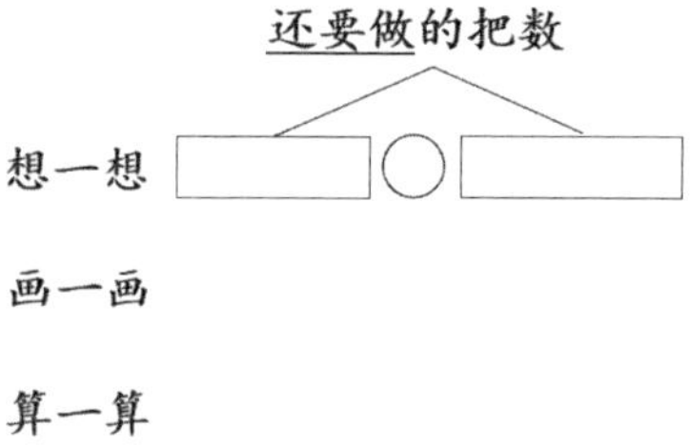


图5.9-4

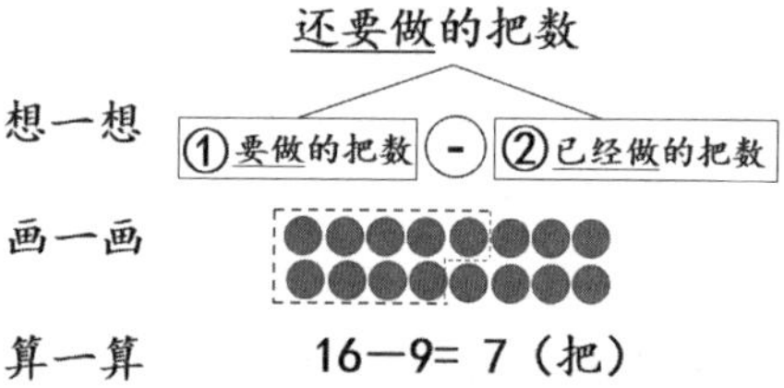


图5.9-5

比较图5.9-5中选择的信息和图5.9-3中的信息，说一说有什么发现。学生指出，图5.9-3中的第3条信息没有用。教师顺势概括，第3条信息没有用，也就是说它是一条多余的信息，所以这个解决问题叫作“有多余信息”的解决问题，教师板书课题。

引导学生观察图5.9-5的思考过程，教师进一步追问：我们是怎样发现多余信息的呢？学生指出，可以从问题入手“想一想”，解决这个问题需要哪两个信息呢？选择出有用的信息，剩下的就是多余信息了。

**（三）进行检验，完善结构**

依据上述解决问题的过程，改编其中的条件和信息，转化成一个新的问题，如图5.9-6。请学生按照以下步骤思考：一找：从问题中知道了什么？（这个步骤可以直接在题目中圈一圈，把其中的信息按顺序标上序号）二想：求解问题需要哪两个信息？（可以模仿例题的要求做）三画：画出示意图。四算：列式计算。学生完成后反馈评析，形成如图5.9-7的板书。

接着，请学生比较图5.9-5和图5.9-7，说一说这两个解决问题有什么相同的地

要做多少把团扇？

图5.9-6

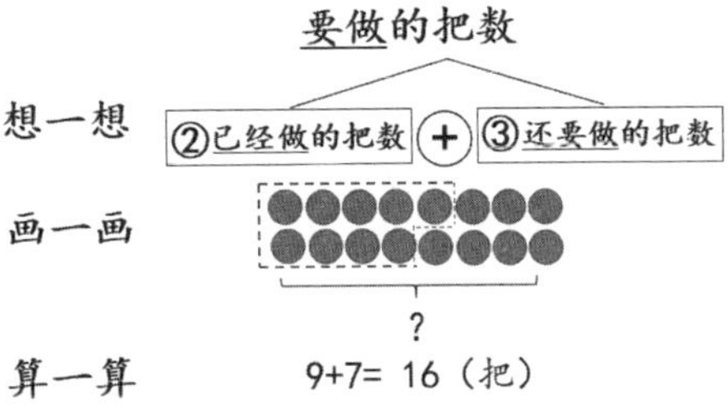


图5.9-7

方？有什么不同的地方？学生发现，相同的地方有：两个问题中都有多余信息，有联系的信息和问题也是一样的。不同的地方有：图5.9-5和图5.9-7中的其中一个信息和问题正好交换了位置。教师进一步指出，用这样的方法可以检验原来解决问题的过程是否正确。

最后，教师引导学生回顾反思：本课时学习的解决问题，有什么需要注意的地方？学生指出，本课时学习的解决问题中有多余信息，可以从问题出发，寻找和问题有联系的信息，就可以发现多余信息。

## 二、综合条件信息，规范解题思路

用分析法列出数量关系，排除多余信息，是上述环节中形成的基本思路。利用这样的经验，让学生选择信息和问题，自主编制有多余信息的解决问题，进一步巩固利用分析法排除多余信息的策略。

### （一）组合信息，完善问题

教师用题组的形式出示两个不完整且有联系的解决问题，如图5.9-8。先请学生读一读两个不完整的解决问题，说一说有什么发现。学生发现这两个解决问题的两个信息是一样的，都要再补充一个信息，再提出一个问题。

信息库
①公鸡有9只
②公鸭有9只

问题库
①母鸡有几只？
②母鸭有几只？

（1）小红家有18只鸡和17只鸭，______，______？

（1）小红家有18只鸡和17只鸭，______，______？

图5.9-8

理解题意后，教师请学生从“信息库”和“问题库”中分别选择信息和问题。学生独立完成后，展示学生的作业，并请学生说一说选择的思路。学生有两种基本的思路，一种是从问题出发进行选择：如从“问题库”中选择“母鸡有几只”，从“信息库”中就要选择“公鸡有9只”。因为，母鸡的只数＝鸡的只数－公鸡的只数。教师依据学生的回答，有序进行如图5.9-9的板书。

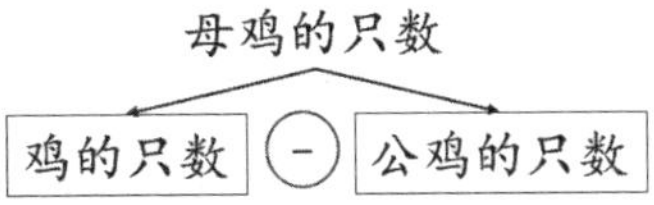


图5.9-9

另一种是从信息出发进行选择：如从“信息库”中选择“公鸭有9只”，从“问题库”中就要选择问题“母鸭有几只”。因为鸭的只数－公鸭的只数＝母鸭的只数，如图5.9-10。

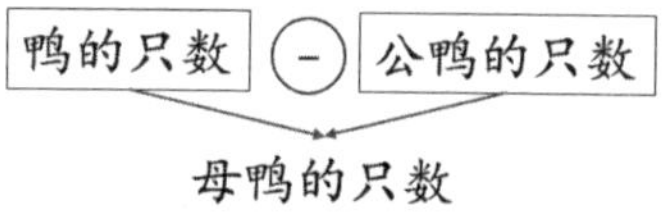


图5.9-10

**（二）反馈评析，区分思路**

依据图5.9-9和图5.9-10这样的思路图，请学生自主解答。反馈评析后，请学生进一步观察图5.9-9和图5.9-10，说一说这两种思路图有什么不一样的地方。学生直观地发现，图5.9-9是从问题出发，选择信息。图5.9-10是选择好信息，再提出问题。教师依据学生的发现，在图5.9-9和图5.9-10中补充相应的思路图(图5.9-11)。

图5.9-11

**（三）组织检验，形成意识**

教师继续提问：如果要检验这两个解决问题是否正确，可以分别编写成怎样的问题？学生依据之前的经验，分别编写出相应的问题：

（1）小红家公鸡有9只，母鸡有9只，一共有鸡多少只？

（2）小红家公鸭有9只，母鸭有8只，一共有鸭多少只？

接着请学生列式解答，并判断结果是否正确。

## 三、合理选择信息，提出问题并解决

通过前两次解决有多余信息问题的学习经验，学生能依据信息提出问题。从综合法的视角，出示多元信息，让学生感受信息和信息、信息和问题之间的联系，学会从多个信息中寻找有关联的信息提出问题，提升学生发现、提出问题、分析问题和解决问题的能力。

**（一）选择信息，自主解答**

教师出示如图5.9-12的信息，请学生选择信息提出问题后，再自主解答。

小月和小军一起折了14只纸船，其中黄色的有6只。小军折了8只。

（1）____________？

（2）____________？

图5.9-12

这是由教材中的习题改编后得到的。去掉了原来题目中“小月折了几只”这个问题，让学生依据信息，自主提出问题，然后再列式解答。

先请学生找一找哪两个信息有联系，列出数量关系，依据数量关系提出问题，并列式解决问题。

**（二）交流反馈，综合思路**

学生独立完成后，进行交流反馈评析，形成如图5.9–13提出的问题和解决问题的过程。

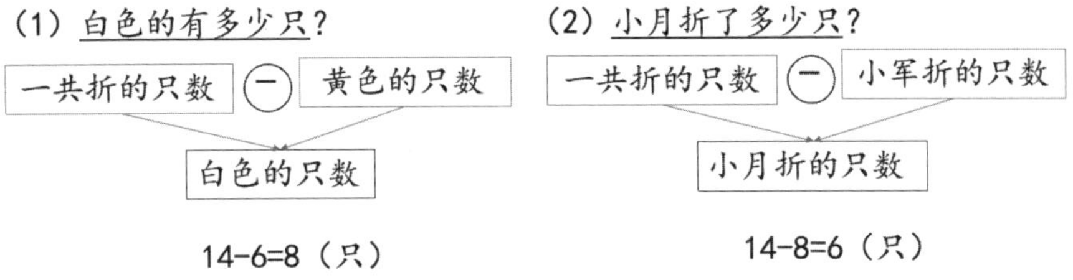


图5.9–13

接着，请学生观察图示，这两个算式中的“14”以及“6”和“8”，它们的含义相同吗？学生比较后发现，“14”的含义相同，都是指一共折的只数。但是“6”和“8”的含义不同，第(1)题中是按照颜色来分类，“6”表示黄色的只数，“8”表示白色的只数；第(2)题中是按照小军和小月折的只数进行分类，“8”表示小军折的只数，“6”表示小月折的只数。

依据学生的回答，教师进一步追问：它们又有什么相同的地方呢？学生讨论后指出，它们都是把总份数分成了两个部分，其中一个部分是已知的，求另一个部分，都用减法计算。

教师进一步概括，得到更加一般的关系式：总量－分量＝分量。

**（三）依据算式，创编问题**

教师进一步出示信息：妈妈买了16个苹果和16个橘子，小红吃掉了8个苹果。请学生选择有用的信息，提出一个能用“16－8”这个算式解决的数学问题。

审题后，指名学生口答。学生提出问题：还剩下几个苹果？教师追问：为什么提出这个问题？学生指出是用“妈妈买来的苹果数－吃掉的苹果数＝剩下的苹果数”这个数量关系式提出的。教师进一步追问，这里苹果数与橘子数都是16个，为什么不是求橘子数呢？学生讨论后教师总结，要求的问题和信息要相关联，小红吃掉的是8个苹果，不是8个橘子，所以16不可能是橘子的数量。

本课时的教学给我们启示：有多余信息的解决问题，是一种非良构下的问题解决，它的教学目的是为了让学生养成认真审题的习惯，掌握审题的方法。同时，多余信息的设置，更为了培养学生选择有效信息解决问题的能力。本课时中，依据不同的教学设计，让学生掌握“分析法”和“综合法”两种思路进行审题，归纳出数量关系后，再列式解答，最后再交换问题和信息提出新的问题并解答，并把这一种思路作为检验解答是否正确的方法。

# 第十节
## “相差关系的解决问题”教学实践

两个并列的量，既可以进行合并求和，也可以比较求差，这是基于学生的日常生活经验就可以掌握的两类数量关系，前者用加法运算，后者用减法运算。但是，就数学而言，两类数量关系的层次却不一样。两个并列量求和，它的基本关系式是“分量＋分量＝总量”。与它相对应的减法数量关系是“总量－分量＝分量”，也就是说，它是“总数”与“部分数”之间的关系，即“总分关系”。后者则称为“相差关系”，数量关系是“较大数－较小数＝相差数”，要理解这一个数量关系的含义，则需要用“同样多”这个概念，从而把相差关系转化成“总分关系”。在实际教学中，创设怎样的情境，才能让学生在原有的认识基础上，沟通两种数量关系之间的联系，从而更加深刻地理解相差关系的含义？基于这样的思考，我们进行了教学实践。

### 一、依据已知信息，提出数学问题

学生在一年级上册时已经学过“谁比谁多”“谁比谁少”这样的看图填数问题，用一一对应的方法得到结果。但是如何得出多或少了多少，或理解相差关系的数量关系，这就需要运用具体操作、直观图示等多元表征，让学生充分理解题目中的信息，借助已有的学习经验，提出数学问题，逐步感知。

#### （一）提取信息，图示表征

课始，教师出示图5.10–1，提出问题：从图中知道了哪些信息？学生回答后，教师板书提炼：小雪套中的个数，小华套中的个数。在此基础上教师进一步用黑白两种颜色的圆圈画出示意图，直观表示出信息，如图5.10–2。从而把文字语言转化成图示语言，有利于学生提出问题与分析问题。

图5.10-1

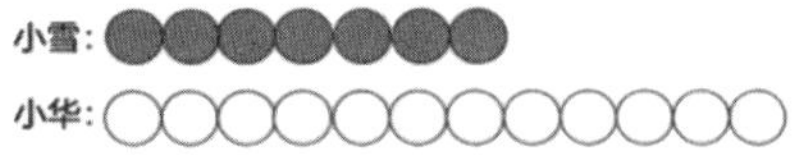


图5.10-2

**（二）提出问题，图示标注**

教师引导学生观察图5.10-2，问：你能够提出什么数学问题？依据原有的经验，学生自然地提出如下的三个问题：（1）一共套中了多少个？（2）小华比小雪多套中几个？（3）小雪比小华少套中几个？教师板书出这三个问题后，请学生到黑板上的图示中标注出这三个问题，形成如图5.10-3的三个标注。把三个问题标注在同一个图示中，可以整体感知三个问题之间的联系与区别。

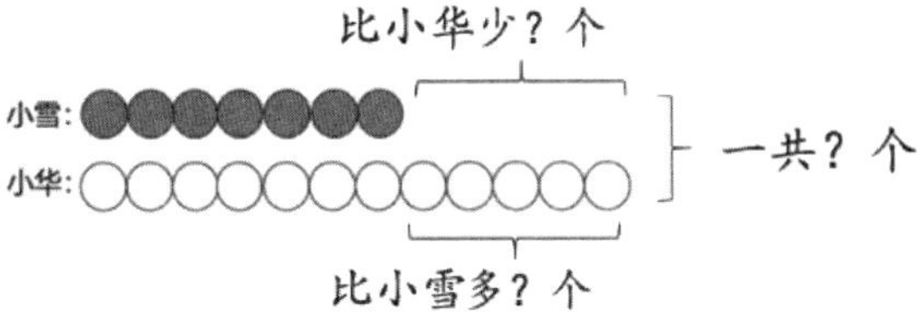


图5.10-3

**（三）尝试解答，发现问题**

上述三个问题中，对于“一共套中了多少个”这一问题学生已经能够列式解答，而后两个问题，虽然是本课时学习的新知，学生也能够利用之前学习的经验，用一一对应的方法“数出结果”，也会用“较大数－较小数”的方法“算出结果”。但是，为什么“较大数－较小数”就是相差数，却并不能够解释，这恰恰是学生要学习的新知。

因此，教师请学生先独立完成这三个问题，然后进行校对评析。首先教师指定1名学生回答第（1）题，评析后得到如图5.10-4的数量关系并列式计算，学生列式为7＋12＝19（个），请学生说出第（1）题的解答过程，教师依据学生的回答，形成如图5.10-4的数量关系和解答。

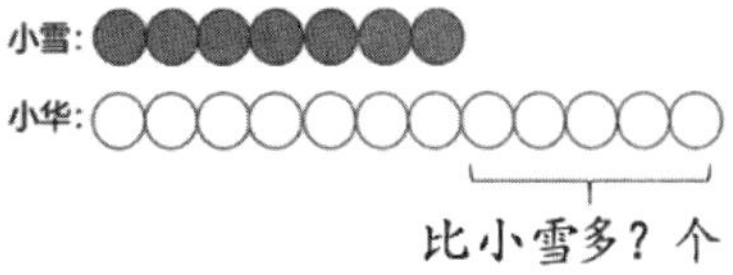


小华个数-小雪个数=多？个

12-7=5（个）

图5.10-4

接着教师请学生用同样的方法，口头列出数量关系、描述解答过程，教师记录学生口答中的数量关系和解答过程，评析后形成如图5.10-4的板书。

接着，教师从图5.10-3中分离出第二个问题的图示，请学生独立解答后反馈。依据学生的回答，形成如图5.10-5的数量关系和解答

小雪的个数+小华的个数=一共？个

7+12=19（个）

图5.10-5

过程。

依据数量关系，教师请学生在图5.10-5中操作，根据学生原有的经验，减法表示“去掉”。因此，学生把图5.10-5中小雪的7个拿走，成为如图5.10-6的图示。而此时显示的数量关系，并没有指向要求的问题。

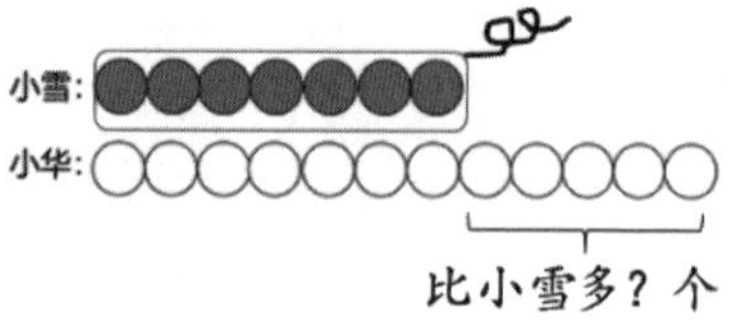


图5.10-6

教师提问：那么从小华套中的12个中减去的7个到底是什么意思呢？

## 二、分析数量关系，建立新旧联系

建立两种数量关系的联系，需要引入“同样多”这个概念。学生从图示中进行理解，将“较大数－较小数＝相差数”转化成“总量－分量＝分量”的关系进行理解。比较之后产生最直观的结果：有一个相对较大的数和一个相对较小的数，两者之间会产生一个相差数。

### （一）结合图示，深化联系

教师出示学生不列式、直接用一一对应的方法求出“多5个”的图示，如图5.10-7，提问：你是怎样想的？学生指出，我把小华的个数分成了两个部分，第一个部分与小雪同样多的部分，剩下的部分就是多出来的部分。显然，学生是用一一对应的方法得到了同样多，教师依据学生的回答，用方框与“同样多”这一个概念把小华的个数分成了两个部分，得到如图5.10-8的图示。接着学生再对照思考图5.10-5中的关系式，理解它的实际意思应该是：小华的个数－与小雪同样多的个数＝多的个数，并用这样的方法说一说列式计算的含义。然后教师指出如图5.10-5这样的关系式是正确的，但我们要理解它的实际意义。

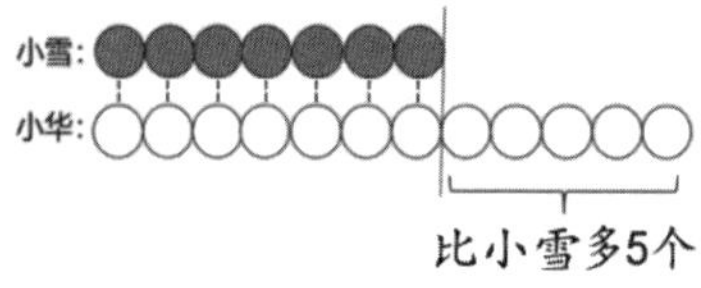


图5.10-7

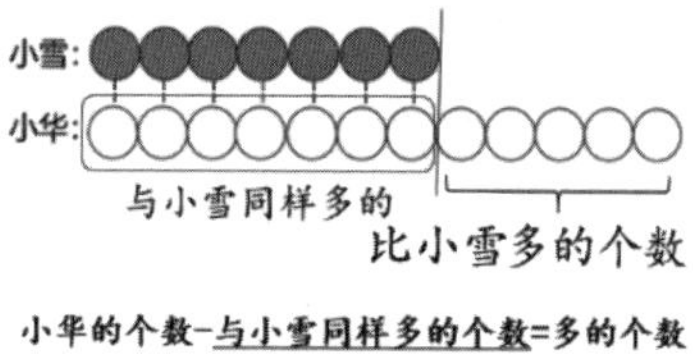


图5.10-8

### （二）迁移经验，发现异同

接着，教师请学生自主解答第(3)个问题。学生完成后展示学生的作业，发现列出的算式、关系式与解决第(2)个问题完全相同。教师提出问题：为什么列出的数量关系与算式都一样呢？学生指出因为少的与多的部分同样多。教师追问，真的一样吗？什么样的情况下是“多”，什么样的情况下是“少”呢？

学生观察后发现，“小华比小雪多”时，小雪的个数是标准，也就是少的作为标准，而“小雪比小华少”时，小华作为标准，也就是多的作为标准，教师依据学生的回答，形成如图5.10-9所示的求第(3)个问题的图示，并概括出这里的数量关系，实际是：与小华同样多的个数－小雪的个数＝少的个数。因为小雪的个数实际上没有小华的个数多，所以用虚线补上少的部分。理解了数量关系后，请学生也用同样的方法说一说思路，感受虽然数量关系相同，但是比较的标准不同、意义不同。

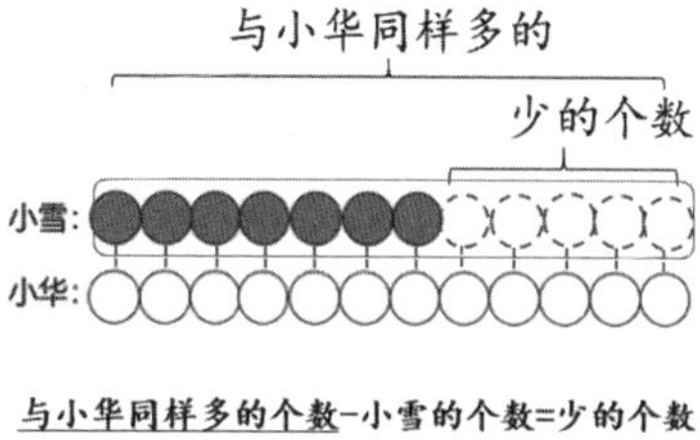

图5.10-9

**（三）回顾反思，统一思路**

从实际教学中可以发现，学生解答求“谁比谁多几”和“谁比谁少几”的问题并不难，难在理解它与原来的数量关系“总量－分量＝分量”之间的内在联系。为加深这一种联系，教师进一步请学生比较图5.10-8和图5.10-9，以及表示不同意义的两个数量关系式，说一说，它们在思考时又有什么相同的地方。学生观察后发现，它们都是把两个数之间的“比较关系”，转化成了总数与部分数之间的“总分关系”。

教师请学生用“较大数”与“较小数”来表示“小华的个数”和“小雪的个数”，“多多少”与“少多少”统称为“相差数”；用“总量”与“分量”表示“总数”与“部分数”，分别概括出数量有关系，然后找一找它们之间的联系。学生发现“较大数”相当于“总量”，“较小数”和“相差数”相当于“分量”，具体如图5.10-10的板书。

较大数-较小数=相差数

总量 - 分量= 分量

图5.10-10

在学生原有的“一一对应”“比较多少”的基础上，概括出“同样多”的概念，再把两个量比较时的“相差关系”，转化成原有的总量与分量之间的“总分关系”，从而理解相差关系的含义，进而概括出求相差数的一般的数量关系。这样的一种学习方式，既让学生感受到“相差关系”的基本特征，也认识了与原有的“总分关系”之间的内在联系。

## 三、分层组织练习，规范解题思路

在认识了求相差数的基本思路和含义后，通过组织多层次的练习，让学生在巩固知识的基础上，以及在与旧知的比较中，形成更加完善的加减法解决问题的基本思路，再适度拓展相差关系，为后续进一步学习相差关系解决问题做好铺垫。

**（一）模仿练习，表征解答**

教师出示如图5.10-11的信息，请学生模仿例题，提出问题，然后请学生画出图示，再列式解答。

学生独立完成后反馈评析。最后概括出解决问题的一般步骤：一找：找到信息有哪些，求什么问题（口头）；二画：画出示意图；三列：列出数量关系（口头）；四算：列式解答。其中第一步与第三步学生口头回答即可。

图5.10-11

### （二）题组比较，揭示异同

通过本课时的学习，减法的数量关系得到了拓展，既有求分量的减法解决问题，也有求相差数的解决问题。通过题组比较，如图5.10-12，结合画图让学生感受到两者的区别与联系。

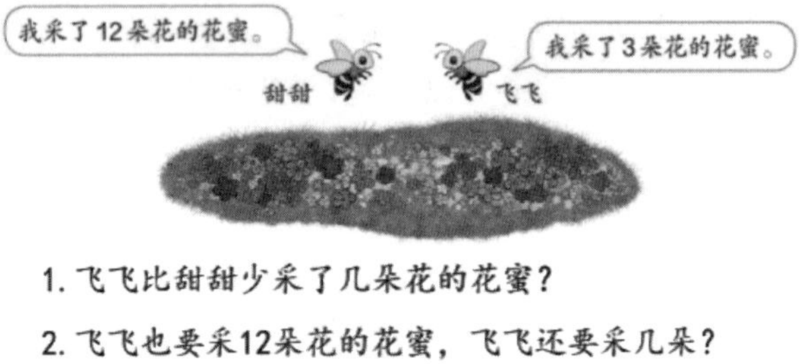


图5.10-12

教师请学生画一画示意图，再列式解答。完成后评析，如图5.10-13，说一说这两个问题有什么相同的地方与不同的地方。学生发现，两个题目列出的算式相同，但是数量关系不同，第一个问题是求相差数，第二个问题是求分量，所以画的示意图也不一样。

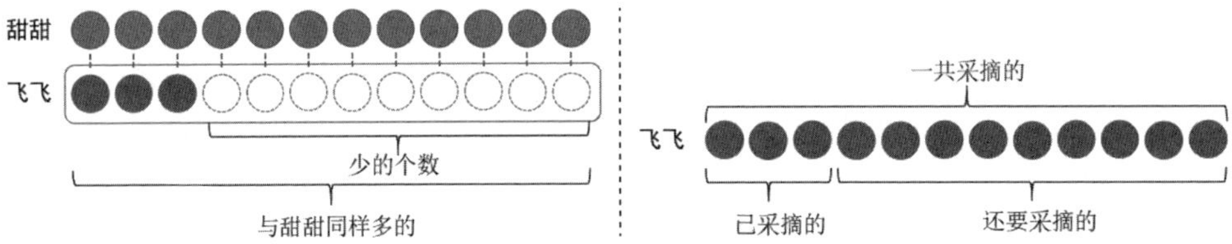


图5.10-13

### （三）画图操作，适度拓展

求比一个数多（或少）几的数是多少，是后续还要学习的相差关系的解决问题。这一个环节中，结合画图，让学生依据数量关系画一画，再尝试列式解答，如图5.10-14。

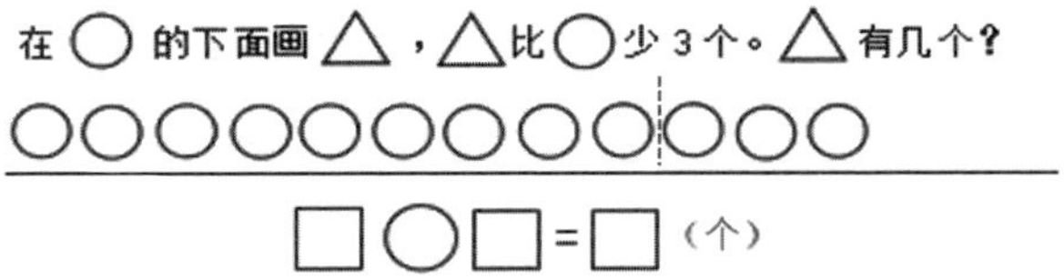


图5.10-14

本题的设计是将相差关系求相差数变式为求较小数的练习，同样可以通过画图来降低解题难度。重点要引导学生理解“三角形比圆少3个”这一关键句。

第三次练习在难度上提了一个档次：这就是一道完整的求较小数的“相差关系”解决问题。教师可以试着放手让学生独立完成。本题鼓励学生先画图再列式。反馈时，教师询问：先画哪个部分？总结：先画少的三个，这三个没有对应，所以画前面的9个，这9个一一对应地和上面一样多。在画的过程中学生会发现要先把三角形的个数看成和圆一样多，再减少3个，即是三角形的个数。结合图示，学生能够形象地感知摆第二行的三角形，只要先摆和第一行同样多的12个，再减掉3个就可以了。所以求小数用减法算：12－3＝9(个)。

本课时的教学给我们启示：多与少的教学是相差数量关系建立的重要知识基础。本课时要通过“多与少”和“总分关系”建立和理解相差数量关系，深刻理解“应通过学习帮助学生建立数感和符号意识，发展运算能力，树立模型思想”。在学生通过直观示意图来理解数量关系的过程中，同时也是对20以内的进位加法和退位减法计算练习的巩固。由于把加法和减法放置在同一课时中组织教学，解决问题所用的数量关系也具有了结构性。在本课时中，我们结合操作活动、示意图表征等几个角度，体会相差关系解决问题的基本特征：要学会沟通“总分关系”和“相差关系”之间的联系。

# 第十一节
## “20以内的进位加法和退位减法的整理与复习”教学实践

作为单元复习课，本课时既要复习20以内的进位加法和退位减法，还要复习相应的四类加减法数量关系的解决问题。更进一步，从计算的角度还要与原来学习的10以内的加减法、20以内的不进位加法和不退位减法形成一个整体。基于以上的复习内容，我们需要采用怎样的策略整体回顾进位加法与退位减法，并形成更加整体的20以内的加减法运算结构呢？又需要通过怎样的回顾与整理，让学生感受到“总分关系”中加减法数量关系的各种变式以及共同的审题策略呢？再通过怎样的策略让学生认识到“相差关系”与“总分关系”的联系与区别，并形成求相差数的一般数量关系呢？带着这样的思考，我们进行了教学实践。

### 一、利用数的组成，构建加减联系

学生分别学习了用“凑十法”和“破十法”计算了“20以内的进位加法和退位减法”，再利用数的组成，把相应的加法和减法形成共同的计算思路。在这一个环节中，利用补充填写加法表与“想加做减”列出减法算式并组成减法表，同时，分别理解“凑十法”中的“进位”和“破十法”中的“退位”的含义。再进一步利用数的组成，把进位加法与退位减法看成一个整体，提升学生的加减法的运算能力。

#### （一）依据规律，填写加法表

加法表只出示第一个加数比第二个加数大或者相等的式子，并且只需要填写两个空格，可以减少记忆量，把整体发现规律，提升填写效率，强化记忆作为重要的目标。

1. 补全表格,寻找规律

课始,教师出示如图5.11-1有空缺的加法表,请学生观察,加法表中都是什么加法?学生依据经验指出:进位加法,教师板书部分课题:进位加法。在此基础上,请学生依次填写空格中的算式,并说一说理由。

| | | | | |
|---|---|---|---|---|
| 9+1 | 8+2 | 7+3 | | 5+5 |
| 9+2 | 8+3 | 7+4 | 6+5 | |
| 9+3 | 8+4 | 7+5 | 6+6 | |
| 9+4 | 8+5 | 7+6 | | |
| 9+5 | 8+6 | 7+7 | | |
| | 8+7 | | | |
| 9+7 | 8+8 | | | |
| 9+8 | | | | |
| 9+9 | | | | |

图5.11-1

2. 发现规律,描述规律

首先,让学生填写第一行中的空格,学生指出填写"6+4",接着教师追问:你是怎样想的?学生交流后发现了三种规律:第一种规律是横向观察,第一行第一个加数依次减少1,第二个加数依次增加1;第二种规律是横向观察,第一行加法算式的和都是10;第三种规律是纵向观察,这一列的第一个加数都是6(也就是相同的),第2个加数依次增加1。教师在学生表述依据填写"6+4"发现的每一种规律后,让学生举一反三,说一说相应的其他行或列中同类的规律。依据发现的规律直接填写出另一个空格中的算式。

3. 重述方法,建构模型

教师在学生回答后,在黑板上出示加法表板贴。请学生思考,学习进位加法使用的是什么数学方法。学生经过思考后回答:凑十法。教师在加法表中选取一个算式(9+6=15),请学生回答"凑十法"的过程,学生指出把6分成1和5,其中1和另一个加数9合并成10,再和剩下的5相加得到15。

通过学生口述,板书"凑十法"的完整过程。接着教师引导学生写出加法模型"□+□=1□",并提出问题:和的十位上的"1"是怎么得到的。学生回答:通过"凑十法",两个加数相加,"满十进一"得到的,如图5.11-2。结合前后两个模型,学生对进位的理解更加深刻,为后续百以内、万以内的进位加法做好铺垫。

| | | | | |
|---|---|---|---|---|
| 9+1 | 8+2 | 7+3 | 6+4 | 5+5 |
| 9+2 | 8+3 | 7+4 | 6+5 | |
| 9+3 | 8+4 | 7+5 | 6+6 | |
| 9+4 | 8+5 | 7+6 | | |
| 9+5 | 8+6 | 7+7 | | |
| 9+6 | 8+7 | | | |
| 9+7 | 8+8 | | | |
| 9+8 | | | | |
| 9+9 | | | | |

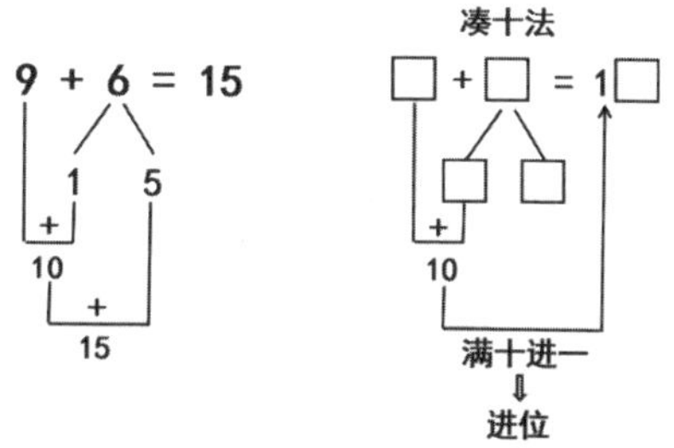


图5.11-2

### (二) 想加写减,形成减法表

教师提出问题:复习完进位加法,我们还少复习什么知识?学生思考后回答还缺少退位减法,教师接着提问:退位减法能不能从加法表中找到呢?学生交流后回答:有两种情况,第一种9+7=16可以写出16-7=9和16-9=7这样两个减法算式,第二种6+6=12可以写出12-6=6这样一个减法算式。学生总结得出:每个加法算式都可以写出一道或者两道减法算式。接着教师提问,减法表和加法表比较,哪一个表的算式多?学生回答:减法表的算式多于加法表。

教师指着加法表,提出问题:减法表能不能像加法表一样,有顺序地排列呢?学生回答可以。教师出示如图5.11-3的减法表,请学生观察,减法表中都是什么减法?学生依据经验指出:退位加法,教师板书部分课题:退位减法。在此基础上,请学生找一找规律,并说一说理由。

学生交流后发现了三种规律:第一种规律是每一行从第一个算式开始,被减数依次增加1,减数也依次增加1;第二种规律是第一行的差都是9,第二行的差都是8,依此类推;第三种规律是每一列的被减数是相同的,减数依次增加1。

| | | | | | | | | |
|---|---|---|---|---|---|---|---|---|
| 10-1 | 11-2 | 12-3 | 13-4 | 14-5 | 15-6 | 16-7 | 17-8 | 18-9 |
| 10-2 | 11-3 | 12-4 | 13-5 | 14-6 | 15-7 | 16-8 | 17-9 | |
| 10-3 | 11-4 | 12-5 | 13-6 | 14-7 | 15-8 | 16-9 | | |
| 10-4 | 11-5 | 12-6 | 13-7 | 14-8 | 15-9 | | | |
| 10-5 | 11-6 | 12-7 | 13-8 | 14-9 | | | | |
| 10-6 | 11-7 | 12-8 | 13-9 | | | | | |
| 10-7 | 11-8 | 12-9 | | | | | | |
| 10-8 | 11-9 | | | | | | | |
| 10-9 | | | | | | | | |

图5.11-3

学生回答后,教师在黑板上出示减法表板贴。请学生思考,学习退位减法使用的是什么数学方法。学生经过思考后回答:破十法。教师在减法表中选取一个算式(15-6=9),请学生回答"破十法"的过程,学生指出把15分成10和5,先算10-6=4,再算4+5=9。通过学生口述,板书"破十法"的完整过程,如图5.11-4。

### (三) 整体反思,提炼结构图

教师以9+6=15为例,通过学生回答,得到另一个加法算式6+9=15。以15-6=9为例,通过学生回答,得到另一个减法算式15-9=6。教师提问:这四道计算题,可以从哪个知识点体现出来,学生思考后回答数的组成,接着教师追问:怎么书写?学生回答15可以分成9和6(教师板书)。

接着教师再出示一道数的组成,13分成8和5,提出问题:可以写出哪些加法算

| | | | | | | | | |
|---|---|---|---|---|---|---|---|---|
| 10-1 | 11-2 | 12-3 | 13-4 | 14-5 | 15-6 | 16-7 | 17-8 | 18-9 |
| 10-2 | 11-3 | 12-4 | 13-5 | 14-6 | 15-7 | 16-8 | 17-9 | |
| 10-3 | 11-4 | 12-5 | 13-6 | 14-7 | 15-8 | 16-9 | | |
| 10-4 | 11-5 | 12-6 | 13-7 | 14-8 | 15-9 | | | |
| 10-5 | 11-6 | 12-7 | 13-8 | 14-9 | | | | |
| 10-6 | 11-7 | 12-8 | 13-9 | | | | | |
| 10-7 | 11-8 | 12-9 | | | | | | |
| 10-8 | 11-9 | | | | | | | |
| 10-9 | | | | | | | | |

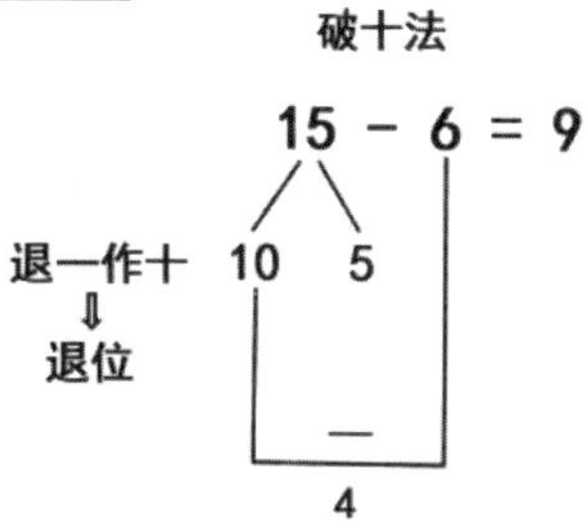


图5.11-4

式和减法算式？学生回答8+5=13、5+8=13、13-5=8、13-8=5。教师左手指着左边的加法表，右手指着右边的减法表，做出合拢的动作，表示数的组成综合了加法表和减法表，联系加减法，建构运算体系。

## 二、经历多元分析，形成解题策略

这两个单元中的加减法数量关系解决问题可以分成两类：一类是原来学习的“总分关系”的变式，分别有多种角度选择信息解决问题、有多余信息解决问题和反叙解决问题；一类是求相差数的解决问题，且后一类的数量关系是建立在前一类数量关系的基础上的，是进一步变式。依据这样的认识，在采用回顾例题发现审题时各自的注意点的基础上，进一步概括出相同的审题思路，并结合具体情境编写、解决相应的问题，提升学生发现和提出问题、分析和解决问题的能力。

### （一）回顾例题，概括特征

教师出示图5.11-5，请学生观察后，依次说出四个解决问题的特点，例如第一幅图可以从台上台下角度分析，也可以从男生女生角度分析，提出问题：我们把第一幅图称为什么问题？学生思索后回答：多角度的解决问题。

接着教师在第三幅图和第四幅图之间画一条竖虚线，并提问：把前三道解决问题和第四道解决问题分成两类问题，请学生找一找不同点。学生观察后指出不同点：前三道解决问题的图都是把总量分成两个分量，第四道解决问题是两个数进行比较，画图时要把它画成上下两个部分再进行比较。教师总结前三类解决问题都是把整体分成两个部分，是一种分量和总量的关系，叫“总分关系”；第四道解决问题是两个数量进行比较，叫作“相差关系”。

最后，教师继续提问：四道解决问题有什么共同点？学生根据观察指出共同点：四道解决问题都有画图和列式计算。随后教师总结出解决问题的解题步骤：一找：找已知信息和问题；二画：画示意图；三列：列关系式；四算：列式解答。

# 解决问题

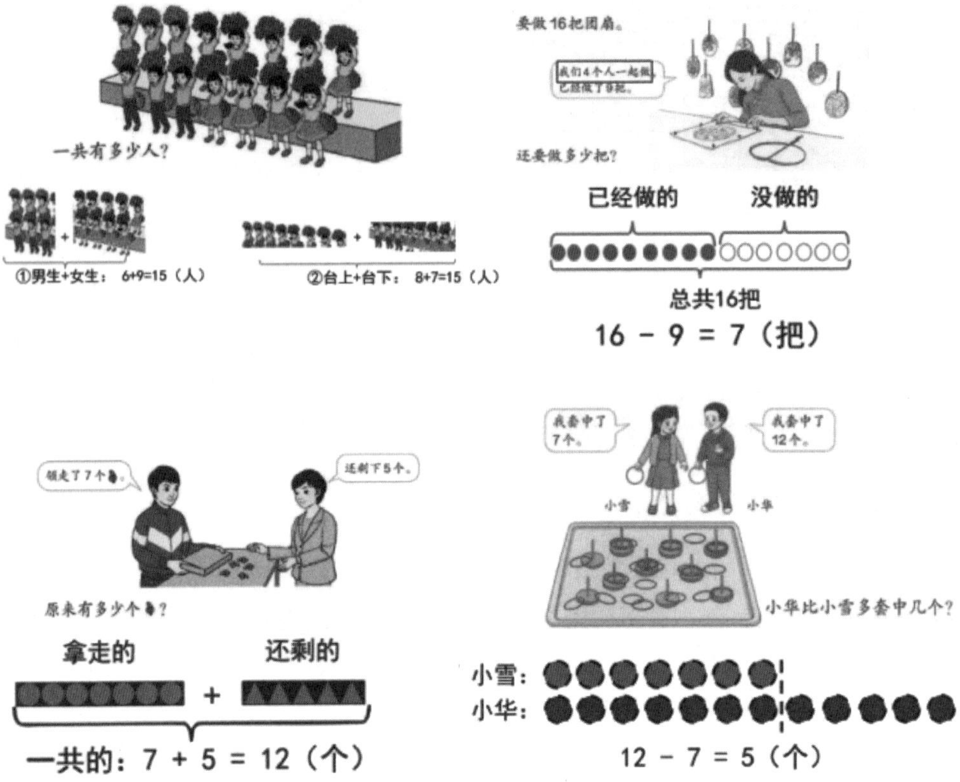


图5.11-5

### （二）选择信息，编写问题

教师出示一张情境图，如图5.11-6，并与学生一起梳理图中的小动物：陆地上有小猴子和小鸟，水中有天鹅和小黄鸭。教师承上启下，引出编题任务。

图5.11-6

任务一：如果要求小猴有多少只，请在图中找一找信息，编一道题目。学生独立完成后反馈，发现这道题目有两种选择信息的思路，指出这是一个多种视角收集信息的解决问题。

任务二：把任务一中的信息："树上有7只小猴"改为"树上有7只小猴和3只小鸟"。不解答，请学生比较。两个解决问题有什么不一样的地方？学生观察这一题中的"3只小鸟"的信息是多余的。

任务三：观察图中的小鸟，编一个反叙关系的解决问题。学生口头完成编题。

任务四：用图中天鹅和小黄鸭的信息编一个相差关系的问题。学生口头完成编题。

通过情境图中的相关信息，分类提出不同类型的问题，在这样的过程中，培养学生收集信息与提出问题的能力。

**（三）自主解答，统一思路**

在学生按要求编写四个问题的过程中，教师依据题目的特征，用不同的形式记录学生的回答："任务一"和"任务四"只记录提出的问题，"任务二"和"任务三"记录编写的题目。

完成后，以四人小组为单位，选择其中的一题按照解决问题的四个步骤完成解答，再反馈评析。实际教学中，对于一年级上的学生而言，这样四人分工合作完成一项任务，还需要向同伴交流，经历的次数较少，可以由教师先对应分工，并要求在相对统一的时间内分步完成。

## 三、整体回顾学习，纳入知识结构

采用算用结合的思想，让学生依据算式与情境图，编写相应的解决问题，在这样的过程中提升与适度拓展解决问题的能力。

**（一）计算延伸，完善结构**

教师出示(1) 17－5，(2) 8－5，(3) 17－8，(4) 8＋5这四道计算题，让学生独立计算后校对。接着，请学生比较前三道减法题各有什么特点。学生发现第(1)(2)题是不退位减法，第(3)题是退位减法。依据学生的回答，教师板书题型名称。

接着，再请学生说一说，第(4)题又是什么类型的加法，学生指出是进位加法，教师顺势指出：有不进位加法吗？学生做出肯定的回答后，教师请学生依据加减法的关系，依据第(1)～(3)题的减法题，编出相应的加法题，再选择这些加法算式中哪些是不进位加法，完成后请学生独立思考有什么发现。

学生观察后发现，不退位减法编成加法，就是不进位加法，退位减法编成加法，就是进位加法。最后，把"8＋5＝13"编成减法，发现是退位减法。

**（二）算用结合，提问比较**

依据算用结合的思想，教师出示如图5.11-7中的信息，学生分别依据图中的信息，分别编写"17－8"这个算式的解决问题。请学生口头编题，教师课件演示。完成后请学生比较两个问题有什么区别。

具体地，依据"17－8＝9"可以编出：(1) 小北有17个松果，给了皮皮8个松果，还剩几个松果？(2) 小北有17个松果，小西有8个松果，小北比小西多几个松果？

图5.11-7

小西比小北少几个松果？发现第(1)题是“总分关系”的解决问题，第(2)题是“相差关系”的解决问题。

**（三）依据算式，适度延伸**

最后，教师出示“17+8”这个算式，请学生寻找图中相关的信息，编写出问题：小北有17个松果，小西有8个松果，小北和小西一共有几个松果？完成后请学生计算出结果：17+8=25。请学生对加法算式进行归类，学生指出这是一道进位加法，再请学生观察结果，追问：它还是我们学习的20以内的进位加法吗？学生发现不是。教师指出，这样的加法和相应的减法，我们后面还要继续学习。

本课时的教学给我们启示：单元复习时，首先要让本单元的数学知识结合具体的问题情境进行回顾与梳理，形成相应的知识结构。其次，要对已经学习的本单元相关内容进行分析比较，形成新的数学知识结构。最后，复习课内容相对较多，课堂上应该结合学生的实际水平适时进行调整。

# 第六章
# 100以内数的认识和加减法

“100以内数的认识”“100以内的加法和减法”分别是在学习了“20以内数的认识”“20以内的加法和减法”的基础上学习的。因此，在教学中只要充分利用原有的学习经验，通过类比迁移就可以让学生自主学习。同时，这两个部分的学习内容，又分成三个单元，分别编排在人教版《数学》一年级下册和二年级上册中：一年级下册有“100以内数的认识”“100以内的加法和减法(1)”，二年级上册有“100以内的加法和减法(2)”。先学习数的认识，再把100以内的加法和减法由简单到组合分成多个层次，有序安排例题，逐步完善。在加法和减法的运算中，还进一步学习相应的连加、连减和加减混合运算。用加减法解决问题则学习了两类问题，第一类是用相同加数连加和相同减数连减解决问题，分别为二年级将要学习乘法的意义和除法的意义做铺垫；第二类是相差关系的变式，即求比一个数多(少)几是多少，以及已知一个数，比另一个数多(少)几，求两个数的和。

这样的编排，把数的认识和加减法分成不同的单元，人为地割裂了数与运算之间的内在联系。因此，如何从整体设计的视角，实现数与运算的有机融合？能否对三个单元的内容进行重构，分成既体现整体性，又明晰层次性的两个单元？带着这些问题我们以“意义与运算融合，算理与算法有根”为主题，进行了这三个单元的整体设计的教学实践研究。

# 第一节
## “100以内数的认识和加减法”整体设计

本单元研究的“100以内数的认识和加减法”包括了教材中的三个单元，分别是人教版《数学》一年级下册的“100以内数的认识”和“100以内的加法和减法(1)”，人教版《数学》二年级上册的“100以内的加法和减法(2)”。从“数与相应的加减法”整体设计的视角，把这三个单元看成一个整体，首先梳理出这三个单元的编排特点，然后进行反思，指出可以改进的地方。最后进行实践，围绕“计数单位”这一个核心概念，实现100以内数的认识与相应的加减法计算的相互融合。

### 一、梳理——提炼编排特色

数的认识是数的运算的基础，数的运算是数的意义的应用。基于这样的理解，教材首先编排“100以内数的认识”，接着再学习“100以内的加减法”。在编排加减法运算时，按照由易到难、由简到繁的形式，分层编排。最后，还安排了连加和连减的解决问题，为二年级学习乘除法做了一定的铺垫。

#### （一）基于“数数”学习百以内的数

“100以内数的认识”是在“10以内数的认识”“20以内数的认识”的基础上学习的，因此，对于数的意义、数的读写和数的大小比较已经有了认识的基础。具体分成三个板块，分别是“数数、数的组成”“数的顺序、大小比较”“整十数加一位数及相应的减法”。

“数数、数的组成”安排了三个例题。首先，通过“数小棒”和“数小正方体”的活动，一边数一边捆或一边数一边排，一根根(一个个)地数，数到十；再十根十根地数，得到10个十等于1个百。接着，结合小棒图中“根”与“捆”的组成，认识两位数由几个十与几个一组成。最后,在上述两个环节的基础上,再次经历“数钮扣”活动,结合计数器,学习100以内数的读法和写法。

“数的顺序、大小比较”又安排了四个例题。首先结合百数表(每行10个数,共十行)认识数的顺序,也为后续数的大小比较做准备,在结合具体数的大小比较方法后,还特别结合具体的数进行比较,能够细化描述“多(或少)一些”和“多(或少)得多”。

“整十数加一位数及相应的减法”实际上是用加法和减法表示两位数的组成与分解。要求学生依据图示(3包书,每包10本,再加2本)进行“一图四式”,即30+2=32、2+30=32、32-2=30、32-30=2。这四个算式中,加法算式表示“几个十加几个一”就是“几十几”;减法算式表示“几十几”分解成“几个十和几个一”,用减法表示分解的过程。

**(二)先简单后复杂学习运算**

“100以内的加法和减法”分成两个单元,人教版《数学》一年级下册“100以内的加法和减法(1)”安排了三个板块,分别是“整十数加减整十数”“两位数加一位数、整十数”“两位数减一位数、整十数”。以上三个板块的学习,第一个板块是学习后面两个板块的基础,同时也是相同计数单位上的数相加减这一种算理的第一次总结,由于计算步骤简单,因此均采用口算的形式。在学习了相应计算之后,安排了“求比一个数多(少)几是多少”的解决问题。

人教版《数学》二年级上册“100以内的加法和减法(2)”,可以分成“两位数加减一位数、两位数”“连加、连减和加减混合运算”“基于相差关系的加减两步计算解决问题”。每一个板块都从简单到复杂安排,其中第一个板块先学习加法的笔算再学习减法的笔算,每一部分都由简到繁编排,先学习两位数加减一位数的笔算,再学习两位数加减两位数的笔算,同时,又分别是先学习不进位或不退位,再学习进位或退位。第二个板块加减混合运算,先学习连加、连减,再学习加减混合运算,最后学习小括号的加减混合运算。第三个板块则是在前一个单元中学习了“求比一个数多(少)几是多少”的基础上,继续提出求两个数的和的问题,从而变成两步复合问题。

**(三)先操作后归纳铺垫乘除**

在“100以内数的认识和加减法”对应的三个单元中,分别编排了渗透乘法与除法含义的解决问题。具体地,在“100以内数的认识”的例8(58颗珠子,10颗穿一串,能穿几串?)和“100以内的加减法(1)”的例5(28个橘子,9个装一袋,可以装满几袋?)中,分别先利用圈一圈的操作方法,得到答案,再分别利用数的组成和连减的方法进行解释,也就是说它们的学习基础分别是两个单元中对应的知识点:数的组成和连减。同时,从两个问题反应的数量关系是除法中的"包含除",求一个数里面包含了几个几(后还余下几)。因此,这是为学习人教版《数学》二年级下册表内除法与有余数除法做的铺垫。

"100以内的加减法(1)"的例4(3名同学一起折小星星,每人折了8个,他们一共折了多少个小星星?),在本课时中,采用连加的形式解决,同时,从它的意义来说,表示3个6的和,渗透了人教版《数学》二年级上册将要学习的乘法的意义。"做一做"(爸爸买3袋苹果,每袋8个,一共买了多少个苹果?)也是同样的结构解决问题。

## 二、反思——发现可以完善之处

通过对这三个单元的整体梳理,我们发现"100以内数的认识"和"100以内的加减法"教材在编排时是相互独立、各成体系的。但是,《义务教育数学课程标准(2022年版)》把"数与运算"作为一个有机联系的学习板块,从这一视角可以把数的认识与数的运算进行适当的融合。加法和减法中的两个单元可以看成一个整体,口算与笔算可以同步学习,把笔算看成口算过程的记录。连加、连减和加减混合运算解决问题,以及相应的解决问题可以独立成为一个单元。

### (一)用加减法记录数数与数的组成

"100以内数的认识"中的"数数、数的组成""整十数加一位数及相应的减法",以及"100以内加减法(1)"中的"整十数加减一位数""两位数加减一位数、整十数"这四个板块,有着密切的联系。其中后面三个板块中的加减运算,都可以加深对"数的组成"的认识。

如32由3个十和2个一组成,如果用加法表示就是32=30+2和32=2+30;也可以说32可以分解成3个十和2个一,用减法表示就是32-30=2和32-2=30。30+20=50和50-20=30可以用计数单位的意义说明算理,也可以用数数的方法进行验证。38+5=43、43-5=38、38+50=88和32-20=12这些题目的计算过程,既可以把两位数利用数的组成进行分解后计算得到结果,如38+5=30+8+5=30+(8+5)=30+13=30+10+3=43,也可以直接用数数得到结果,如38+5就是从38开始往后数5个数:39、40、41、42、43,结果是43。

综合上述分析,可以把这几个板块的学习内容整合成一个课时的内容,通过"数数"理解计数单位个、十、百的含义后,学习整十数加减整十数,用加法和减法加深对计数单位的认识;通过"数的组成"理解个位与十位上数字的意义后,学习"整十数加一位数及相应的减法",用其中的加法算式记录数的组成,用减法算式记录数的分解。在前两个环节的基础上,再计算两位数加减一位数、整十数,用数的分解的方法计算,用数数的方法验证。

### （二）数的认识与运算可以同步推进

就100以内数的认识的知识点而言，有计数单位、数的组成与分解、数的读写与数的大小比较等内容。前面两个知识点，用加减运算解释数的组成，并应用数的组成进行计算。在此基础上，后面的两个知识点的学习，则可以与加减运算同步推进，即同一个学习材料，先利用它学习数的认识的知识，再学习经过整合后的加减运算。

具体地，在借助计数器学习数的读写之后，依据信息提出问题，进行两位数加减两位数的不进位与不退位的口算与笔算，发现口算和笔算的相同之处与不同之处。在结合图示进行数的大小比较后，再进行两位数减一位数、两位数的退位减法的笔算。

### （三）混合运算与解决问题独立组成单元

因为把“100以内数的认识和加减法”作为一个整体进行教学，为使单元学习内容更具有结构性，也为了避免一个单元的学习内容过多，所以把三个单元中的解决问题，以及连加、连减和加减混合运算合并成一个单元。

具体地，首先，学习连加以及连加解决问题，在解决问题的过程中渗透乘法的意义；接着，学习连减以及连减解决问题，在解决问题的过程中渗透除法的含义；最后学习加减混合运算以及相差关系解决问题。

经历以上的重构，把三个单元的内容整合成两个单元，其中人教版《数学》一年级下册学习“100以内数的认识和加减法”，人教版《数学》二年级上册学习“连加连减、加减混合运算以及解决问题”。下面介绍的具体实践就是人教版《数学》一年级下册学习的“100以内数的认识和加减法”。

## 三、实践——“意义”“运算”融合

经历重构后的“100以内数的认识和加减法”，以“计数单位”为核心，以“数数”为基本操作活动，把数的认识和加减运算有机融合，把“数的认识”作为加减运算的基础，用加减运算更好地理解数的意义。结合反思，重构“100以内数的认识和加减法”的学习序列，形成如下表的四节新课和一节单元复习课的编排内容。

| 课时 | 课题 | 学习内容 |
|---|---|---|
| 1 | 数数、数的组成和加减法 | 1. 通过“数数”学习计数单位个、十、百以及相邻进率；2. 能够用几十加几的形式表示数的组成 |
| 2 | 数的读写和不进位加法、不退位减法 | 1. 100以内数的读法和写法；2. 100以内数的不进位加法和不退位减法 |

续表

| 课时 | 课题 | 学习内容 |
|---|---|---|
| 3 | 两位数加一位数、两位数的进位加法 | 两位数加一位数、两位数进位加法笔算 |
| 4 | 数的大小比较和两位数减一位数、两位数的退位减法 | 1. 100以内数的大小比较;2. 两位数减一位数、两位数退位减法笔算 |
| 5 | “100以内数的认识和加减法”单元复习 | 1. 复习100以内数的认识;2. 复习100以内的加减法 |

由于把数的认识与计算有机融合,使得数的意义能够在数的加减运算中得到充分的应用,也使得加减运算的算理与数的意义直接建立起联系,减少上新课的课时数,提升了课堂教学效率,使得把“100以内数的认识和加减法”编排到人教版《数学》一年级下册成为可能。

**(一)用加减算式记录“数数”“数的组成”**

第一课时教学时,首先通过“数数”,整十整十地数,得到新的计数单位——“百”,以及相应的数位——“百位”。接着,再利用整十数加减整十数、用加法和减法分别表示两位数的组成与分解。最后,进行两位数加减一位数或整十数的运算,加深对100以内数的认识。

1. 结合数数,学习计数单位

教师出示人教版《数学》一年级下册第33页的“百羊图”。引导学生把“百羊图”分成20、30、30、20这样四组后,请学生数羊的只数,并用小棒表示出来,要让其他同学一眼就可以看出小棒的根数。依据原有的经验,学生10根一捆作单位表示羊的只数。

让学生分组汇报,最后提问:一共有多少只羊?学生把四个组中的10捆小棒1捆1捆地数,得到10个十是1个百,从而得到计数单位。接着让学生在空白的计数器上找一找“100”应该怎样表示,从而把原来只有个位、十位的计数器变成有“百位”的计数器。结合“数数”的经验,概括出相邻计数单位间的进率是10。

2. 结合运算,应用计数单位

接着,教师引导学生用计算的方法,分步列式计算求出百羊图中羊的只数。先以两组为一个单位,求出总只数,再把两个和相加,得到100。在这样的过程中,让学生结合图示,用数数与计数单位相同两种方式分别解释“20+30”为什么等于“50”,“50+50”为什么等于“100”。

在整理了整十数加整十数的算理的基础上，教师出示如下信息：

上衣50元，裤子30元。

请学生依据信息提出问题：一套衣服要多少元？上衣比裤子贵多少元？学生列出加法和减法算式后计算出结果。校对后观察总结出整十数加减整十数的计算方法：十位上的数字相加减，再在结果的后面添一个零。最后请学生计算下面的题组，形成技能。

| | | | |
|---|---|---|---|
| （1）5＋2＝ | （2）7－2＝ | （3）8＋2＝ | （4）10－8＝ |
| 50＋20＝ | 70－20＝ | 80＋20＝ | 100－80＝ |

3. 利用加减，表征数的组成

首先，教师出示3包每包10本还加6本的图示，请学生说一说一共有多少本书。学生说出答案是36本后，教师再让学生说一说这36是怎样组成的，学生观察图示后得到由3个十和6个一组成。接着出示：（　　）＋（　　）＝36，请学生填上合适的数，认识到“30＋6”和“6＋30”也表示36的组成。再进一步出示（　　）－（　　）＝（　　），请学生依据图示与加法算式，在减法算式中填上合适的数，认识到“36－6”和“36－30”表示了36的分解。最后请同桌合作，一名同学说出一个两位数，一名同学利用数的分解与组成口答出相应的加法算式和减法算式。

接着，在36本书的图示的基础上，分别添加2本和2包，请学生说一说一共有多少本，是怎样想的。分别用数的分解与组成，以及数数的方法得到结果。

最后在图示中分别圈去2本与2包还剩下多少本？请学生列式解答，并用数的分解与组成说明算理。

**（二）在数的读写与大小比较后学习加减法**

100以内数的读写是20以内数的读写经验的延伸，学生可以依据已有的读写经验自主概括。在此基础上，依据已有的信息提出问题，学习不进位加法和不退位减法的口算和笔算方法。

1. 出示学具，学习读写

教师出示拨珠分别是46和33的两个计数器，请学生依据计数器上显示的信息，分别读出和写出这两个数，并说一说具体的读法和写法。接着再出示如图6.1-1中②至⑤的图示，请学生进一步自主读写后反馈，并总结出整十数、整百数的读法和写法。

2. 结合图示，比较大小

接着请学生比较图6.1-1中每组两个数的大小，用“＞”或“＜”连接，完成后说一说是怎样比较的，进而概括出100以内数的大小比较的方法。

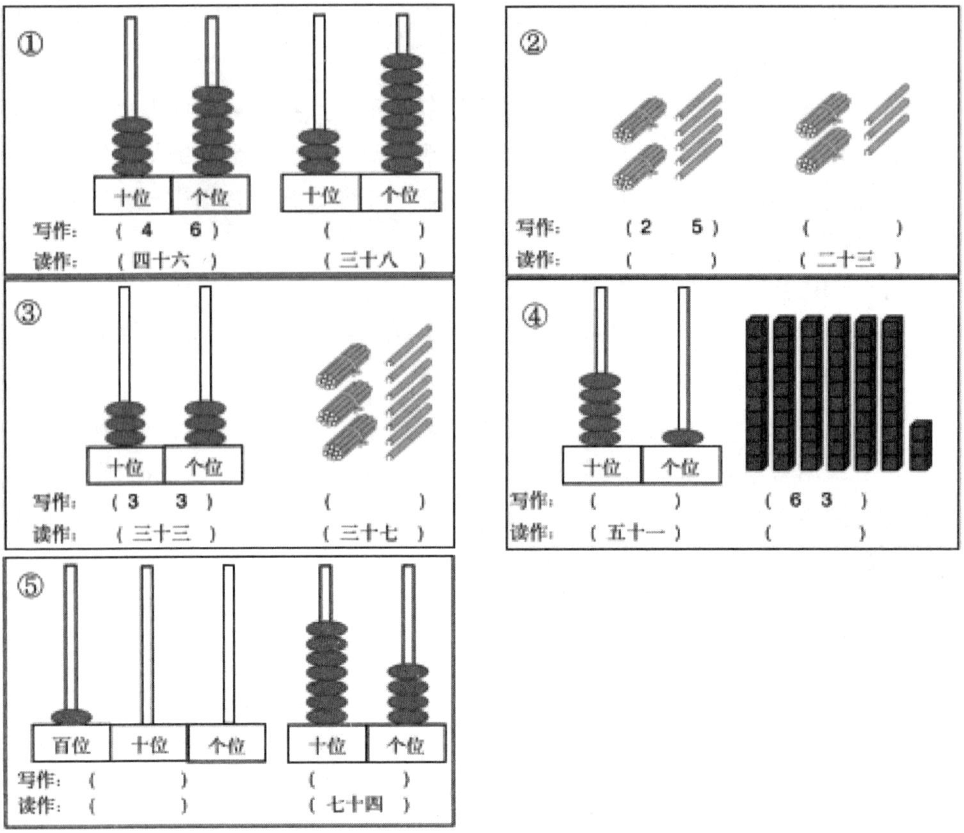


图6.1–1

3. 提出问题，加减计算

把图6.1–1中的数据赋予具体意义：绘画书有46本，故事书有33本。请学生先依据信息提出问题：(1) 绘画书和故事书一共有多少本？(2) 绘画书比故事书多多少本？再列出算式自主计算，然后反馈评析概括出口算和笔算的计算方法。最后用概括出的计算方法笔算如下的四个计算题：(1) 25＋30，(2) 25＋2，(3) 25＋32，(4) 97－36。学生独立完成后，再请学生把第(4)题也模仿第(1)至第(3)题的方法进行分解。

**（三）由简到繁学习进位加法**

在上一课时中，学习了数的读写与大小比较之后，还学习了不进位加法的口算和笔算。以此为基础，在第三课时中学习100以内的进位加法，它可以看成“20以内数的进位加法”与“10以内数的不进位加法”的组合。具体分成“两位数加一位数”和“两位数加两位数”两类，通过题组变化，沟通两类进位加法之间的联系。

教师通过题组比较,引出新知。先出示如下的两组信息:

(1) 一箱矿泉水(24瓶),外加5瓶,一共有多少瓶?

(2) 一箱矿泉水(24瓶),外加8瓶,一共有多少瓶?

请学生结合图示,列出算式,并列竖式解答。完成后比较说一说有什么相同的地方与不同的地方。学生指出两道题列式与计算的方法相同,但第(2)题要满十进一,教师依据学生的回答,区别第(1)题是不进位加法,第(2)题是进位加法。发现区别后,教师请学生完成如下的练习:(1) 27+6 (2) 36+5 (3) 6+44。

接着,再一次出示题组:

(3) 一箱矿泉水(24瓶),外加15瓶,一共有多少瓶?

(4) 一箱矿泉水(24瓶),外加18瓶,一共有多少瓶?

请学生独立完成后再次比较两题之间的联系与区别,同时分别比较与第(1)题、第(2)题的联系与区别。进一步概括两位数加一位数进位加法与两位数加两位数进位加法的联系,指出计算进位加法时的注意点。

**(四) 从定性到定量学习退位减法**

在100以内数的认识时,在比较大小的基础上,让学生进一步区别多一些与多得多,以及少一些与少得多。在此基础上进一步追问,到底多多少或少多少,让学生选择信息提出两个量进行比较的问题,从定性描述到定量刻画。在解决定量刻画的问题的过程中学习两位数减一位数与两位数减两位数的笔算方法。

1. 两轮观察,形成比较串

教师在黑板上出示如图6.1-2的三个装有不同小球个数的瓶子,请学生把①号瓶中球的个数分别与②号、③号瓶中球的个数进行比较,提出数学问题,同时板贴。教师请学生观察后依次选择其中的两个瓶子,比较两个瓶子中的小球数,说一说两个瓶子中小球数的关系。学生观察后回答①号比②号多(或②号比①号少),①号比③号多(或③号比①号少)。再进一步观察这两组比较结果,说一说又有什么不同,学生补充为①号比③号多得多(或③号比①号少得多),①号比②号多一些(或②号比①号少一些)。

图6.1-2

接着,教师给3个瓶子添上小球的数量:①号瓶中有53颗,②号瓶中有38颗,③号瓶中有8颗。请学生继续进行比较,并对刚才的发现重新修改,提出数学问题:(1) ①号瓶中的球比③号瓶中的球多多少颗?(或③号瓶中的球比①号瓶中的球少多少颗)(2) ①号瓶中的球比②号瓶中的球多多少颗?(或②号瓶中的球比①号瓶中的球少多少颗)

2. 两轮计算,归纳计算方法

首先,请学生完成第(1)个问题,学生列出算式“53－8”后进行评析,概括退位减法的计算方法。接着,再请学生自主完成第(2)个问题,学生自主列式计算:53－38。完成后,比较两个算式有什么相同的地方,要注意什么,从而概括出“100以内的退位减法”的计算方法。

3. 填写空格,综合计算法则

教师出示如图6.1-3的题组,学生在作业纸上完成后反馈评析。说一说它们的相同之处和不同之处,从而进一步统一100以内减法的计算法则。

| | |
|---|---|
| 76<br>- 1□<br>64 | 76<br>- 1□<br>57 |

图6.1-3

**(五) 整体回顾形成知识结构**

进行单元复习时,结合具体情境,整体回顾相关的单元知识,在“数与数”“加与减”的回顾比较中,形成数的认识的知识结构;在概括加法与减法计算中相同的算理与算法后,形成统一的计算法则。

1. 创设情境,梳理数的认识

教师课件出示主题图6.1-4,先请学生提取其中的数学信息。在教学实践中,依据图片信息学生将其转化为:台灯42元,书包48元,钢笔17元,铅笔7元这四个数学信息。首先,请学生说一说各个数的组成。然后,选择其中的两个信息比较大小,并概括出100以内数的大小比较的方法。最后,用多或少描述的基础上,用多(少)一些或多(少)得多进一步描述。

图6.1-4

2. 提出问题,体会算用结合

教师分别选择图6.1-4四个信息中的两个信息,列出四个算式:(1) 48＋7,(2) 48＋17,(3) 42－7,(4) 42－17。请学生依据算式分别提出问题,再请学生列竖式计算,最后请学生概括出100以内的加法和减法的计算法则。

3. 依据信息,提出问题解答

教师出示如下的信息:水果店进了一批西瓜。(1) 昨天卖出了56个,(2) 今天又卖出了27个,(3) 剩下的与今天卖出的一样多。请学生先选择信息自主提出问题,学生提出问题后,由简单到复杂,请学生给提出的问题编号,得到如下的三个问题:(1) 两天一共卖出了多少个?(2) 今天比昨天少卖出多少个?(3) 昨天卖出后还剩下多少个? 排序后请学生独立解答后反馈。

单元复习课是对单元内容的一次梳理,把知识点结成知识网,使学生逐步形成完善的知识结构。它承载着巩固与深化所学知识,回顾整合知识,发展思维能力、提升核心素养的独特作用。因此在进行复习课的练习设计时,教师应在吃透教材的同时吃透学生,设计有坡度、有层次、有挑战性的练习,使各层次的学生都能得到切实有效的发展。

“100以内数的认识和加减法”的整体设计给我们启示:跨单元的整体设计,需要围绕某一个核心概念展开。“计数单位”是数的认识和加减运算共同的核心概念。在100以内数的认识时,结合数数,让学生学习了新的计数单位“百”以及“100以内数的组成”,“100以内的加法和减法”则是相同数位上的计数单位相加减。因此,数的认识是学习加减法的基础,而加减法的学习可以加深对数的理解。

# 第二节
## “100以内数的认识和加减法(1)”教学实践

“100以内数的认识”是在学生学习“20以内数的认识”的基础上进行教学的，“100以内数的加法和减法计算”主要是化归为“20以内整十数加一位数和相应的减法”来计算，因此这一部分计算对于学生来说问题不大，关键是要让学生理解算理。本课时通过不断累加整十数，得到新的计数单位——“百”，以及相应的数位——“百位”，并利用整十数的加法和减法、两位数的组成用加法和减法进行表示，以及用两位数加或减一位数、整十数的加减运算，加深对100以内数的认识。也就是利用加法和减法的运算，加深对100以内数的认识。基于这样的思考，我们进行了教学实践。

### 一、创设现实情境，认识计数单位

以“满十进一”为基本特征的“十进位值制”在“20以内数的认识”时学生已经有所感受。因此，利用一个十、一个十地数与整十数相加的方法，得到新的计数单位——“百”。

#### （一）创设情境，分工数数

教师课件出示教材中的“百羊图”（图6.2–1）。请学生说一说看到了什么，估一估有多少只羊。学生估计后，教师和学生一只一只地数。当数出左上角第一部分羊的只数是10只后，教师指出，这样一只一只地数下去太麻烦了，教师把它们分成四份（如图6.2–2），每个小组的同学各数其中的一组。

图6.2–1

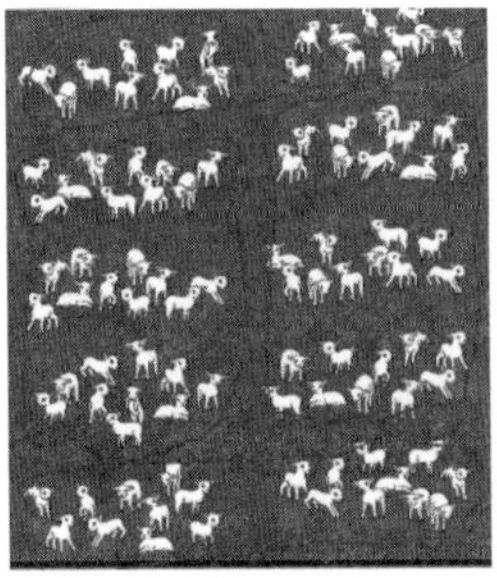

图6.2-2

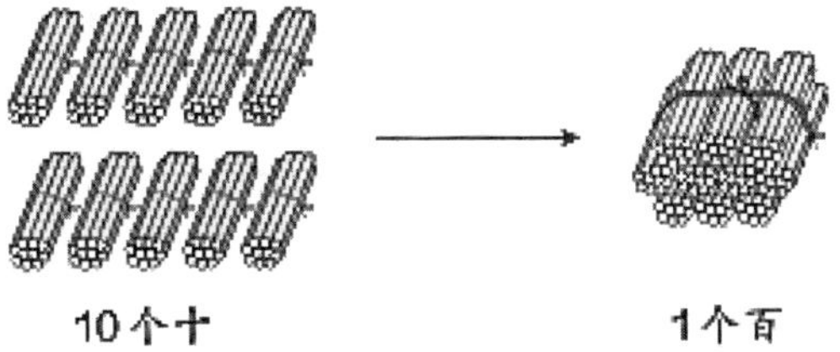


图6.2-3

具体要求是：数一数、圈一圈，每数出其中的十只羊就圈一个圈，再数一数有几个圈，就有几个十，就是几十。

学生完成后汇报，第1组和第4组数出各有二十只，教师分别用两捆小棒记录，第2组和第3组数出各有三十只，各用3捆小棒记录。

**（二）合并结果，拓展单位**

教师提问：现在如果要知道这一群羊的只数，我们可以数什么？怎样数？学生指出可以数小棒，一捆一捆地数。教师引导学生一捆一捆地数，正好10个一捆，就是10个十，10个十就是1个百（如图6.2-3），说明图中一共有一百只羊。

教师进一步用小棒回顾从1数起，“一、十、百”这三个单位产生的过程。教师出示一根小棒，问它表示多少？学生指出表示“1”。教师继续提问：一根一根地数，数到十根，产生哪一个计数单位？学生指出是“十”。接着再十根十根地数，数到多少个十就是一个百？教师指出数到10个十就是一个百。依据学生的回答，形成如图6.2-4的板书。

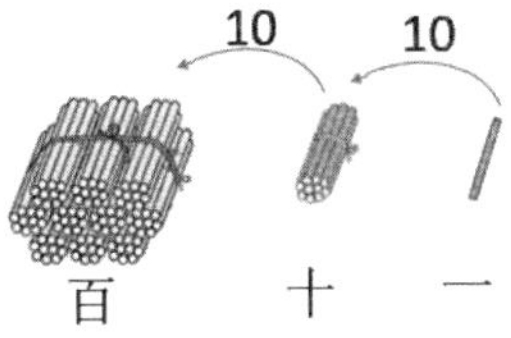


图6.2-4

**（三）位值表征，抽象含义**

教师进一步出示三个空白计数器（如图6.2-5）的板贴并提问：在计数器上，“一、十、百”分别怎样表示？

让学生按要求完成图示：画一画，在计数器上分别画上表示这三个数的珠子。

学生在自己的作业本上完成后，再反馈校对，形成如图6.2-6的三个计数器。观察这三个计数器上表示的数，说一说有什么相同点和不同点。学生指出它们都用一颗珠子表示，依据学生的回答，教师在每一颗珠子的下面写上1（如图6.2-7），但是所在的位置不同。教师进一步追问，它们分别在什么位上呢？依据学生的回答，教师在相应的计数器上补充上数位名称（如图6.2-8）。最后计数器上一个单位都没有的位置补上0，形成如图6.2-9的基于十进位值制的表示方法。

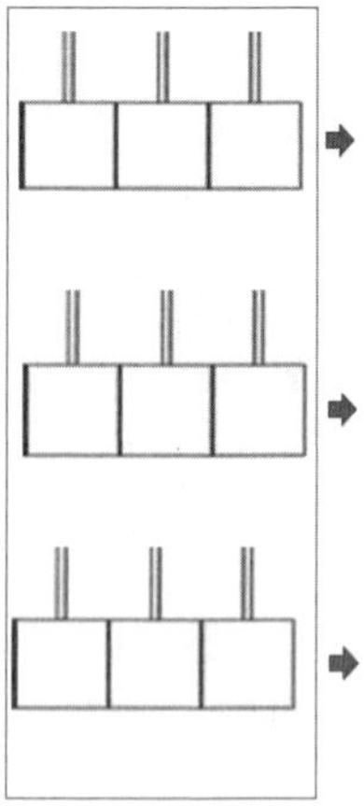

图6.2-5

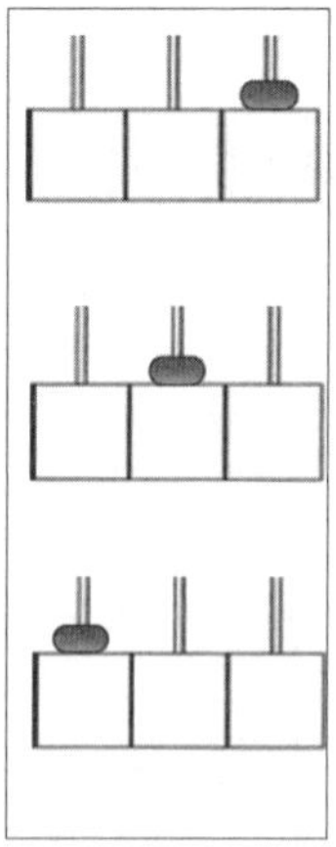

图6.2-6

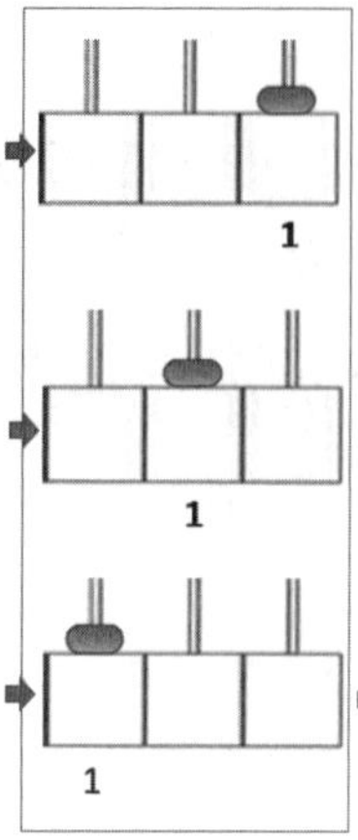


图6.2-7

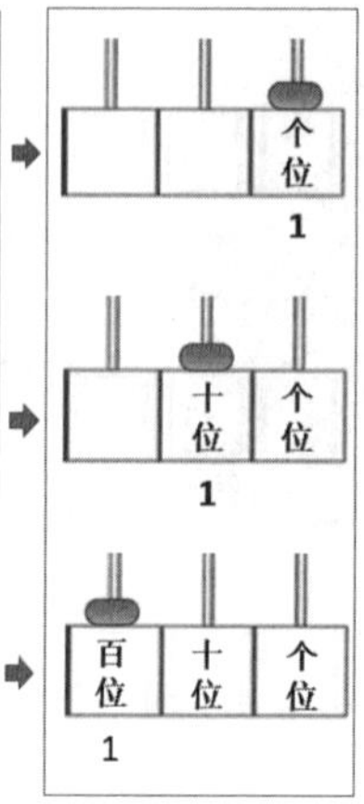


图6.2-8

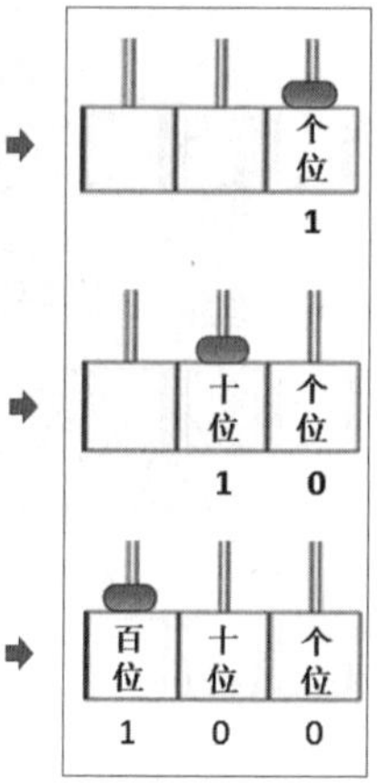


图6.2-9

把新的计数单位“百”纳入数数的过程中，从一根一根地数，到一捆一捆地数得到“百”，再用计数器上的珠子表示“一、十、百”，感受基于位值制背景下的计数单位的表征。

## 二、学习数的组成，进行简单加减

相同计数单位可以通过数数进行累加或递减，还可以用加法和减法进行合并与去掉。使得整十数的加减法和一位数加减法有相同的算理——相同的计数单位上的数相加减。

### （一）利用加法，进行累加

教师提问：除了通过小棒一捆一捆地数一数的方法得到羊的只数，还有没有更加方便的方法呢？学生回答可以通过算一算的方法。教师依据学生的回答，引导学生把四组的和累加起来，如先第一组和第二组：20＋30＝50，要求学生用计数单位相加的方法说明算理，即“2个十＋3个十＝5个十”，接着再加“2个十”和“3个十”，最后得到“10个十”等于100。

经过三次加法就可以得到100，比十个十个地数更快。教师整体出示这三个算式，想一想，怎样算可以快速地算出得数？学生发现可以把十位上的数相加的和再添上一个0，就是两个整十数相加的和（如图6.2-10）。

20+30=50
2 +3 =5
50+20=70
5 +2 =7
70+30=100
7 +3 =10

图6.2-10

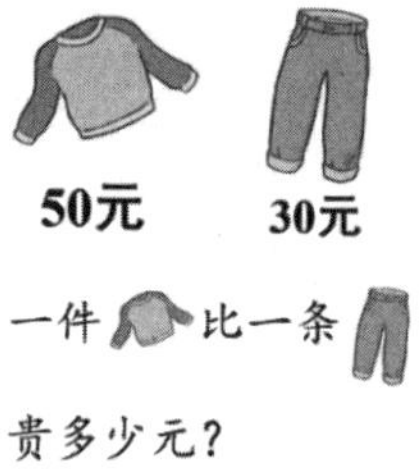


图6.2-11

### （二）解决问题，迁移关系

教师进一步用课件出示如图6.2-11的问题。显然，本题是一道求相差数的解决问题，用减法计算，列式是“50－30”，整十数减整十数，是新知，但是数量关系则是原来已经学习的。

先请学生看题，说一说题目中已知哪些信息，要求什么问题。请学生口头列出数量关系，再列出算式解答。以上过程独立完成后，再交流反馈，反馈时请学生说一说是怎样算的，让学生分别从算理和算法两个方面说出计算的过程。

**（三）题组计算，形成技能**

经历上述两个环节的学习，学生利用相同计数单位相加减这种方法理解了算理，形成了先十位上的数相加减，再在个位上添零这种方法进行计算。下面再利用题组计算，把10以内数的加减法和整数加减整十数进行比较计算，体会它们的相同处和不同处。

教师出示如下的两个题组：

（1）2＋3＝　　5－2＝　　（2）6＋4＝　　10－6＝

20＋30＝　　50－20＝　　60＋40＝　　100－60＝

请学生独立计算后反馈评析，说一说每组的四道题有什么联系，进一步巩固整十数加减法的计算方法。

## 三、利用图示表征，融合“数”与“运算”

基于计数单位的数数和加减运算的基础上，进一步利用不同计数单位的组合和加减法表征，加深对两位数的认识。

**（一）一图四式，“运算”表征“数”**

教师出示图6.2-12，请学生数一数，说一说一共有多少本写字本。学生回答有36本后，追问：你是怎样数的？学生指出先十本十本地数，一共有3个十本，再一本一本地数，有6个一本，是6本。依据学生的回答，教师用数的组成和计数器分别表示出36的含义，形成如图6.2-13的形式。

图6.2-12

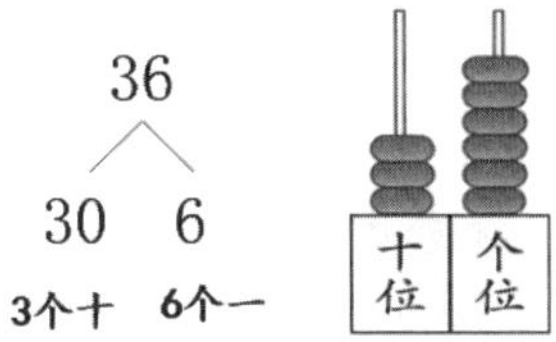


图6.2-13

教师进一步出示一年级上册在学习10以内数的组成时，依据一个数的组成写出加法和减法各两个算式的例子。依据这样的经验，也请学生写出相应的两个加法算式和两个减法算式，学生回答，教师板书如图6.2-14。再用计数器上拨珠的形式，演示四个算式的运算过程，体现两个加法算式中的个位和十位上的数并没有相加，而是进行

30+6=36
6+30=36
36-6=30
36-30=6

图6.2-14

了组合，而减法是把个位或十位上的数全部去掉。

**（二）添加信息，“数”验证“运算”**

教师在图6.2–12的基础上添加信息：再添加2本写字本，现在一共有多少本写字本？请学生先直接口答出结果，再说一说是怎样得到的。有学生说可以通过数数得到，即在36本的基础上，再往后数两个——37、38，等于38本。也有学生指出可以列出加法算式——36+2，往后数两个数等于38本，也在计数器上进行拨珠验证。再把信息改为：拿走了2本写字本，还剩多少本写字本？请学生用数一数、算一算和拨一拨的方法解决问题。

在图6.2–12的基础上再一次添加信息：又送来了2包（每包10本），现在一共有多少本写字本？同样地，先指名学生说出得数，再说一说理由，用算式表示为36+20，接着也在计数器上拨珠演示。再把信息改为：拿走了2包（每包10本），还剩多少本写字本？请学生也用数一数、算一算和拨一拨的方法解决问题。

**（三）回顾学习，融合“数”“算”**

经历两轮数计数单位的个数，“满十进一”后得到新的计数单位，再用加减运算表征数的含义，用数的意义验证运算结果的正确性，真正实现了数的意义和加减运算意义的一致性。

教师请学生观察学习过程中形成的主要板书（如图6.2–15），回顾学习过程，说一说在本课时中学习的100以内的数、加减法运算有什么联系。学生指出数可以用加减法运算来表示，可以通过“数的分与合”“数数”“计数器拨珠”等多种方法验证加减法运算的过程和结果。

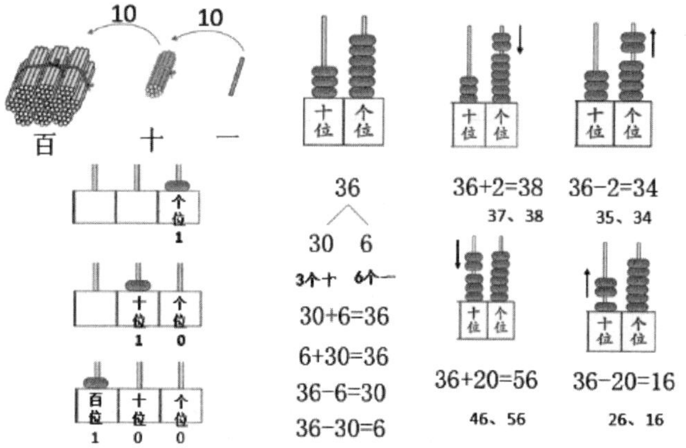


图6.2–15

本课时的教学给我们的启示：数学知识之间是有内在联系的，在教学中要充分利用这种联系，让知识之间能够相互融合，形成整体。本课时中，100以内数的意义和相应的加减法有着密切的联系，一个两位数可以分成一个整十数和一位数，它可以用数的分与合表示，也可以用加减法表征；两位数加减一位数和两位数加减整十数的结果，可以通过“相同计数单位相加减”得到，也可以通过“数数”得到。

# 第三节
## “100以内数的认识和加减法(2)”教学实践

数的认识和数的加法和减法有着十分密切的联系。上一课时中,在不断累加整十数的基础上,得到新的计数单位——“百”,以及相应的数位——“百位”,并利用整十数的加法和减法将两位数的组成用加法和减法进行表示,以及用两位数加或减一位数或整十数等的加减运算,加深对100以内数的认识,也就是利用加法和减法的运算加深对100以内数的认识。本课时将继续学习100以内数的读写和大小比较,并把100以内数的认识,作为100以内加法和减法计算的算理,通过相应的不进位加法和不退位减法的计算,进一步加深100以内数的认识。基于这样的思考,我们进行了教学实践。

### 一、创设现实情境,学习数的读写

学生在学习本课之前对于人教版《数学》一年级下册100以内数的读写已经有了一定的认识。在上一课时结合计数单位的认识和加减法运算已经会口头地读和书面地写了。因此,本课时中学习100以内数的读写,主要是结合现实情境进一步规范数的读写。

#### (一)创设情境,发现信息

教师结合情境图出示如下的信息:班级图书角上放满了各种各样的书。其中绘画书有46本,故事书有33本。教师指定一名学生读一读这一段话,再说一说从中发现了哪些数学信息。

学生发现信息后,教师请学生把两个信息分别在计数器的图示上画一画珠子,表示出这两个信息,完成后交流反馈,形成如图6.3-1的板书。

把文字表述的信息转化成用计数器表示的信息，既直观地让学生体会到十进位值制下的数的含义，又可以基于计数器表示的数，同时学习数的读法和写法。

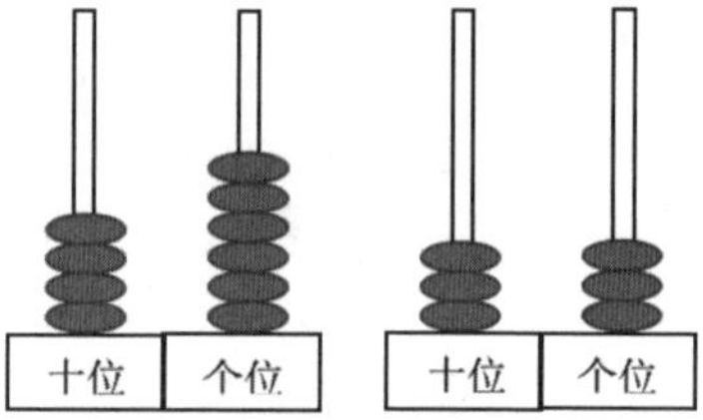

图6.3–1

**（二）利用学具，学习读写**

结合图6.3–1的计数器，请学生说一说这两个数分别是由几个十和几个一组成。学生回答后，请学生依据数的组成，分别写出和读出这两个数(如图6.3–2)。

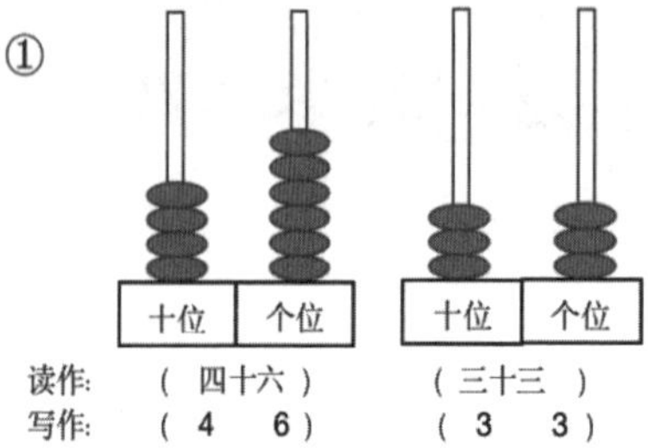

图6.3–2

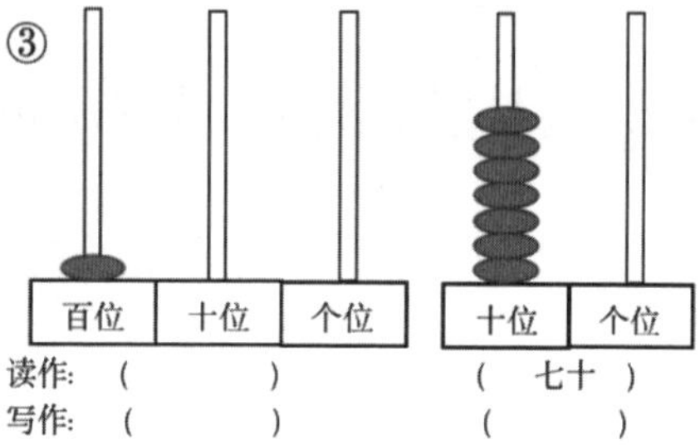

图6.3–3

学生完成后交流评析：观察数的读和写有什么联系与区别？学生指出读和写都从十位开始，写数时，只要依次写出每一位上的数字，读十位的时候还要读出十位的计数单位。

在此基础上，教师出示图6.3–3的计数器，请学生读出和写出相应的两个数，说一说，读数、写数时又有什么需要补充的。学生回答后，教师总结：写数时，如果某一个数位上一个数都没有，就写“0”；读数时，数末尾的零都不用读。

100以内数的读法和写法，和“11～20各数的认识”时学习的数的读法和写法相同。因此，可以迁移已有的读写经验，先让学生自己读一读、写一写，然后依据实际例子，逐步概括出100以内数的读写方法。

**（三）练习读写，积累素材**

掌握了读写方法后，在计数器的基础上，增加小正方体图和小棒图表示的数，请学生分别写出和读出相应的数(如图6.3–4)。完成后交流评析。

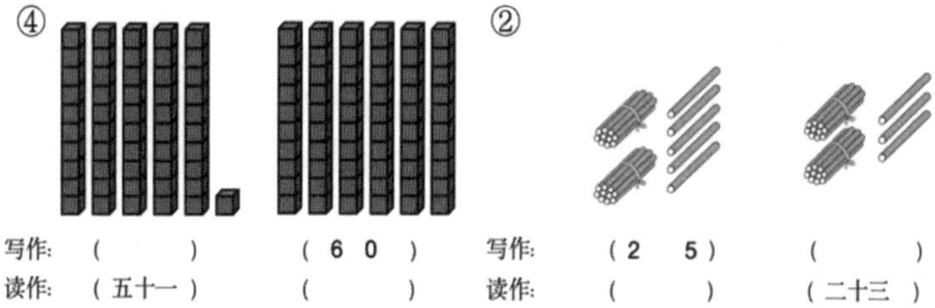

图6.3–4

小正方体图与小棒图和计数器相比，可以更加直观地看出数的大小。同时,这两组数的出现,也为后续进行100以内数的大小比较积累了更加丰富的学习素材。

## 二、分层组织教学,比较数的大小

数的大小比较是数的认识的重要内容。100以内数的大小比较和100以内数的读写一样,在“20以内数的认识”时已经有了丰富的经验。因此,可以让学生先自主尝试,再分析归纳,概括出100以内数的大小比较的一般方法。

### (一)结合图示,自主比较

教师整体出示图6.3-5中的四组数,在写作的中间分别添上一个圆圈,提出新的任务:比一比每一组中的两个数的大小,并在圆圈里填上两个数的大小关系的符号。完成后,小组交流,分别是怎样比较大小的?

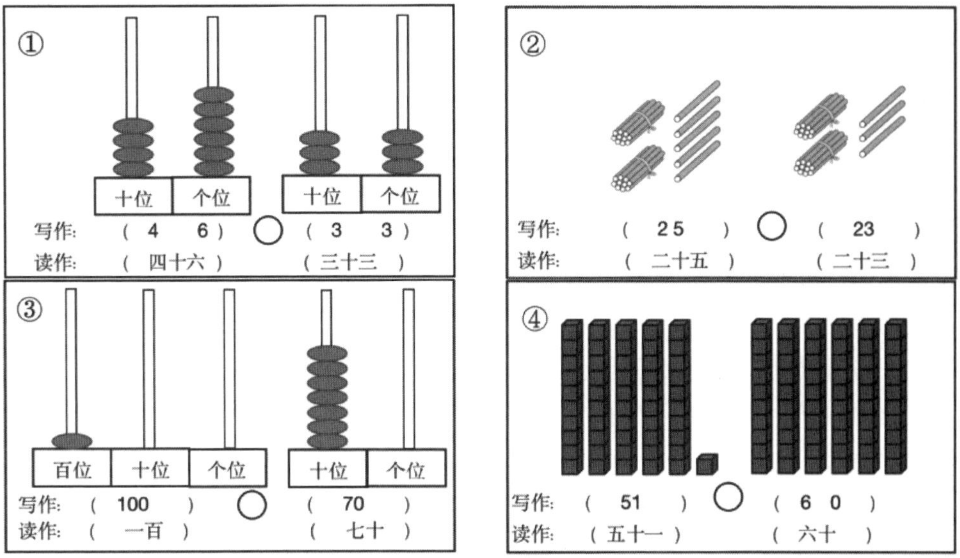


图6.3-5

在学习读法和写法时,就是以两个数为一组进行读写,在读写的过程中,学生已经有了两个数大小关系的初步感知。此时,再明确任务让学生进行比较,是对同一组学习材料的充分利用,也可以让学生更加充分地认识到数的认识包含了数的组成、读法和写法、数的大小比较等几个方面。

### (二)反馈评析,进行分类

学生独立完成,小组交流后,再集体反馈评析,说一说各是怎样比较大小的。依据学生的回答,教师进一步引导学生进行大小比较的分类。

如依据100>70,可以概括出三位数大于两位数,进一步概括:位数多的这个数大。依据46＞33、51＜60，可以概括为两个两位数比较，十位上的数大的那个数就大；进一步概括为：位数相同，高位上的数大的那个数就大。依据25＞23，可以概括为两个两位数比较大小，十位上的数相同，就比较个位上的数，个位上的数大的那个数就大；进一步概括为：位数相同的两个数比较大小，从高位开始一位一位地比较，哪一位上的数大，那个数就大。

**（三）归纳总结，形成方法**

教师进一步提出任务，如果要把这八个数从大到小依次排列，又应该怎样排列呢？怎样灵活应用大小比较的方法，有序地进行排列呢？先让学生自主尝试，完成后校对，形成如下8个数从大到小的排列顺序：

100＞70＞60＞51＞46＞33＞25＞23

教师进一步引导学生反思怎样比较这八个数的大小？通过交流讨论后总结比较大小的一般方法：一比位数，位数多的那个数就大；二比十位，十位上数大的那个数就大；三比个位，十位上的数相同，就比个位，个位上数大的那个数就大。

## 三、利用数的组成，理解数的运算

通过上述两个环节，学生已经会读写和比较100以内的数。在此基础上，还可以在比较出两个数的大小的基础上，让学生自主提出问题，利用数的组成，学习两位数加两位数不进位加法和两位数减两位数不退位减法，在这样的数的运算中，加深数的认识。

**（一）根据信息，提出问题**

教师请学生依据课开始的情境图，请学生依据已有的两个信息，提出数学问题。学生自然地提出了如下三个问题：(1) 绘画书和故事书一共有几本？(2) 绘画书比故事书多几本？(3) 故事书比绘画书少几本？

接着，教师请学生说出数量关系，列出算式：(1) 46＋33，(2) 46－33，(3) 46－33。其中第(2)(3)两个问题的算式相同。

**（二）多元表征，自主计算**

请学生独立完成这两题的计算结果，并想一想是怎样算的？再组织交流反馈评析。

首先反馈评析46＋33。校对答案后，请学生说一说是怎样算的？依据学生的回答，教师通过小棒图演示（如图6.3-6）。4个十和3个十相加是7个十，6个一和3个一相加是9个一，合起来是7个十和9个一是79。依据小棒图的演

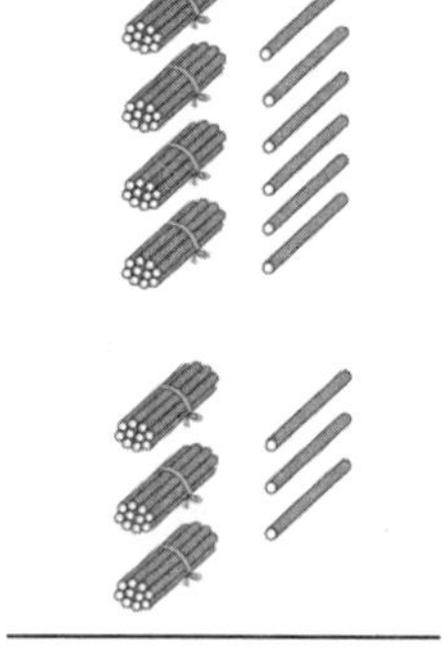


图6.3-6

示过程，教师示范写出竖式计算的过程。

接着请学生模仿教师竖式计算的过程，计算出46＋33和46－33的结果。完成交流评析，说一说竖式计算的一般方法：一摆，个位对个位、十位对十位；二算，个位上的数和个位上的数相加减，十位上的数和十位上的数相加减。依据这样的经验，请学生计算如下的四个题目：(1) 25＋31，(2) 87－36，(3) 35＋2，(4) 35－2。

**(三) 整体回顾，探寻联系**

本课时学习的内容相对较多，包括了100以内数的读写法、100以内数的大小比较、两位数加减两位数的笔算这样三个板块，为什么这些内容可以在一课时中完成呢？带着这样的疑问，让学生寻找这三个内容之间的联系。

教师以46和33为例子，回顾它们的读写法、大小比较和加减法运算（如图6.3-7），说一说这三个部分的内容都和数的认识中的什么有关？学生讨论交流后发现，它们都和数的组成有关。如46由4个十和6个一组成，在写数时把4和6写在相应的数位上；读数时就是按数的组成把它们简化后读出来；大小比较时也是按照数的组成从高位比起；加减法运算也是按照数的组成，计数单位相同的部分先相加，然后再合并起来。

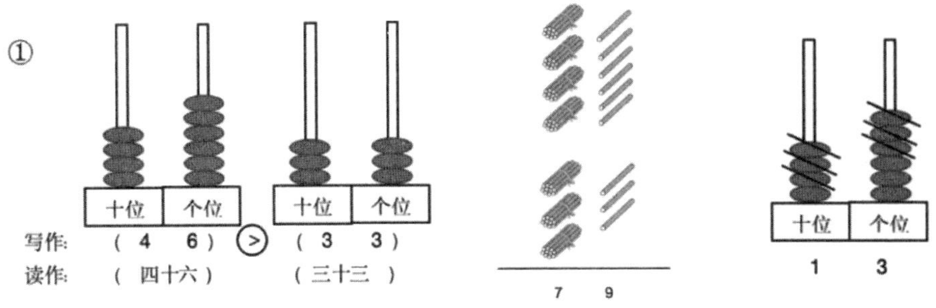


图6.3-7

本课时的教学给我们启示：不同的数学知识会有相同的学习基础，如果寻找到了它们相同的学习基础，就可以把这些不同的数学知识设计在同一个课时中，有序地组织这些知识的学习，并通过不断地反思、比较和提炼，实现举一反三的效果，体现整体设计的优越性。

# 第四节
## “100以内数的认识和进位加法”教学实践

“100以内的进位加法”的学习基础是“20以内的进位加法”，可以分成“两位数加一位数”和“两位数加两位数”这样的两类。其中前一类可以看成“20以内的进位加法”和“两位数加整十数”的组合，后一类则可以看成前一类的变式，可以看成“20以内的进位加法”和“整十数加整十数”等运算的组合。从上述分析可以发现，“100以内的进位加法”是“20以内的进位加法”的变式。依据这样的思路，如何结合具体例子让学生综合原有的计算经验，归纳两位数加一位数进位加法的笔算方法？如何在前一类计算方法的基础上，迁移计算方法，学习两位数加两位数的进位加法？如何综合各类100以内的加法笔算，归纳出计算法则？带着这样的问题，我们进行了教学实践。

### 一、结合直观表征，计算两位数加一位数

本环节学习的两位数加一位数，专门指两位数加一位数的进位加法。因为两位数加一位数的不进位加法，在人教版《数学》一年级下册“11～20各数的认识”单元中已经编排，且在本单元的第一课时结合计数单位的学习也能够计算相应的口算。因此，在教学中创设具体情境，通过比较分析，在解决问题与反思评析的过程中，学习新知识。

#### （一）提出问题，自主计算

教师创设具体的问题情境：(1) 有矿泉水一箱（一箱24瓶），外面还有5瓶，一共有多少瓶？(2) 有矿泉水一箱（一箱24瓶），外面还有8瓶，一共有多少瓶？请学生读题后列出算式：(1) 24＋5，(2) 24＋8。

请学生观察这两个算式，说一说有什么共同的地方？学生回答后板书：两位数加一位数。接着，请学生计算出结果，并结合小棒图画一画，或者在竖式中填一填、算一算（如图6.4-1）。

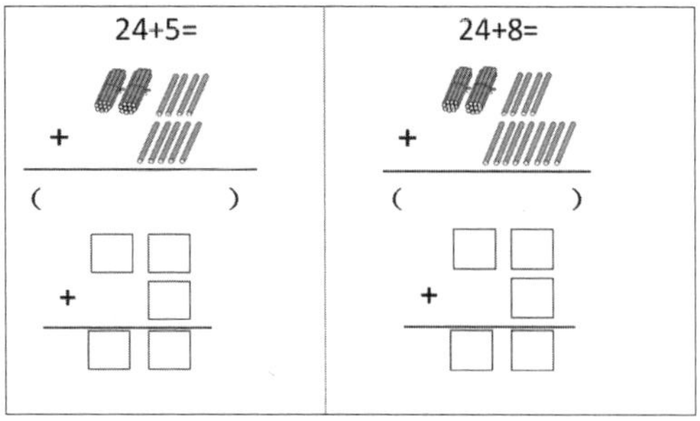

图6.4-1

**（二）反馈交流，多元表征**

学生独立完成后交流评析。首先，整体展示画图表征的两题的计算结果（如图6.4-2）。请学生说一说有什么不同的地方。学生指出第2题中“4根＋8根＝12根，其中的10根满十进一，变成1捆”。

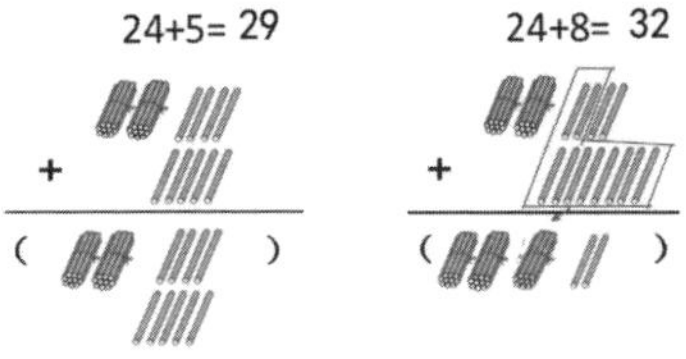

图6.4-2

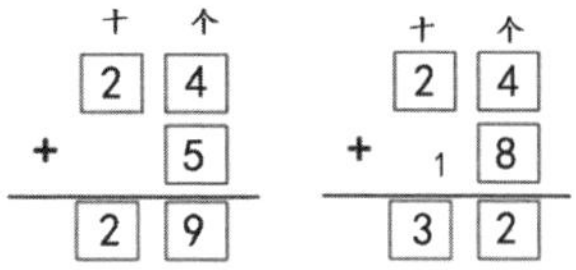

图6.4-3

接着，整体展示学生竖式计算的过程，再请学生说一说，在竖式计算中，又是怎样表示这一种不同的。学生指出第2题满十进一，就是个位上的数相加，满十向十位进一，形成如图6.4-3的板书。

**（三）利用经验，熟练计算**

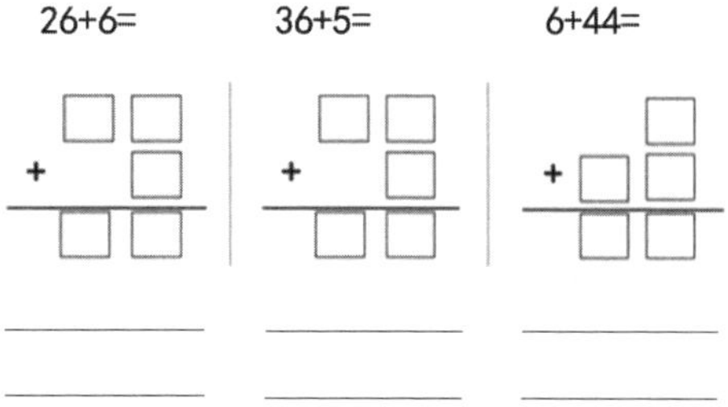

图6.4-4

依据上述两题的计算经验，教师出示如图6.4-4的三个计算题，请学生列竖式计算，并分步记录计算的过程。

完成后交流评析。特别评析记录分步计算的过程，说一说从哪里可以看出“满十进一”。学生指出，都是一个“整十数加十几”，十几中的“（1个）十”就是“满十进一”的部分。

用同样的方法记录图6.4-3中的两个竖式计算的过程，教师进一步概括，像左边的题没有“满十进一”的称为不进位加法，右边出现“满十进一”的称为进位加法，具体形成如图6.4-5的板书。

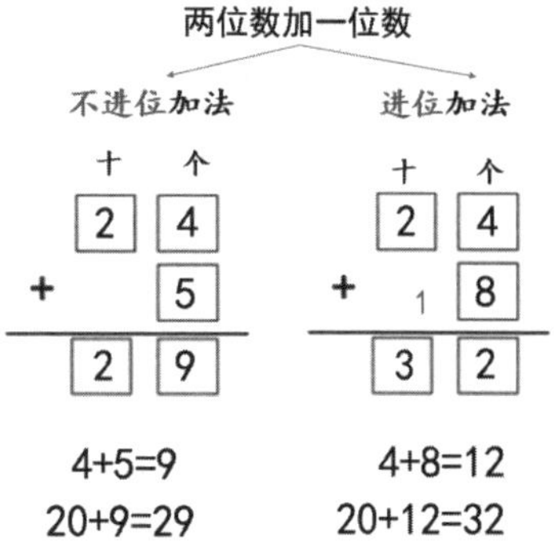

图6.4-5

“两位数加一位数”的进位加法，笔算显然比口算更加容易。因此，先让学生用笔算计算出结果，再用口算记录笔算的过程，可以更好地沟通两种计算之间的关系。

两位数加一位数的运算直接用笔算记录口算的过程，既可以降低计算的记忆内容，也可以提高计算的正确率，在已经熟练计算的步骤与过程后，再学习口算，把笔算作为口算的算理与基础。

## 二、利用学习经验，计算两位数加两位数

这里说的两位数加两位数，是指个位相加满十的两位数加两位数的进位加法。既可以看成上一课时中两位数加两位数不进位加法的变式，也可以看成两位数加一位数进位加法的延伸。因此，将上一个环节例题中的第二个加数改编成两位数，让学生在自主计算的过程中，概括出两位数加两位数进位加法的计算方法。

### （一）修改信息，自主尝试

教师修改课始的情境图中外面的矿泉水瓶数，出示如下的两个问题：(1) 有矿泉水一箱（一箱24瓶），外面还有15瓶，一共有多少瓶？(2) 有矿泉水一箱（一箱24瓶），外面还有18瓶，一共有多少瓶？请学生读题后列出算式：(1) 24＋15，(2) 24＋18。

请学生观察这两个加法计算题与图6.4-5中的两个加法计算题相比，有什么相同的地方和不同的地方？学生发现第一个加数相同，第二个加数由一位数变成了两位数。教师依据学生回答，板书：两位数加两位数。

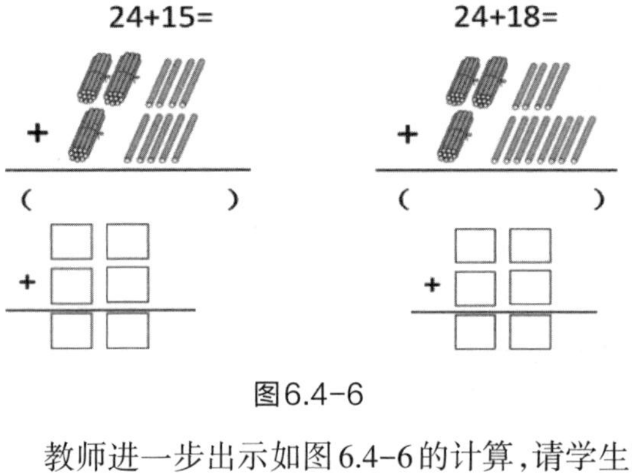


图6.4-6

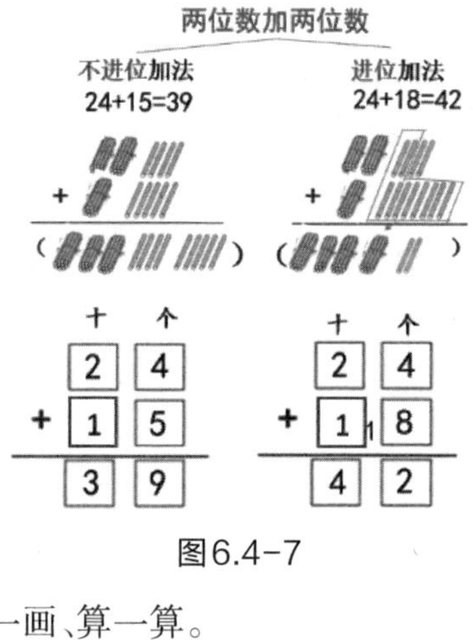


图6.4-7

教师进一步出示如图6.4-6的计算，请学生画一画、算一算。

### （二）反馈评析，规范计算

首先，指定一名学生展示画一画与算一算的作业纸，并说一说计算的过程，形成如图6.4-7的板书。

在说一说计算过程中，有部分学生先加个位上的数，再加十位上的数，也有学生先加十位上的数，再加个位上的数。教师结合第2题进行辨析，说一说在竖式计

算中,哪一种计算顺序更加合适。学生发现,如果先加十位上的数,个位上满十,向十位进一就要重新再加了,因此,还是从个位加起更合适。

在此基础上,归纳出加法计算法则:一摆,相同数位对齐,摆好竖式;二算,从个位算起,满十向前一位进一。

**(三)专项计算,熟练法则**

在归纳出加法的计算法则后,教师出示如下的三道计算题:(1) 26+16,(2) 36+25,(3) 46+44。请学生列竖式计算,说一说进位加法中特别要注意什么。

上述三题是将图6.4–4中两位数加一位数的进位加法的习题中的一位数转变成了两位数,并且个位不变。因此,学生计算后,与图6.4–4中的三道计算题进行比较,特别要注意个位满十的,不要忘记加上个位满十后向十位进的一。

把两位数加两位数的进位加法设计在两位数加一位数的进位加法之后教学,并形成题组,可以让学生体会到两类计算的连续性与提升点。

## 三、结合分层练习,扎实意义运算

到本课时为止,学生已经学习了多种形式的计算100以内的加法,所以通过具体计算,把本课时学习的进位加法纳入100以内的加法计算体系中,并进行数字谜的填写,更加凸显出加法计算中的计算难点。

**(一)题组计算,形成结构**

按照两个加数的位数分,可以分成“两位数加一位数”与“两位数加两位数”这样两类。在例题教学时,把两类计算题分成两个例题先后教学,并使前者的学习成为后者学习的基础。在练习时,把两类计算综合成一个题组,通过题组计算,构建起100以内的加法的基本结构。

教师出示如下的6道加法计算题,请学生列竖式计算出它们的结果。

| (1) 30+6= | (2) 63+6= | (3) 57+5= |
|---|---|---|
| (　　) | (　　) | (　　) |
| +(　　) | +(　　) | +(　　) |
| (　　) | (　　) | (　　) |
| (4) 30+60= | (5) 63+16= | (6) 57+25= |
| (　　) | (　　) | (　　) |
| +(　　) | +(　　) | +(　　) |
| (　　) | (　　) | (　　) |

**(二)组织评析,合理选择**

计算后校对,引导学生进一步反思:哪些题目可以直接写出得数?为什么?首先,学生认为第(1)(2)(4)(5)题不需要笔算,可以直接写出得数。因为它们每一次相加时都不进位。教师请学生编出相应的计算题,并直接说出得数,让学生体会到直接说出得数时,从高位算起更方便。其次,也有学生认为第(3)题也可以直接写出得数,也请学生编题计算,然后说一说和的十位有什么变化规律,学生发现都加了“1”。

**(三)补全竖式,体会关系**

教师出示如图6.4-8的两个竖式,先请学生判断分别是不进位加法还是进位加法,然后在方框里填上合适的数。学生独立完成后反馈,说一说是怎样判断与填空的。学生指出,第1题是不进位加法,因为十位上相加正好等于8,没有进位,所以个位上“6+□=8”,□中填2。第2题是进位加法,因为十位上两个数相加等于8,比两个数的和的十位上的数少1,个位要满十进一,所以个位上“6+□=15”,□中填“9”。通过以上的填数活动,让学生进一步明晰了进位加法的基本特征。

(1)
$$\begin{array}{r} 7\ 6 \\ +\ 1\square \\ \hline 8\ 8 \end{array}$$

(2)
$$\begin{array}{r} 7\ 6 \\ +1\square \\ \hline 9\ 5 \end{array}$$

图6.4-8

以加法笔算的练习为主,通过题组比较,让学生体会到如果是不进位加法,无论是两位数加一位数,还是两位数加两位数,都只要口算即可,以培养学生合理选择计算方法的能力。

本课时的教学给我们启示:数学知识是有结构的,在同一个结构内的数学知识,往往可以经历由简单到复杂,由单一到综合的过程。在加法计算中,20以内的加法计算是后续学习各类加法计算的基础,100以内的进位加法可以看成若干个20以内的加法的组合。因此,可以依据数的组成,把加数分别分解成不同计数单位上数的组合,再把两个加数的相同计数单位上的数分别相加,再把相加的和按位值制写出来。这样的一个计算过程,实质上就是一个转化的过程。

# 第五节
## “100以内数的比较与退位减法”教学实践

“100以内数的退位减法”的学习基础是“20以内的退位减法”，可以分成“两位数减一位数”和“两位数减两位数”这样的两类。前一类可以看成“20以内的退位减法”和“整十数加一位数”的组合，后一类则可以看成前一类的变式，可以看成“20以内的退位减法”“整十数减整十数”“整十数加一位数”等运算的组合。依据这样的思路，如何结合数的比较，让学生提出退位减法的数学问题？如何综合迁移前一节课“进位加法”的计算经验，归纳两位数减一位数退位减法的笔算方法？如何在前一类计算方法的基础上，进行适度的变式，学习两位数减两位数的退位减法？带着这样的问题，我们进行了教学实践。

### 一、结合数的比较，提出数学问题

当两个数进行比较时，会有三种比较后的表达。第一种是定性表达，即“谁比谁多”或“谁比谁少”；第二种表示出多或少的程度，如“谁比谁多（或少）一些”或“谁比谁多（或少）得多”；第三种是定量表达，即已知两个数的具体数量，就可以提出“谁比谁多多少”和“谁比谁少多少”这样的问题。创设具体情境，让学生依次经历以上三个层次的比较过程。

#### （一）两两比较，定性描述

教师在黑板上出示如图6.5-1所示的三个瓶子。请学生观察后教师依次选择其中的两个瓶子，比较两个瓶子中的球数，说一说两个瓶子中球数的多少关系。

图6.5-1

由于没有标注球的数量，因此，学生在直观比较时，会用定性的方法进行描述。教师选择了如图6.5–2的两组。第一组是①号瓶和③号瓶比较，第二组是①号瓶和②号瓶比较。学生观察后依次回答：①号瓶的球数比③号瓶多，①号瓶的球数比②号瓶多。形成如图6.5–2的板书。

图6.5–2

**（二）细化比较，程度描述**

学生通过图片直观比较后，教师进一步细化比较结果，请学生仔细观察分析，两组瓶子里的球数比较结果都是多，但多的程度是否一样。

学生再次比较后，两组多的程度不同，能用程度词对两组比较结果进行描述。在第一组①号瓶的球数与③号瓶比较中发现，①号瓶的球数比③号瓶多得多，教师板书："多得多"。教师在黑板上交换①号瓶与③号瓶，学生用"少得多"进行描述，③号瓶的球数比①号瓶少得多。在第二组①号瓶的球数与②号瓶比较中发现，①号瓶的球数比②号瓶多一些，教师板书："多一些"。同样出示①号瓶与②号瓶，学生用"少一些"进行描述，②号瓶的球数比①号瓶少一些。形成如图6.5–3的板书。

图6.5–3

学生通过直观感知100以内数的多少，在细化比较的过程中，学会用"多一些、少一些、多得多、少得多"这些程度词来精确地描述数之间的大小关系。

**（三）结合比较，提出问题**

结合前一环节中学生用程度来描述的比较结果，教师给3个瓶子添上数学信息：①号瓶中有53颗，②号瓶中有38颗，③号瓶中有8颗。

学生根据给出的数学信息，结合比较结果，提出与本课时退位减有关的数学问题。学生依据经验，很容易从实际情境中抽象出数学问题，提出问题1：①号瓶中的球比③号瓶中的球多多少颗？问题2：①号瓶中的球比②号瓶中的球多多少颗？形成如图6.5–4的板书。

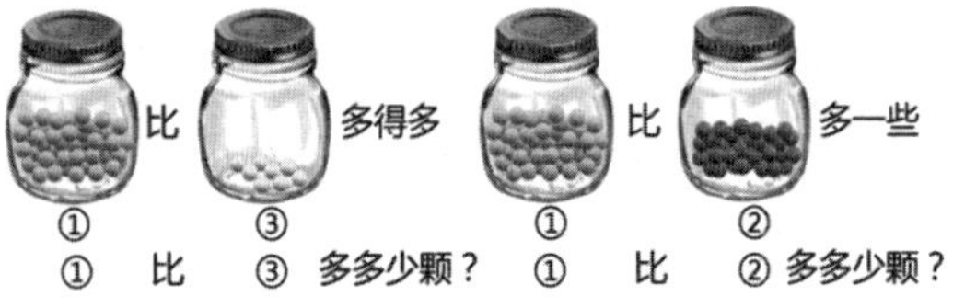

图6.5–4

## 二、综合迁移经验，初学退位减法

由于上一课时学生学习了"进位加法"，对口算、摆小棒和列竖式等计算方法有了一定的经验。本课时还将充分利用学生已有的20以内的退位减法、整十数减整十数和整十数加一位数等知识和经验，让学生自主探索退位减法的计算方法。

**（一）依据经验，自主尝试**

教师引导学生解决第一个问题“①号瓶中的球比③号瓶中的球多多少颗”，学生在比较中列出算式“53－8”。综合迁移学习经验，教师请学生在作业纸上选择一种方式自主尝试计算，如图6.5-5。

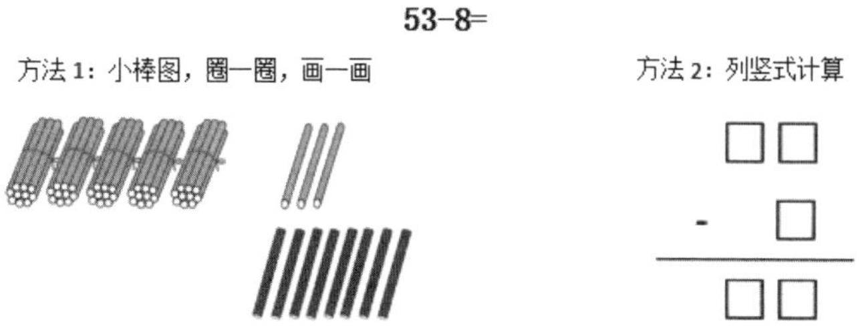


图6.5-5

**（二）多元评析，归纳法则**

学生自主尝试后，教师对学生多种不同的方法进行反馈。

方法1：利用小棒图计算。

教师提问：“个位上3根减8根不够减了怎么办？”引导学生提出“打开一捆再减”，这时候教师进一步追问：“一捆是多少根？”学生依据学习经验指出：一捆是10根。教师在黑板上演示，如图6.5-6，从整捆小棒里拿一捆解开成10根的过程，为学生建立“退位”的直观表象。

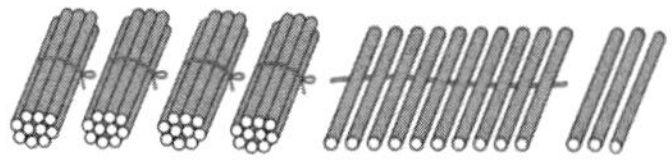

图6.5-6

教师再鼓励学生借助小棒图继续思考：打开一捆后怎么减？学生回答后，教师在黑板上演示将10根小棒和单根的3根小棒合成13根，再从13根小棒中去掉8根的过程，使学生明确怎样退位后再减的过程。教师小结在计算“53－8”时，要把53分成一个整十数和十几，先算13－8＝5，再算40＋5＝45。

方法2：竖式计算。

依据上一课时“进位加法”的笔算经验，大部分学生会尝试列竖式计算。教师重点引导学生思考如何退位，学生讨论“个位上3－8不够减，怎么办”。引导学生进行探索，进而发现从十位退1来解决的方法。个位上“3－8”不够减，从十位退1，是10个一，与个位上的3合起来就是13，13－8＝5，十位上少了1，变成了4，4－0＝4。具体如图6.5-7，特别强调用加“·”标注退位。

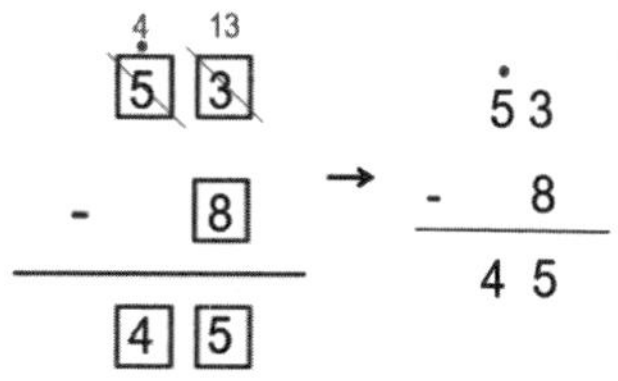


图6.5-7

方法3:数数计算。

教师引导学生用数数的方法验证得数是否正确。全班一起从53根小棒往回数:52、51、50、49、48、47、46、45,数数过程中发现往回数了8个数,得数就是45。

最后,教师根据“53－8”的计算过程,引导学生总结两位数减一位数计算法则,第一步“摆”,摆竖式,个位与个位对齐,十位与十位对齐,即相同数位上的数对齐;第二步“算”,计算时如果碰到个位不够减的情况,就要向十位退一当十,十位的数字上点上退位点,表示向十位借走了一个十。

**(三)模仿练习,形成技能**

教师在作业纸上出示如图6.5-8的题组,请学生独立进行计算。

| 50-6= | 82-5= | 41-3= |
| --- | --- | --- |
| (　　) | (　　) | (　　) |
| -(　　) | -(　　) | -(　　) |
| (　　) | (　　) | (　　) |

图6.5-8

学生计算完成后,教师校对,在错例中引导学生总结经验。教师在大屏幕上边划边请学生观察思考:“被减数十位与差的十位是怎么变化的?”学生得出结论:差的十位都比被减数的十位少了1。教师继续追问:“为什么会少1?”学生指出,因为被减数的十位都被借走了1当十。教师总结:两位数减一位数,个位不够减时,要向十位退一当十。

## 三、进行适度变式,再学退位减法

本环节将题目变式为两位数减两位数的退位减法,对比“53－8”与“53－38”,让学生通过已有知识的迁移突破两位数减两位数退位减法的难点,促进学生理解两位数减两位数与两位数减一位数的联系,获得100以内减法的整体认识。

**(一)比较异同,自主解答**

教师出示算式“53－38”,先引导学生对比“53－8”与“53－38”两道题的异同。学生通过观察得出:两道题都是53减几,并且减数的个位都是8,个位上3－8,都不够减;不同的地方在于第一题是两位数减一位数,第二题是两位数减两位数。比较后,请学生在作业纸上自主完成,如图6.5-9。

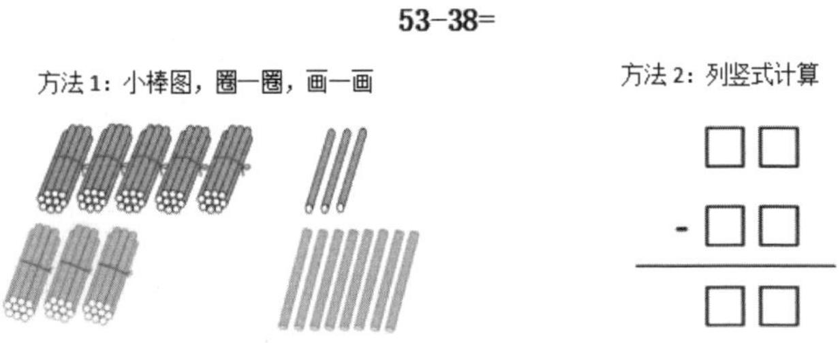


图6.5-9

**（二）反馈评析，归纳法则**

教师反馈学生作业。

方法1：小棒图。

通过小棒图，使学生理解算理，计算“53－38”时，教师在黑板上演示将10根小棒和单根的3根小棒合成13根，再从13根小棒中去掉8根，十位的4捆小棒去掉3捆，最后把剩下的1捆小棒和5根小棒相加的过程，使学生明确计算时是把53分成40和13，先算13－8＝5，再算40－30＝10，最后把两次所得的差相加，如图6.5-10。借助学生熟悉的数的“分解”，把新问题转化为旧知，引导学生从数的本质上思考退位减。

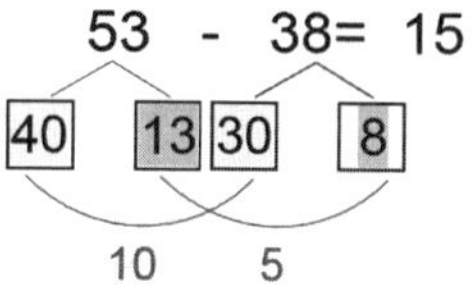

图6.5-10

方法2：竖式计算。

学生尝试列竖式计算后，教师反馈评析，如图6.5-11。个位上3－8不够减，从十位退1当十，13减8得5。十位上4－3＝1，剩下1个十，就写1。根据笔算过程，归纳两位数减两位数计算法则：个位和个位相减，如果不够减，就要向十位借1，变成十几减几。十位上留下几个十，再减几个十，就剩下几个十。教师板书：一摆：相同数位对齐；二算：从个位算起，个位不够减，从十位退一当十。同时反馈部分学生错例，引导学生从错例中总结经验。

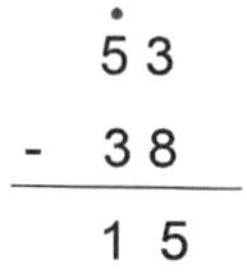

图6.5-11

**（三）填写空格，综合法则**

教师出示如图6.5-12的题组，学生在作业纸上填空。

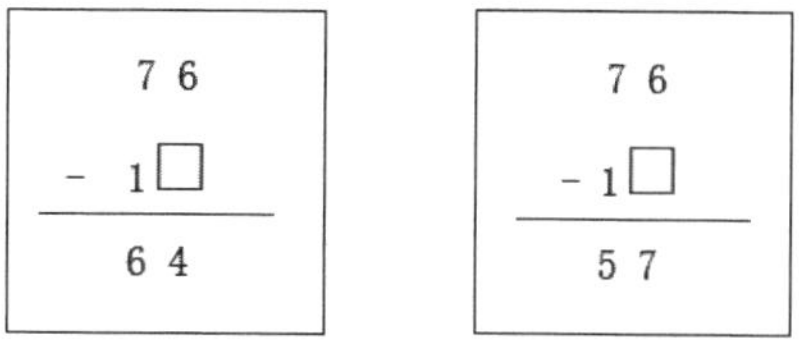

图6.5-12

学生完成后，校对评析，在错例中引发学生思考。教师引导学生观察对比，比较异同：第1题个位够减，第2题个位不够减，向十位退一当十，所以得数的十位是5。

本课时的教学给我们启示：用数学描述事物之间的关系时，往往会经历从定性描述到定量刻画的过程。在定性描述时，可以依据直观的观察、分析和比较得到结论，而定量刻画则要有具体的数量与数量关系，经历一定的运算得到结果。本课时中，让学生结合不同瓶子里面球的数量的比较，经历了这样的过程。

# 第六节
## “100以内数的认识和加减法的整理与复习”教学实践

把100以内数的认识与相应的加法与减法整合成一个单元进行教学，使得数的认识更好地应用于加法与减法算理的理解，而加法与减法的计算也能促进100以内数的认识。在进行复习时，结合具体情境，整体回顾相关的单元知识，在“数与数”“加与减”的回顾比较中，形成数的认识的知识结构，以及概括加法与减法计算中相同的算理与算法，形成统一的计算法则。在此基础上，还需要结合具体情境下的问题解决，形成加法和减法数量关系的结构。基于这样的思路，我们进行了教学实践。

### 一、创设主题情境，梳理数的认识

“数”与“数量”是既有联系又有区别的两个概念。从“数量”的视角认识“数”，更有利于体现数的现实意义。从“数”角度抽象“数量”，可以体现用“数”进行定量刻画的价值。

#### （一）出示主题，说出信息

教师课件出示主题图（图6.6-1），先请学生提取其中的数学信息。在教学实践中，依据图片信息学生将其转化为：（1）台灯每盏42元，（2）书包每个48元，（3）钢笔每支17元，（4）圆珠笔每支7元，这样的四个数学信息。

图6.6-1

这四个信息中包含了100以内的两类数，一类是两位数，一类是一位数，其中两位数中又可以分成十位数相同与十位数不相同两种。这样的编排,有利于后续的数的比较与加减法运算。

**（二）结合例子,复习组成**

在得到以上数学信息之后,选取其中的“42”,请学生说一说从“42”里面,你能够回忆起哪些100以内数的知识?教师指名学生回答,逐步完善,形成如图6.6–2的结构。

其中,把依据42的组成得到的加法和减法,也看成数的组成的表达形式。

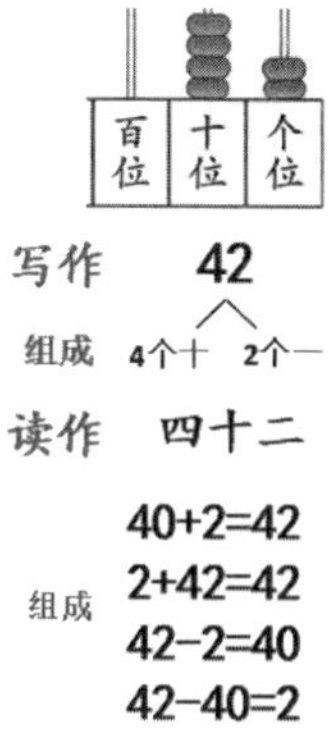

图6.6–2

**（三）进行比较,多元描述**

本单元的数的大小比较,除了判断谁大谁小之外,还可以依据相差程度用“多一些”“多得多”“少一些”或“少得多”等形容。

首先,教师指出刚才的四个信息是四样商品的价格,请学生从大到小排列起来,完成后说一说是怎样判断的?学生独立完成后总结:一比位数,位数多的数较大;二比十位,位数相同时,十位大的数较大;三比个位,十位相同时,个位大的数较大。

接着,教师指出这四样商品中,台灯的价格最贵,请用它与其他的三样商品分别进行比较,说一说贵的程度有什么不同?教师指定一名学生回答,并选择其中的典型回答记录。

最后,要求把两个商品的价格反过来比较,也请学生说一说。通过以上三轮比较,形成如图6.6–3的比较结果、比较方法与描述。

比大小

比数位→比十位→比个位

台灯 书包 钢笔 圆珠笔

48 > 42 > 17 > 7

台灯比书包贵一些　书包比台灯便宜一些

台灯比钢笔贵得多　钢笔比台灯便宜得多

图6.6–3

通过前两个课时的教学,学生掌握了数的组成,对于比较数的大小并不困难,也能说清楚其中的道理:先比位数多少,位数多就大;位数相同比十位,十位大的数就大;十位相同比个位,个位大的数就大。

## 二、提出运算问题,体会算用结合

数量与数量关系有着密切的联系,依据现实情境,把两个数量用适合的四则运算的意义联系起来,就可以构成一个数量关系,基于数量关系列出相应的算式,解决一个新的问题,从而把“数量”“数量关系”“四则运算”联系了起来,体现了算用结合的思想。

**（一）出示算式,提出问题**

上述四个信息两两组合,可以组合成12个加法和减法的问题。为了提高效率，使得提出的问题更有针对性，采用选择其中典型的算式，先出示算式，请学生依据算式提出问题，然后再用口算或笔算计算出结果。

教师出示如下的四个算式：(1) 48＋7，(2) 42－7，(3) 48＋17，(4) 42－17，并向学生说明，这是教师选择四个信息中的两个信息列出的算式。请学生回答：它们分别解决了什么问题？数量关系是怎样的？指定一名学生回答，教师进行板贴，形成如图6.6-4的板书。

(1) 书包和圆珠笔一共多少元？
书包+圆珠笔=一共多少元
48+7=

(2) 台灯比圆珠笔贵多少元？
台灯-圆珠笔=贵多少元
42-7=

(3) 书包和钢笔一共多少元？
书包+钢笔=一共多少元
48+17=

(4) 台灯比钢笔贵多少元？
台灯-钢笔=贵多少元
42-17=

图6.6-4

**(二) 自主计算，巩固算理**

教师在作业纸上出示题组，让学生独立进行计算，在用竖式计算的基础上，其中第1、2题用横式计算的形式算出结果。

依据教材要求，两位数加减一位数在人教版《数学》一年级下册“100以内的加减法(1)”要求直接写出得数，人教版《数学》二年级上册“100以内的加减法(2)”中用竖式计算。在整体设计的背景下，依据笔算比口算更简单的认识，让学生先学习笔算，再学习口算，两种计算相互检验。

**(三) 比较异同，小结法则**

教师引导学生进一步观察四道题目的笔算过程，说一说，加法与减法的笔算有什么相同的地方，又有什么不同的地方？学生观察后指出，相同点：一摆竖式，相同数位对齐；二计算，从个位算起。不同点：加法“满十进一”，减法“退一当十”。

教师进一步追问：列竖式时为什么要相同数位对齐？学生指出，因为要“多少个一和多少个一才可以相加减”，“多少个十和多少个十才可以相加减”，顺应学生的回答，教师请学生观察第1、2题的直接写出得数的计算过程，是否也适用这样的要求？学生发现先算“8＋7”和“12－7”就是多少个一加减多少个一。

通过有联系的解决问题的题组比较，让学生从运算与解决问题两个方面体会到100以内的加减法之间的内在联系，感受到运算的抽象性，与解决问题的具体性。

## 三、丰富主题情境，体会数学应用

围绕课始的四个信息，通过读、写、大小比较与解决问题，回顾了整体设计背景下学习的单元知识。在此基础上，教师再次出示一组信息，让学生选择信息提出问题，分析问题自主解答，培养学生的应用意识。

### （一）添加情境，提出问题

教师出示如下的信息：水果店进了一批西瓜，（1）昨天卖出了56个，（2）今天又卖出了27个，（3）剩下的与今天卖出的一样多。请选择其中的两个信息，提出一个用加法和一个用减法的问题。

先请学生选择信息提出问题，然后交流反馈。教师选择其中的问题进行板书，并请学生列出数量关系与算式。选择1号、2号信息提出问题：（1）两天一共卖出了多少个？（2）今天比昨天多卖出了多少个？选择2号、3号信息提出问题：（3）昨天卖出后还剩下多少个？

对于第三个问题，有学生认为应该是：今天和剩下的一共有多少个？让学生比较这两个问题，发现列出的数量关系一样，都是“今天买出的个数”和“剩下的个数”的和。

请学生分析问题，口头列出数量关系式再列式解答，完成后反馈交流。

### （二）补全竖式，体会关系

接着，教师出示如图6.6-5的一组竖式计算，请学生先审题，把十位上的数相加减，判断加法中是进位加法还是不进位加法，减法中是退位减法还是不退位减法，接着再写出关系：（1）6＋□＝8，（2）6＋□＝15，（3）13－□＝7，最后求出结果。

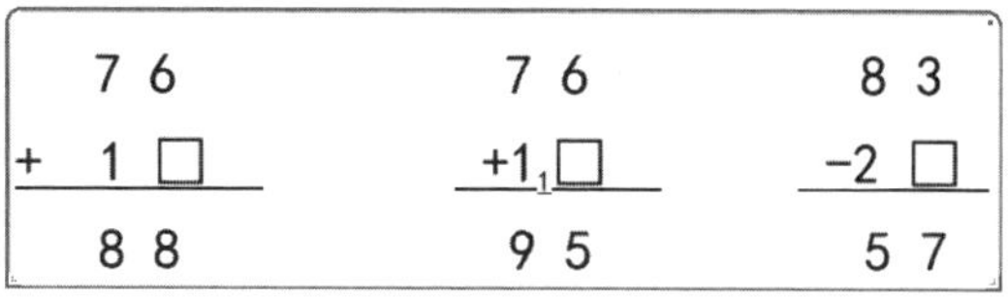


图6.6-5

### （三）回顾学习，探究本质

教师引导学生观察板书，整体回顾本单元的内容，从图6.6-2部分概括出“数的认识”，从图6.6-3部分概括出“数的大小比较”，从图6.6-4部分概括“100以内的加法与减法的运算”和“加减法解决问题”。

请学生说一说前三个板块的学习中，都用到了哪个共同的数学知识。讨论后指出是“计数单位”，教师进一步说明，1000以内的数是几个一、几个十或几个百的组合；数的大小比较是按照计数单位的个数从大到小依次比较；100以内的加减法是相同的计数单位相加减。“加减法解决问题”就是应用加法和减法的含义列出数量关系再列出解答的过程。

如果把前面两个环节的复习作为对本单元知识的回顾与梳理，这一个部分就是对所学习的知识的综合与提升。特别地，对于解决问题，主要提升学生选择合适信息、提出问题的能力，而对于100以内的加减法运算，主要提升学生在计算过程中的审题能力。

本单元的复习给我们的启示：为达成对单元知识的结构化梳理，需要创设可以统领单元中各板块的学习材料；通过学习材料让学生从不同的视角发现与提出问题，分析与解决问题。在这样的过程中，边练习边梳理，逐步形成本单元的知识结构。再结合具体例子，进一步反思总结，提炼同一个单元中不同知识点之间共同的核心知识，并且在单元复习时也要体会本单元知识与已经学习的单元知识之间的内在联系，形成更加完善的数学认识结构。

# 第七章
# 万以内数的认识和加减法

“万以内数的认识和加减法”包含了人教版教材中的三个单元的内容，分别是“万以内数的认识”“万以内的加法和减法（一）”“万以内的加法和减法（二）”，把它们看成一个整体进行梳理、反思与实践。

通过对三个单元的有机融合，可以更好地体现数的认识与加减法计算之间的内在联系，即万以内的数是由不同计数单位上的数组合而成，可以用加法表征组合的过程；加法和减法的计算方法是相同计数单位上的数相加减，与数的意义完全一致。

具体地，把整个学习分成两个板块，第一个板块以数的认识为学习主线展开，共安排了三节新课，第一课时学习万以内数中新的计数单位——千与万，并在此过程中用加法表征万以内数的组成，用计数单位的含义进行整百、整千数的加减法；接着再学习两个课时，分别学习万以内数的读写法、万以内数的近似数与大小比较。这三个课时以数的认识为主线，分别添加算盘记数、联系实际用“进一法”或“去尾法”解决问题和估成整百数的加法解决问题。

第二个板块是以万以内的加法和减法计算学习为主线展开，安排了三节新课。第一课时学习万以内的加法和减法，并结合具体情境进行精算与估算解决问题的辨析。第二课时是万以内的连续进位加法，并学习估成几百几十数的估算解决问题。第三课时是万以内的连续退位减法，特别是用讲故事的形式让学生理解隔位退位减法的算理。

# 第一节
## “万以内数的认识和加减法”整体设计

“万以内数的认识和加减法”包含三个单元，分别是人教版《数学》二年级下册的“万以内数的认识”、人教版《数学》三年级上册的“万以内的加法和减法(一)”“万以内的加法和减法(二)”。“万以内数的认识”是在人教版《数学》一年级下册“百以内数的认识”的基础上，进一步扩大了自然数的计数范围。“万以内的加法和减法(一)(二)”包含了“百以内的加减法口算”“几百几十加减几百几十”“三位数加减三位数”的计算以及相应的解决问题。在我们的“数与加减法”整体设计的背景下，把这三个单元看成一个整体，在解决具体问题的过程中，把数的认识和加减法有机融合。

### 一、梳理——厘清教材编排特点

把三个单元作为一个整体，按教材编排特点进行梳理，可以发现数的认识与加减运算是相互独立的。其中数的认识又分成1000以内和10000以内这两个层次分层推进；加减运算分成两个单元，采用多层次小步子的方式进行编排。另外，第一次编排了估算解决问题。

#### (一) 整体编排相互独立但又联系密切

把数的认识和加减运算分成不同的单元，自然地让数的认识和加减运算相互独立。

人教版《数学》二年级下册编排了“万以内数的认识”这一单元。本单元先学习“1000以内数的认识”再学习“万以内数的认识”。数的认识学习什么？在进行“100以内数的认识”学习时已经有了基本的结构，先学习计数单位与数的组成，再学习数的读写和大小比较。当认识万以内的数时，由于数变大了，因此有了学习数的近似数的需要。

人教版《数学》三年级下册编排“万以内的加法和减法(一)(二)”两个单元,它们的学习基础是100以内数的加减法。把它分成两个单元,可以拉长计算的学习周期,让学生有充分的时间进行相应的计算练习。

当然,两个单元的学习内容相互独立,但并不是相互孤立。在“万以内数的认识”这一个单元的第三个板块就是“整百、整千数的加减法”,它既可以加深学生对数意义的理解,也为后续学习万以内的加法和减法做铺垫。万以内的加法和减法的算理——相同计数单位的数相加减,以及“满十进一”和“退一作十”都是数的意义的具体应用。因此,“万以内数的认识”与“万以内的加法和减法”虽然没有编排在同一册中,但是它们之间又有着密切的联系。

**(二)数的认识分层推进但又各有分工**

人教版《数学》二年级下册的“万以内数的认识”这一单元分成了“1000以内数的认识”“万以内数的认识”“整百、整千数的加减法”这样三个板块,这三个板块围绕计数单位分层推进。两轮数的认识分别学习新的计数单位“千”和“万”,“整百、整千数的加减法”又是新学习的计数单位的应用。

同时,这三个板块的学习又各有分工。其中前两个板块,都是关于数的认识,两个板块中除了学习数的认识的基本知识,即计数单位、数的组成与数的读写之外,又有各自学习的内容,在学习“1000以内数的认识”时,学习新的记数工具算盘;在学习“万以内数的认识”时,学习数的大小比较与求较大数的近似数。在最后一个板块“整百、整千数的加减法”的学习中,是把新学习的计数单位拓展到加减法的计算范畴,为万以内的加法和减法的学习打下了基础。

**(三)加减运算小步学习但又目标明确**

“万以内的加法和减法(一)(二)”两个单元中重点学习“三位数加减三位数”,这是通过两个单元的学习最终要让学生达成的目标。但是,在具体编排时,却又是按照由简单到复杂,由单一到综合,分成四个步骤展开学习的。

在“万以内的加法和减法(一)”中编排了两个步骤。第一个步骤是“两位数加减两位数的口算”,它既是对“100以内数的加减法”计算要求的提升,也作为后续学习“几百几十加减几百几十”的基础。如图7.1-1中左边一种口算方法,就是在此基础上进行的。第二个步骤就是“几百几十加减几

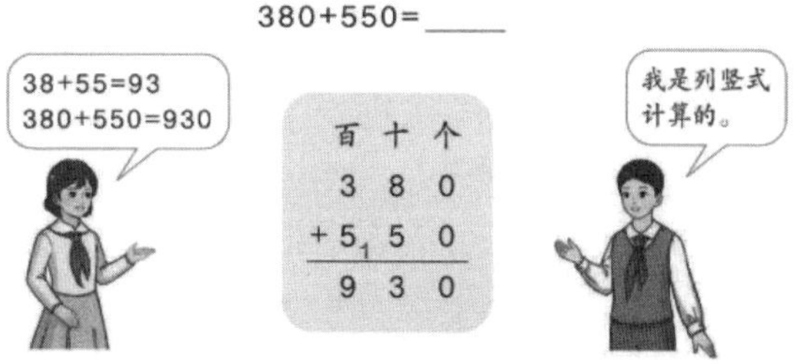

图7.1-1

百几十”的笔算，如图7.1–1的竖式计算，与“100以内的加减法”的计算方法相同，只是加数的数位增加了。

“万以内的加法和减法(二)”安排不同的运算进行分层学习。第一个层次是“三位数加三位数”，又细分成“不进位”“一次进位”“连续进位”这样三小层。第二个层次是“三位数减三位数”，也细分成“不退位”“连续退位”“隔位退位”这样三小层。

这样的编排形式，把“万以内的加减法”按照计算的难易程度进行了分层，把计算中难度最大的题型放到最后学习，使得前期的计算学习为其打下扎实的基础。

**(四）估算解决问题有序分布，又形成结构**

教材估算解决问题的编排是从“万以内数的认识”这一个单元开始的，并且在后续的“万以内的加法和减法(一)(二)”这两个单元中，又编排了两道逐步递进的估算解决问题。这样有序分布，形成了用加法估算解决问题的学习结构。

首先，在“万以内数的认识”学习了“整百、整千数的加减法”后，安排了如图7.1–2的例13，依据信息与数量关系，列出算式“358＋218”，发现是“三位数加三位数”，从学生已有的学习基础出发，这样的加法还不会算，同时，依据题意，只要判断用“500元够吗”。不用求出精确值，“只看百位300＋200”就可以判断出带的钱不够。“只看百位”实际上是两个加数都往小估，依据题意，可以判断“往小估还不够，就一定不够”(图7.1–3)。

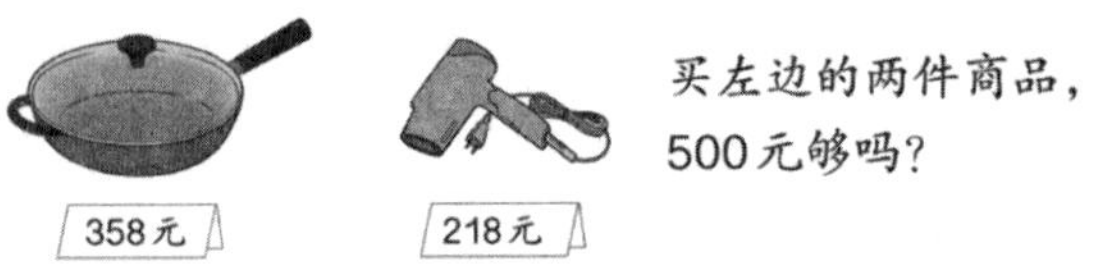


图7.1–2

图7.1–3

接着，在“万以内的加法和减法(一)”学习了“几百几十数加几百几十数”之后，安排了新一轮的估算解决问题(如图7.1–4)。本题与图7.1–2的题型相同，但具体估算时，却需要经历都估成“整百数加整百数”和“几百几十数加几百几十数”这样两次，体会到运用不同的取整估算策略得到的值，与精确值的接近程度不同(如图7.1–5)。

图7.1–4

图7.1–5

最后，在“万以内的加法和减法(二)”学习了“三位数加三位数”之后，再一次安排了估算解决问题。前两轮估算解决问题，都是在没有学习“三位数加三位数”这样的背景下进行的。而此时，学生已经学习了“三位数加三位数”，为什么还是用估算解决呢？教材编排了妈妈购买三件商品后，母女俩提出了不同的问题(如图7.1-6)，让学生通过对比，发现解决“妈妈大约需要准备多少钱呢”这一问题，不用精确计算，取它们的近似数算一算就行。同时，这一题虽然是取它们的近似数，由于是“妈妈大约需要准备多少钱”，特别强调了“准备多少钱”，故本题虽然没有判断够不够，但还是采用“往大估”更加合理(如图7.1-7)。

图7.1-6

图7.1-7

以上四个方面的编排特色，有一些是我们在进行后期的整体设计时，需要充分体现的，但是依据我们的理解与学生的学情，还可以进行适当的改进。

## 二、反思——指出可以改进之处

梳理中我们发现万以内数的认识和加减法既相互独立又具有密切联系，但是由于这两个部分编排在人教版《数学》二年级下册与三年级上册，故为了把两个部分中的一些内容进行有机融合，可以把三个单元都安排在人教版《数学》二年级下册。在此基础上，从整体设计的视角，进一步提出可以改进之处。

### (一) 数的认识可以整体推进

教材分成“1000以内数的认识”与“万以内数的认识”两个阶段，增加了学习层次，也拉长了数的认识的学习时间，有利于对新知识的学习巩固。但它也把数的认识人为地割裂成了两段，不利于学生边学习边形成认知结构。因此，从整体设计的视角，把这两个学习板块进行整合，整体推进，形成以下四个课时中关于数的认识的学习内容，具体如下表。

| 课时 | 其中数认识的内容 | 学习策略 |
|---|---|---|
| 1 | 认识计数单位“千”和“万”以及万以内数的组成 | 利用数小正方体的个数，采用“满十进一”的策略，在数数的过程中，得到新的计数单位“千”和“万”，结合计数器构建起万以内的数位顺序表 |
| 2 | 学习数的读写和认识算盘 | 学习读数与写数可以利用“100以内数的读写”的活动经验，重点学习数中间或末尾的零的读法与写法。本单元认识的算盘主要是用算盘记数，可以用计数器与算盘分别记录相同的数，比较中认识算盘的结构以及算盘记数的方法 |
| 3 | 学习万以内数的近似数 | 利用上一课时中读写数的学习材料，感受整千数比一般的四位数更容易记忆的事实，求一般的四位数接近于哪一个整百数、整千数或整万数 |
| 4 | 学习万以内数的大小比较 | 通过比较不同形式下的两个数的大小，归纳出数的大小比较的方法 |

以上四个课时中，围绕数的认识的一般学习过程，把“1000以内数的认识”与“万以内数的认识”两个板块的内容进行了整合，课时数明显减少，为把“万以内的加法和减法”纳入整体教学创造了有利的条件。

**（二）在数的认识中嵌入加减运算**

数起源于数(shǔ)，顺着数就是相加，逆着数就是相减。因此，在学习数的认识中嵌入加减运算，既可以加深对数的认识，也可以更好地体会加减法的意义，主要在第1与第4课时中体现，具体如下表。

| 课时 | 数的认识中嵌入加减法的内容 | 学习策略 |
|---|---|---|
| 1 | 整百、整千数的加减法、用加法表示数的组成 | 在“认识计数单位‘千’和‘万’”后，请学生计算如“1000＋2000”“900＋600”“1500－600”等整百、整千数的加减法，这些题目的计算，本质上是相同计数单位上的数相加减，即把计数单位换算成“千”或“百”后，把“整百、整千数的加减法”转化成了“20以内的加减法”，如“900＋600”就是“9个百＋6个百＝15个百”，“1500－600”就是“15个百－6个百＝9个百”。<br>在学习数的组成时，让学生用加法的形式记录，如“383＝300＋80＋3”，此时写成的连加算式，不仅仅表示三个数相加，更是表示385是由3个百、8个十和3个一组成 |

续表

| 课时 | 数的认识中嵌入加减法的内容 | 学习策略 |
| --- | --- | --- |
| 4 | 在学习万以内数的大小比较时提出用加法和减法解决的问题,并学习估成整百、整千数相加解决问题 | 在数的大小比较中,也可以嵌入加减法的运算。出示:学校“庆五一,爱心义卖”活动中,301班的“解忧杂货铺”一共接待了358位同学,收入1357元。101班的“拇指超市”一共接待了315位同学,收入836元。选择其中有联系的两个信息,如301班收入1357元,101班收入836元,请学生提出尽量多的问题。学生可以提出:(1) 哪个班的收入多?(2) 收入相差多少元?(3) 两个班一共收入多少元?(4) 两个班的收入超过2000元吗? 其中第(1)和第(4)个问题分别是比较大小与估算解决问题,是本节课学习的内容 |

另外,第四课时中提出的第(2)题与第(3)题可以列出加法与减法算式,但不计算,为下一课时“一次进位加法和一次退位减法”的学习提供例子。

**(三) 利用类比迁移学习加减运算**

小步子、多层次是“万以内的加法和减法(一)(二)”两个单元的编排特点。这样的编排,没有充分地利用100以内的加减法学习时形成的笔算加减法的计算法则。就整数笔算加减法而言,100以内的笔算加减法是其起点,在学习中,学生已经掌握了笔算加减法的基本计算法则,即相同数位对齐,从个位算起,加法中“满十进一”、减法中“退一作十”。万以内的加法和减法的笔算,可以迁移这一计算法则,利用“万以内数的认识”中新学习的“万”和“千”这些计数单位的意义,自主探究,突破新的难点:加法中的连续进位、减法中的连续退位和隔位退位,从而归纳出笔算加减法的一般计算法则,具体如下表。

| 课时 | 加减法的学习内容 | 设计思路 |
| --- | --- | --- |
| 5 | 一次进位加法和一次退位减法 | 删去不进位与不退位加减法的例题,迁移100以内笔算加减法的计算方法,解决第4课时中留下的两个计算题,学习一次进位的笔算加法和一次退位的笔算减法,形成一般的“三位数加减三位数的笔算”的计算方法,并通过反思与计算,归纳出笔算加减法的一般计算方法 |
| 6 | 连续进位加法 | 安排连续进位的笔算加法,让学生在自主笔算的基础上,通过题组对比,认识到连续退位的注意点,即连续进位时既要加上进上来的1,还要满十再向前一位进1 |

续表

| 课时 | 加减法的学习内容 | 设计思路 |
| --- | --- | --- |
| 7 | 连续退位与隔位退位的笔算减法 | 创设情境，利用讲故事的形式，让学生体会到连续退位时，自己不仅是被借者，不够时还要向别人借。“隔位退位”的本质还是连续退位，即我向你借，你却没有，你说你先向别人“借1作10”，然后再借给我1，我也借1作10。通过这样的对比，更有利于理解退位减法的实际意义 |

### （四）估算解决问题渗透于学习过程中

在三个单元中分别编排有递进关系的“估算解决问题”，不断完善与细化估算解决问题的思考过程与估算价值，是其编排特色。现在把三个单元的内容进行了整合，估算解决问题就不安排具体的课时，把它融入万以内数的大小比较、万以内的加法和减法的笔算与万以内的连续进位加法这三个课时中，具体如下表。

| 课时 | 估算解决问题 | 设计思路 |
| --- | --- | --- |
| 4 | 万以内数的大小比较中学习估算解决问题 | 在第4课时中，依据信息教师提出问题：两个班的收入超过2000元吗？引导学生估算成整百数计算出结果，依据估算过程，逐步提炼出估算解决问题的基本思路。为后续两个课时中估算解决问题打下了基础 |
| 5 | 万以内的加法和减法的笔算中学习估算解决问题 | 学习了万以内的加法和减法的笔算后，质疑：已经学习了竖式计算万以内的加法和减法，还需要估算吗？通过对问题的思辨，进一步明确估算解决问题的特征 |
| 6 | 连续进位加法中融入估算解决问题 | 在学习连续进位加法时，则采用估算解决问题的思路，把原来的“三位数加三位数”分解成“整百数加整百数”“几百几十数加几百几十数”，最后提出精算解决问题，列竖式计算出结果 |

通过反思，让万以内数的认识与万以内的加法和减法进行了有机的沟通，从“计数单位”出发，把数的组成与数的加减运算都建立在“计数单位”这一个核心概念的基础之上，从而在教学中，既有专门的数的认识与数的加减法教学的板块，也有相互融合的课时，为基于“数与运算”背景下的整体教学做好准备。

## 三、实践——完善可以改进之处

通过梳理，从三个单元整体思考的视角，概括出了编排特色。在此基础上，从把三个单元整合成一个单元的视角，结合学生的学情，对单元学习序列进行了重新思考，提出了可以改进的地方。在此基础上，我们需要通过实践，实现可以改进的地方。

### （一）通过整合形成新的学习序列

在反思中，我们已经从四个维度提出了可以改进的地方，勾勒出整合后的各个课时的安排以及相应的学习内容。下面对反思中形成的思路进一步进行整理，形成了七个课时的学习序列（如下表）。

| 课时 | 课题 | 学习内容 |
|---|---|---|
| 1 | 认识计数单位“千”和“万” | 1. 认识计数单位“千”“万”；2. 整百、整千数的加减法；3. 用加法表示万以内数的组成 |
| 2 | 万以内数的读写 | 1. 万以内数的读写法；2. 算盘记数 |
| 3 | 万以内数的近似数 | 1. 取一个数的近似数；2. 联系实际用“进一法”或“去尾法”取整解决问题 |
| 4 | 万以内数的大小比较 | 1. 万以内数的大小比较；2. 估成整百数用加法解决问题 |
| 5 | 万以内的加法和减法 | 1. 万以内的加法和减法；2. 精算与估算解决问题的辨析 |
| 6 | 万以内的连续进位加法 | 1. 估成整百数或几百几十数解决问题；2. 万以内的连续进位加法 |
| 7 | 万以内的连续退位减法 | 1. 万以内的连续退位减法；2. 万以内的隔位退位减法 |

第1课时至第3课时，以学习万以内数的认识为主，把整百、整千数的加减法和估成整百数解决问题分别整合到第1和第4课时中。在第2课时中，把“算盘记数”整合到数的读写中，通过对比较计数器与算盘记录同样的数的不同处，认识到算盘记数与计数器记数的相同点与不同点，进而凸显算盘记数的优点。

第4课时至第6课时中渗透了估算解决问题。其中以第4课时中的估算解决问题为主，主要让学生掌握估算解决问题的基本思路与记录形式。

第5课时至第7课时学习万以内的加法和减法，采用先综合再分解的形式。首先让学生自主探究“万以内的加法和减法”的笔算方法，接着安排两个课时，分别突破“万以内的连续进位加法”和“万以内的连续退位减法”这两个运算难点。

### （二）以数的认识为主线的整体教学

第1课时至第3课时以数的认识为主线。它既传承了“100以内数的认识”时的基本内容，又在计数单位、读写数、记数工具与求近似数等方面包含了新的知识。

#### 1. 用加减运算促进数的认识

第1课时关于数的认识方面的内容是计数单位与数的组成。教师用小正方体作为计数对象，引导学生不断地数数。首先一个一个地数，满十成为一列，表示“10

个一是1个十”;其次一列列地数,满十成为一层,表示“10个十是1个百”;然后一层一层地数,满十成为一块,表示“10个百是1个千”,最后一块一块地数,满十成为一叠,表示“10个千是1个万”。以上数的过程,形成了如图7.1-8的板书。在这一个过程中,不断地形成新的“1”,即新的计数单位,让学生在数数的过程中,体会计数单位的形成过程,即一个计数单位一个计数单位地数,满十就形成了一个新的计数单位。

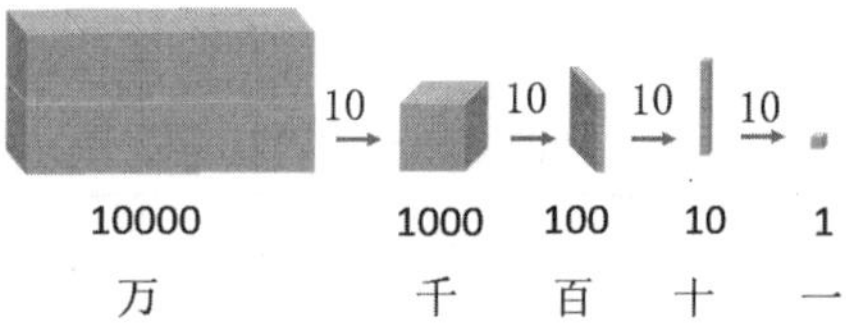

图7.1-8

在以上的过程中,以数数的形式,把新学习的计数单位“千”“万”与旧的计数单位“个”“十”“百”构建起一个整体。在此基础上,我们可以依据需要合理选择计数单位进行数数与记数。教师出示如图7.1-9的左边的五角星图,请学生数一数一共有多少个五角星,边数边记录到计数器上,形成如图7.1-9右上方的计数器上的数,最后让学生用连加的形式,表示成如图7.1-9右下方的算式。

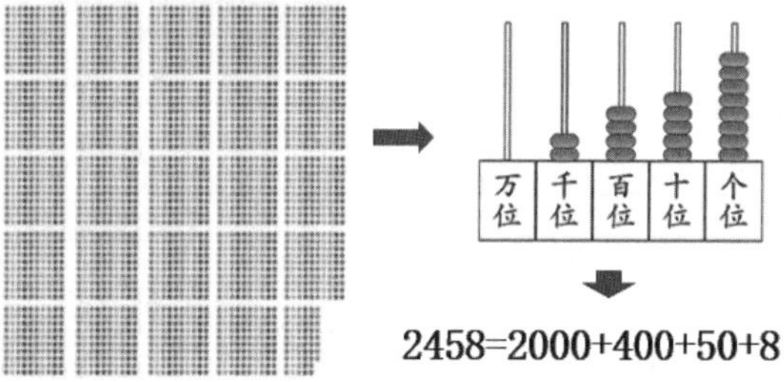

图7.1-9

以上两个环节分别对计数单位与数的组成进行了认识,用的策略是数数。接着,教师出示如下的加减法题组:

(1) 5＋3　　50＋30　　500＋300　　5000＋3000

(2) 5－3　　50－30　　500－300　　5000－3000

(3) 7＋3　　70＋30　　700＋300　　7000＋3000

(4) 7＋6　　70＋60　　700＋600

首先,请学生计算题组(1)和(2),独立完成后校对,再说一说计算每一个题组中的四道题目时都有什么相同的地方与不同的地方。学生指出相同的地方是:第一组都用“5＋3”计算,但计数单位不相同。第二组都用“5－3”计算,但计数单位也不相同。接着,再请学生完成题组(3)和(4),独立完成后校对,再说一说这两个题组与题组(1)相比,有什么不同的地方。学生指出题组(3)(4)出现了“满十进1”的情况,找到不同点后,请学生用数数的方法体会“满十进1”的思路。

**2. 把算盘记数作为记数工具的优化**

第2课时是学习万以内数的读法与写法。整数的读数与写数的基本方法在“100以内数的读写”时已经掌握。因此,教学时教师充分利用已有的学习基础,让学生读出和写出计数器上的如下四个数：2288、2008、208和2080，分别概括出万以内数的读法和写法。

接着，出示如图7.1-10右边的算盘表示的2288，请学生与图7.1-10左边的计数器表示同样的数进行比较，从而概括出算盘记数的方法，以及它与计数器相比的优点，即当记录等于或大于5的数字时，可以“以一当五”。

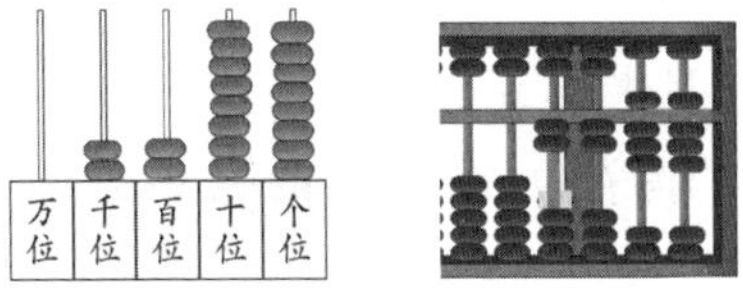

图7.1-10

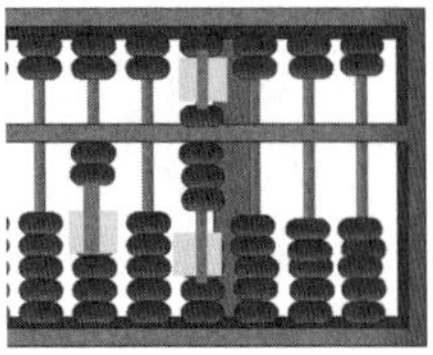

图7.1-11

最后，教师出示余下的三个数对应的算盘记数，请学生依据算盘口头读数，特别出示如图7.1-11的形式，与计数器中的2080进行比较，发现算盘中的个位可以根据需要灵活确定。

把算盘记数看作对计数器记数的优化，可以更好地认识算盘的结构与形成过程。与独立成为一个课时的学习相比，整合到万以内数的读写中，更能让学生体会到算盘作为记数工具的独特价值。

3. 依据实际需要学会灵活取整

本单元的“取一个较大数的近似数”，主要是把接近于某一个整千、整百数的数用这个整千、整百数表示，没有进一步归纳“四舍五入”法取近似数。在后续学习用加法估算解决问题时，把一个数估成“整百数”或“几百几十数”时，依据需要往大估或者往小估。因此，我们把求万以内数的近似数拓展为依据需要学会灵活取整。

首先，教师出示上一课时作为读数与写数的信息：

刘叔叔家最近新装修了房子，需要采购洗衣机，1号983元，2号1879元，3号3000元，4号3007元，5号3070元，6号2908元，7号10000元。

教师指出，这是我们上一课时在学习读数与写数中的七种不同型号的洗衣机的价格，这些价格中，哪些价格容易记住？学生认为3000元与10000元容易记住，并指出因为它们是整千、整万的数。

教师进一步追问，哪一些数接近3000元？引导学生发现是2908元、3070元和3007元都接近3000元。教师进一步指出，这里的3000就是2908、3070和3007的近似数。利用这样的方法，请学生找一找983与1879的近似数。

进一步结合具体例子巩固求近似数的方法后，再出示如下的两个实际问题：

（1）李同学想买一件外套，需花费625元，但需要支付现金，所以他决定去银行ATM机上取钱，他至少该取多少钱？（ATM机只能取整百元）

（2）学校六一欢庆活动，需要用彩带做中国结装扮教室，一个中国结需要用一米的彩带，现在有625cm的彩带，最多可以做多少个中国结？

先让学生独立完成后再交流讨论，体会在解决实际问题时，可以依据需要合理取整，为后续加法估算解决问题做铺垫。

与人教版教材编排相比较，三个课时中均有整合或拓展的成分，在这里，整合的目的是为了更好地沟通不同知识间的内在联系，如数的意义与数的加减法之间基于计数单位的内在联系，算盘记数是对计数器记数的优化；拓展的目的是为了更好地利用数学知识解决问题，把求一个数的近似数与联系实际取整进行比较，更好地体会把一个较大数看成整百数或整千数的实际意义。

**（三）基于需要的估算解决问题教学**

不专门安排估算解决问题的课时，而是与其他数学知识的学习进行融合，成为解决具体问题的一个组成部分，能够更好地体现估算解决问题的价值。

1. 结合问题引出估算解决问题

在前面三个课时以数的认识为主的学习中，没有安排万以内数的大小比较。因此，在第4课时中，创设现实情境，根据两个具体的量提出数学问题，通过解决其中的比较大小的问题，归纳出万以内数的大小比较的方法；通过解决其中的估算解决问题，归纳估算解决问题的一般步骤。

课始，教师出示如下的信息：

学校“庆五一，爱心义卖”活动中，301班的“解忧杂货铺”一共接待了358位同学，收入1357元。101班的“拇指超市”一共接待了315位同学，收入836元。

请学生先阅读信息，再说一说哪一些数学信息有联系。学生思考后把信息分成两组，第一组是301班义卖收入1357元，101班义卖收入836元；第二组是301班接待了358位同学，101班接待了315位同学。

接着，教师请学生分别根据两组信息提出数学问题，教师依据学生的回答进行整理，形成如下的两组问题：

第一组：（1）哪一个班级义卖收入多？（2）两个班级的义卖收入相差多少元？（3）两个班级的义卖收入一共有多少元？（4）两个班级的义卖收入超过2000元吗？

第二组：（1）哪一个班级接待的同学数多？（2）两个班级接待的同学相差多少人？（3）两个班一共接待多少人？（4）两个班级的接待同学数到达800人吗？

上述两组问题中的第4个问题由教师补充。以第一组为例，先请学生说一说解决问题的思路，教师用符号记录：(1) 1357○836，(2) 1357－836＝，(3) 1357＋836＝，(4) 1357＋836○2000。以第一组的记录形式为标准，学生自己用符号记录第二组的思路：(1) 358○315，(2) 358－315＝，(3) 358＋315＝，(4) 358＋315○800。

在厘清每一组解决问题的思路后，先请学生解决两组中的第(1)题，归纳出万以内数的大小比较后，请学生观察两组中的第(3)题和第(4)题，说一说有什么相同的地方与不同的地方。学生发现都需要求和，但是第(3)题要算出精确的结果，第(4)题却只要作出判断。教师进一步追问，你能够不精算出结果，对第四个问题作出判断吗？教师依据学生的回答，不断完善，概括出估算解决问题的一般思路（如图7.1-12）：一整理——谁和谁比较；二估算——按要求估算出结果；三比较——与标准量进行比较；四结论——判断满不满、超不超过等。

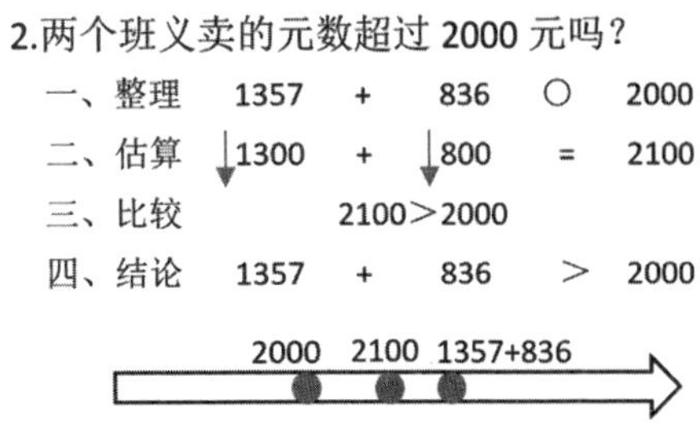

图7.1-12

教材中，估算解决问题没有规范的书写格式。图7.1-12的加法估算解决问题的格式旨在尽量用数与数学符号记录估算的过程。

2. 结合笔算加减思辨体会估算价值

在上一课时中，把三位数估成整百数的思路估算解决问题，还余下两个需要精算解决的问题，就成为本课时的新学习的内容——万以内的一次进位加法和一次退位减法，让学生利用100以内的加法和减法的笔算学习经验自主解答，最后与上一课时中的估算解决问题进行比较，体会估算的价值。

课始，教师出示上一课时中的板书（如图7.1-13）。教师谈话引课：上一课时左右两类问题大家都说不会算，因为它们分别是“三位数加减三位数”和“四位数加减

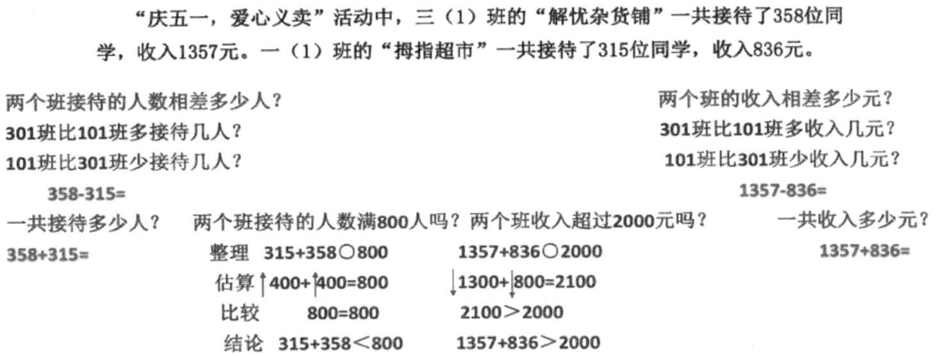

图7.1-13

三位数”,请同学们再想一想,到底会不会算?

如图7.1-14,教师用题组的形式,让学生自然联系到利用100以内的加法和减法笔算的学习经验,迁移到三位数加减三位数的笔算。归纳出计算法则后,再进行图7.1-13中“四位数加减三位数”的笔算。

**两位数加减两位数**

55+18=73

```
   5 5
+  1 8
-------
   7 3
```

55-18=37

```
   5 5
-  1 8
-------
   3 7
```

**三位数加减三位数**

355+318=673

```
   3 5 5
+  3 1 8
---------
   6 7 3
```

355-318=37

```
   3 5 5
-  3 1 8
---------
     3 7
```

图7.1-14

在学习了这两组题的笔算加减法后,教师再一次回顾图7.1-12中的估算解决问题,引导学生思考:上一课时中,这两个问题是用估算解决的,现在我们又学习了加法笔算,你认为解决这两个问题还需要用估算吗?

学生讨论后,认为还是需要用估算解决。因为在一些实际问题中只要作出判断,可以不算出精确的值,因此用估算的策略,计算更加方便。在这样的辨析中培养学生遇到不同问题合理选择问题解决策略的能力。

3. 利用估算分解连续进位加法

万以内的加法的难点是进位加法,特别是连续进位的加法。我们采用把它转化成加法估算解决问题,分散难点,逐步综合,掌握形成连续进位加法的计算方法。

教师出示信息:小明看中了吹风机和炒锅,炒锅的价格是358元,吹风机的价格是265元。小明想买这两件商品,带500元够吗?

在解决这一个问题之前,学生已经学习了“把加数估成整百数”的估算解决问题,同时也学习了不进位加法与一次进位加法的笔算。依据题意,学生发现本题应该是估算解决问题,依据估算解决问题的思路,作出判断后,教师进一步提出问题:如果带600元够吗?进一步引导学生把“加数估成几百几十”后估算解决问题。当还是不够后提出问题:到底要多少元?引导学生用竖式计算出结果,形成如图7.1-15的板书。

| 估算（口算加法） → | 调整估算（一次进位加法） → | 精算（笔算）（连续进位加法） |
| --- | --- | --- |
| （1）带500元钱够吗？ | （2）带600元钱够吗？ | （3）要付多少元？ |
| 358+265○500 | 358+265○600 | 358+265○600 |
| ↓300+↓200=500（元） | ↓350+↓260=610（元） | ↓358+↓265=623（元） |
| | 350<br>+260<br>610 | 358<br>+265<br>623 |
| 500=500<br>358+265>500 | 610>600<br>358+265>600 | |
| 答：往小估等于500，实际一定大于500，所以带500元钱不够。 | 答：往小估大于600，实际一定大于600，所以带600元钱不够。 | 答：要付623元钱。 |

图7.1-15

利用估算,对358+265进行分解,在选择不同的解题策略中,学生不知不觉地体验了连续进位加法的计算过程,最终学习连续进位加法的笔算。

把人教版“万以内数的认识和加减法”分散的三个单元整合成一个单元进行教学,这样的实践给我们启示:数学学习不仅是一个不断增长数学知识的过程,也是不断积累与应用学习经验的过程。正是由于有“100以内数的认识”以及“100以内的加法和减法”的学习经验,采用类比、迁移与转化的策略,应用到对应的“万以内数的认识”和“万以内数的加法和减法”的学习中,才可以提升学习效率。再进一步把“数的认识”和“加减运算”看成同一个学习主题,用“加减运算”表征“数的认识”,用“数的认识”理解“加减运算”。

# 第二节
## “万以内数的计数单位及其加减法”教学实践

二年级学生从课本中只学习了100以内的数，但是在日常生活中，他们已经接触到万以内的数了。因此，如何充分利用学生已有的学习经验，认识万以内的计数单位，以及相应数的组成？如何通过加法和减法的运算更好地认识数位、计数单位以及数的组成？如何结合多层次的练习巩固学生万以内数的计数单位以及相同计数单位加减法的计算？带着这样的思考，我们进行了教学实践。

### 一、经历数数过程，认识计数单位

这里的数数，是指相同计数单位的累加，累加到10个这样的计数单位时，就自然地产生一个新的计数单位，再把这个相同的计数单位累加，“满十进一”后就又产生了一个新的计数单位，顺着这样的思路，以旧引新，通过迁移类比学习新的计数单位“千”与“万”。

#### （一）经历数数，回顾旧知

教师用课件出示一个小正方体，指出用这个小正方体表示“1”，并在黑板上出示1个小正方体的图片，在下方标注上“1”。接着课件出示10个这样的小正方体，请学生继续数数，数到10个“一”时，请学生说出得到了一个什么单位。学生回答是1个“十”后，再1个“十”、1个“十”地数数，得到1个“百”，从而形成如图7.2-1的板书。

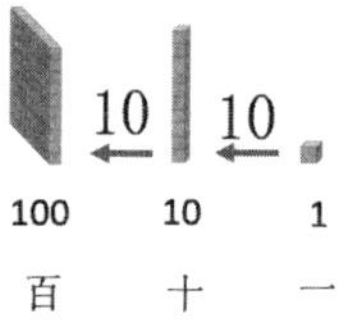

图7.2-1

教师请学生观察图7.2-1，说一说你有什么发现。学生发现从右往左，“满十进一”，得到一个新的计数单位。

**（二）再次数数，发现新知**

顺应学生的回答，教师提问：再这样数，还可以得到新的计数单位吗？在学生做出了肯定的回答后，结合板贴演示，得到新的计数单位“千”与“万”（如图7.2–2）。

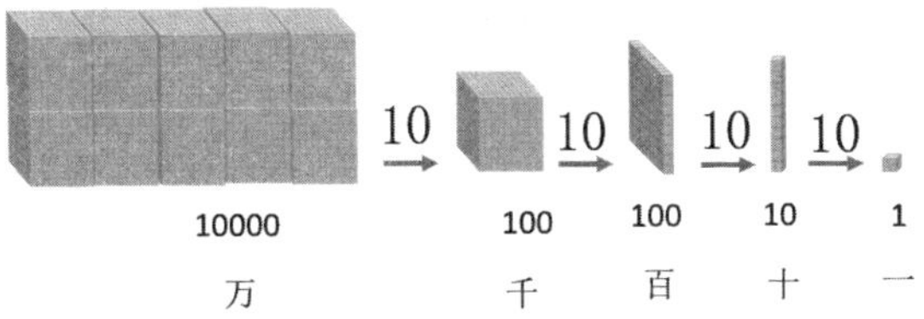


图7.2–2

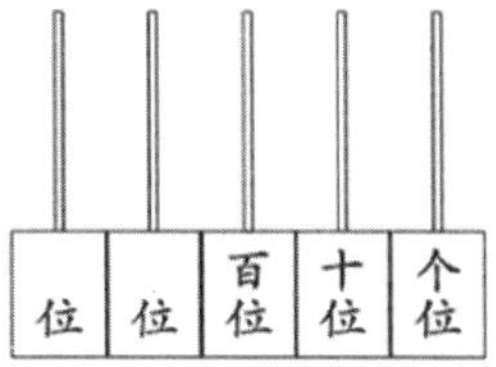


图7.2–3

教师进一步出示百以内的计数器（如图7.2–3），请学生填一填新学习的计数单位所在的数位。为后续在计数器上表示万以内的数做准备。

**（三）依据新知，再次数数**

教师出示如图7.2–4的星星图，请学生一边数，一边用画珠子的方法记录数出的个数。学生独立完成后交流反馈，得到如图7.2–5的计数器上的数。

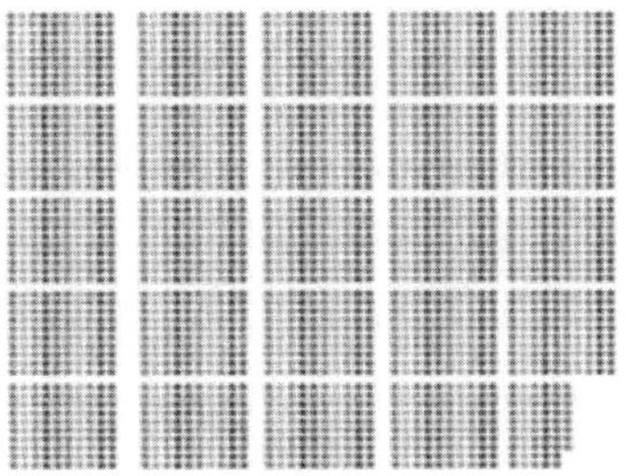

图7.2–4

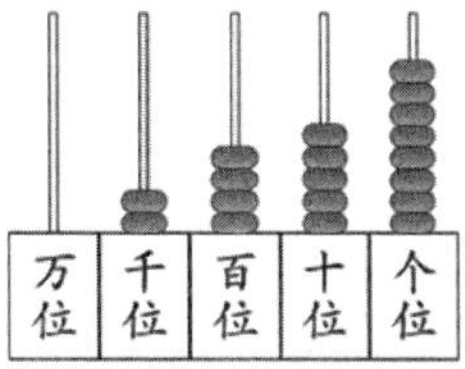


图7.2–5

进一步结合图示，请学生“说一说”“圈一圈”每一个数位上数的含义，最后总结得到星星图由2个千、4个百、5个十和8个一组成，进而用“2000＋400＋50＋8”表示组合的过程，并追问：此时加法中的四个数有没有相加？学生讨论后发现并没有相加，只是组合。进而请学生“读一读”“写一写”，得到“二千四百五十八”和“2458”。

最后，教师出示“5000＋600＋30＋8”，请学生说一说这个算式的含义，再组合成一个数，进行相应的读写。

依据十进位值制的经验，让学生从小到大，不断地数计数单位的个数，并“满十进一”得到新的计数单位——“千”与“万”，并把一个多位数分解成由单个计数单位组成的加法算式。这种数的认识形式，不仅出现在本课时，还出现在“20以内数的认识”“100以内数的认识”中，并为后续学习“大数的认识”打下基础。

## 二、经历加减法运算，理解数的意义

从上述环节中，利用100以内数的认识经验，得到了新的计数单位——“千”“万”，通过分层数数，得到各个数位上数的意义，并进行了相应的读写。在此基础上，进一步利用加法和减法的运算，加深对万以内数的认识。

**（一）题组运算，理解单位**

教师出示如下的题组，请学生独立计算出下面各题的结果，并在计数器上分别拨一拨加与减的过程。体会有什么相同的地方与不同的地方。

算一算，拨一拨，想一想

（1）5＋3　　50＋30　　500＋300　　5000＋3000

（2）5－3　　50－30　　500－300　　5000－3000

学生独立完成后先校对结果，再请学生说一说有什么相同的地方与不同的地方。学生结合拨珠的过程，发现第1组都是“5＋3”，但是相加的数位不相同。依据学生的回答，要求学生再一边拨珠一边带着计数单位说一说计算过程，如“5000＋3000”要求学生一边拨珠一边说出“5个千加3个千等于8个千，等于8000”。渗透相同计数单位上的数相加这种算法。

接着校对第2组的计算结果，也请学生一边拨珠一边带着计数单位说一说减的过程，如“5000－3000”的计算过程是“5个千减3个千等于2个千，等于2000”。渗透相同计数单位上的数相减这一种算法。

最后进一步请学生思考，加法和减法有什么相同的地方？从而概括出相同计数单位上的数相加减，统一了加法和减法的计算方法。最后列竖式计算，更加直观地体会到相同计数单位上的数相加减（如图7.2-6）。

$$\begin{array}{r} 5000 \\ +\ 3000 \\ \hline 8000 \end{array} \qquad \begin{array}{r} 5000 \\ -\ 3000 \\ \hline 2000 \end{array}$$

图7.2-6

**（二）结合运算，理解进率**

结合数数“满十进一”依次得到新的计数单位，同样地，也可以通过相同计数单位的累加“满十进一”得到新的计数单位。从而体会到加法运算中的“满十进一”与“计数单位”之间的密切联系。

教师出示如下题目：（1）7＋3，（2）70＋30，（3）700＋300，（4）7000＋3000。请学生先用竖式计算，然后说一说这一组加法有什么相同的地方。学生发现这一组题都是“7＋3＝10”，都是“满十进一”得到了新的计数单位。接着要求学生用计数单位相加的形式说一说计算过程，如最后一题的计算过程是：7个千加3个千等于10个千，10个千是一万，形成板书（如图7.2-7）。

| 7 | 70 | 700 | 7000 |
|---|---|---|---|
| + 3 | + 30 | + 300 | + 3000 |
| 10 | 100 | 1000 | 10000 |

图7.2-7

通过相同计数单位上的数相加减这一种运算，加深学生对“计数单位”的认识，也是对100以内数的认识的学习经验的再积累与再深化。

## 三、结合具体活动，积累活动经验

通过数数和加减运算，让学生认识新的计数单位，并用新的计数单位进行记数、进行简单加减运算，进一步体会计数单位与万以内数的组成之间的内在联系。在此基础上，通过数数和加减运算等活动，进一步加深对万以内数的认识。

### （一）圈一圈，说一说

教师出示如图7.2-8的计数器，再出示如图7.2-9的小正方体图，请学生按计数器上的数在图7.2-9中圈一圈，说一说它由什么组成。再写出图7.2-9中没有圈的部分所表示的数。

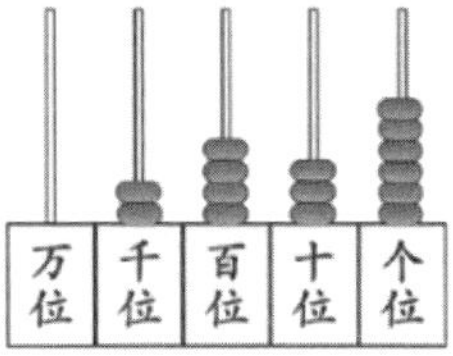


图7.2-8

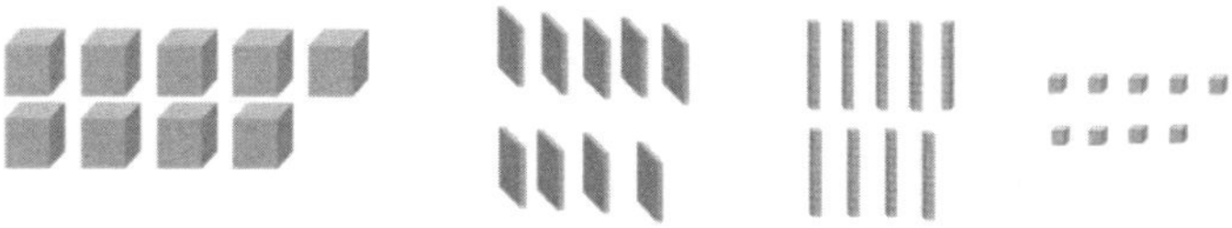

图7.2-9

### （二）加一加，理一理

在此基础上，教师请学生把写的两个数相加，用竖式计算出结果，再通过图7.2-9中把没有圈的与圈出的两个部分合并在一起进行验证，发现结果都是9999。教师进一步追问：再加上几，就是“10000”了？依据学生的回答，教师进一步引导学生用竖式计算“9999＋1”，与前一次竖式计算一起，形成如图7.2-10的竖式。

$$\begin{array}{r} 2436 \\ +\ 7563 \\ \hline 9999 \\ +\quad 1 \\ \hline 10000 \end{array}$$

图7.2-10

### （三）算一算，连一连

教师出示如图7.2-11的一个计算题组，请学生口算或笔算出两列算式的结果，再与正确的结果进行连线。

| | | |
|---|---|---|
| 800+200 | 900 | 9000-8000 |
| 900+600 | 1000 | 1200-300 |
| 500+400 | 1500 | 1900-1000 |

图7.2-11

与前面的加减法计算相比，这里还出现了进位加法和退位减法，在具体反馈时，利用20以内的进位加法和退位减法的算法进行思考,如“900+600”就是“9个百+6个百=15个百=1500”。

可以发现,在本课时的教学中,不论是新知学习,还是练习巩固,都特别重视用“整百、整千数的加减法”理解计数单位的累加与递减,让学生体会到数的意义与加减法计算的密切联系。

本课时的教学给了我们启示:数学学习是一个依据现实的需要,不断地利用已有的学习基础与生活经验,在解决具体问题的过程中,延伸出新的数学知识的过程。在学习本单元之前,学生在学习“11～20各数的认识”与“100以内数的认识”时已经经历了两轮十进制数的认识。因此,在本课时中,充分利用原有的学习经验,通过不同计数单位的依次累加,得到新的计数单位——“千”与“万”,进而利用加法表示万以内数的组成,体会发现不同计数单位上的数相加与万以内数的组成之间的内在联系,依据原有的百以内加减法的经验,进行整百、整千数的加减法计算,利用这样的加减法的计算,更好地理解万以内数的含义。

# 第三节
## “万以内数的读写与算盘”教学实践

在上一课时中，结合计数单位的学习，利用原有经验，学生已经会读写整千、整百的数与中间没有零的万以内的数。严格地说，中间没有零的万以内数的读写不需要作为新知进行教学，而是可以让学生依据100以内数的读法与写法进行迁移。所以万以内数的读与写，难点在于中间有零的数的读与写。“算盘记数”可以看成“计数器”的优化，通过观察算盘上的记数，既可以写出也可以读出它表示的数。基于这样的思考，我们进行了教学实践。

### 一、利用计数器，学习数的读写

整数的读数与写数的基本方法，在学习“100以内数的读写”时已经掌握。因此，教学时教师充分利用已有的学习基础，让学生读出和写出计数器上的如下四个数：2288、2008、208和2080，分别概括出万以内数的读法和写法。

#### （一）观察图示，自主读写

课始，教师出示计数器上的4个数（如图7.3–1）后提问：你们知道这些计数器上的数分别表示多少吗？请你试着读一读、写一写。

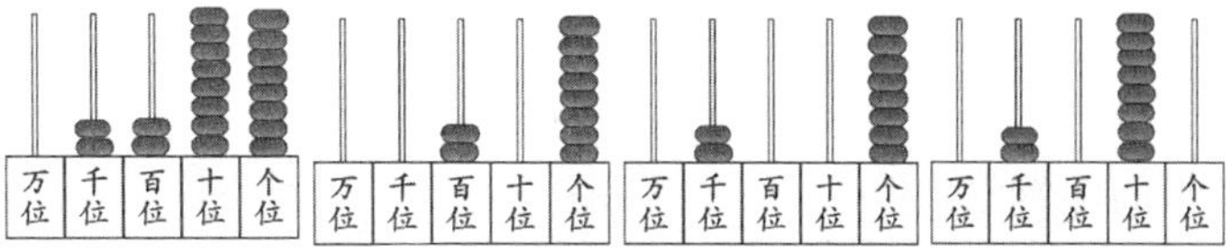


读作：（　　　）（　　　）（　　　）（　　　）

写作：（　　　）（　　　）（　　　）（　　　）

图7.3–1

先请学生完成读数，并引导学生继续观察，各个计数器上的数都有什么特点？在读数时又有什么需要注意的地方？

学生观察发现，第一个计数器上在不同的数位上数字相同，而在第二、三、四个计数器上，分别在不同数位上出现了零，尤其是第四个计数器所表示的数，数的中间和末尾均出现了零。使学生进一步概括出中间有零、末尾有零的数的读法。学生完成读数后，教师再引导学生依据读数结果写一写，并观察思考有什么发现。

**（二）反馈评析，归纳读法**

完成读数与写数后，教师引导学生回顾过程，思考读这四个数时，有什么相同和不同的地方。学生指出读数时，都是从最高位读起，一位一位地往下读。依据学生的回答，教师进行追问：第一个数二千二百八十八中的两个“二”、两个“八”分别表示什么含义？

接着，教师请学生观察第二、三、四个计数器上的数，思考这三个数又有什么相同的地方？学生指出它们在计数器上都有空档，也就是说都有零。教师继续追问：这些零所在的位置又有什么不同的地方？学生将数中的零分成两类，一类是在数中间的零，一类是在数末尾的零。教师根据学生的分类引导学生进一步对数中零的读法进行初步总结，数中间的零要读，数末尾的零不用读。

教师出示第三个计数器上的数的两种读法：（1）二千零零八，（2）二千零八。请学生进行判断辨析。学生发现数中间有一个零或几个零都只读一个零。从而进一步完善零的读法，概括出万以内数的读数方法：（1）从高位读起，一位一位地往下读；（2）数中间有一个零或几个零都只读一个零；（3）数末尾的零不用读。

**（三）迁移经验，概括写法**

教师首先引导学生校对写出的四个数，再请学生思考，如何从读数到写数，两者之间有什么联系？学生发现万以内数的读法和写法有很多相同点。把读的数转换成写的数时，就是把用计数单位表示数的大小转换成用位值制表示数的大小，如“二千二百八十八”，可以直观地分解出这个数是由“2个千”“2个百”“8个十”和“8个一”组成，这个数中有四个不同的计数单位，如果要写出这个数，就是把这些表示计数单位个数的数字写到相应的数位上，如“2个千”就要把“2”写到“千位”上。依据以上思考，引导学生自主地概括出写数的方法：（1）从高位写起，一位一位地往下写；（2）哪个数位上一个数都没有，就写0。

依据学生的回答，教师把写出的数与读出的数一一对应（如图7.3-2），请学生思考，用读出的数转化成

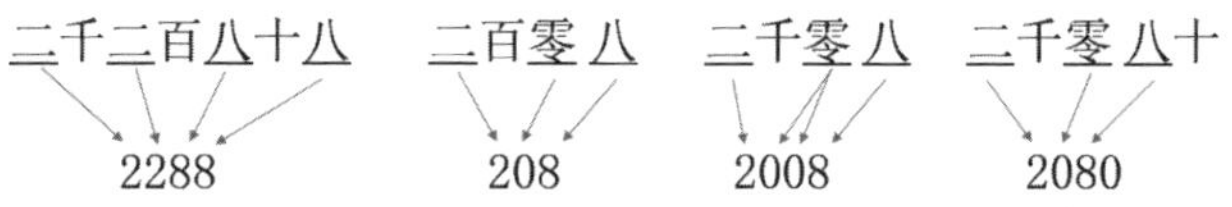


图7.3-2

写出的数，要注意什么。

交流后进一步总结，一“定”：看最高位的计数单位，确定是一个几位数；二“写”：一位一位地往下写；三“添”：一个数都没有的数位上，要写0。

读数与写数都是建立在对数位意义的正确理解之上，因此在以上教学过程中，应该充分利用计数器建立数和位之间的关联，借助已有知识让学生探索数的读法和写法。如在探索有“0”的数的写法中，教学时应遵循从一般到特殊的顺序，引导学生借助计数器和数位顺序表理解“哪个数位上一个数也没有，必须用0来占位”的道理。

## 二、比较计数工具，学会算盘记数

“算盘”顾名思义，有计算的功能。但是，本课时中学习的算盘，主要是学习它的记数功能。因此，可以通过与计数器进行比较，发现两者的相同点和不同点，概括出算盘记数的方法，以及它与计数器相比的优点，即当记录等于或大于5的数字时，可以“以一当五”。

### （一）比较相同，认识算盘

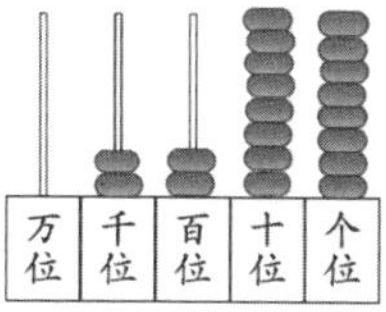


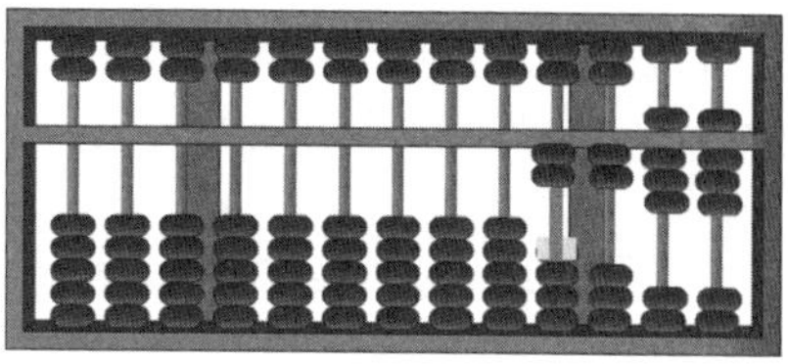

图7.3-3

教师把图7.3-1中的第1个数用新的计数器——算盘表示（如图7.3-3）。提问：图中右边的计数器叫什么？学生指出是算盘后，教师指出它表示的数与左图中计数器上表示的数相同，然后提问：它与计数器表示数的方法有什么相同的地方与不同的地方？

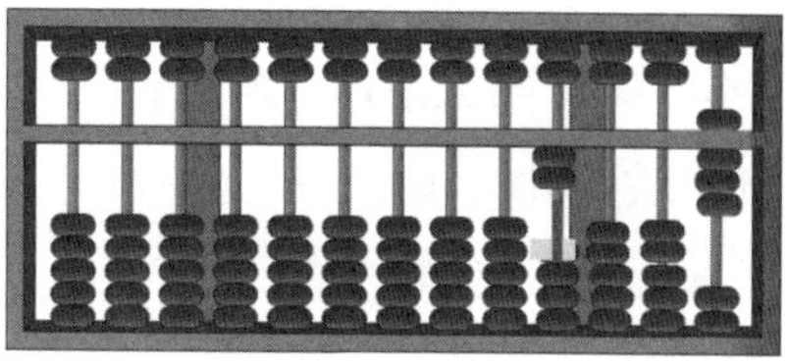

图7.3-4

通过观察，学生发现都用“档”表示数位，用珠子表示数。但是算盘中一颗“上珠”表示5，一颗“下珠”表示1。依据学生的学习经验，教师再出示图7.3-4，请学生说一说对应于图7.3-1中的哪一个计数器。学生指出是第3个计数器上的数之后，请学生读出和写出算盘上的数。

### （二）发现差异，学会定位

图7.3-5

教师进一步出示图7.3-5的算盘，请学生找一找，它与图7.3-1中的哪一个计数器相对应？学生发现，如果从右往左看，算盘上表示的数既不是第2个也不是第4个计数器上的数。此时，教师在这个算盘从右边起的第三档上标注上“个位”，再请学生判断，学生顺利地读出这个数是“二千零八十”。

接着，教师提问：如果是表示“二百零八”呢？学生思考后指出个位应该定在“8”的位置上。教师进一步提问：观察这两个数的表示方法（如图7.3–6），在算盘上表示数时，还要注意什么？学生指出还要先定位再表示数。

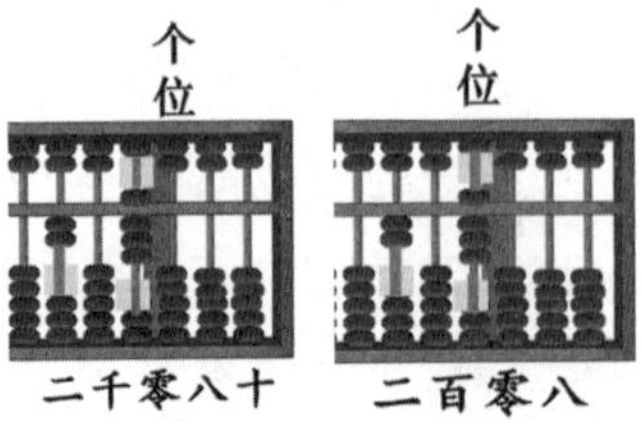

图7.3–6

**（三）依据规则，拨珠读写**

通过与计数器上的四个数进行两轮的比较，学生掌握了算盘记数的一般方法。接着，教师报数：(1) 一千零九，(2) 一千零八十一。请学生在两个算盘图上涂出相应的珠子，完成后进行校对。最后请学生数一数两个图中表示两个数所用的珠子个数，看有什么发现。学生发现这两个数都用了六颗珠子。接着请学生用六颗珠子再拨出一个数，要求它的大小在已知的两个数之间。进一步促进学生对算盘记数的理解和应用。

计数器和算盘是表示数的两种常用的工具，两者既有联系又有区别。通过以上的教学过程，让学生熟练掌握计数器和算盘的使用规则，同时体会“满十进一”和位值制原理，感受计数器和算盘记数的特点。

## 三、联系现实情境，体会数学应用

上述数的读写与算盘的认识，主要围绕读数与写数中特别典型的四个数展开。在已经学会了数的读写和算盘记数的方法后，联系生活中万以内的数，让学生读一读、写一写、拨一拨，进一步加深对万以内数的认识，并且在解决挑战题的过程中，进一步突破读数与写数的重难点。

**（一）读写价格，优化方法**

教师出示情境：刘叔叔家最近新装修了房子，要采购洗衣机，需要大家帮忙解决问题。先请学生独立完成作业纸的第2题（如图7.3–7），再请学生一边写一边在算盘上拨一拨。

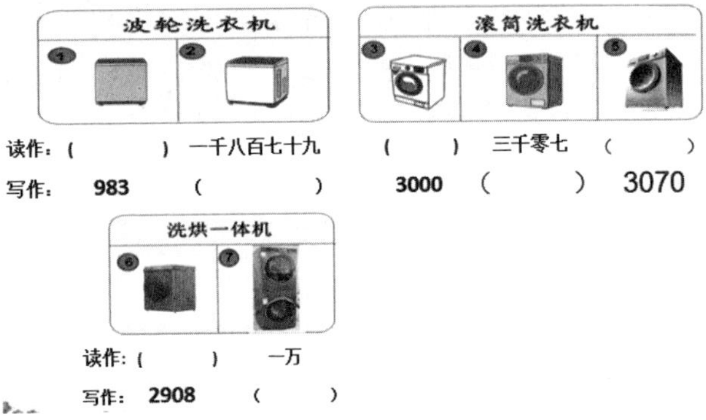

图7.3–7

完成之后，让学生交

流在读数与写数的过程中,有哪些需要注意的地方,怎样写可以减少错误。通过学生的交流和反馈,再一次明确和巩固了写数、读数的方法。

**(二)对比练习,凸显难点**

教师出示如图7.3-8的练习,要求学生进行小组合作学习。

用3颗珠子，如果在下面的计数器和算盘上摆一摆，能摆出哪些四位数？写一写，读一读。

图7.3-8

完成后反馈评析,比一比哪一小组找到的数最多,并且读一读这些数。在评析中重点关注“如何摆可以不重复也不遗漏”。让学生感受有序摆数的好处,同时促使学生进一步掌握计数器和算盘的使用规则,也巩固了读数与写数的方法。

**(三)依据要求,综合应用**

教师出示以下问题:

用2、9、0、0四个数字组成符合下列条件的数。

1. 最大的数:(　　)
2. 最小的数:(　　)
3. 一个零也不读的数:(　　)
4. 只读一个零的数:(　　)

请学生先独立思考,写出符合要求的数,再进行展示,阐述解题策略。反馈评析后对解题方法进行总结:先给数字排序,尽可能把大的数字放在高的数位上。同理,最小的数要求把小的数字放在高位,但是零不能放在最高位,同时,还要注重有序思考。最后,根据这个材料,请学生思考:还能提出什么数学问题?留给学生更多的思考空间,激发学生进一步学习的兴趣,提高学生学习数学的积极性。

“万以内数的读写”的学习可以利用原来“100以内数的读写”的学习经验,同时与上一课时构建起关联。读数与写数的学习都建立在对数位意义的正确理解之上,而本课时把算盘记数看作对计数器记数的优化,可以更好地认识算盘的结构与形成的过程。与独立成为一个课时的学习相比,整合到万以内数的读写中,更能够让学生体会到算盘作为记数工具的独特价值。

# 第四节
## “万以内数的近似数”教学实践

学生在一年级已经学过“多一些”“少一些”“多得多”“少得多”等非准确数的认知，在日常生活中学生也会经常碰到近似数。也就是说，本课时虽然是学生第一次接触近似数和准确数的概念，但学生对这一部分的知识并不陌生。因此，在进行本课时的学习时，基于解决现实问题的需要，感受近似数就非常需要借助数轴，这也是突破难点的关键。

### 一、基于记忆需要，学习数的近似

从现实需要的角度学习近似数，承接上一课时的洗衣机素材，通过日常购买洗衣机这一情境，运用洗衣机的价格这一素材区分准确数和近似数。学生感受准确数和近似数之间的关系，在对比中认识近似数的作用，并能进一步感受近似数方便好记的优点。

**（一）衔接素材，再提问题**

课始，教师出示如下情境：刘叔叔新装修了房子，需要选购新的洗衣机，洗衣机有许多种类和价格（如图7.4–1）。

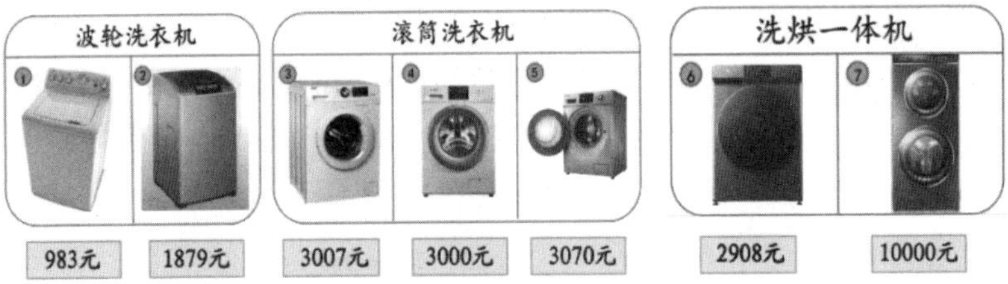


图7.4–1

提问：这些数你会读吗？请学生边读边思考，哪些价格更好记？为什么？

学生读数后指出3000元、10000元更好记。教师追问：为什么这两个数更好记？学生指出，因为这两个数的后面几位都是零。教师引导学生发现并且归纳总结，像这样比较特殊的数称之为整千数和整万数。

**（二）寻找联系，感知近似**

利用上一情境继续提出问题：刘叔叔大约花了3000元，刘叔叔可能买了什么价格的洗衣机？请学生将可能的洗衣机价格写在学习单上。

这一问题难点主要体现在两方面，一方面：3000元是一个准确数，而不是近似数；另一方面：大约3000元，是指接近3000元。学生经历观察思考后指出3007、3070、2908这三个数接近3000。

接着，教师请学生在2000～3000的数轴上标出这三个数（如图7.4-2）。完成后引导学生进行归纳总结：这里的3000，就是3007，3070，2908这三个数的近似数。

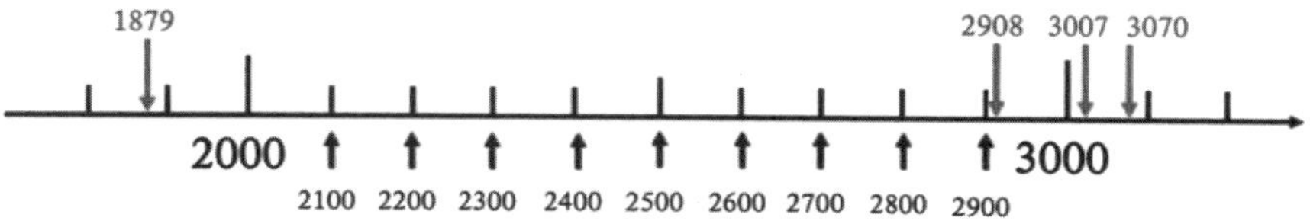


图7.4-2

教师进一步引导学生思考，从数轴上看，哪些数也接近3000？学生指出还有2999、3001、3002等等。经历这样的思考，让学生初步感知近似数是一个范围，不仅仅是针对某一个精确数。

**（三）利用经验，取近似数**

在认识了近似数3000的含义后，教师再次提问：刘叔叔有可能购买1号和2号洗衣机吗？学生统一回答：不可能。教师追问：那么983和1879的近似数是多少呢？学生指出983的近似数为1000。在取1879的近似数时，有学生认为是1900，也有学生认为是2000。此时，教师把1879在图7.4-2的数轴上进行标注，让学生直观地发现，取近似数1900，是把它取成整百数，取近似数2000，是把它取成整千数。

万以内数的近似数是学生第一次学习近似数，人教版教材中并没有给出一个固定的取近似数的方法，也没有用“≈”去表示近似的结果，所以在这里并没有用四舍五入的方法来解决问题，而是选择让学生充分应用现实情境和数轴进行突破。一般情况下取近似数都是取离准确数比较接近的整千数、整百数。通过数轴这一直观方式使学生近距离看到一个数的近似数，为将来学习“四舍五入”做好铺垫。

## 二、组织举例辨析，感知近似含义

借助作业并结合数轴，使学生了解到准确数对应的是数轴上的一个点，而近似数对应的是数轴上的一个区间，帮助学生增强数感。在学生感知大约3000这个近似数可以是很多准确数的近似数之后，使学生更加深入了解近似数的本质；更是在数据分析中，发展学生的数据意识。

### （一）寻找范围，揭示本质

教师进行任务布置：在这个数轴上哪个区间的数的近似数会是3000呢？（出示2000～4000的数轴）。学生在学习单上找出近似数为3000的区间（如图7.4-3）。展示学生作业后，师生总结反馈：当数在2500～3500时，这个数的近似数可以为3000。教师再次提问，2400的近似数是多少？学生认为它的近似数是2000。教师顺势再提问：为什么不是3000？结合数轴，学生可以直观地发现2400更接近于2000。

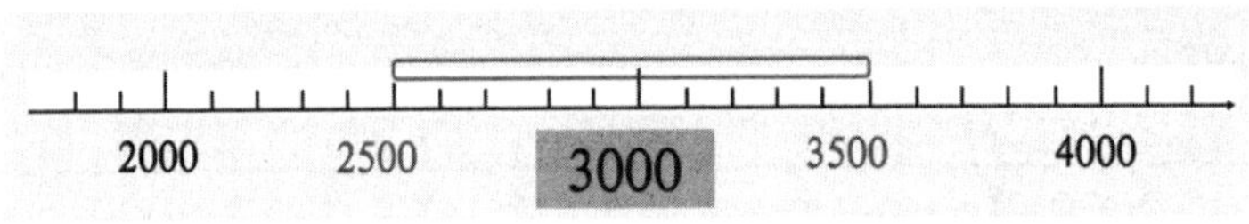


图7.4-3

### （二）再取近似，总结方法

再次根据初始情境布置任务：最后刘叔叔大约花了2900元，请问刘叔叔购买了哪款洗衣机？引导学生利用数轴（出示2900～3000的数轴）进行自主探究。在数轴上将2908和3007表示出来，学生能够发现2908与2900很接近，而3007与3000很接近（如图7.4-4）。因此得出结论，刘叔叔购买的是6号洗衣机花了2908元。

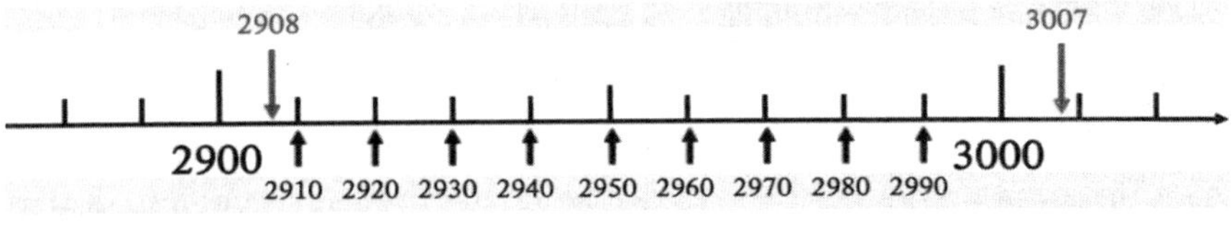


图7.4-4

接着，教师再次追问：哪些数的近似数会是2900？学生可利用数轴（出示2800～3000的数轴）找出近似数为2900的区间（如图7.4-5）。依据图示，师生总结反馈：当数在2850～2950时，这个数的近似数可以为2900。

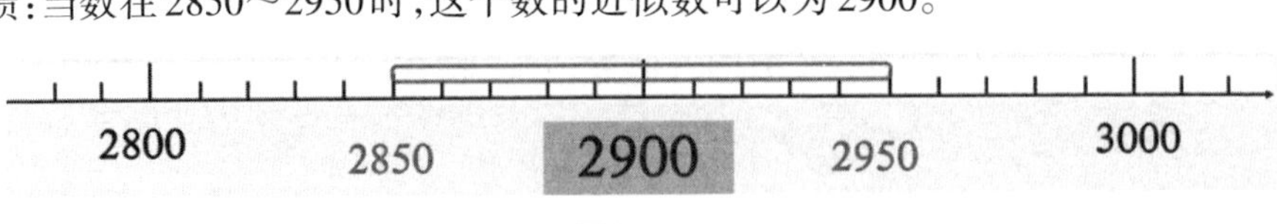


图7.4-5

**（三）比较差异，感知精度**

从上述数轴中观察发现，2908这个数除了接近3000还接近2900，教师提出疑问：为什么其他几个数的近似数就不是2900了呢？学生回答：2908很接近2900，而另几个就远了。教师引导学生总结归纳：一个准确数可以有好几个近似数，可以是整千数，也可以是整百数，甚至还可以是整十数，他们的精确程度不同，其中近似到整十数更加精确。

在数轴上，准确数是一个点，近似数是一个范围，这是这两类数的本质区别，也是揭示近似数为什么需要用大约来描述的原因。

## 三、分层组织练习，发现数的联系

借助练习，判断学生能否在近似数与准确数都有的情况下学会区分近似数与准确数，能否判断其大小，并且能找出准确数的近似数。进行分层练习并及时反馈。

**（一）阅读信息，区别含义**

教师出示习题：红星小学的学生总人数是2153人，蓝天小学的学生总人数是2832人，海潮小学的学生总人数约2000人。依据信息你能够判断，哪个学校学生总人数最多？哪个学校学生总人数最少吗？

同桌讨论后再集体反馈，学生发现只能判断蓝天小学学生总人数最多，而信息不足无法判断哪个学校学生总人数最少。因此教师修改信息：海潮小学的学生总人数不超过2000人。随之，学生判断得出：海潮小学总人数最少。

**（二）大小比较，体会联系**

根据上一题练习的信息再次提出问题：在这三所学校的学生总人数中，哪些数是近似数？哪些数是准确数？如果是准确数，能否表示成近似数？请学生独立完成以上三个问题，师生共同进行反馈评析：2153和2832是准确数，2000为近似数。2153的近似数可以为：2000、2200、2150。2832的近似数可以为3000、2800及2830。学生通过练习再次巩固知识点：一个数的近似数可能不止一个，可以精确到千位、百位或者十位，其中近似数精确到十位是最精确的。

**（三）依据需要，合理取整**

结合学生已有的生活常识，将近似数与准确数融入题目中，根据本课时所学知识，请学生独立思考并完成练习，了解学生对本课时近似数知识的掌握程度。

1. 李同学想买一件外套，需花费625元，但需要支付现金，所以他决定去银行ATM机取钱，他至少要取多少钱？（ATM机只能取整百元）

2. 学校六一联欢活动，需要用彩带做中国结装扮教室，一个中国结需要用一米的彩带，现在有685cm的彩带，最多可以做多少个中国结？

学生独立完成后交流反馈。发现解决这两个问题时，虽然也要取近似数，但是第1题中625元的近似数是600元，但如果取600元就不够付了，因此要取700元。第2题中的685厘米彩带的近似数是7米，但如果做7个中国结685厘米不够，只能够做6个中国结。

通过这两个问题，让学生初步体会到在解决实际问题时，可以依据需要合理取整，同时为后续学习用加法估算解决问题做铺垫。

本课时给我们启示：数学学习的过程，也是利用已经学习的数学知识解决问题的过程。在解决问题的过程中，促进知识间的相互联系，引发出新的数学知识。为什么在万以内数的学习时需要学习近似数？怎样求近似数？近似数除了看接近于哪一个整百数或整千数外，为什么有时也需要用“去尾法”或“进一法”？正是对这些问题的思考，促使学生感知在解决现实问题时，需要根据实际情况选择策略。

# 第五节
## “万以内数的大小比较和加减法(1)”教学实践

在前面三课时中,分别学习了万以内数的计数单位、万以内数的读写和求近似数。从本课时开始的两个课时的设计,我们把它们看成一个整体,依据有联系的两组信息提出不同的数学问题,本课时学习其中的万以内数的大小比较和估算解决问题,下一课时学习“万以内的加法和减法笔算”。在本课时中,提供怎样的有联系的信息,让学生提出数学问题?怎样依据学生提出的相差关系的问题,引导学生概括出万以内数的大小比较的方法?怎样依据学生提出的求和问题,改编成估算解决的问题,并引导学生在用估算解决问题的过程中归纳出估算解决问题的基本思路?带着这样的思考,我们进行了教学实践。

### 一、提出数学问题,深化数的认识

借助爱心义卖活动的情境让学生自主提出求和问题与相差问题。在相差问题中,引导学生迁移两位数大小比较的学习经验到万以内数的大小比较中,归纳大小比较的方法并提出求和问题与估算解决的问题,为后续学习做铺垫。

#### (一) 提出问题,比较大小

教师出示如下情境:学校“庆五一,爱心义卖”活动中,301班的“解忧杂货铺”一共接待了358位同学,收入1357元。101班的“拇指超市”一共接待了315位同学,收入836元。

教师提问:你发现了哪些数学信息?哪些数学信息之间有联系?学生整理信息,并做出归纳:“301班接待了358位同学”与“101班接待了315位同学”为一组有联系的信息;“301班义卖收入1357元”与“101班义卖收入836元”为另一组有联系的信息。

教师根据学生归纳的信息继续追问：对于第一组信息，你能提出什么数学问题？学生提出自己的问题并进行分类，共出现3个求相差数的问题和1个求和问题(如图7.5-1)。同理，对于第二组信息也可提出相似的问题(如图7.5-2)。

301 班接待 358 人，<br>
101 班接待 315 人。<br>
两个班接待的人数相差几人？<br>
301 班比 101 班多接待几人？<br>
101 班比 301 班少接待几人？<br>
两个班一共接待几人？

图7.5-1

301 班收入 1357 元，<br>
101 班收入 836 元。<br>
两个班义卖的收入相差几元？<br>
301 班比 101 班多收入几元？<br>
101 班比 301 班少收入几元？<br>
两个班一共收入几元？

图7.5-2

根据学生提出的问题，教师追问：在比较两个班的义卖收入时，为什么是301班比101班多？学生指出1357是一个四位数，最高位是千位，836是一个三位数，最高位是百位，所以1357>836。而在比较接待的人数时，学生指出358和315都是三位数，百位上都是3，则从十位比起，得到358>315，从而梳理出万以内数的大小比较方法(如图7.5-3)：1. 比位数；2. 从高位比起。

| | | | |
|---|---|---|---|
| 1357 | > | 836 | 数的大小比较： |
| 四位数 | | 三位数 | 1. 比位数； |
| 358 | > | 315 | 2. 从高位比起。 |
| 三位数 | | 三位数 | |

图7.5-3

学生能正确进行比较数的大小后，教师请学生分别口答求相差数的问题、求和的问题的算式，但不计算，为下一环节学习估算解决问题做好准备。

借助“爱心义卖”活动的情境激发学生的学习兴趣，同时培养了学生获取信息、整理数据以及自主提问的能力。学生在掌握了100以内数的大小比较方法基础上，顺利进行知识迁移，总结出万以内数的大小比较方法。

### (二) 补充问题，发现异同

在第三课时中，学生已经学习了求近似数的方法，但生活中很多情境并不严格适用于直接取近似数来解决问题。在“爱心义卖”这个情境中，根据学生提出的求和问题，教师补充两个用估算解决的问题，让学生体会两类问题之间的异同。

教师出示两个问题：1. 两个班接待的总人数满800人吗？2. 两个班义卖的总收入超过2000元吗？

教师提问：这两个问题和上面的哪些问题有联系？学生指出这两个问题和求和的问题很类似，都是用加法解决问题。但是问题1是将两个班接待的人数和与800进行比较，问题2是将两个班义卖的总收入与2000进行比较，依据学生的回答，形成如图7.5-4的板书。

1. 两个班接待的总人数满 800 人吗？<br>
358+315○800<br>
2. 两个班义卖的总收入超过 2000 元吗？<br>
1357+836○2000

图7.5-4

### （三）比较问题，明确策略

比较了估算问题和求和问题题意上的区别后，教师引导学生思考两类问题在解答方式上的区别，学生发现求和问题需要精算，估算问题可以通过整千整百数的口算快速解决问题。

基于学生的回答，教师引导学生对解决估算问题的策略与方法进行梳理。学生结合“爱心义卖”的情境指出在估算问题上，通过将接待的人数315和358同时估大成整百数，快速判断出两个班接待的人数没满800人。在义卖的收入上，可以通过将1357和836同时估小成整千整百数，从而快速判断出两个班义卖的总收入超过了2000元。

学生在大胆估的过程中感受了估算与精算的差异，体会不同情况下估大策略和估小策略的使用方法，逐渐明晰估算问题的解决思路，为后续解决问题奠定基础。

## 二、解决估算问题，发展学生数感

估算是人教版《数学》中一个重要的板块，安排在三年级。学生在学习用加法估算解决问题之前，已经能够快速口算整百、整千数的加减法，但面对这样的万以内数的进位加法，学生还不会计算。在学习了第四课时依据实际需要灵活取整后，正是学生学习加法估算的好时机。

### （一）交流评析，规范思路

学生在整理了估算问题和精算问题的差异、梳理估算问题解决的策略后，结合学校“爱心义卖”的实际需要，将两个班义卖接待的人数估计成整百数进行口算，判断出估算的和与800的大小关系，进而规范思路，解决问题。

教师指定一名学生回答，说一说估算的过程。学生依据学校义卖的实际情况与已有的经验，认为两个班接待的人数没满800人。因为把358估大成400，315估大成400，从400＋400＝800得到358＋315在两个数同时估大的情况下才等于800人，实际肯定没满800人。教师则依据学生口述的计算步骤，逐步完善过程，形成如图7.5-5的板书。

1. 两个班接待的人数满800人吗？
358 + 315 ○800
↑400 + ↑400 = 800
800=800
358 + 315 <800
两个班接待的人数不满800人。

图7.5-5

结合学生的解题策略，出示图7.5-6，标出800的位置，让学生根据估算的计算思路，边说边理，寻找358＋315的位置。再请同桌之间说一说上述的解题思路和答题过程。交流时，向学生解释“↑”的意思以及将358和315同时估大的意思。

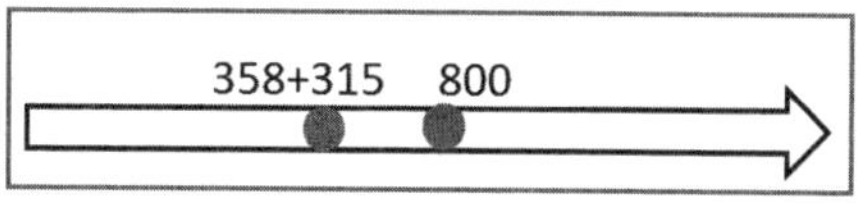


图7.5-6

人教版教材中没有明确规范估算问题的书写格式。教师则通过图7.5-5的估算解决问题的书写格式，即用数与符号记录学生估算的过程与思路。

**（二）自主解答，迁移策略**

学生在经历了解决“义卖接待人数是否满800人”的问题后，已经初步掌握了估算解决问题的策略和思路。对于“义卖总收入是否超过2000元”的问题探究，教师放手让学生结合实际情境模仿解决。

学生先自主模仿尝试解决收入问题后同桌交流，展示思考过程。在交流讨论中，学生指出先预估两个班义卖的总收入超过了2000元，将1357估小成1300，836估小成800，1300＋800＝2100＞2000，从而得到1357＋836＞2000。教师则根据学生的回答形成估算解决问题的板书（如图7.5-7）。

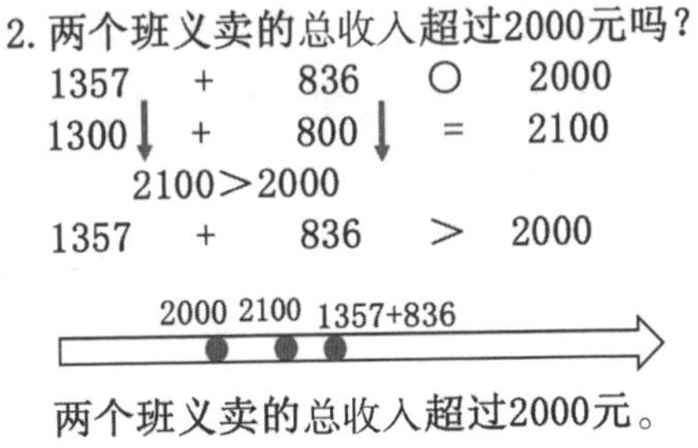


图7.5-7

**（三）细化估算，完善策略**

学生经历了结合“爱心义卖”的情境将加数进行同时估大或同时估小解决问题的两次探究后，已经初步理解与掌握了加法估算解决问题的策略。接下来请学生进行归纳与总结估算解决问题的步骤。

出示两个估算问题的解决过程，学生观察与归纳出估算解决问题的步骤：一整理——谁和谁比较；二估算——按要求估算出结果；三比较——与标准量进行比较；四结论——判断满不满、超不超过。教师则在板书上进行补充归纳（如图7.5-8）。

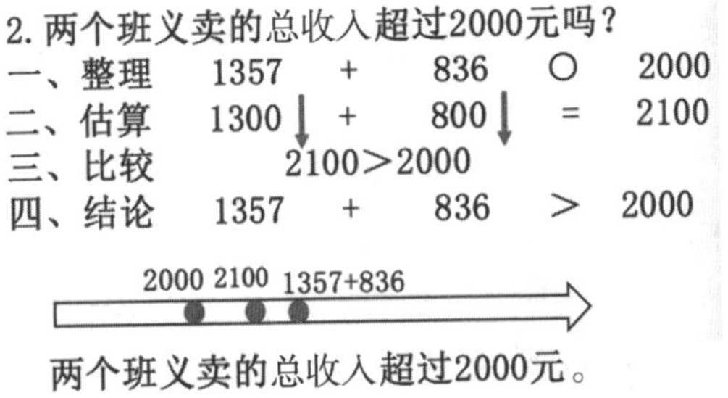


图7.5-8

人教版教材中估算解决问题没有规范的书写格式。图7.5-8的加法估算解决问题的格式尽量用数与数学符号记录估算的过程。

## 三、结合具体情境，自主解决问题

在解决实际问题中，学生学习了万以内数的大小比较与加法估算解决问题。在练习巩固阶段，安排了相应的专项练习，形成大小比较的技能，提升估算解决问题的能力。

**（一）比较大小，排出顺序**

在本课时中，迁移两位数比较大小的方法，学生主动提出万以内数的大小比较的过程。教师出示超市电话手表和滚筒洗衣机两种商品的售价(如图7.5-9),让学生选择合适的方式将每种商品的售价按从小到大排序,为妈妈购买商品做价格参考。

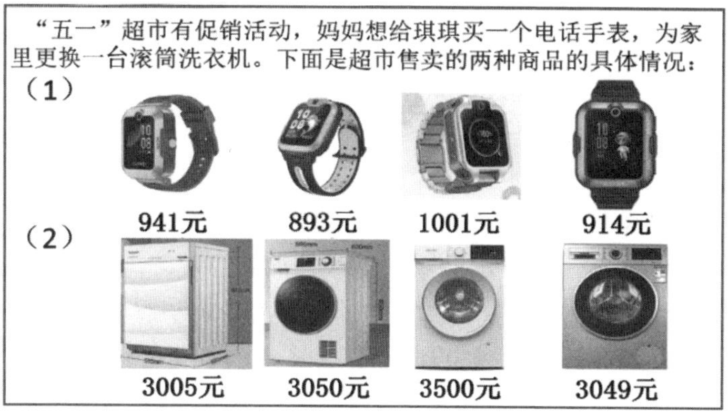


图7.5-9

学生独立完成后校对,并说一说每组题中怎样快速判断出最大数和最小数,回顾数的比较大小的方法。

**(二)依据算式,提出问题**

估算问题往往与生活实际紧密联系,教师出示果树种植问题,让学生在数的大小比较基础上进一步体会“少一些”和“多得多”如何体现在数值上。同时引导学生结合实际情境根据教师给出的两个算式模仿“爱心义卖”的问题提出估算类问题。

小明家种了495棵果树,小月家比小明家种得少一些,小军家比小明家种得多得多。小月家、小军家各种了多少棵果树?把他们的名字写在下表中合适的位置。

| 495 | 700 | 431 | 645 | 1274 |
|---|---|---|---|---|
| 小明 | | | | |

学生通过分析比较得出:小月家种了431棵,小军家种了1274棵。在此基础上,教师出示两个算式:(1) 495+431,(2) 431+1274。并提出要求:依据两个算式的意思,分别提出用估算解决的问题。

学生模仿已学的“爱心义卖”中的估算问题,分别提出了两个估算解决的问题:(1) 小月家和小明家一共种的树超过1000棵了吗?(2) 小军家和小月家一共种的树超过1600棵吗?

**(三)组织计算,提升能力**

以上两个问题,同桌合作各完成其中的一个问题,然后同桌互相交流后集体板书校对,形成如图7.5-10、图7.5-11的解答过程。

小军家和小月家一共种的树有1600棵吗？

431 + 1274 ○ 1600

↓400 + ↓1200 = 1600

1600=1600

431 + 1274 > 1600

小军家和小月家一共种的树超过1600棵

图7.5-10

小月家和小明家一共种的树超过1000棵了吗？

495 + 431 ○ 1000

↑500 + ↑500 = 1000

1000 = 1000

495 + 431 < 1000

小月家和小明家一共种的树没超过1000棵。

图7.5-11

总之，估算的基本思路是推理，把原来需要笔算的计算过程，通过推理改成可以口算的计算过程，依据口算结果作出判断，从而解决实际问题。

本课时的教学给我们启示：数与运算的进一步学习，与解决现实生活中新的问题有着密切地联系。因此，在学习新知时，需要我们创设真实的情境，让学生在获取信息、发现和提出问题、分析和解决问题的过程中，利用旧知解决新问题，学习新的数学知识。

在人教版教材的三个单元中分别编排有递进关系的“估算解决问题”，现在把三个单元的内容进行了整合，估算解决问题就不安排具体的课时，把它融入万以内数的大小比较、万以内的加法和减法的笔算与连续进位的万以内的加法和减法这三个课时中。在本课时学习数的大小比较的同时渗透估算解决问题，逐步提炼出估算解决问题的基本思路，为后续两个课时中的估算解决问题打下了基础。

# 第六节
## “万以内的加减法(2)”教学实践

“100以内的加减法的笔算”是本节课——“万以内的加减法的笔算”的学习基础,也就是说前者学习时形成的算理与算法,可以迁移到本课时的学习中。因此,进行本课时的学习时,可以充分利用学生已有的学习经验,让学生自主学习,进一步总结与规范整数加减法笔算的计算法则,而且能够与上一课时的估算学习形成一个整体,发展学生依据需要合理选择计算方法,解决具体问题的能力。带着这样的思考,我们进行了教学实践。

### 一、回顾学习过程,自主解决问题

万以内的加减法是100以内的加减法的延伸,它们的意义相同,算理相通,算法上只要做到“相同数位对齐”。因此可以引导学生回顾“两位数加减两位数”笔算的算法和算理,自主解决“三位数加减三位数”“四位数加减三位数”的笔算问题,从而理解万以内的加减法的算理,掌握其算法。

#### (一)回顾学习,明确目标

课始,教师出示上一课时的板书(如图7.6–1)。引导学生进行回顾:上一课时中哪些问题已经解决,用了什么策略?哪些问题还没有解决?学生指出“两个班接待的人数满800人吗”“两个班的总收入超过2000元吗”这两个问题已经解决,用了估算解决问题策略,还有两类问题没有解决。

“庆五一，爱心义卖”活动中，三（1）班的“解忧杂货铺”一共接待了358位同学，收入1357元。一（1）班的“拇指超市”一共接待了315位同学，收入836元。

两个班接待的人数相差多少人？
301班比101班多接待几人？
101班比301班少接待几人？
358-315=

两个班的收入相差多少元？
301班比101班多收入几元？
101班比301班少收入几元？
1357-836=

一共接待多少人？
358+315=

两个班接待的人数满800人吗？
整理 315+358○800
估算 400+400=800
比较 800=800
结论 315+358＜800

两个班的总收入超过2000元吗？
1357+836○2000
1300+800=2100
2100＞2000
1357+836＞2000

一共收入多少元？
1357+836=

图7.6-1

根据学生回答，教师在课件中标注出没有解决的这两类问题：

两个班接待的人数相差多少人？ 一共接待多少人？

358－315＝ 358＋315＝

两个班的收入相差多少元？ 一共收入多少元？

1357－836＝ 1357＋836＝

教师提问：是否能继续用估算策略解决？学生指出无法再用估算的策略解决这两类问题，要进行精算。因此明确了本节课的目标：用精算解决问题。

**（二）观察算式，联想旧知**

顺应学生的回答，结合板贴（如图7.6–2），教师进一步提问：请同学们想一想，这样的算式你会算吗？教师利用题组的形式，让学生自然地联系到可以将“100以内的加减法的笔算”的学习经验，迁移到万以内的加减法的笔算。因此，多数学生回答会笔算这两组万以内的加减法，并指出人教版《数学》二年级上册已经进行“两位数加减两位数”笔算的学习，计算方法相同。

358+315= 1357+836=

358–315= 1357–836=

图7.6–2

教师顺势出示人教版《数学》二年级上册教材中关于“两位数加减两位数”笔算的学习内容（如图7.6–3），引导学生回顾旧知，建立联系，初步唤起笔算加减法的学习经验。教师再次提问：我们可以把今天学习的这两组加减法算式称作什么？依据学习经验，学生将这两组笔算加减法归纳为“三位数加减三位数”“四位数加减三位数”。

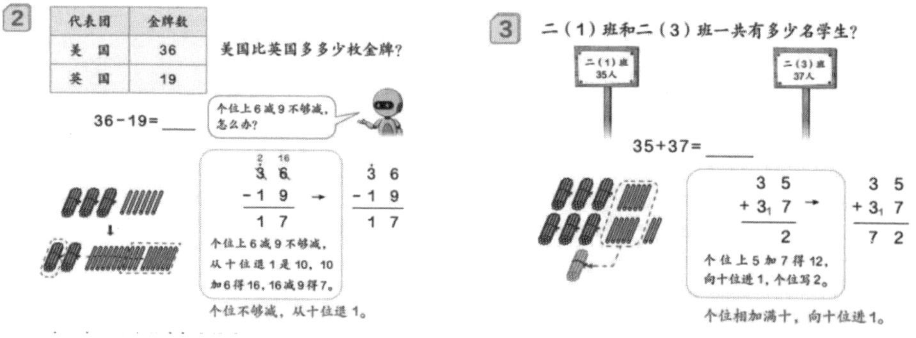


图7.6-3

教师进一步板书："两位数加减两位数"的笔算过程（如图7.6-4），让学生通过观察，回忆"两位数加减两位数"的算法及算理，并对算法进行总结："一对齐：相同数位对齐；二计算：相同数位上的数相加减"。

$$55+18=73 \qquad \begin{array}{r} 55 \\ +\ 1_{1}8 \\ \hline 73 \end{array} \qquad\qquad 55-18=37 \qquad \begin{array}{r} \dot{5}5 \\ -\ 18 \\ \hline 37 \end{array}$$

图7.6-4

教师进一步对算理进行追问：为什么"满十向高位进1""不够减从前一位退1作10"？为接下来学习"三位数加减三位数""四位数加减三位数"的笔算做好铺垫。

**（三）利用迁移，自主解答**

学生基于"两位数加减两位数"的笔算学习经验，感受到可以利用相同的算法与算理进行"三位数加减三位数"的笔算（图7.6-2的左边两题）。教师出示第一组"三位数加减三位数"算式，请学生模仿"两位数加减两位数"——"一对齐""二计算"的笔算方法进行自主计算，独立完成，体验新知与旧知的联系，培养学生知识迁移的能力。

## 二、丰富具体例子，归纳计算法则

从"两位数加减两位数"到"三位数加减三位数"再到"四位数加减三位数"整个学习过程是不断递进的过程，但这三者的计算法则本质上是相同的，并且经过本单元的学习之后在小学阶段整数的加减法计算后续不再进行学习，因此联系前后知识，明确算理，归纳法则也是为学生后续进行多位数加减多位数的计算打下基础。

**（一）校对评析，明确算理**

完成第一组例题的自主计算后，反馈评析。教师展示学生作业，请学生说一说：你是怎么计算的？依据学生的回答，教师进一步追问："三位数加减三位数"和

“两位数加减两位数”有什么联系和区别？学生通过对比发现这两组加减法笔算在个位和十位上的计算相同，但“355＋318”“355－318”多了一步百位上的计算（如图7.6-5）。

从“两位数加减两位数”的笔算到“三位数加减三位数”笔算，学生发现相同点和不同点：算法和算理相同，计算的数位不同。

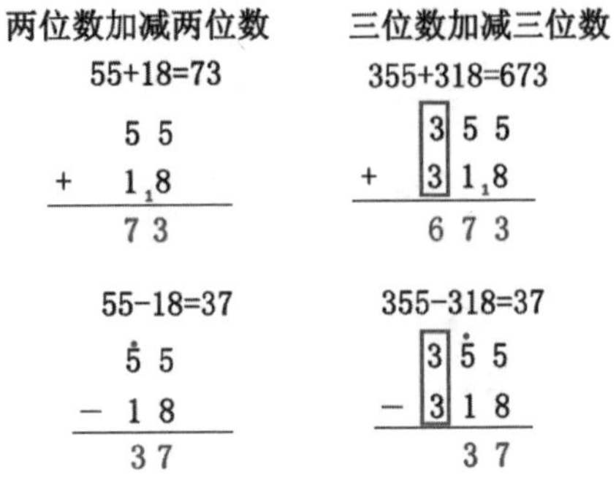


图7.6-5

**（二）变式运算，积累素材**

经历“三位数加减三位数”的笔算过程，归纳出计算法则后，再自主尝试进行“四位数加减三位数”的笔算——“1357＋836”“1357－836”。

学生计算，教师巡视，发现学生的典型错误，即笔算“1357＋836”时相同数位未对齐，教师出示错误作业（如图7.6-6），请学生进行评析。学生说明836百位上的“8”不应与“1357”千位上的“1”对齐，而是应该与百位上的“3”对齐，后面十位、个位上的数再依次对齐。相比于“两位数加减两位数”与“三位数加减三位数”，进行“四位数加减三位数”笔算时因两个数的数位不相同，因此容易出现数位不对齐的错误，教师顺势引导学生发现：“相同数位上的数对齐，其实就是做到个位对齐”。

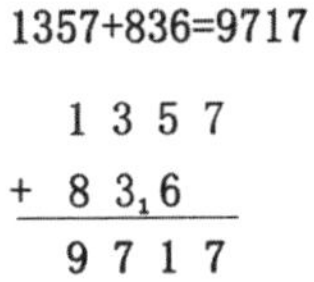


图7.6-6

**（三）整体概括，归纳法则**

教师请学生观察三组算式的笔算过程（如图7.6-7），请学生说一说，在笔算“两位数加减两位数”“三位数加减三位数”与“四位数加减三位数”时都有哪些共同点。

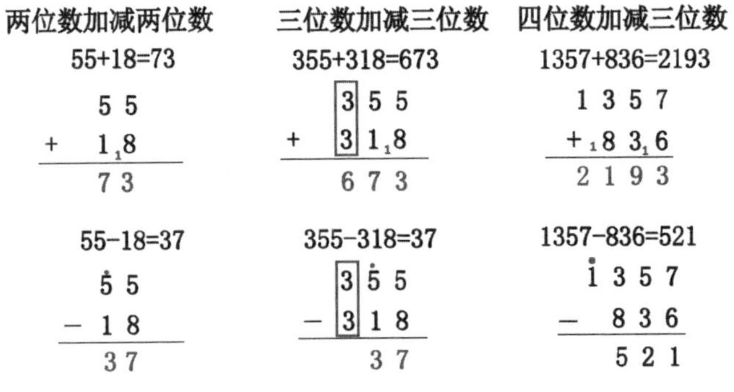


图7.6-7

学生指出这三组加减法在进行笔算时的法则相同，都是“一对齐——个位对齐（即相同数位对齐），二计算——从个位起，相同数位上的数相加减”。

教师继续引导学生思考：关于这样的整数加减法，后面还要学习吗？如果还要学习，应该学习一些什么呢？指定一名学生回答，教师引导学生阐述理由："四位数加减四位数""五位数加减五位数"等更多数位的加减法计算，虽然数位在增加，但是计算法则不变。教师最后与学生一同进行总结：整数加减法的笔算都是用"一对齐，二计算"。

## 三、分层练习巩固，提升应用意识

经过本课时的学习，对整数加减法的计算法则进行了整体概括，在巩固与应用环节安排了不同情境下的解决问题，让学生理解"万以内的加法和减法"的算理，掌握算法的同时，感受在具体问题中学会选择合适的"估算"或"精算"的策略解决问题。

### （一）整体回顾，辨析思路

教师再一次出示上一课时中用估算策略解决的两个问题：（1）两个班接待的人数满800人吗？（2）两个班义卖的总收入超过2000元吗？引导学生对本课时与上课时的内容进行整体回顾，并思考：上一课时中，这两个问题是用估算解决的，现在我们又学习了加法笔算，你认为解决这两个问题还需要用估算吗？

学生讨论后，认为还是需要用估算解决，因为这两个问题只要作出判断，可以不算出精确的值，用估算的策略，计算更加方便。在这样的辨析中培养学生遇到不同问题，合理选择问题解决策略的能力。

### （二）题组计算，熟练技能

教师出示题组，请学生独立计算：（1）43＋365＝，（2）280－49＝，（3）500－280＝，（4）719＋352＝。

学生完成后，进行校对评析。第(1)题主要评析相同数位是否对齐，注意是十位上"4个十加6个十等于10个十，满十向百位进1"。第(2)题注意被减数个位上"0减9个位不够减，从十位退1，用10个一减9个一等于1个一"。第(3)题与"两位数加减两位数"进行联系，教师追问："500－280"与"50－28"之间又有什么联系？学生指出"500－280"其实就是计算"50个十减28个十"也就是计算"50－28"。第(4)题主要评析百位上"7个百加3个百等于10个百，向千位进1"。

题组中的四道题分别关注到在列竖式计算加减法时"相同数位对齐""有0的退位减法"以及"满十向前一位进一"的重难点，通过题组练习对整数加减法的笔算方法得到进一步巩固。

### （三）多元提问，体会关系

接着教师出示如下的信息：养鸡场要把970个鸡蛋孵成小鸡，上午孵出了327

只小鸡,下午比上午多孵出108只。学生阅读信息后再提出数学问题。学生回答,得到如下的问题:(1) 下午孵出多少只小鸡?(2) 一天一共孵出多少只小鸡?(3) 还剩多少只小鸡没孵?

学生对以上三个问题进行列式解答后,进行反馈评析,教师对学生的问题进行梳理,再次出示以下信息:养鸡场要把970个鸡蛋孵成小鸡,上午孵出了327只,下午孵出了435只。

教师追问:你还能提出什么问题? 指定一名学生回答:所有的鸡蛋都孵完了吗? 教师同时出示上一提问中的第二个问题:一天一共孵出多少只小鸡? 请学生比较这两个问题,并辨析解决这两个问题在策略选择上的不同之处。

在解决问题中运用到本课时学习的"万以内数的加减法"的精算的知识,同时回顾第四课时学习的估算解决问题。从估算的学习引出精算的学习,在具体的问题解决中又再次回顾估算策略,形成一个整体。

把人教版《数学》三年级上册"万以内的加法和减法"不进位加法和不退位减法的内容删去,将一次进位和一次退位的万以内的加减法整合成一个课时,把教材中由易到难的小步子编排方法,改为由易到难的先综合再专项的编排方法,能够更好地利用类比迁移的策略,掌握只有一次进位和一次退位的万以内的加减法的计算方法。这样的设计,有利于学生对加减法体系的整体构建,也能更深刻体会到数学知识之间的联系,并为后续连续进位和连续退位的学习做好铺垫。

# 第七节
## “万以内的连续进位加法”教学实践

万以内加法的难点是进位加法,特别是连续进位加法。在此之前学生已经学习了“把加数估成整百数”的估算解决问题,也学习了不进位加法与一次进位加法的笔算。因此在本课时的教学中可以把连续进位加法转化成加法估算解决问题,分散难点,逐步综合,不断完善与细化估算解决问题的思考过程与估算价值,构成整体,形成编排特色。同时让学生在自主笔算的基础上,通过题组对比,认识到连续进位的注意点,归纳连续进位加法的计算方法。基于这样的思考,我们进行了教学实践。

### 一、创设估算情境,逐步分解过程

连续进位加法是一次进位加法的延伸,更是易错点和难点。因此,我们可以分散难点,采用估算解决问题的思路,把原来的“三位数加三位数”的连续进位加法分解成“整百数加整百数”“几百几十数加几百几十数”,迁移一次进位加法笔算的学习经验,依次递进,最后进行综合,并提出精算的解决问题。列竖式进行连续进位的加法计算,形成连续进位加法的计算方法。

#### (一)结合估算,分解加法

教师出示信息:小明看中了炒锅和吹风机,炒锅的价格是358元,吹风机的价格是265元。小明想买这两件商品,带500元够吗?请学生分析题意明确问题,选择合适的策略解决问题。学生指出可以进行估算,同时把吹风机和炒锅的价格估小,358估成300,265估成200,300+200=500,实际一定大于500,所以带500元钱不够。根据学生回答，教师形成板书（如图7.7-1）。

| 炒锅 358元 | 吹风机 265元 |
|---|---|

买这两件商品500元够吗？

358+265○500

↓300+↓200=500

500=500

358+265＞500

带500元不够

图7.7-1

买这两件商品600元够吗？

358+265○600

↓350+↓260=610

610＞600

358＋265＞600

带600元不够

图7.7-2

$$\begin{array}{r} 350 \\ +\ 260 \\ \hline 610 \end{array}$$

图7.7-3

把原来的"三位数加三位数"——"358＋265"的连续进位加法通过估算进行第一次分解，把三位数估成整百数，学生发现可以迁移原有的学习经验进行"整百数加整百数"——"300＋200"的口算进行判断。

**（二）再次估算，重新分解**

对"带500元够吗"这一问题作出判断后，教师再一次提出问题：如果带600元够吗？请学生自主尝试解答。学生发现把三位数估成整百数进行估算已经无法作出判断。经过讨论，学生指出同时把吹风机和炒锅的价格估小，估成几百几十，358估成350，265估成260，350＋260＝610＞600，实际一定大于600，所以带600元钱不够（如图7.7-2）。

依据学生回答，引导学生回顾估算过程，提问：350＋260你会笔算吗？请学生口述笔算过程，教师记录（如图7.7-3）。再次利用估算解决问题，进一步引导学生把加数估成几百几十进行笔算，分解连续进位加法笔算学习的难点，为后续学习做好铺垫。

**（三）提出问题，引出精算**

基于前两次估算的结论，教师进行追问：到底要多少元？指定一名学生回答，列出算式：358＋265。同时，学生指出解决这个问题需要进行精算。

利用估算，对358＋265进行分解，在选择不同的解题策略中，学生已经不知不觉依次体验了"整百数加整百数""几百几十数加几百几十数"的计算过程，回顾了一次进位加法的笔算过程，最后顺势引出本课时的重难点——三位数加三位数连续进位加法。

## 二、迁移学习经验，归纳计算法则

"不进位加法""一次进位加法"与"连续进位加法"的算法和算理相同，学生可基于“相同数位相加减”“满十向前一位进1”的加法笔算学习经验，自主进行“连续进位加法”的笔算，通过观察对比发现难点和不同点，认识到连续进位的注意点，即连续进位时既要加上进上来的1，还要满十再向前一位进1，从而归纳出“连续进位加法”的计算法则。

**（一）自主计算，迁移经验**

依据学生回答，教师出示板书（如图7.7-4），并提问：这样的加法你会算吗？学生基于“三位数加三位数进位加法”的笔算学习经验，感受到可以利用相同的算理和算法进行“连续进位加法”的笔算。教师提醒学生关注“满十向前一位进1”这一难点，然后进行自主计算。

这两件商品一共要多少元？

358+265=

图7.7-4

**（二）反馈评析，凸显难点**

完成“358＋265”的自主计算后，反馈评析。教师展示学生作业（如图7.7-5），请学生说一说：你是怎么计算的？依据学生的回答，教师进一步追问：为什么十位上5个十和6个十相加，十位上不是写1而是2？学生指出：个位上的8个一加5个一等于13个一，10个一是1个十，向十位进1，个位写3，然后十位上的5个十加6个十再加1个十就是12个十，10个十是1个百，向百位进1，在十位上写2，最后百位上是3＋2＋1＝6。

$$\begin{array}{r} 358 \\ +\ 2_1 6_1 5 \\ \hline 623 \end{array}$$

图7.7-5

教师出示上一课时学习的“三位数加三位数”“四位数加三位数”的笔算过程（如图7.7-6），请学生结合今天学习的“连续进位加法”的笔算过程，观察比较：有什么相同与不同之处？

$$\begin{array}{r} 355 \\ +\ 31_1 8 \\ \hline 673 \end{array} \qquad \begin{array}{r} 1355 \\ +\ {}_1 83_1 6 \\ \hline 2193 \end{array}$$

图7.7-6

学生通过观察对比发现355＋318和1357＋836都是进位加法，但分别是一次进位和两次不连续进位，而358＋265是两次连续进位的加法。教师顺势追问：为什么要再单独学习连续进位加法呢？学生指出连续进位加法特别容易出错，特别是连续进的那个1容易遗漏。

教师再次进行补充：既然容易算错，那么我们来学习一种方法进行检验——验算。教师同时出示验算过程（图7.7-7）。请学生观察是如何进行验算的。

$$\begin{array}{r} 358 \\ +\ 2_1 6_1 5 \\ \hline 623 \end{array} \qquad \text{验算：} \begin{array}{r} 265 \\ +\ 3_1 5_1 8 \\ \hline 623 \end{array}$$

图7.7-7

在评析中重点关注容易出错的部分，凸显“连续进位”的难点，通过不断对算理的评析，突破难点，加深理解。

**（三）整体回顾，合理选择**

教师请学生对三个问题及完整解答过程进行观察对比，对“买这两件商品500元够吗”“买这两件商品600元够吗”“这两件商品一共要花多少元”这三个问题进行分类，并找一找它们之间的联系。

学生从解决问题的策略出发，将问题分为用估算解决问题和精算解决问题两类，同时指出，三个问题层层递进，在前两个估算解决问题中蕴藏着最后精算358＋265的笔算过程——300＋200计算的是百位上的数字，350＋260计算的是百位和十位上的数字，教师依据学生回答完善板书(如图7.7-8)。

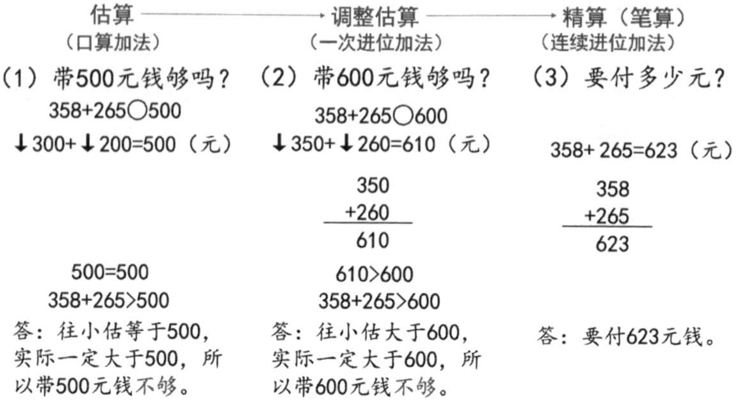


图7.7-8

学生对探究过程进行整体回顾，感受在不同的情境下选择不同的策略解决问题，分别体会估算和精算的价值。

## 三、结合题组练习，提升运算能力

经过本课时的学习，体验了连续进位加法的计算过程，突破连续进位这一难点，最终学习连续进位加法的笔算。借助题组练习和数字谜帮助学生再一次巩固连续进位加法的计算方法，加深算理的理解；并安排了具体情境下的解决问题，让学生从不同的角度感受“精算”和“估算”的区别，提升选择合适的策略和方法解决问题的能力。

### （一）题组计算，合理选择

教师出示题组1，请学生进行口算：400＋200＝，440＋260＝，445＋265＝。

学生完成后，进行校对评析。请学生口述口算过程及算理，再次回顾连续进位加法的分解过程。万以内的加法，是根据“一对齐，二计算”的计算法则进行计算，通过依次分解445＋265的计算过程，再次回顾连续进位加法的计算方法，理解算理。

接着，教师出示题组2，请学生独立进行笔算：365＋358＝，365＋853＝，365＋835＝。

学生完成笔算后，校对答案并进行反馈评析。请学生分别说一说每道题的计算过程及算理。题组中的三道题第一个加数相同，第二个加数分别由“3、5、8”这三个数组成，所处数位却不同，学生在进行笔算时分别体会了“个位和十位”“十位和百位”“个位、十位和百位”三种不同情况下的连续进位。

**（二）依据问题，合理解答**

教师出示具体情境（如图7.7–9），妈妈和收银员分别提出的两个不同问题：

（1）大约需要准备多少元？

（2）买这两件商品一共要多少元？

销售清单

| 商品名称 | 护眼灯 | 空调扇 |
|---|---|---|
| 价格/元 | 166 | 558 |

图7.7–9

请学生对这两个问题进行辨析，合理选择解题策略，并列式解答。反馈评析后，教师进行追问：请你猜一猜妈妈和收银员分别提出了哪个问题？请学生结合生活经验进行选择。

在解决问题中让学生感受到估算和精算在解决现实问题中的不同价值，与第四课时“万以内数的大小比较和加减法（1）”和第五课时“万以内的加减法（2）”形成一个整体。

**（三）补全竖式，凸显难点**

最后一题数字谜（如图7.7–10），让学生先观察，再填写。数字谜主要体现算理，巩固算法，要求学生在补全竖式的过程中，结合各个数位上“加数与和”之间的大小关系以及和的数位的变化，判断是否为进位加法。同时在推算加数时，学生自然想到“和减一个加数等于另一个加数”，感受加与减之间的关联，为下一课时“万以内的连续退位减法”做好铺垫。

$$\begin{array}{r} \square\ 8\ \square \\ +\ 1\ 1\ 9 \\ \hline \square\ 0\ \square\ 8 \end{array} \qquad \begin{array}{r} \square\ 9\ \square\ 2 \\ +\ 4\ \square\ 3\ \square \\ \hline 6\ 0\ 2\ 1 \end{array}$$

图7.7–10

在“万以内的加减法”的学习之后安排“万以内的连续进位加法”的学习，有利于学生迁移“万以内的加减法”的笔算学习经验，进行自主学习，同时利用估算思路分解“万以内的连续进位加法”的运算难点，让较为复杂的计算过程转难为易，有助于学生更好地利用迁移类比能力，在知识之间构建联系，逐步完善“万以内的加法”的计算法则。

# 第八节
## “万以内的连续退位减法”教学实践

“万以内的连续退位减法”是“万以内的加减法”的最后一个板块，是一次退位减法的延伸，更是万以内减法的难点，与一次退位减法不同的是“三位数减三位数的连续退位减法”中被减数中间数位身兼“借位者”和“被借位者”的双重身份。反复强调算理对二年级的学生来说略显枯燥，因此结合低年级学生的认知特点，需要厘清算理、活化算理。创设情境，利用讲故事的形式，让学生体会并理解连续退位、隔位退位的算理，并且在与一次退位减法的对比中，感知连续退位减法的算理本质与一次退位减法相同。

### 一、进行题组比较，选择合适方法

“万以内的连续退位减法”是基于“万以内的一次退位减法”的基础上学习的，退位减法中“借1作10”的计算方法是本课时学习的基础。因此，创设情境，列出不同减法算式，进行题组比较，回顾退位减法的计算法则，通过迁移学习经验进行连续退位减法的学习。

#### （一）创设情境，明确意义

在“心连心”读书活动中，光明小学为希望小学捐赠了一些图书。

光明小学捐赠图书情况统计表

| 年级 | 一 | 二 | 三 | 四 | 五 |
|---|---|---|---|---|---|
| 图书本数 | 75 | 86 | 149 | 243 | 401 |

图7.8–1

课始，教师以捐书作为情境，出示相关信息与问题（如图7.8–1）：在“心连心”读书活动中，光明小学为希望小学捐赠了一些图书。相邻年级捐赠的图书相差几本？

引导学生进行审题："相邻""相差"分别表示什么意思？教师适时进行总结：无论是"多"多少，还是"少"多少，减法解决的都是"相差"问题，减法是求得差值的运算。学生则根据减法的意义，列出四道减法算式解决问题：

86－75＝　　149－86＝　　243－149＝　　401－243＝

结合生活情境渗透减法的意义，教师引出本课时继续学习减法的主题。

**（二）自主选择，沟通联系**

根据学生的回答，教师先出示"86－75＝""149－86＝"这两道减法算式，请学生仔细观察，说一说你会选择什么方法进行计算。

学生指出"86－75＝"较为简单，直接口算最为方便；"149－86＝"是退位减法，选择列竖式笔算的方法进行计算较为合适。依据学生的回答，教师引导学生回顾退位减法的计算法则以及需要注意的地方，即：一摆：相同数位对齐；二算：相同数位上的数相减；三注意：不够减向前一位借1，借1作10。

最后，教师继续引问：退位减法我们已经学习过了，为什么今天还要学习？

在计算方法的选择过程中，唤起第五课时"万以内数的加减法（2）"的学习经验，教师最后的提问，也是为引出本课时的学习目标——连续退位减法的学习做好铺垫。

**（三）迁移经验，自主笔算**

学生基于一次退位减法的笔算学习经验，感受到可以利用相同的算法和算理来进行复杂退位减法的笔算。因此在学生的思考中，教师顺势出示后两道减法算式——"243－149＝""401－243＝"，请学生独立完成。学生自然地在尝试计算中进行学习经验的迁移。

## 二、组织反馈评析，归纳计算方法

创设情境，利用讲故事的形式，让学生体会到连续退位时，自己不仅是被借者，不够时还要向别人借。"隔位退位"本质上还是连续退位，即我向你借，你却没有，你说你先向别人"借1作10"，然后再借给我1，我也"借1作10"。通过这样的对比，更有利于理解连续退位减法的算理。

**（一）反馈评析，凸显难点**

学生完成后，展示作业，出示典型错误（如图7.8-2），请学生作出判断：你认为他算得正确吗？有学生指出这是错误以后，教师引导学生回顾一次退位减法的笔算学习经验，对自己的

**243－149＝104　　401－243＝168**

| 243－149 | 401－243 |
|---|---|
| 2 4 3 | 4 0̇ 1 |
| － 1 4 9 | － 2 4 3 |
| 1 0 4 | 1 6 8 |

图7.8-2

笔算过程再次进行检查和修正。

随即，教师在原有的板书上进行补充，出示“243－149＝”和“401－243＝”正确的笔算过程（如图7.8-3），请学生对比观察，说一说哪一种写法是正确的，理由是什么。根据学生的回答，教师重点追问：十位上到底是几减几？

**横式：**

**86－75＝11　149－86＝63　243－149＝94　401－243＝158**

| | | | | | |
|---|---|---|---|---|---|
| | 1̇ 4 9 | 2 4 3 | 2̇ 4̇ 3 | 4̇ 0 1 | 4̇ 0̇ 1 |
| **竖式：** | － 8 6 | －1 4 9 | －1 4 9 | －2 4 3 | －2 4 3 |
| | 6 3 | 1 0 4 | 9 4 | 1 6 8 | 1 5 8 |

**①一摆：相同数位对齐　②二算：相同数位相减**

**③注意：不够减向前一位借1，退1作10**

图7.8-3

学生指出“243－149”中十位上的4个十退掉1个十后是3个十，应该是3个十减4个十，不够减，要向百位上借1个百作10个十，13个十减4个十等于9个十，十位上的得数写9，而不是4个十减4个十等于0个十。同理可得“401－243”，十位上也要被个位借去1个十。

为了帮助学生理解算理，教师借助信息化手段，契合二年级学生的年龄特点，将数字拟人化，趣味化地展示算理过程。

小剧场①243－149＝94

个位说：“我这里的3个一不够减9个一啊，向旁边的十位借1个十，这样我变成13个一就够减了。”

十位说：“刚刚借给个位1个十，剩3个十。现在减4个十我自己也不够啦！只能向百位借1个百，我变成13个十才够减。”

百位说：“我还剩1个百。”

小剧场②401－243＝158

个位说：“1个一减3个一不够减，我要借我要借，十位你借我点。”

十位说：“我这里一个计数单位也没有，借不了。没办法，我先向百位借1个百，变成10个十后再借给你1个十吧。”

百位说：“我还剩3个百。”

个位对十位说：“收到，我现在变成了11个一，够减了；你这里还剩下9个十，你也够减啦！”

同时,教师进行板书补充(如图7.8-4),规范竖式书写过程,并在竖式中展示连续退位减法的过程,进一步帮助学生理解算理。学生在正确与错误做法的对比中发现“连续退位减法”与“一次退位减法”的不同之处,体会“连续退位”这一难点,通过观察对比发现不同,提出矛盾,在辨析中逐渐明晰算理。

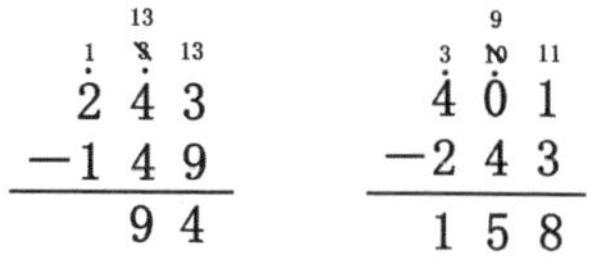

图7.8-4

**(二)专项交流,突破难点**

初步理解连续退位减法的算理后,教师再追问:“401－243＝”的竖式个位不够减,可以直接向百位借吗?引出本节课的第二个难点——隔位退位。

指定一名学生回答:不够减,向前一位“借1作10”,而不能隔位退,隔一位是“借1个百作100个一”。依据学生的回答,教师引导学生讨论“借1作10”的合理性,并进行总结:“借1作10”是向相邻的前一位退位,隔位退位计算不简便,表示也不方便。

因此教师再展示小剧场②401－243＝158的补充部分:

十位说:“我什么都没有,你直接向百位借吧。”

个位受到惊吓:“这怎么行!我向百位借1个百,我这里就变成了101个一,减掉3个一后还剩98个一呢!剩得太多了!”

十位没办法,只好由他当中介,自己先向百位借1个百作10个十,再借给个位1个十,自己剩下9个十。

请学生再观察“243－149＝”“401－243＝”这两道连续退位减法的笔算过程,教师提问:这两道连续退位减法有什么相同和不同之处吗?学生指出这两道题都是个位不够减向十位“借1作10”,十位不够减,再向百位“借1作10”。至于不同之处,学生从不同的角度思考,得到了不同的理解。

生1:“243－149＝”的十位是先借给个位再向百位借,退位的顺序是先退十位再退百位,这是逐步退位;而“401－243＝”的十位是先向百位借再借给个位,退位的顺序是先退百位再退十位,从退位数位与个位的相对位置看,这是隔位退位(如图7.8-5)。

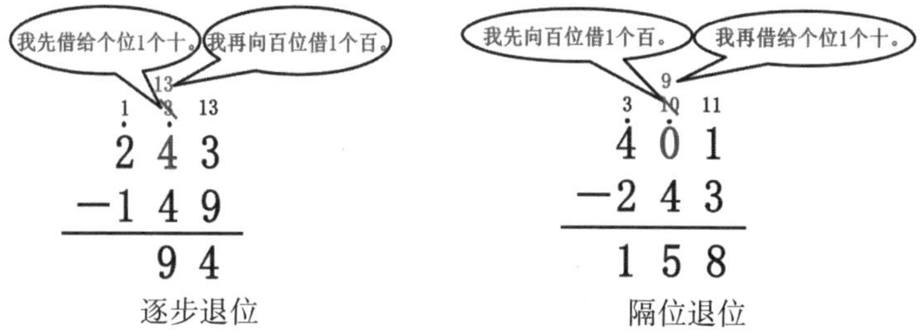


图7.8-5

通过突出矛盾，对比选择，借助拟人化的“小剧场”让学生在趣味中感知“连续进位”与“隔位进位”这两个难点以及突破难点的方法，需要注意的是“隔位退位”是“连续退位”这一难点中较难的内容，进一步深化理解“不够减，向前一位借1作10”的算理。

## 三、自主创编运算，提升运算能力

练习中开放性与挑战性并存，引导学生用逆向推理与归纳推理进行编题解题，巩固了笔算连续退位减法的算法；又利用数字谜突出本课时被减数“中间数位”的重要性，深化算理的理解，充分感知连续退位的本质，即我向你借，你却没有，你说你先向别人“借1作10”，然后再借给我1，我也“借1作10”。

### （一）自主编题，凸显难点

教师出示两道减法算式的竖式格式（如图7.8-7），请学生编写两道“三位数减三位数的连续退位减法”算式。

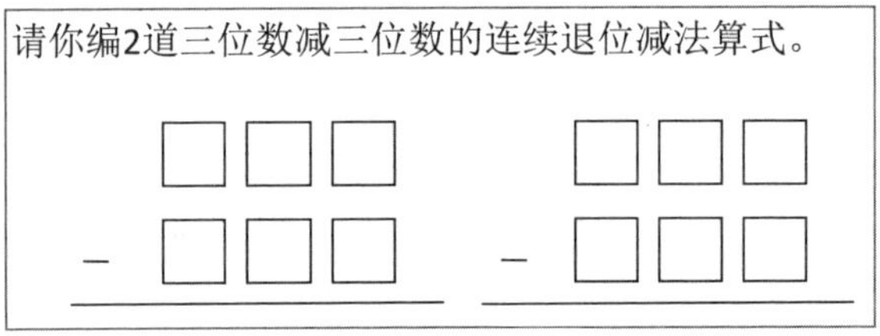


图7.8-7

完成后，展开自评和互评，关注是否涉及连续退位，在编题的过程中再次关注连续退位减法的算理，感受连续退位减法的多样性，展现学生不同的思维程度。

### （二）计算反馈，形成技能

完成编题后，请同桌做一做，并进行简单分类。编题时，学生已经经历过一次计算，完成同桌编写的题目时经历了第二次连续退位减法的计算。结合二年级学生的年龄特点，教师对笔算书写的完整性进行评析。

### （三）数字谜题，发展推理

教师出示数字谜（如图7.8-8），要求学生通过观察计算填写正确的数。

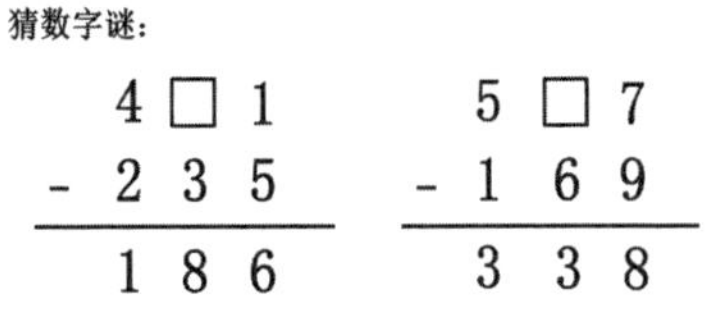


图7.8-8

数学运算本身就是一种推理。这两道数字谜难度适中，均只有被减数的十位上需要学生补充，正是十位上的数字体现了连续退位减法的难点，学生借助退位点、标数字以及“想加做减”就能顺利解决该问题。这既培养了学生运用算理进行逆向推理的意识，又重新引导学生聚焦在中间数位这一关键数位上。

本课时安排了“连续退位”与“隔位退位”的练习,并根据计算的难度进行了分层,本单元中把计算难度最大的题型放到最后学习。使得前期的计算学习为其打下扎实的基础,同时将原本分开的“连续退位”与“隔位退位”整合在一个课时进行学习,更好地沟通不同知识间的内在联系。

# 第八章
# 大数的认识

“大数的认识”是小学数学中整数认识的最后一个内容，编排在人教版《数学》四年级上册第一个单元。与万以内数的认识相比，最大的特点是分级计数，随之带来了数的读写方法的变化，即需要按数级进行读与写。因为“大数”的数位多，不方便读与写，为了方便记忆与表达，把大数进行改写或用“四舍五入”法求近似数成为必要。同时，由于是最后一轮整数的认识，所以还编排了两个专题。第一个专题是数的产生，以数字符号产生为线索，回顾表示自然数的符号的产生过程，接着再介绍十进位值制含义，从而引出比亿更大的计数单位。第二个专题是计算工具，在介绍世界各地有代表性的计算工具后，特别介绍了算盘与计算器这两种计算工具的计数方法，并用计算器计算题目或探究规律。

上述这些学习内容在具体编排时，又分成四个板块，分别是“亿以内数的认识”“数的产生与十进制记数法”“亿以上数的认识”“计算工具和用计算器探究规律”。由于板块多，又相互独立，使得这个单元的课时数多。

因此，有必要对上述四个板块的学习路径进行整体设计，以数的产生、形成与优化为主线，因此本单元的新课学习分成四个课时，分别是“大数的产生”“大数的读法、改写与大小比较”“大数的写法、求大数的近似数”“认识计数工具和探究计算规律”。把有联系的学习内容整合到一个课时中，可以更好地体现数学知识间的内在联系。

# 第一节
## “大数的认识”整体设计

“大数的认识”是学生对“万以内数的认识”的巩固与拓展，也是小学阶段整数认识的最后一个部分，为后续小数的意义和分数的意义的学习奠定基础。本单元的整体设计与实践，围绕以下的三个问题展开，即本单元的教材编排有哪些特点？有哪些可以改进之处？围绕改进之处，又可以对本单元的教学路径进行怎样的重构与实践？带着这样的思考，我们进行了教学实践。

### 一、梳理——了解教材编写的特点

自然数的认识从人教版《数学》一年级上册的“20以内数的认识”，到人教版《数学》一年级下册的“100以内数的认识”，再到人教版《数学》二年级下册的“万以内数的认识”，最后到本单元的“大数的认识”。因此“大数的认识”既要体现“大数的认识”中“大数”的特点，也要对之前学习的自然数进行回顾。仔细分析教材的内容与结构，发现有以下三个方面的编排特点。

#### （一）板块鲜明，有序推进

本单元的整体编排结构与“万以内数的认识”的编排结构相似，主要有“亿以内数的认识”和“亿以上数的认识”两个板块，两个板块又各有计数单位、数的读写、大小比较和改写求近似数等四个部分组成。同时，还安排了两个专题，分别是“自然数”和“计算工具”，并分别编排在两个板块之间与单元结尾。具体如下表。

| 板块 | 课题 | 学习内容 |
|---|---|---|
| 亿以内数的认识 | 计数单位和数位 | 计数单位：十万、百万、千万、亿，数级：个级、万级、亿级，亿以内的数位顺序表 |
| | 数的读法 | 按数级读万级和个级上的数 |
| | 数的写法 | 按数级读万级和个级上的数 |
| | 大小比较 | 亿以内数的大小比较 |
| | 改写和求近似数 | 改写成用“万”作单位的数，用“四舍五入法”省略万后面的尾数 |
| 自然数 | 数的产生 | 数的产生，世界文明古国的数码，什么是自然数 |
| | 十进制记数法 | 计数单位：十亿、百亿、千亿，包含个级、万级、亿级的数位顺序表，什么是十进制记数法 |
| 亿以上数的认识 | 数的读法 | 亿以上数的分级读法 |
| | 数的写法与改写 | 亿以上数的分级写法、改写成用“亿”作单位的数 |
| | 求近似数 | 用“四舍五入法”省略亿后面的尾数 |
| 计算工具 | 计算工具的认识 | 介绍人们发明的各种各样的计算工具 |
| | 算盘 | 知道算盘是中国人发明的，会用算盘计数 |
| | 计算器 | 认识计算器，会用计算器计算，用计算器计算发现规律 |

从上表可以发现，每一个板块与专题都有自己明确的学习任务。“亿以内数的认识”延续了数的认识的基本内容，同时依据“大数”的特征，增加了分级读数与写数、大数的改写和用“四舍五入法”求大数的近似数。“亿以上数的认识”与“亿以内数的认识”相似，利用十进制计数法中的数位顺序表认识数，但与“亿以内数的认识”相比，减少了数的大小比较，把数的改写与数的写法合并成一个课时。

“自然数”中的“数的产生”是从数学文化的视角，认识到数起源于“数(shǔ)”，古人在记数的过程中发明了多种记数的方法，最后统一用现在的“印度·阿拉伯”数码。“十进制计数”是对之前的自然数的计数单位与数位的回顾，并在此基础上又补充了更大的计数单位，形成了更加完善的十进制记数法的数位顺序表。

“计算工具”中的“计算工具的认识”和“算盘”也是从数学文化的视角，向学生介绍从古代算筹到超级现代计算机的发展历程，接着再专门介绍算盘，让学生不仅知道算盘是如何计数的，还让学生了解到算盘是中国古代劳动人民的发明，进行爱国主义教育。“计算器”包括三个层次，先认识计算器，再学习用计算器进行一般的四则运算，最后是用计算器进行题组计算，发现变化规律。

### （二）突出改写与求近似数的价值

“大数”直观的特征是数位多，这时记录就会不方便，记忆会更困难，为解决这些问题，就需要“改写”大数和“求近似数”。在“亿以内数的认识”中，大数的改写与求近似数是结合具体情境，在同一课时中完成。

教材提供将一小滴血液中含有的红细胞和白细胞的近似个数改写成用“万”作单位的数，使得书写变得简便（如图8.1–1）。也说明在现实世界中，要用大数记录，不需要用精确数表示时，就可以用近似数，而近似数实际上就是计数单位更大的数。

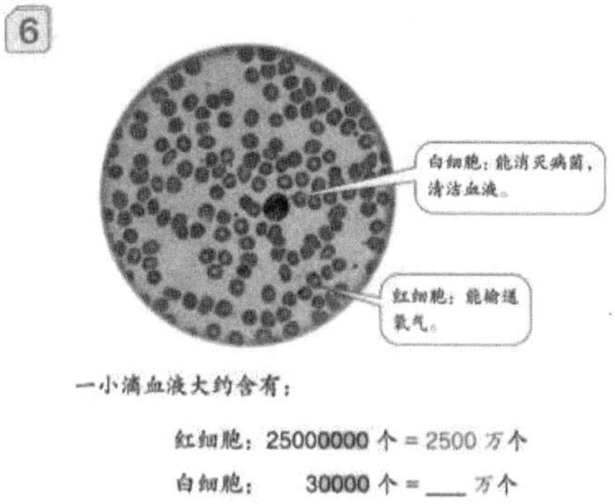


图8.1–1

图8.1–2

基于这样的思路，如图8.1–2中例7的内容就变得十分有必要了。

求一个准确数的近似数，在人教版《数学》二年级下册“万以内数的认识”时已经有了初步的应用，知道准确数接近于哪一个整千数或整百数，就可以用这个整千数或整百数表示原来的准确数。因此，当出现准确数“182068”和“216309”后，直接想到了可以用“万”作单位取近似数，那么为什么近似数取“18万”与“22万”呢？在思考与解释的过程中，概括出用“四舍五入”求近似数的方法。

在“亿以上数的认识”中，没有创设具体的情境，而是迁移“四舍五入法”求亿以内数的近似数的经验，求比亿大的数的近似数（如图8.1–3）。

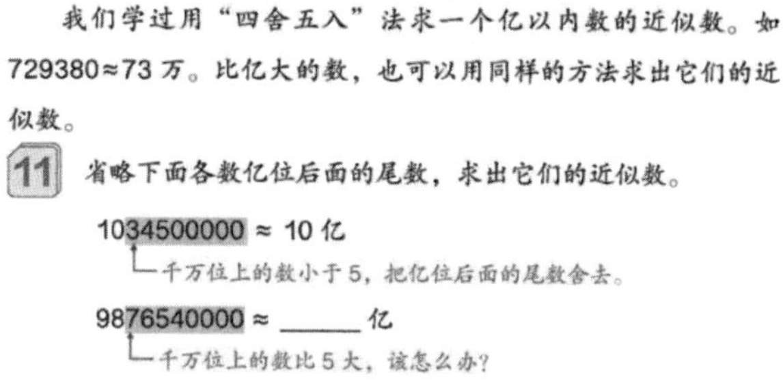


图8.1–3

### （三）丰富数的背景知识

与之前的几个单元的数的认识相比，还有一个显著的特色是，增加了较丰富的关于数与运算的数学文化背景。

在之前的关于数的认识的单元中也有数学史料，但是，是以“你知道吗”这样的阅读栏目介绍的，而本单元则直接作为教学的内容编排。“数的产生”中比较系统地介绍了数的产生的历史，让学生了解实物记数、结绳记数、刻痕记数到符号记数这样一个漫长的过程，还用“你知道吗”介绍了阿拉伯数字实际上是由印度人发明再传播到阿拉伯，再逐步演变，传播到全世界，体现了记数符号由多元走向统一的过程（如图8.1-4）。

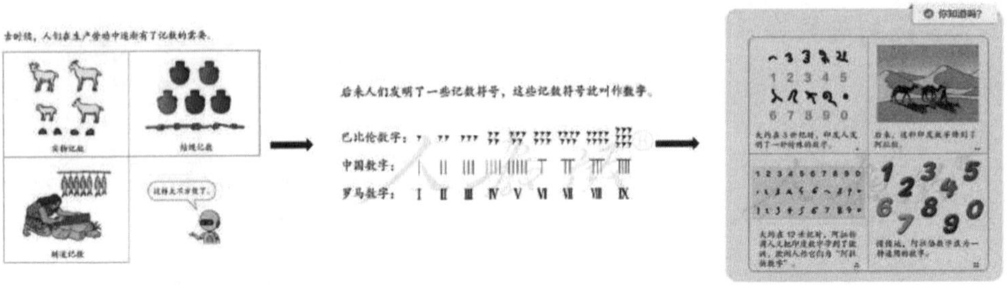


图8.1-4

“计算工具的认识”安排了三个部分的内容，其中“计算工具的演变”是按照发明的时间序列，介绍了国内外由古到今的七类计算工具（如图8.1-5），体会到计算工具的便捷性、快速性是演变的趋势。算盘是我国古代劳动人民发明的，是我国古代重要的计算工具，传播到许多国家，如教材中画出的两面算盘，如图8.1-6，上边一面是中国算盘，下边一面是日本算盘。至于算盘的记数方法，在人教版《数学》二年级下册“万以内数的认识”单元中就有专门的例题（如图8.1-7），算盘除了有记数的功能，还有十分重要的四则运算的功能，只是因为有了更为便捷的计算器，它的计算功能已经退出了历史的舞台。

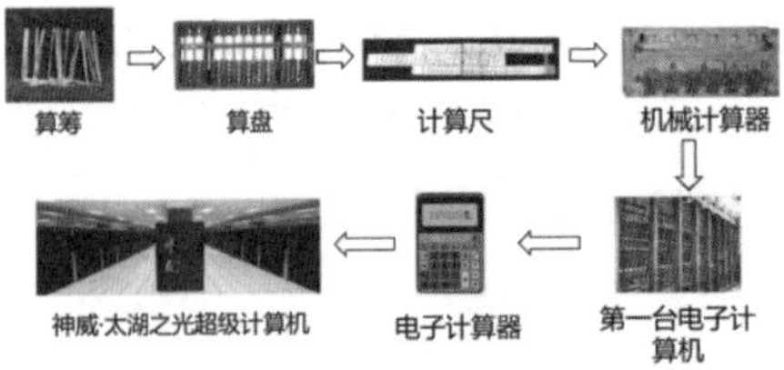


图8.1-5

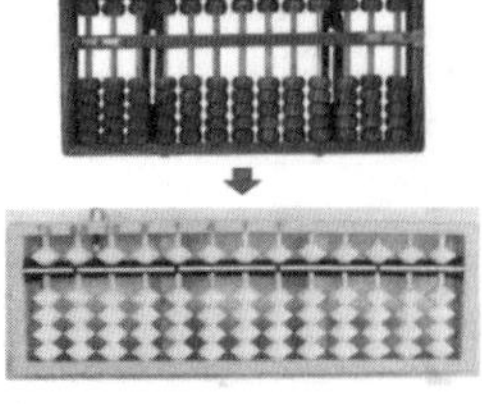

图8.1-6

图8.1-7

从上述编排中，我们体会到本单元的编排重点突出以下三个方面：首先，引导学生利用已有的学习基础与生活经验进行学习，对“万以内数的认识”的学习方法的迁移，建立新旧知识之间的联系；其次，教材提供丰富的素材，加强数学与现实生活间的联系，体会到大数的意义；最后，教材内容的编排突出了数学的文化特色。

## 二、重构——形成更具结构化的学习路径

对本单元的内容进行梳理，指出了它的三个特点。同时，我们也发现如果从结构化的视角审视它的特点，还可以重构本单元的学习路径，在保证知识点不变的情况下，我们进行了整合与重构，形成了用4个课时完成原来需要10个课时完成的新知识学习，具体如下表。

| 课时 | 课题 | 学习内容 |
|---|---|---|
| 1 | 大数的产生 | 数的产生；计数单位：千亿、百亿、十亿、亿、千万、百万、万；数级：个级、万级、亿级；数位顺序表；数位上没有零的“大数”的读法 |
| 2 | 大数的读法、改写与大小比较 | 按数级读数，特别学会其中0的读法；在大数的比较中概括出比较的方法；当个级、万级为零时，依据读法写成改写的形式。大小比较 |
| 3 | 大数的写法、求大数的近似数 | 按数级写数，了解近似数的含义，会求大数的近似数 |
| 4 | 认识计数工具，探究计算规律 | 了解各种计算工具的演变历史，认识计算器进行四则运算的基本流程，用计算器探究计算规律 |

### （一）经历大数的形成过程

在原来的单元编排中，把“大数”区分为“亿以内的数”和“亿以上的数”，这样可以分散大数认识的难点，但也降低了对“大数”的整体认识。把“数的产生”“十进制记数法”编排在“亿以内数的认识”与“亿以上数的认识”之间，使得“数的产生”不能够与“大数的产生”真正融合为一个整体。

从学生接触数学开始，就一直和数在打交道，当四年级学完大数的认识之后，小学阶段整数的学习即将落幕。那么数到底是怎么产生的？如图8.1-4，将教材中的图一幅幅呈现，通过讲故事的方式呈现数的由来，在这样的过程中，学生体会到用实物、结绳、刻痕等方式虽然能形象地记数，但是非常不方便，容易出错。于是，人们发明了能直接写下来的记数符号，但不同地区的数字不同，交流起来也不方便，最终人们发明了现在通用的阿拉伯数字，用于表示物体的个数。学生完整地经历了数字从记号到符号再到数码的发展过程，认识到用数码记数的优势。

为什么只有0～9这10个数字？当要记录更大的数时，还需要创造新的数字

吗？由此回顾万以内数的计数单位以及记数方法，体会只要不断地满十进一，就会产生更大的计数单位，从而意识到自然数的个数是无限的。

这样充分利用数的背景知识，既符合数产生的自然过程，又让学生体会到大数其实就是由较小的数逐渐增加产生的。

**（二）把大小比较、改写与求近似数融入数的读写**

本单元中“大数的大小比较”与“万以内数的大小比较”的方法相同，因此，可以在读出大数的基础上，让学生比较这些大数，在比较中概括出大数大小比较的方法，并且能利用“分级”的规律，学会读没有零的大数，能够依据万以内数的大小比较经验，学会利用数级比较大小。

大数的改写本质是单位转化，把以“一”为单位的数改成用“万”或“亿”作单位的数，改变了计数单位，并没有改变数的大小。大数的改写是为了读写更加方便，我们在读整万数或整亿数的时候，往往只读多少万或多少亿，万级和个级的“0”是不读出来的，这过程就是改变了数的计数单位，对数进行了一次改写。在读大数时发现可以把大数通过分级进行归纳出的读法，把读法写成数字实际上就是改写了，因此为了能更直观地让学生体会到大数改写的优势，将数的改写在读数环节进行教学，凸显改写能让数更简洁的优势。

求一个较大数的近似数，在“万以内数的认识”单元中已经有了一定的学习经验，认识到一个数的数位较多时，可以取接近于它的整百数或整千数，有利于记忆，也使得读数变得简单，只是当时并没有归纳出“四舍五入”法。

在生活中，有的时候不需要用准确数，用近似数就可以了，比如中国人口数约14亿，甲地到乙地大约相距18.75千米等，这些数都是一个接近准确的数，由此不难看出，“不准确”是大多数数的特征，而这些“不准确”数又是人们离不开的，他们往往是通过四舍五入的方法取近似数。

教材采用如图8.1-2的情景，张阿姨和李阿姨两个人一个月走路步数约是18万和22万，通过提问“这两个数是如何得到的”展开教学，这样体会近似数的优势并不明显。由此可以进行改编，将例题改编如图8.1-8，呈现一个准确数和一个近似数，更贴近生活实际，围绕“为什么可以说成18万”这个问题引导学生体会生活中近似数的价值，进而引出“还有哪些数也能说成近似18万”这个问题，一起探究如何用“四舍五入法”求近似数。

图8.1-8

### （三）学会先审题再选择计算工具的习惯

与前面三个课时相比，第四课时的学习内容与教学思路，基本采用教材的学习材料与编排思路。在了解计算工具的演变历史时，重在让学生体会到计算工具演变的趋势。其中算盘不单独进行介绍，而是引导学生算筹计数时与算盘的相同点——都采用了“五进制”，算筹是用改变算筹的方向实现“以一当五”，而算盘是用横梁上方的珠子实现以一当十，还有一个共同的地方是都采用空位或空档的方法表示相应数位上的数是0。但两者相比，算盘携带与运算都更加方便。

在学习用计算器进行四则运算时，教师出示相应的题组计算，特别要注意的是：在用计算器计算时，要先审题，如果直接口算或可以简便计算的就不用计算器，如（1）$5679\times123\times0$，（2）$103\times68+897\times68$，第（1）题由于第3个因数是0，可以直接得到结果是0；第（2）题可以利用乘法分配律进行简便计算，目的是着重培养学生先审题后计算的习惯。

总之，通过单元内容重新组合、补充内容与丰富策略等方式，使得本单元的学习更具有整体性，把本单元的学习与数的产生历史有效结合，在回溯数的产生过程中感知大数的形成过程。

## 三、实践——重走大数形成过程

通过梳理，发现教材编排的特点；经历反思，把教材内容重新编排整合；将“万以内数的认识”中的学习方法迁移到本单元的学习中去，加强知识之间的联系，形成完整的数的知识体系。这样的设计是否有效，目标能否达成，需要在实践中进行检验。

### （一）经历数的产生重走十进位值制

本单元学习之前，学生在学习20以内数的认识时，了解数的顺序、大小组成；学习100以内数的认识时，初步感知“满十进一”；学习万以内数的认识时，认识数位顺序表、计数单位，将学生所学的知识点进行回顾串联，逐步展开教学。

数是怎么产生的呢？通过讲故事的形式，呈现“数字”的形成过程，如图8.1-4；如何重走十进位值制记数法的形成过程呢？首先，通过数方块活动，回顾计数单位，感受满十进一；接着，解释4389这个数的意义，回溯记数方法；最后，通过创造更大的计数单位这个活动，进而完善整数部分的数位顺序表；在观察数位顺序表中习得数级的概念以及十进位值制计数法的含义。以数位顺序表为桥梁，解释43894389这个数的组成，对比4389和43894389的读法，明确先分级，以数级的概念进行解释与读数。

在数的产生中不断扩展整数的计数单位进而完善数位顺序表，重走十进位值制计数方法的形成过程,具体思路如图8.1-9。

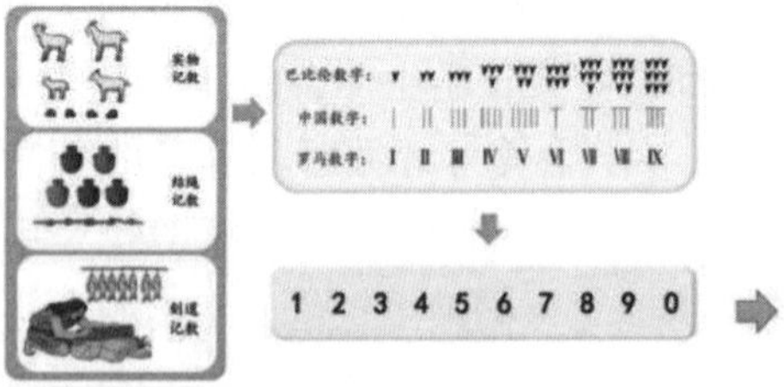


| 数级 | …… | 亿级 | | | | 万级 | | | | 个级 | | | |
|---|---|---|---|---|---|---|---|---|---|---|---|---|---|
| 数位 | …… | 千亿位 | 百亿位 | 十亿位 | 亿位 | 千万位 | 百万位 | 十万位 | 万位 | 千位 | 百位 | 十位 | 个位 |
| 计数单位 | …… | 千亿 | 百亿 | 十亿 | (一)亿 | 千万 | 百万 | 十万 | (一)万 | 千 | 百 | 十 | 个(一) |

图8.1-9

### (二) 迁移经验感受分级读写

人教版《数学》二年级下册"万以内数的认识"这个单元的学习,使学生在读数和写数方面都有了经验基础;在本单元的第一课时学习数位顺序表时,已经建立起"数级"的概念,需要创设合理情境,迁移学生已有经验进行学习。读法和写法,分成两个课时教学,读数与比大小和改写结合,写数与近似数结合进行教学。

1. 迁移学习经验,学习读数与比大小

出示根据课本第2页主题图进行改编后的图(图8.1-10),在读每个省份人口数时,明确分级在读数中的便利性,完善有关于"0"的读法,从而归纳出完整的读数方法:先分级,从最高级读起,读亿级或万级的数,要加"亿"字或"万"字;每级末尾不管有几个0,都是不读的;其他数位上有一个0或连续几个0,都只读一个"零"。

图8.1-10

接着通过多次不同省份人口数据的比较,总结出大数的比大小方法:先分级,一比——级数多、位数多的数就大,二比——位数相同时,从最高位比起。

2. 迁移读数方法,进行数的改写

对于像90000、1350000、4000000等这样的数,在读数时会发现个级的4个0都不读,思考是否有更加简洁的表达方式呢?由此进行大数的改写教学,去掉个级4个0,改写成"万"字,借此进行延伸:末尾有0的还有不同的情况吗?省略万级和个级的8个0,可以改写成用"亿"作单位的数。

3. 迁移写数方法,学习数的近似

出示:四万零九十、三百零二万六千、七千零三亿零二十万、五千零四亿零七百万零三十这四个数，自主写数，交流反馈的过程中，不断归纳和完善写数的方法：先分级，从高位写起，哪一个数位上一个单位也没有，就在那个数位上写“0”。

近似数在日常生活中的使用率极高，如何让学生体会到近似数的意义？怎么求得一个数的近似数呢？可以出示课本例7的改编图（图8.1-8）：以“为什么李阿姨把走路步数说成近似数”这个问题，让学生体会近似数在日常生活中的应用与价值。再围绕“张阿姨的手机上显示多少步时，也可以说大约走了十八万步”这一问题展开教学。借助数轴，找到比18万大的180001～184999的数以及比18万小的175000～179999的数；观察讨论得到精确到万位是由千位上的数字决定的，介绍“四舍五入”的方法。最后在数轴上形成如图8.1-11，直观呈现近似数是一条线段，表示一个范围，准确数是一个点，表示一个数。

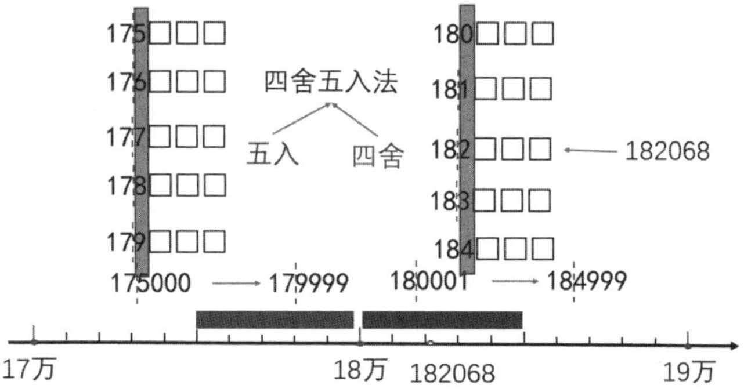


图8.1-11

小学阶段三种求近似数的方法分别是：“进一法”“去尾法”和“四舍五入法”，可以出示相应题组，体会求近似数要根据实际问题灵活选择。

两个课时均采用对教材的情景进行适当的改编，利用生活中的各种真实的数据进行教学。借助“万以内数的认知”中的知识基础和学习经验，运用迁移的方法学习“万以上数的认识”，在真实情境中体会大数的意义。

**（三）合理选择计算工具**

本单元中的“认识计算工具”以及“用计算器探究规律”是一个相对独立的学习内容。在大数据时代，学生知道很多现代计算工具，那么古代的计算工具是什么样子的呢？计算工具的演变进程又是怎样的呢？通过播放视频，了解计算工具的演变历史，体会计算工具的不断优化过程。出示数602的算筹表示方法和算盘表示方法，找到两者的相同点，体会传承性。再通过自学，认识计算器，并且能用计算器计算简单的四则运算。

如何利用好计算器去探究数学规律呢？教师出示题组，请学生用计算器计算，找一找其中的规律。通过交流，学生得到了如图8.1-12左边的规律。教师接着追问:为什么有这样的规律呢?引导学生发现列竖式能直观感知其中的规律,如图8.1-12右边的部分,再利用规律直接写出“9999×5至9999×9”这些算式的积。

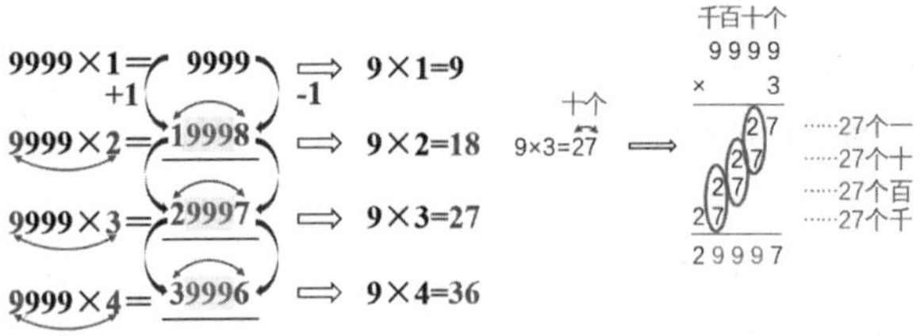


图8.1-12

①6908×37=

②222222222÷9×8×0=

③1+2+3+4+5+95+96+97+98+99=

④333×3÷999=

图8.1-13

计算器的使用,一定能使计算更加快捷吗?教师出示题组(图8.1-13),请选择合适的方法计算下面各题,定时1分钟,目的在于让学生意识到计算器不是万能的,培养学生先审题再计算的习惯以及灵活选择计算方法的能力。

通过实践,在数的产生历史中不断回顾和创造计数单位,完善了数位顺序表;在真实的情境中去学习大数的读写法,理解大数的改写和求近似数的实际意义;在计算工具的演变历史中体会计算器的便捷以及局限性,这样的编排结构,更符合学生已有的学习基础和实际经验,更具有挑战性,新旧知识之间的联系更为密切。

总之,在本单元的教学中,把原来10个课时的新知学习,整合成了4个课时完成。不仅仅是为了提高课堂教学效率,而是为了更好地体现知识之间的内在联系。首先是新旧知识之间的联系,无论是数的产生、计数单位、数位顺序表、数的大小比较、数的读写、计算工具的认识,等等,在之前的数的认识中都有了一定的学习基础,充分利用这样的学习基础,让新知不新,用旧有的活动经验解决新的问题。其次是新知识之间的内在联系,把“亿以内数的认识”“亿以上数的认识”“自然数”“计算工具与用计算器探究规律”这四个板块看成一个整体,以“数的产生与应用”为主线组织教学,在回溯数的产生的过程中建立自然数的结构。

# 第二节
## “十进位值制”教学实践

对于四年级学生而言，除了已经学习的万以内的数之外，在日常生活中还学到了比一万更大的数。因此，在教学中如何引导学生在回溯已学的计数单位的基础上，进一步思考，还有更大的计数单位吗？如何依据计数单位的编排规律概括出数级？如何依据数级，把大数用数级的单位说明大数的组成？带着这样的思考，我们进行了教学实践。

### 一、回溯数的产生，回忆数的认识

对于数的产生的回溯，经历数字与十进位值制记数法两个方面。通过对“数字”的回溯，让学生认识到数的认识需要经历由形象到抽象的过程。

#### （一）讲故事，回溯数码产生

教师提出问题：数是怎样产生的？通过联系学生的生活经验，引出数的产生是由于生产劳动的需要。此时，教师用讲故事的形式，呈现“数字”的发展历程：先出示用实物、结绳、刻痕等方式记数，再出示用符号记数，最后出示用阿拉伯数字记数（图8.2-1）。

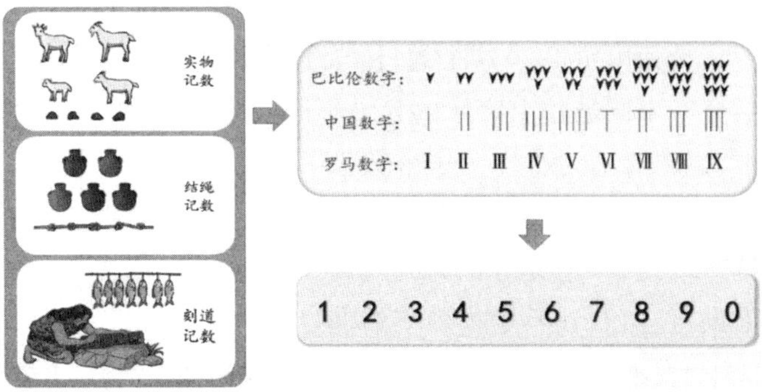


图8.2-1

在这样的过程中，学生体会到用实物、结绳、刻痕等方式虽然能形象地记数，但是非常不方便，容易出错。于是，人们发明了能直接写下来的记数符号，但不同地区的符号不同，交流起来也不方便，最终人们发明了现在通用的阿拉伯数字，用于表示物体的个数。

学生初步了解了数字由记号演进至符号，进而发展为数码的演变过程，感受到数码计数的优越性，为后续大数的学习奠定了坚实的基础。

**（二）数方块，回溯计数单位**

为什么人们没有发明更多的数字呢？课中，教师提问：如果要记录更大的数，还要创造新的数字吗？通过数小方块，学生先一个一个地数，数到十；再一十一十地数，数到百……在这个过程中，学生感受“满十进一”，要表示大数不需要增加新的数字，只需要把数字放在不同的数位上即可（图 8.2–2）。

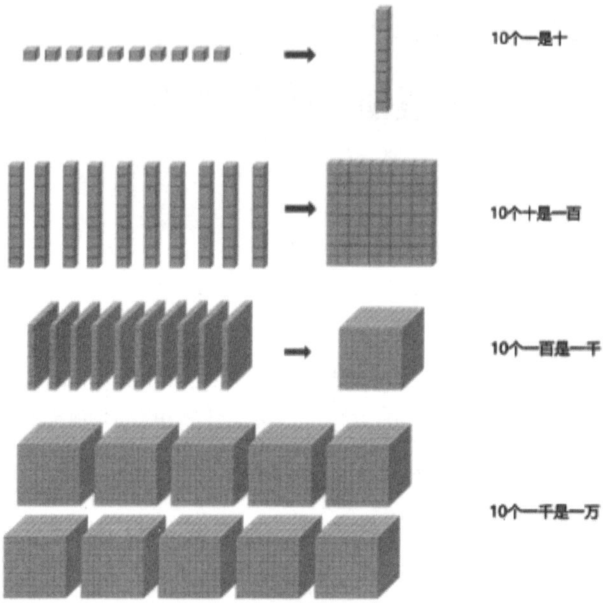

图8.2–2

通过重新回溯已学的计数单位个（一）、十、百、千、万，以及他们所在的数位，在潜移默化中，学生体会到计数单位之间的关系，为接下来“创造”更大的计数单位埋下伏笔。

**（三）讲运用，回溯记数方法**

教师出示4839这个数，让学生说出每个数字表示的含义，并提出问题：为什么数字在不同数位上表示的含义不同？此过程，让学生进一步明确了在不同的数位上，计数单位不同，在哪个数位上，就表示几个相应的计数单位。以此，学生充分认识到可以借助“位值”，在不增加数字的前提下，表示更大的数（图 8.2–3）。

| 数位 | …… | 万位 | 千位 | 百位 | 十位 | 个位 |
|---|---|---|---|---|---|---|
| 计数单位 | …… | 万 | 千 | 百 | 十 | 个（一） |
| | | | 4 | 8 | 3 | 9 |

**4839是4个千，8个百，3个十，9个一组成的。**

图8.2–3

本环节学生在实际操作中

体会到大数其实就是在原来的基础上产生的。在“说”的过程中,学生不仅回顾了记数方法,更深刻理解了“位值”的知识。

## 二、拓展记数范畴,创造新的单位

对于比“万”更大的计数单位,学生已经有了丰富的生活经验,因此,可以让学生在教师的引导下,先说出比万更大的计数单位,再进一步分析创造这些计数单位的方法,进而学习数级的概念。

### (一)再数数,创造新的单位

学生在观察已有的数位顺序表的基础上,教师提问:还有更大的计数单位吗?学生在生活中早已经接触到比万更大的数,因而很自然地说出了更大的计数单位:十万、百万、千万、亿、十亿、百亿、千亿……以及对应数位的名称。

在这个过程中,学生通过迁移已有的知识经验,说出了这些新的计数单位之间的关系:10个一万是十万,10个十万是一百万……不仅“创造”了新的计数单位,还明确了相邻计数单位之间的关系都是“满十进一”,为后续总结“十进位值制”做铺垫。

### (二)找规律,引入数级概念

学生再次观察新的数位顺序表,通过从右往左有序地读一读计数单位,体会它们的变化,寻找规律。学生发现计数单位“十、百、千”重复出现这一规律。此时再次提问:计数单位“一”有没有重复出现?学生通过思考、教师引导,发现“一”其实也在重复出现,只不过为了简洁而省略了(图8.2-4)。

| 数位 | …… | 千亿位 | 百亿位 | 十亿位 | 亿位 | 千万位 | 百万位 | 十万位 | 万位 | 千位 | 百位 | 十位 | 个位 |
|---|---|---|---|---|---|---|---|---|---|---|---|---|---|
| 计数单位 | …… | 千亿 | 百亿 | 十亿 | (一)亿 | 千万 | 百万 | 十万 | (一)万 | 千 | 百 | 十 | 个(一) |

图8.2-4

有了这样的发现后,教师紧接着提问:这些计数单位可以分一分类吗?学生自然地就将这些计数单位以四位为一类,分成了三类。最后师生总结:按照我国的计数习惯,从右边起,每四个数位是一级,依次是个级、万级、亿级……

通过这样的探索学习,学生在寻找计数单位变化规律的过程中,顺势就发现并掌握了我国的计数习惯,习得了数级的概念,为接下来更好地读数、写数,做好了充分的准备。

### （三）看数表，归纳十进位值

通过第三次观察新的数位顺序表，教师提问：这些计数单位之间会有什么关系？学生结合旧知与新知，联想到了“满十进一”，即相邻两个计数单位之间的进率是十。此时，教师顺势进行归纳十进制记数法的含义（图8.2-5）。

| 数级 | …… | 亿级 | | | | 万级 | | | | 个级 | | | |
|---|---|---|---|---|---|---|---|---|---|---|---|---|---|
| 数位 | …… | 千亿位 | 百亿位 | 十亿位 | 亿位 | 千万位 | 百万位 | 十万位 | 万位 | 千位 | 百位 | 十位 | 个位 |
| 计数单位 | …… | 千亿 | 百亿 | 十亿 | （一）亿 | 千万 | 百万 | 十万 | （一）万 | 千 | 百 | 十 | 个（一） |

×10 ×10 ×10 ×10 ×10 ×10 ×10 ×10 ×10 ×10 ×10

图8.2-5

学生通过回溯旧知，构建新知，在观察、思考、表达的过程中，进一步掌握了“位值”的概念，对十进位值制记数法有了深刻的认识。

## 三、分层组织练习，加深数的认识

对于大数的认识，学生可以通过迁移已有的万以内数的认识，结合分层练习，让学生进一步认识大数的组成以及读写方法，进而让学生对有关数的知识结构更加完善，对数的理解更加深刻。

### （一）用数表，解释数的组成

教师出示大数48394839，学生借助数位顺序表，说出它的组成。由于学生是通过迁移来进行思考，因而大部分学生是按照数位来说明数的组成。此时联系新知数级，教师提问：今天我们还学习了数级，你能用不同的方法来说明这个数的组成吗？于是学生就有了新的尝试，出现了48394839是由4839个万和4839个一组成，这样的说明方式（图8.2-6）。

此时，教师提醒：要用这样的方式来说明数的组成，我们第一步需要做什么？学生自然就想到要先分级，再说组成，为接下来大数的读写提供了依据。

通过整合“亿以内数的认识”和“亿以上数的认识”这两部分的内容，让学生完整经历从形象到抽象地认识数的过程。再结合已有的知识和生活经验，“创造”新的计数单位，探寻它们之间存在的关系及规律，深入了解十进位值制的含义，引出数级的概念。在感受数字神奇魅力的过程中，进一步完善有关数的知识结构。

| 数级 | …… | 亿级 | | | | 万级 | | | | 个级 | | | |
|---|---|---|---|---|---|---|---|---|---|---|---|---|---|
| 数位 | …… | 千亿位 | 百亿位 | 十亿位 | 亿位 | 千万位 | 百万位 | 十万位 | 万位 | 千位 | 百位 | 十位 | 个位 |
| 计数单位 | …… | 千亿 | 百亿 | 十亿 | (一)亿 | 千万 | 百万 | 十万 | (一)万 | 千 | 百 | 十 | 个(一) |
| | | | | | | 4 | 8 | 3 | 9 | 4 | 8 | 3 | 9 |

**48394839是由4个千万，8个百万，3个十万，9个万，4个千，8个百，3个十和9个一组成的。**

**是由4839个万和4839个一组成的。**

图8.2-6

**（二）用数表，归纳数的读法**

大数的读法，学生可以从原有的知识中迁移而来。先让学生回顾4839的读法，再来尝试读48394839这个数。通过比较4839和48394839的读法，学生发现万级的读法和个级的读法是一致的，只是多了个“万”字。学生进行经验分享，加强“先分级”这一步骤。教师追问：要快速读出一个大数，首先要完成的步骤是什么？

利用这样的方式，学生养成了先分级再读数这一新的读数习惯，不仅提高了读数的效率，也进一步应用了数级这一知识，体会到大数与万以内的数在读法上的联系与不同。最后师生共同对大数的读法进行总结归纳，完善读数的方法，也为下一课时的教学做好铺垫。

**（三）用算盘，综合数的认识**

算盘是我国古代的计算工具，是在算筹的基础上演变而来的。在人教版《数学》二年级下册“万以内数的认识”单元中，学生已经学习了算盘的基础知识，知道了算盘中一颗上珠表示5，一颗下珠表示1等基础知识。

出示算盘（图8.2-7），让学生写一写算盘上的数，再读一读，说一说组成，综合应用本课时学习的内容。让学生在感受我国古代劳动人民伟大发明的过程中，进一步加深大数相关知识的认识，熟练掌握大数的组成和基础的读法、写法。

图8.2-7

总之，把前后有联系的数学知识看成一个整体进行教学，更有利于形成完整的知识结构。把本单元中的“亿以内数的认识”与“亿以上数的认识”整合到一起，更有利于学生发现计数单位四位一级的循环规律，更有利于学生体会到用数级概括数的组成的优越性，用数级进行读数与写数的简捷性（图 8.2–8）。

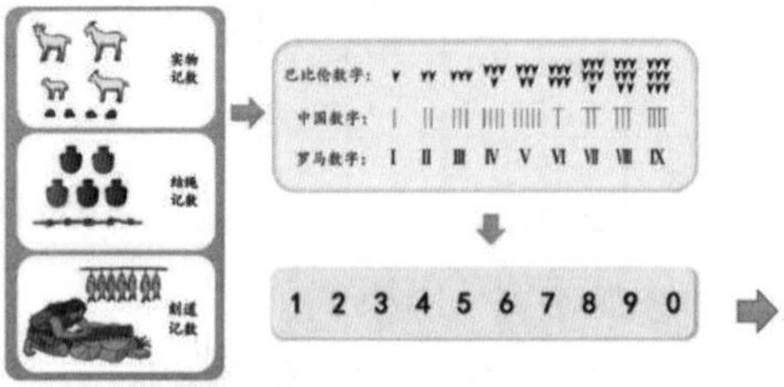


| 数级 | …… | 亿级 | | | | 万级 | | | | 个级 | | | |
|---|---|---|---|---|---|---|---|---|---|---|---|---|---|
| 数位 | …… | 千亿位 | 百亿位 | 十亿位 | 亿位 | 千万位 | 百万位 | 十万位 | 万位 | 千位 | 百位 | 十位 | 个位 |
| 计数单位 | …… | 千亿 | 百亿 | 十亿 | （一）亿 | 千万 | 百万 | 十万 | （一）万 | 千 | 百 | 十 | 个（一） |

图8.2–8

# 第三节
## “大数的读法、大小比较和改写”教学实践

本课时的学习内容包括“大数的读法”“大数的大小比较”“大数的改写”这三个部分，后两个部分内容是以“大数的读法”为基础，利用已有的学习基础和活动经验展开教学。“大数的读法”是建立在“万以内数的读法”的基础上，在上一课时中也已经初步感知了按数级读数的方法，因此本节课中的读数，重点是完善数中间或末尾有0的读法。“大数的大小比较”建立在“万以内数的大小比较”的基础上，除了运用原有的经验比较外，还依据迁移读大数的经验，提炼出采用对应数级比较大小的方法。“大数的改写”则可以依据个级为零或个级、万级末尾都是零的读法进行改写。

### 一、迁移学习经验，完善数学认识

四年级的学生在人教版《数学》二年级下册学习过“万以内数的读法”，已经有了读数基础，并且本单元第一课时已学习了大数的读法。因此本课时重在迁移经验，完善关于有0的数的读法，进而根据读法迁移大数比较和改写。

图8.3-1

#### （一）迁移经验，完善读法

教师出示情境问题：这是第七次全国人口普查其中五个省份的人口数量（如图8.3-1），你会读吗？浙江的人口数是

多少?

请学生读一读:六千四百五十六万七千五百八十八。教师追问:你是怎么读的?学生回答:先分级,从万级读起,万级的数,要按照个级的数的读法来读,再在后面加上一个“万”字。

通过上一课时的学习,学生已经明白了分级的重要性,分级后再按数级读。教师继续问:西藏的人口数怎么读?宁夏呢?学生说要先分级,读作三百六十四万八千一百。这个数后面有两个0,为什么读的时候一个0都没有读出来?根据万以内数的读法迁移,学生交流后认为末尾的0都是不读的。在交流中教师总结:万级和个级的末尾不管有几个0,都不读。

教师引导学生继续读数:天津和山东呢?学生先用虚线分级,读出天津的人口数是一千三百八十六万六千零九,山东的人口数是一亿零一百五十二万七千四百五十三。教师引导学生观察这两个数的读法有什么相同点和不同点。相同点都是先分级后读数,且0不在每级末尾,而是其他数位上有一个0或连续几个0,都只读一个“零”。不同点是山东的是从亿级开始读的。

通过读数,一步步完善大数的读法:先分级,从最高级读起,读亿级或万级的数,要加“亿”字或“万”字。本课时特别完善了有0的情况,每级末尾不管有几个0,都不读;其他数位上有一个0或连续几个0,都只读一个“零”。教师特别强调让学生归纳“其他数位”包括每级的开头数位和每级的中间数位。

**(二)观察信息,提出问题**

根据以上环节教学,学生巩固并完善了大数的读法。继续展示人口图,向学生提问:根据这些数据,你想提什么问题?

通过思考,学生会提出求和的问题——“天津和山东的人口一共是多少?”教师对学生的回答予以肯定,求两个大数相加的和。学生还会提出“山东比天津多多少人”,这是一个求相差量的问题。那么怎么求相差量呢?看来得先比较这两个数的大小,继而引出本课时的第二个知识点——大数的大小比较。

**(三)迁移策略,比较大小**

通过学生的问题引入,山东与宁夏的人口数如何比较大小?迁移万以内数比较大小的经验,学生会回答山东人口数比天津的多,因为九位数大于七位数,位数多的数就大。教师追问:你们都是这么判断的吗?还有更快的判断方式吗?思考后,学生发现九位数有三个数级,七位数只有两个数级。我们还可以比较数级,山东人口数最高位在亿级,宁夏人口数最高级是万级,级数越多数位就多,这个数就大。

请同学们再任意选两个地方的人口数,比较它们的大小。学生比较宁夏和西藏的人口数,它们都是七位数,宁夏的人口数量大于西藏的人口数,因为位数相同的,从高位比起,最高位上数大的就大,最高位上数相同的就比下一位。

教师总结:大数的大小比较与人教版《数学》二年级下册万以内数的大小比较方法一样,一比——级数多、位数多的数就大,二比——位数相同时,从最高位比起。形成图8.3-2的板书。

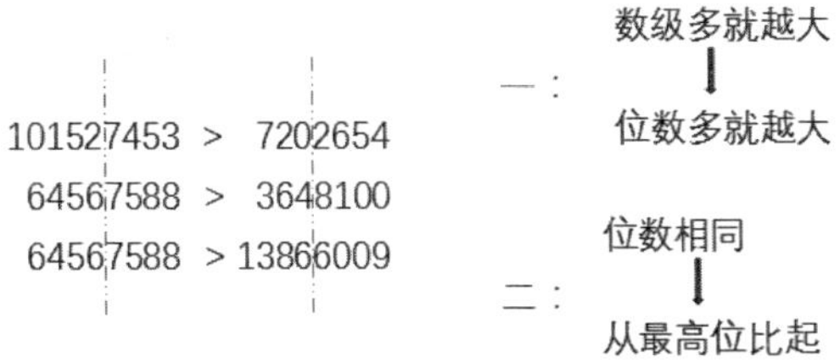


图8.3-2

本课时是以"万以内数的读法、万以内数的大小比较"为基础,在对人教版教材进行分析和二次加工的基础上,整合了三课时的学习内容,进一步完善数中间或末尾有0的读法。根据大数读法迁移,大数的大小比较可采用对应数级比较大小。

## 二、反思读数过程,进行数的改写

### (一) 读出信息,感受特征

出示数组:90000、1350000、4000000。请同学们观察这三个数,这些数有什么特征?学生发现个级都有4个0。再请同学们读一读。学生分别读出九万、一百三十五万、四百万。这时教师引导学生发现:在读的时候,个级的4个0都是不读的。

学生在读数的时候发现个级的4个0可以省略不读,改用万字代替,这实际上就是改写的本质,改变计数单位却不改变数的大小。

### (二) 依据读法,归纳改写

教师适时追问:既然在读的时候个级的4个0都不读,试想我们是否可以在改写这些大数的时候省略个级,一百三十五万改写成135可以吗?在对比分析中,学生发现135表示135个一,而1350000表示1350000个一,大小发生了改变。继而,教师说明为了不改变数的大小,个级的4个0我们可以不写,改写成"万"字,这样就能更方便地表达大数。学生尝试,将90000改写成9万,4000000改写成400万,如图8.3-3。

135 0000 = 135万
9 0000 = 9万
400 0000 = 400万

图8.3-3

教师引导学生发现大数改写的技巧:先分级,去掉个级的4个0,改写成"万"字。教师小结:都是省略了个级改写成"万"作单位的数,改变计数单位,但大小不变。

### (三) 自构大数,同桌互做

刚才我们已经学习了改写成"万"为单位的数,末尾有0的还有不同的情况吗?学生学习单上自构大数改写,教师巡视。学生板演:100000000=1亿。教师肯定,改写成亿作单位的数,需要去掉两个数级,也就是去掉8个0,并提出疑问:这个数还有不同的改写方法吗?学生思考后回答10000万(图8.3-4)。

1 0000 0000 = 1亿
= 10000万

745 0000 0000 = 745亿
= 7450000万

图8.3-4

教师小结：去掉个级的4个0，添上“万”字，就改成用“万”做单位的数；去掉个级和万级的8个0，添上“亿”字，就改写成“亿”作单位的数。

## 三、分层组织练习，加深数的认识

本课时的巩固与拓展安排了“改一改”“比一比”“读一读”三个环节，结合“大数的读法、大小比较与改写”再一次进行拓展练习，并在最后环节中向学生介绍算筹知识。

### （一）改一改，理解数的含义

出示信息：第31届世界大学生夏季运动会在四川成都圆满结束，下面我们通过一组数据来了解一下成都大运会。本次成都大运会比赛项目设18个大项、269个小项，预计本次大运会投资将近200亿元。本次大运会中国代表团由700余人组成。此外，本届大运会筹办以来，全市青年志愿者注册数量从670000增至1390000。

教师提问：上面有可以改写的数吗？你会怎么改写？学生阅读文字信息，并发现670000可以改写成67万，1390000可以改写成139万。有已经改写好的数吗？你能还原吗？学生发现200亿可以还原改写成20000000000。

通过文本阅读，同学们发现根据数据的特点，可以进行大数的改写和还原，改写后数的表达更简捷。

### （二）比一比，理解数的组成

继续呈现一开始的第七次全国人口普查其中五个省份的人口数量，教师指出刚才同学们选了任意两个省份的人口数进行比较，你能把五个省的人口数量从大到小进行比较吗？如图8.3-1。教师巡视。

完成后，学生总结回答：山东人口数最多，因为它有三个数级，所以放在第一，浙江第二，它和天津有八位数，浙江人口数的最高位数字大，第三就是天津，再比较宁夏和西藏，都是七位数，但是最高位宁夏是“7”，所以宁夏人口数量大于西藏。

通过本环节的教学，教师总结，观察数据的数级、位数特征，能快速比较数的大小。

### （三）读一读，丰富数的表征

回顾第一课时说到的阿拉伯数字之前就有了中国的算筹，早在三千多年前，我们祖先用算筹来记数。教师提问：你能看懂这些用算筹表示的数吗？学生回答：3245和31322。如图8.3-5。这些数在表示时有什么特点？有纵式的也有横式的。是的，古代的算筹有纵横两种形式。

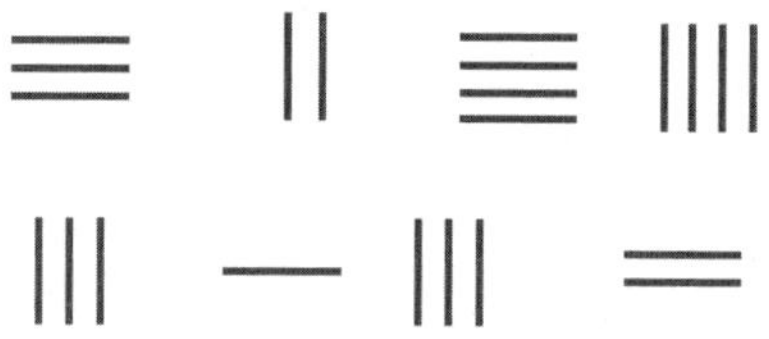

图8.3-5

教师引导继续发现，算筹表示数是纵横相间的。这是为什么？教师小结：为了分清读数，采用纵横相间的方式，并且规定了右边第一位是纵式，那么第二位就是横式，第三位就是纵式，第四位就是横式，依此类推。

通过1～5的教学，教师引导学生思考：1～5是这么表示的，6、7、8、9呢？用6根小棒、7根小棒、8根小棒、9根小棒？再出示图8.3-6，学生恍然大悟：纵式中，满五根纵棒就替换成一根横棒；横式中，满五根横棒就替换成一根纵棒。算筹表示5的棒都在上面，这样以一当五的方法，让你想到了哪种记数工具？学生自然联想到算盘，算盘中的一颗上珠表示5。

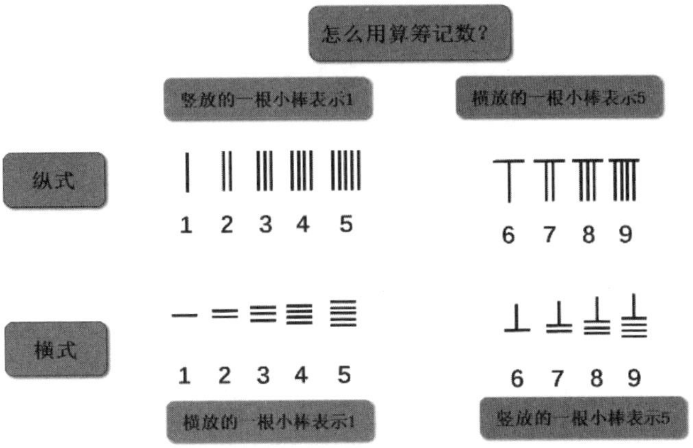


图8.3-6

教师提问：那么0呢？学生回答：空出来！教师提问：谁来读一读这个数（图8.3-7）学生读306。教师继续追问：那么这个数呢（图8.3-8）？学生会说107。但通过辨析，学生发现这里的7是横式，不能作为个位，说明这个7是十位，1也是横式，说明是千位，这个数是1070。

图8.3-7

图8.3-8

通过算筹的了解，明白随着记数方式的改进，算盘就出现了，再后来阿拉伯数字更是给人们记数提供了方便。在计数工具的历史学习中重温数的形成过程。

同一个单元中不同的知识点之间往往是有联系的。在教学中，我们要寻找这一种联系，再利用同样的学习材料，或者通过学习材料的变式，在不断地深入研究的过程中，学习数学新知，优化数学表达，形成数学认知结构。

# 第四节
## “大数的写法和近似数”教学实践

上一课时中结合数的读法，学习了数的改写和大小比较。本课时中要结合数的写法，学习用“四舍五入法”把大数改写成用“万”或“亿”为单位的近似数。那么，如何创设情境，让学生结合现实情境判断准确数与近似数？如何让学生在讨论“求一个大数的近似数”的过程中经历“四舍五入法”的规定过程？如何依据实际需要，合理地取一个数的近似数？带着这样的思考，我们进行了教学实践。

### 一、迁移学习经验，归纳数的写法

本环节学习的是“大数的写法”，是学生学习了大数的认识和大数的读法后开展的教学内容。教学时可以请学生依据信息，自主写数，在讨论交流中归纳出亿以内数的写法。再依据此方法，运用知识迁移类推出亿以上数的写法，重点突破中间或末尾有0的数的写法。

#### （一）依据信息，自主写数

课始，教师出示信息：北京大钟寺的永乐大钟内外共铸了二十三万零一百八十四个字，如图8.4-1。教师提出问题：你能写出这个数吗？学生阅读后自主在学习单上写数。教师巡视，收集典型作业：（1）读法、写法上都用虚线分级，正确写数，（2）读法或写法上用虚线分级，正确写数，（3）读法、写法上都没有用虚线分级。

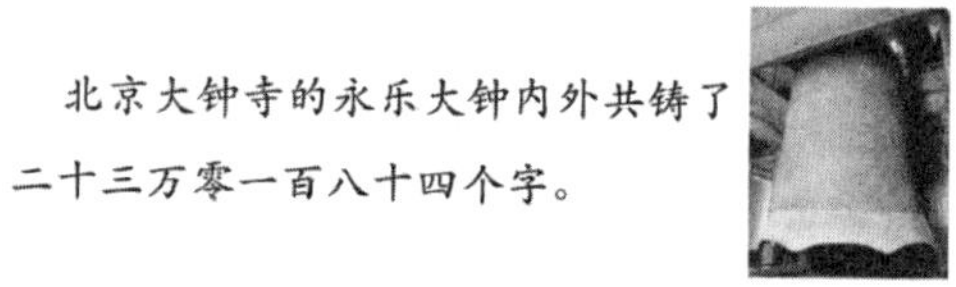


图8.4-1

### (二) 反馈评析,归纳方法

教师呈现学生读法、写法都用虚线分级且正确写数的作业,请学生说一说自己的想法。在学生汇报后教师适时追问:为什么千位上写零?为什么在读数、写数时都画了虚线?根据学生的汇报归纳出写数方法:用虚线分级,先写万级、再写个级,哪个数位上一个单位也没有,就在那个数位上写零。

### (三) 依据方法,熟练写数

回顾写数的过程,归纳写数的方法后,教师及时布置巩固拓展练习,引导学生自觉迁移"亿以内数的写法"的学习经验,类推"亿以上数的写法",并且重点突破数位上有零的大数的写法。

教师出示如图8.4-2的数,学生自主写数。前两个数重点处理"哪个数位上一个单位也没有就在那个数位上写零"的方法,后两个数重点处理与前两个数的比较。引导学生发现后两个数有亿级,从而完善大数的写法规则:从最高级写起,一级一级地写哪个数位上一个单位也没有,就在那个数位上写零。

十八万二千零六十八
四万零九十
七千零三亿零二十万
五千零四亿零七百万零三十

图8.4-2

教学大数的写法时要紧紧抓住数的分级,引导学生探索数的写法,注重培养学生"先看级再看位,从高位起,一级一级地写"的习惯。

## 二、依据现实需要,进行数的近似

在计数和计算过程中,有时能得到与实际完全相符的数,这样的数叫准确数。如四(1)班有42名学生,青菜单价是3.6元/千克,买2千克需要7.2元。但在生产、生活和计算中得到的某些数,常常只是接近于准确数,这种数叫近似数。如某省人口约6500万,半径3厘米的圆周长约18.84厘米。另外,我们在测定物体的长度、质量、数量时,由于测量工具的限制,必然会产生误差,所得的结果都是近似数,如某人身高170厘米、短跑成绩是9秒等。那么,如何引导学生体会到近似数的价值呢?

### (一) 创设情境,判断准确数与近似数

教师借助教材情境,适当改编,引导学生在真实的情境中感受准确数与近似数的区别,引导学生在"求一个大数的近似数"的过程中经历"四舍五入法"的规定过程,体会"四舍五入法"的合理性,会正确求一个数的近似数。

教师课件出示"张阿姨看着手机读出'我本月走了十八万两千零六十八步',李阿姨却说'你本月大约走了十八万步'"的情境,如图8.4-3。请学生说一说为什么同一个信息有两种不同的说法。教师组织学生感受准确数与近似数的差异。

学生围绕准确数与近似数的差异展开讨论,教师及时追问为什么李阿姨把走

路步数说成近似数，学生在生生、师生交流中感受近似数的价值。

图8.4-3

实际上，近似数的产生往往是为了人们交流表达的方便。十八万二千零六十八步对于听众来说是很难准确复述，所以为了交流方便，李阿姨说“你本月走了大约十八万步”。因而，当生活中很难或者不需要用准确数表达时，往往使用近似数。

**（二）列举例子，对应准确数与近似数**

教师提问：张阿姨的手机上显示多少步时，也可以说大约走了十八万步？学生结合数轴找出哪些数大约也是18万。在此过程中，教师不仅要引导学生寻找近似于18万的数，更要在求近似数的过程中注重说理，深刻感悟近似数的内涵。

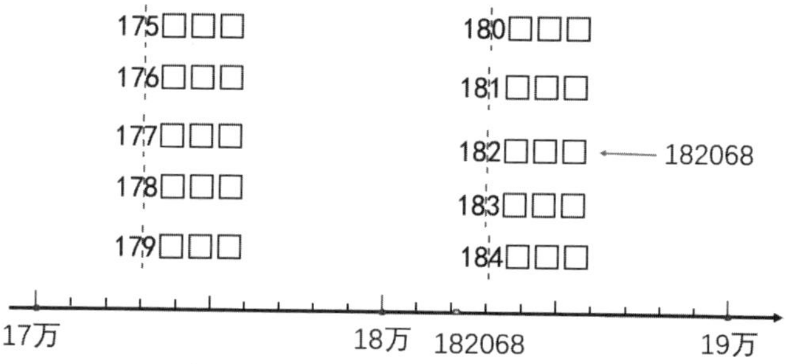

图8.4-4

教师组织学生思考张阿姨的手机上显示多少步时，也可以说大约走了十八万步。学生结合数轴先独立思考再汇报交流，教师则负责记录，如图8.4-4。根据课堂教学实践，学生首先会想到180001最接近18万，再想到182000，183000等小于185000的数，能够找到接近18万的整数，最大的是184999。教师进一步追问：除了比18万大的数，还有吗？当手机上显示的数还没到18万时，可以说成大约是18万吗？学生想到179000、178000等大于175000的数。

围绕“张阿姨的手机上显示多少步时，也可以说大约走了十八万步”这一核心问题，学生对近似数的认识，实际上是从对一个数的理解跨越到对一个区间范围的理解。从在数轴上表示数的角度来看，准确数表示一个精确的点，而近似数表示的是一个区间的范围。

教师提问这些数中有没有较为特殊的？学生立即注意到了180000、175000这两个数。教师组织学生辨析180000是否是大约十八万，答案是显而易见的，180000正好是十八万，也就是进行了改写，记作180000＝18万。这里也让学生体会到改写和近似数的区别。175000较为特殊的原因在于它正好在17万与18万的中间，是一个“不偏不倚”的数。教师作出解释，在数学上统一规定，175000≈18万，

185000≈19万，引导学生感悟数学的和谐之美。

**（三）组织思辨，归纳“四舍五入”法**

接着请学生仔细观察这些数，它们大小不同，都大约18万，是哪个数位决定的。学生在举例验证中，发现把一个数精确到万位是由千位决定的。当千位上的数字小于5时，万后面的尾数就舍去，改写成0；当千位上的数字大于等于5时，向前一位进1，再把万后面的尾数舍去，改写成0。归纳出四舍五入的方法，如图8.4-5。

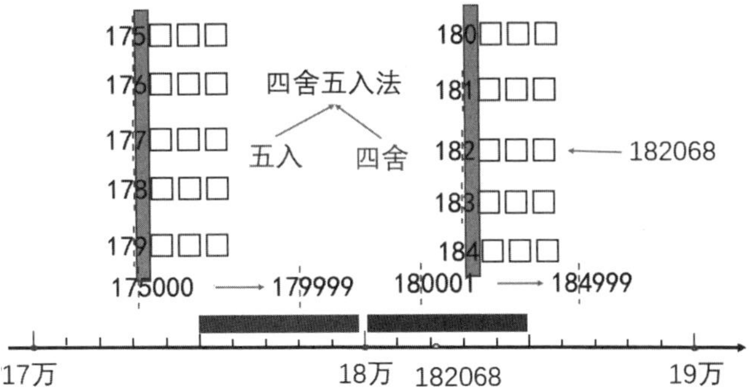


图8.4-5

以上过程，学生在讨论求一个大数的近似数的过程中经历了“四舍五入”法的规定过程，体会了“四舍”“五入”的合理性，感受了几何直观的作用，进一步发展了数感。

## 三、题组比较，感受多元取整

在掌握了用“四舍五入法”求近似数后，可以结合题组，与“改写”“单位换算”和“进一法”“去尾法”进行比较，从而引导学生感受“四舍五入法”只是取整的方法之一。

**（一）改写与近似数的比较**

“改写”和“求近似数”有相同的地方，都是用“万”或“亿”作单位，但是和原数的关系不同。教师出示如下的题组，让学生感受到两者的联系与区别。

下面两个式子的左边部分是由九张数字卡片组成的九位数。只要知道<u>哪些卡片上的数</u>，就可以使式子成立？在这些卡片上写上合适的数字。

（1）□□□□□□□□□＝9亿　　（2）□□□□□□□□□≈10亿

先请学生独立完成后校对，再比一比这两题有什么联系与区别。学生发现第（1）题改写与原来的数相等，求近似数则要看省略尾数的最高位进行“四舍五入”。

**（二）取近似数与单位换算的比较**

“四舍五入法”求近似数与“单位换算”求近似数有相同的地方，都需要把原数进行单位的变化，但前者是计数单位的变化，后者是计量单位的变化。教师出示如下的题组。

按要求写出近似数。

（1）698115≈(　　)万　　　　（2）698115平方厘米≈(　　)平方米

请学生独立完成，说一说各用怎样的方法求近似数。结合数位顺序表，发现数位顺序表中的“个位”与“万位”，对应于计量单位的“平方厘米”和“平方米”（如图8.4-6），从而感受到两者的对应关系。

| 数位 | …… | 万位 | 千位 | 百位 | 十位 | 个位 |
|---|---|---|---|---|---|---|
| 计数单位 | …… | 万 | 千 | 百 | 十 | 个 |
| 面积单位 | …… | $m^2$ |  | $dm^2$ |  | $cm^2$ |

图8.4-6

### （三）“四舍五入法”与“进一法”“去尾法”的比较

近似数是指与准确数相近的一个数，除了用“四舍五入法”求近似数外，还有“进一法”和“去尾法”求近似数。究竟用哪一种方法求近似数，需要依据实际需要确定。教师依次出示如下的两个问题。

问题1：货运码头要选择一艘货轮运货，货物总质量是203900吨。选择运货量是(　　)万吨的货轮运这批货物最合理。　A. 20　　B. 21　　C. 22　　D. 23

问题2：从甲码头到乙码头每万吨的运费是30万元，付600万元运费够吗？

先请学生完成问题1，并说一说为什么要选择答案B。学生指出如果用“四舍五入”法求近似数，大约是20万吨，但选择20万吨的货轮就超载了，所以要选择21万吨。教师进一步总结，在这里，不论尾数是多少，都要进一，所以叫“进一法”。问题2在完成第1个问题后，请学生用估算的方法进行判断，学生指出600万元不够。因为把“203900吨”往小估是20万吨，30×20＝600（万元），说明实际要付的运费大于600万元，不够。教师进一步指出如果要运的吨数是“209300吨”，是否还是要看成20万吨进行估算？得到肯定的回答后，教师进一步概括，不论尾数是多少，都要舍去，所以这种求近似数的方法叫作“去尾法”。

结合已经学习的“四舍五入”法，教师提出，求一个数的近似数，除了“四舍五入法”，还有“去尾法”和“进一法”这两种。

本课时结合数的写法，学习用“四舍五入法”把大数改写成用“万”或“亿”为单位的近似数，对教材情境适当改编突出了现实需要。学生借助几何直观体会了“四舍”“五入”的合理性，进一步发展了数感，能够依据实际需要，合理地取一个数的近似数。

# 第五节
## “计算工具和用计算器进行计算”教学实践

本课时整合了该单元中“计算工具的认识”“算盘”和“用计算器计算”这三个板块的内容。从整体设计的视角,在之前的学习中,学生对算筹、算盘已经有了一定的认识。学习用计算器进行四则运算中的基本计算方法,教学中可以让学生观看视频认识计算工具,自主进行四则运算,概括出一般的计算方法,学会简单使用计算器。在此基础上,把教学重点放在利用计算器探究计算规律,以及依据四则混合运算中的特殊数的运算选择合适的计算方法。

### 一、结合图示资料,认识计算工具

古代的计算工具,不仅有计算功能,还有计数功能,因此对于计算工具的学习分为两层:介绍算筹和算盘,主要了解它们的计数功能;介绍计算器,主要了解它的计算功能。

#### (一)观看视频,了解历史

教师依据教材中介绍的计算工具的内容录制一个视频,让学生观看视频了解计算工具的演变历史,形成图8.5-1的结构图。

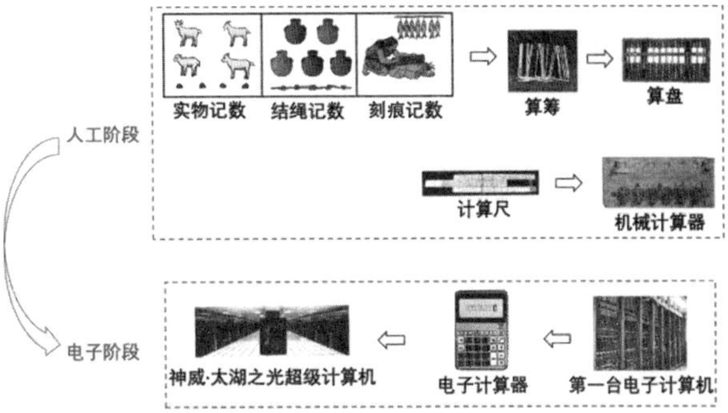

图8.5-1

观看视频后引导学生思考,可以把计算工具的演变历史分成两个阶段:一是人工阶段，需要进行机械化操作；二是电子阶段，能够实现智能化操作。人工阶段和电子阶段的转变过程中，蕴含了一个共同的演变规律：携带方便、使用简单，可以通过智能手机中的计算功能来验证上述特点。教师最后介绍神威·太湖之光超级计算机，以每秒运行超十亿亿次的速度，引导学生感受到随着科技的发展和生产生活的需要，计算工具在不断地优化。

**（二）分析比较，发现共性**

这一环节进一步研究算筹和算盘的演变过程及它们的共同点。教师出示算筹和算盘上表示的同一个数“602”（图8.5-2），请学生说一说它们在表示方法上有什么相同的地方。学生发现0可以由空格和空档来表示；表示6时可以分成5加1，其中5都是以一当五，即算筹中用上方的一根横着或者竖着的小棒、算盘中用一颗上珠予以区分，从而发现算盘是由算筹延续下来的，体现数学思想方法的传承性。

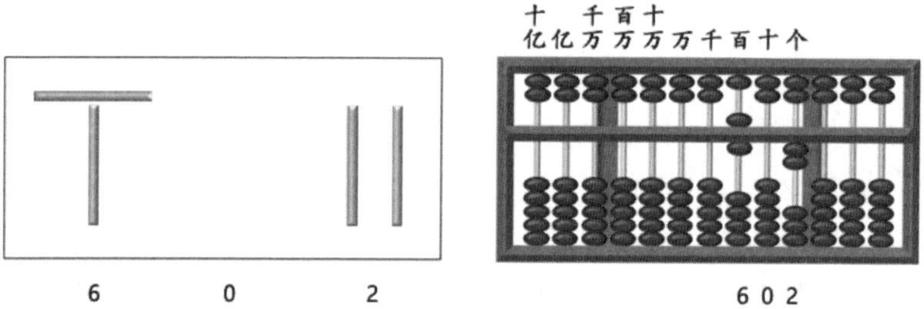


图8.5-2

**（三）阅读说明，学会操作**

上述是对人工阶段计算工具的认识，电子阶段计算方便的特点可以通过操作计算器得到更深切的感受。教师引导学生观察手中的计算器，对计算器上的区域进行分块了解，明确开关机键、清除键、数字键、运算符号键等。再用这些功能键进行计算操作，学会基本的操作步骤：开机键—数字键—运算键—数字键—等号键。每个学生经历动手操作的学习过程，唤醒已有认知，再通过交流，学会使用计算器。为了使学生更为熟练地运用计算器进行四则运算，教师出示一组学习单上的题目，学生自行完成后校对答案，如图8.5-3所示。

活动一：

用计算器计算下面各题。

825-138=　　26×39=　　312÷8=

图8.5-3

总之，计算工具的介绍并不仅仅是为了让学生了解计算工具的演变历史，更多地让学生体会到数学工具在不断地发展进步，帮助提高科技发展的水平以及满足人民生活的需要。

## 二、进行实际操作，探究运算规律

借助计算器探索数和运算的规律是本课时的重点内容，主要分为两部分内容：通过使用计算器发现题组的运算规律，利用学过的知识探究规律产生的内在原因，并进行适当的拓展。

### （一）题组计算，发现规律

在第一板块中学生已经学会如何正确使用计算器，教师顺势出示本课时要探究规律的题组，如图8.5-4所示，让学生先用计算器计算，边算边思考积有什么规律。

活动二：

（1）利用计算器独立计算下面各题，你发现积有什么规律吗？

9999×1=

9999×2=

9999×3=

9999×4=

图8.5-4

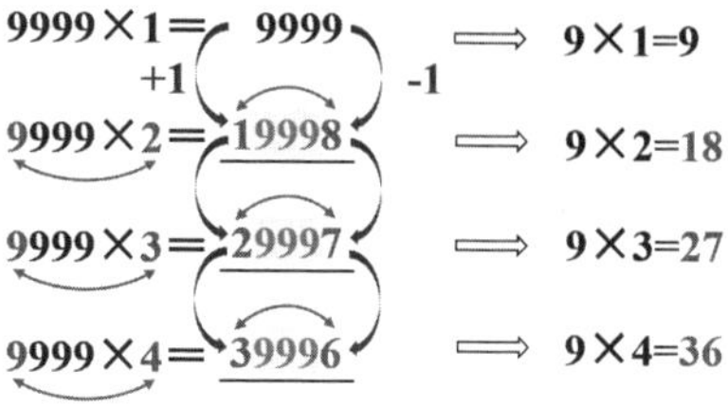


图8.5-5

根据计算器算出的结果，学生能够发现如图8.5-5的规律：积个位上的数依次减1，万位上的数依次加1，即关注到了积不同数位上的变化规律，也发现了积不变的规律，中间都是3个9以及首位相加和是9，而这些数位和前面的算式之间的规律需要教师适时引导。学生仔细观察后还发现积的首位和末位组成的数字是由9乘第二个因数得来的，依次和9的乘法口诀相对应的算式有关，新旧知识之间产生衔接，使得学生的思维更具有连贯性和整体性。

### （二）列出竖式，探究原因

除了找出题组的表象规律外，更需要思考其内在的原因。为什么积首尾相加是9，且中间是3个9？教师要求学生以四人为一小组，利用学过的知识探究其中的缘由。以9999×3为例，列出图8.5-6的竖式，发现27都是相应数位上的9乘3得到的。明确这个竖式的含义后，再次引导学生思考积为什么会存在这样的规律，能够更加清晰地发现中间每个数位上的9都是由同一数位上的数2和7相加得到的，即9×3＝27，乘法算式中的积的个位和十位上的数相加，而且题组中其余算式乘积中的9也能通过对应的9的其他乘法口诀得知。

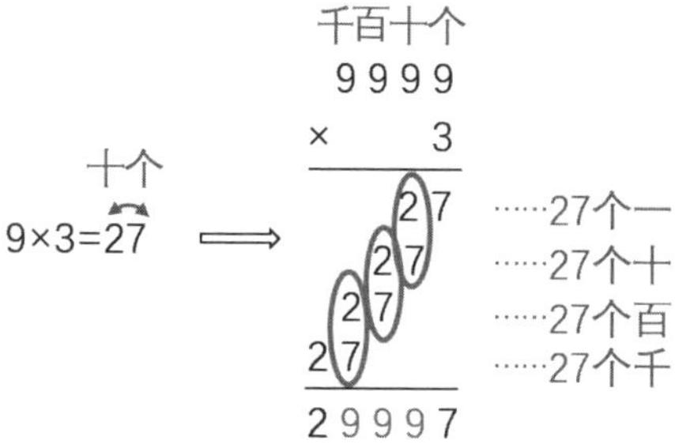


图8.5-6

### （三）利用规律，直写得数

学生通过竖式掌握内在规律后，教师引导学生运用获得的规律直接写出后面算式的答案，如图8.5-7所示。但与上述题组不同的是，这一题组的第二个因数不再按照次序依次增加，而是间隔着进行变化，打破学生原有的固定思维，需灵活运用规律写出得数。完成后师生共同校对答案，并请学生说说积里面的9是如何得到的，将新学的规律加以内化。

**(3) 按规律直接写出答案。**

9999×5=

9999×7=

9999×9=

图8.5-7

第二板块主要围绕9999乘一位数的算式展开学习和研究，教师可以再适当进行拓展，99999乘一位数结果又会如何变化？教师在出示99999×6后请学生猜想答案，发现首尾的规律依然存在，但中间变成了4个9。变化的原因在于乘数的位数发生了变化，以变式引发学生的深度思考，使计算规律既可以横向延伸，也可以纵向拓展。

综上，计算器可以帮助我们快速地得到一个计算结果，帮助我们发现运算的外在规律，但竖式更能够展示出内在的原因，两者相辅相成，助力算理理解。

## 三、分层组织练习，培养审题意识

通过以上环节的学习，学生在认识了例题算式中的规律之后，教师还要基于学生已有经验，在组织练习时变化形式，让学生深刻体会到用规律思考的简洁性，同时也获得灵活运用计算方法的成功体验。

### （一）探究规律，延伸算式

计算规律不仅隐藏在乘法算式中，在其余运算中也存在不同的规律，如图8.5-8中的除法算式。学生先用计算器计算左边的算式，再找一找规律，依据规律直接写出右边算式的答案，完成后进行校对。教师可以“前面是用计算器操作，后面为什么是这样填的呢”这一问题来引发学生深入探究除法算式中蕴含的规律。

活动三：

**(1) 先用计算器计算下面左边的算式，再直接写出右边算式的答案。**

9÷9＝1

108÷9＝______　　　　1111104÷9＝______

1107÷9＝______　　　　111111102÷9＝______

11106÷9＝______

图8.5-8

发现规律和如何填右边除法的商，可以依据发现规律后表征的区别有多种策略。可以从连续性的角度观察，商都是一串连续的自然数；可以从位数的角度思考，发现商比被除数少一位；也可以从乘法口诀特点出发，被除数个位上的数字都和9的乘法口诀中积个位上的数字相对应。学生通过多角度找寻其中隐藏着的规律，体验数学学习的乐趣。

此外，教师进一步提问：这样的算式能一直编写下去吗？与例题不同，乘法算式中的因数能从3个9变化到4个9甚至更多，但除法算式中最多只能编写到1111111101÷9，以此来区分乘法算式的延伸性以及除法算式的局限性。

**（二）合理选择，学会审题**

教师出示如图8.5–9所示的活动三，用合适的方法计算下面各题，并限定学生在一分钟的时间内完成这四道计算题，随后校对答案进行交流。

(2) 用合适的方法计算下面各题。

①6908×37=　　②222222222÷9×8×0=

③1+2+3+4+5+95+96+97+98+99=　　④333×3÷999=

图8.5–9

由于时间的限制，学生的计算快慢相差较大，激起认知冲突，进而发现并不是所有的题目用计算器计算就是最便捷的，第2、3、4题中的算式较为特殊，可以直接口算或简便计算。此题的设计让学生意识到计算时应根据算式特点，灵活选择合适的计算工具或计算方法。

**（三）回顾反思，总结体会**

教师通过提问学生，根据本课时的学习，你有什么收获与体会？引导学生回顾整节课的学习过程：通过视频了解计算工具的发展历史，体会古代工具的关联性和现代工具的简便性，再学会正确使用计算器，还体会到计算器并不一定能使计算更加便捷，需要根据算式数据的特征选择合适的计算工具或计算方法。

计算器作为计算工具探索计算规律时，不能弱化探索规律本身对于发展数学思维的作用。为此，教师在教学中应聚焦数学规律的探索，处理好“工具”和“目的”的关系，引导学生能够借助计算器且结合竖式来解释规律存在的原因。再以这样的教学样式去延伸其他算式的规律，也能根据算式特点合理选择计算方法。学生在完整经历“观察感知、形成猜测—探究原因、应用规律—拓展延伸、回顾反思”的过程中，形成乐于思考、勇于探究的精神。

总之，教学“认识计算工具，探究计算规律”时，既要让学生体会计算工具的历史传承和发展，也要感悟用计算器计算的便利性，更要突出探索规律的过程，让学生在此过程中发展思维，学会辩证地选择计算方法。

# 第九章
# 小数的初步认识

“小数的初步认识”是人教版《数学》三年级下册的学习内容。它的编排结构与三年级上册的“分数的初步认识”很相似，在初步认识了小数之后，安排了简单的小数加减法的计算，以及用小数加减法解决问题。也就是说，这一个单元中的学习内容，既对应于四年级下册的“小数的意义和性质”，也对应于“小数的加法和减法”。因此，“小数的初步认识”具有学习内容浅显而学习范围较广的特点。

对于本单元的学习，学生有着丰富的多元学习基础与生活经验。就教材内的学习体系而言，“小数”与“分数”有着密切的联系，“小数”是“十进分数”的简写形式；“小数”与“整数”有着密切的联系，它们都是十进位值制数。因此，“小数”的学习基础是三年级上册的“分数初步认识”和“万以内数的认识和加减法”。此外，对于“小数”学生又有着丰富的生活经验，商品标价、气温、体重等都会出现小数。

那么，教材是如何利用学生的学习基础与生活经验编排单元学习路径的？依据“数与运算”的结构化与一致性，可以怎样进行改进呢？怎样重构本单元的学习路径，让学生借助多元表征，体会小数的内涵呢？

# 第一节

## “小数的初步认识”整体设计

人教版“小数的初步认识”是学生已经在三年级上学期学习了“分数的初步认识”之后进行教学的。因为,从分数与小数的关系来讲,小数就是“十进分数”的简写形式。同时,从学生的生活经验来讲,“小数”又比“分数”在生活中更加常见,如记录商品的价格、温度、身高和体重等,都会出现小数。因为小数与整数一样,都采用十进位值制记数法,所以“小数的初步认识”的学习中,既要充分地勾连小数与“十进分数”的联系,理解小数的含义,同时也要调动学生已有的生活经验,感受到整数与小数的联系。在此基础上,我们还需要充分利用简单的小数加法和减法对于“小数认识”的作用。带着这样的认识,我们从梳理、反思与实践三个方面对“小数的初步认识”进行单元整体教学设计的实践研究。

### 一、梳理——了解教材编排特色

“小数的初步认识”安排了“认识小数”和“简单的小数加、减法”两个小节,其中“认识小数”包含了小数的读写以及一位小数的含义;“简单的小数加、减法”又可以分成一位小数的加减法笔算和用小数加减法解决问题这样两个内容。也就是说,这两个小节的内容又可以分成四个知识点,与后续学习的内容相对应,包含了四年级下册“小数的意义和性质”以及“小数的加法和减法”中最基本的内容。具体编排时有如下的特色。

#### (一) 联系生活,全面感知

小数与整数一样,学生在日常生活中积累了较为丰富的例子。因此,本单元四个知识点的学习,均采用学生日常生活中常见的学习材料,从表示具体数量的小数或把具体的量转化成用小数表示的过程中学习小数。

1. 选择实际数据，学习小数读写

首先是请学生认读电子秤、标价牌与体温计上的小数(如图9.1–1)，发现小数的特征，明确读小数的基本方法。显然，小数的读法在四年级下册“小数的意义和性质”单元中还要学习，但是，具体的读法与本课时中的完全一致。

图9.1–1

此时小数读写的学习，是依据学生已有的生活经验展开学习，先把小数看成一个整体，不进行以小数点为基准，整数部分与小数部分的区分，而只说明小数点左边部分与小数点右边部分，小数点且右边部分要一个数字一个数字依次读出。不区分整数部分与小数部分，有利于更好地整体认识小数(如图9.1–2)。

像 3.45、0.85、2.60 和 36.6 这样的数叫作**小数**。

3.45 读作：三点四五

↑

小数点

你还在哪里见过小数？写一写。

图9.1–2

2. 利用单位换算，认识一位小数

读小数时，小数可以是两位小数或三位小数等，但认识小数时却只要求是一位小数，并且，作为初步认识，教材中没有具体指名一位小数的计数单位是0.1，更不用说明“2.5”有25个0.1组成，而是结合“分米”到“米”(如图9.1–3)、“分”到“元”等的单位换算，由“十分之几”写作“零点几”，认识一位小数，并利用方格图等更为抽象的图示认识一位小数(如图9.1–4)。

图9.1–3

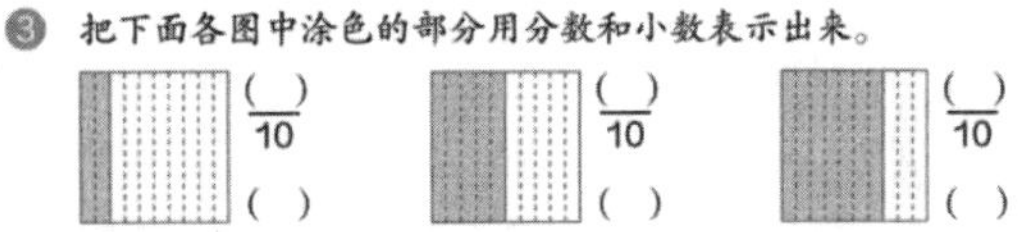


图9.1–4

“小数的初步认识”更多地是让学生直观感知小数，因此，初步认识中出现的小数，或表示具体的量，或有如图9.1-4的直观表征，为后续的小数大小比较、简单计算与解决问题提供了思维方式。

**3. 结合小数表示具体量的意义，进行小数大小比较及简单的加、减计算**

小数的大小比较与简单的加、减法计算的例题分别采用四名男生的跳高成绩（如图9.1-5）与商店货架商品标价（如图9.1-6）作为学习材料，有利于把小数通过单位换算，或者依据小数相应的各个数位与度量单位的对应关系，或作为比较大小的策略，或小数加、减计算的算理。

2 下面是四名男生的跳高成绩，请给他们排出名次。

| 名字 | 小明 | 小刚 | 小强 | 小林 |
|---|---|---|---|---|
| 成绩 / 米 | 0.8 | 1.2 | 1.1 | 0.9 |

图9.1-5

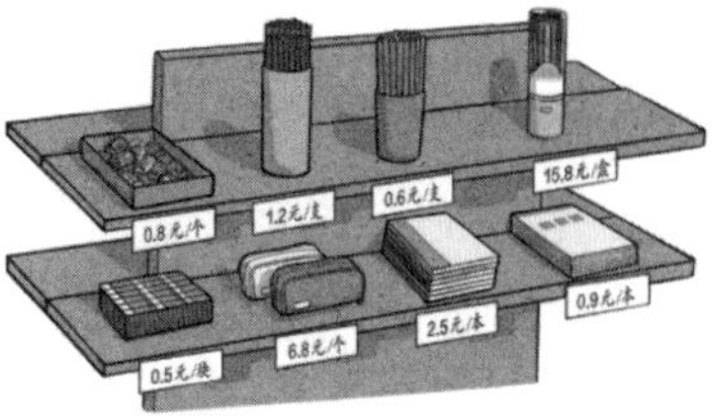


图9.1-6

“小数的初步认识”中的“小数的大小比较”与“简单小数的加减运算”，不仅仅是为了归纳具体的比较方法与计算法则，更是为了进一步加深对小数的认识，感受小数的现实意义。

**（二）“认识”“计算”，有序推进**

“小数的初步认识”中的“认识小数”与“小数的简单加、减法”两个板块中的学习内容，分别对应于四年级下册的“小数的意义和性质”以及“小数的加法和减法”。因此，这两个板块虽然编排在同一个单元，但是并没有很好地融合。

先通过一个主题图（如图9.1-1）和例1（如图9.1-3）、例2（如图9.1-5）两个例题，分别学习小数的读写、一位小数的含义以及一位小数的大小比较。接着，再依据图9.1-6提供的信息，提出与图中部分标价相关的数学问题，分别学习简单的小数加、减法计算和解决问题（如图9.1-7）。

3 （1）买1个 和1支 ，一共多少钱？ 比 贵多少钱？

4 观察上页商店货架图。小丽有10元钱，买了1个 ，还想买1本 和1支 ，钱够吗？如果把 换成 ，钱够吗？

图9.1-7

这样的编排方式，也体现在三年级上册“分数的初步认识”的编排中，“几分之一”与“几分之几”这两个小节中学习了分数的读法、几分之一与几分之几的含义，以及几分之一的大小比较、简单的同分母分数的大小比较；接着，再学习简单的同分母分数的加、减计算。与本单元不同的地方是，“分数的初步认识”中最后还编排了分数的简单应用，即用分数的含义求“一个数的几分之几是多少”。

“小数的初步认识”与“分数的初步认识”这样的编排形式，体现了“数的初步认识”不仅仅是数的读写、数的含义以及数的大小比较等对一个数的特性的认识，也希望通过简单的运算，加深对数的理解与应用。

**（三）基于精算，进行判断**

如图9.1–7中的例4，要解决小丽要买三样文具，有10元钱够不够的问题。依据问题的特征，本题是一道估算解决的问题。关于估算解决问题，在二年级下册“万以内数的认识”“万以内数的加减法（一）”和三年级上册“万以内数的加法和减法（二）”的学习时有层次地学习估算解决问题，通过把需要笔算的“三位数加三位数”依据估算的思路，转化成可以口算的“整百数加整百数”或已经学习计算方法的“几百几十加几百几十”的计算题，计算出结果再进行比较，验证原来的估测（图9.1–8）。

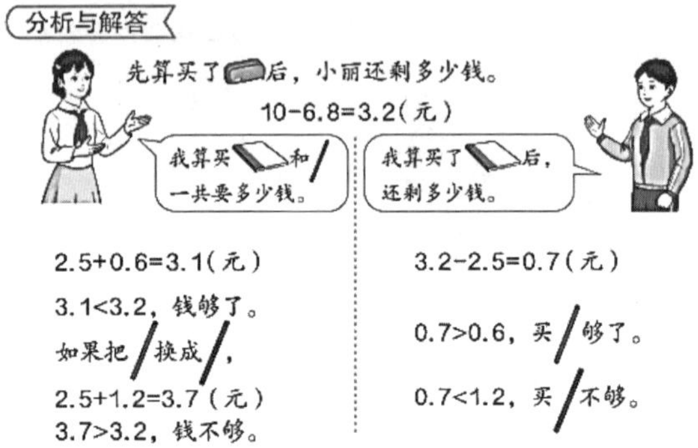

图9.1–8

依据上述思路，解决本题的第一个问题，可以用“6.8＋2.5＋0.6”的和与10进行比较，用估算的方法，如果估测是够的，就往大估，取整为“7＋3＋1＝11”，11元大于10元，说明不够，但是在这个问题情境中，往大估不够，并不一定不够。如果采用精算，求出这三种文具的总价是“9.9元”，与“10元”只相差了“0.1元”，说明对于本题用估算解决并不合适。但是，根据题目提供小丽的思考过程，也并不是求出三种文具的总价后再比较这一种方法解决，应该用如图9.1–8中的两种思路，也就是利用精算，在不求出三件文具的总价的情况下进行判断解决问题。从而丰富了解决“够不够”这一类问题的思路。

从梳理中可以发现，“小数的初步认识”虽然浅显，但是涵盖的面相对较广。它是四年级下册“小数的意义和性质”“小数的加法和减法”中最基本的内容。教材在编排时联系学生的生活实际，采用具体的图例，让学生对生活中常见的用“米”或“元”作单位的一位小数的形成过程“认识小数”，再对用“米”或“元”作单位的一位小数进行大小比较、加减计算，有利于学生更好地体会小数的现实意义。

## 二、反思——指出可以改进之处

在梳理单元编排特点的过程中，我们也认识到，“小数的初步认识”中虽然把“认识小数”与“小数的加、减法”编排在一个单元中，但是并没有真正地融合在一起。另外，“小数”与“整数”都是十进位值制数，所以“小数”的认识可以与“整数”的认识相联系，但是，教材在单元学习过程中并没有与整数进行比较。用小数加减法解决问题创设了“用估算解决问题”的情境，但没有与估算进行联系，以体现估算与精算在解决问题过程中的不同作用，更好地体现这一个问题的学习价值。基于以上的反思，我们提出了如下的改进之处。

### （一）小数与整数需要合理沟通

这里的整数是指非零自然数，它是由“1”累加后得到的数，而小数也与“1”有关，却是把“1”平均分成10份、100份……用得到的1份创造出一个新的计数单位后，再用这一个计数单位进行累加得到的数。由于它与整数一样都采用十进位值制进行计数，因此可以在整数的右边加上小数点，就可以用小数点右边记录“1”平均分得到的新的计数单位的个数。

因此，在“认识小数”时，可以与整数进行比较，不论从读写还是表示的含义，感受到两者的联系与区别。具体地，可以在引入小数的同时出示整数，结合具体情境对两类数进行比较，首先从记录的形式发现小数的外在特征——有小数点。接着再引导学生进一步思考，还有什么不同？从而让学生感受到整数是表示“整个的数”，小数表示“不是整个”的部分。

### （二）运算与含义需要同步推进

教材在编排中把“小数的初步认识”与“小数加、减法运算”分成两个板块，这样编排凸显了小数的概念与小数的运算是两个不同的范畴，且概念的学习是运算学习的基础。但是，这样编排不能很好地体现数的含义与相应的数的加减运算之间的统一性：数的本质是计数单位的累加，而数的加减则是相同计数单位相加减，即不论是数的认识还是数的加减运算，它们的核心概念都是计数单位。

因此，在数的认识时就可以融入数的加减运算。如在认识了“3分米”可以用小数表示成“0.3米”后，可以让学生说一说“0.3米”与“0.5米”的关系，在练习中可以让学生口算“0.3＋0.5”与“0.8－0.3”这样的相同计数单位相加减的简单计算，并用“顺着数”与“倒着数”的形式进行验证。还可以让学生思考“1米＋0.3米”是怎样相加得到“1.3米”的？结合图示交流讨论后发现，“1个一”和“3个0.1”它们的计数单位不同，所以不是直接相加，而是两个计数单位上的数进行组合得到“1.3米”，即“1.3”由“1个一”和“3个0.1”组成的。

认识小数中的"一位小数的大小比较"可以与"简单的小数加、减法"进行融合。如图9.1–5中的四名男生的跳高成绩进行大小比较，并归纳出小数大小比较的方法后，可以选择其中的两个信息，请学生进一步提出问题，如小明的跳高成绩是"0.8米"，小刚的跳高成绩是"1.2米"，可以提出"小刚的跳高成绩比小明高多少米"，就可以用减法算式"1.2－0.8"计算。只不过，此时如果列成加法算式"1.2＋0.8"求和没有实际意义。可以参考图9.1–6的情境进行适当的改编，以实现同样的信息既可以比较大小，也可以提出加减法的问题。

### （三）把提出好问题作为问题解决的目标

在图9.1–6中例4的解决问题，大部分学生会用连加的方法精算出结果，然后再与10元进行比较，作出判断。但如果依据小丽购买文具的顺序进行思考，则是"小丽用10元钱先买了一个6.8元的文具盒，然后再想用剩下的钱买2.5元的笔记本与0.6元的铅笔够不够。也就是说，要先求出买了文具盒后还剩下的钱数，再思考"买余下的两件文具够不够"。与先求总价后再与10元比较，有了三种不同的思考问题的方法，且图9.1–7中的两种思路，都是边计算边比较，充分体现了解决"够不够"的问题，只需要比较数的大小，不用求出精确的结果这一特征。因此，它与问题"买这三种文具一共要多少元"进行比较，这显然是一个"一题多解"的好问题。

因此，在解决例4的问题后，可以让学生与"买三种文具一共需要多少元"进行比较，说一说哪一个问题更好，为什么？让学生在比较中体会好问题的特征。

例4的"做一做"的第一问题，也是一个好问题：小亮有2元钱，能买什么文具？可以有多种买法，且可以从买不同的文具到只买其中的一种文具，这样有序地进行思考。

为什么要把提出"好问题"作为一个学习目标呢?"做一做"的第2个问题：你还能提出其他数学问题并解答吗？如果没有把提出"好问题"作为要求，或者不知道怎样的问题才是好问题，学生可以随意地提出一些简单的数学问题，就不能够达成提出问题的真正目的。

《义务教育数学课程标准2022年版》中，把"数与运算"作为一个学习主题，就是要体现数的意义与四则运算的一致性。因此，寻找小数与整数之间、小数认识与小数加减法计算之间的联系，就是为了实现"认识小数"与"小数加减法"的一致性。把评析好问题与提出好问题作为例4解决问题的目标，则能够更好地提升学生的创新意识。

## 三、实践——体现整体教学设计

梳理与反思的最终目的，就是为了从整体设计的视角，加深对数学知识间内在联系的把握，在教学实践中真正实现“数与运算”的结构化与一致性。具体地，从整体教学设计的视角把本单元的新知学习纳入三节新授课中。

**（一）利用生活经验凸显小数本质**

第一课时“小数的初步认识”主要学习“小数的读写”和“认识一位小数”。在具体教学中创设情境，让学生在与整数的比较中读写小数，在与复名数的比较中认识一位小数的含义，在进行小数加减法的计算中认识小数的组成，初步感知相同计数单位相加减的算理。

1. 在整数与小数的比较中读写小数

在学习小数的读写时，把图9.1-1分散的三个情境转化成同一个情境，并且出现了一些整数，形成如图9.1-9的一则故事。首先让学生读一读故事，圈出其中的数，再说一说可以分成哪两类。学生观察后把它们分成两类，一类如35、2、1、3；另一类如21.5、0.45、30.50、1.2、1.5。学生依据两类数的实际含义，指出：前一类是表示“整个的”，是“整数”；后一类表示“不是整个”的，称为“小数”。

**小敏的一天**

学校组织春游，三(1)班[35名]学生和[2名]老师需要乘坐大巴前往目的地。今天天气适宜，最高气温[21.5摄氏度]。小敏为春游做了充足的准备，她事先买了[0.45千克]水果和总价[30.50元]的零食，还调查到：购买车票时，身高达到[1.2米]且不足[1.5米]的儿童，应当购买儿童优惠票。小敏身高[1米3分米]，她需要购买儿童车票吗？

图9.1-9

结合具体情境，在与整数的比较中引出小数，更有利于学生从数的不断完善的视角认识小数，思考如“已经有了整数，为什么要出现小数”这样的问题。

2. 在丰富具体例子中抽象小数

接着可以对图9.1-9中的问题：她需要购买儿童车票吗？引导学生认识用“米”作单位的小数：0.3米，并利用认识0.3米的经验，进一步认识“0.3元”，接着再请学生说一说两个“0.3”的相同点，概括出把“1”平均分成10份，每份是0.1，3份就是0.3。在此基础上进一步举例，用同样的思考过程认识0.3分米、0.3千克、0.3角、0.3箱等的含义，形成如图9.1-10的结构。

| | | |
|---|---|---|
| 1分米 | 平均分成10份<br>其中的3份 | $\frac{3}{10}$分米=0.3分米=3厘米 |
| 1千克 | | $\frac{3}{10}$千克=0.3千克 |
| 1角 | | $\frac{3}{10}$角=0.3角 |
| 1箱 | | $\frac{3}{10}$箱=0.3箱 |

图9.1-10

从具体数量中概括出0.3的含义，再把抽象的“0.3”进一步用具体的例子进行解释，从而让表示数的0.3与表示数量的0.3构建成“0.3”的两层含义。最后从这样的一个例子举一反三，概括出一位小数的计数单位是0.1，0.□就是□个0.1。

3. 利用加减运算认识小数的组成

在认识了小数后，出示图9.1–11：如果一块正方形表示“1”，想一想涂色部分可以用一个什么数表示，当学生说出是“3.2”后，再请学生说一说“3.2”的意思，最后用一图四式的形式表示其含义。

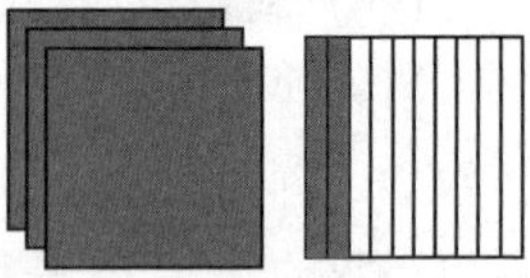

图9.1–11

在此基础上再出示图9.1–12，列式计算，并用计数单位说明相加的含义，即“0.3＋0.2＝0.5”就是“3个0.1＋2个0.1＝5个0.1”。

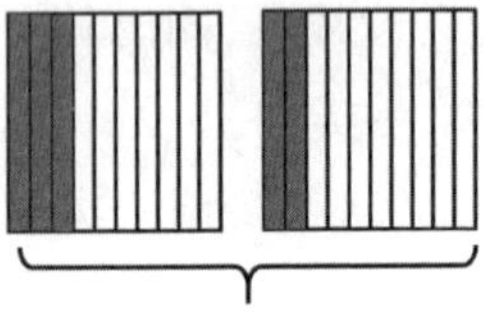


图9.1–12

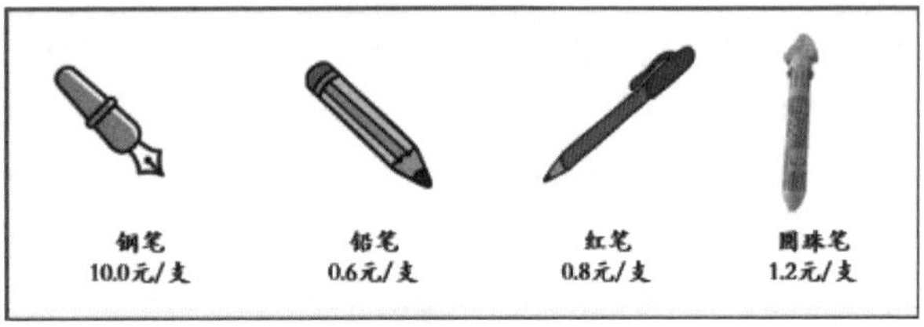


图9.1–13

在完成以上两题基础上，结合图示进一步请学生比较图9.1–11中的加法“3＋0.2＝3.2”与“0.3＋0.2＝0.5”，说一说有什么不同的地方？学生比较后发现图9.1–11中的加法并没有真正相加，而是把两个数合成一个数，也就是说这里的加法表示的是“3.2”的组成。

## （二）联系大小比较学习小数加减

第二课时把一位小数的大小比较与小数的简单加减法整合成一个课时，让学生体会到，两个数进行比较时，大小比较是定性描述，而用减法计算求出相差多少，是进行定量刻画。

1. 多元比较小数大小

教师出示如图9.1–13的一组信息，先请学生解决哪一种笔最贵？接着再请学生解决哪一种笔最便宜？引导学生用多种方法解决：方法一是让学生把单位换算成“角”后转化成整数比较；方法二是把它们抽象成数，用计数单位的大小以及相应的个数的多少进行比较；方法三是把它们分成小数点左边部分与右边部分两个部分进行比较。最后从方法中总结出：先看小数点左边部分，谁大这个数就大；如果小数点左边部分相同，比较小数点右边部分，谁大这个数就大。最后用这样的方法，请学生把这四种笔按每支的元数从大到小排一排。

2. 提出问题加减运算

教师请学生依据“1.2元＞0.8元”继续提出问题。学生自然地提出：“圆珠笔比红笔贵多少元?”请学生列式后,教师也列出算式“1.2+0.8”,请学生说一说它又是什么意思?学生指出它表示两种笔各买一支一共要多少元?再列出“0.6+0.8”,请学生说一说它又解决了什么问题,最终得到如下的三个小数加减法算式:(1)0.6+0.8,(2)1.2+0.8,(3)1.2−0.8。让学生依据在小数的大小比较中对这些小数的多元认识,选择合适的方法计算出结果。其中,特别强调用竖式计算时的竖式摆法:小数点对齐;以及计算时相同数位上的数相加减时的具体意义。

这里的小数加减法计算,是简单的一位小数的加减法计算,其中竖式计算的方法迁移自整数的加减法竖式计算,但由于小数点右边的第一位没有概括出数位名称——十分位。因此,需要用“小数点右边的数”来表示,且用计数单位相加减的方法也说明每一分步加减计算的含义。

3. 分层练习巩固拓展

本课时把小数的大小比较与简单的加减计算整合成一个课时,在练习阶段设计了三个方面的专项练习。第一个方面是比较大小。依据四名学生50米跑的成绩排名次,这是例题中比较大小的变式(如图9.1-14),即时间少的反而要排在前面。

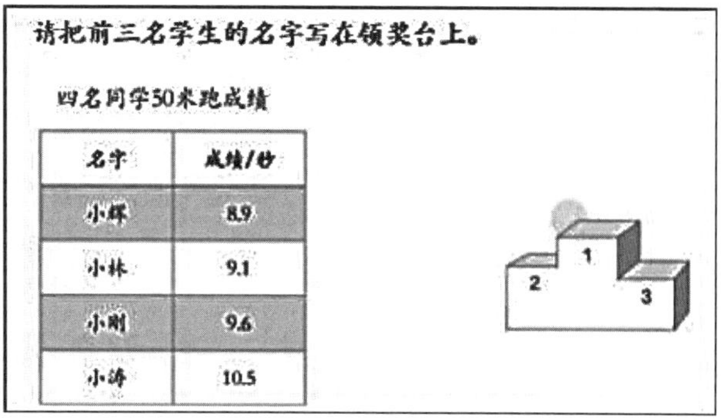


图9.1-14

第二个方面是用小数加减法解决问题。教师依次出示如下的两个问题:

(1)一支钢笔是10.0元,比一块橡皮贵3.6元,问一块橡皮多少钱?

(2)水果摊购进一批苹果,已经卖出了4.1千克,还剩15.9千克没有卖完,原来一共购进多少千克苹果?

这两个问题丰富了小数加、减法解决问题的数量关系,第(1)题是相差关系的解决问题,第(2)题是反叙式的解决问题。学生阅读理解后列出数量关系,再列式解答,最后进行评析,请学生说一说解决这样的问题时分别要注意什么?即第(1)题要明确谁与谁比,谁多谁少?第(2)题要注意关键词的分析,明确“原来”是“已经”与“还剩”的总和。

第三个方面是填写数字谜。如图9.1-15,先请学生独立完成,再反馈学生的作业,说一说填写时是如何思考的,从而进一步突破小数加减法中进位加法与退位减法这两个难点。

| | |
|---|---|
| 8.□ | 10.□ |
| + 4.5 | − □.4 |
| 1□.2 | 2.8 |

图9.1-15

### (三) 把归纳好问题作为解决问题的目标

“提出一个问题比解决一个问题更重要”。显然,这里的问题并不是简单的问题,而应该是一个有思考性和挑战性的“好问题”。第三课时中例题中的问题,是一个可以用多种思路解决的问题,是一个好问题,而“做一做”中第一个问题可以有多种结果,也是一个好问题。所以当让学生依据这两个问题解决后再提出“你还能提出其他数学问题并解决吗”时,就应该提出如前两个问题一样的好问题。基于这样的思路,本课时在解决好问题的同时,把归纳好问题的特征作为学生学习的目标。

1. 一题多解,感知好问题

首先,教师出示如图9.1-16的问题与信息,请学生对照图示,提问:题目中已知什么信息?求什么问题?学生回答后,再请学生说一说打算怎样解答。学生指出可以先求出三种文具的价格,再与10元进行比较,看够不够。依据学生的回答教师板书:6.8+2.5+0.6○10。依据题意,先请学生用估算的方法进行判断,得到如图9.1-17的思考过程,学生发现不能够用估算的方法解决问题,接着再精算出结果,作出判断(如图9.1-18)。完成后进行分析:为什么这一题用估算的方法不能够进行判断?学生观察后发现,实际的结果太接近10元了。

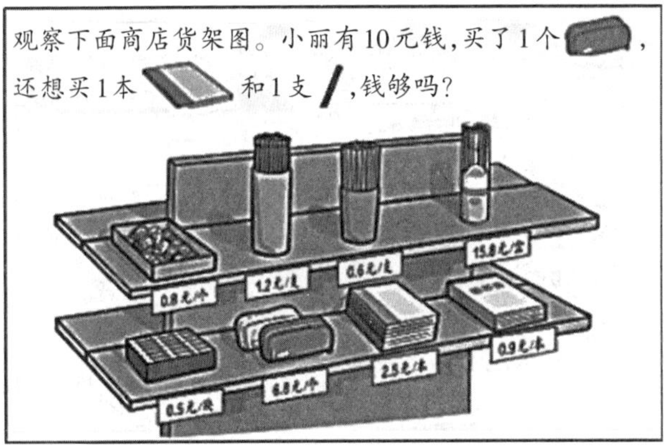


图9.1-16

6.8+2.5+0.6○10

↑7+↑3+↑16=11

11>10

往大估不够,不一定不够。

图9.1-17

6.8+2.5+0.6=9.9(元)

9.9元<10元

答:10元钱够。

图9.1-18

接着,教师再请学生仔细阅读小丽买三种文具的过程,发现“小丽是先买了1个铅笔盒,然后还想买……”,说明买好了1个铅笔盒后,小丽先算出买了1个文具盒后还剩下多少元?然后想买1本2.5元的笔记本和1支0.6元的铅笔够不够。所以教师先板书出“10−6.8”后,请学生说一说这一个减法算式的意思,再请学生独立尝试,在此基础上再引导学生思考怎样判断10元钱够不够?独立完成后反馈,得到如图9.1-19的两种判断方式。

| | |
|---|---|
| 方法2:10－6.8=3.2（元）<br>3.2－2.5=0.7（元）0.6元＜0.7元<br>答：10元钱够。 | 方法3:10－6.8=3.2（元）<br>2.5＋0.6=3.1（元）3.1元＜3.2元<br>答：10元钱够。 |

图9.1-19

2. 一问多解,感知好问题

判断买三种已知的文具用10元够不够,可以有多种判断的思路。“做一做”第1题:用2元钱可以买哪一些文具？为减少可能买的种数,所以把问题改为:用2元钱正好可以买哪一些文具？教师提出问题后,先请学生独立完成,然后反馈评析,得到如图9.1-20的四种方案。教师进一步引导学生反思,怎样进行有序的思考,能够做到四种方案不缺不漏。引导学生可以按照买不同文具的种数由少到多进行思考。

| | |
|---|---|
| 方案1:0.5＋0.5＋0.5＋0.5=2（元）<br>答：2元正好可以买4块橡皮。 | 方案2:0.8＋1.2=2（元）<br>答：2元正好可以买1个卷笔刀和1支带橡皮的铅笔。 |
| 方案3:0.8＋0.6＋0.6=2（元）<br>答：2元正好可以买1个卷笔刀和2支不带橡皮的铅笔。 | 方案4:0.5＋0.6＋0.9=2（元）<br>答：2元正好可以买1块橡皮、1支不带橡皮的铅笔和1本练习本。 |

图9.1-20

3. 比较反思,归纳好问题标准

在解决了例1和“做一做”第1题这两个问题后,教师引导学生进行回顾,首先是把例1的问题改为:买1个文具盒、1本笔记本和1支铅笔一共要多少元？学生发现在解决例1第一种思路中已经有解答。教师追问:解决这个问题,还有其他的思路吗？学生指出没有其他的思路,教师追问:你认为例4中的问题好,还是现在改编后的问题好？有学生指出还是新改编的问题好,因为它只有这样的一种思路,比较简单。也有学生指出还是例4中的问题好,因为它有多种解决问题的方案。

教师组织学生对这两种观点进行辨析,学生逐步赞同例4中的问题好,因为它有多种解决问题的思路,可以更好地提升我们的思维水平。教师进一步概括,一题多解的问题是一个好问题。

用同样是思路让学生评一评“做一做”第1题是不是一个好问题？学生分析后认为是一个好问题,因为它有多种答案。教师进一步总结:一个问题多个答案的是好问题。

在此基础上，教师出示由“做一做”第2个题改编后的问题：你能够提出其他的数学问题吗？由于前面有好问题的两个标准，学生自觉地依据好问题的标准提出问题，教师选择其中与已经解决的两个问题既有联系，又有变化的问题进行评析，如实际教学时有学生提出“用4元钱可以买哪一些文具”，教师展示学生的问题，与依据“做一做”改编的问题进行比较，发现这个问题中没有“正好”这一个要求，因此可以有两种情况，一种是“正好”，一种是“小于”。

总之，从对“小数的初步认识”这一个单元的梳理、反思与实践给我们启示：人教版小学数学教材中的概念学习，往往是经历初步认识与意义理解这样两个阶段。其中，初步认识的阶段往往是从现实情境中结合具体的例子抽象而来，与意义理解阶段相比，初步认识阶段往往更要求贴近学生的实际。同时，初步认识涵盖的范围却更加广泛，如本单元中的“小数的初步认识”既包括了四年级下册“小数的意义和性质”单元中的内容，也包含了“小数的加法和减法”单元中的内容，所以需要我们把握好“初步认识”的“认识度”。

# 第二节
## “小数的初步认识”教学实践

“小数”是一类日常生活中常见的数。到三年级下册学习小数时，要充分地利用学生的生活经验。即把小数的认识看成学生已有的生活经验的唤醒、规范和完善。因此，在教学中，如何创设真实的生活情境，让学生在解释现象和解决问题的过程中，认识生活中的小数？如何从具体的小数中抽象出小数的含义？如何结合具体的例子认识小数的组成？带着这样的思考，我们进行了教学实践。

### 一、利用生活经验，初步感知小数

生活中的小数，体现在物品价格、重量、长度、体温等各个方面。因此，学生对小数并不陌生，会读写小数，而且当相邻计数单位间的进率是10时，会依据与十进位值制的联系，能够直接把小数转化成复名数。因此，我们可以充分利用学生已有的生活经验，创设问题情境，让学生初步感知小数。

#### （一）阅读信息，进行分类

课件出示“小敏的一天”（图9.2–1），请学生先读一读、圈一圈这一段话中的数，接着请学生把这一些数分成两类，一类是我们已经学习过的，一类是我们还没有学习过的。学生自然地把35、2、1、3分成一类，把21.5、0.45、30.50、

**小敏的一天**

学校组织春游，三(1)班35名学生和2名老师需要乘坐大巴前往目的地。今天天气适宜，最高气温21.5摄氏度。小敏为春游做了充足的准备，她事先买了0.45千克水果和总价30.50元的零食，还调查到：购买车票时，身高达到1.2米且不足1.5米的儿童，应当购买儿童优惠票。小敏身高1米3分米，她需要购买儿童车票吗？

图9.2–1

1.2、1.5分成一类。接着请学生说一说这两类数各有什么特点，教师依据学生的回答进一步进行概括：像35、2、1、3这样“整个的”，称为“整数”；像21.5、0.45、30.50、1.2、1.5这样有一个小点的“不是整个的”，称为“小数”，这个小点就叫作“小数点”。具体如图9.2-2的板书。

整数：35、2、1、3

小数：21.5、0.45、30.50、1.2、1.5

↓ 小数点

图9.2-2

通过和原来已经学习的整数进行比较后引出小数，能更好地凸显小数的外在特征，感知小数点右边部分表示不是整个的，从而达到联系生活初步认识小数的目标。

**（二）利用经验，读写小数**

教师引导：我们今天要学习小数，你会读小数吗？比如黑板上的这个小数30.50，你会读吗？在具体教学中学生有以下几种读法：三十点五十、三十点五零、三十点五。大多数同学都同意“三十点五零”的读法，教师引导：小数点左边的30表示的是整数三十，按照整数的读法，读作“三十”；小数点右边的五零表示比30多一点，为了与小数点左边的整数区分，就按顺序依次读，读作“五零”。这个小数就读作“三十点五零”，30.50是一个比30大一点的小数。利用概括出的读小数的方法，请学生读出余下的几个小数。

教师进一步引导：你会读小数，那你会写小数吗？请你在学习单上写一写“十二点五六”，并请一名同学写在黑板上。写完后提问：你同意他写的吗？写小数的时候，要注意什么？在学生回答小数点的位置和小数点不要写成“顿号”后，教师小结小数点的位置与形状。

把学生的生活数学转化成学校数学，就是让学生利用生活经验，先独立解决问题，从而暴露出学生可能存在的一些错误认知，在纠正这些错误认知的过程中，形成正确的数学认知。

**（三）整体观察，进行猜想**

教师进一步引导学生观察从信息中提取出来的整数和小数，我们知道整数是在“一个一个数”的“数数”的过程中形成的。那么，在什么样的情况下会出现小数呢？提出这个问题，并不要求学生做出具体的回答，而是通过操作活动，让学生为经历小数的产生做好思想上的准备。

小数和分数相比，有更多的生活经验。因此，如何充分利用学生原有生活经验，让学生在解释和解决问题的过程中，暴露思维，辨析总结，形成正确规范的小数读写。

## 二、结合操作活动,经历小数产生

小数是特殊的分数,从度量的视角产生的小数,是为了用一个数表示“不到一个单位的部分”而产生的。因此,可以依据已经学习的长度单位与人民币单位间的单位换算,经历小数的产生。

### (一)比较信息,初步感知

课件出示图9.2-3,请学生阅读信息,找一找其中的小数,说一说它们的含义。学生找到的小数是1.2米和1.5米,指出它们分别表示儿童优惠票的最低高度和最高高度。教师引导学生结合图9.2-3中左边的直观图示明确这两个小数的含义后,进一步追问:还有其他的小数吗?

图9.2-3

大多数学生会认为没有了,也有学生认为“1米3分米”也是一个小数。教师请学生回答:为什么认为“1米3分米”也是小数呢?学生指出它就是“1.3米”,教师追问:为什么?对于为什么,学生不能够做出回答。但是,这一个问题却为小数的产生提供了很好的思路。

### (二)结合操作,体会含义

教师请学生进一步思考:“1米3分米”中的“3分米”和“1米”有怎样的关系?教师出示1米的纸条板贴,请学生在1米中找到3分米的位置,再说一说它和“1米”的关系。学生指出,把1米平均分成10份,1份就是1分米,就是1米的$\frac{1}{10}$,就是$\frac{1}{10}$米,也就是0.1米,3分米就是3个0.1米,就是0.3米。依据学生的回答,教师进一步请学生找一找0.7米和0.9米,并说一说它们的含义(如图9.2-4)。

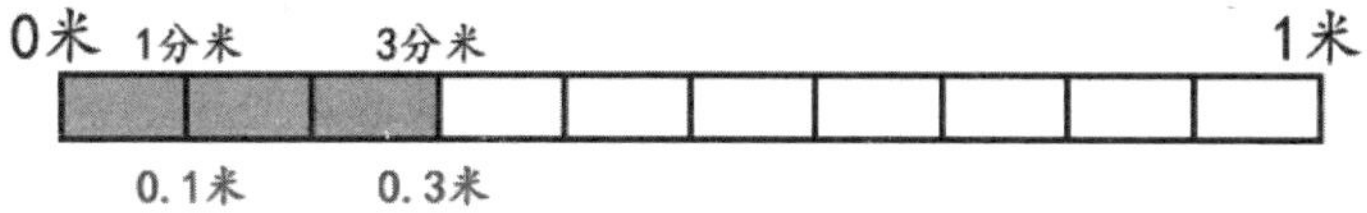


图9.2-4

教师追问:那么“1米3分米”应该等于多少米呢?为什么?学生回答是1.3米,就是1米加上0.3米等于1.3米。教师依据学生的回答,在图9.2-4的右边再接上等分成10份的“1米”板贴,请学生找到“1.3米”的位置,并用加法算式表示:1米+0.3

米＝1.3米。接着，请学生找到1.2米和1.5米的位置，并用加法表示它们的含义：1米＋0.2米＝1.2米、1米＋0.5米＝1.5米。在1.2米和1.5米的比较中直观地发现1.3米在1.2米和1.5米之间，需要买儿童票。

**（三）丰富例子，抽象含义**

以上是用米作单位，经历了小数的产生过程。接着教师出示表示1元的图示（如图9.2-5），学生从中找一找“0.3元”，并说一说它的含义。学生指出它就是3角，因为1元等于10角，所以1角等于0.1元，3角就是3个0.1元，等于0.3元。

图9.2-5

接着，教师在0.3的后面分别加上不同的计量单位：0.3分米、0.3千克、0.3角、0.3箱，请学生分别说一说它们不同的含义。形成如图9.2-6的板书。

1分米　$\frac{3}{10}$分米=0.3分米=3厘米

1千克　$\frac{3}{10}$千克=0.3千克

平均分成10份
表示这样的3份

1角　$\frac{3}{10}$角=0.3角

1箱　$\frac{3}{10}$箱=0.3箱

图9.2-6

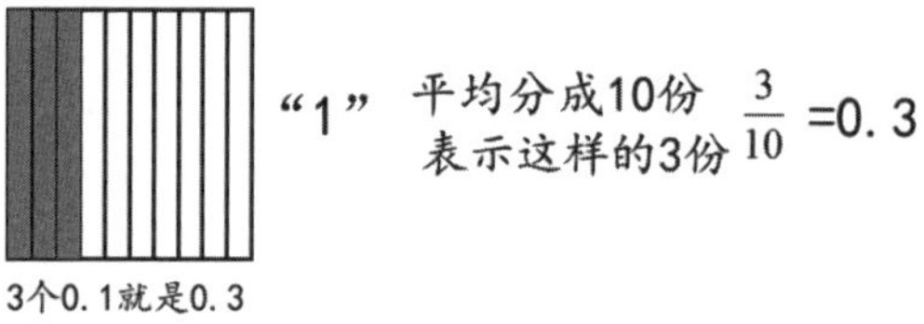


图9.2-7

教师进一步引导学生观察，这些不同的“0.3”有什么相同的地方呢？学生发现都是把1个计量单位平均分成10份，它的1份就是它的$\frac{1}{10}$，就是0.1，3份就是3个0.1，就是0.3。在此基础上教师出示一个平均分成10份的正方形，涂出表示0.3的部分，从而进一步抽象出表示数的0.3的含义，即把1平均分成10份，每份表示0.1，3个0.1就是0.3（如图9.2-7）。

在分数的初步认识时，已经认识到分数表示的是部分和整体之间的关系。同样，如“0.3”这样的纯小数也表示部分和整体之间的关系，只不过这里的整体是一个具体的计量单位，所以，表示的部分和整体之间的关系，也可以加上计量单位，表示具体的量，从计量单位的换算中认识小数，可以依据小数发展学生的量感。在此基础上进一步抽象，从正方形中指小数，抽象出表示“数”的“小数”含义，并利用加法表示小数的含义。

## 三、解决具体问题，加深小数认识

从生活经验出发，利用单位换算认识了表示不同量的一位小数，在此过程中发现它们的共同点，抽象出一位小数的含义。在此基础上，进一步利用“加法和减法”加深对小数的认识。

**（一）利用图示，学习加法**

在表示0.3的正方形图示的右边再加上表示0.2的正方形图示，并提出问题（图9.2-8）：涂色部分一共表示多少？当学生直接说出是0.5后，追问是怎样想的？学生指出“3个0.1加2个0.1等于5个0.1”就是0.5。依据学生的回答，列出0.3＋0.2＝0.5。

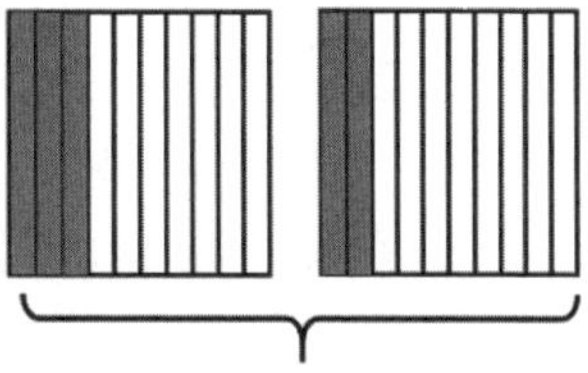


图9.2-8

在此基础上，教师出示简单的小数加法计算题：(1) 0.5＋0.3，(2) 0.2＋0.8，(3) 0.2＋0.9。请学生先独立计算出结果，再结合图示分别说一说计算的思路。特别是第(2)和第(3)题，结合图示认识“10个0.1”等于1。

**（二）结合图示，认识组成**

进一步出示图9.2-9，提问学生图中的涂色部分可以用哪个小数表示，学生经过思考后得出结论：这个小数是3.2。教师追问：3.2表示什么意思呢？

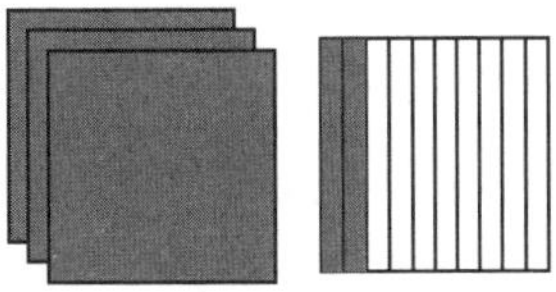

图9.2-9

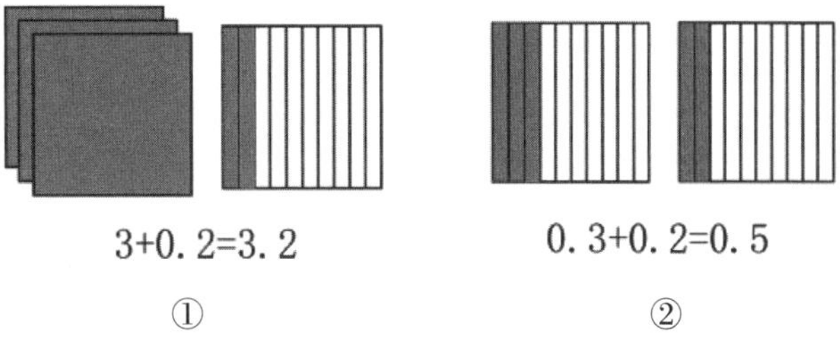


图9.2-10

学生依据之前积累的活动经验，回答表示“3个1和2个0.1的和”，教师进一步用加法运算概括为3＋0.2＝3.2。

**（三）组织比较，揭示本质**

教师引导学生观察刚才解决问题中的两个图示和算式（如图9.2-10），说一说它们有什么相同的地方和不同的地方。学生发现它们都可以用加法表示，但是左边的图示表示一个整数加一个小数，右边的图示表示两个小数相加。

教师追问，这两个算式中的“3”和“2”在加法计算时又有什么不同的地方呢？学生发现左图中的“3”和“2”并没有“相加”。教师进一步追问：为什么？学生发现它们的计数单位不相同，“3”的计数单位是1，“2”的计数单位是0.1，所以它们只是“组合”，并没有真正“相加”。

从上述比较中可以让学生体会到，“加法”不仅表示一种运算，还表示“合并”这一种关系，十进位值制记数法表示的数就是利用这一种关系将不同计数单位上的数进行“合并”得到的。因此“3+0.2=3.2”既表示加法运算，也表示小数的组成。

数学新知识的学习往往建立在学生原有的生活经验和学习基础之上。对于小数的认识，学生已经有了丰富的生活经验，因此，在具体教学时，充分利用学生原有的生活经验，在学生自主读写小数的基础上，规范小数的读法和写法。在认识小数的含义时，则需要充分地利用已有的学习基础——分数的初步认识，用十进分数——“$\frac{\square}{10}$”解释一位小数“0.□”的含义。

# 第三节
## “小数的大小比较和加减法”教学实践

两个数的大小比较是一种定性比较。多多少，就转化成了用减法解决的问题。把两个数合并起来是多少，就是加法。因此，把小数的大小比较和加减法整合成一课时组织教学，可以更好地沟通两者之间的联系。同时，在本课时的具体教学中，无论是小数的大小比较还是小数的加减法计算，都要促进对小数的认识。本着这样的思考，我们进行了教学实践。

### 一、创设现实情境，学习小数比较

小数的初步认识建立在学生已经学习了万以内数的认识、分数的初步认识及常用计量单位(长度单位、面积单位、质量单位、货币单位、时间单位)等常用计量单位等了解的基础上，并且第一课时已经学习了小数的含义。因此在学习比较小数时，学生已有相关经验可以迁移。

#### (一) 利用经验，自主解决

教师出示如图9.3-1所示的四种笔的价格，请学生说说看到了什么数学信息，学生通过解读每个物品的价格，先感知这几个小数。教师依据学生的回答趁机提问：哪支笔是最贵的？

图9.3-1

#### (二) 交流评析，多元比较

学生很容易就发现“10元最贵”，教师提出问题：那么，你是怎么想的呢？是跟哪个数去比较的呢？在具体教学中学生有以下几种想法：(1) 学生发现10元是整元数，而0.6元、0.8元连一元都不到，1.2元比一元多一点，但是多出的部分比10元少得多；(2) 学生把单位进行转换，0.6元就是6角，0.8元就是8角，1.2元就是12角；(3) 学生利用上一课时学习的小数的意义，发现0.6里面有6个0.1，0.8里面有8个0.1，1.2里面有12个0.1。教师板书以上内容(如图9.3-2)。

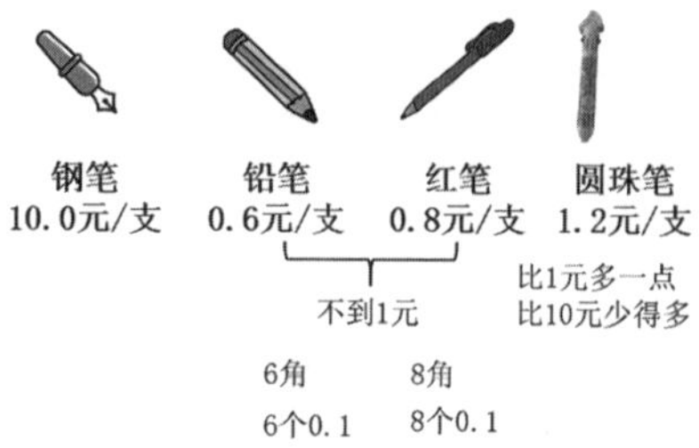


图9.3-2

教师进一步提出问题：哪支笔最便宜？请学生说一说。学生多元解释，概括出利用单位换算，或者利用小数的意义来比较小数的大小。

**(三) 归纳总结，形成策略**

学生找到最贵的，最便宜的，中间两个数的比较就顺其自然了，教师请学生将它们的价格按从大到小的顺序排排队。学生就排出“10.0元＞1.2元＞0.8元＞0.6元”的结果。在请多名学生说说自己的想法后，教师引导概括：先找最贵的笔，再把价格按照从大到小排列，实际上就是先比较整元数，再比较不足一元的部分，也就是说小数比较是先比较小数点左边部分，当左边部分一样时，再比较小数点右边部分。

教师进一步提问：如果将单位拿掉，这些小数的大小关系还成立吗？你是怎样比较的？由实际带单位的具有生活意义的小数抽象到不带单位的小数，把学生的生活数学转化成学校数学，先比较带单位的小数，再去单位比较，学生自然就总结出小数比较的策略。

## 二、解释运算意思，学习小数加减

四则运算总是在数的认识后面出现的。让学生在活动中体会小数与以前学过的整数和十进制分数的联系：小数是分出来的，与十进制分数有关；小数也是数出来的，与整数有关，基本的计数规则是满十进一。

**(一) 组成运算，解释含义**

教师出示三道小数加减法“0.6＋0.8”“1.2＋0.8”“1.2－0.8”，请学生回答：它们是关于什么的运算？当学生回答“都是关于小数的加减法”时，教师提出问题：它们都是解决什么问题的呢？教师根据学生的回答，板贴出对应的三个问题如图9.3-3。接着请学生回答：要用什么方法来解决这些问题？教师再引导学生得出：求一共要多少钱用加法计算，比较谁多谁少时用减法计算。

**圆珠笔和红笔一共多少钱？**

**铅笔和红笔一共多少钱？**

**圆珠笔比红笔贵多少钱？**

图9.3-3

经过以上分析，教师请学生思考如何得到这些算式的答案，将想法展示在学案上。

**（二）自主计算，反馈评析**

对大部分学生来说，小数加减法的计算已经不是问题，多数学生直接写出了小数加减法的答案。根据实际教学，学生得到算式的计算结果还是比较容易的，但是让他们说说是怎么想的却有一定的困难。

教师在巡视和交流中发现学生的三种方法。方法一：学生通过单位转化，6角＋8角＝14角；方法二：学生根据上一课时所学小数的意义、计数单位的累加来解释，6个0.1＋8个0.1＝14个0.1；方法三：有极少部分同学是运用竖式进行计算。

请学生观察后，教师提问：这三种方法计算结果的表达是不同的，有什么不同的地方呢？

**（三）竖式计算，体会含义**

将整数的加减法笔算迁移到小数的加减法笔算，引导学生发现计算的一致性，找到方法一、方法二与竖式的一一对应关系。依据学生的答案，教师提问：竖式中答案里的4表示什么意思？能不能从方法一、方法二中找到对应的解释？教师在学生回答6＋8＝14，4表示4角，也就是0.4元时，马上在4前面点上“.”，解释小数点点在这里的原因：因为0.4元不到1元，4在小数点的右边。教师追问：小数点左边该如何计算呢？学生指出，10角就是1元，写在小数点左边。

也有学生发表不同意见，6个0.1＋8个0.1＝14个0.1，14个0.1里面有10个0.1和4个0.1，而10个0.1就是1，满十进一。教师引导总结列竖式的过程：小数点右边计算6加8等于14，先写4表示4个0.1，再点上小数点，最后满十向前一位进一。

依据学生的三种方法，教师进一步总结：三种计算方法都是正确的，如果选择一种答案写到横式右边，竖式的答案是最简便。在列竖式计算时，需要遵循小数点对齐的原则。

教师请学生用竖式的方法计算剩余两个算式，并请两名学生写在黑板上，写完后提问：同意他写的吗？竖式计算时，要注意什么？在学生回答小数点要对齐后，教师小结板贴。

## 三、分层组织练习，逐步扎实技能

**（一）组织比较，扎实应用**

依据小数的大小比较策略，可以进行小数的比较。教师选择比较跑步成绩，让学生根据生活经验，灵活答题。如图9.3–4，学生先比较四名学生的成绩，再说出结论并解释

**请把前三名学生的名字写在领奖台上**

50米跑前4名

| 名字 | 成绩/秒 |
|---|---|
| 小辉 | 8.9 |
| 小林 | 9.1 |
| 小刚 | 9.6 |
| 小涛 | 10.5 |

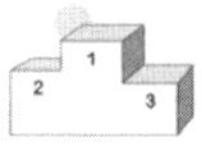


图9.3–4

原因，跑步时的成绩数最小的，名次反而是第一名，引导学生具体题目要具体分析。

**（二）解决问题，扎实关系**

教师出示以下两个问题，让学生先分析数量关系。

1. 一支钢笔是10.0元，比一块橡皮贵3.6元，问一块橡皮多少钱？

2. 水果摊购进一批苹果，已经卖出了4.1千克，还剩15.9千克没有卖完，原来一共购进多少千克苹果？

先引导学生画出线段图（如图9.3-5），再依据线段图列出数量关系并思考，你为什么选择用加法（减法）来解决问题？学生分析后发现，第一题：钢笔比橡皮贵3.6元，求橡皮的价格反而是用减法。教师引导概括求较小数用减法，求较大数时用的是加法。第二题：知道已经卖的量，知道还剩的量，求原来有多少，也就是要求总量，所以要用加法计算。

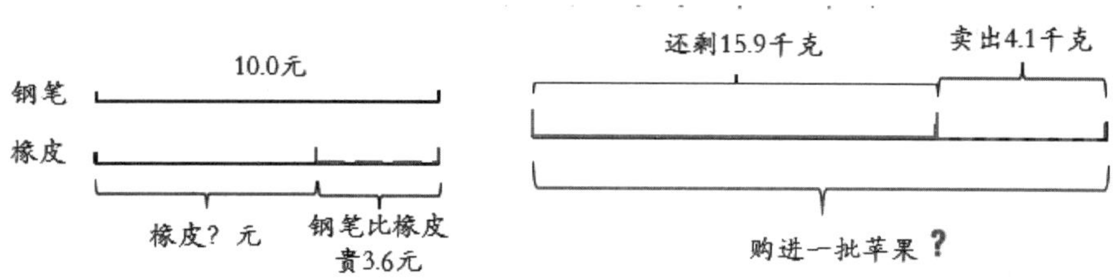


图9.3-5

分析完数量关系，教师让学生列式计算，从计算上来说，两题都是变式，第一题是连续退位减法，第二题是连续进位加法。

**（三）填写竖式，扎实含义**

教师出示数字谜如图9.3-6所示，请学生先判断：这是进位加法还是不进位加法？学生发现一个数加5结果等于2，越加越小，说明实际等于12，这是一个进位加法。教师继续追问，第二个竖式是退位减法还是不退位减法？学生发现一个数减4等于8，找不到这样的数，所以这个数减4一定是不够减的，它是一个退位减法。厘清竖式是否进退位后，再进行计算，最后集体反馈。反馈后学生发现，这个进位加法不是简单的进位，小数点后面填入7后，小数点后面满十向个位进1，个位计算8加4再加1等于13，和的个位填3后再次向十位进1，它是连续进位加法。这个退位减法也不是简单的退位，第一个框填入2后，小数点后面不够减，向个位退1作10个0.1，结果个位是0不够退，继续向十位退1作10，个位的0要看成9，9−2=7，个位填7，这是一个连续退位减法。

```
   8.□          10.□
 + 4.5        −  □.4
 ─────        ──────
  1□.2           2.8
```

图9.3-6

可以发现，以上三个练习层层递进，在不断运用新知解决问题的过程中有新的发现、新的积累。

数学新知识的学习往往建立在原有的知识经验上，对于小数的大小比较和加减法，学生已经有了丰富的生活经验和学习经验，因此在具体学习时，让学生结合生活情境比较小数的大小，再由具体到抽象。在小数的加减法计算时，则充分利用已有的学习基础——整数列竖式，用竖式数位要对齐的要求来列小数的竖式。

# 第四节
## “用小数加减法解决问题”教学实践

用“小数加减法”解决购买时钱数是否够用的实际问题是该知识在生活中的主要运用，学生对此有一定的生活经验。因此，在教学中，如何让学生结合生活经验多元解决问题？如何让学生在解决问题的过程中感受到“好问题”的标准，自主提出好问题并解答？带着这样的思考，我们进行了教学实践。

### 一、创设问题情境，多元解决问题

“小数加减法”在购买物品时经常会被运用，学生对小数加减法并不陌生，大部分学生能正确计算。因此，在教学时可以利用学生熟悉的购买情境导入新课，在解决问题的过程中引导学生多角度思考问题，进行多元化的解决问题。

#### （一）创设情境，提出问题

课件出示图9.4–1的情境，学生仔细阅读，说一说知道的数学信息以及要解决的问题。

通过这个环节帮助学生梳理有用的信息及问题，明确解题方向。

在学生回答的基础上，教师再问：要解决这个问题，其实就是要我们在比较什

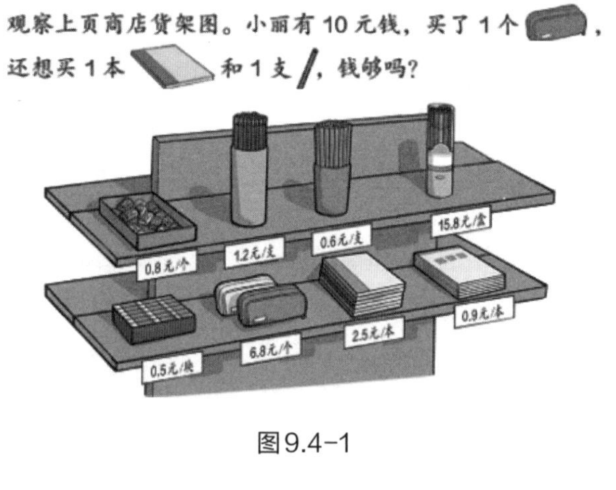


图9.4–1

么？学生指出要比较6.8＋2.5＋0.6的结果与10的大小，从而清楚问题的本质。在这个过程中，把文字语言转化成数学语言，可以使这道题的逻辑关系更明显，解题思路更明确。

**（二）估算判断，发展数感**

估算是与精确计算相对的一种计算形式。从思考过程来看，它是一种数学推理的过程，把原来较为复杂的计算转化成可以口算的过程。从人教版教材的编排来看，在学习这一单元之前学生在三年级上册第二单元万以内的加法和减法（一）中已具体学过估算，所以在上面的环节之后，笔算之前增加了“估算”这一环节。通过“快速看一眼，不笔算”的话语进行引导，让学生明白在解决“够不够”这样的问题时可以先尝试估算的方法，同时也让学生再次体验在推测“够”的情况，数据要往大估，因为往大估够就一定够。

在估出结果的基础上，让学生展开充分的讨论，从讨论中明确估算时要注意的地方，进一步强化估算的应用。

**（三）结合笔算，多元验证**

精确计算是学生最习惯、最常用的方法。在用估算解决问题时，学生发现不能确定够还是不够，解决不了问题。教师在此基础上引导学生进行精确计算。虽然用精确计算可以用多种方法解决，但是在实际教学中，可能因为受教师教学习惯、学生解题习惯等多方面因素的影响，学生都倾向运用连加解决问题如图9.4-2。在口答列好算式后，教师引导学生说说第一步算什么，第二步算什么，让学生结合竖式计算出最终结果。在这个过程中，结合具体的算式帮助学生巩固笔算的要点，对学生竖式计算进行强化，加强学生的计算能力。

方法1：6.8＋2.5＋0.6=9.9（元）
9.9元＜10元
答：10元钱够。

图9.4-2

结合学生的计算结果，进一步提问：同学们，现在我们算好了，发现它只跟10元相差多少？以此来帮助学生明确在判断“够不够”的问题时我们可以用估算，也可以用精确计算，但是当总价和所带的钱非常接近时，用精确计算更合适，在解决问题时要学会根据实际情况选择合适的方法。

在学生回答的基础上再次引导学生观察估算，追问：为什么我们估的时候居然估到了11呢？因为在估算的过程中把6.8估成7，多估了0.2，2.5估成3多估了0.5，0.6估成1多估了0.4，相比较原来的和一共多估了3次，多了1.1，所以估算结果为11了。其实在这一题中，只要估其中一个数就影响最后的结果，让学生更强烈地感受到这题用精确计算更合适。

出示“10－6.8”，教师引导：有同学是这样做的，你知道他求的是什么吗？在学生明确这步含义的基础上,要求学生进行竖式计算,并在这过程中渗透连续退位的竖式计算的知识点。接着教师鼓励学生继续解决问题,学生的方法如图9.4-3。

| | |
|---|---|
| 方法2:10－6.8=3.2（元） | 方法3:10－6.8=3.2（元） |
| 3.2－2.5=0.7（元）0.6元＜0.7元 | 2.5＋0.6=3.1（元）3.1元＜3.2元 |
| 答：10元钱够。 | 答：10元钱够。 |

图9.4-3

在交流的过程中,请学生分别就上述的方法说说每一步分别在解决什么问题。因为很少有学生一开始就会用减法,所以通过着重讲减法思路的方式,让他们认识到解决问题可以用多种方法,不要局限于一种方法。在这一环节中帮助学生打开解题的思路,丰富解题的方法,进一步提高学生的解题能力。

## 二、提出开放问题,拓宽数学思路

数学开放题又称数学开放型题或叫数学开放性问题。它可以指答案不固定(多种答案)或者条件不完备的题。开放性的问题可以激发学生的数学思维,拓宽数学思路,在数学学习上更具主观能动性。因此,借助对教材中开放性问题的研究,让学生感受问题的开放,体会开放的好处。

### (一)开放问题,明确要求

解决了第一题,学生已经积累了一定的解题经验,所以第二环节设置了一个开放性的题目——小亮有2元钱正好可以买什么?教师引导学生读题,并对“正好”进行解读,让学生明确题目要解决的是2元钱刚好能买哪些文具,知道这些文具可以是一种,也可以是多种的组合。

### (二)自主尝试,整理思路

对学生来说,虽然这个题目具有一定的开放性,但是在他们的能力所及范围之内,所以在解读题目之后鼓励学生独立解决。实际教学中,学生有四种购买方案(图9.4-4)。

| | |
|---|---|
| 方案1:0.5＋0.5＋0.5＋0.5=2（元）<br>答：2元正好可以买4块橡皮。 | 方案2:0.8＋1.2=2（元）<br>答：2元正好可以买1个卷笔刀和1支带橡皮的铅笔。 |
| 方案3:0.8＋0.6＋0.6=2（元）<br>答：2元正好可以买1个卷笔刀和2支不带橡皮的铅笔。 | 方案4:0.5＋0.6＋0.9=2（元）<br>答：2元正好可以买1块橡皮、1支不带橡皮的铅笔和1本练习本。 |

图9.4-4

根据实际教学，得到这4种购买方案对学生来说还是比较容易的，但是让他们说说是怎么想的却有一定的困难。大多数学生都处于只能根据具体题目进行解答的水平，让他们根据具体做法提炼方法还是存在一定难度的，需要教师的引导。

**（三）反馈交流，总结策略**

鉴于学生总结能力有限，在交流购买方案的过程中，教师借势引导。在实际教学中，学生一般最先找出方案4，这时教师提问：你是怎么找出方案4的？因为三种文具的价格加起来刚好等于2元。教师顺势引导：既然可以用三种商品，我们还可以怎样思考？引导学生答出可以试两种商品或一种商品。教师小结：是的，在寻找合适的购买方案时我们可以采用“凑”的方法，但是在凑的过程中我们也要按照一定的顺序或思路进行思考，这样才能找到所有合适的方法，既不遗漏又不重复（图9.4-5）。在总结出有序思考的基础上，教师追问：你们怎么没选择彩色笔、铅笔盒这些文具呢？通过这样的追问让学生知道可以根据所带的钱数先排除比它贵的文具，所以以后碰到此类问题第一步先“排除”，第二步再“有序思考”。

图9.4-5

在这一环节中，学生可以学到在解决此类问题时可以有多个答案，需要发散思维，有序解答。

## 三、选择其中信息，提出数学问题

发现问题—提出问题—分析问题—解决问题是数学的本质。在平时的教学中，教师要根据数学教学发展目标，为学生创设问题情境，引导学生提出质疑，使得学生能够从多个方面、多个角度思考问题，注重问题的提出，培养学生的问题意识。学生在提问的基础上尝试解答，这样他们能够在过程中获得更多、更全面的数学知识，从而提高数学能力。

**（一）明确要求，评析问题**

在解决了“10元够不够”与“2元正好可以买什么”的基础上，教师引导：这是我们前面解决的两个问题，你觉得这样的问题好吗？这种问题在平时的实际教学中教师很少提及，所以提出这样的问题对学生来说充满了陌生感，一下子找不到解决的方向。针对这个现象，教师可以进一步提示：如果把第一个问题改成“买这三种文具一共要多少钱”，与“10元够不够”相比，你觉得哪个问题更好？再结合一定的板书，让学生充分认识到“10元够不够”这个问题更好，因为它可以用多种方法解决，具有一定的开放性。

有了第一个问题的铺垫，学生在评论第二个问题时相对来说有了一定的思考方向，认为第二个问题好，是因为它有多种答案。通过这样的开放性问题的学习，学生进行发散思考，得到更多符合要求的购买方案，与生活实际比较贴切，体现“数学从生活中来，又运用到生活中去”的价值！

**（二）选择信息，自主提问**

学生在明确好问题的标准后，让他们结合情境图提一提好问题。在实际教学中，学生提出的好问题都是类似于“11元正好可以买什么”“8元正好可以买什么”“买一个铅笔盒、一支铅笔和一块橡皮，带7元够吗”，这些问题其实都是处于模仿阶段，从这里可以反映出学生缺乏提问的能力，同时也提醒教师在平时的教学中一定要注重学生提问能力的培养，这样才能让学生更敏锐地发现并提出值得探讨的问题，不仅培养了提问题的能力，更培养了学生的创新精神。

**（三）交流评析，体会关系**

为了更发散学生的思维，让提问题这个环节更有价值，教师可以在学生模仿的问题中挑选一个问题让学生评价是否是好问题，在这过程中让学生清楚如“11元正好可以买什么”这个问题是好问题，因为它有多种答案，但是它仅是模仿第二个问题提的。评析完成后，教师提出：“2元可以买什么？你觉得这是个好问题吗？”让学生自主交流评析。

经过这个环节，让学生明确好问题不仅仅只有刚才分析的两种模式，其实有很多，只要是有多种方法或多种答案的问题都属于好问题，但是提问的方式可以有多种，不要局限于这两种，对学生的提问方式进行了发散，在一定程度上提高了学生提出问题的能力。

纵观以上教学实践与思考，贴近学生生活实际的解决问题，应让学生利用生活经验尝试解决，并在交流的基础上让学生体会到同一个问题的方法多样性与答案的多样性，在互相对比中明确好问题的标准，再让学生利用信息提出好问题。在这个过程中，教师要适时发挥引导作用，让学生经历解决问题的过程，注重解决问题方法的多样性与答案的多样性，最终实现提出好问题的能力的提升。

# 第五节

## “小数的初步认识的整理与复习”教学实践

《义务教育数学课程标准(2022年版)》指出,数学课程内容的一大特点就是整体性。教材编写与教学设计应当突出核心内容,呈现不同数学知识前后的实质性关联。从知识习得过程来看,整数、分数、小数本质上是一个整体;从数的组成角度而言,它们都是基于“计数单位”建构的。因此从整体的角度来看,本单元仅仅对小数整理与复习是不够的,还要把三者联系起来研究才会有好的复习效果。

### 一、结合图形,感悟“数”的本质

结合具体图示,让学生分别用整数、分数和小数表征的过程中,感悟数的本质是计数单位和计数单位累加。

#### (一) 依据图示,认识数的含义

教师出示一个正方形,明确我们把它看作1,接着出示三幅图(图9.5-1)和4、$\frac{4}{5}$、0.4三个数,请学生连一连。

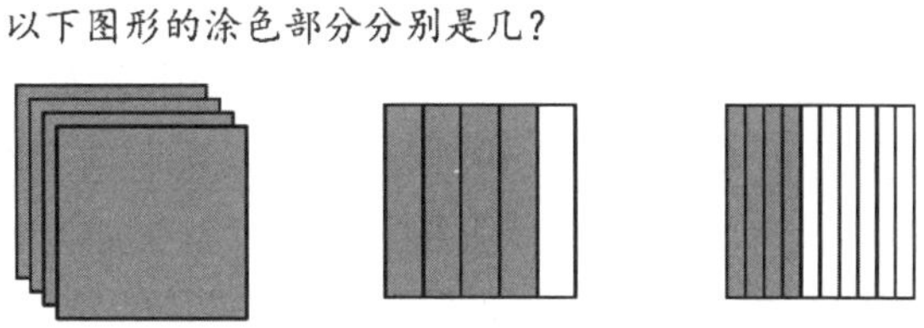


图9.5-1

在学生回答后教师追问,你是怎么想的?学生自然地能根据整数、分数、小数的意义找到对应的图和数,并根据本单元第一课时知道0.4与十进制分数$\frac{4}{10}$能相互转化。

接着,教师先提问:这几个数有什么相同的地方?再提问:这几个数有什么不

同的地方？先提问有什么相同的地方，把学生的焦点聚焦于数字“4”，从而为后续的发现提供了帮助。学生通过观察后发现，这几个数都有数字4，都表示4个几。但这几个4所表示的含义不同。整数“4”表示4个1，分数$\frac{4}{5}$中的“4”表示4个$\frac{1}{5}$，小数0.4中的4表示4个0.1。

通过对比分析，帮助学生感受到其实这几个数的结构都是相同的，都有4个计数单位，但计数单位所表示的意义各不相同。

**（二）大小比较，体会数的组成**

学生发现了这三个数的不同，教师顺势提出让学生比较这三个数的大小。根据阴影部分的大小，学生能说出$4>\frac{4}{5}>0.4$。教师引导学生进一步明确，把0.4转化成$\frac{4}{10}$，这样就可以比较$\frac{1}{5}$和$\frac{1}{10}$的大小，$\frac{1}{5}$比$\frac{1}{10}$大，所以$\frac{4}{5}$比0.4大。

教师追问：刚才有同学想到了把0.4转化成$\frac{4}{10}$后再进行比较，你能把$\frac{4}{5}$转化成小数再比较大小吗？学生想到$\frac{4}{5}$这个分数是不能直接转化成小数的，要转化成$\frac{4}{10}$这样的分数。结合图（图9.5-2），学生发现可以把$\frac{4}{5}$变成$\frac{8}{10}$，$\frac{8}{10}=0.8$，这样就可以比较大小。

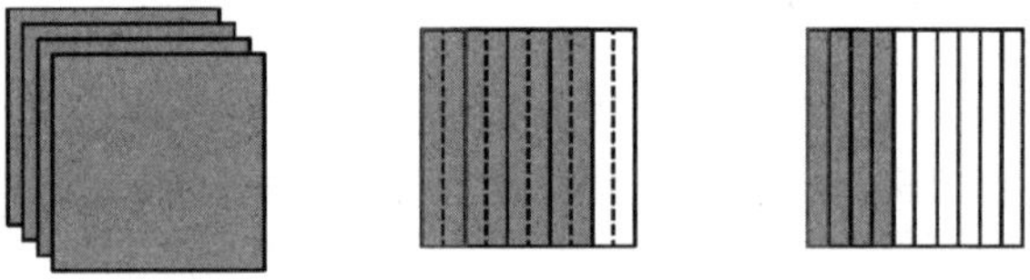

图9.5-2

**（三）选择组合，发现数的联系**

比较完这三个数的大小后，接着让学生计算4＋0.4，4－0.4这两个算式。在反馈4＋0.4时，让学生明确这两个“4”的计算单位不同，不能直接相加，4.4这个结果其实是4和0.4组成得到的。计算4－0.4时，要把4看成4.0再进行摆竖式计算，在摆竖式的过程中，教师要引导学生回忆数位对齐。

计算完上面两个算式后，教师接着提问，$\frac{4}{5}$和0.4能相加减吗？学生感受到这里的两个4计数单位不同，不能相加减。但是在前面的学习中，学生已经知道$\frac{4}{5}$可以转化成小数0.8，0.8和0.4就可以进行相加减了。同样结合图也有学生会发现，把$\frac{4}{5}$变成$\frac{8}{10}$，$\frac{8}{10}$和$\frac{4}{10}$也可以进行加减运算。

把小数放到数的背景下考虑，让学生感受到小数和整数、分数一样都有计数单位，都有计数单位的累加。

## 二、创设情境，感悟“量”的本质

“量”的意思是一个对象数量的多少，这里有两个关注点：一是对象是什么；二是对象有多少。对象有多少就是对前面整数、分数、小数本质的学习，而对象是什么就要求学生不仅关注数，也要关注单位。

### （一）添加单位，比较量的大小

教师出示：4角、$\frac{4}{5}$元、0.4元，问：现在它们还是原来的大小关系吗？学生在比较时首先要考虑单位的大小，其次还要结合数的大小来综合考虑。

学生比较发现：4角＝0.4元，$\frac{4}{5}$元大于0.4元，这样单位统一后就可以比较大小了，学生还可以把这些钱都转化成用角作单位再比较大小。在这个过程中，教师要引导学生进行有序的思考，最后得出结论：$\frac{4}{5}$元＞0.4元＝4角，它们的大小关系也发生了变化。

恰当的问题情境，能促进学生的表达和交流。在回答中弄清他们的来龙去脉，沟通其纵横联系，从而帮助学生从整体上把握知识结构。

### （二）进行组合，感悟量的运算

继续引导学生辨析：通过前面的学习，我们已经知道$\frac{4}{5}$元＝$\frac{8}{10}$元＝0.8元＝8角，同学们认为在生活中哪些数更常见？

学生在辨析的过程中进一步明确，小数和“十进制分数”大小是相等的，但小数和整数更像。分数不仅有分子、分母，而且不是“十进制分数”。学生还不能感受到这个数是多少，所以是整数和小数更常见。在数的构造规则上，小数和整数都是由各个数位的位置相加构成，保持一致，更容易让人接受。

### （三）重添单位，体会量的关系

当量改变后，“数＋量”的大小也会改变，学生是有这个学习经验的。教师出示，4（角）＝0.4（元），向学生提问：除了元和角，你还能想到其他的单位吗？

学生思考后回答，4（分米）＝0.4（米）、4（分）＝0.4（角）、4（毫米）＝0.4（厘米）、4（厘米）＝0.4（分米）。根据学生的回答，教师引导学生概括，只要括号里填的是进率为十的两个单位就可以构建这样的等式。

小数的初步认识都放在“元、角、分”或“米、分米、厘米”的语境里进行，并在语境中进一步体会这样一种策略，即当我们的“量”不足以表示时，我们可以通过改变数的大小来实现。

## 三、依据信息，形成策略

数学问题提出是指“学生在已有的数学经验基础上，对具体的情境给出自己的理解，并建构有意义的数学问题的过程”。在我们的数学课本上，有不少“你还能提出其他数学问题并解答吗”的问题，要想学生提出“好问题”，我们首先就要让学生知道怎样的问题提出来是好的。

### （一）出示题目，回顾反思

课件出示信息如图（图9.5-3），通过提问“你发现了哪些数学信息”引导学生阅读信息。学生在解读的过程中发现教师的信息没有“问题”。教师请学生提出问题，并要求学生首先回忆上一课时中“好问题”的标准是什么。

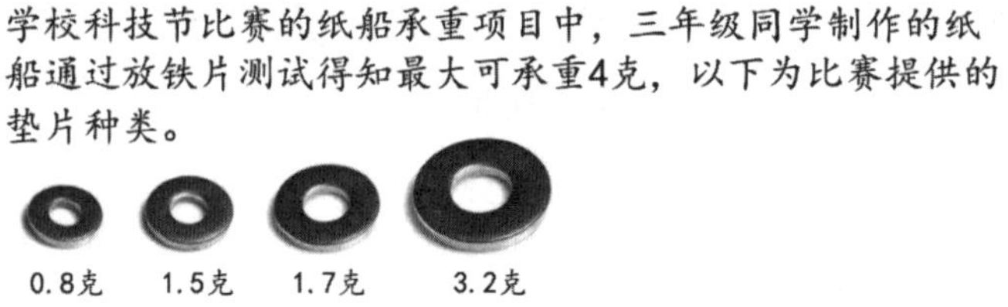


图9.5-3

学生能够回忆起“好问题”的标准：（1）“解题方法多样”；（2）“答案不唯一”。

本单元的解决问题教学中，学生已经明确什么是“好问题”，因此在这个环节我们就以“好问题”为切入点，从而提升学生提出问题的能力。

### （二）提出问题，辨析问题

在理解厘清图中的信息并明确了“好问题”的标准，教师鼓励并引导学生大胆提出数学问题。在学生提出问题的过程中，教师将问题一一罗列在黑板上，形成散乱的问题群，（图9.5-4）。教师在充分肯定学生能自主提出许多问题后，引导学生进行思考：“你觉得哪些问题是好问题？”

**最重的两块垫片能同时放在大纸船上吗？**
**大纸船上能同时放三块或三块以上的垫片吗？可以怎么放？**
**最大承重一共有几种放法？**

图9.5-4

“好问题”有助于学生对所提问题进行深度思考，成为学生学习的助推器。因此，教师组织学生辨析各个“问题”时，思考提出的问题具有怎样的探究价值，并说明理由，在对比、交流中逐步形成解决该问题的策略。

**（三）形成思路，解决问题**

在学生讨论统一后，教师选择其中一个问题请学生解答，比如：最大承重一共有几种放法？学生根据刚才的提示解决问题。

教师展示学生的解题方法，并把学生的回答用板书记录下来，在记录的过程中教师要有序地记录，可以最上面是一种垫片的，接下来是两种垫片的，然后是三种垫片的……，当学生一下子没有找完所有的可能，教师可以利用板书进行提示："同学们，你们看老师在记录的时候有没有什么规律？"以此来帮助学生寻找规律并找出所有的方法。

作为本单元的整理与复习课，基于现实与图式，突破原来对于单一概念的表层学习，通过前后知识联系学，提出问题学，使学生经历数的产生和生长，从而整体建构知识体系。

"小数的初步认识"是小学生对数体统认知的一个扩充，从数的组成角度而言，"整数、分数、小数"都是基于"计数单位"建构的，因此我们有必要通过"计数单位"来找到它们的联系。同时在这个单元的学习中学生借助具体的量来认识小数，在此基础上，还需要进一步在对具体情境中数与数量、数量之间等关系感悟的基础上理解数的意义。在解决实际问题环节，还要关注学生能否依据"好问题"的标准来提出并解决问题。

# 第十章
# 小数的意义和性质及加减法

“小数的意义和性质”“小数的加法和减法”“小数乘法”“小数除法”是有着密切联系的四个单元。在人教版小学数学教材体系中，前两个单元编排在人教版《数学》四年级下册，后两个单元编排在人教版《数学》五年级上册。其中“小数的意义和性质”是后面三个单元学习的基础。仔细分析可以发现，“小数的意义和性质”这一个单元中的“小数的意义”“小数的性质”这两个板块与“小数的加法和减法”有着直接联系，是后者理解算理和概括算法的基础；“小数的意义和性质”中另外两个板块——“小数点的移动引起小数大小变化的规律”“小数与单位换算”又是“小数乘法”和“小数除法”学习的基础。

基于以上认识，我们把“小数的意义和性质”这一个单元分拆成两个单元。前两个板块与小数的加法和减法融合成一个单元，第一课时学习小数的计数单位、小数的组成和简单的加法和减法计算；第二个课时学习小数数位顺序表、小数位数相同的加法和减法；第三课时学习小数的性质和小数位数不同的加法和减法；第四课时学习小数加减混合运算以及整数运算加法定律推广到小数。“小数的意义和性质”的后面两个板块看成一个整体，第一课时学习“小数点的移动引起小数大小变化规律”，第二课时学习“小数与单位换算”，在学习完这两个课时后，补充简单的小数乘法和小数除法。

# 第一节
## “小数的意义和性质及加减法”整体设计

“小数的意义和性质”与“小数的加法和减法”是人教版《数学》四年级下册两个独立的单元。从“数与运算”整体教学设计的视角，把两个独立单元的知识进行有机融合。那么，“小数的意义和性质”中哪些知识与“小数的加法和减法”有联系？怎样利用这种联系进行整体教学设计呢？与“小数的加法和减法”没有直接联系的知识板块，又应该怎样编排呢？带着这样的思考，我们进行了教学实践。

### 一、梳理——发现编写特色

把“小数的意义和性质”与“小数的加法和减法”这两个单元看成一个整体进行分析，是为了更好地发现分开编排的基本特征，并为后续的反思指出不足之处做好准备。带着这样的思考，从联系的视角对这两个单元进行梳理。

#### （一）梳理联系，定位整体设计的具体内容

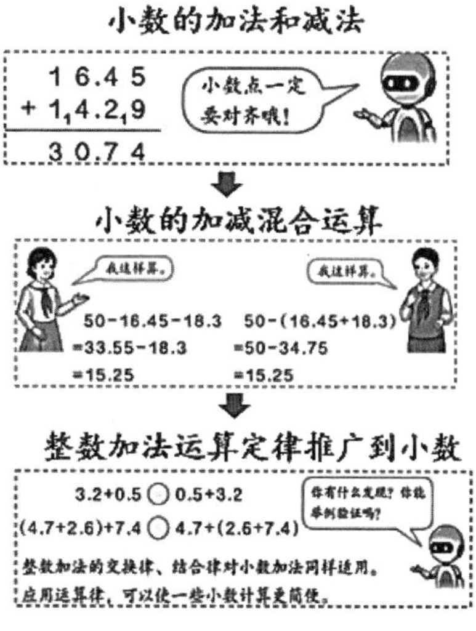


图10.1–1

“小数的加法和减法”分成“小数加减法”“小数的加减混合运算”与“整数加法运算定律推广到小数”这样三个板块，它们分别对应于“整数加减法”中相应的三个板块。如图10.1–1中的学习“小数加法和减法”中，为什么要小数点对齐？这是由“整数加法和减法”中的“相同数位对齐”在小数的加法和减法计算中的具体

表现。“小数的加减混合运算”中学生指出的“我这样计算”，到底是怎样计算的呢？这是按照整数加减混合运算的运算顺序进行计算。“整数加法运算定律推广到小数”让学生通过计算，探究运算结果相同的两个算式之间的变化规律，发现“整数加法运算定律”在“小数加法”中同样适用。这是因为小数也是十进位制数，所以“整数加法和减法”中的运算法则、加减混合运算顺序与整数加减法中的运算定律和性质，都可以采用类比与迁移的方法推广到小数。

“小数的意义和性质”分成“小数的意义和读写”“小数的性质和大小比较”“小数点移动引起小数大小变化规律”和“小数与单位换算”这样四个板块。仔细分析，第一板块和第二板块的学习内容是“小数的加法和减法”的学习基础，其中“小数的意义”是理解“小数加法与减法”算理的学习基础，“小数的性质”是完善加减法计算法则与化简小数加法和减法计算结果的基础（如图 10.1-2）；第三板块则是理解小

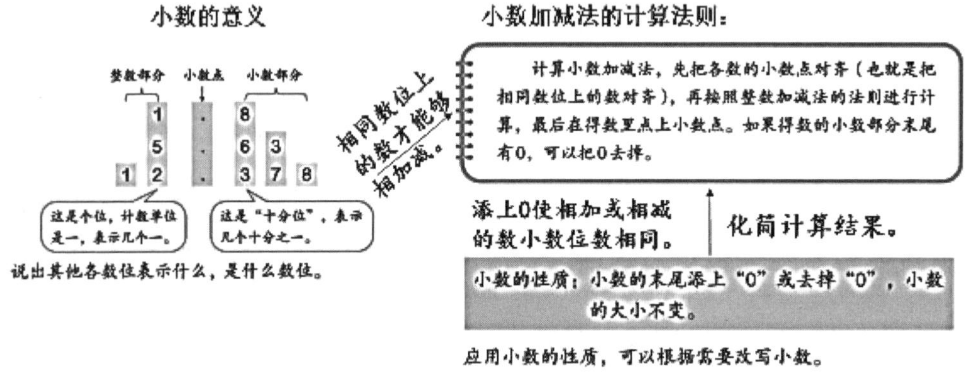


图10.1-2

数乘法和小数除法算理的学习基础之一，把“小数点的移动引起小数大小变化的规律”作为基础，分别利用积的变化和商不变的性质，把“小数乘法”转化成“整数乘法”再计算，把“除数是小数的除法”转化成“除数是整数的除法”再计算（如图 10.1-3）；第四板块则可以看成第三板块在单位换算中的应用。

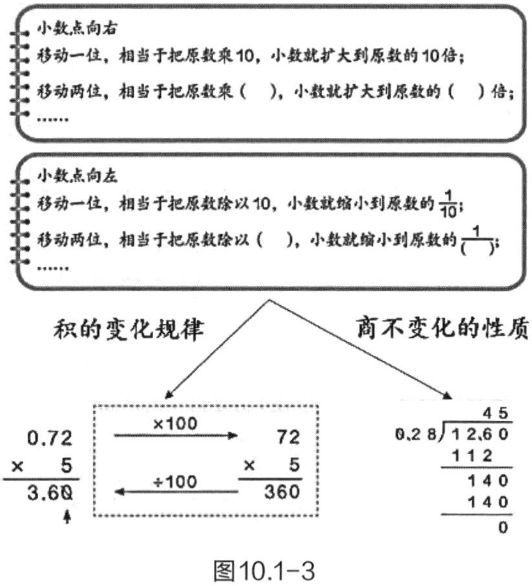


图10.1-3

从这样的分析，“小数的意义和性质”这一个单元的内容实际

上包含了两个部分的内容，即第一部分是“小数的意义和性质”，包含了第一和第二板块，与本册后续要学习的小数加减法有着密切的联系；第二部分是“小数点的移动引起小数大小的变化”，包含了第三和第四板块，是人教版《数学》五年级上册“小数的乘法和除法”学习的基础。

基于以上分析，我们把人教版《数学》四年级下册的“小数的意义和性质”这一个单元分成以上的两个部分，把第一部分称为“小数的意义和性质(1)”，把它与“小数的加减法”作为一个整体进一步进行梳理、反思与实践。

**（二）利用经验，抽象小数意义和小数性质**

第一板块“小数的意义和读写”是在人教版《数学》三年级下册“小数的初步认识”时已经学习了“一位小数”的基础上进行编排的。沿用了认识“一位小数”的学习材料——米尺，把1米分别平均分成10份、100份与1000份，用其中的一份作为计数单位。在总结出小数计数单位之间的进率也是10之后，进一步推广，得到更小的小数的计数单位0.0001、0.00001、……，从小数的计数单位的视角，构建起小数的意义，再进一步抽象概括，得到小数的数位顺序表，概括小数的读写方法。

第二板块“小数的性质和大小比较”，从商品标价“2.50元”“8.00元”与实际价格“2.5元”“8元”进行比较，初步感知小数的末尾添上0或去掉0，小数的大小不变。再进一步研究“0.1m”“0.10m”“0.100m”的大小关系，利用单位换算，从1dm＝10cm＝100mm，推导出0.1m＝0.10m＝0.100m，进一步验证小数的末尾添上0或去掉0，小数的大小不变。最后，在相同的正方形中表示出0.3和0.30，进一步直观地发现0.3＝0.30。经历以上三轮规律的探究，学生归纳出“小数的性质”。小数的大小比较，则是迁移了整数的大小比较方法，结合小数的意义，在对四名同学的跳远成绩(如图10.1-4)的排名过程中，概括出小数大小比较的方法。

**5** 下面是四名同学的跳远成绩，你能给他们排出名次吗？

| 姓名 | 小明 | 小林 | 小东 | 小军 |
|---|---|---|---|---|
| 成绩/m | 3.05 | 2.84 | 2.88 | 2.93 |

图10.1-4

从上述编排我们体会到，教材在编排“小数的意义和性质”时，努力引导学生利用原有的生活经验与学习基础，创设学生既熟悉又能够揭示小数的意义和性质的问题情境，在学生自主探究的基础上，抽象概括出小数的意义和性质。

**（三）类比迁移，整数加减运算拓展到小数**

“小数的加法和减法”可以与“整数的加法和减法”类比迁移进行学习。因此，在具体编排时，创设现实情境，让学生利用“整数的加法和减法”中积累的活动经验，得到相应的“小数的加法和减法”，再引导学生利用“整数的加法和减法”的学习经验以及小数加减法的意义进行自主学习。

首先，创设求总和与相差数的小数加法和减法问题，让学生依据“整数加法和减法”学习时的数量关系列出小数加法和减法的算式，再依据整数加法和减法的计算法则，即相同数位对齐，相同数位上的数相加减。概括出小数加法和减法的计算法则：小数点对齐，相同数位上的数相加减。具体地，分别由图10.1-5和图10.1-6的情境，安排了两组例题，例1是16.45+14.29、16.45−14.29，例2是16.45+18.3、18.3−16.45。例1中的两个数的小数位数相同，这一种形式在人教版《数学》三年级下册“小数的初步认识”中的简单的加减法的学习时已经学习了两个一位小数相加减的笔算，此时，竖式计算时小数点也对齐，但它的特征并不明显；例2由于两个数的小数位数不同，因此，当相同数位对齐时，小数点对齐这个特征就十分明显。因此，小数加法和减法的计算法则应该在例2学习后再进行概括。

图10.1-5

图10.1-6

接着，仍旧采用购书的情境，或改变人物（如图10.1-7），或添加信息（如图10.1-8），提出连加、连减或加减混合运算的两步解决问题，连加计算时学习三个加数连加时竖式计算的方法（图10.1-9），连减和加减混合运算则采用递等式计算（图10.1-10）。通过这样的一个题组，让学生认识到“整数加减混合运算解决问题”的数量关系在“小数加减混合运算解决问题”中同样适用，小数加减混合运算的运算顺序与整数加减法的运算顺序完全一致。

**3** （1）小刚买了下面3本书，一共花了多少钱？

图10.1-7

（2）小林买了下面2本书，付给售货员50元，应找回多少钱？

图10.1-8

$$17.45+15.8+14.69=47.94$$

$$\begin{array}{r} 17.45 \\ 15.8 \\ +\ 1_{1}4_{1}.6_{1}9 \\ \hline 47.94 \end{array}$$

图10.1-9

$$\begin{aligned} &50-16.45-18.3 \\ =&33.55-18.3 \\ =&15.25 \end{aligned} \qquad \begin{aligned} &50-(16.45+18.3) \\ =&50-34.75 \\ =&15.25 \end{aligned}$$

图10.1-10

最后，在计算小数加法和减法的过程中，发现整数加法运算定律与减法性质同样适用于小数加法和减法，并学习应用加法运算定律和减法性质进行简便计算，结合具体例子归纳出利用运算定律和性质，把能够凑成整数的小数先相加这一种基本思路。

## 二、反思——重构融合式序列

从上述梳理中可以发现，“小数的意义和性质(1)”与“小数的加法和减法”这两个单元有着密切的联系，但是，由于把它们编排在两个独立的单元之中，使得在编排时两个单元的内容泾渭分明，在小数的意义学习时没有很好地利用小数的加法和减法加深理解，小数的性质在小数加减法中的应用又相对滞后。因此，我们需要进一步进行反思，提出可以实现“小数的意义和性质”与“小数的加法和减法”融合的具体方案。

### (一) 相关内容有机融合

小数的意义学习的内容是：小数的计数单位；利用小数的计数单位进行记数；用小数加法和减法进行表征与记录。“小数的性质和大小比较”与“小数的加减法例2(如图10.1-6)”有着密切的联系，即当两个小数位数不同的小数相加减时，可以在小数的末尾添“0”再相加减，同样地，两个小数位数相同的小数相加减时，当出现小数末尾有“0”时，可以把小数末尾的“0”去掉，在实际运算中，归纳出小数的性质，体会到归纳小数性质的价值。具体形成如下表的三个课时的教学内容。

| 板块 | 课时 | 课题 | 主要内容 |
| --- | --- | --- | --- |
| | 1 | 小数的计数单位和小数加减法 | 1. 小数的计数单位；2. 小数的组成；3. 小数的读写(渗透)；4. 用加法表示小数的组成 5. 简单的小数加法 |
| | 2 | 小数的意义和小数加减法(1) | 1. 小数的读写；2. 小数数位顺序表；3. 小数的大小比较；4. 小数位数相同的小数加法和减法 |
| | 3 | 小数的性质和小数加减法(2) | 1. 小数的性质；2. 小数位数不同的小数加法和减法 |

以上三个课时，把“小数的意义和性质(1)”与“小数的加法和减法”中的学习内容有机融合。在第一课时，用“加法”表征小数的组成，用小数的计数单位作为算理理解简单的小数加法；第二、三课时中，把小数的加减法按相加减的数分成位数相同与位数不同这样两类，从第一类小数加减法的教学中，学习小数的数位顺序表与小数的大小比较，在第二类小数加减法的教学中学习小数的性质。

### (二) 混合运算与简单运算进行整合

在教材中，把“小数加减混合运算”与“整数运算定律推广到小数”分成两个课时，这样编排虽然可以做到每一个课时的目标明确，但是不利于培养学生合理选择运算方法的习惯，因此，我们把两个课时整合成一个课时。

具体地，不单独推导归纳把整数加减法运算定律推广到小数。而在完成小数连加计算的过程中，发现把能够凑成整数的先相加，在此基础上进一步进行反思这样做的依据，从而发现整数的运算定律同样也适合于小数，并进一步举例验证（如图10.1–11）。

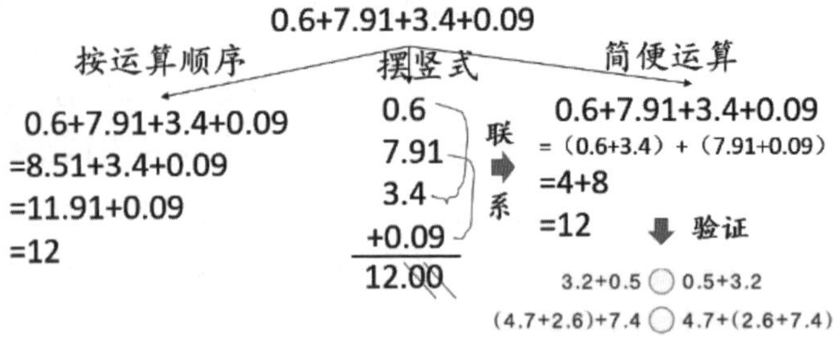

图10.1–11

这样的设计思路，把利用运算定律进行简便运算看成四则混合运算的其中一个部分，让学生在进行四则混合运算时，首先依据数与运算符号的特征，想一想是否可以简便运算。

**（三）把小数点的移动引起小数大小变化与应用独立成为一个单元**

把与“小数的加法和减法”有联系的“小数的意义”与“小数的性质”融合成一个整体进行教学。那么余下的两个板块——“小数点的移动引起小数大小变化的规律”与“小数与单位换算”如何处理呢？我们的策略是把它们独立成一个单元，称为小数的再认识。

具体地，可以独立成为一个单元在人教版《数学》四年级下册教学，也可以把人教版《数学》五年级上册的“小数乘法”融合，进行整体设计。我们采用前者的设计思路，但是同时也增加“小数乘法”中的口算，使基于小数意义的乘法计算法则有了相应的学习基础。具体安排如下表三个课时的教学。

| 课时 | 课题 | 教学内容 |
|---|---|---|
| 1 | 小数点的移动引起小数大小变化的规律 | 结合单位换算与小数点的移动规律，归纳出小数点的移动引起小数大小变化的规律 |
| 2 | 小数与单位换算 | 利用小数点的移动引起小数大小变化的规律进行进率是10、100、1000……的计量单位间的换算 |
| 3 | 简单的小数乘法和小数除法的口算 | 简单的小数乘法和小数除法口算。如1.（1）6×0.1　（2）0.6×0.1　（3）0.01×0.1　　2.（1）6÷0.1　（2）0.6÷0.1　（3）0.01÷0.1　3.（1）0.6×3　（2）0.6×0.3　（3）0.6÷3　（4）0.6÷0.3 |

在上述三个课时中，前两个课时与人教版教材编排的内容相同，第三课时是新增加的，第1个和第2个题组是在第一课时中已经学习了一个数乘或除以一个整数部分的计数单位这一种表达形式的基础上，学习一个数乘或除以一个小数部分的计数单位的计算方法；第3个题组则是利用小数的意义、积的变化规律、乘法交换律、乘法结合律以及商不变的性质等转化成整数乘除法和计数单位相乘除这样两个部分进行计算，最后再把两个结果相乘，如(2) $0.6\times0.3=(6\times3)\times(0.1\times0.1)=18\times0.01=0.18$，(4) $0.6\div0.3=(6\div3)\times(0.1\div0.1)=2\times1=2$。当然，以上计算过程需要结合图示表征，特别是“小数除以小数”的口算过程，一般利用商不变的性质直接转化成除数是整数的除法更容易理解，但是，为了实现乘法与除法算理的一致性，有必要进行这样的尝试。

## 三、实践——体现整体教学

通过反思，把“小数的意义和性质”中与“小数的加法和减法”密切联系的内容进行有机融合，把简便运算作为四则混合运算的优化，在这样的构想下，我们进行了教学实践，使得每一节课都能够体现出数与加减运算之间，或者四则混合运算与简便运算之间的内在联系。

### （一）勾连计数单位之间的联系

把小数作为十进位值制法记数的反向延伸，解决了不足“1”的数的表示方法。首先在回顾旧知的过程中对小数进行再认识；接着提出问题，请学生依据计数单位“十分之一”形成的规律，再创设出新的小数部分的计数单位，体会小数“小”的本质，最后在计算与解决问题的过程中，进一步深化与沟通小数、小数加法与复名数之间的内在联系。

#### 1. 回顾旧知，再认小数

教师出示如下的信息：全校一共有6个年级，43个班级，3479名学生，其中四年级有学生584人。请学生读一读上面的信息，再说一说这些数中包含的计数单位，以及由几个这样的计数单位组成的。依据学生的回答得到计数单位：1、10、100、1000……，并概括了相邻计数单位间的进率是10(如图10.1–12)。

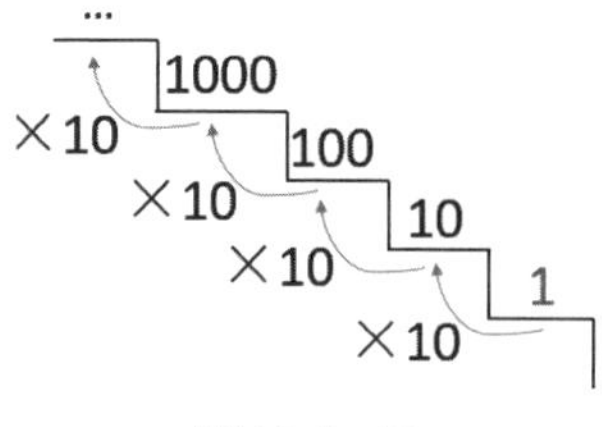

图10.1–12

在此基础上教师用谈话的形式引出计数单位0.1：在人教版《数学》三年级上册小数的初步认识时，我们还学习过一个计数单位“0.1”，它与图10.1–12中的计数单位有着怎样的关系？学生思考后是把1平均分成10份，它的一份就是$\frac{1}{10}$，也就是

0.1，依据学生的回答，教师在图10.1-12的基础上补充成图10.1-13。教师进一步出示一位小数的简单加法题：0.6＋0.7，请学生用小数的计数单位相加“满十进一”以及相应的图示表征进行解释。

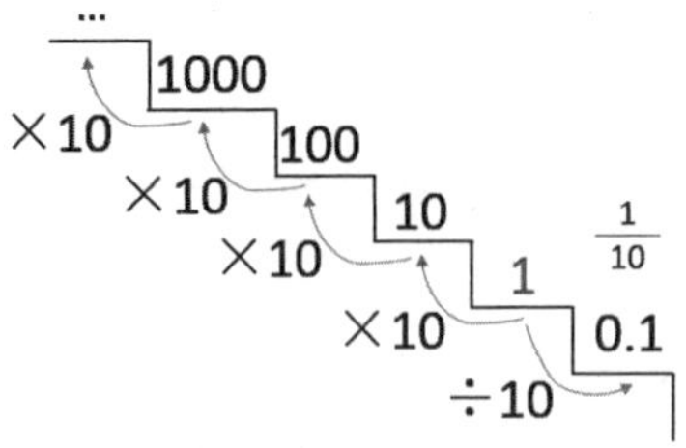


图10.1-13

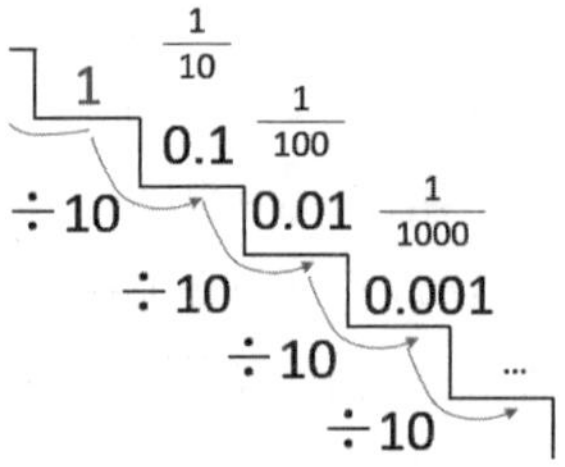


图10.1-14

2. 经验联想，创造单位

教师进一步提出问题，还有哪些比1小的小数的计数单位，请学生依据图10.1-13中0.1的创造过程，让学生填一填、说一说，创造出新的计数单位0.01、0.001……得到如图10.1-14的图示。

教师进一步追问：现在你能够说一说“小数”中的“小”到底小在哪里？引导学生思考、讨论、交流，最后发现小数的“小”在于小数的计数单位可以越来越小。

教师进一步引导学生整体观察图10.1-13和图10.1-14中的计数单位，说一说有什么发现，学生发现以1为标准，“往上”依次乘10，计数单位越来越大，“往下”依次除以10，计数单位越来越小。教师依据学生的回答，在除以10的部分加上向上的箭头，引导学生发现如果向上观察，也同样是乘10（如图10.1-15），从而概括出计数单位相邻进率是10。

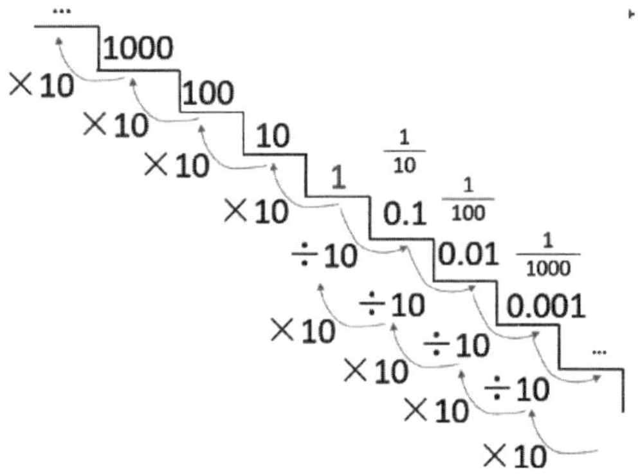


图10.1-15

3. 创设情境，体会本质

在回溯与理解已有的计数单位的基础上，创造出新的小数部分的计数单位，体会小数部分的计数单位也按照十进制记数法创造的。依据这样的思路，让学生用新学习的计数单位解释小数加法的算理（如图10.1-16），寻找复名数与小数的关系（如图10.1-17），简单的小数加法和减法解决问题（如图

（1）0.35+0.03=

（2）0.004+0.008=

（3）0.33+0.7=

（4）2+0.4+0.05+0.009=

图10.1-16

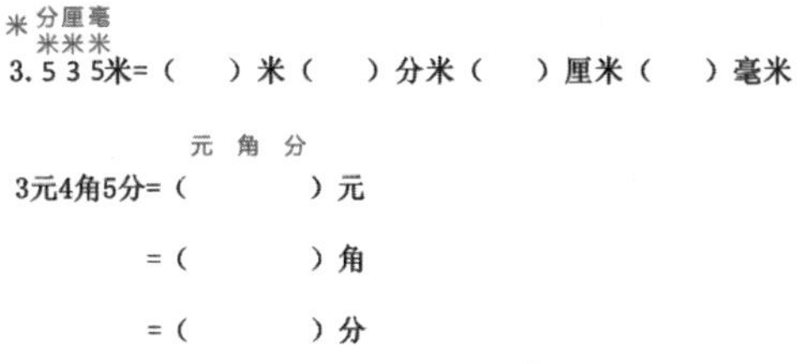


图10.1–17

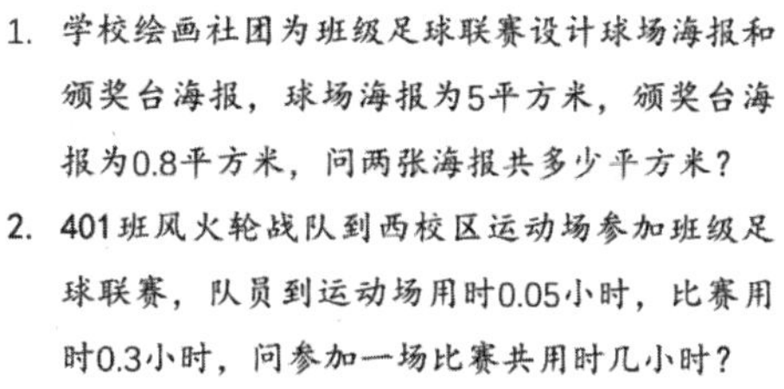


图10.1–18

10.1–18)，在解决各类问题的过程中，厘清小数与小数的计数单位的关系、小数计数单位间的进率与计量单位间的进率的关系、简单的小数加减法中的数量关系与整数加减法中的数量关系之间的联系。

**（二）让小数的认识为运算服务**

这里的“小数的认识”是指在学习了小数的计数单位之后的“小数数位顺序表”和“小数的性质”；“小数的加法和减法”则包括“小数位数相同的加法和减法”“小数位数不同的加法和减法”。

首先，创设情境，让学生依据原有的学习经验，笔算小数位数相同的加法和减法，在去掉情境，说明算理的过程中，形成与完善小数的数位顺序表，具体过程如图10.1–19。

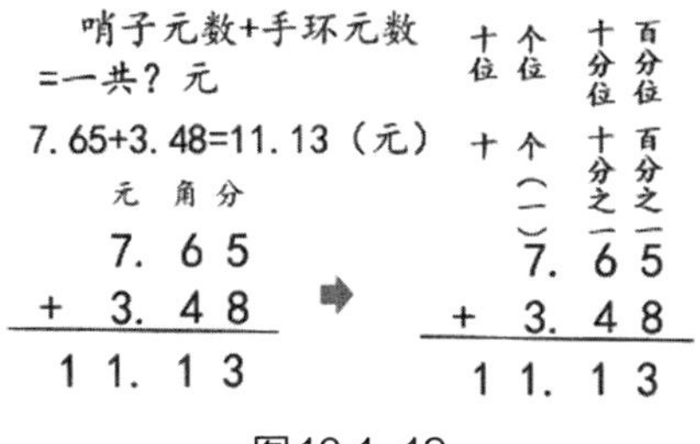


图10.1–19

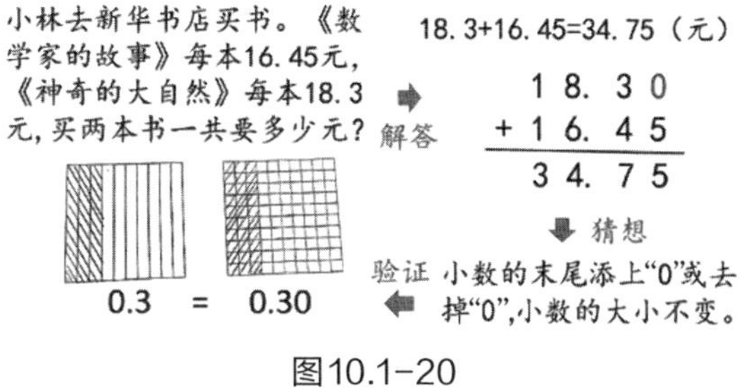


图10.1–20

以上为一个课时的学习内容，在下一节新授课中，进一步创设情境，笔算小数位数不相同的加法和减法，同样地，在去掉情境，说明算理的过程中，发现第一个加数百分位上添0后再相加，形成猜想：小数的末尾添“0”或去掉“0”，小数的大小不变，具体过程如图10.1–20。

**（三）把简便运算融入混合运算**

首先，创设问题情境，引导学生自主计算四个小数连加的问题。接着，展示学生不同的计算方法，(1) 展示按运算顺序用递等式计算的方法，(2) 展示竖式计算的简写形式，并在观察竖式计算的过程中，发现可以把能凑整的两个加数先计算的特征，优化竖式计算的计算方法，(3) 展示用递等式进行简便运算的方法。最后，请学生举例验证整数加法运算定律可以推广到小数。具体如图10.1–11。

在运算定律推广到小数后，用题组的形式，比较整数连加的简便运算与小数连加的简便运算的相同点与不同点，发现运用的运算定律相同，但是整数连加的简单运算把能够凑成整十、整百、整千数的先相加，而小数连加中简便运算把凑成整数的小数先相加。

在学习了简便运算之后，再进一步丰富例子，出示包含连加、连减、加减混合运算等各类两步运算的计算题，请学生先审题再计算（如图10.1-21）。

用合适的方法计算

（1）5.26+3.43+0.74

（2）9.14-1.43-4.57

（3）7.3-0.7+0.3

（4）7.3-（0.7+0.3）

图10.1-21

总之，把“小数的意义和性质”中的前两个板块与“小数的加法和减法”进行整合，把两个单元中有密切联系的内容融合在一起，很好地体现了“小数”与“小数的加法和减法”之间的内在联系。具体地，“小数”的核心概念是“小数的计数单位”，小数由一个或多个这样计数单位组成。“小数的加法和减法”的核心概念也是小数的计数单位，即相同的计数单位上的数相加减。

# 第二节
## “小数的意义和加减法(1)”教学实践

本课时主要学习的内容是小数的计数单位和基于计数单位的加减法，学生在三年级下册已经学习了“小数的初步认识”。在日常生活中，学生也经常会用小数表示数量。因此，在本课时的教学中，如何充分利用学生已有的学习基础和生活经验，解释小数部分的计数单位？如何利用小数计数单位的变化规律，体会小数计数单位的本质意义？如何利用小数的计数单位，解释基于小数计数单位的加法和减法？带着这样的思考，我们进行了教学实践。

### 一、类比迁移，再认一位小数

小数的出现标志着十进制记数法从整数扩展到了分数，使分数与整数在形式上获得了统一，是十进位值制计数向反方向延伸的结果。因此本环节的教学中，从回顾整数的计数单位入手，在具体情境中解释0.1，进而抽象出一位小数的计数单位0.1，再利用小数的计数单位解释加减法，体悟计数单位的累加与组合。

#### (一) 回顾旧知，认识整数的计数单位

依次出示信息请学生解释。班级人数：43，提问：43会数吗？可以怎么数？学生会有两种数法：第一种：一个一个地数，进行1的累加；第二种：10个10个地数，有4个10和3个1。此环节提炼出两个整数的计数单位1和10。紧接着先后出示四年级总人数584人和全校总人数3479人，分别提问：有新的计数单位产生吗？根据学生回答依次板书计数单位100和1000。此时引导学生发现：这些整数的计数单位在不断变大，并且规律是依次乘10。(板书“×10”)

通过数整数，回顾整数的计数单位，目的是将计数单位迁移到小数中，进而让

学生在学习本课时后，将整数和小数的计数单位进行统一。

**（二）结合意义，认识一位小数的计数单位**

教师出示0.1，以及一个小正方形，0.1米，0.1元这些素材，让学生进行解释。有了三年级下册“小数的初步认识”学习经验，学生都能较为规范地表达0.1的含义。此时就需引导学生去发现，其实0.1这个计数单位就是把1平均分成10份，其中的1份，也就是十分之一，如图10.2-1。同时板书“÷10”。接着在图中依次增加一个0.1，说一说现在图中的小数是几，表示有几个0.1。教师追问：想一想最多可以数到几，有几个0.1呢？有了前期的学习基础，学生能明确感知到最多数到0.9，因为再往下数一个，10个0.1就是1了。结合图形进行数小数的计数单位的个数，再次让学生体会1和0.1之间的进率是10。

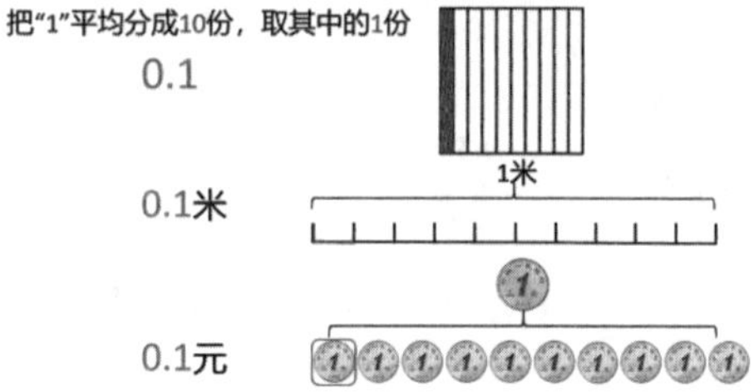

图10.2-1

本环节的教学，主要回顾三年级下册“小数的初步认识”单元所学的知识，重点强调0.1是一位小数的计数单位，在数小数的过程中体会一位小数就是0.1的不断累加。

**（三）结合加减，进行一位小数的加减运算**

教师出示4道简单的小数加减法，如图10.2-2，提问：同学们，我们在三年级的时候还学习过简单的小数加减法，你会算吗？能从计数单位的角度来解释一下吗？

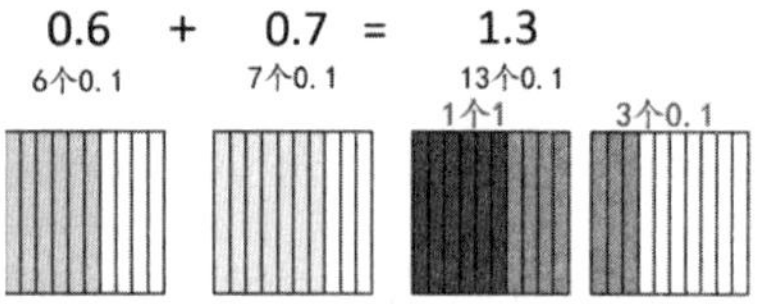

图10.2-2

在计算0.6＋0.7＝1.3这题时，学生能解释1.3中的1是由10个0.1满十进一得到的。再追问：你发现了什么？小数加法其实就是在把什么进行加减？结合图示和文字，让学生体会到一位小数与一位小数的相加实际上就是在对计算单位个数进行相加。

## 二、适度拓展，学习计数单位

0.1的复习和抽象，使学生认识到0.1是对“1”的分解，把“1”平均分成10份，产生的新的计数单位0.1。由这个学习经验所得，自然会联想到0.01这个计数单位与0.1以及1之间的关系，迁移学习经验解释其他更小的小数计数单位。

**（一）结合例子，认识两位小数**

教师依旧出示解释0.1的三种素材，继续出现0.01，提问：想一想，老师新带来的计数单位0.01,你能解释吗?自己独立思考后与同桌互相说一说。有了上一环节的铺垫,学生在回答时会出现两种表述方式,第一种:将小正方形中的0.1再平均分成10份,每份就是0.01;第二种:将1平均分成100份,每份就是0.01。

学生出现第一种表述时,教师结合图及时追问:把0.1再平均分成10份,那就相当于把整个正方形平均分成了几份呢?学生回答:1里面有10个0.1,把每个0.1都平均分成10份,就相当于把一个正方形平均分成了100份,也就是百分之一;教师出示意图,直观展示,如图10.2-3。基于此,学生也能顺利解释0.01米和0.01元的两种表达意思。

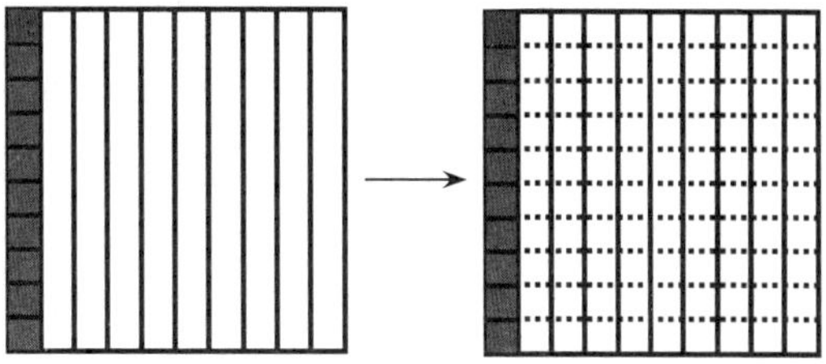

图10.2-3

本环节着重引导学生理解第一种的解释方式,既能让学生理解0.1与0.01之间的进率,与前面0.1的解释进行呼应,也为后续解释0.001以及更小的小数计数单位做铺垫。

理解清楚0.01的意思之后,教师让学生看着黑板上的百格图一起数一数,数到0.10这个小数时,引导学生观察:0.10可以表示10个0.01,还可以表示什么意思呢(如图10.2-4)?学生从图中可以看到0.10还可以表示1个0.1,再次巩固10个0.01就是0.1。

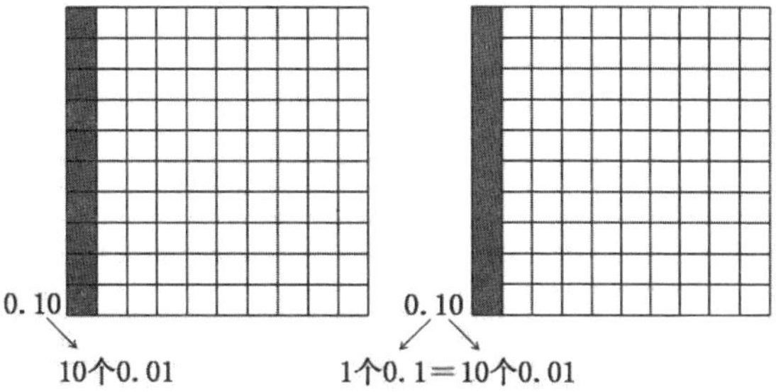


图10.2-4

再添一个0.01后,继续提问学生:现在这个小数是多少?可以怎么解释呢?学生会表达两种意思,第一种:0.11表示11个0.01;第二种:0.11表示1个0.1和1个0.01的组合。让学生从计数单位的个数和数的组成两个方面来解释。

本环节在一图多用中凸显小数与十进分数的关系,以及相邻计数单位间的十进关系,为后续寻找更小的计数单位积累丰富的数学经验,加速知识的正迁移。

**(二)结合想象,丰富计数单位**

抽象出0.01这个计数单位的意义之后,顺势提问学生:还能想到更小的计数单位吗?能解释吗?学生有了前面两次均分经验,自然可以想到0.001,0.0001等更小的计数单位。这里着重让学生解释0.001的意思,其实就是把0.01平均分成10

份，相当于把1平均分成1000份，表示千分之一。及时追问：0.001米其实就是我们现实生活中常用的哪个长度单位？0.001元呢？利用动画演示让学生清晰感知0.001米就等于1毫米，但0.001元在生活中的货币单位就不常用。结合生活实际，让学生感受到数学中小数计数单位的特点是可以无限小，无限地平均分下去。

**（三）回顾梳理，发现计数单位规律**

在不断的想象中，学生感受到小数的计数单位是在把“1”无限地平均分，适时引导学生结合板书（如图10.2-5）提问：同学们，观察黑板上的板书，你有什么发现吗？学生回答：整数的计数单位是越来越大的，小数的计数单位是越来越小的，再追问：那我们从上往下看，计数单位在怎么变化？从下往上看呢？引导学生将整数的计数单位和小数的计数单位结合，一起构建起完整的十进位值制记数系统，顺势让学生发现小数和整数相邻计数单位之间的进率都是10。

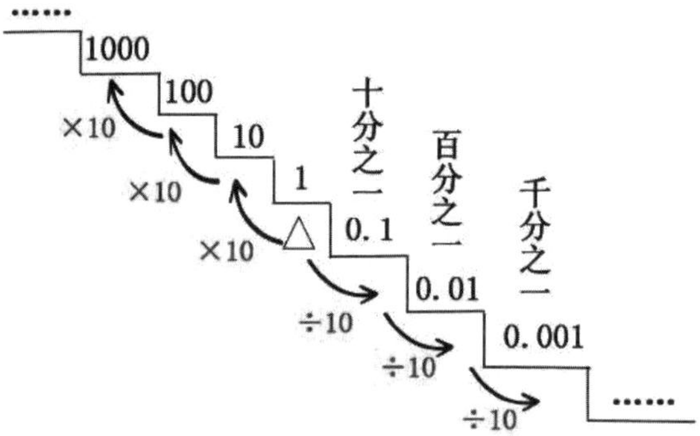


图10.2-5

## 三、创设情境，体会小数本质

本课时的练习，主要是把小数放置于不同的情境中，让学生体会到小数在日常生活中的不同含义以及运用。

**（一）结合运算，再认计数单位**

课件出示如图10.2-6的四道计算题，请学生算一算，并利用计数单位进行解释。算完之后请学生观察，这四道题目有什么不同的地方？学生发现：第(1)题和第(2)题中的加数计数单位是相同的，第(3)题和第(4)题的加数的计数单位则不同。教师引导学生再次体会前面三题都是计数单位的累加得到的，而第(4)题则是计数单位的组合。

(1) 0.35+0.03=

(2) 0.004+0.008=

(3) 0.33+0.7=

(4) 2+0.4+0.05+0.009=

图10.2-6

**（二）结合单位，体会小数本质**

货币和长度是学生日常生活中常见的用小数的量，且计量单位都可以与计数单位相呼应。教师出示如图10.2-7的两个对比练习题，让学生独立思考完成。学生对于货币单位的这一题出错率较高，容易受到上面一题的影响，这一题主要是让学生体会到因标准改变而使小数发生变化。

米 分厘毫
米米米
3.5 3 5米=（　）米（　）分米（　）厘米（　）毫米

元 角 分
3元4角5分=（　）元
=（　）角
=（　）分

图10.2-7

**（三）解决问题，感悟小数应用**

教师出示以下两个问题，让学生在解决问题时感受到小数存在于现实生活的多种情景中。

（1）学校绘画社团为班级足球联赛设计球场海报和颁奖台海报，球场海报为5平方米，颁奖台海报为0.8平方米，问两张海报共多少平方米？

（2）401班风火轮战队到西校区运动场参加班级足球联赛，队员到运动场用时0.5小时，比赛用时0.3小时，问参加一场比赛共用时几小时？

请学生先独立解答，再组织评析，在评析时重点引导小数的加法。到底是计数单位的相加还是计数单位的组合？学生发现第（1）题是组合，因为是5个1加8个0.1，计数单位不同；第（2）题是相加，因为是5个0.1加3个0.1，计数单位相同。

回顾本课时的学习过程，从计数单位"个（一）"为起点，不断向左移就是"乘十"，得到比"1"大的整数计数单位，不断向右移，就是"除以十"，在不断等分的过程中认识比"1"小的计数单位，就是0.1、0.01、0.001等。基于小数的计数单位对小数的加减法进行解释，体会到小数的计数单位是小数的认识和小数的加减法的共同的核心概念。

# 第三节
## “小数的意义和加减法(2)”教学实践

根据生活情境，引出生活中的实际问题，以“元”作单位的两位小数的加法和减法，利用学生已有的活动经验，自主解决与解释算理；接着再去掉具体的情境，学生尝试用小数的计数单位解释；再接着进一步提炼，逐层逐步地概括出计算法则。先认识小数部分的数位，回忆整数部分的数位和相应的计数单位，在解决具体问题的过程中，抽象出小数的数位顺序表，让学生经历小数数位顺序表的形成过程。再进一步利用小数的数位顺序表所映射的知识，概括出小数加减法的计算法则，并利用数位顺序表进行小数的读与写、小数的大小比较等。

### 一、结合具体情境，解决加减问题

创设具体情境，选择学生熟悉的生活场景，让学生在用“元”作单位进行两位小数的加法计算时，可以有效激活学生已有的活动经验，以实现学习的正迁移。利用“元”“角”“分”解释小数加法的笔算过程，构建起小数加法与整数加法之间的联系。

#### (一) 创设具体情境，提出数学问题

围绕杭州亚运会主题，以学校举办的闻汇杯足球赛为契机，创设买东西的情境。教师出示情境图(如图10.3-1)：你能从图中获得什么信息？能提出什么数学问题？

图10.3-1

学生根据信息自然地提出许多问题,教师选择以下两个问题:

(1)一个哨子和一副手环一共要多少元?(2)一个哨子比一副手环贵多少元?

购物情境是离学生生活经验最近的场景,单价中的小数,学生自然会借助"元""角""分"的经验来进行计算。

**(二)利用计量单位,自主尝试解决**

由于学生在人教版《数学》三年级下册"小数的初步认识"单元已经学习了小数加减法的列竖式计算,也知道在列竖式时要小数点对齐,因此学生列竖式的格式基本正确,只是计算出现错误。这时教师反馈学生作业并提问:你们的答案都是11.13元吗?你是怎么想的呢?

学生根据自己的生活经验,想到利用元跟元加,角跟角加,分跟分加的方法计算。学生答道:元加元,7元加3元是10元;角加角,6角加4角就是1元;8分加5分就是1角3分。10元、1元、1角3分合起来就是11元1角3分,也就是11.13元。

计量单位是学生从一年级就开始接触和接受的概念。1颗☆加5颗☆等于6颗☆,9个苹果减2个苹果等于7个苹果,1元加4元等于5元……现实的生活情境勾起学生的旧知,相同的计量单位能直接相加减,在计算时,也利用"元""角""分"之间的进率进行转化,实现知识的正迁移,也为后面的相同计数单位相加减做过渡。

**(三)利用单位进率,理解加减算理**

"元""角""分"之间的进率是10,且"分"是日常生活中用到的最小的货币单位,由此学生提到可以从"分"这个单位开始进行计算。因为"分"的单位最小,8分+5分=13分,10分=1角,13分=1角3分,6角+4角=10角,加上进过来的1角,变成了11角,10角=1元,11角=1元1角,最后算元,7元+3元再加转换过来1元=11元,所以就成了11元1角3分。这个过程,实际上就是相同计数单位相加减,只不过赋予在购物情境,变成相同的计量单位相加减,原理都是从低位加起,且满10进1。

小数的加法和减法,在具体的情境下,学生可以利用相同计量单位上的数相加这一经验进行计算,体现了小数加法和减法的现实意义。同时也为后续的进一步抽象出小数的意义做好了铺垫。

## 二、去掉具体情境,抽象数学表达

学生的思维是由形象思维向抽象思维不断提升的过程。抽象思维来源于形象思维,形象思维来源于直观感受与现实生活。当学生在生活情境中会用"元角分"这一计量单位解释小数加法的计算方法,如何让学生理解小数加减法的算理呢?

适时地去掉情境，直指本质，更有利于学生抽象思维的形成。

**（一）去掉具体情境，提出新的问题**

在上一环节的购物情境中已经能用多种方法解释计算方法。如何用数学的语言规范表达小数加减法的算理和算法？这时，教师去掉情境，提问：如果没有“元角分”这些计量单位的帮助，还可以怎样解释你的计算方法？

单纯的小数加小数，从计量单位相加减抽象到计数单位相加减，解释小数加减法的算理和算法。

**（二）利用计数单位，尝试解释算理**

上一课时，学生认识了小数的计数单位，能从计数单位的角度解释小数加减法的算式含义，有了这样的基础，学生自然会迁移自己的学习经验。

学生想到可以用计数单位来解释，如图 10.3-2：在多名学生不断的解释中得到：只有相同计算单位上的数才能相加减，才是小数加减法的算理。

```
   7.6 8
+  3.₁4₁5
---------
 1 1.1 3
```

8个0. 01 +5个0. 01=13个0. 01=3个0. 01+1个0. 1

6个0. 1 +4个0. 1+1个0. 1=11个0. 1=1个0. 1+1个1

7个1 +3个1+1个1=11个1

图10.3-2

小数与整数一样，计数方法是十进位值制记数法，即“满十进一”，同一个数码在不同的数位上表示不同的值。去掉情境，学生结合小数的意义，从相同的计量单位相加减抽象到相同的计数单位相加减。

**（三）学习数位顺序表，归纳计算法则**

明确小数加减法的算理之后，教师追问：为什么“7”和“3”这两个数的计数单位会相同呢？引导学生观察，原来“7”和“3”都在个位上，发现计数单位相同的数都在同一个数位上。发现规律之后，教师继续追问：那么6和4表示的都是“几个0.1”，它们是在什么数位上呢？通过问题让学生了解0.1是十分位的计数单位；依此类推，学习百分位、千分位等小数部分的数位，并巩固相应数位所对应的计数单位。

了解了小数的计数单位和数位之后，让学生回顾整数的数位和计数单位，从而补充完善整张数位顺序表。学生有了前面利用计数单位，解释小数加法算式的意义这一基础，在数位顺序表中，学生自然可以得出相邻两个计数单位之间的进率是10。真正体现小数是整数的补充，完善了十进位值制的体系（如图 10.3-3）。

学习小数的数位顺序表之后，教师请学生用计数单位、数位来解释7.68－3.45＝4.23这个算式，再次巩固相同计数单位上的数相加减、相同数位上的数相加减的算理。这时，教师再次追问：怎样才能使相同数位对齐呢？学生通过竖式观察到：只要小数点对齐，相同数位就对齐了。通过对算理的逐层剖析，从“计量单位—计

| | 整数部分 | | | | | | | 小数部分 | | | | |
|---|---|---|---|---|---|---|---|---|---|---|---|---|
| 数位 | … | 万位 | 千位 | 百位 | 十位 | 个位 | | 十分位 | 百分位 | 千分位 | 万分位 | … |
| 计数单位 | … | 万 | 千 | 百 | 十 | 一（个） | · | 十分之一 0.1 | 百分之一 0.01 | 千分之一 0.001 | 万分之一 0.0001 | … |

← 10

每相邻两个计数单位间的进率是10

$$\begin{array}{r} 7.68 \\ +\ 3.45 \\ \hline 11.13 \end{array}$$

图10.3-3

数单位—数位”,由小数加减法的算理理解到算法掌握。

## 三、综合“意义”“运算”,实现两者沟通

计算教学在小学数学教学中占据着十分重要的地位,既要重视算法,更要重视算理。由此本课时的练习设计主要考虑两个方面:一方面要加深学生对小数意义的理解;另一方面在理解小数意义的基础上,加强学生对小数加减法的计算法则的理解,能根据算式解释算理。

### (一)依据小数意义,自主创编小数

教师出示如图10.3-4的题目:根据要求,自主创编小数。出题的目的主要让学生解决以下几个问题:

请你用 6 6 5 8 和小数点 . 组成三位小数,其中最大是多少?最小是多少?

图10.3-4

(1)你是怎么知道这个数是最大的?这个数是最小的?为什么大的数字放在前面,这个数越大?

(2)这里有两个6,它们所表示的意义一样吗?分别表示什么?

第一个问题让学生明确:数所在的数位越高,计数单位就越大,表示的意义也就越大,最高位数字越大,这个数也就越大,反之则越小。在此过程中,也逐步巩固了小数的大小比较方法,先比整数部分,若整数部分相同,则依次比较小数部分。第二个问题是让学生理解小数的意义,相同数字在不同的数位上,表示的意义不同。

### (二)编写运算,依据法则计算

结合第(1)题学生写出的两个小数,教师提问:你们能提出什么数学问题?学生自主提问:5.668与8.665的和是多少?差是多少?教师要求学生列竖式计算。

在反馈时，教师重点提问：计算时要注意什么？再次强调小数加减法的计算法则：相同数位对齐，相同数位相加减。

**（三）填写数字谜题，沟通“意义”“运算”**

数字谜是理解笔算中的分步运算，各部分数之间关系的很好的学习材料。出示如图10.3-5的数字谜，填写其中缺失的数字。学生在解决过程中，回顾小数加减法的计算法则，体会减法是加法的逆运算，将小数的意义和小数加减法的运算法则有效沟通。同时第一题的结果是小数末尾有0的，也为下一课时小数的性质教学提供了素材，进行了铺垫。

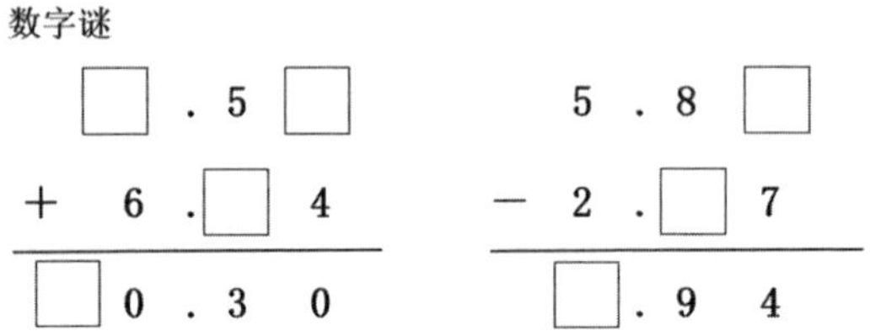


图10.3-5

本节课给我们启示：计算教学重点让学生理解算理、掌握算法。可以通过创设贴近学生生活的情境，让学生在解决具体问题的过程中，利用原有的经验和知识解释算法，进而概括出算理，形成数学本位知识；再利用数学新知解释与解决新的问题。这充分体现了数学来源于现实，又应用于现实这样的学习与应用的历程。

# 第四节
## “小数的性质和加减法”教学实践

本课时内容的学习可以看作是“小数的性质”的探究以及如何在小数加减计算中应用小数的性质。实际的教材编排中，小数的性质学习与小数的加减法安排在两个单元，由此小数的性质在小数加减法中的应用没有办法很好地体现。如何让学生通过由现实情境中计量单位的表征感知，过渡到纯数学的小数性质的抽象提炼？如何利用小数的性质完善小数加减法的计算法则？带着这样的思考，我们进行了教学实践。

### 一、解决具体问题，感知小数性质

上一课时，学生在购物情境中理解小数加减法的算法和算理。这一课时，承接上一课时的模式，继续创设买书的真实情境，在解决问题的过程中体会不同小数位数相加减的计算方法，初步感知小数的性质，体会小数的性质在计算中的作用。

#### （一）依据信息，提出问题

教师出示如图 10.4-1 的信息：请学生根据图中的信息提出数学问题。学生提出两个问题：

小林去新华书店买书。

图10.4-1

（1）两本书一共花了多少钱？

（2）《数学家的故事》比《神奇的大自然》便宜多少？

请学生依次口答两个问题的算式，分别是 16.45＋18.3 和 18.3－16.45，让学生独立列竖式解答。

与上一课时相同，在购物情境中提出问题并自己列式计算，帮助学生利用计量单位来解释和提炼小数的性质。

### （二）自主解答，发现问题

小数的性质的运用更多存在于小数位数不同的多个小数加减计算中。学生自主进行笔算后，教师追问：在计算时，你有什么发现？学生发现了两个加数的小数位数不同。再次追问：那在计算时，你又遇到什么困难？学生主要提到：进行减法计算时，被减数百分位上空缺，不清楚该怎么减。

学生经历提出问题、解决问题时再发现问题的过程。此时，学生还没有学习小数性质，因此，学生可以用已经学习的小数的意义和单位换算等进行解释，进一步抽象提炼，就可以概括小数的性质。

### （三）具体解释，感知性质

学生提出疑惑后，教师适时提问：你们有什么妙招可以帮助解决这些同学的困惑？学生提出可以在18.3的后面添上一个0，大小不变，把被减数和减数的数位变得相同，方便计算。再次追问：加了“0”之后，大小真的没有变吗？请解释自己的想法。教学实践中，学生主要有以下两种解释方式。

第一种：学生借助价格中的计量单位进行解释，18.3元就是18元3角0分，可以写成18.30元，钱的数量没有发生变化，18.3可以写成18.30。

第二种：学生借助计数单位进行解释（如图10.4-2），直接在18.3的末尾添上“0”，3个0.1与30个0.01相等，由此183个0.1转换成1830个0.01。计数单位变了，大小不变。

$$18.3-16.45=1.85$$

$$\begin{array}{r} 18.30 \\ -\ 16.45 \\ \hline 1.85 \end{array}$$

图10.4-2

通过在小数末尾添“0”，让被减数和减数的数位相同，计算更加方便。经历计量单位和计数单位两种方法进行解释，初步感知小数末尾添“0”，小数的大小不变，意义发生变化。

## 二、丰富具体例子，逐步概括性质

学生在货币单位中初步感知小数的基本性质，那是不是所有的小数都可以呢？教师出示多种不同的素材，经历从表示具体数量的小数到没有单位的小数，多种维度进行解释与体会，加深学生对小数的性质的理解，逐步概括出小数的性质。

### （一）单位换算，发现性质

课件呈现信息：米尺的一部分，箭头指示1分米，如图10.4-3。请学生用不同的长度单位来描述米尺中表示的长度，学生写出1分米、10厘米、100毫米，甚至0.1米。既然表示同样的长度，可以把表示方式用等号连接起来，写成0.1米＝1分米＝10厘米＝100毫米。用这样的方式，让学生感受同一个长度，可以用不同的长度单位和数量来表示。

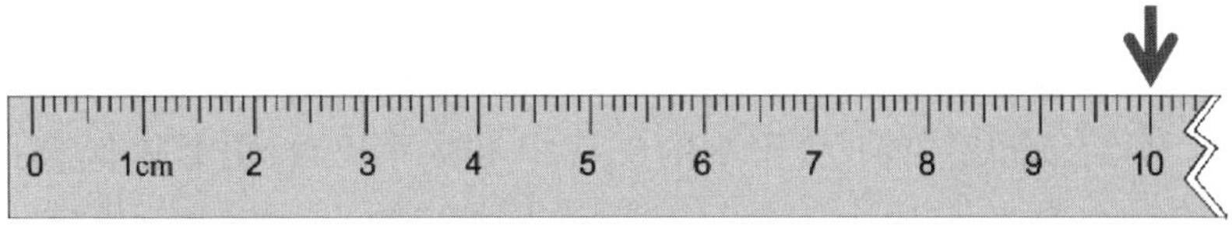


图10.4-3

教师提问：如果都转化成以米作单位的小数，可以怎么写？学生自主改写：1分米$=\frac{1}{10}$米$=0.1$米、10厘米$=\frac{10}{100}$米$=0.10$米、100毫米$=\frac{100}{1000}$米$=0.100$米。追问：那0.1米，0.10米，0.100米大小也相等吗？请学生结合图10.4-3，进行解释说明，得出：0.1米=0.10米=0.100米。在此引导学生观察8.3元=8.30元，0.1米=0.10米=0.100米这两个等式，发现小数的性质。

通过同一长度不同单位的表示到用同个单位表示，在单位换算中再一次感知小数的性质，丰富了学生的情境体验，为后续在图形中的感知做好铺垫。

**（二）几何直观，体会异同**

学生有了在"元角分"和长度单位换算两种不同的具体情境中的学习经验。这时教师追问：在具体情境中，小数有这样子的性质，那么如果给你两个没有单位的小数，也存在这样的规律吗？接着教师课件出示研究任务：比较0.3和0.30的关系。先独立思考，可以画图或文字表示自己的想法，再同桌交流。在班级交流反馈中，学生主要用以下两种方式解释：

第一种：画图，展示学生的作业，如图10.4-4。在反馈过程中，学生指出：图10.4-4中的左边每一条长方形都可以平均分成10份，所以这两幅图涂色部分的面积一样。教师再利用课件动态演示。

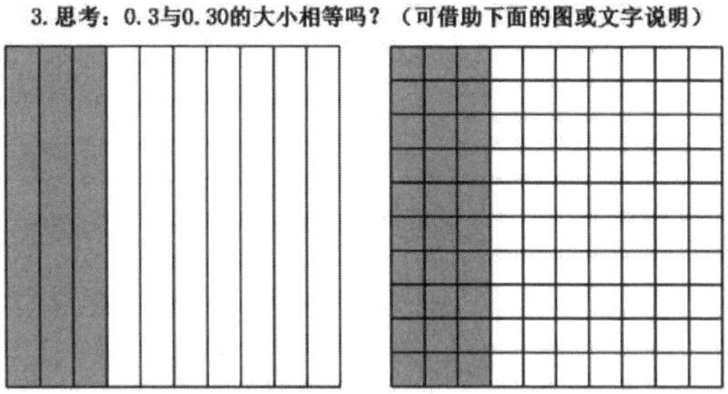


图10.4-4

第二种：利用计数单位进行解释，0.3表示3个0.1，0.30表示30个0.01。因为1个0.1=10个0.01，所以30个0.01=3个0.1，0.3=0.30。

在学生第二种的解释中，学生发现0.3与0.30的大小不变，由于计数单位不同，导致意义不同。同理可得，0.1里有10个0.01，100个0.01，计数单位不同，0.1=0.10=0.100。与此同时，利用课件百格图的动态演示，直观呈现0.3和0.30的面积相等，也为计数单位的解释提供了图形支撑，更为形象生动。显然，从表述具体数量的小数到不带单位的小数，加深学生对小数的性质的理解。

### （三）比较提炼，概括性质

教师出示如图10.4-5的三个图式，同时呈现学生体会小数的性质所用到的三种不同的材料和学习方式：列竖式计算中的运用、尺子上的同一段长度不同单位的描述比较、两个完全相同的正方形中的0.3和0.30大小比较，学生在丰富且呈现形式不同的学习材料中，经历从具体情境到几何图形三轮的规律探索，概括出小数的性质。

18.3−16.45=1.85

```
  1 8 . 3 0
− 1 6 . 4 5
-----------
    1 . 8 5
```

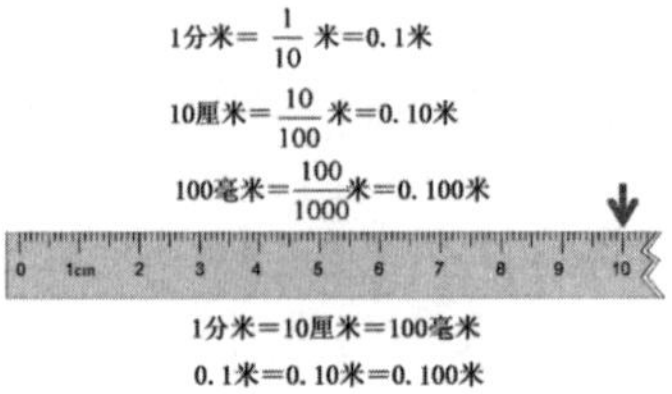


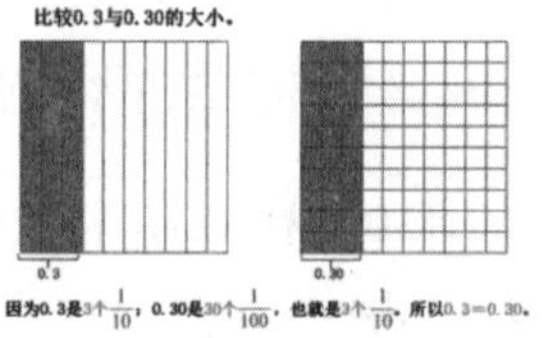


图10.4-5

## 三、利用小数性质，完善小数认识

小数的性质的应用，不仅只是为了能化简小数或对小数进行改写，更重要的是让学生体会到可以利用小数的性质使小数加减法计算更加完整。在此基础上，练习环节设计小数的计算、根据要求写小数，数字谜三部分，层层递进，不断完善小数的认识。

### （一）结合运算，完善法则

教师课件出示两道计算题：97.36+2.64和80−0.08，要求学生列竖式计算。如图10.4-6，不难发现，加法算式的结果100，需要把小数点后面的“0”去掉化简；减法算式中的被减数是整数，在列竖式时需要先点小数点，再根据减数的小数位数添上2个“0”。学生在计算中，逐步体会到利用小数的性质可以使计算更加清晰，使结果更加简洁。

97.36+2.64=100

```
    9 7 . 3 6
+     2 . 6 4
-------------
  1 0 0 . 0 0   (两个0被划去)
```

80−0.08=79.92

```
    8 0 . 0 0
−     0 . 0 8
-------------
    7 9 . 9 2
```

图10.4-6

### （二）依据要求，创造小数

对小数的认识，需要不同表征进行感知，同时激活学生已有的活动经验，进一步巩固理解小数的意义。教师出示了如图10.4-7的任务，并且提出要求，有序思考，有规律地写，保证不重复不遗漏。

用数字卡片 [6] [6] [0] [0] [.]

按要求组小数（每张卡片都要用上）

1. 一个0都不读出来
2. 只读一个0
3. 两个0都要读出来

图10.4-7

这道题的目的是让学生思考小数中的整数部分和小数部分的读法不同，根据不同的要求把“0”放在恰当的部分。

第一题需要把2个“0”都放在整数部分；第二题是把2个“0”一个放在整数部分，一个放在小数部分；第三个问题的答案比较多，在实际教学中，教师引导学生先明确“0”的位置，再从大到小或者从小到大的顺序进行有序思考，才能保证答案的完整性。

**（三）填写空格，加深理解**

教师出示如图10.4-8的数字谜，请独立思考填写，再交流反馈评析。本题的目的一方面让学生体会到利用小数的性质在被减数的末尾添零小数减法时更加方便，另一方面在填数过程中体会减法是加法的逆运算，渗透验算的过程。

数字谜

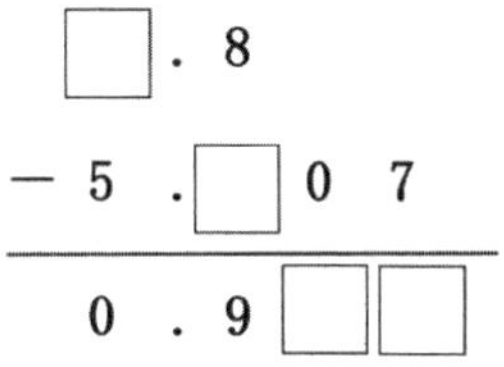


图10.4-8

回顾本课时的学习，将小数的性质与小数的加减法两部分知识整合，从小数加减计算入手发现问题，经历从具体数量解释过渡到几何图形表征，提炼出小数的性质，又在实际计算和解决问题中应用小数的性质，体现了知识的整体性和阶段性。

# 第五节
## “小数的加减混合运算与简便运算”教学实践

把整数加法的运算定律和减法的性质推广到小数加法和减法中进行简便运算，可以在解决小数连加和连减的问题过程中自主发现。基于这样的思路，把小数的加法和减法的混合运算与小数加法和减法的简便运算整合在一个课时中，通过创设贴近学生生活的具体情境，学生自主提出一个数学问题并解决，在交流算法的过程中，明晰小数加减混合运算的运算顺序和整数加减混合运算的顺序相同。通过沟通不同的运算律，在类比迁移中发现整数加法运算定律以及减法的性质同样适用于小数。

### 一、结合具体情境，解决连加问题

通过创设生活中的具体情境，引入小数的加法运算。让学生在自主解决问题的过程中呈现多种计算方法，在反馈交流中，沟通小数加法和减法的混合运算与小数加法和减法的简便运算。

#### （一）创设具体情境，提出数学问题

教师课件出示：本校四(1)班男子4×100米接力赛参赛运动员的名单以及他们的百米跑成绩，分别是16.1秒、15.72秒、16.28秒、15.9秒。请学生思考：如果这四名运动员按照这个水平参赛，正常情况下该班4×100米的成绩会是多少？随后出示男子4×100米接力赛的校纪录是64.2秒，提问：四(1)班是否有可能打破校纪录？

学生纷纷提出自己的猜想，在教师的追问下，学生提出把四个成绩加起来算一下就可以解决这个问题，顺势让学生自主解答。

**（二）选择合适方法，尝试自主解决**

这是一题小数连加的问题，有多种方法可以计算出结果。在实际教学中，有以下三种方法。第一种如图10.5-1，按顺序从左往右进行脱式计算。第二种如图10.5-2，分步列竖式进行计算。第三种如图10.5-3，发现数字之间的关系，运用加法交换律和加法结合律进行简便运算。

```
  16.1＋15.72＋16.28＋15.9
＝31.82＋16.28＋15.9
＝48.10＋15.9
＝64.00
```

图10.5-1

```
16.1＋15.72＋16.28＋15.9＝64.00
    16.10
 ＋ 15.72
 ────────
    31.82        64.00<64.20
 ＋ 16.28
 ────────
    48.10
 ＋ 15.90
 ────────
    64.00
```

图10.5-2

```
  16.1＋15.72＋16.28＋15.9
＝16.1＋15.9＋15.72＋16.28
＝（16.1＋15.9）＋（15.72＋16.28）
＝32＋32
＝64                64<64.2

          四（1）班有可能破纪录
```

图10.5-3

教师将学生不同的做法都反馈到黑板上，让学生体会计算方法的多样性，拓宽学生的思路。同时也交流对比在计算的过程中，优化计算的方法，引出加法交换律和加法结合律在小数加法中同样适用。

**（三）反馈交流评析，沟通不同运算**

在黑板上呈现学生三种不同的计算方式，全班同学一起逐一进行交流反馈。

第一种（如图10.5-1）。教师提问：你能说一说你是怎么想的吗？学生回答：先算16.1＋15.72，再把它们的和与16.28相加，最后再把所得的和与15.9相加。在交流中，引导学生发现：小数加法的计算顺序也是从左往右计算。接着教师提问：64.00秒还可以怎么表示？引导学生应用小数的性质对小数进行化简。

```
   16.1
   15.72
   16.28
 ＋ 15.9
 ───────
   64.00
```

图10.5-4

第二种（如图10.5-2）。可以采用三年级下册所学习的列竖式的方法计算，有同学会先算出两个小数相加的和再依次累加，最后算出结果。这时教师引导学生把四个加数一起列竖式进行相加（如图10.5-4），也能算出答案，并且更快、更简单。

第三种（如图10.5-3）。教师提问：这名同学的答案也是64，你们能看懂这位同学的做法吗？为什么可以这样计算？依据是什么？通过三个问题的追问，引导学生发现：这个算式中，16.1和15.9都是一位小数，且末尾可以凑整，15.72＋16.28都是两位小数，末尾也可以凑整。因此可以利用原来学过加法交换律和加法结合律，把算式变成（16.1＋15.9）＋（15.72＋16.28），这样计算更加简便。通过运算，让学生初步感受到整数加法交换律和加法结合律在小数加法中同样适用。

教师在反馈完简便运算后，将第二种列竖式计算与简便运算进行勾联，让学生体会到在列竖式计算中，也存在简便运算。如百分位上，2个0.01＋8个0.01即可勾联第三名同学列出的算式15.72＋16.28；十分位上的1个0.1＋9个0.1也可勾联出第三名同学列出的算式16.1＋15.9。教师引导学生通过观察整个竖式结构，从中看到运算定律，在板书中做出相应标记如图10.5-4。

在反馈交流中，明晰小数加法的运算顺序，体会算法的多样性，感受到利用加法交换律和加法结合律可以使小数加法计算更加简便，优化算法。

## 二、提出新的问题，体悟简便运算

让学生经历猜想—验证的过程，引导学生发现整数范畴下的加法运算定律可以推广到小数加法运算中去。再通过题组比较，发现能运用简便运算的算式特点，养成先审题再计算的计算品质。

### （一）比较不同运算，形成定律猜想

在解决问题中，学生体会到加法运算定律可以在小数加法中使用，那是不是小数加法都通用的呢？这时教师提问：原来的加法运算定律都是在整数范围中运用，现在变成了小数是不是同样都完全适用呢？学生都提出了肯定的猜想。这时教师请学生自己写下例子进行验证。

只有正确例子的支撑，才能将整数加法运算定律推广到小数加法运算中去。

### （二）丰富具体例子，验证定律推广

每名学生都写出了能利用整数加法运算定律进行简便计算的算式，其实学生在写算式时，考虑到的都是将小数进行凑整（如图10.5-5）。教师在反馈时，不断地让学生去说自己的运算顺序，为什么可以这样算？在说一说的过程中，进一步明确小数加法的运算顺序巩固运算定律。

**二、验证：是否所有的整数加减运算定律都适用于小数？**

我的验证：

16.21＋10.11＋13.79
＝16.21＋13.79＋10.11
＝30＋10.11
＝40.11

图10.5-5

在丰富的例子中，学生发现：整数范围中的加法运算定律同样适用于小数加法运算。学生经历提出猜想—自主验证的过程，对运算定律的运用更加熟练。

**（三）进行题组比较，发现简算异同**

简便计算的本质是先计算可以凑整的数，那是不是只要看末尾上的数字就可以了呢？借由这样的思考：教师课件出示下列题组，如图10.5-6。

113＋423＋557＝
1.13＋4.23＋5.77＝
1.13＋4.23＋57.7＝

图10.5-6

第一题是整数的加法，第二题是小数的加法，这两题实质上是一样的，都可以运用加法运算定律使计算更加简便。

与第二题不同，第三题中的三个小数的位数不相同，看似能够凑整，但因为末尾能够凑整的两个数字不在同一个数位上，不能直接相加减。学生在辨析交流中明确不是所有的算式末尾凑整了就都可以简便运算。引导学生在计算前要先观察算式。

## 三、积累活动经验，灵活小数加减

在前面的环节，学生在学习中，有小数加减混合运算的运算顺序与整数加减混合运算的运算顺序相同，并且整数加法中运算定律在小数加法中同样成立的经验。本环节学习中，结合具体例子，学生在解决问题中体会到整数减法中减法的性质在小数减法中同样适用。

**（一）解决具体问题，提炼减法性质**

教师课件出示购物情境中的问题：一双运动鞋72.5元，一根跳绳13.5元。小明拿100元去买这两件商品，可以找回多少钱？学生自主列式解答。在教学实践中，学生在解决问题的过程中列出以下两个算式：

第一种：100－72.5－13.5＝14（元）；第二种：100－（72.5＋13.5）＝14（元）。

分别请学生解释每一种算式背后的含义。第一种先算买完运动鞋后还剩多少，再算买完跳绳后剩下的钱；第二种是先算买东西一共花的钱，再算还剩多少元。接着引导学生发现这两个算式结果相同，就可以用等号把两个算式连接起来。通过观察这个等式，唤起学生对四年级上册所学习整数的简便运算中减法性质的记忆，结合解决实际问题，感受到整数减法中的减法性质在小数减法中同样适用。

有了前面在具体情境中，将整数加法运算定律推广到小数加法运算中的学习经验，在提炼减法性质的教学中，学生利用已有的经验，在解决问题过程中自主获得。

**（二）综合各类运算，自主审题计算**

接着，教师课件出示的四道题：（1）5.26＋3.43＋0.74，（2）7.3－（0.7＋0.3），（3）9.14－1.43－4.57，（4）7.3－0.7＋0.3，要求学生先审题，然后选择合适的方法计算各题。

四道题目的题型涵盖了连加、连减、加减混合和带有小括号的题目，其目的是要让学生养成先审题，选择合适的方法后再进行计算的习惯。在教学实践中，发现学生对于第②题有许多不同的计算方法，对于第③题和第④题的区别也存在疑惑。由此可见，带有小括号的计算与减法的性质的逆向运用是学生学习的难点。

**（三）评析运算过程，学会合理选择**

全班学生完成后，进行交流反馈。在实际教学中，发现对于第①题和第③题，班级正确率高且做法一致，学生均选择采用对应的运算定律或性质进行简便计算。第②题和第④题错误率则较高。

第②题学生主要有这样几种做法（如图10.5-7），学生看到括号就想着可以用减法的性质去括号，但这道题，其实不去括号计算会更加简便。同时，如图10.5-8中的第三种计算方法，也是学生常见的错误，减法性质的逆运用是学生的难点，需要后续教学中多加突破。

| ① | ② | ③ |
| --- | --- | --- |
| 7.3－（0.7＋0.3） | 7.3－（0.7＋0.3） | 7.3－（0.7＋0.3） |
| ＝7.3－0.7－0.3 | ＝7.3－1 | ＝7.3－0.7＋0.3 |
| ＝6.6－0.3 | ＝6.3 | ＝6.6＋0.3 |
| ＝6.3 | | ＝6.9 |

图10.5-7

第④题，学生千方百计也想进行简便计算（如图10.5-9），虽然正确，但其实加了括号反而会增加学生的出错率。

7.3－0.7＋0.3
＝7.3－（0.7－0.3）
＝7.3－0.4
＝6.9

图10.5-9

通过题组辨析，让学生根据算式学会合理选择算法。

回顾学习过程，本课时既是一节新授课，也是一节复习课。说是新授课，因为整数加减法运算顺序及运算定律第一次推广到小数，为后续推广到分数加减法中奠定基础。说其是复习课，是因为整数的运算顺序与运算定律和性质在小数运算中均成立。学生在迁移类比的过程中获得了新的学习经验。

# 第十一章
# 分数与分数的加法和减法

本课题的整体设计，是把“分数的意义和性质”“分数的加法和减法”这两个单元进行整体梳理的基础上，把“分数的意义和性质”中的“通分”与“分数的大小比较”纳入“分数的加法和减法”中。为什么要这样编排？依据这样的编排思路，如何进行整体设计呢？以上两个问题在“分数的意义和性质”的整体设计中已经有了较为全面的论述。所以本课题只对与本课题相关的“分数的意义和性质”中相关的内容与分数加减法相融合的设计与实践进行阐述。

两个分数从分母是否相同的视角，可以分成同分母分数与异分母分数。同分母分数的大小比较与加减运算都十分简单，分数的大小比较时只要比较分子的大小，分数的加减法时只要把分子相加减，分母不变。而这一种大小比较与计算，在人教版《数学》三年级上册“分数的初步认识”时已经基本掌握。我们在整体设计时，没有安排专门的例题，而是把它们分别融入到异分母分数的大小比较与异分母分数加减法计算之中，使得后者的学习更有挑战性。

异分母分数的大小比较与加减运算，都需要把它们转化成同分母分数之后进行大小比较或计算，而转化的策略均是“通分”。基于这样的思考，把原来编排在“分数的意义和性质”中的“通分”“分数的大小比较”后移到“分数的加法和减法”中，让学生分析现实情境中的两个异分母分数，提出哪个分数大与差是多少的问题背景下，发现问题：不能够直接比较或运算，因为它们的分数单位不相同。“通分”就成为了一种共同的需要，并且通过学习通分，使异分母分数的大小比较与加减运算有了共同的学习基础。

本课题中还有“分数加减混合运算”“把整数运算定律推广到分数”以及“喝

问题”等三个板块。对于前面两个板块，可以看成一个整体，通过自主计算后发现分数连加和连减中的简便运算，从而把“整数运算定律推广到小数”。“喝牛奶问题”则利用画图把文字信息转化成图示信息，再从图示信息中提取分数，从而解决问题，体会到几何直观的魅力，在此基础上继续“喝牛奶”，逐步概括出喝掉的水与牛奶的变化规律。

# 第一节
## “分数与分数的加法和减法”整体设计

在人教版《数学》五年级下册“分数的意义和性质”的单元整体设计与实践中，把该单元的极大部分知识点纳入“分物产生分数”“测量产生分数”与“除法比产生分数”三个活动之中，形成9个课时的学习单元。余下的“最大公因数”“最小公倍数”前置到“因数和倍数”这一个单元中，使得“因数和倍数”单元学习内容更加完整。把“通分”与“分数的大小比较”后移到“分数的加法和减法”这一个单元中，让通分作为异分母分数大小比较与异分母分数加减法的共同的学习基础。基于这样的思考，笔者以“联结知识要素，学习分数运算”为主题，以人教版《数学》五年级下册“分数的加法和减法”为研究对象，进行整体设计实践研究。

### 一、梳理——了解教材的编排特点

“分数的加法和减法”分成三个板块，分别是“分数的加法和减法”“分数的加减混合运算和分数加减法中的简便运算”以及“解决问题”。这三个板块既相互独立，又由简单到综合，由运算到应用，构建起运算与解决问题为线索的教材编排结构。

#### （一）用通分勾连起同分母与异分母分数加减法

首先学习同分母分数的加减法。创设吃饼的问题情境（如图11.1-1），学生依据信息列出同分母分数加法和减法的算式自主解答，结合计算过程，概括出同分母分数加减法的计算法则如图11.1-2。与三年级上册“分数的初步认识”中的“简单的同分母分数加减法”相比如图11.1-3，增加了计算法则的概括，计算结果要求“能约分要约分”。

图11.1–1

（1）$\frac{3}{8}+\frac{1}{8}=\frac{3+1}{8}=\frac{\overset{1}{\cancel{4}}}{\underset{2}{\cancel{8}}}=\frac{1}{2}$

（2）$\frac{3}{8}-\frac{1}{8}=\frac{(\quad)-(\quad)}{(\quad)}=\frac{(\quad)}{(\quad)}$

同分母分数相加、减，分母不变，只把分子相加、减。

图11.1–2

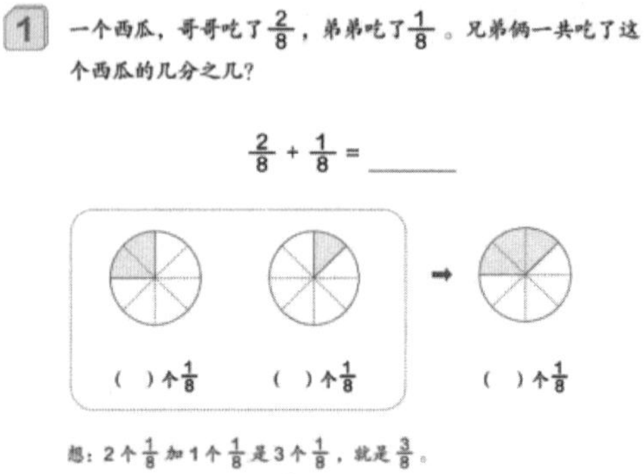


图11.1–3

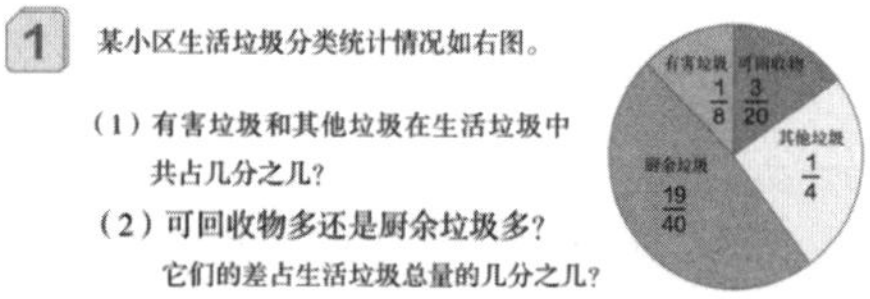


图11.1–4

接着学习异分母分数的加减法。创设垃圾分类的问题情境如图11.1–4，学生依据问题，分别列出异分母分数的加法和减法，接着，通过通分把异分母分数转化成同分母分数进行计算，回顾计算过程，概括出异分母分数加减法的计算法则。

最后，进行相应的练习，巩固与完善分数加减法的计算法则，并结合具体的练习，对简单的有一定特征的异分母分数加减法，要求依据特征直接口算出得数。如图11.1–5是练习二十四第6题，计算后可以概括出分母互质的两个分数单位相加减，分母是两个分母的积，分子是两个分母的差。

**6 先计算，再想一想怎样算比较快。**

| | | | |
|---|---|---|---|
| $\frac{1}{3}-\frac{1}{4}=$ | $\frac{1}{2}+\frac{1}{5}=$ | $\frac{1}{6}-\frac{1}{7}=$ | $\frac{1}{5}+\frac{1}{6}=$ |
| $\frac{1}{7}-\frac{1}{8}=$ | $\frac{1}{8}+\frac{1}{9}=$ | $\frac{1}{2}-\frac{1}{3}=$ | $\frac{1}{9}+\frac{1}{10}=$ |

图11.1–5

**（二）把整数四则运算和运算定律推广到分数**

分数加减混合运算和整数加减混合运算的运算顺序相同，因此可以迁移整数加减混合运算的活动经验，创设问题情境如图11.1–6，自主列式计算。图11.1–6的两个问题都是围绕森林公园的植被展开，首先完成例1中的第(1)题，可以利用整数加减运算的数量关系列出综合算式，再让学生利用原有的整数四则混合运算和异分母分数加减法这两个活动经验自主计算，接着进行交流反馈，在比较优化中总结出具有分数加减混合运算特色的计算方法，如图11.1–7中小亮的做法，即先一起通分，再按顺序相加减，实际计算时，也可以通分后加法和减法同时布置计算。

**1** （1）某森林公园植被情况如右表。森林部分比草地部分多占公园面积的几分之几？

| 植被类型 | 占公园面积的几分之几 |
|---|---|
| 乔木林 | $\frac{1}{2}$ |
| 灌木林 | $\frac{3}{10}$ |
| 草地 | $\frac{1}{5}$ |

（2）森林和裸露地面的降水转化情况如下表。

| 类型 | 储存为地下水 | 地表水 | 其他 |
|---|---|---|---|
| 森林 | $\frac{7}{20}$ | $\frac{1}{4}$ | $\frac{2}{5}$ |
| 裸露地面 | $\frac{(\ )}{(\ )}$ | $\frac{11}{20}$ | $\frac{2}{5}$ |

裸露地面储存的地下水占降水的几分之几？

图11.1–6

小红这样算：

$$\frac{1}{2}+\frac{3}{10}-\frac{1}{5}=\frac{5}{10}+\frac{3}{10}-\frac{1}{5}=\frac{\overset{4}{\cancel{8}}}{\underset{5}{\cancel{10}}}-\frac{1}{5}=\frac{3}{5}$$

小亮这样算：

$$\frac{1}{2}+\frac{3}{10}-\frac{1}{5}=\frac{5}{10}+\frac{3}{10}-\frac{2}{10}=\frac{8}{10}-\frac{2}{10}=\frac{\overset{3}{\cancel{6}}}{\underset{5}{\cancel{10}}}=\frac{3}{5}$$

图11.1–7

小红这样算：

$$1-\frac{11}{20}-\frac{2}{5}=\frac{20}{20}-\frac{11}{20}-\frac{8}{20}=\frac{9}{20}-\frac{8}{20}=\frac{1}{20}$$

小亮这样算：

$$1-\left(\frac{11}{20}+\frac{2}{5}\right)=1-\left(\frac{11}{20}+\frac{8}{20}\right)=1-\frac{19}{20}=\frac{1}{20}$$

图11.1–8

第(2)题可以用连减或先加后减两种思路解决问题，完善了加减混合运算的不同组合形式，也可以从中概括出“整数减法性质在分数减法中同样适用”(图11.1–8)。

接着是整数加法运算定律推广到分数，并应用运算定律进行简便运算(图11.1–9)。先采用题组计算归纳出分数加法中的交换律与结合律，再利用运算定律进行简便运算，从例题中可以发现，实际上就是把分母相同的分数先相加。特别要注意的是，分数减法性质以及相应的简便运算应该在例1的第(2)题完成后进行总结，并进行相应的简便运算。

**2** 我们已经学过整数加法的运算律，这些运算律在分数运算中还适用吗？计算下面每组的两个算式，看看它们之间有什么关系。

$\frac{3}{7}+\frac{2}{5}\bigcirc\frac{2}{5}+\frac{3}{7}$　　　$\left(\frac{2}{3}+\frac{1}{4}\right)+\frac{3}{4}\bigcirc\frac{2}{3}+\left(\frac{1}{4}+\frac{3}{4}\right)$

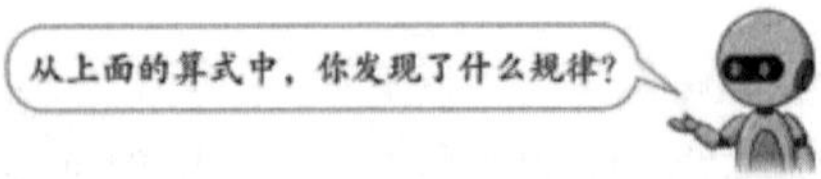


根据以上计算可以发现，整数加法的交换律、结合律对于分数加法同样适用。应用运算律可以使一些分数计算变得简便。试着计算下面两题。

$\frac{5}{6}+\frac{1}{12}+\frac{7}{12}$　　　$\frac{1}{3}+\frac{2}{7}+\frac{1}{5}+\frac{2}{3}$

图11.1-9

**（三）用画图策略解决分数加减法问题**

本单元最后一个例题是解决问题，创设了小乐喝果汁的问题情境，在喝了两轮果汁后，提出问题(图11.1-10)。显然，这是一个有一定思维含量的解决问题，也是分数的意义和分数加减法知识的综合应用。引导学生用画图的方法直观表示出两次各喝了多少杯纯果汁和水，再把两次喝的纯果汁杯数相加(图11.1-11)。最后，在“回顾与反思”中提出解决这一道题的关键是什么？显然是第二次喝的时候，怎样知道纯果汁和水各喝了多少杯？

**3** 一杯纯果汁，小乐喝了半杯后，觉得有些甜，就兑满了水。他又喝了半杯，就出去玩了。小乐一共喝了多少杯纯果汁？多少杯水？

图11.1-10

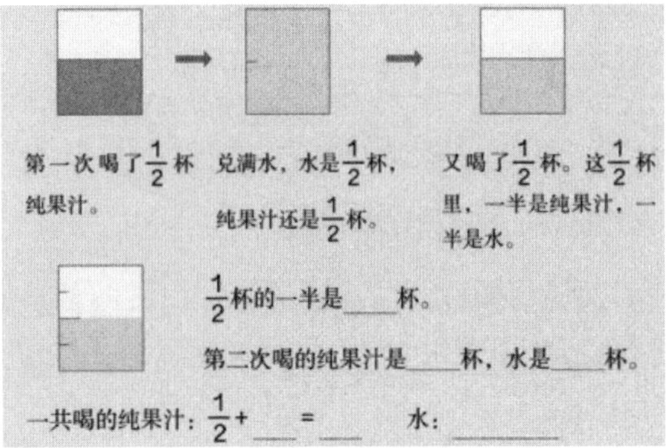


图11.1-11

## 二、反思——完善单元学习结构

在对本单元学习内容进行整体梳理的基础上，如何从整体设计的视角沟通“分数的意义和性质”单元中的通分与“异分母分数的大小比较”？怎样的设计可以让学生更好地发现分数加减混合运算以及简便运算的独特之处？怎样更好地揭示喝果汁问题中的变化规律？围绕这三个问题进行反思。

**（一）关注分数大小比较与加减计算的共同学习基础**

分数的大小比较与计算和分数单位有着本质的联系。人教版《数学》五年级下册第四单元“分数的意义”教学中，以分数的大小比较为线索，由特殊到一般，引出通分的学习（图11.1–12）。通过比较分子和分母都不相同的分数，化成同分母分数比较，归类总结出分数大小比较的方法。在第六单元“分数的加法和减法”教学中，其中的异分母分数加减法（图11.1–4）的第（2）个问题，也是先比较大小，再求两个数的差。因此，可以把（图11.1–12）的问题纳入（图11.1–4）第（2）题的问题之中，即把异分母分数的大小比较、异分母分数的加减法整合成一个课时，先通分比较大小，再求它们的和与差。

图11.1–12

依据这样的编排，可以把人教版《数学》五年级下册第四单元中的通分与分数的大小后移到第六单元中，并且分别删去了同分母分数的大小比较与同分母分数相加减的内容。由于这样的内容在三年级上册“分数的初步认识”单元中已经学习，因此不单独成为一个课时，而在异分母分数大小比较与加减法的学习中，自然地引出同分母分数的大小比较与同分母分数加减法。

**（二）综合分数加减混合运算与简便运算**

从梳理中我们可以发现，把分数的加减混合运算与简便运算分成两个板块，这样就少了审题后选择合适方法计算的步骤。因此，可以用题组的形式，把两类题目混合编排在一起，先让学生利用整数加减混合运算与简便运算的活动经验自主计算，然后在评析的过程中优化四则混合运算的计算方法，体会到整数加法运算定律和减法的性质推广到分数，并结合具体例子掌握简单运算的基本特征。

对于分数加减法中的简便运算，可以进一步与小数加减法与整数加减法中的简便运算进行比较，让学生体会到简便运算的依据相同，但简便运算的特征既有相同的地方，也有不同的地方。

以上过程采用纯运算的学习，接着创设由人教版《数学》五年级下册第97页例题改编前提供的数学信息：某森林公园地貌情况对比，乔木林部分占公园面积的 $\frac{8}{15}$，灌木林部分占公园面积的 $\frac{4}{15}$，草地部分占公园面积的 $\frac{1}{10}$。请学生依据信息提出不同的问题，再列式解答。培养学生良好的审题习惯与问题提出的能力。

**（三）继续探究喝果汁问题中的变化规律**

人教版《数学》五年级下册第六单元“分数的加法和减法”中的喝果汁问题只要求按要求喝两次后，纯果汁与水各喝了多少杯？如果进一步思考两次喝的过程，两次喝的纯果汁有什么变化规律？可以发现第一次喝了 $\frac{1}{2}$ 杯，第二次喝了 $\frac{1}{4}$ 杯，也就是第二次喝的纯果汁是第一次的一半。依据这样的思考，可以进一步提出问题：再倒满水后，又喝了半杯，第三次喝了多少杯纯果汁，多少杯水？可以让学生先猜想再验证。

当学生归纳出第三次喝了纯果汁 $\frac{1}{8}$ 杯，水 $\frac{3}{8}$ 杯后，可以进一步引导学生思考，如果一直这样操作下去，喝了的纯果汁和水的杯数又有什么变化规律？引导学生进一步猜想、验证。从而从变化的过程中发现不变的规律：之后每次喝的果汁越来越少，每次都只有前一次的一半，喝掉的纯果汁总和却越来越接近于整一杯。而喝的水却一次一次变多，每次喝的水越来越接近于整半杯。

上述构思，进一步展示了喝果汁问题的思维价值，也使得直观图示由表示数量到表示数量之间的变化，体现了几何直观对于数学思维的重要价值。

## 三、实践——实现课题研究目标

通过反思，完善了本单元的学习结构，形成了结构化与思维性相结合的单元整体设计，为检验整体设计的有效性，实现课题研究的目标。我们进行了单元整体教学实践，具体包括本单元整体设计后的三节新授课与一节单元复习课。下面以课时为单位进行简要阐述。

**（一）整合比较与运算，融合知识与应用**

“分数的大小比较和加减计算”是学生掌握了最小公倍数、整数、小数加减法的意义及其计算法则的基础上进行教学的，通分是异分母分数大小比较与异分母分数加减法的共同的学习基础。在教学时，通过呈现某小区生活垃圾分类情况统计表，提出问题并用算式建立数学模型，加法：（　　）＋（　　）；减法：（　　）－（　　）；比较：（　　）○（　　）。在解决策略的研讨中交流和讨论逐步归纳出分数大小比较的方法，完善和内化同分母分数加法的算理，提炼出同分母分数加法的法则,用“通分”串联起各个知识点。同时通过教学统一数的大小的比较就是比较相同计数单位的多少,架构起整数、小数、单名数、复名数、分数大小比较的方法。数的加减法的计算就是表示相同计数单位的加减,勾连起整数、小数、分数运算一致性,形成系统的数的运算学习体系。

**(二)迁移学习经验,体会运算特征**

分数加减混合运算及其简便运算有两个方面的学习基础,第一个是两个分数的加减法,第二个方面则是整数的加减混合运算的运算顺序及其加法运算定律、减法运算性质。但是,分数加减混合运算具有一定的特殊性,因此,在具体运算以及简便运算教学中,需要让学生感受到特征依据特征进行优化计算。

同时,通过题组比较与评析,进而归纳概括分数混合运算的基本步骤,注重审题,再判断能否简便计算,注意简便计算不仅要观察分母是否相同,更需要关注分母前面的运算符号是否适合简便计算。

通过对小数、分数以及整数三者在具体简便计算例子中进行横向比较,沟通三数运算的特征,进一步优化了学生计算方法,培养学生的审题意识,拓宽了学生的运算思维。

**(三)探究变与不变,构建数学模型**

喝果汁问题是一类较复杂的分数解决问题,其关键的一步是解决“第二次喝了多少杯纯果汁”,就是要求“$\frac{1}{2}$杯的$\frac{1}{2}$是多少”。学生没有分数乘法的基础,用分数的意义推理出结论具有一定的难度。教学时,将人教版《数学》五年级下册第99页例3的一个情境改编成两个对比情境(图11.1-13),引导学生在问题解决的过程中

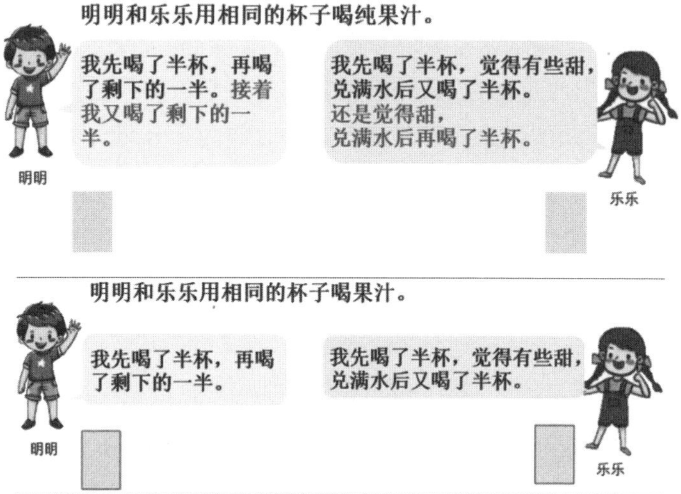


图11.1-13

借助几何直观探究喝果汁问题中的“变与不变”。用磁性板贴教具展示明明和乐乐三次喝果汁的过程(图 11.1-14),第一次都喝了$\frac{1}{2}$杯,第二次都喝了$\frac{1}{4}$杯,第三次都喝了$\frac{1}{8}$杯,三次共喝了$\frac{1}{2}+\frac{1}{4}+\frac{1}{8}=\frac{7}{8}$(杯)。引导学生观察明明和乐乐喝果汁的整个过程,交流分析,得到规律:每次喝的纯果汁是$\frac{1}{16}$,$\frac{1}{32}$,……,每次喝的水是$\frac{1}{2}-\frac{1}{16}$,$\frac{1}{2}-\frac{1}{32}$,……,完善板书,帮助学生初步建构$\frac{1}{2^n}$和$\frac{1}{2}-\frac{1}{2^n}$的模型。

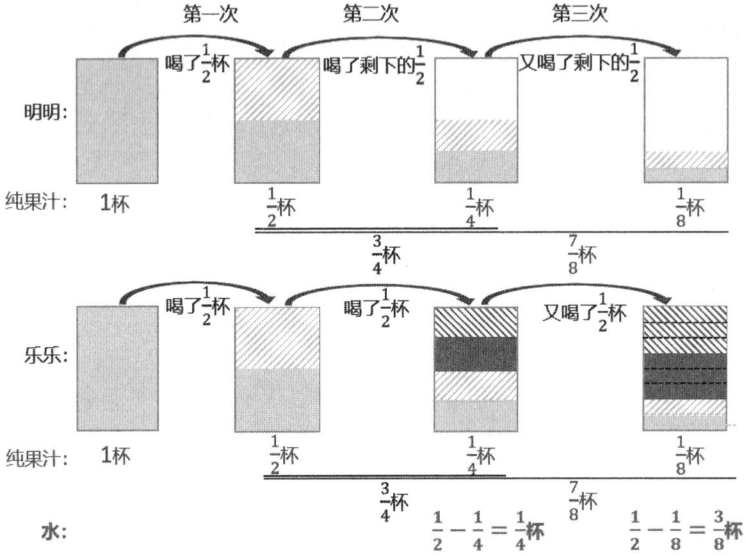


图11.1-14

总之,梳理教材让我们更加明晰编者设计的学习路径,反思教材让我们对编者设计的学习路径提出改进的建议,完善教材则是对学习路径的重新设计。就本单元而言,完善后的单元学习路径充分注重了通分作为异分母分数大小比较与异分母分数加减法的共同的学习基础,同时沟通了整数、分数、小数的意义与运算的一致性,借助分数的意义理解剩下的几分之几是多少的问题时,重视图式表征,让学生体会其结构特征,并构建出数学模型。

# 第二节
## “通分与分数的大小比较和加减法”教学实践

“通分和分数的大小比较”是人教版《数学》五年级下册第四单元的教学内容，“分数的简单计算”是人教版《数学》五年级下册第六单元的教学内容。面对隶属于两个单元的多个知识点，教师该如何通过创设有效的教学情境去整合学习内容？如何架构起整数、小数、单(复)名数、分数大小的比较？如何勾联起整数、小数、分数的运算一致性，并形成系统的知识体系？带着这些问题，我们进行了教学实践。

### 一、提出数学问题，讨论解决策略

通过呈现某小区生活垃圾分类情况统计表这一组信息，让学生利用已有知识经验从中选择数学信息，进而提出数学问题，经历问题分类，形成有层次的问题，在自主思考和同伴互助中寻求问题解决的策略。

#### (一) 选择信息，提出问题

课始，教师呈现某小区生活垃圾分类情况统计表(图11.2-1)，提问：从统计表中你发现了哪些数学信息？学生回答后，教师提出要求：请你选择其中的两条数学信息，提出一个数学问题。依据学生的回答：

| 垃圾类型 | 占小区生活垃圾的几分之几 |
|---|---|
| 厨余垃圾 | $\frac{19}{40}$ |
| 可回收物 | $\frac{3}{20}$ |
| 其他垃圾 | $\frac{3}{8}$ |

图11.2-1

1. 厨余垃圾和可回收物一共占小区生活垃圾的几分之几？

2. 厨余垃圾比可回收物多占小区生活垃圾的几分之几？

3. 在小区生活垃圾中厨余垃圾和可回收物谁多，谁少？

……

针对学生提出的第2个问题，教师引导学生思考：在没有解决第3个问题之前能否直接提出这个问题？启发学生修改“厨余垃圾和可回收物相差几分之几”这一问题。教师根据学生回答把上述问题无序地用板贴逐一贴在黑板上。

### （二）问题分类，讨论关系

教师请学生观察黑板上的这些数学问题，让学生尝试将这些数学问题进行分类，并说一说为什么这样分类，分类的标准是什么？学生指出：

第一类问题是求和。求两类垃圾一共占小区生活垃圾的几分之几，就是求两者的和，可以用加法计算；

第二类问题是求差。比较两类垃圾谁比谁多占全部垃圾几分之几或者少占全部垃圾几分之几，就是求两者的差，可以用减法计算；

第三类问题是比较大小。直接比较谁多谁少，可以用大于、小于或等于号表示。

教师依据学生的回答在黑板上移动板贴进行分类，具体教学中，形成如图11.2-2的三类。

在这一教学环节中，学生经历了分类的过程，逐步明确分类标准，最后建立数学模型，即加法：（　　）＋（　　）；减法：（　　）－（　　）；比较：（　　）○（　　）。在这样的教学活动中，学生的思维层次也从简单的选择信息、提出问题，逐步过渡到体现高阶思维的问题分类、讨论关系，为后续教学做好铺垫。

厨余垃圾和可回收物一共占生活垃圾的几分之几？
厨余垃圾和其他垃圾一共占生活垃圾的几分之几？
可回收物和其他垃圾一共占生活垃圾的几分之几？
求和　（　）+（　）

可回收物和其他垃圾相差几分之几？
厨余垃圾和可回收物相差几分之几？
厨余垃圾和其他垃圾相差几分之几？
求差　（　）－（　）

厨余垃圾和可回收物，谁多？
厨余垃圾和其他垃圾，谁多？
可回收物和其他垃圾，谁多？
比较大小　（　）○（　）

图11.2-2

### （三）利用经验，选择策略

教师进一步请学生观察（图11.2-2），说一说哪两类问题有着密切的联系。学生指出是“比较大小”和“求相差”，并指出，要检查求相差时要列成减法时，需要先判断两个数的大小，然后用较大数减去较小数。

依据学生的回答，教师把上面的三类问题的解决顺序重新进行了排列，并选择其中有联系的各一题作为后面要研究的对象。具体如下：

问题1，比较大小：可回收物和其他垃圾哪一种垃圾多？

问题2，求相差数：可回收物和其他垃圾相差的占全部垃圾的几分之几？

问题3，求总和：可回收物和其他垃圾一共占全部垃圾的几分之几？

在前面一个问题解决之后，再解决后面一个问题，形成有序解决问题的策略。

## 二、自主解决问题，评析规范方法

依据教师提供的信息，学生经历问题的提出、问题的分类、问题之间关系的分析，最后形成了解决问题的策略。但是，在具体解决问题时，可以依据学生原有的学习经验，自主解决问题，在交流评析中进一步规范方法。

### （一）验证比较，统一方法

首先请学生完成问题1，先请学生观察分数直接判断。学生依据人教版《数学》三年级上册“分数的初步认识”在比较“几分之一”大小形成的猜想——分子相同，分母小的分数大（图11.2-3），做出判断——$\frac{3}{20}<\frac{3}{8}$。教师追问：真的是这样吗？怎样进行验证？

学生依据前一个单元中学习的分数的基本性质，以及人教版《数学》三年级上册同分母分数的大小比较的经验（图11.2-4）想到：可以把它们化成分母相同的分数，再进行比较。

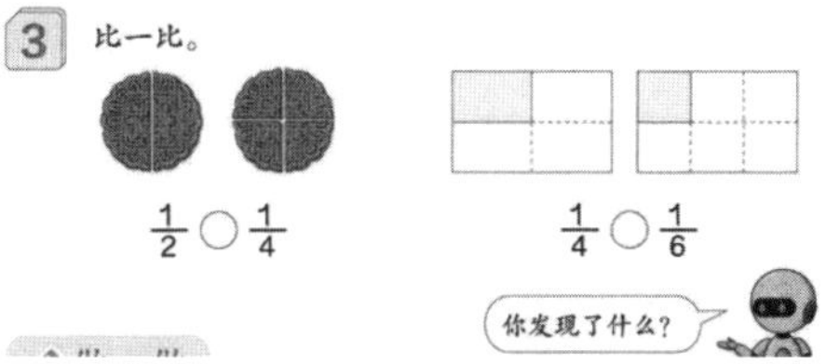


图11.2-3

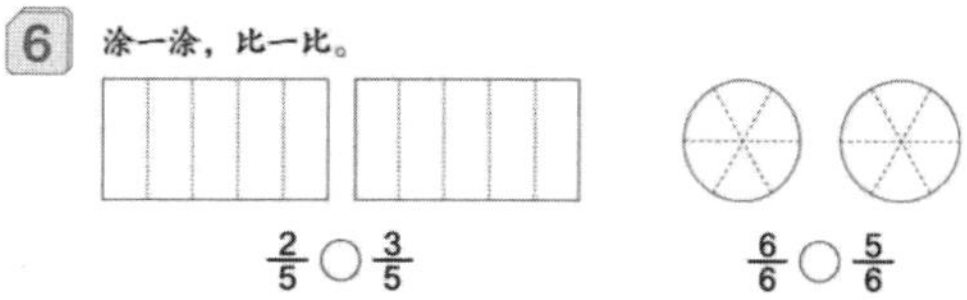


图11.2-4

接着，教师依据讨论的思路，请学生自主尝试后反馈评析，形成规范的异分母分数比较的思路，并且，在评析的过程中，结合具体例子概括出三个概念：同分母分数、异分母分数与通分（图11.2-5）。

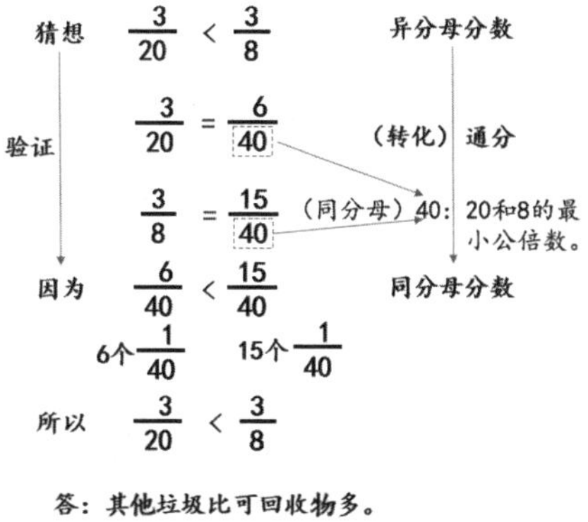


图11.2-5

在本单元的学习中，删去了同分母分数大小比较这一个环节，直接学习异分母分数大小的比较，可以更好地利用人教版《数学》三年级上册“分数的初步认识”时已有的学习基础。

**（二）专项练习，形成技能**

结合具体例子，学会通过通分比较异分母分数大小比较之后，没有直接进入问题2的解决，而是进行专项练习，让学生先说一说两个分数的关系（图11.2-6），再比一比它们的大小。“说一说两个数的关系”指这两个数是“同分母分数”“同分子分数”还是“异分母分数”，如果是前两种情况可以直接判断，第三种情况则需要先通分再比较。

实际教学中，先指名学生依次说一说两个分数的关系，其中第(1)(2)题直接进行判断，第(3)(4)题则让学生先说出最小公倍数，并说一说最小公倍数的判断方法，第(3)题的分母是互质数，所以最小公倍数是它们的乘积，第(4)题的分母30是15的倍数，所以最小公倍数是倍数30。在此基础上，同桌合作，各完成第(3)题和第(4)题中的其中一题，完成后校对。

先说一说两个分数的关系，
再比一比它们的大小

(1) $\frac{3}{13}$ ○ $\frac{7}{13}$　　(2) $\frac{5}{6}$ ○ $\frac{5}{8}$

(3) $\frac{2}{3}$ ○ $\frac{5}{8}$　　(4) $\frac{4}{30}$ ○ $\frac{2}{15}$

图11.2-6

异分母分数加减法

异分母 ——→ 同分母 ——→ 分母不变，分子相加减

(2) $\frac{3}{8}-\frac{3}{20}=\frac{15}{40}-\frac{6}{40}=\frac{9}{40}$

(3) $\frac{3}{8}+\frac{3}{20}=\frac{15}{40}+\frac{6}{40}=\frac{21}{40}$

图11.2-7

**（三）迁移策略，概括法则**

请学生分析问题2，现在我们知道了谁多谁少，问题可以改成怎样的问题？怎样列式？学生依据课始的经验，把问题改为：其他垃圾比可回收物多全部垃圾的几分之几？列出算式：$\frac{3}{8}-\frac{3}{20}$。教师继续请学生思考问题3，说一说它又应该怎样列式？学生列出算式：$\frac{3}{8}+\frac{3}{20}$。

教师请学生比较这两个题，有什么相同的地方和不同的地方？依据学生的回答，教师概括是：异分母分数加减法。教师进一步追问：能够直接计算吗？为什么？学生指出它们的分母不相同，也就是分数单位不同，不能够直接相加减。实际教学中，学生直接补充：先通分，再相加减。依据学生的回答，教师直接出示如图11.2-7中的两个连等式。说一说，哪一步是通分得到的结果？同分母分数又是怎样相加减的？依据学生的回答，教师把计算过程进行了标注，形成如图11.2-7的板书。

把通分和异分母分数加减法放在同一课时中，在学习异分母分数加减法时，直接出示规范的计算过程，概括出异分母分数加减的计算法则，也包含了同分母分数

加减法的计算法则。

## 三、组织分层练习，体会数学本质

把“通分”作为异分母分数大小比较和异分母分数加减法共同的转化方法，把三者放置于一个课时中进行学习，可以更好地体现三者之间的联系。在练习巩固阶段，把它与不同计量单位的数量进行加减进行类比，体会数与数量的大小比较与加减法的本质——转化成相同的计数单位或计量单位再进行比较或加减。

**（一）题组比较，统一策略**

教师出示题组：(1) $\frac{7}{12}\bigcirc\frac{5}{12}$，(2) $\frac{7}{12}\bigcirc\frac{7}{8}$，(3) 12分米○8米。请学生自主比较每组中两个数或数量的大小，再说一说有什么发现？

完成后校对评析。学生完成后校对答案，请学生说一说第(3)题与前面两题相比，有什么共同的地方？学生发现第(3)题是长度单位不同，要转化成相同长度单位才可以比较。教师进一步概括：比较大小时，两个数的计数单位或两个数量的计量单位不同，要转化成相同的计数单位或计量单位后再比较大小。

**（二）加减计算，统一算理**

接着，教师把上面的三道比较大小的题目改为加减运算题：(1) $\frac{7}{12}+\frac{5}{12}$，(2) $\frac{7}{8}-\frac{7}{12}$，(3) 8米－12分米。请学生利用比较大小过程中获得的经验，自主计算，再说一说有什么发现？

完成后校对答案，再请学生说一说第(3)题与前面两题相比，有什么不同的地方，学生发现第(3)题是长度单位不同，要转化成相同长度单位后再相减。教师进一步概括：加减计算时，两个数的计数单位或两个数量的计量单位不同，要转化成相同的计数单位或计量单位后才能够相加减。

**（三）提出问题，解答梳理**

教师出示如下的两个信息：小明第一次读一首古诗用了$\frac{2}{5}$分钟，第二次读这首古诗用了$\frac{1}{3}$分钟，____________？请学生读题后有序地提出三个问题，然后列式解答。

这题与课始解决的三个问题相呼应，先指名学生提出三个问题后全班评析。得到如下的三个问题：(1) 哪一次读的时间多一些？(2) 第一次读与第二次读相差几分钟？(3) 两次一共用时几分钟？在提问的过程中，引导学生课始解决的三个问题进行比较，课始问题中的分数表示关系，本题中的表示量。提出问题后再请学生独立完成后反馈评析。

本课时的教学给我们启示:把教材中有联系,但编排在不同课时中的内容进行有机的整合,可以更好地发现知识之间的内在联系,使得数学学习内容更有结构性,经历更加完整的学习路径。

# 第三节
# “分数加减混合运算和简便运算”教学实践

分数加减混合运算及其简便运算有两个方面的学习基础，第一个是两个分数的加减法，第二个则是整数加减混合运算的运算顺序及其加法运算定律、减法运算性质。因此，本课时的计算学生均可以依据原有的学习经验独立完成，但鉴于分数加减混合运算的特殊性，在具体运算以及简便运算中仍需要依据特征进行优化。基于这样的思考，在具体教学中，如何组织比较评析，让学生感知分数加减混合运算以及简便运算的特征？如何依据具体信息和相应加减混合运算的结构，编写题目，提出问题，提升学生的应用意识？如何选择合适的有层次的学习材料，让学生在自主计算后发现差异？带着这些问题，我们进行了教学实践。

## 一、分析题目特征，培养审题习惯

分数加减混合运算的计算教学，可以依据学生已有的计算经验，以题组的形式，在学生独立完成分数加减混合运算以及简便运算后，进行交流评析，在交流过程中直接迁移整数加减混合运算的经验，体会整体通分相对于分步通分的便捷性，从而判断并运用加法运算定律或减法运算性质进行简便计算。

### （一）出示题组，审题解答

课始，教师直接揭示并板书课题“分数的加减混合运算”，唤醒学生已有的两个方面的学习经验，一个是两个分数的加减法，另一个则是整数的加减混合运算的运算顺序及其加法运算定律、减法运算性质。接着，教师课件出示如图 11.3-1 的四道题目，让学生先自主审题再独立完成计算。

| | |
|---|---|
| (1) $\frac{4}{3}+\frac{3}{4}-\frac{1}{2}$ | (2) $\frac{5}{6}+\frac{4}{9}+\frac{5}{9}$ |
| (3) $\frac{19}{18}+\frac{1}{6}+\frac{1}{18}+\frac{5}{6}$ | (4) $\frac{11}{5}-\frac{8}{15}-\frac{7}{15}$ |

图11.3-1

学生在自主审题时,教师适时提问:这些题,你会做吗?学生在思考回答时,其实就已经在尝试用已有的学习经验来解决上述题目。在具体教学中,学生在多次交流后,基本都能迁移经验并归纳得出分数加减混合运算顺序和整数的加减混合运算顺序相同这个知识点,对于异分母分数加减则需要通分后转化成同分母分数再进行计算。

具体教学中,教师要求学生在两分钟内完成上述四道题目。在限定时间内完成,就是为了检测学生能否通过审题用简便方法完成第(2)~(4)题。到时间后教师先统计已经完成的情况,然后提出问题:完成这样的四道题目,为什么有一些同学不到两分钟就完成了,但有一些同学不能完成呢?让我们一起来反思分析。

**(二)评析差异,比较优化**

首先评析第(1)题。分数加减混合运算与整数加减混合运算、小数加减混合运算有一个明显的不同之处,即异分母分数相加减,要先通分才能够相加减。正是由于有这一个步骤,产生了不同的计算方法。

在具体教学中,学生独立完成后,教师展示学生如图 11.3-2、图 11.3-3 和图 11.3-4 中三种不同的做法,请学生说一说各是怎样想的。首先请图 11.3-2 的学生说一说自己的想法,学生指出加减混合运算,要从左往右依次计算,又因为是异分母分数加减法,所以要先通分,再相加减。教师进一步总结:没有小括号的分数加减混合运算,从左往右依次计算。

接着,请学生比较图 11.3-3、图 11.3-4 的两种方法,请学生一起观察比较,提问:这两种方法有什么相同的地方,又有什么不同的地方?学生与图 11.3-2 的方法比较后指出,这两种方法都是先把加减混合运算中的三个分数一起通分,再一起相加减,但是图 11.3-3 的方法是把通分的过程单独写出来。教师请学生评析,哪一种方法更简捷、清晰。学生自然地指出用图 11.3-4 的方法更简捷、清晰。教师进一步总结:异分母分数加减混合运算,先(一起)通分,再相加减。

最后,教师进一步引导学生比较图 11.3-2 与图 11.3-4,说一说哪一种方法更好。学生比较后指出图 11.3-4 的方法更好,因为它的步骤更简捷。评析后,请学生用图 11.3-4 的方法再做一做这一道题目。

$$\frac{4}{3}+\frac{3}{4}-\frac{1}{2}$$
$$=\frac{16}{12}+\frac{9}{12}-\frac{1}{2}$$
$$=\frac{25}{12}-\frac{6}{12}$$
$$=\frac{19}{12}$$

图11.3-2

$$\frac{4}{3}+\frac{3}{4}-\frac{1}{2}$$
$$\frac{4}{3}=\frac{4\times4}{3\times4}=\frac{16}{12}$$
$$\frac{3}{4}=\frac{3\times3}{4\times3}=\frac{9}{12}$$
$$\frac{1}{2}=\frac{6}{12}$$
$$\frac{16}{12}+\frac{9}{12}-\frac{6}{12}=\frac{19}{12}$$

图11.3-3

$$\frac{4}{3}+\frac{3}{4}-\frac{1}{2}$$
$$=\frac{16}{12}+\frac{9}{12}-\frac{6}{12}$$
$$=\frac{19}{12}$$

图11.3-4

**(二）评析简算，推广定律**

在评析完成第(1)题后，教师请全班完成最快的学生谈一谈你为什么做得这么快？学生说，在完成第(2)～(4)题时，用的是简便运算。教师请学生整体展示这三题的计算过程(如图 11.3-5)，请学生说一说，每道题目在计算时，哪里用到了简便运算，简便运算的依据是什么。

(2) $\frac{5}{6}+\frac{4}{9}+\frac{5}{9}$
$=\frac{5}{6}+(\frac{4}{9}+\frac{5}{9})$
$=\frac{5}{6}+\frac{9}{9}$(1)
$=1\frac{5}{6}$

(3) $\frac{19}{18}+\frac{1}{6}+\frac{1}{18}+\frac{5}{6}$
$=(\frac{19}{18}+\frac{1}{18})+(\frac{1}{6}+\frac{5}{6})$
$=\frac{20}{18}+1$（$\frac{20}{18}$ 旁写 $\frac{10}{9}$）
$=2\frac{1}{9}$

(4) $\frac{11}{5}-\frac{8}{15}-\frac{7}{15}$
$=\frac{11}{5}-(\frac{8}{15}+\frac{7}{15})$
$=\frac{11}{5}-\frac{15}{15}$(1)
$=\frac{6}{5}$

图11.3-5

学生分析后发现，第(2)(3)题是连加题，把同分母分数先相加，利用的是加法交换律和结合律，第(4)题是连减题，两个减数是同分母分数，可以利用减法运算性质，把两个减数先相加，然后再相减。

教师在相应的题目下面分别标注出运算定律和性质，并指出加法运算定律和减法运算性质在整数连加和连减中概括出来，在小数、分数连加和连减上同样也适用。

最后，请学生用简便方法，重新计算这三道题目，已经用简便方法计算的，可以模仿这三道题，自己出相应的简便运算题目，然后自己再做一做。

## 二、解决具体问题，发展应用意识

学习计算的目的是为了解决问题。将计算与生活实际相联系，是设计学习材料的基本要求。选择上面的一些计算模型赋予现实意义，引领学生主动参与、自主体验，从而理解知识、构建新的认知结构，体会计算的抽象性与解决问题的具体性，帮助学生体会已有计算方法和运算定律在现实情境中实际应用的价值。

（一）依据模型，自主提问

教师课件出示具体题目：某森林公园地貌情况对比，乔木林部分占公园面积的 $\frac{8}{15}$，灌木林部分占公园面积的 $\frac{4}{15}$，草地部分占公园面积的 $\frac{1}{10}$。上述题目保留了人教版《数学》五年级下册第97页上例1的情境，同时将里面的一些数据进行调整。同时，教师直接出示算式的三种计算模型（如图11.3-6），让学生先依据计算模型填空，再根据填空内容自主提问。

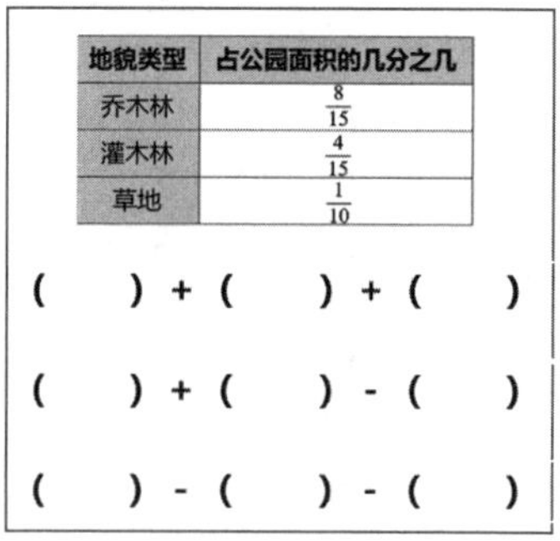


图11.3-6

依据上述计算模型填空，帮助学生将现实情境融入计算，赋予抽象的分数以现实的意义。

**（二）交流评析，提炼关系**

依据第一个连加计算模型，学生将三个分数分别填到了三个括号中，得到算式“$\frac{8}{15}+\frac{4}{15}+\frac{1}{10}$”，依据算式模型，自主提问得到“三种地貌类型一共占公园面积的几分之几”。在具体教学中，第二个加、减模型，多数学生将“$\frac{8}{15}+\frac{4}{15}$”的和先进行计算，再求与“$\frac{1}{10}$”之间的差，得到问题：“森林部分比草地部分多占公园面积的几分之几”。课中，教师随机询问了不同层级的3名学生，给出的填空理由也基本都是“$\frac{8}{15}$和$\frac{4}{15}$”同分母分数，可以利用加法运算定律进行简便计算，这也是对本课时前面所学内容的复习以及巩固。第三个算式模型则是“$\frac{8}{15}-\frac{4}{15}-\frac{1}{10}$”，得到的问题是“乔木林部分比灌木林部分和草地部分的和多占公园面积的几分之几”。所有算式和对应所提问题基本如图11.3-7所示。

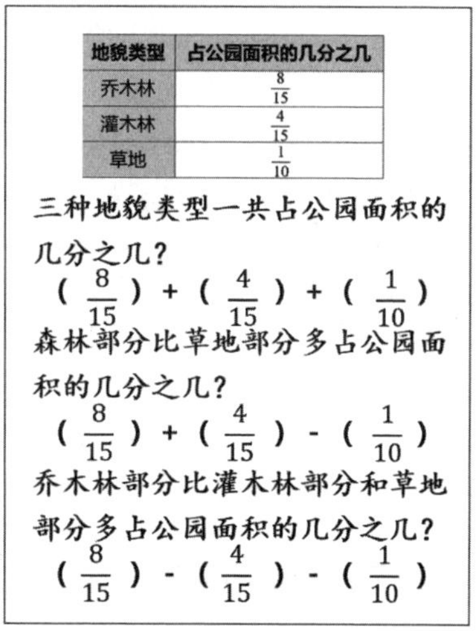


图11.3-7

### （三）比较反思，评析提升

评析完三类计算模型后，教师出示课件，提出疑问：公园总面积应该是单位“1”，为什么计算结果显示三种地貌类型一共只占了公园面积的“$\frac{9}{10}$”，剩余的可能会是什么面积？剩余部分占了公园总面积的几分之几？如图 11.3-8 所示。

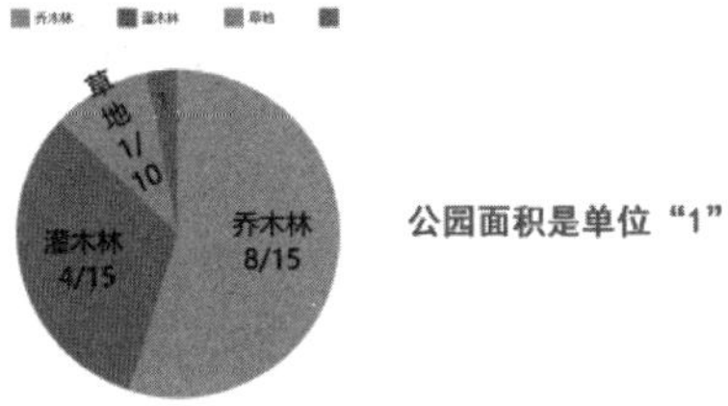


图11.3-8

学生通过联系实际、大胆猜测，发现公园不仅仅会有自然景观，也存在一些人为的建筑，剩余的面积有可能是建筑面积。如何求剩余建筑部分占公园总面积的几分之几？学生根据已有的计算模型进行补充，学发现可以在原有三个数连减的计算模型基础上，再增加一个括号变成“(　　)－(　　)－(　　)－(　　)”，同时将数据填入相对应的括号，得到“$1-\frac{8}{15}-\frac{4}{15}-\frac{1}{10}$”，最终结果显示“建筑部分占公园总面积的$\frac{1}{10}$”。

选择算式模型自主提问，促使学生能够寻找算式与现实之间的联系，赋予“计算”以具体意义。当计算结果与现实出现偏差时，可以沟通计算与现实情境之间的联系，补充情境之中的信息，体会计算和对应实际生活的价值。

## 三、经历题组比较，积累学习经验

利用算用结合的思想，学生体会到了学习分数加减混合运算的价值，并认识到加减混合运算在运算前要审题，能够简便运算的要简便运算。本环节教师选择合适的有层次的学习材料，让学生经历不同的练习过程后发现差异，帮助学生养成先审题，再判断是否能用简便方法计算的习惯。

### （一）自主计算，体会差异

教师课件出示如图 11.3-9 的题组，让学生先观察再想策略，进而计算。学生先观察再想策略，主要想的是这组题组中哪一题可以用简便方法计算，哪一题不可以，如果用简便方法计算，它的依据又是什么？在具体教学中，教师请学生在作业纸上对于可以简便计算的题目先画上“☆”。自觉地审题

$\frac{6}{5}-\frac{5}{9}+\frac{4}{9}$　　$\frac{7}{6}-\frac{7}{8}-\frac{1}{8}$　　$\frac{1}{3}+\frac{1}{4}+\frac{3}{4}$

$\frac{6}{5}-\left(\frac{5}{9}+\frac{4}{9}\right)$　　$\frac{7}{6}-\left(\frac{7}{8}-\frac{1}{8}\right)$　　$\frac{1}{3}+\left(\frac{1}{4}+\frac{3}{4}\right)$

图11.3-9

判断，选择合理的计算方法是数学计算中重要的思维拓展方式。

**（二）评析比较，发现异同**

前期预判明显帮助学生提升了第二题组和第三题组在计算过程中的正确率，全班44人，正确的有34人。但第一题组的错误率仍旧很高，错误同学高达23人，错误同学主要还是在于将第1题“$\frac{6}{5}-\frac{5}{9}+\frac{4}{9}$”与“$\frac{6}{5}-\left(\frac{5}{9}+\frac{4}{9}\right)$”混为一谈，随意给“$\frac{5}{9}$和$\frac{4}{9}$”添上括号，并未注意到$\frac{5}{9}$前面的计算符号是“－”。

在后续的评析反馈中，教师展示了学生两种不同的解题方法（图11.3-10），第一种学生按照从左往右的计算顺序进行计算，完全没有简便计算；第二种学生在第一步骤的时候运用了简便计算，但括号内的符号也改变了，由“＋”变成了“－”，这样计算后，发现虽然前面可以进行简便计算，但在剩余步骤中还是要按照分数加减混合运算的一般法则进行计算。

$$\begin{aligned}&\frac{6}{5}-\frac{5}{9}+\frac{4}{9}\\=&\frac{54}{45}-\frac{25}{45}+\frac{20}{45}\\=&\frac{29}{45}+\frac{20}{45}\\=&\frac{49}{45}\end{aligned}\qquad\qquad\begin{aligned}&\frac{6}{5}-\frac{5}{9}+\frac{4}{9}\\=&\frac{6}{5}-\left(\frac{5}{9}-\frac{4}{9}\right)\\=&\frac{6}{5}-\frac{1}{9}\\=&\frac{54}{45}-\frac{5}{45}\\=&\frac{49}{45}\end{aligned}$$

图11.3-10

上述题组的练习，不仅帮助学生巩固了减法运算性质，同时也让学生体会到简便计算不仅要观察分母是否相同，更需要关注分母前面的运算符号是否适合简便计算，如果不能凑整，即使同分母分数仍要按照分数加减混合运算的一般法则进行计算。

**（三）横向比较，发现特征**

教师出示图11.3-6表格中左边三道题目，引导学生先观察，再用自己喜欢的方法进行计算。学生运用已有经验，发现“0.25和0.75”“25和75”都可以进行凑整，于是进一步得到右边的三个算式，并发现“$\frac{1}{4}+\frac{3}{4}=1$”“$0.25+0.75=1$”以及“$25+75=100$”，虽然最终计算的结果不相同，但是3道题目的运算特征非常明显，都在凑整。教师适时追问：这三道算式有什么相同的地方？又有什么不同的地方？学生发现它们都在凑整。但是整

| | 算式 | |
|---|---|---|
| 分数 | $\frac{1}{3}+\frac{1}{4}+\frac{3}{4}$ | $\frac{1}{3}+(\frac{1}{4}+\frac{3}{4})$ |
| 小数 | 8+0.25+0.75 | 8 + (0.25+0.75) |
| 整数 | 218+25+75 | 218 + (25+75) |

图11.3-6

数中的凑整是凑成整十、整百或整千,小数和分数中就是凑成整数。

回顾本课时的学习过程,笔者发现典型的分数加减混合运算题型能够帮助学生突破分数、小数和整数在简便计算上的共同特征,优化计算策略,发展数学思维。尝试用不同学习材料、不同计算方法、不同运算形式、不同计算模型构建题组,提升学生的运算能力。同时,这样的能力形成不是一蹴而就的,需要不断积累、反思。

# 第四节
## “喝果汁问题”教学实践

“喝果汁问题”是人教版《数学》五年级下册第六单元“分数的加法和减法”中的解决问题内容，是一类较复杂的分数解决问题，其关键的一步是解决“第二次喝了多少杯纯果汁”，就是要求“$\frac{1}{2}$杯的$\frac{1}{2}$是多少杯”。由于学生还没有学习分数乘法，需要运用分数的意义推理出结论，理解起来有一定的难度。而纯果汁与水混合，成为均匀的混合物后，学生更无从下手解决，需要结合图示进行表征。为了便于突破以上两个学习难点，我们将人教版《数学》五年级下册第六单元第99页的例3中的情境改编成两个对比情境，在对比中更加深刻地感受到喝纯果汁和喝水其实是互不相干的，纯果汁一直是喝了剩下纯果汁的$\frac{1}{2}$，水一直是喝了兑满后水的$\frac{1}{2}$。同时，在教学中，引导学生提出数学问题，完善数学问题，并借助几何直观使学生在对比、猜想、验证中探究喝果汁问题中的“变与不变”，帮助学生培养模型意识。

### 一、设计题组信息，降低思维坡度

人教版《数学》五年级下册第六单元第99页的例3第二次“加满水后再喝半杯”的情境，改为“再喝剩下的一半”，既与例题有联系，又降低了思维的复杂性。形成这样的题组信息，让学生依据信息提出有联系的问题串，为后续的分析与解决问题做铺垫。

#### （一）依据信息，比较异同

教师先出示情境（如图11.4-1），同时，教师在黑板上出示两个同样的黄色长方形，表示明明和乐乐喝的果汁。再提问：你知道了哪些数学信息？学生梳理数学信息，教师将其记录在黑板上（如图11.4-2）。

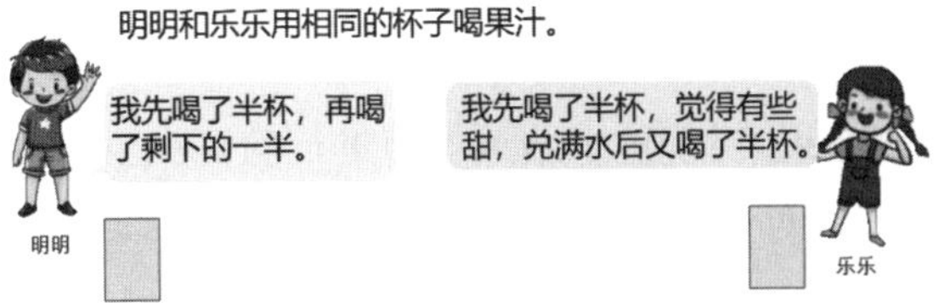


图11.4-1

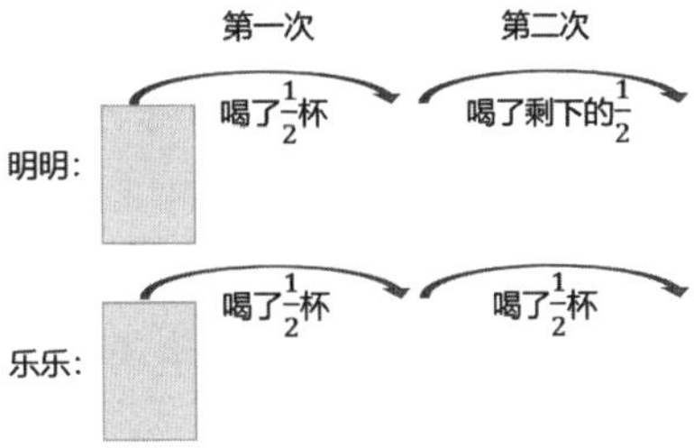


图11.4-2

然后请学生观察板书，比较明明和乐乐喝果汁的异同。学生发现相同点：明明和乐乐都是分两次喝果汁的，而且第一次都喝了半杯果汁，也就是$\frac{1}{2}$杯果汁。不同点：明明第二次喝了剩下的$\frac{1}{2}$，而乐乐第二次兑了水，又喝了$\frac{1}{2}$杯。紧接着，教师追问乐乐第二次喝的$\frac{1}{2}$杯含有哪些成分。在辨析中学生明确这$\frac{1}{2}$杯中有一半是果汁，有一半是水。

在这里，教师和学生通过比较数学信息，初步感受到第一次两人喝的果汁是相同的，第二次在不兑水和兑水的情况下，两人喝果汁的方法有了一点改变：明明喝的依然是纯果汁，而乐乐喝了一半纯果汁、一半水。这样的讨论分析让学生对问题情境有了深入的认识。

**（二）结合分析，提出问题**

学生的思维活动总是由问题开始的，在解决问题中得到发展。当学生理解了两个数学情境所包含的数学信息后，教师就请学生自己提出数学问题。实际教学时，学生提出的问题主要有三个。

1. 明明两次一共喝了多少杯纯果汁？
2. 乐乐两次一共喝了多少杯纯果汁？
3. 明明和乐乐，谁喝的纯果汁多？

在题组信息比较的基础上，提出问题，既有解决同一组信息内的问题，如第1、2题，也有解决两组信息问题解决后的问题。

**（三）评析问题，提出假设**

寻找问题之间的联系是分析问题，形成解决问题思路的重要策略。所以对于学生提出的三个问题，教师首先引导学生对问题进行梳理比较，分析这三个问题之间的关系，寻找问题之间的异同。学生思考后发现第一个问题和第二个问题都比较单一，而第三个问题是前面两个问题的综合，所以只要分别解决第一个与第二个问题,第三个问题只要在此基础上进行比较就可以了。

第三个问题只要求比较它们的多少就可以了。因此,可以引导学生先进行猜测:凭感觉你觉得明明和乐乐谁喝的纯果汁多?给出了四种猜想结果:①明明多 ②乐乐多 ③同样多 ④无法判断。

通过猜想,学生都有了自己的假设结果,对于这个结果如何进行验证呢?学生自然地想到需要依次解决第一个和第二个问题。

## 二、图式验证假设,探究变与不变

运用画图的策略分析与解决问题,是解决这一个问题的策略,也是本课时重要的学习目标。通过自主验证、交流评析、探究不变与完善问题等过程,让学生逐步学会把文字信息转化成图示信息,从图示信息中抽象出数、数量与数量关系的能力。

### (一)自主验证,交流评析

为了验证自己的猜想,学生试着画长方形图分别表示明明和乐乐第一次、第二次喝的果汁量。通过画图,学生能顺利得到明明和乐乐第一次都喝了$\frac{1}{2}$杯果汁,而对于明明第二次喝的果汁量,有些学生虽然能正确作图,却不清楚剩下$\frac{1}{2}$杯的$\frac{1}{2}$是$\frac{1}{4}$杯果汁;对于乐乐第二次喝的果汁量,不少学生无从下手,因为纯果汁与水混合,成为均匀的混合物后,很多学生就不知该如何在图上表示喝掉的果汁量。

为了突破以上两个难点,教师首先请作图正确的学生反馈他们的想法。虽然没有学过分数的乘法,但学生会用分数的意义来理解剩下$\frac{1}{2}$杯的$\frac{1}{2}$,也就是将整杯纯果汁平均分成4份,喝了其中的1份,是$\frac{1}{4}$杯纯果汁。为了让学生有更加直观的感受,教师又将明明和乐乐两次喝果汁的情境用教具演绎。依次展示明明喝果汁的过程(图11.4-3)和乐乐喝果汁的过程(图11.4-4),第二次兑满水后,为了便于清晰地观察,将水和纯果汁进行分离,上面的$\frac{1}{2}$是蓝色的水,下面的$\frac{1}{2}$是黄色的纯果

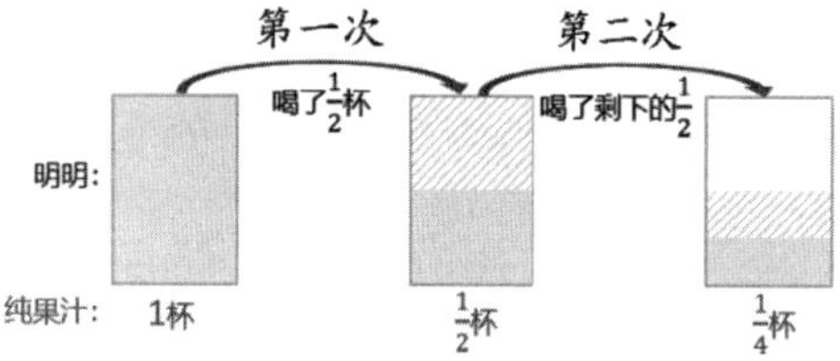


图11.4-3

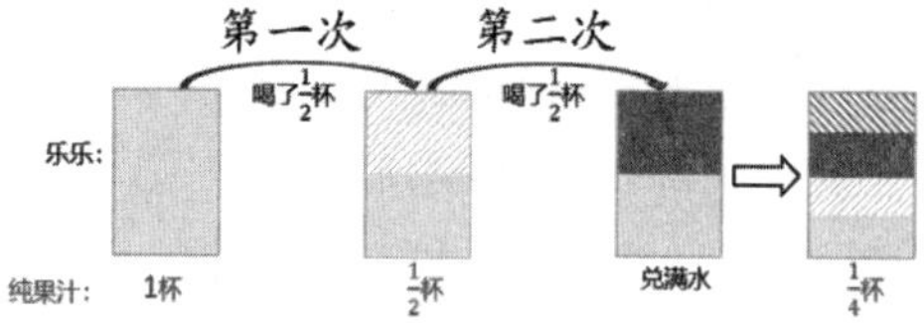


图11.4-4

汁。在这个过程中,教师边演示边记录喝掉的纯果汁的量,做到图与式的一致性。

**(二)发现相同,探究不变**

教师让学生仔细观察,在上下对比中说一说有什么发现。学生比较后发现明明和乐乐两次喝的纯果汁总量是相同的。教师追问:两人喝的果汁总量为什么是相同的?有了前面直观图示的展示,学生能清楚地明白无论是否兑水,第一次喝了后,剩下的纯果汁量都是不变的,都是$\frac{1}{2}$杯。第二次两人都喝掉了$\frac{1}{2}$杯的$\frac{1}{2}$,也就是$\frac{1}{4}$杯纯果汁。所以两人喝的纯果汁总量都是$\frac{1}{2}+\frac{1}{4}=\frac{3}{4}$(杯)。

其实,两人第一次喝的时候是将整杯果汁看作单位"1",而第二次喝的时候是将$\frac{1}{2}$杯果汁看作单位"1",单位"1"发生了变化,所以学生理解起来就存在困难。通过长方形示意图,将第二次喝果汁时的单位"1"也转化为整杯果汁。通过研究,得出了正确的结论,验证"明明和乐乐喝的纯果汁同样多"这个猜想是正确的。

**(三)发现不同,完善问题**

教师继续追问:乐乐喝了多少水呢?于是在这里增加了有关水的问题,这是对学生一开始提问的补充,使得根据情境提出的问题更加全面。有学生从图 11.4-4 的板贴中可以看到兑满水后喝了$\frac{1}{2}$杯,喝掉的$\frac{1}{2}$杯的下面$\frac{1}{2}$是纯果汁,上面的$\frac{1}{2}$是水,也就是喝了$\frac{1}{4}$杯水。

在此基础上,教师引导学生思考是否可以根据喝掉的纯果汁和水的关系,得出喝掉水的量。启发后,学生意识到喝掉的纯果汁和水的总量是$\frac{1}{2}$杯,这$\frac{1}{2}$杯除了纯果汁就是水,所以也可以运用分数减法进行计算:$\frac{1}{2}-\frac{1}{4}=\frac{1}{4}$(杯)。

我们可以看到,虽然两种方法都能得到乐乐喝了$\frac{1}{4}$杯水,但思维方式不同。第一种是通过画图直观得出,第二种是在画图的基础上通过数量关系计算得出的,图与式相互关联,相互验证。

## 三、延伸问题情境,构建数学模型

就本课时的学习而言,前面环节中的解决问题就达成了目标。在教学中,我们试图更加充分地利用这个学习素材,进一步延伸情境、提出问题、猜想验证等学习过程,让学生探究"喝果汁问题"蕴含的数学模型。

### （一）延伸情境，再次提问

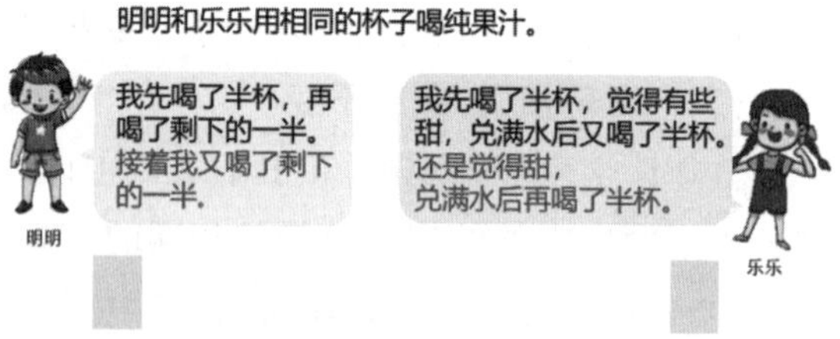


图11.4–5

教师在已有的图11.4–1信息的基础上再各自增加信息，形成图11.4–5中的两组信息。请学生说一说增加信息之后，又可以提出什么数学问题？学生依据前面的经验，自然地提出如下的四个问题：

1. 明明三次一共喝了多少杯纯果汁？
2. 乐乐三次一共喝了多少杯纯果汁？
3. 明明和乐乐，谁喝的纯果汁多？
4. 乐乐一共喝了多少杯水？

教师请学生比较这四个问题，有了前面解决“喝果汁问题”做基础，接下来只要重点解决什么问题就可以了？

学生认为有以下的三个问题：

1. 明明第三次喝了多少杯纯果汁？
2. 乐乐第三次喝了多少杯纯果汁？
3. 乐乐第三次喝了多少杯水？

### （二）画图式验证，积累素材

显然，要解决以上的三个问题，可以继续画图解决。鉴于第三次喝的果汁需要在第二次喝的剩下果汁基础上继续喝，有一定的难度。所以在教学中教师组织四人小组讨论，可以在作业纸上画一画或算一算，再互相说一说各自的想法。

接着教师在黑板上用教具展示明明和乐乐第三次喝果汁的过程（图11.4–6），在对比中，学生发现明明和乐乐第三次喝的纯果汁都是第二次剩下纯果汁的$\frac{1}{2}$，也就是$\frac{1}{4}$杯的$\frac{1}{2}$，就是$\frac{1}{8}$杯纯果汁。还可以发现，明明和乐乐每一次喝的纯果汁都是同样多的。第一次都喝了$\frac{1}{2}$杯，第二次都喝了$\frac{1}{4}$杯，第三次都喝了$\frac{1}{8}$杯，三次共喝了$\frac{1}{2}+\frac{1}{4}+\frac{1}{8}=\frac{7}{8}$（杯）。

最后解决问题乐乐第三次喝了多少杯水？学生从图中就能看出乐乐第三次喝的水是$\frac{3}{8}$杯，根据前面经验的迁移，学生也能根据喝的水和喝的纯果汁之间的关系用列式解决：$\frac{1}{2}-\frac{1}{8}=\frac{3}{8}$（杯），让小组内的同学相互说一说这个算式中每个数表示

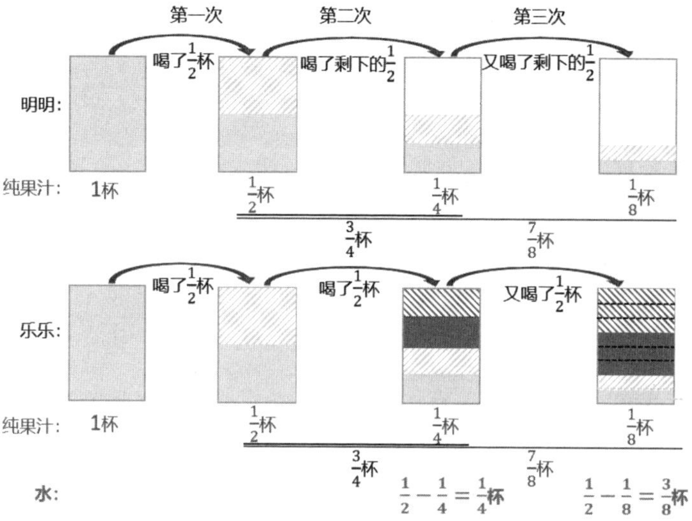


图11.4-6

的含义。

**(三)图式表征,构建模型**

教师引导学生观察明明和乐乐喝果汁的整个过程(图11.4-7),说说有什么发现。有的学生发现不管有没有兑水,明明和乐乐每次喝的纯果汁量都是相同的,都是剩下纯果汁的$\frac{1}{2}$。又有学生进一步发现喝掉的纯果汁量有规律:从$\frac{1}{2}$,$\frac{1}{4}$,到$\frac{1}{8}$,

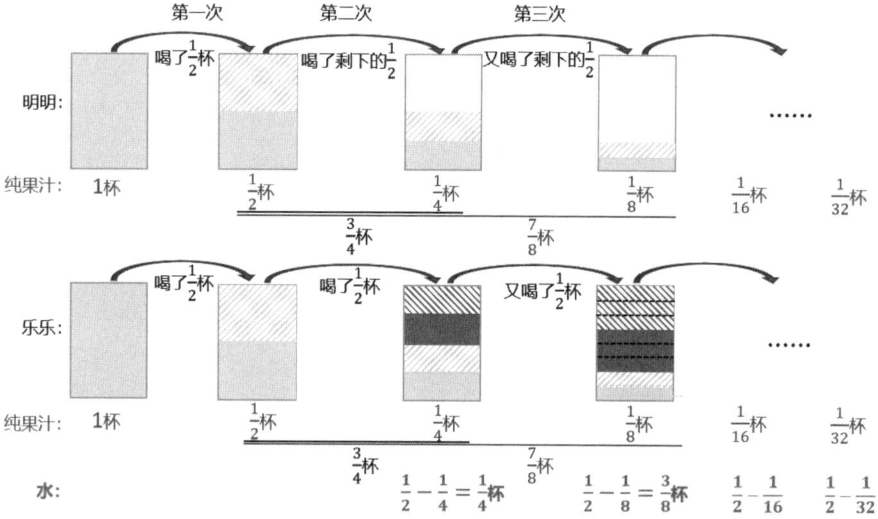


图11.4-7

分母依次乘2。还有学生发现喝掉的水也有规律:从$\frac{1}{2}-\frac{1}{4}$到$\frac{1}{2}-\frac{1}{8}$,每次都是用喝掉的总数$\frac{1}{2}$减去喝掉的纯果汁量得到喝掉的水量。

在学生发表自己的发现后,教师继续追问:如果明明和乐乐接着按照这样的方式喝,两人喝的纯果汁会是多少杯?乐乐喝的水会是多少杯?学生根据发现的规律得到每次喝的纯果汁是$\frac{1}{16}$,$\frac{1}{32}$,……,每次喝的水是$\frac{1}{2}-\frac{1}{16}$,$\frac{1}{2}-\frac{1}{32}$,……

教师引导学生观察完整的板书,帮助学生初步建构$\frac{1}{2^n}$和$\frac{1}{2}-\frac{1}{2^n}$的模型,从变化的过程中发现不变的规律:一直按照这样的方式喝,每次喝的纯果汁越来越少,每次都只有前一次的一半,喝掉的总和却越来越接近于整一杯,而喝的水却一次比一次多,最后喝到的几乎都是水。

总之,本课时的教学,始终围绕“喝果汁”这一个问题情境,通过创设“不兑水”和“兑水”两条既有联系,又有区别的“喝果汁”的思路,通过把文字记录“喝果汁”的信息,转化成用图示表征的数学信息,最后从图示表征中抽象出数、数量与数量关系,进而解决问题,发现规律,构建模型。这样的学习活动给我们的教学启示:创设一个好的学习情境,形成一条好的学习路径,提供一种好的解决问题的策略,是提升学生数学思维水平的重要保障。

# 第五节
# “分数与分数的加法和减法的整理与复习”教学实践

在对“分数的意义和性质”的单元整体设计与实践中，把该单元的的极大部分知识点纳入“分物产生分数”“测量产生分数”与“除法比产生分数”三个活动之中，让学生从现实需要的视角丰富对分数的认识。在人教版《数学》五年级下册“分数的加法和减法”的单元重构分课时内容整体设计实践研究中，分别围绕“分数的加法和减法”“分数的加减混合运算和分数加减法中的简便运算”以及“解决问题”开展教学实践研究。基于单元整体设计理念，我们在“分数的加法和减法”单元的整理复习中侧重“分数的意义和性质”的渗透，以问题解决为导向，注重学习材料的合理选择，从重温除法比、分物、测量三个维度出发，自主尝试和自主辨析中梳理有关分数和分数加减法的知识脉络和单元结构。

## 一、选择信息提问，重温除法比产生分数

选择合适的学习材料进行问题提出是单元整理和复习中提升学生解决问题能力、进行信息筛选的有效方式。基于两个数的相除关系，从学生日常生活中的数据出发，鼓励学生多角度提出数学问题并在解决问题的过程中实现分数意义的加深理解和能力提升。

### （一）依据要求，提问解答

课始，教师直接出示课题“分数的意义和加、减法”单元复习，旨在勾起学生对于分数意义的回忆。“关于分数，已经学过哪些知识”的设问则进一步唤起学生对分数单元所学知识要点的初步梳理。紧接着，教师引入一组学生生活中的信息：在喜

迎亚运手抄报比赛中，五年级各班积极参与，总共有60人获奖，其中一等奖10人，三等奖30人。在学生阅读信息后，教师引导学生选择两条信息，提出用除法解决的问题并快速完成。

对于这样开放性的提问，学生往往能从数据出发，写出两数相除关系的两种形式，即两个数之间的倍数关系和一个数是另一个数的几分之几。在汇报交流中，教师引导学生发现用分数表示结果的是：(1) 获一等奖人数占获奖总人数的$\frac{1}{6}$；(2) 获三等奖人数占获奖总人数的$\frac{1}{2}$；(3) 获一等奖人数占获三等奖人数的$\frac{1}{3}$。在这里，学生通过对以上三个分数的理解进一步认识到分数的产生来源于除法的计算，它表示两个量之间的一种关系，用字母表示$a\div b=(b\neq 0)$。

**(二) 列出算式，辨析关系**

基于学生自主提问得到的三个分数，教师再次鼓励学生自主选择这些分数，写出分数加、减法的算式。这里，学生可以选择至少两个及以上的分数，从而形成分数的加法、分数的减法和分数的加减混合计算等多个算式，如$\frac{1}{6}+\frac{1}{2}$、$\frac{1}{2}-\frac{1}{6}$、$1-\frac{1}{2}-\frac{1}{6}$、$\frac{1}{2}-\frac{1}{3}$、$\frac{1}{2}+\frac{1}{3}$。

算式的形成固然重要，但结合问题情境理解算式的含义可以进一步提高学生对于分数的意义的理解。为此，教师不急于学生进行计算，要求学生根据分数的意义，说出这些算式分别解决了什么数学问题？根据学生的回答，教师将算式与问题进行一一对应。“$\frac{1}{6}+\frac{1}{2}$”表示获一等奖和三等奖人数占获奖总人数的几分之几；“$\frac{1}{2}-\frac{1}{6}$”表示一等奖人数占获奖总人数比三等奖人数占获奖总人数少几分之几；“$1-\frac{1}{2}-\frac{1}{6}$”表示二等奖人数占获奖总人数的几分之几。

讨论的最后，学生自然而然地发现了$\frac{1}{2}-\frac{1}{3}$、$\frac{1}{2}+\frac{1}{3}$在这里不符合分数的意义。辨析原因，学生进一步认识到在问题解决中两个分数的单位“1”不一样，会使分数的加减运算没有意义。

**(三) 回顾学习，发现联系**

单元整理复习在于温故而知新。为了让学生更加深刻地体会由数量到分率的过程，在教学中教师安排了数形结合的方式回顾学生学习思考的过

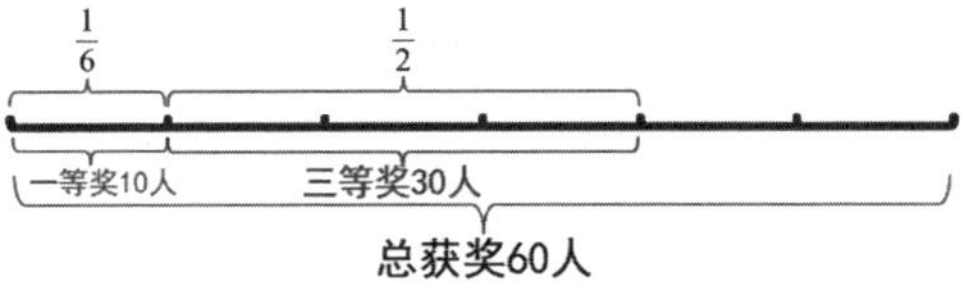

图11.5-1

程。课件出示如图11.5-1，用一条线段表示总获奖的60人，一等奖有10人，三等奖有30人，教师通过提问引导学生分别找出$\frac{1}{6}$、$\frac{1}{2}$和$\frac{1}{3}$是怎么得到的，并理解比较三者含义的不同。

在对比中，学生进一步认识到同样表示两个量之间的一种关系：$a$占$b$的几分之几就是$\frac{a}{b}$，表示两个量之间的“部分与整体的关系”；也可以表示两个量之间的“倍比关系”。通过复习，学生对于分数和除法的关系又有了更深入的理解，并能够结合线段图，在分数加、减法的问题解决时不仅能从常规的通分解决问题，还可以利用数量关系解决，如：$\frac{1}{6}+\frac{1}{2}=(10+30)\div 60$；$\frac{1}{2}-\frac{1}{6}=(30-10)\div 60$；$1-\frac{1}{2}-\frac{1}{6}=(60-30-10)\div 60$。

总之，在本环节的教学中，学生需要感知的是两个数相除，可以用除法来解决，也可以用分数表示。分数可以表示两数之间的倍数关系，也可以表示一个数是另一个数的几分之几。

## 二、结合题组比较，重温分物产生分数

重温分物产生分数，把重点放在一个图形、一个计量单位作为单位“1”的情况。基于教材的明确指出，一个物体、一个计量单位或是一些物体等都可以作为单位“1”，本环节教学侧重题组比较，让学生在理解基础上进行抽象，从“量”“率”转换理解分数的概念。

### （一）依据信息，自主解答

提取对应的信息解决问题是学生数学学习的必备能力。教师首先出示问题：把一根13米长的木条锯成同样长的4段，每段长（　　）米，每段是这根木条的（　　）。这是一道十分常规的平均分物问题，也是学生很容易出错的问题。教师要求学生先独立列式解答。在教学中，学生往往呈现出13÷4和1÷4这样两种列式方式，有的学生能形成如图11.5-2这样的图示理解。当然，也有的学生在交流说理中把“同样长”理解为就是将木条平均分成4份，每段的长度与木条之间的关系也可以用分数表示。

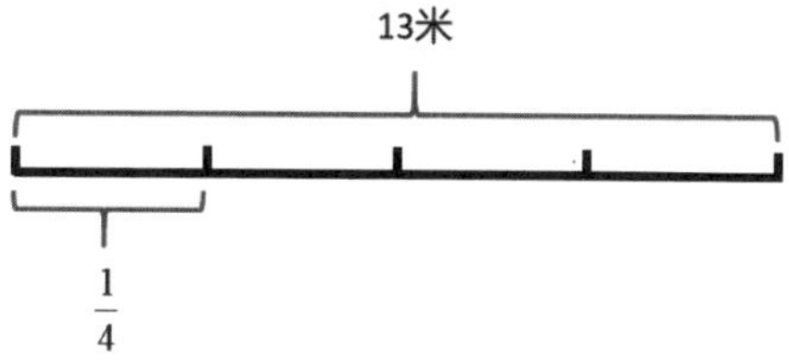

图11.5-2

本环节教学要求学生依据原有的学习基础，用画图、列式计算、分数的意义等方法自主解答。解决这一个问题的难点在于，是关于“具体量”的平均分，还是单位“1”的平均分。

### （二）反馈评析，统一思路

作为一道常规题的两个问题，学生马上能形成自己的解答，但关键在于学生需要辨析问题解决的方法有什么相同和不同。在教师的提问下，学生对于两个问题的解决都是用除法是易于理解的，对于分数可以表示数量也可以表示分率的理解，需要从单位入手来解决。如图11.5-3，借助单位“1”，利用算式则可以让学生进一步明确为何有量与率之别。

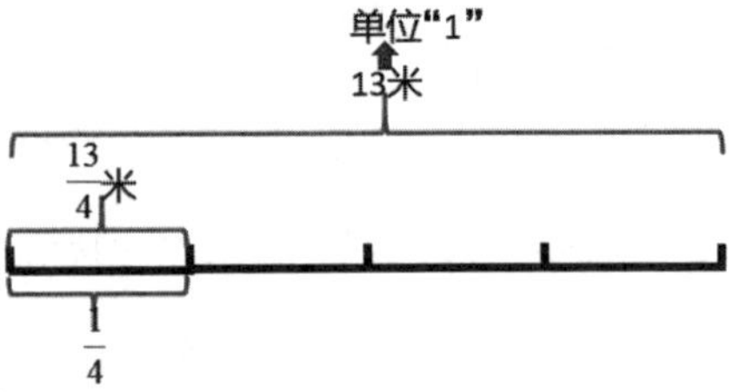


图11.5-3

为了让学生有深刻感受，教师改变信息，引发学生思考：改变数量，分率是否发生变化？如图11.5-3，如果改变数量13米为16米，题中的哪个分数不发生变化？为什么？结合学生的回答（如图11.5-4），教师提问：这两个问题的解决有什么相同的和不同的地方？学生依据图示和算式的对应，可以感受到用一条线段来表示单位“1”，把这条线段平均分成4份，这样的每一份就是四分之一，无论总量是否发生变化，每份数与总份数的关系不变。通过这样的教学对比，学生可以较为直观地理解量的变化没有使分率发生变化。

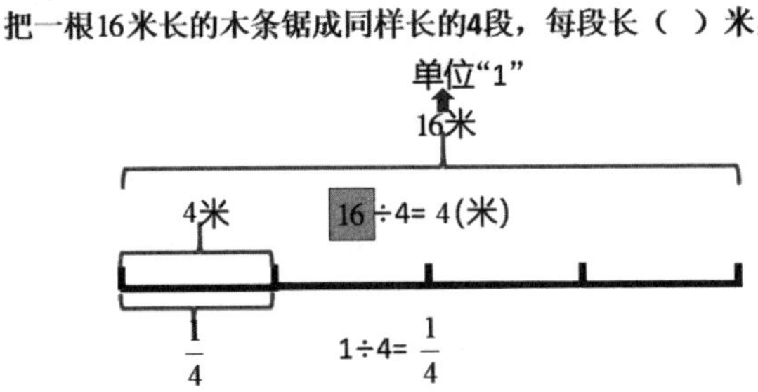


图11.5-4

在此基础上，教师去掉图11.5-4中有关“量”的信息，并利用课件继续延长这条“数轴”，如图11.5-5，让学生在“数轴”中找出更多的分数：$\frac{2}{4}$、$\frac{3}{4}$、$\frac{4}{4}$、$\frac{5}{4}$等，并在给这些分数的分类中复习真分数和假分数。教学中，教师适时选择一定的分数让学生用小数表示，从而渗透了分数和小数的互化。

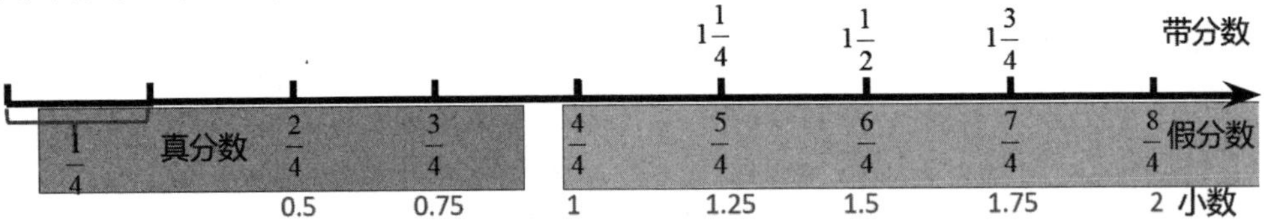


图11.5-5

**（三）适度变式，构建联系**

分数既可以表示一种数量，也可以表示一种关系，这需要通过题型变化帮助学生理解。在题组进一步变式中，教师引导学生思考这样一个数学问题：在迎亚运校运动会上，501班准备了13升饮料，第一组分到了$\frac{1}{4}$，第二组分到了余下的$\frac{1}{3}$，两组各分到多少升饮料？在教学中，学生往往会出现这样的情况：第一组$13\div4=\frac{13}{4}$（升）$=3.25$（升），第二组$(13-3.25)\div3$出现计算困难情况。看似需要利用分数乘法才能解决的问题如果学生借鉴了之前环节的线段图来理解便可以得出结果。如图11.5-6，通过图示理解，余下的$\frac{1}{3}$就是原来的$\frac{1}{4}$，可以得出两组分到的饮料均为$13\div4=\frac{13}{4}$（升）。可见，有时候量的问题用率的角度来解决会更加方便。

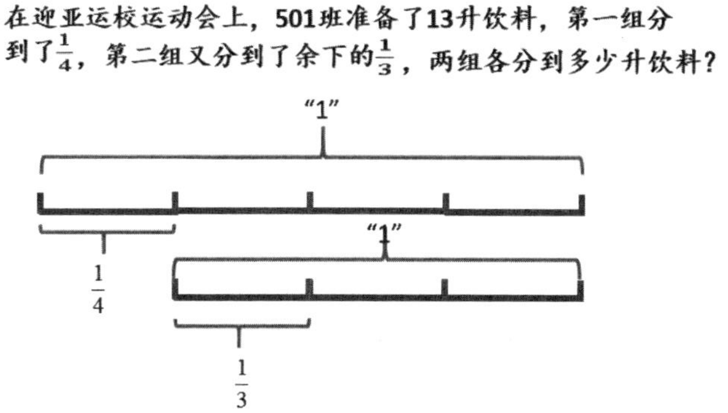


图11.5-6

通过以上几个教学环节中，学生重温分物产生分数的过程，感知分数在量、率表示中的异同，并在实际问题解决中进一步理解除法与分数之间的关系，如图11.5-7，教师可适时梳理并形成关于分数的知识结构图。

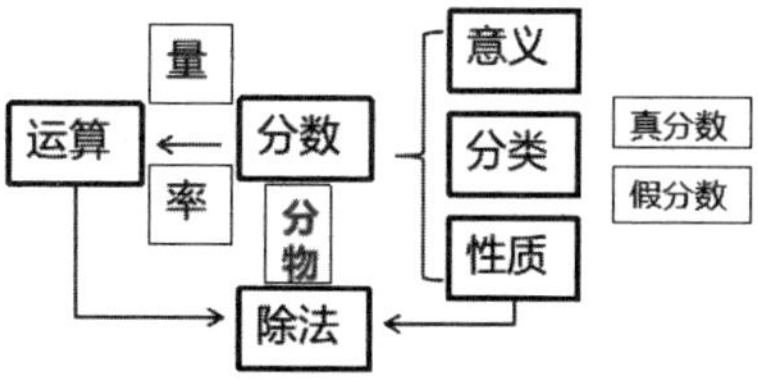


图11.5-7

## 三、结合单位换算，重温测量产生分数

分数加减法是以同分母分数加减法为基础，从“测量”的角度理解则是分数单位的累计，例如“$\frac{3}{5}+\frac{1}{5}$”表示3个$\frac{1}{5}$和1个$\frac{1}{5}$的和，就是用$\frac{1}{5}$作为单位累计测量3次加1次得到的结果。基于测量出发来认识分数可以丰富学生对分数的理解，还可以直接作用于分数加减法的学习。单位换算作为学生数学学习的必备能力，其中蕴含着测量的需要和分数意义的另一种认识。

### (一) 依据要求,换算单位

单位换算作为数学学习中常见的问题解决,随着数认识的拓展也逐步发生变化。在本环节教学中,如下表,教师创设了三人喜迎亚运,健康运动的生活情境。

宸宸、琮琮、莲莲迎亚运健康运动每天时间表

| 姓名 | 宸宸 | 琮琮 | 莲莲 |
| --- | --- | --- | --- |
| 运动时间 | 1时4分 | 36分 | 24分 |
| 每天用时 | (　　)时 | (　　)时 | (　　)时 |
| 三人总用时 | 一共运动(　　)时 | | |

教学中,教师要求学生通过读取表格中的信息列式解决相关问题。对于每天用时的问题,有学生用小数表示结果,如24÷60=0.4;也有学生用分数表示结果,如$24\div60=\frac{2}{5}$。对于这两种计算结果的表示,教师都表示认可。这里我们重点要求学生计算三人运动总用时,从而激发学生在算法上的综合思考和优化选择。教学中,学生主要形成了以下几种计算方法:(1) $1\frac{1}{15}+0.6+0.4$;(2) $1\frac{1}{15}+\frac{3}{5}+\frac{2}{5}$;(3) (64+36+24)÷60。通过对比,发现方法(1)和方法(2)均可以用简便方法计算,方法(3)则直接用单位换算。使学生进一步认识到在时间、长度等这样的度量、测量以及单位换算中也需要合理利用分数解决问题,形成测量产生分数的知识结构图(图11.5-8)。

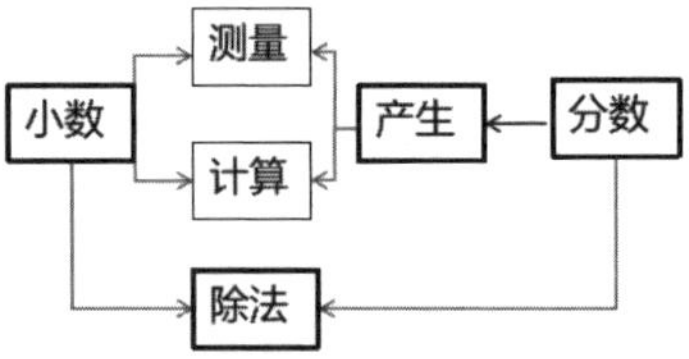


图11.5-8

### (二) 组合算式,提问解答

如图11.5-9,出示上述三个环节的主要题组,让学生回顾已解决的数学问题,

分数

(1)
在喜迎亚运手抄报比赛中,五年级各班积极参与,获奖情况如下表:

| 项目 | 获奖总人数 | 一等奖人数 | 三等奖人数 |
| --- | --- | --- | --- |
| 人数 | 60人 | 10人 | 30人 |

选取两条信息,提出用除法解决的问题。

比

(2)
把一根13米长的木条锯成同样长的4段,每段长(　　)米,每段占总长的(　　)。分物

(3)

| 姓名 | 宸宸 | 琮琮 | 莲莲 |
| --- | --- | --- | --- |
| 运动时间 | 24分 | 36分 | 1时4分 |
| 每天用时 | ()时 | ()时 | ()时 |
| 三人总用时 | 一共运动()时 | | |

测量
(单位换算)

图11.5-9

并思考:没有看到分数,为什么都用到了分数,再次回顾分数的产生。教师适时归纳分数是人类创造的,它产生于两数相除的比、分物、测量(单位换算)。同时,这三个问题都是利用除法来解决,可见分数源于除法。

**(三)整体回顾,建立结构**

关于分数学习的知识点和内容不仅多,且具有关联性。因此,在"分数与分数加减法"的单元整体设计中,不断重温分数的产生,算用结合,在知识运用中逐步补充本单元完整的知识结构图(图 11.5-10)。

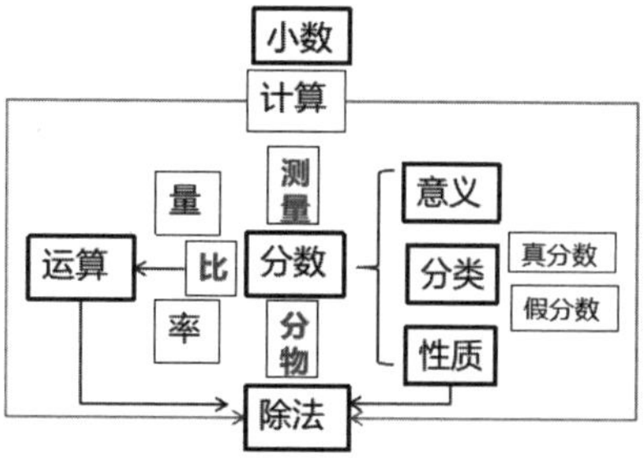

图11.5-10

在教学实践中,我们了解到要让学生不断地感知分数产生是为了解决生活中分物、测量过程中进行准确地定量表达的需要,也为了完善除法计算的需要。同时,两个量的比与除法有着同样的结构,当它们与分数联系在一起时,成了比与除法结果的最有效的定量形式,因为它既是一个数,同时又留存着表示关系与算式的基本形式。在复习与整理中也同样需要从整体设计的观点解读教材设计意图,理顺分数加法和减法的教学脉络,从学生的认知特点设计教学环节,真正促进学生深度理解。

# 后 记

2022年7月《小学数学整体设计的思与行——小学乘法的教学》由上海教育出版社出版，2023年8月《小学数学整体设计的思与行——小学除法的教学》由上海教育出版社出版，本书《小学数学整体设计的思与行——小学数的认识和加减法》又于2024年6月由浙江教育出版社出版。连续三年出版三本同一个研究主题下的书籍，得益于在实践研究过程中形成了一套有效的研究机制。

我们的研究是基于日常教学进度的单元整体教学设计的实践研究，其中实践老师往往是以实践学校的数学教师为主体，就近邀请其他学校的数学教师参加。参加的教师极大多数都是一线的普通教师，这样更有助于检验我们的整体教学设计思路的可行性与可推广性。

实践教师需要经历这样五个步骤，第一步参加由单元整体教学设计负责人组织的单元整体教学设计的解读，并参与解读后的讨论、修正与完善，最后确定整体设计思路；第二步自主选择其中一个课时的教学任务；第三步严格按照整体设计的思路，备好自己承担的课时，并做好其他的教学准备；第四步上第一轮试教课，课后组织讨论与修正，第一轮试教一般在整体设计解读一周后进行；第五步上第二轮改进课，一般安排在试教课后第三天的另一个班级中进行改进后的教学，结束后单元整体教学设计教师与上课教师再一次进行讨论，定下本节课的教学流程。

负责单元整体教学设计的教师在两轮听课时边听课边构思文章的写作，列出写作提纲与每一个标题下主要写作的内容。负责总结的教师依据写作提纲进行写作，尽量还原整个教学过程，完成后交单元整体教学设计负责的教师进行修改，形成相对统一的文章结构与表达形式。

与前面两本的成书过程相同，本书也是一个一个单元整体教学设计研究团队合作的成果。每一个章节的形成，都凝聚着团队成员的教学智慧与辛勤付出。下面是每一章节的文章作者与课堂实践教师的目录，并标注了每一章节的研究主题。

为了更好地体现“书”味儿，成书时用单元名称与课时名称分别命名章与节，使它们更有整体性。

| 章 | 节 | 主题 | 上课教师 | 文章作者 |
|---|---|---|---|---|
| 第一章<br>数的认识和加减法 | 第一节 | 数的认识 | | 谢斌梁　邵汉民<br>陈芳 |
| | 第二节 | 加法和减法运算 | | |
| | 第三节 | 加减法的数量关系 | | |
| 第二章<br>5以内数的认识和加减法 | 第一节 | 记录数数过程与结果，形成数学知识与经验 | | 倪灿东　陈芳<br>邵汉民 |
| | 第二节 | 结合数数表征　感受数的含义 | 何晓芬 | 何晓芬　陈芳 |
| | 第三节 | 经历有序数数　丰富数的含义 | 徐焓 | 徐焓　陈芳 |
| | 第四节 | 结合数的分合　认识加法运算 | 金亦纯 | 金亦纯　陈芳 |
| | 第五节 | 数与运算融合　整体把握机构 | 邵扬波 | 邵扬波　陈芳 |
| 第三章<br>6～9数的认识和加减法 | 第一节 | 利用活动经验　形成数学结构 | | 曾春苗　郭立飞<br>孙敏铭 |
| | 第二节 | 利用活动经验　再学数的认识 | 范铁枝 | 朱冬良　范铁枝<br>邵汉民　孙敏铭 |
| | 第三节 | 结合具体情境　迁移学习经验 | 韩萍萍 | 韩萍萍　邵汉民<br>孙敏铭 |
| | 第四节 | 积累学习经验　体会数学生长 | 俞菁 | 沈浙波　俞菁<br>孙敏铭 |
| | 第五节 | 延伸数学学习　丰富解题思路 | 杨孙雯 | 谢立丰　杨孙雯<br>邵汉民　孙敏铭 |
| | 第六节 | 丰富图示表征　学习连减连加 | 俞森海 | 曾春苗　俞森海<br>孙敏铭 |
| | 第七节 | 探究信息关系　感知模型构建 | 李芳芳 | 李芳芳　邵汉民<br>孙敏铭 |
| | 第八节 | 融入文化因子　经历数学创造 | 曾春苗 | 谢治　邵汉民<br>孙敏铭 |

续表

| 章 | 节 | 主题 | 上课教师 | 文章作者 |
| --- | --- | --- | --- | --- |
| 第四章<br>10～20的认识和加减法 | 第一节 | 优化数的表达　经历创造过程 |  | 丁月芳　李建良<br>邵汉民 |
|  | 第二节 | 运用多元表征　深化10的认识 | 宋玉 | 宋玉　李建良<br>邵汉民 |
|  | 第三节 | 运用操作优化　认识计数单位 | 蔡洁曼 | 陶佳　李建良<br>邵汉民 |
|  | 第四节 | 借助计数器　深化数的认识 | 杨王琪 | 丁月芳　杨王琪<br>李建良 |
|  | 第五节 | 抽象现实情境　画图解决问题 | 李璐希 | 李璐希　李建良<br>邵汉民 |
|  | 第六节 | 经历比较分析　加深数的认识 | 王忻怡 | 王忻怡　李建良<br>邵汉民 |
| 第五章<br>20以内的进位加法和退位减法 | 第一节 | 利用数的组成　统一加减算理 |  | 蔡华君　许娟<br>倪宏芳 |
|  | 第二节 | 基于数的组成　学习进位加法 | 李华 | 孔林炎　李华<br>倪宏芳　陈芳 |
|  | 第三节 | 依据数的组成　优化减法计算 | 盛佳涛 | 盛佳涛　倪宏芳<br>陈芳 |
|  | 第四节 | 利用学习经验规范加减运算 | 周晓 | 金华宇　周晓<br>倪宏芳　陈芳 |
|  | 第五节 | 多元选择信息　解决数学问题 | 邢瑞影 | 沈浙波　邢瑞影<br>倪宏芳　陈芳 |
|  | 第六节 | 结合具体情境　感受变与不变 | 徐晗岱 | 徐晗岱　倪宏芳<br>陈芳 |
|  | 第七节 | 利用学习经验　规范加减运算 | 陈琳洁 | 陈琳洁　倪宏芳<br>陈芳 |
|  | 第八节 | 利用加减数表　完善加减运算 | 华杨柳 | 陈芳明　华杨柳<br>倪宏芳 |
|  | 第九节 | 自主提出问题　丰富数量关系 | 黄艳颖 | 俞芳　黄艳颖<br>倪宏芳 |
|  | 第十节 | 选择合适信息　完善解题思路 | 冯梦佳 | 俞芳　冯梦佳<br>倪宏芳　陈芳 |

续表

| 章 | 节 | 主题 | 上课教师 | 文章作者 |
|---|---|---|---|---|
| | 第十一节 | 回顾学习过程　建构学习体系 | 孙晨 | 许娟　孙晨<br>陈芳 |
| 第六章<br>100以内数的认识和加减法 | 第一节 | 意义与运算融合　算理与算法有根 | | 朱挺红　陈芳<br>邵汉民 |
| | 第二节 | 利用多元表征　拓展数的认识 | 陈启蒙 | 谢立丰　陈启蒙<br>陈芳 |
| | 第三节 | 利用数的组成　理解数的运算 | 张佳丽 | 邵柏荣　张佳丽<br>陈芳 |
| | 第四节 | 利用知识迁移　学习进位加法 | 董烨 | 董烨　陈芳<br>邵汉民 |
| | 第五节 | 细化数的比较　迁移归纳法则 | 傅晨怡 | 沈佳俊　傅晨怡<br>陈芳 |
| | 第六节 | 整体回顾比较　形成认识结构 | 陈琳洁 | 陶露莎　陈芳<br>邵汉民 |
| 第七章<br>万以内数的认识和加减法 | 第一节 | 用好迁移类比　形成学习结构 | | 俞倩如　丁水法 |
| | 第二节 | 经历数数与加减　勾连运算与组合 | 周月文 | 徐莉莉　周月文<br>邵汉民 |
| | 第三节 | 归纳数的读写　丰富计数工具 | 金维维 | 金维维　邵汉民<br>俞倩如 |
| | 第四节 | 依据现实需要　进行数的近似 | 裘莹 | 裘莹　邵汉民<br>俞倩如 |
| | 第五节 | 沟通数的组成与加减　勾连数的意义与算理 | 凌冬叶 | 凌冬叶　邵汉民<br>俞倩如 |
| | 第六节 | 迁移运算经验　提升运算能力 | 俞倩如 | 徐莉莉　俞倩如<br>邵汉民 |
| | 第七节 | 利用分解过程　体会法则本质 | 葛吴昊 | 葛吴昊　邵汉民<br>俞倩如 |
| | 第八节 | 经历组合过程　体会笔算本质 | 顾蓝青<br>孔利亚 | 顾蓝青　孔利亚 |

续表

| 章 | 节 | 主题 | 上课教师 | 文章作者 |
| --- | --- | --- | --- | --- |
| 第八章<br>大数的认识 | 第一节 | 回溯数的产生　形成数的结构 | | 钱建丰　沈小青 |
| | 第二节 | 经历数的产生　感受位值魅力 | 黄建炜 | 黄建炜 |
| | 第三节 | 迁移读数方法　进行数的改写 | 宋怡楠 | 马恩利　宋怡楠 |
| | 第四节 | 迁移写数方法　学习数的近似 | 李建涛 | 李建涛 |
| | 第五节 | 认识计算工具　探索计算规律 | 李依 | 金小燕　李依 |
| 第九章<br>小数的初步认识 | 第一节 | 借助多元表征　体会小数内涵 | | 许胜芳　孙丽丽 |
| | 第二节 | 利用生活经验　沟通内在联系 | 华柳婷 | 华柳婷 |
| | 第三节 | 解决具体问题　学习简单运算 | 朱迪丽 | 朱迪丽 |
| | 第四节 | 灵活解决问题　突显问题提出 | 李佳 | 李佳 |
| | 第五节 | 基于现实与图示　经历数的产生与生长 | 平原 | 许胜芳　平原 |
| 第十章<br>小数的意义和性质及加减法 | 第一节 | 意义与运算同行　性质与算理同步 | | 沈小青　戴洁儿 |
| | 第二节 | 结合加减运算　学习小数意义 | 沈小青 | 陶露莎　沈小青 |
| | 第三节 | 结合小数运算　学习小数意义 | 许亚飞 | 钱建丰　许亚飞 |
| | 第四节 | 解决具体问题　完善小数认识 | 李凌云 | 朱萍　李凌云 |
| | 第五节 | 运用类比迁移　提升运算能力 | 孙赵倩 | 曹炜云 |
| 第十一章<br>分数与分数的加法和减法 | 第一节 | 联结知识要素　学习分数加减 | | 毛知红　何雪君 |
| | 第二节 | 经历比较与运算　整合知识与应用 | 黄开选 | 金小燕　黄开选 |
| | 第三节 | 迁移学习经验　体会运算特征 | 王婷婷 | 毛知红　王婷婷 |
| | 第四节 | 探究变与不变　构建数学模型 | 倪小红 | 倪小红 |
| | 第五节 | 重温分数的产生　建立加减的结构 | 倪灿东 | 盛慰钢　倪灿东 |

邵汉民于杭州萧山

2024年1月10日

**图书在版编目（CIP）数据**

小学数学整体设计的思与行 ：小学数的认识和加减法 / 邵汉民，陈芳，陈操编著. -- 杭州 ：浙江教育出版社，2024. 6. -- ISBN 978-7-5722-8160-0

Ⅰ. G623.502

中国国家版本馆 CIP 数据核字第 202471CC48 号

**责任编辑** 何　理　　**责任校对** 赵英梅
**美术编辑** 韩　波　　**责任印务** 吴梦菁
**封面设计** 起轩广告

**小学数学整体设计的思与行——小学数的认识和加减法**
XIAOXUE SHUXUE ZHENGTI SHEJI DE SI YU XING——XIAOXUE SHU DE RENSHI HE JIAJIANFA

出版发行　浙江教育出版社
　　　　　（杭州市环城北路177号　电话:0571-88909722）
图文制作　杭州兴邦电子印务有限公司
印　　刷　浙江新华数码印务有限公司
开　　本　710mm×1000mm　1/16
印　　张　30.25
字　　数　605 000
版　　次　2024年6月第1版
印　　次　2024年6月第1次印刷
标准书号　ISBN 978-7-5722-8160-0
定　　价　88.00元